经济科学译库

金融风险管理师考试手册

（第六版）

菲利普·乔瑞 Philippe Jorion /著

王 博 刘伟琳 赵文荣 /译

王 博 李朝气 /校

Financial Risk Manager Handbook (6th Edition)

中国人民大学出版社

· 北京 ·

前　言

《金融风险管理师考试手册》一书介绍了金融风险管理师应具备的核心知识。在过去的几十年里，风险管理获得了快速的发展，并成为许多金融机构不可或缺的重要职能。

本手册主要是为参加 GARP 组织的 FRM 考试的应试者提供支持。因此，本书系统讲解了实务操作中的大量主题，包括数量方法、资本市场，以及市场风险、信用风险、操作风险和全面风险管理。本书还讨论了风险领域中关键的投资风险管理事件。

本版进行了内容的全面更新，反映了金融市场的最新发展和 FRM 项目结构的最新变化。本书的结构现在对应于 FRM 的两级考试。所有的章节都对最近的金融市场和监管进行了更新。特别地，当前的事件都整合到本书的第二部分中。本书增加了新的章节，包括处理高级一元和多元模型的章节，以及高级期权模型的章节。最后，本手册包含了 FRM 考试的最新试题。

现代风险管理体系涉及整个机构，范围之广体现在本书所包含的大量主题中。本书自成体系，但是仅适用于对金融市场已经有所接触的读者。为了获得最佳效果，读者最好已经学习过相当于 MBA 水平的投资学课程。

最后，我想对本书写作过程中得到的帮助表示感谢，尤其是感谢前面几版的广大读者提出的宝贵意见。欢迎大家继续提出改进的意见。这些反馈将有助于我们保持 FRM 称号的高质量。

菲利普・乔瑞

2010 年 10 月

关于作者

菲利普·乔瑞（Philippe Jorion）是加州大学欧文分校管理学院的金融学教授。他还曾执教于美国哥伦比亚大学、西北大学、芝加哥大学和英属哥伦比亚大学。另外，他还在加州大学伯克利分校教授金融工程专业的风险管理硕士课程。他拥有芝加哥大学的 MBA 和博士学位，是布鲁塞尔大学的工学学士。

同时他还是太平洋选择资产管理公司（PAAMCO）的执行董事，这是一家资产管理规模大约 100 亿美元的全球对冲基金的基金。PAAMCO 是极少数要求所投资的对冲基金提供头寸信息透明性的对冲基金的基金。这些信息被用来提供投资组合风险的不同度量和帮助投资者了解基金 alpha 的驱动因子以及观察投资风格的转移。

乔瑞博士已经发表了 100 余篇文章，主题涉及风险管理和国际金融领域的学术和实务。乔瑞博士还撰写了很多书籍，包括《失策的豪赌：金融衍生品与奥兰治县的破产》（*Big Bets Gone Bad: Derivatives and Bankruptcy in Orange County*），首次记录了美国历史上最大的地方当局破产案。另一本书《在险值：金融风险管理新标准》（*Value at Risk: The New Benchmark for Managing Financial Risk*）的主要读者是金融从业人员，该书已成为行业标准，广为流传。

菲利普·乔瑞博士还活跃在学术和专业会议上。同时，他是几家金融杂志的编辑委员会成员，并且是《风险杂志》（*Journal of Risk*）的主编。

关于作者

[illegible]

关于 GARP

全球风险专业协会（Global Association of Risk Professionals，GARP）成立于1996年，是从事风险管理实务和研究的非营利独立组织，其成员接近10万名，来自167个国家。GARP拥有资深的专业技术和良好的声誉，其在全球范围内建立了有价值的全球风险管理标准并开展了风险管理项目。所有GARP项目都由世界上优秀的专家来实施，以确保这些概念和内容能反映全球的风险管理实务。

GARR致力于推广风险管理的教育。想要了解更多关于GARP的内容可以访问网站 www. garp. com。

金融风险管理师认证

金融风险管理师（FRM）资格认证是全球最权威的金融风险管理认证。FRM具备基于全球标准客观度量风险的能力。在过去的7年里，FRM在全球的每个金融中心都取得了每年25%的显著增长率。现在已经有超过90个国家的16 000人获得了FRM资格认证。另外，拥有5个以上FRM持证人的机构已经从2003年的105个增加到2008年的424个，这显示了FRM的全球公认度。

FRM专业继续研究项目（CPE）从2009年开始向FRM持证人展开，提供在风险管理每个领域继续提高能力的前景框架。

关于 FRM 项目想要了解更多可以访问网站 www. garp. com/frmexam。

导　言

GARP 的主要目的是作为金融风险管理师的领导组织，由其成员管理并为其成员服务，通过教育、培训等方式致力于风险管理的专业咨询以及推动全球风险管理的最佳实务发展。作为继续朝目标方向努力的一部分，GARP 又一次和菲利普·乔瑞合作，奉献给大家《金融风险管理师手册》的第六版。

本手册遵循 GARP 的 FRM 考试指导，阐述了 FRM 考试涵盖的主题。这些主题由 FRM 考试委员会选定，代表了风险管理中所使用的各种理论和概念，反映了它们所说明的各种事件。

近年来本学习指导书的重要性已经远远超过了为 FRM 考生提供指导的初始目的。本学习指导书现在被全球范围内的大学生、学者以及经理人作为商业和金融课程的教材广泛使用，它还可以作为购买个人和专业图书的参考目录，也可以作为评估职员风险管理能力的客观标准，以及作为反映金融风险管理专业当前重要趋势的指南。

随着金融风险管理专业在全球内发展并被迅速认可，本手册的作用已经超过了其初始目的。它现在已经成为全球风险管理专业学者，学生和经理人的主要参考手册。专业的风险经理必须熟练掌握广泛的风险相关的概念和理论，必须保持与风险管理的快速发展同步更新。本手册的设计就是这个目的。它提供给金融风险管理实务者最新的与金融风险相关的思路和方法。它也涵盖了最新的问题和方法以加强读者的学习经验。

本手册的第六版包含了 FRM 考试涵盖的所有新主题。更重要的是，该版本还包含了最近发生的信用危机案例，以及 FRM 考试的最新考题。

本手册继续保持与金融风险管理专业的同步发展，并作为风险管理的有效专业工具及时反映影响全球风险管理的事件和提供严谨的风险管理专业服务。

使一个专业认证得到全球认可是一个漫长而复杂的过程。当 GARP 在 1997 年首次设立 FRM 考试时，专业风险经理的概念和个人技术的全球认证更多地体现在理论上而不是实务上。随着目前 FRM 持证人数突破 16 000 人，这一情况完全改变了。

FRM 现在成为全球任何地方金融风险经理的基准。具有 FRM 认证的专业风险经理被全球公认为具备专业的风险管理能力以及真实世界中在全球标准下动态度量和管理金融风险的能力。

本手册很荣幸继续被 GARP 指定为全球金融风险专业人士提供服务。菲利普·乔瑞，一个出色的风险管理专家，再次修订和更新了本书。本手册在任何一个风险专业的图书馆都可以找到。

全球风险专业协会

关于注册估值分析师（CVA）认证考试

CVA 考试简介

注册估值分析师（Chartered Valuation Analyst，CVA）认证考试是由注册估值分析师协会（CVA Institute）组织考核并提供资质认证的一门考试，旨在提高投融资和并购估值领域从业人员的实际分析与操作技能。本门考试从专业实务及实际估值建模等专业知识和岗位技能进行考核，主要涉及企业价值评估及项目投资决策。考试分为实务基础知识和 Excel 案例建模两个科目，内容包括：会计与财务分析、公司金融、企业估值方法、并购分析、项目投资决策、信用分析、Excel 估值建模七个部分。考生可通过针对各科重点、难点内容的专题培训课程，掌握中外机构普遍使用的财务分析和企业估值方法，演练企业财务预测与估值建模、项目投资决策建模、上市公司估值建模、并购与股权投资估值建模等实际分析操作案例，快速掌握投资估值基础知识和高效规范的建模技巧。

实务基础知识科目——是专业综合知识考试，主要考查投融资及并购估值领域的理论与实践知识及岗位综合能力，考试范围包括会计与财务分析、公司金融、企业估值方法、并购分析、项目投资决策、信用分析这 6 部分内容。本科目由 120 道单项选择题组成，考试时长为 3 小时。

Excel 案例建模科目——是财务估值建模与分析考试，要求考生根据实际案例中的企业历史财务数据和假设条件，运用 Excel 搭建出标准、可靠、实用、高效的财务模型，完成企业未来财务报表预测、企业估值和相应的敏感性分析。本科目为 Excel 财务建模形式，考试时长为 3 小时。

职业发展方向

CVA 资格获得者具备企业并购、项目投资决策等投资岗位实务知识、技能和高效规范的建模技巧，能够掌握中外机构普遍使用的财务分析和企业估值方法，并可以熟练进行企业财务预测与估值建模、项目投资决策建模、上市公司估值建模、并购与股权投资估值建模等实际分析操作。

CVA 持证人可胜任企业集团投资发展部、并购基金、产业投资基金、私募股权投资、财务顾问、券商投行部门、银行信贷审批部门等金融投资相关机构的核心岗位工作。

证书优势

岗位实操分析能力优势——CVA 考试内容紧密联系实际案例，侧重于提高从业人员的实务技能并迅速应用到实际工作中，使 CVA 持证人达到高效、系统和专业的职业水平。

标准规范化的职业素质优势——CVA 资格认证旨在推动投融资估值行业的标准化与规范化，提高执业人员的从业水平。CVA 持证人在工作流程与方法中能够遵循标准化体系，提高效率与正确率。

国际同步知识体系优势——CVA 考试采用的教材均为 CVA 协会精选并引进出版的国外最实用的优秀教材。CVA 持证人将国际先进的知识体系与国内应用实践相结合，推行高效标准的建模方法。

配套专业实务型课程——CVA 协会联合国内一流金融教育机构开展注册估值分析师的培训课程，邀请行业内资深专家进行现场或视频授课。课程内容侧重行业实务和技能实操，结合当前典型案例，选用 CVA 协会引进的国外优秀教材，帮助学员快速实现职业化、专业化和国际化，满足中国企业“走出去”进行海外并购的人才急需。

企业内训

CVA 协会致力于协助企业系统培养国际型投资专业人才，使其掌握专业、实务、有效的专业知识。CVA 企业内训及考试内容紧密联系实际案例，侧重于提高从业人员的实务技能并迅速应用到实际工作中，使企业人才具备高效专业的职业素养和优秀系统的分析能力。

· 以客户为导向的人性化培训体验，独一无二的特别定制课程体系。

· 专业化投融资及并购估值方法相关的优质教学内容，行业经验丰富的超强师资。

· 课程采用国外优秀教材、完善科学的培训测评与运作体系。

考试安排

CVA 考试每年于 4 月、11 月的第三个周日举行，具体考试时间安排及考前报名，请访问 CVA 协会官方网站 www. CVAinstitute. org。

CVA 协会简介

注册估值分析师协会（Chartered Valuation Analyst Institute）是全球性及非营利性的专业机构，总部设于香港，致力于建立全球金融投资估值的行业标准，负责在亚太地区主理 CVA 考试资格认证、企业人才内训、第三方估值服务、年度行业估值报告出版以及 CVA 协会事务运营和会员管理。

联系方式

官方网站：http：//www. cvainstitute. org　　电话：4006－777－630

E-mail：contactus@cvainstitute. org　　新浪微博：注册估值分析师协会

协会官网二维码　　微信平台二维码

目 录

第1部分

风险管理基础

第 1 章 风险管理[*]

金融风险管理是确定、评估、度量和管理金融风险的过程，目的是创造经济价值。

一些风险可以被理性地度量。对于它们，风险可以通过统计工具生成利润和损失的概率分布来实现量化。其他无法被正式度量的风险并不意味着它们不重要。风险经理的作用是使用量化工具和分析判断来评估金融风险。

随着金融市场近几十年的扩张，风险管理的作用变得越来越重要。风险永远无法被完全规避。更一般地，风险管理的目的不是降低风险，而是睿智地驾驭风险。

风险可以被更好地度量和管理。投资者假设风险存在是因为他们期望以更高收益的形式来进行补偿。然而，确定如何平衡风险和收益需要风险度量。

诸如在险值（VAR）的核心风险管理工具发展于 20 世纪 90 年代。它们包含两种主要观点。第一种观点是风险需要在机构或者投资组合的上层进行度量。这种观点并不新颖。它由 Harry Markowitz① 首先提出，解释了投资组合整体风险度量的重要性。一个核心风险度量恰当地考虑了对冲和分散效应。它同时反映了股本权益是一个吸收所有风险的一般资本缓冲。第二种观点是风险应当使用当前的头寸信息进行前瞻性的度量。

本章给出了风险管理基础的一个概述。1.1 节使用案例说明的方式给出了风

---

* FRM 考试第一部分的主题。除了本章所描述的主题，FRM 考生也要阅读 GARP 行为规范。

① Harry Markowitz, "Portfolio Selection," *Journal of Finance* 7 (1952): 77 - 91.

险管理过程的介绍。接下来，1.2 节讨论了如何评估风险管理过程的质量。1.3 节接着转向风险管理与业务决定的整体性，这是个投资组合构成的问题。这些投资组合的决定可以在不同投资者之间进行加总，产生了资产定价理论，这些理论可以作为业绩评估的标准和评判风险的标准，这些内容将在 1.4 节进行介绍。最后，1.5 节讨论了风险管理如何增加经济价值。

1.1 风险度量

1.1.1 例　子

风险管理的第一步是度量风险。为了说明，考虑一个价值 1 亿美元投资于美国股票的投资组合。假设投资者持有这个头寸是因为他期望获得利润或者投资增值。然而，这个投资组合同样具有风险。

关键的问题是该投资组合的期望收益是否补偿了假设的风险。因此和大多数经济问题一样，涉及一个权衡问题。为了回答这个问题，风险经理应当建立投资的潜在收益和损失的分布。这表明投资组合的可能损失，以帮助投资者做出投资决定。

定义 ΔP 为该投资组合在固定时期内的收益或者损失，例如未来一个月。它必须用风险货币来度量，例如美元。这也是初始投资组合价值 P 与未来收益率 R_P 的乘积。后者是一个随机变量，要用它的概率密度函数进行描述。例如，使用过去长时期的历史数据，风险经理作出图 1.1。

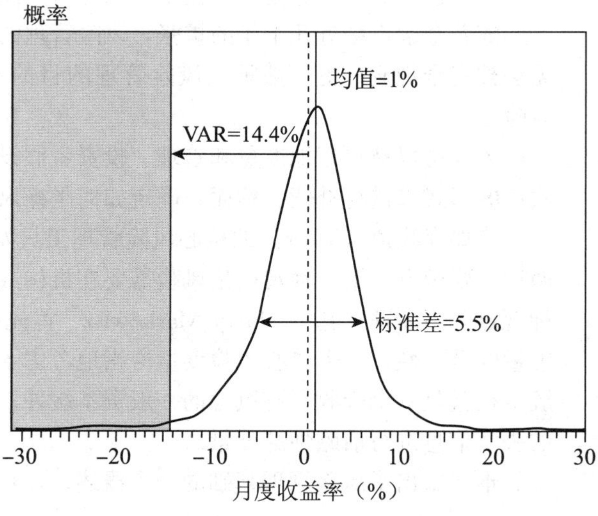

图 1.1　美国股票月度收益率的分布

该图基于 1925 年以来标准普尔 500 指数总收益率的真实分布。直线是直方图的平滑并且没有对模型进行简单假设（例如正态分布）。

纵坐标代表了频率或者概率，横坐标是收益或者损失的大小。曲线下的整个区域涵盖了所有可能发生的情况，因此应当加起来等于 1。

大部分数据都集中在分布的中央。这表明大部分收益率都很小，不管是正是负。尾部的权重很低，表明大的收益率不太可能发生。这是一项金融资产经典的收益率特征。到目前为止，这条路径很像正态分布的钟形曲线。

然而，在损失这边，有一个月发生损失为 10%或者更多的概率。累积概率为 3%，意味着在 100 个月的重复样本中，我们应当预期有 3 个月的损失为 10%或者更多。这个风险比用正态分布预测的糟糕得多。

如果这个风险对于投资者过大，那么一些投资应当转化为现金。当然，这会以较低的期望收益率作为代价。

分布可以由几种方式进行刻画。整体形状最有用，因为它相对于收益来说更倾向于揭示大额损失的信息。分布只能描述一些主要的统计量，印象中它过于简单。其他章节给出了这些统计量的正式定义。

● 均值，或者称为平均收益率，近似为每月 1%。定义为 $\mu(R_P)$，或者简化为 μ_P，或者在没有其他资产时简化为 μ。

● 标准差，近似为 5.5%。它通常被称为波动率，是距离均值离散程度的度量。定义为 σ。它是投资组合方差 σ^2 的平方根。

● 在险值（VAR），是某一个较大损失发生概率很小的截点。它也是分布的分位数。例如，使用 99%的置信水平，我们得到 VAR 为 14.4%。

1.1.2 绝对风险和相对风险

到目前为止，我们假设风险可以用美元收益率的分散程度以绝对形式来度量。然而，在一些情况中，风险是以**基准**（benchmark）的相对形式来度量。例如，一个主动型投资经理的业绩需要和指数收益率（例如标准普尔 500 指数收益率）进行比较。同样地，一个投资者未来可能有负债，在这种情况下的基准就是负债现值的指数。一个投资者也可能想度量扣除通胀水平后的收益率。在所有这些情况中，投资者就需要考虑相对风险。

● **绝对风险**（absolute risk）以与投资初始价值相关的差额形式进行度量。它可以用美元形式描述（或者其他相关基础货币）。我们用标准差作为风险度量并且定义 P 为初始投资组合的价值，R_P 为收益率。绝对风险的美元形式为：

$$\sigma(\Delta P)=\sigma(\Delta P/P)\times P=\sigma(R_P)\times P \tag{1.1}$$

● **相对风险**（relative risk）以与基准指数相关的形式进行度量，它反映了主动投资的风险。定义 B 为基准收益率，偏差为 $e=R_P-R_B$，也被称为**追踪误差**（tracking error）。用美元形式表示就是 $e\times P$。相对风险为：

$$\sigma(e)P=[\sigma(R_P-R_B)]\times P=\omega\times P \tag{1.2}$$

式中，ω 称为**追踪误差波动率**（tracking error volatility，TEV）。

考虑一个主动型股票投资组合经理的情况来比较这两种度量方法，该经理的任务是击败基准收益率（标准普尔 500 指数收益率或者全球 MSCI 股票指数收益率）。举个例子，如果投资组合的年收益率为－6%但基准收益率为－10%，超额收益率为正：$e=-6\%-(-10\%)=4\%$。因此，在相对业绩度量的形式下，该投资组合表现得不错，尽管绝对业绩为负。而另一个例子，如果投资组合的收益率为 6%，在绝对业绩度量下表现得不错，但是如果基准收益率为 10%，这种表现就不是十分出色了。

例题 1.1　FRM 试题——绝对风险和相对风险

一个投资经理的任务是击败基准收益率，因此风险应该以哪种方式度量？

(a) 以相对于初始投资的损失方式。

(b) 以相对于期望投资组合价值的损失方式。

(c) 以相对于基准收益率的损失方式。

(d) 以归因于基准收益率的损失方式。

1.2　风险管理过程的评估

风险管理的一个主要作用是估计未来收益和损失的分布。第一步很简单。以美元度量的收益率是初始投资的比例。换句话说，在图 1.1 的分布下，价值 1 亿美元的投资具有标准差 $\sigma(\Delta P)=\$1$ 亿$\times 5.5\%=\$550$ 万。将当前头寸乘以 2 以便这个风险增加到 110 万美元。

第二步是建立未来收益率的分布，相比之下就困难多了。在图 1.1 中，我们可以假设历史分布提供了一个未来风险的很好代表。因为我们拥有经历不同周期的大量历史收益率，这是一个可行的方法。

然而，事实并不总是这样。收益率可能在近期历史中保持恒定。这不意味着它在未来不发生变化。例如，黄金价格在 1934 年到 1967 年之间由美国政府保持恒定的 35 美元一盎司。因此，使用截止到 1967 年的 30 年历史分布表明没有风险。而黄金价格从那以后开始大幅浮动。到 2008 年，黄金价格达到 1 000 美元一盎司。因此，风险经理的职责是判定历史数据是否直接相关。

我们如何评估一个风险管理过程的质量呢？大损失的发生并不意味着风险管理已经失败。这可以简单地归因于坏运气。股票投资在 2008 年可能损失 17%。尽管这是一个非常严重的损失，但是图 1.1 表明它不是不可能发生的。例如，股票市场在 1931 年 9 月损失了 30%，在 1987 年 10 月 19 日损失了 22%。因此，风险经理应该做一个预测收益率分布的漂亮工作。我们如何区分损失是由于坏运气造成的还是由于风险模型的缺陷造成的呢？

1.2.1 已知的已知风险

为了回答这一问题，应当将风险进行分类，我们称之为已知的已知风险、已知的未知风险以及未知的未知风险。① 第一类由可确定并可度量的风险组成，例如股票头寸例子中的风险。损失在坏运气和投资组合糟糕决定的组合下依然可以发生。

然而，这些风险并不能频繁发生。假设99%置信水平下的VAR为14.4%。在这些条件下，在数月中连续亏损15%的情况应当非常罕见。如果这种情况发生，那么就是模型缺陷的原因。后面的章节将说明如何使用压力测试去检查风险度量系统中的缺陷。

1.2.2 已知的未知风险

第二类，称为已知的未知风险，包括风险已知或者应当已知但却没有被风险经理恰当度量的模型缺陷。例如，第一，风险经理可能忽略了重要的已知风险因子。第二，风险因子的分布包括波动率和相关系数，可能没有被准确地度量。第三，映射过程，由暴露于风险因子的风险暴露来代替头寸，可能是不正确的。这通常称为**模型风险**（model risk）。这些风险可以用压力测试进行评估，它可以在正常范围外冲击金融随机变量或者风险模型。

作为一个例子，考虑瑞银集团于2007年在次级和Alt－A级抵押贷款支撑的结构化信用证券头寸上遭受的190亿美元的损失。② 瑞银投资于证券的高级层次，它认为这完全安全（且具有高收益）。结果，它累积了暴露于这些证券的900亿美元的头寸，而相比之下它的股权账面价值只有410亿美元。该银行称它的风险度量过程依赖于基于近期房屋价格正增长的简单模型。和黄金的例子一样，最近的历史价格得出了有偏差的结论并掩盖了真实的风险。另外，瑞银的风险经理过分依赖于信用评级机构提供的评级。由于风险管理几乎没有给出这些投资工具下行风险的提示，这些损失可以视为风险管理的失败。即使如此，瑞银的报告表明高级管理层实施的增长策略是“瑞银建立后来发生损失的次级贷款头寸的主要原因”。换句话说，高级管理层要对损失负主要责任。

另一个已知的未知风险形式是**流动性风险**（liquidity risk）。许多风险模型假设头寸可以在指定的时间范围内迅速变现。实际上这取决于很多因素。第一个因

① Philippe Jorion, “Risk Management Lessons from the Credit Crisis,” *European Financial Management* 15 (2009): 923－933.

② 参见UBS，*Shareholder Report on UBS's Write-Downs*（Zurich：UBS，2008）。贷款可以根据递减的信用质量分为优良、Alt－A和次级贷款。次级贷款是具有低信用得分的消费者的贷款（他们的得分通常低于640分，而满分为850分）。Alt－A贷款是中等质量贷款的简称（这一类别的消费者信用得分低于680分或者缺少全面的贷款证明文件）。次级贷款和Alt－A贷款都是具有比其他贷款（优良）更高信用风险的贷款。

素是资产的内在流动性。例如，国债比高收益债券的流动性要好。它们在较低的买卖价差中交易并且很少遇到市场冲击。第二个因素是头寸的规模。这在头寸相对于正常交易行为过大的情况下是一个重要问题，这可能要求在执行交易的过程中经历一个非常大的价格下降。

1.2.3 未知的未知风险

最后一个类别的风险也是最难的。它们代表了大部分情景范围之外的所有事件。其中包括监管风险，例如突然对卖空交易的限制，这对对冲策略产生了严重影响，或者结构性的变化，例如将投资银行转变为商业银行加速了整个行业的去杠杆化。的确，一份2010年的调查报告表明风险经理高度关注“政府正在改变规则”。

同样地，考虑交易对手风险也非常困难。你无法充分地了解你的交易对手，你同样需要了解交易对手的交易对手。换句话说，这是网络关系。例如，对雷曼兄弟破产后果的深入探究就需要了解金融网络整体情况的信息。由于没有一家公司可以获得这些信息，这种传染性风险就无法进行直接度量。

同样地，一些流动性风险的形式评估起来也非常困难。这涉及相同交易者的行为和头寸情况，一般情况下是无法知道的。在非流动性市场，如果大量相同的投资组合同时出售，一个强制出售将会产生非常大的代价。

这种类型的风险有时称为奈特**不确定性**（uncertainty），一种无法度量的风险。金融机构无法时刻持有足够的资本来抵御大量的交易对手破产或者系统风险。在这些情况下，中央银行或者政府实际上成为最后的风险经理。

1.2.4 风险管理的失败

更一般地，风险管理的准则涉及以下任务：

1. 确定公司面对的所有风险。
2. 评估和监管这些风险。
3. 在被赋予权力时管理这些风险。
4. 与决策者交流沟通这些风险。

大量损失并不一定是风险管理的失败所导致的。它可能发生在已知的已知风险范围内并且和公司已经充分交流沟通过，在这种情况下它只能反映坏运气。总之，风险管理的目标不是防止损失。

但是，风险管理在任何任务没有完成的情况下都可能导致失败。一些风险可能没有被识别。风险的错误度量可能来自于模型风险、流动性风险或者它的分布没有被充分地度量。风险限额不会强制使用。最后，当没有对风险进行有效交流沟通时，风险管理也会失败。

例题 1.2　FRM 试题 2009——第 1-11 题

基于 CRO 的风险评估，银行的联席 CEO 决定对杠杆 CDO 投资组合进行大量投资。CRO 估计投资组合在 1 年内具有 1%的可能性损失超过 10 亿美元，这个损失将会使银行破产。在第一年末该投资组合已经产生了 20 亿美元的损失并且该银行被监管部门关闭。下列哪一个说法是正确的？

(a) 这个结果说明风险管理的失败，因为银行没有消除金融困境的可能性。

(b) 这个结果说明风险管理的失败，因为极值事件发生的事实意味着对结果估计的概率不准确。

(c) 这个结果说明风险管理的失败，因为 CRO 没有寻求监管部门来阻止银行的关闭。

(d) 基于提供的信息，无法判定风险管理是否失败。

1.3　构建投资组合

1.3.1　多种资产比较

我们现在转向投资组合的构建过程，这涉及期望收益率和风险的结合。假设另一个选择是投资美国长期政府债券。

在同一时期，这项投资的月度平均收益率为 0.47%。这是股票的一半。月度标准差为 2.3%，也是股票的一半。为了使得数据更加直观，月度收益率已经转化为年度收益率的形式，如表 1.1 所示。

表 1.1　　两种资产的风险和期望收益率

	平均收益率	波动率	相关系数
股票	11.2%	19.2%	
长期债券	5.6%	8.1%	0.13

这里，我们的投资者面对一个权衡问题：如何在这两种资产中进行选择。两种资产谁也没有比谁更占优势，如图 1.2 所示。

图 1.2 描述了一个简单的投资选择。更一般地，它代表了更为复杂的涉及风险的业务决定。例如，一家银行必须决定使用多大的杠杆，杠杆为资产负债表上资产的数量除以股本的数量。横坐标可以代表银行的信用等级。一方面，越高的杠杆涉及越高的风险以及相应越低的信用等级。在图 1.2 中，这对应于向右的运动。另一方面，越高的杠杆意味着股票的期望收益率应当越高。这是因为资产负债表上的股本越低，意味着利润分配的股本基础越小。在图 1.2 中，这对应着向

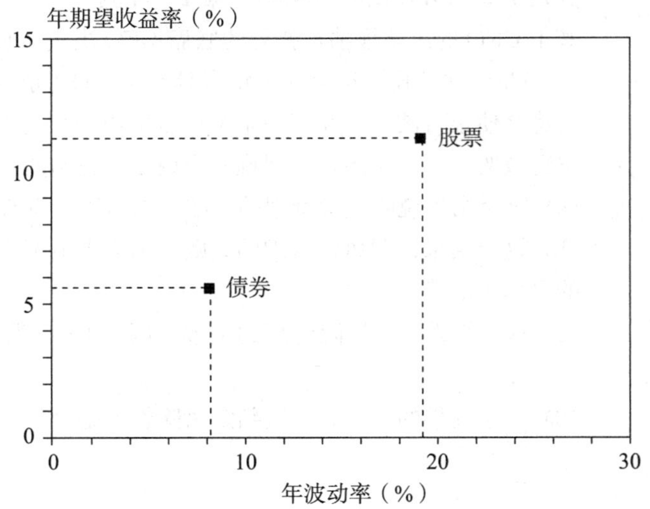

图 1.2　比较风险和期望收益率

上的运动。同时，我们观察到一个在高风险和高收益率之间的权衡。在没有风险度量的情况下，决定投资哪种资产是非常困难的。

1.3.2　风险调整业绩度量

下面的问题是如何用一个单独风险度量来调整业绩。同样的方法可应用于过去或者未来的业绩调整，过去的业绩调整要用到历史平均业绩值，未来的业绩调整要用到预测的数值。

最简单的度量是**夏普比率**（Sharpe ratio，SR），它是平均收益率 $\mu(R_P)$ 超过无风险收益率 R_F 的部分与绝对风险的比率：

$$SR=\frac{[\mu(R_P)-R_F]}{\sigma(R_P)} \tag{1.3}$$

夏普比率重点考虑以绝对形式度量的总体风险。这种方法可以扩展到将VAR或者收益率的分位数作为分母来代替收益率的波动率。

图 1.3 比较了两种投资工具的夏普比率。假设我们拥有一种无风险资产，现金，收益率为 3%。夏普比率是从现金到每一种资产的直线的斜率。该直线代表现金和每一种资产的投资组合。在这个例子中，股票的夏普比率比债券大。这意味着在相同的波动率下，选择现金和股票的投资组合比现金和债券的投资组合具有更高的收益率。

这可以推广到相对风险度量上。**信息比率**（information ratio，IR）度量了平均收益率 P 超过基准收益率 B 的部分与 TEV 之间的比率：

$$IR=\frac{[\mu(R_P)-\mu(R_B)]}{\sigma(R_P-R_B)} \tag{1.4}$$

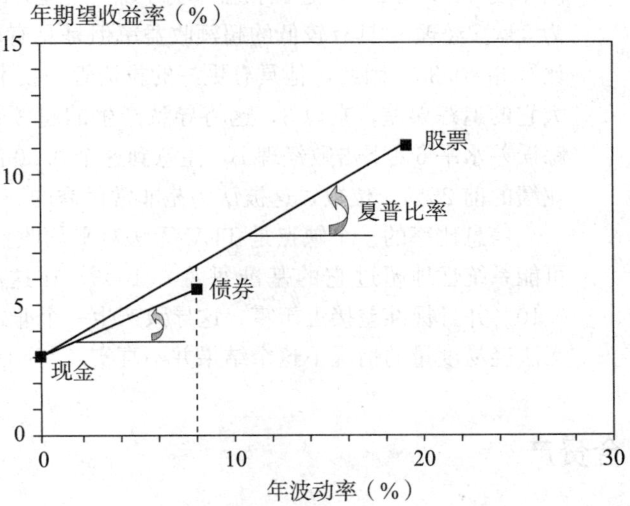

图 1.3　比较夏普比率

表 1.2 做了一个说明。无风险利率为 $R_F=3\%$，投资组合的平均收益率为 -6%，波动率为 25%。因此，投资组合的夏普比率为 $SR=[(-6\%)-(3\%)]/25\%=-0.36$。由于这是个负值，因此绝对业绩很差。

表 1.2　**绝对业绩和相对业绩**

	均值	波动率	业绩
现金	3%	0%	
投资组合 P	−6%	25%	$SR=-0.36$
基准 B	−10%	20%	$SR=-0.65$
偏差 e	4%	8%	$IR=0.50$

假设现在同时期的基准收益率为 −10% 并且追踪误差波动率为 8%。因此，信息比率 $IR=[(-6\%)-(-10\%)]/8\%=0.50$，这是个正值。相对业绩非常优秀，即使绝对业绩很差。

追踪误差波动率可以从投资组合收益率和基准收益率的波动率 σ_P 和 σ_B 以及它们的相关系数 ρ 得到。第 2 章说明随机变量之和的方差可以用各个随机变量方差之和加上两倍的协方差项来表示。那么偏差的方差为：

$$\omega^2=\sigma_P^2-2\rho\sigma_P\sigma_B+\sigma_B^2 \tag{1.5}$$

例如，如果 $\sigma_P=25\%$，$\sigma_B=20\%$，$\rho=0.961$，我们有 $\omega^2=25\%^2-2\times0.961\times25\%\times20\%+20\%^2=0.0064$，得到 $\omega=8\%$。

信息比率一般被用来在同一组中比较各个主动型基金经理。它是一个刻画主动型风险的主动型投资管理技术的单一度量。例如，考虑两个基金经理。经理 A

的年度 TEV 为 2%，超额收益率为 1%。经理 B 的年度 TEV 为 6%，超额收益率为 2%。经理 A 具有较低的超额收益率但是具有较高的信息比率，1/2=0.50 相比 2/6=0.33。因此，他具有更好的投资管理技术。例如，经理 A 可以被要求扩大它的追踪误差，乘以 3，这将导致产生的超额收益率为 3%，因此在相同的追踪误差水平 6%下击败经理 B。注意到这个 0.50 的信息比率通常是货币基金经理业绩的前 25%分位数，这被认为是非常优秀的。[①]

信息比率的一个缺点是 TEV 无法对平均收益率进行调整。例如，投资组合可能系统性地超过它的基准每月 0.10%。在这种情况下，追踪误差的均值为 0.10%并且标准差接近于零。这导致产生一个非常高的信息比率，在主动型风险无法轻易度量的情况下这个结果并不真实。

1.3.3 混合资产

到目前为止的分析都是考虑在某种资产上的单独投资选择。更一般地，一个投资组合可以分配在两种资产上。定义 ω_i 为资产 i 的分配权重。在完全投资情形下，我们有 $\sum_{i=1}^{N}\omega_i = 1$，其中 N 为资产的数目。换句话说，投资组合的权重之和必须等于 1。

由一个完全投资于债券的投资组合开始，权重为 $\omega_1=1.00$，$\omega_2=0$。随着我们将权重转移至股票，我们可以追踪一条代表混合投资组合风险和期望收益率的曲线。最终，这移动到只投资于股票的头寸，权重为 $\omega_1=0$，$\omega_2=1.00$。图 1.4 展示了描述所有投资组合情况的曲线。这是一个**资产分配**（asset allocation）问题的例子，投资者需要决定如何在资产类别间进行资产分配。

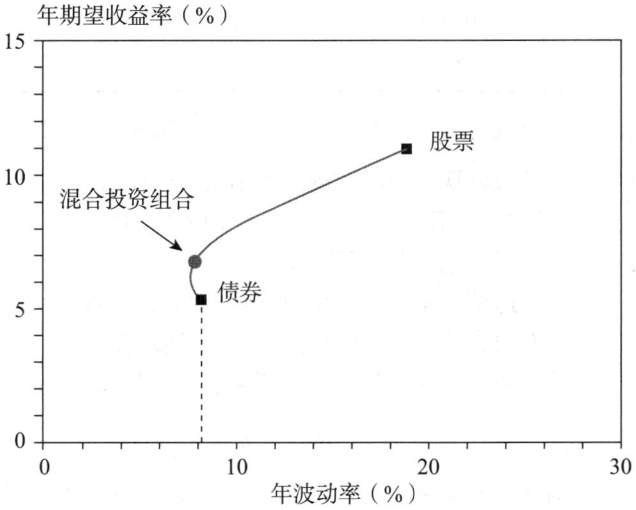

图 1.4　混合资产

① Grinold, Richard and Ronald Kahn, *Active Portfolio Management* (New York: McGraw-Hill, 2000).

这条曲线的形状取决于相关系数 ρ，它度量了两种资产相互变动的程度。相关系数的值在−1 到+1 之间。如果 $\rho=1$，那么两种资产以完全相同的比例变动，这条曲线变成了一条直线。

更一般地，曲线是弯曲的。这产生了一个有趣的观测。这条曲线包含了一个和债券投资风险水平相同但具有更高收益率的投资组合。因此，一个分散的投资组合可能比单独投资一种资产更优。

为了证明这一点，考虑投资组合期望收益率和波动率的计算。投资组合的方差取决于权重、单项资产的方差和相关系数：

$$\sigma_P^2=\omega_1^2\sigma_1^2+2\omega_1\omega_2(\rho\sigma_1\sigma_2)+\omega_2^2\sigma_2^2 \tag{1.6}$$

因此投资组合波动率（方差的平方根）是权重的非线性函数。相反，投资组合的期望收益率是一个简单的线性平均：

$$\mu_P=\omega_1\mu_1+\omega_2\mu_2 \tag{1.7}$$

例如，考虑一个 77%债券和 23%股票的混合投资组合。该投资组合的均值很容易计算。使用表 1.1 中的数据，为：

$$\mu_P=0.77\times5.6+0.23\times11.2=6.9\%$$

当 $\rho=1$ 时，使用公式（1.6），投资组合的方差为：

$$\begin{aligned}\sigma_P^2&=0.77^2\times8.1^2+2\times0.77\times0.23(1\times8.1\times19.2)+0.23^2\times19.2^2\\&=113.49\end{aligned}$$

该投资组合的波动率为 10.65。但是在这种情况下，它同样是两个波动率的线性平均 $\sigma_P=0.77\times8.1+0.23\times19.2=10.65$。因此该点位于两种资产之间的直线上。

接下来考虑相关系数 $\rho=0.13$ 的情况，如表 1.1 所示。混合投资组合的波动率为 8.1%。该投资组合具有和债券相同的波动率，但是具有更好的表现。混合投资组合的期望收益率为 6.9%，超过了债券的 5.6%，提高了 1.4%。这展现了多样化的作用。

最后，考虑 $\rho=-1$ 的假想例子。在这种情况下，方差下降为 3.32，波动率下降为 1.8%。这说明了低相关性可以降低投资组合风险的重要事实（至少当投资组合的权重为正时）。

1.3.4 有效边界

现在考虑一个更一般的问题，即大量股票（例如在标准普尔 500 指数中的 $N=500$ 只股票）中的分散性如何计算。这看上去是很难计算的，因为有太多不同的股票组合，但是 Markowitz 给出了一个简化问题的方法。

开始要假设所有的资产都服从联合正态分布。如果满足假设，投资组合的整体收益率分布可以总结为仅仅两个参数，均值和方差。

为了解决分散性的问题，需要对均值方差空间（更为准确地说，均值标准差空间）的**有效集**（efficient set）进行确定。这是代表投资者结合最优风险收益特征的关键点。更正式地，每一个投资组合由一个权重的集合 $\{\omega\}$ 定义，对于每一个期望收益率 μ_p 的特定值，风险是最小的：

$$\text{Min}_{\omega}\sigma_p^2 \tag{1.8}$$

有以下条件约束：(1) 投资组合的收益率等于一个特定值 k；(2) 投资组合的权重之和等于 1。改变这个特定值 k 以重新追踪有效集。

当投资组合权重没有卖空限制时，有效集存在闭合形式的解。任何投资组合都是两个投资组合的线性组合。第一个是完全最小方差投资组合，它具有在所有投资组合中最低的波动率。第二个是具有最高夏普比率的投资组合。

这个理论框架可以推广到在险值，特别是当收益率分布具有肥尾时。然而在这种广义情况下，不存在闭合形式的解。

1.4 资产定价理论

1.4.1 资本资产定价模型

我们现在转向 William Sharpe (1964)① 教授发明的**资本资产定价模型**（capital asset pricing model，CAPM）。Sharpe 的第一步就是将股票的协方差结构简化成一个单因子模型。定义 $R_{i,t}$ 为股票 i 在时期 t 的收益率，$R_{F,t}$ 为无风险收益率，$R_{M,t}$ 为市场收益率。那么股票 i 在时期 t 的超额收益率由以下回归进行估计：

$$R_{i,t}-R_{F,t}=\alpha_i+\beta_i[R_{M,t}-R_{F,t}]+\epsilon_{i,t},t=1,\cdots,T \tag{1.9}$$

式中，斜率系数 β_i 是股票 i 对市场风险因子的暴露，即**系统风险**（systematic risk）。α_i 为考虑市场风险因子的暴露之后基金经理的超常业绩。最后，ϵ_i 是残差项，它满足均值为零并且和 R_M 以及其他残差项不相关的假设。

这是一个单因子模型，因为股票间任何相互作用都归因于它们暴露于市场的风险。更简化一些，忽略无风险利率和 α，这些都是常数。我们现在计算两只股票 i 和 j 之间的协方差。它是两个随机变量协同变动的度量，如第 2 章所述。

$$\begin{aligned}Cov(R_i, R_j)&=Cov(\beta_iR_M+\epsilon_i, \beta_jR_M+\epsilon_j)\\&=\beta_i\beta_jCov(R_M, R_M)+\beta_iCov(R_M, \epsilon_j)+\beta_jCov(R_M, \epsilon_j)\\&\quad+Cov(\epsilon_i, \epsilon_j)\\&=\beta_i\beta_j\sigma^2(R_M)\end{aligned} \tag{1.10}$$

① William Sharpe, "Capital Asset Prices: A Theory of Market Equilibrium under Conditions of Risk," *Journal of Finance* 19 (1964): 425-442.

由于所有的 ϵ 和 R_M 之间不相关并且彼此之间不相关，因此，资产特定风险 ϵ 称为**特殊风险**（idiosyncratic）。

这些简化的风险因子结构非常有用因为它降低了参数的数目。例如，如果有 100 种资产，理论上有 $N(N-1)/2=4\ 950$ 个两两协方差。要估计的参数太多。相反，公式（1.10）中的风险因子结构只涉及 100 个参数，β_i 加上市场的方差。这极大地简化了分析。

这种近似的核心是**映射**（mapping），一个在风险管理中广泛使用的过程。映射将单独头寸用一小部分基本风险因子的风险暴露代替。它将在后面的章节进行详细介绍。简单来说，它需要风险经理使用好的量化工具并判断这样的简化是否允许。

Sharpe（1964）接着检验了资本市场均衡的条件。这需要每种资产的总需求（从投资者的投资组合优化得出）准确匹配当前资产的总供给（例如发行的股票）。总需求可以进行加总，因为投资者被假设对收益率的分布具有相同的期望，同时假设收益率服从正态分布。

另外，该模型假设无风险资产的存在，它可以用来以相同的利率进行借贷。和大多数经济模型一样，资本市场假设为完美的。也就是，没有交易成本，证券可以无限划分，并且允许卖空。

在这些条件下，Sharpe 表明市场投资组合，定义为投资组合中所有股票的价值加权平均，一定存在具有最高夏普比率的投资组合。因此，它必须是均值方差有效的。图 1.5 表明连接无风险资产 F 和市场投资组合 M 的直线具有有效边界上任何投资组合的最高夏普比率。这条直线也被称为**资本市场线**（capital market line，CML）。它优于任何现金和股票投资的组合。

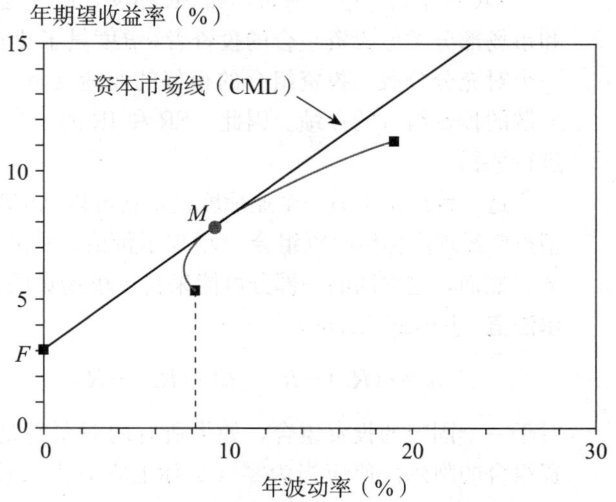

图 1.5　资本市场线

F 和 M 之间的投资组合具有正的资本分配权重。非常厌恶风险的投资者将持有更靠近 F 的混合资产。具有风险容忍度的投资者将选择靠近甚至超过市场部分 M 的投资组合。M 上方的投资组合代表了市场中的杠杆头寸（例如以无风险利率借钱并且重新投资于股票市场的过程)。

即使如此，所有的投资者应当持有相同的股票比例。例如，埃克森公司是标准普尔500指数中最大的公司，占整个市场的4%。对于CAPM，所有投资者的投资组合中，不管是大是小，都拥有4%的埃克森公司股票。

图1.5展示了两种资产分离的概念。任何有效的投资组合一定在这条直线上并且因此分离成两种资产，无风险资产和市场部分。

最后，市场的均值方差有效意味着期望超额收益率和市场投资组合中所有股票的系统风险之间存在线性关系。对于任何股票 i，我们一定有：

$$E(R_i)=R_F+\beta_i[E(R_M)-R_F] \tag{1.11}$$

这需要股票收益率同样也可以视为股票资产的成本。换句话说，公式（1.9）中的 α_i 项应当全为零。这解释了为什么主动型管理的投资组合 α 一般被用来度量管理技术。

这个理论具有深远的影响。它表明投资者可以轻易地分散它们的投资组合。因此，许多特殊风险被消除了。相反，系统风险无法被分散。这解释了为什么公式（1.11）只包含 β_i 作为股票 i 的风险因子。注意到波动率 σ_i 从来不直接出现在风险定价中。

这产生了另一个业绩度量**特雷诺比率**（Treynor ratio），定义为：

$$TR=\frac{[\mu(R_P)-R_F]}{\beta_P} \tag{1.12}$$

如果CAPM成立，这个比率应当对所有资产都一样。公式（1.11）的确表明比率$[\mu(R_i)-R_F]/\sigma(R_i)$为常数。

TR对于高 β 进行惩罚，和SR相反，后者是对高 σ 进行惩罚。对于一个持有和市场部分类似投资组合的投资者，β 度量了投资组合的风险贡献。因此，这是一个对充分分散的投资组合的很好的业绩度量。相反，SR可以用来调整未充分分散的投资组合的业绩。因此，SR和IR的一个主要缺陷是它们对系统风险无法进行惩罚。

这导致产生了另一个业绩度量，它可以从CAPM中直接得出。假设一个主动型投资经理声称给投资组合 P 增加了价值。观测到的平均超额收益率为 $\mu(R_P)-R_F$。然而，这中间的一部分可能来自于市场贝塔。一个合适的业绩度量为**詹森阿尔法值**（Jensen's alpha）：

$$\alpha_P=\mu(R_P)-R_F-\beta_P[\mu(R_M)-R_F] \tag{1.13}$$

对于一个固定的投资组合，如果所有的股票都是根据CAPM进行定价，那么投资组合的阿尔法值应当为零（实际上它应当为负，如果考虑管理费用和其他成本）。

总的来说，CAPM假设（1）投资者具有相同的期望收益率，（2）收益率的分布是正态的，（3）资本市场是完美的，（4）市场是均衡的。理论的困难在于市场投资组合应当包含世界范围内所有可投资的资产，因此，这是无法观测到的。

1.4.2 套利定价理论

CAPM起源于一个单因子模型。这可以推广到多因子的情形。第一步是建立一个风险结构，假设资产收益率的变动归因于多种风险来源。

例如，在股票市场，小型公司的行为和大型公司不一样。这可能是市场因子以外的第二个因子。其他可能的因子是能源价格、利率等等。假设有 K 个风险因子，公式（1.9）可以推广为：

$$R_i=\alpha_i+\beta_{i1}y_1+\cdots+\beta_{iK}y_K+\varepsilon_i \tag{1.14}$$

这里同样假设残差项 ε 和结构中的各因子以及彼此之间不相关。公式（1.10）的风险分解可以用同样的方式进行推广。

套利定价理论（arbitrage pricing theory，APT）是由Stephen Ross（1976）基于以上因子模型和金融市场无套利的假设发展得到的。[①] 正式来说，投资组合可以完全分散化并且几乎没有风险。为了防止套利机会，这些投资组合应当具有零期望收益率。这些条件使得期望收益率和因子风险暴露之间存在线性关系：

$$E[R_i]=R_F+\sum_{k=1}^{K}\beta_{ik}\lambda_k \tag{1.15}$$

这里 λ_k 是因子 k 的市场价格。

例如，考虑只有一个因子的最简单的情况。我们有三只股票，A、B和C，贝塔值分别为0.5、1.0和1.5。现在假设它们的期望收益率为6%、8%和12%。然后我们可以建立一个由50%A多头头寸、50%C多头头寸和100%B空头头寸组成的投资组合。投资组合的贝塔值为50%×0.5+50%×1.5－100%×1.0＝0。这个投资组合没有初始投资，也没有风险，因此期望收益为0。计算期望收益得到：50%×6%+50%×12%－100%×8%＝+1%。这将产生套利机会，必须被消除。这三个收益率和APT不一致。从A到C，我们有 $R_F=3\%$ 和 $\lambda_1=6\%$。因此，利用公式（1.15），B的APT期望收益率应当为 $E[R_i]=R_F+\beta_{i1}\lambda_1=3\%+1.0\times6\%=9\%$。

注意到APT期望收益率在单因子的情况下非常类似于CAPM，公式（1.11）。然而，两者的解释却完全不同。APT不依赖于均衡但是简单地基于资本市场没有套利机会的假设，这是非常弱的要求。它甚至都不需要因子模型来保持严格成立。它只要求残差风险非常小。这种情形一定存在于拥有足够多的一般因子以及完全分散化的投资组合中，这也被称为**高度分散**（highly granular）。

APT模型不需要对市场因子进行确定，这是它比较先进的地方。不幸的是，模型的检验是模棱两可的，因为APT理论没有给出因子应该是什么的信息。

一些选择因子的方法是可行的。第一，结构化方法是从经济机构和实务中广泛选取因子。例如，价值、规模和被广泛应用于解释股票期望收益率的矩。第二

---

① Stephen Ross, "The Arbitrage Theory of Capital Asset Pricing," *Journal of Economic Theory* 13 (1976): 341-360.

是从观测数据中选取因子的统计方法。例如，**主成分分析**（principal component analysis，PCA）是一项提供资产收益率相关系数矩阵最优拟合的技术。第一个PC是提供对角矩阵最优近似的资产收益率的线性组合。第二个PC是与第一个PC垂直正交并且提供对角矩阵最优近似的资产收益率的线性组合。这个分析可以一直进行下去直到剩下的因子不再显著。

这些方法对风险管理非常重要，特别当遇到大量计算时，例如一个大型投资组合。例如，一个风险经理可能用大约10个风险因子来减少由100只股票组成的投资组合的维度。这种降维对蒙特卡洛模拟特别重要，因为它减少了计算时间。

例题1.3 FRM试题2009——第1-4题

一个CAPM研究机构的分析师正在设计一项收益率为21%的投资组合。市场风险溢价为11%，市场投资组合的波动率为14%，无风险利率为4.5%。投资组合A的贝塔值为1.5。根据资本资产定价模型，下列哪一个说法是正确的？

(a) 投资组合A的期望收益率比市场投资组合的期望收益率高。

(b) 投资组合A的期望收益率比市场投资组合的期望收益率低。

(c) 投资组合A的波动率比市场投资组合的波动率低。

(d) 投资组合A的期望收益率与市场投资组合的期望收益率相等。

例题1.4 FRM试题2009——第1-6题

假设投资组合A具有8%的期望收益率、20%的波动率和0.5的贝塔值。假设市场具有10%的期望收益率和25%的波动率。最后，假设无风险利率为5%。投资组合A的詹森阿尔法值是多少？

(a) 10.0%。

(b) 1.0%。

(c) 0.5%。

(d) 15%。

例题1.5 FRM试题2007——第132题

下列关于夏普比率的说法哪一个是错误的？

(a) 夏普比率同时考虑投资组合的系统风险和非系统风险。

(b) 夏普比率等于投资组合的期望收益率超出无风险收益率的部分除以投资组合的总体风险。

(c) 夏普比率不能用于评估非分散投资组合的相关业绩。

(d) 夏普比率可以从资本市场线推导得到。

例题1.6 FRM试题——夏普比率和信息比率

一个投资组合经理的收益率为10%，波动率为20%。基准收益率为8%，波动率为14%。两者之间的相关系数为0.98。无风险收益率为3%。下列说法哪一个是正确的？

(a) 投资组合具有比基准组合高的SR。

(b) 投资组合具有负的IR。

(c) IR为0.35。

(d) IR为0.29。

1.5 风险管理的评估

前面的部分已经说明大部分投资或者业务决定都需要风险选择的信息。资产定价理论同样也给我们一个考虑风险管理如何增加经济价值的参考框架。

1.5.1 与风险管理不相关的理论

CAPM 解释了投资者不喜欢系统风险。他们可以用他们自己的方式分散非系统风险。因此，系统风险是定价时唯一需要考虑的风险。

公司可以使用金融衍生品来对冲它们的波动率。然而如果这只改变了波动率却没有改变市场贝塔，那么公司的成本和估值都没有受到影响。这种结果只存在于 CAPM 资本市场的完美假设下。

举个例子，假设一个公司对冲了金融风险，而这些风险可以被投资者用他们自己的方式进行对冲。例如，一家原油公司可以对冲它在原油上的风险暴露。然而，该公司股票的投资者可以用他们决定的方式轻易进行对冲。在这种情况下，公司的风险管理没有增加经济价值。

在抽象的世界中，风险管理是不相关的。这是经典的莫迪利亚尼-米勒理论（MM 理论）的应用，它说明公司的价值不取决于公司的政策。这个结论直觉上是对于公司所做的所有金融行为，如果它的投资者都可以轻易地以他们自己的方式做到，就不会增加经济价值。更糟的是，如果风险管理实务耗费成本，它可能会损害公司的经济价值。

1.5.2 与风险管理相关的理论

然而，MM 理论是基于很多假设的。它假设没有金融摩擦，例如金融困境成本、税收和资本市场的准入，它还假设在金融市场的参与者中不存在信息不对称。

在实际中，如果这些假设不成立，风险管理可以增加价值。

1. 对冲可以增加价值，如果它帮助避免了大量的金融困境成本。走向破产的公司通常会经历价值的大幅下跌，原因是破产过程中存在强制出售和法律成本。例如，考虑雷曼兄弟的破产。雷曼拥有价值 1 300 亿美元的未结算债券。在 2008 年 9 月后，这些债券的价值下降到原来的 9.75%。这意味着破产事件导致了公司价值的巨大下降。

2. 公司收入税可以视为摩擦的一种形式。假设没有准备金，在盈利的年份税收比较高但是在亏损的年份却没有退税来补偿。如果收入为正就需要支付税收，这类似于一个期权的多头头寸，具有相似的凸度效应。因此，通过稳定收入，公司降低了长时间的平均税收支付，这就增加了它们的价值。

3. 当外部融资成本比内部保证基金高的时候也会产生其他金融摩擦。一个公司可以决定不去对冲它们的金融风险，这会导致收入更大的波动。在盈利的年份，项目可以由内部进行融资保证运行。在亏损的年份，就通常需要从资本市场进行借贷维持项目的运行。然而，如果外部借贷成本过高，一些有价值的项目在亏损的年份将不会获得融资。对冲可以帮助避免这个投资不足的问题，这也可以增加公司价值。

4. 信息不对称的一种形式归因于管理权的代理成本。投资者雇用经理来提供服务，并且下放给他们经营公司的权力。然而，优秀的和不合格的经理并不总能容易地加以区分。没有对冲，收入的波动就归因于外部力量。这使得很难确定管理业绩。进行对冲后，这些借口就没有空间了。不合格的经理可以被很容易地确定并被解雇，这增加了公司的价值。

5. 信息不对称的另一种形式是由大股东具有决定公司业务的权力引起的。这种权力加上经营管理权会比其他形式更加有效，可能会增加公司价值。在通常情况下，这些投资者将大量财富投资于公司。因为他们不是分散的，他们可能更加乐意投资于公司，因此公司在降低风险时会增加价值。

实际上，有很多实证表明致力于风险管理的公司具有更高的价值。然而，这种分析也遭遇挑战。研究者无法进入和他们的对冲计划完全不同的类似公司进行研究。其他的混合效应可能会发生作用。对冲可以和管理的质量相互联系，这会增加公司的价值。例如，具有风险管理计划的公司更倾向于雇用金融风险管理师。

例题 1.7　FRM 试题 2009——第 1-8 题

在完美市场中，风险经理旨在降低公司多元化风险的目的将会

(a) 只要风险管理的成本合理就可以使公司对股东更具有吸引力。

(b) 通过降低股权成本来增加公司价值。

(c) 只要风险管理成本为正就会降低公司价值。

(d) 对公司价值没有作用。

例题 1.8　FRM 试题 2009——第 1-2 题

通过降低金融困境和破产的风险，公司使用衍生品合约来对冲其现金流的不确定性将会

(a) 降低公司价值，因为衍生品交易会产生交易成本。

(b) 增加公司价值，因为投资者无法自己对冲这些风险。

(c) 对公司价值没有作用，因为投资者可以用更低的成本来分散风险。

(d) 对公司价值没有作用，因为只有系统风险可以用衍生品进行对冲。

1.6　重要公式

绝对风险：$\sigma(\Delta P)=\sigma(\Delta P/P)\times P=\sigma(R_P)\times P$

相对风险：$\sigma(e)P=[\sigma(R_P-R_B)]\times P=\omega\times P$

追踪误差波动率（TEV）：$\omega=\sigma(R_P-R_B)$

夏普比率（SR）：$SR=[\mu(R_P)-R_F]/\sigma(R_P)$

信息比率（IR）：$IR=[\mu(R_P)-\mu(R_B)]/\omega$

特雷诺比率（TR）：$TR=[\mu(R_P)-R_F]/\beta_P$

多因子模型：$R_i=\alpha_i+\beta_{i1}y_1+\cdots+\beta_{iK}y_K+\epsilon_i$

CAPM 期望收益率：$E(R_i)=R_F+\beta_i[E(R_M)-R_F]$

APT 期望收益率：$E[R_i]=R_F+\sum_{k=1}^{K}\beta_{ik}\lambda_k$

1.7 例题解答

例题 1.1　FRM 试题——绝对风险和相对风险

（c）这是一个以主动投资组合收益率相对于基准收益率偏差的形式度量风险的例子。选项 a 和 b 不正确是因为它们指的是绝对风险。选项 d 不正确是因为它指的是基准收益率的绝对风险。

例题 1.2　FRM 试题 2009——第 1-11 题

（d）决定这些投资是 CEO 的职责，而不是 CRO 的职责。CRO 已经准确地估计出发生超过 10 亿美元损失的可能性。另外，没有任何超过 VAR 的分布信息。因此，这可能是因为坏运气。如果 CRO 宣称这个概率为零，那么就可能会发生风险管理的失败。

例题 1.3　FRM 试题 2009——第 1-4 题

（a）根据 CAPM，投资组合 A 的期望收益率为 $R_F+\beta[E(R_M)-R_F]=4.5\%+1.5\times11\%=21\%$。因为贝塔值大于 1，它必须比市场的期望收益率 15.5%大。注意到题目含有很多无关的信息。

例题 1.4　FRM 试题 2009——第 1-6 题

（c）这是一个相反的问题。CAPM 的收益率为 $R_F+\beta[E(R_M)-R_F]=5\%+0.5\times[10\%-5\%]=7.5\%$。因此阿尔法值为 $8\%-7.5\%=0.5\%$。

例题 1.5　FRM 试题 2007——第 132 题

（c）SR 考虑总体风险，这包括系统风险和非系统风险，因此选项 a 和 b 都是正确的说法。同样，SR 可以从资本市场线得到，它说明市场是均值方差有效的并且任何可行的投资组合都会有最大的夏普比率。最后，SR 可以用于评估非分散投资组合，因为它包含特殊风险。

例题 1.6　FRM 试题——夏普比率和信息比率

（d）投资组合和基准组合的夏普比率分别为 $(10\%-3\%)/20\%=0.35$ 和 $(8\%-3\%)/14\%=0.36$。因此投资组合的 SR 比基准组合的低。选项 a 是不正确的。TEV 是 $20\%^2+14\%^2-2\times0.98\times20\%\times14\%$ 的平方根，即 $\sqrt{0.00472}=6.87\%$。因此，投资组合的 IR 为 $(10\%-8\%)/6.87\%=0.29$。这是正值，因此选项 b 是不

正确的。选项 c 的答案是投资组合的 SR 而不是 IR，因此也是不正确的。

例题 1.7　FRM 试题 2009——第 1-8 题

(c) 在完美市场中，旨在降低公司多元化风险的风险管理的行为不会影响资本的成本，因此不会增加公司的价值。进一步，如果这些行为产生成本，反而会降低公司的价值。

例题 1.8　FRM 试题 2009——第 1-2 题

(b) 金融困境或者破产的成本产生于市场的不完美。通过对冲，公司将降低这种成本，这会增加公司的经济价值。

译库·金融风险管理师考试手册(第六版)经济科学译库·金融风险管理师考试手册(第六版)经济科学译

第2部分

数量分析

第 2 章　概率论基础*

前面一章已经介绍了风险经理如何使用频率分布来描述投资组合的风险。这是用概率这个工具来完成的。它是数学的抽象概念，描述了随机变量的分布。每一个风险因子均被视为一个随机变量，例如股票价格、债券价格、外汇汇率以及商品价格的变动。它们的性质由概率分布函数所描述。这些分布可以用支付函数为交易的投资组合建立盈亏状况的分布进行处理。

本章为风险经理回顾概率论的基本工具。2.1 节是打基础，用概率密度函数刻画随机变量。这些函数能用它们的矩、均值、方差、偏度和峰度来描述。多元分布在 2.2 节描述。2.3 节则致力于介绍随机变量的函数。最后，2.4 节给出了一些用于风险管理的分布函数的重要例子，包括均匀分布、正态分布、对数正态分布、学生 t 分布、二项分布和泊松分布。最后，2.5 节描述了极限分布，它用来刻画相互独立的随机变量的均值和尾部的性质。

2.1　刻画随机变量

经典的概率方法基于**随机变量**（random variable，RV）。例如，在掷骰子时，

* FRM 考试第一部分的主题。

每一个结果由一个固定过程产生。如果骰子是非常对称的，我们可以认为在一次投掷中观察到一次 6 点的概率为 $p=1/6$ 。虽然事件本身是随机的，但我们仍然可以从一个固定的数据产生过程中得到许多有用的结论。

同样的方法可以用于金融市场，这里的股票价格、汇率、收益率和大宗商品价格均可视为随机变量。但与上述实验相比，这些随机变量的固定数据产生过程的假设条件更弱一些。

2.1.1 一元分布函数

一个随机变量 X 用一个**分布函数**（distribution function）刻画：

$$F(x)=P(X\leqslant x) \tag{2.1}$$

它是随机变量 X 的真实结果小于等于给定的数 x 的概率，这也被称为**累积分布函数**（cumulative distribution function）。

当随机变量 X 取离散值时，这个分布由小于等于 x 的概率直接加总得到，即：

$$F(x)=\sum_{x_j\leqslant x}f(x_j) \tag{2.2}$$

这里，函数 $f(x)$ 称为**频率函数**（frequency function），或者是**概率密度函数**（probability density function，PDF）。

当随机变量连续时，分布为：

$$F(x)=\int_{-\infty}^{x}f(u)\mathrm{d}u \tag{2.3}$$

密度函数可以由分布函数得到：

$$f(x)=\frac{\mathrm{d}F(x)}{\mathrm{d}x} \tag{2.4}$$

通常，分布函数或者密度函数可以等同地对随机变量进行描述。

这些函数具有显著的性质，密度函数 $f(u)$ 对于所有的 u 必须为正。当 x 趋于无穷时，分布趋于 1，因为它代表 x 的任意抽样的总概率：

$$\int_{-\infty}^{\infty}f(u)\mathrm{d}u=1 \tag{2.5}$$

图 2.1 的上部给出了密度函数 $f(x)$ 的一个例子，下部是累积分布函数 $F(x)$ 的一个例子。$F(x)$ 度量 $f(x)$ 曲线与 x 轴之间的小于等于 x 的面积，用阴影部分表示。这里，这个面积为 0.24，对于很小的 x，$F(x)$ 接近于 0。相反地，对于很大的 x，$F(x)$ 接近于 1。

例 密度函数

一个赌徒想刻画掷一对骰子的结果的密度函数。因为每个骰子有 6 个面，因此有 36 种可能的结果。结果为 2 的只有一种情况（两个骰子都是 1），因此出现结

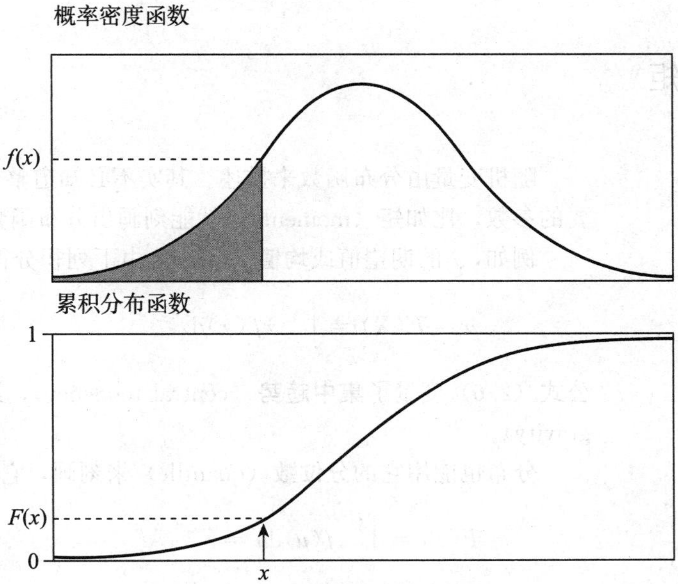

图 2.1　密度和分布函数

果 2 的频数为 1。结果为 3 的有两种情况（一个骰子为 1，一个为 2，反之亦然），如此等等。

赌徒对每个结果（从 2 到 12）出现的频率创建了频率表，见表 2.1。根据这张表，他可以计算得到每一个结果出现的频率。例如，结果 3 出现的频率等于频数 2 除以可能的结果总数 36，得到 0.055 6。我们可以验证，事实上所有的概率加起来为 1，因为所有可能的结果都必须计算。从表中我们可以发现结果小于等于 3 时的概率为 8.33%。

表 2.1　　概率密度函数

结果 x_i	频数 $n(x)$	概率 $f(x)$		累积概率 $F(x)$
2	1	1/36	0.027 8	0.027 8
3	2	2/36	0.055 6	0.083 3
4	3	3/36	0.083 3	0.166 7
5	4	4/36	0.111 1	0.277 8
6	5	5/36	0.138 9	0.416 7
7	6	6/36	0.166 7	0.583 3
8	5	5/36	0.138 9	0.722 2
9	4	4/36	0.111 1	0.833 3
10	3	3/36	0.083 3	0.916 7
11	2	2/36	0.055 6	0.972 2
12	1	1/36	0.027 8	1.000 0
总和	36	1	1.000 0	

2.1.2 矩

随机变量由分布函数来描述。其实不必知道整个分布函数，只需关注少数重要的参数，比如**矩**（moment），就能刻画出分布函数，这样做较为方便。

例如，x 的期望值或**均值**（mean）由下列积分得到：

$$\mu = E(X) = \int_{-\infty}^{\infty} xf(x)\mathrm{d}x \tag{2.6}$$

公式（2.6）度量了**集中趋势**（central tendency），或者说总体的**重心**（center of gravity）。

分布也能用它的**分位数**（quantile）来刻画，它是具有概率 c 的截点 x ：

$$F(x) = \int_{-\infty}^{x} f(u)\mathrm{d}u = c \tag{2.7}$$

因此，随机变量小于 x 的概率为 c 。因为所有概率的和为 1，所以该随机变量大于 x 的概率为 $p = 1 - c$ 。定义分位数为 $Q(X,c)$ 。50%的分位数称为**中位数**（median）。

事实上，**在险值**（value at risk，VAR）可以用截点来解释发生的可能性将不会大于某个概率的损失，一般假设这个概率为 $p = 95\%$ 。如果 $f(u)$ 是投资组合盈亏的分布，那么 VAR 由下式定义：

$$F(x) = \int_{-\infty}^{x} f(u)\mathrm{d}u = (1-p) \tag{2.8}$$

式中，p 为右尾概率。VAR 可以被定义为期望值和分位数之间的偏差，即：

$$VAR(c) = E(X) - Q(X,c) \tag{2.9}$$

c 为左尾概率。注意，VAR 一般作为损失的正数来报告，在图形中则表现为负数。图 2.2 展示了一个 $c = 5\%$ 的 VAR 的例子。

另一个有用的矩是均值的平方离差或**方差**（variance）：

$$\sigma^2 = V(X) = \int_{-\infty}^{\infty} [x - E(X)]^2 f(x)\mathrm{d}x \tag{2.10}$$

标准差（standard deviation）使用起来更方便，因为它与原始变量 X 的单位相同：

$$SD(X) = \sigma = \sqrt{V(X)} \tag{2.11}$$

接下来，度量的三阶矩是**偏度**（skewness），它刻画了分布偏离对称的程度。它由下式定义：

$$\gamma = \left(\int_{-\infty}^{\infty} [x - E(X)]^3 f(x)\mathrm{d}x\right)/\sigma^3 \tag{2.12}$$

负偏度表明分布有一个很长的左尾，它表明观察到大的负值的概率很大。如

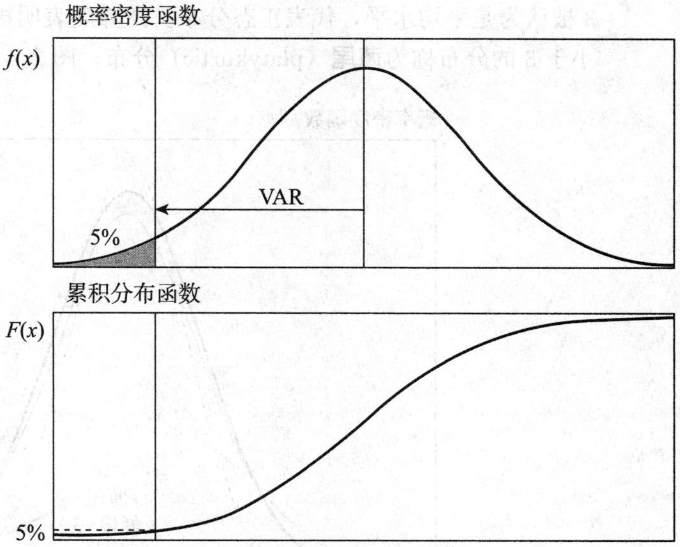

图 2.2　VAR 作为一个分位数

果这是投资组合盈亏的分布，这就是一个很危险的情况。图 2.3 展示了具有各种偏度的分布。

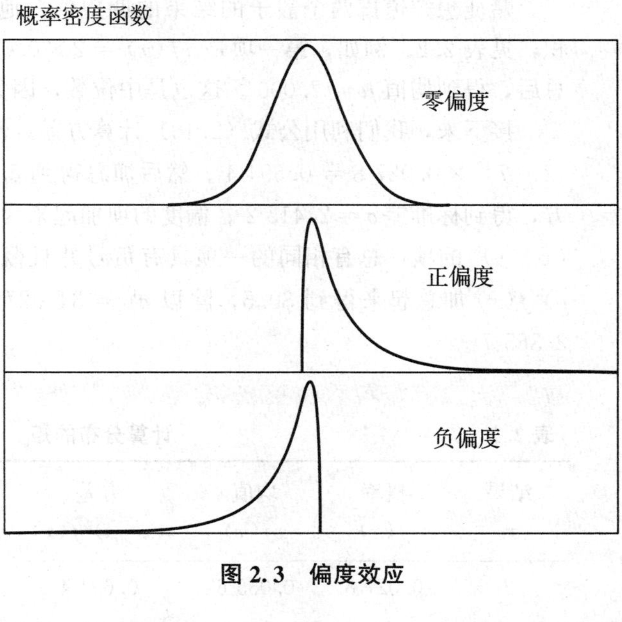

图 2.3　偏度效应

度量的四阶矩是**峰度**（kurtosis），它刻画一个分布的“扁平”程度，或者说它的尾部宽度。它的定义为：

$$\delta = (\int_{-\infty}^{\infty} [x - E(X)]^4 f(x) \mathrm{d}x) / \sigma^4 \tag{2.13}$$

因为是四次幂，尾部的观测值具有很大的权重，因此尾部的分布峰度很大。这样的分布称为**肥尾**（fat-tailed）分布。这个参数对于风险度量非常重要。峰度

3 被认为是平均水平，代表正态分布。高峰度表明极端变动的可能性较高。峰度小于 3 的分布称为**薄尾**（platykurtic）分布。图 2.4 展示了不同峰度的分布。

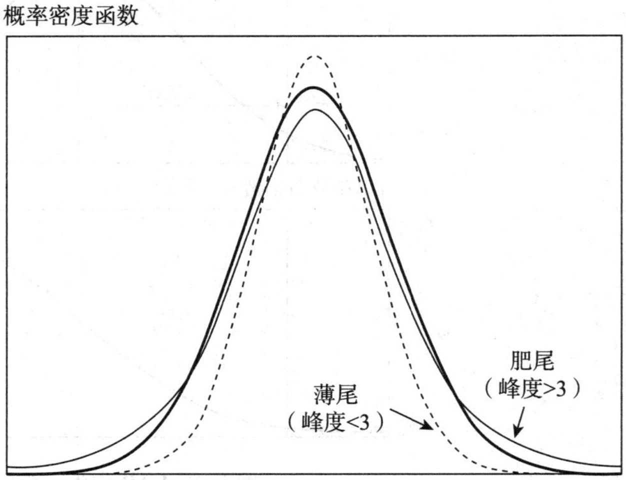

图 2.4　峰度效应

例　计算矩

赌徒想知道掷两个骰子的结果的期望值，他计算概率和每次投掷结果的乘积，见表 2.2。例如，第一项是 $xf(x)=2\times0.0278=0.0556$ ，如此等等。加总后，得到均值 $\mu=7.000$ 。这也是中位数，因为分布是对称的。

接下来，我们利用公式（2.10）计算方差。例如，第一项是 $(x-\mu)^2f(x)=(2-7)^2\times0.0278=0.6944$ 。然后加总得到 5.833 3，这就是方差的值，再开方，得到标准差 $\sigma=2.4152$ 。偏度的项加起来为 0，因为对于任何具有正的偏差 $(x-\mu)^3$ 的项，总有相同的一项具有负号并且概率相等。最后，峰度的项 $(x-\mu)^4f(x)$ 加总起来得到 80.5，除以 $\sigma^4=34.0278$ ，这样计算得到峰度为 $\delta=2.3657$ 。

表 2.2　计算分布的矩

结果 x_i	概率 $f(x)$	均值 $xf(x)$	方差 $(x-\mu)^2f(x)$	偏度 $(x-\mu)^3f(x)$	峰度 $(x-\mu)^4f(x)$
2	0.027 8	0.055 6	0.694 4	−3.472 2	17.361 1
3	0.055 6	0.166 7	0.888 9	−3.555 6	14.222 2
4	0.083 3	0.333 3	0.750 0	−2.250 0	6.750 0
5	0.111 1	0.555 6	0.444 4	−0.888 9	1.777 8
6	0.138 9	0.833 3	0.138 9	−0.138 9	0.138 9
7	0.166 7	1.166 7	0.000 0	0.000 0	0.000 0

续前表

结果 x_i	概率 $f(x)$	均值 $xf(x)$	方差 $(x-\mu)^2 f(x)$	偏度 $(x-\mu)^3 f(x)$	峰度 $(x-\mu)^4 f(x)$
8	0.138 9	1.111 1	0.138 9	0.138 9	0.138 9
9	0.111 1	1.000 0	0.444 4	0.888 9	1.777 8
10	0.083 3	0.833 3	0.750 0	2.250 0	6.750 0
11	0.0556	0.611 1	0.888 9	3.555 6	14.222 2
12	0.027 8	0.333 3	0.694 4	3.472 2	17.361 1
总和	1.000 0	7.000 0	$\sigma^2=5.833\ 3$	0.000 0	80.500 0
分母				$\sigma^3=14.088\ 8$	$\sigma^4=34.027\ 8$
		均值	标准差	偏度	峰度
		7.00	2.415 2	0.000 0	2.365 7

■

例题 2.1 FRM 试题 2009——第 2－3 题

一个分析师得到下列关于两个投资组合在同时期的收益率分布信息：

投资组合	偏度	峰度
A	−1.6	1.9
B	0.8	3.2

该分析师宣称投资组合 A 的收益率分布的峰度比正态分布高并且投资组合 B 的收益率分布具有较厚的左尾。下列说法哪一个是正确的？

(a) 该分析师的说法是正确的。

(b) 该分析师关于投资组合 A 的说法是正确的，关于投资组合 B 的说法是不正确的。

(c) 该分析师关于投资组合 A 的说法是不正确的，关于投资组合 B 的说法是正确的。

(d) 该分析师关于两个投资组合的说法都是不正确的。

2.2 多元分布函数

在实际中，投资组合的回报依赖于许多随机变量。为简化起见，我们从两个随机变量开始。这可以代表两种货币，或者两个利率因子，或者违约和信用风险敞口，这仅仅是少数例子。

2.2.1 联合分布

我们可以扩展公式（2.1）：

$$F_{12}(x_1, x_2) = P(X_1 \leqslant x_1, X_2 \leqslant x_2) \tag{2.14}$$

这里定义了一个两变量联合分布函数。在随机变量连续的情况下，也可以表示为：

$$F_{12}(x_1, x_2) = \int_{-\infty}^{x_1}\int_{-\infty}^{x_2} f_{12}(u_1, u_2)\mathrm{d}u_1\mathrm{d}u_2 \tag{2.15}$$

这里，$f(u_1, u_2)$是**联合密度函数**（joint density）。一般而言，增加随机变量相当于使密度函数或分布函数的性质复杂化了。

如果随机变量是**独立的**（independent），分析将相当简单。在这种情况下，联合密度函数就是单个密度函数的乘积：

$$f_{12}(u_1, u_2) = f_1(u_1) \times f_2(u_2) \tag{2.16}$$

并且积分也可以简化为：

$$F_{12}(x_1, x_2) = F_1(x_1) \times F_2(x_2) \tag{2.17}$$

这是非常方便的结果，因为我们仅需要知道各变量的单个密度函数就可以构造联合密度函数。例如，信用损失可视为如下两个随机变量的组合：（1）违约，这是这样一个变量，当违约时取1，否则为0；（2）风险敞口，这代表处于风险下的数额，比如一个互换的正的市场价值。如果两个变量是独立的，我们可以很容易地得到信用损失的分布。在两个骰子的例子中，联合分布的概率是概率的简单乘积。例如掷出两个1点的概率等于$1/6 \times 1/6 = 1/36$。

可以根据x_2得到x_1的分布，通过对x_2在整个定义域上积分，我们可以得到x_1的**边缘密度函数**（marginal density）：

$$f_1(x_1) = \int_{-\infty}^{\infty} f_{12}(x_1, u_2)\mathrm{d}u_2 \tag{2.18}$$

类似地可以得到x_2的边缘分布。我们接下来就可以定义**条件密度函数**（conditional density）：

$$f_{1\cdot 2}(x_1 \mid x_2) = \frac{f_{12}(x_1, x_2)}{f_2(x_2)} \tag{2.19}$$

这里，我们保持x_2固定，用联合密度函数除以x_2的边缘密度函数。这个规范化定义是为了确保条件密度函数是一个在定义域上积分为1的密度函数。这种关系也被称为**贝叶斯法则**（Bayes' rule）。

2.2.2 协方差和相关系数

当处理两个随机变量时，二者的相互影响可以用**协方差**（covariance）来描述：

$$Cov(X_1, X_2) = \sigma_{12} = \int_1 \int_2 [x_1 - E(X_1)][x_2 - E(X_2)] f_{12}(x_1, x_2) \mathrm{d}x_1 \mathrm{d}x_2 \tag{2.20}$$

可以将协方差转化为无单位的**相关系数**（correlation coefficient）：

$$\rho(X_1, X_2) = \frac{Cov(X_1, X_2)}{\sigma_1 \sigma_2} \tag{2.21}$$

相关系数是线性相关的度量指标。可以很容易证明，相关系数总是取值于[−1，+1]。相关系数为 1 意味着两个变量的变化方向是一致的。相关系数为−1则意味着二者变化方向相反。

公式（2.21）定义了**皮尔逊相关系数**（Pearson correlation）的概念。另一个相关性的度量是**斯皮尔曼相关系数**（Spearman correlation），它将随机变量的值用它们的秩来代替。这个非参数度量比较不敏感，因此在数据中可能存在错误的情况下比常用的相关系数更为粗糙。

如果变量是独立的，联合密度函数分开成边缘密度函数的乘积形式，由公式（2.6）可以得到：

$$Cov(X_1, X_2) = \{\int_1 [x_1 - E(X_1)] f_1(x_1) \mathrm{d}x_1\}\{\int_2 [x_2 - E(X_2)] f_2(x_2) \mathrm{d}x_2\} = 0$$

在这种情况下，两个变量被认为是**不相关的**（uncorrelated），因此独立意味着不相关（但是反之不然）。

例　多元函数

考虑两个随机变量，例如加拿大元和欧元的汇率。表 2.3a 描述了联合密度函数 $f_{12}(x_1, x_2)$，其中假设每个变量仅有两个支付额。首先注意到概率密度之和确实为 1，即 0.30+0.20+0.15+0.35=1.00。

表 2.3a　　联合密度函数

x_2 \ x_1	−5	+5
−10	0.30	0.15
+10	0.20	0.35

我们可以计算每一个变量的边缘概率密度、均值和标准差。例如，$x_1=-5$ 的边缘概率密度为 $f(x_1)=f_{12}(x_1,x_2=-10)+f_{12}(x_1,x_2=+10)=0.30+0.20=0.50$。$x_1=+5$ 的边缘概率密度也是 0.50。表 2.3b 分别展示了 x_1、x_2 的均值和标准差，$\bar{x}_1=0.0, \sigma_1=5.0, \bar{x}_2=1.0, \sigma_2=9.95$。

表 2.3b　　边缘密度函数

	变量 1				变量 2		
	概率	均值	方差		概率	均值	方差
x_1	$f_1(x_1)$	$x_1 f_1(x_1)$	$(x_1-\bar{x}_1)^2 f_1(x_1)$	x_2	$f_2(x_2)$	$x_2 f_2(x_2)$	$(x_2-\bar{x}_2)^2 f_2(x_2)$
−5	0.50	−2.5	12.5	−10	0.45	−4.5	54.45
+5	0.50	+2.5	12.5	+10	0.55	+5.5	44.55
总和	1.00	0.0	25.0	总和	1.00	1.0	99.0
		$\bar{x}_1=0.0$	$\sigma_1=5.0$			$\bar{x}_2=1.0$	$\sigma_2=9.95$

最后，表 2.3c 具体展示了协方差的计算，结果 $Cov=15.00$，除以两个变量标准差的乘积，我们得到相关系数 $\rho=Cov/(\sigma_1\sigma_2)=15.00/(5.00\times9.95)=0.30$。正相关系数表明，一个变量的值增加，另一个变量的值更有可能增加而非减少。■

表 2.3c　　协方差和相关系数

	$(x_1-\bar{x}_1)(x_2-\bar{x}_2)f_{12}(x_1, x_2)$	
	$x_1=-5$	$x_1=+5$
$x_2=-10$	$(-5-0)(-10-1)0.30=16.50$	$(+5-0)(-10-1)0.15=-8.25$
$x_2=+10$	$(-5-0)(+10-1)0.20=-9.00$	$(+5-0)(+10-1)0.35=15.75$
总和	$Cov=15.00$	

例题 2.2　FRM 试题 2000——第 81 题

下列关于相关系数的说法哪一个是错误的？

(a) 它总是在 −1～+1 之间取值。

(b) 相关系数为零意味着两个随机变量是独立的。

(c) 它是两个随机变量线性关系的度量。

(d) 它可以通过两个随机变量的协方差变化得到。

例题 2.3　FRM 试题 2007——第 93 题

随机变量 X 和 Y 的联合概率密度函数为 $f(x,y)=k\times x\times y$，$x=1,2,3$，$y=1,2,3$，k 是一个正数。那么 $X+Y$ 超过 5 的概率是多少？

(a) 1/9。

(b) 1/4。

(c) 1/36。

(d) 无法确定。

2.3 随机变量函数

风险管理是关于揭示投资组合分布的工作。以单一风险来源的证券——债券为例，风险经理可以直接将债券价格变化建模为一个随机变量。这种选择的问题在于债券价格的分布不是静态的，因为到期日的价格会收敛到面值。

因此，实践中通常是将分布更为规范的收益率变化建模为随机变量，因为它的分布更容易描述。下一步就是利用债券价格和收益率之间的关系来刻画债券价格的分布。

这体现了风险管理的一般原则：先对风险因子建模，然后利用金融工具与风险因子之间的联系推导出金融工具的分布。然而，当它们之间的关系为高度的非线性时，这种方法不一定容易实施。下面，我们首先集中讨论均值和方差的简单变换。

2.3.1 随机变量的线性变换

考虑原始随机变量乘以一个常数再加上一个固定值，即 $Y = a + bX$ 。Y 的期望为：

$$E(a+bX) = a + bE(X) \tag{2.22}$$

且它的方差为：

$$V(a+bX) = b^2V(X) \tag{2.23}$$

注意，增加一个常量并不会影响方差的值，因为计算涉及变量和其均值的差。标准差为：

$$SD(a+bX) = bSD(X) \tag{2.24}$$

例 货币头寸加现金

一个以美元为基础资产的投资者拥有一个 100 万美元现金头寸加上一个 10 亿日元头寸的投资组合。美元/日元汇率 X 的分布具有均值 $E(X) = 0.01$ 和标准差 $SD(X) = 0.001$ 。

投资组合的价值可以写成 $Y = a + bX$ ，其中固定的参数 $a = 100$ 万美元，$b =$ 10 亿日元。那么投资组合的期望为 $E(Y) = 100$ 万 $+ 10$ 亿 $\times 0.01 = 1\ 100$ 万美元，标准差为 $SD(Y) = 10$ 亿 $\times 0.001 = 100$ 万美元。

2.3.2 随机变量之和

另一个有用的变换是两个随机变量之和。举个例子，一个投资组合包括英特尔和微软的各一股股票。每一只股票的价格与随机变量相似。

随机变量之和 $Y = X_1 + X_2$ 的期望值可以写为：

$$E(X_1 + X_2) = E(X_1) + E(X_2) \tag{2.25}$$

并且其方差为：

$$V(X_1 + X_2) = V(X_1) + V(X_2) + 2Cov(X_1, X_2) \tag{2.26}$$

当变量不相关时，和的方差简化为方差的和。否则，我们必须计算协方差项。

> **重要概念**
>
> 随机变量和的期望是期望的和。随机变量和的方差只有当随机变量不相关时才是方差的和。

2.3.3 随机变量的投资组合

更一般地，考虑许多随机变量的线性组合。这可以是固定权重的投资组合，其收益率为：

$$Y = \sum_{i=1}^{N} w_i X_i \tag{2.27}$$

这里 N 为资产数量，X_i 为资产 i 的收益率，w_i 为权重。

为了简化标记，我们可以采用矩阵形式，即用单个向量来代替一串数：

$$Y = w_1 X_1 + w_2 X_2 + \cdots + w_N X_N = [w_1 w_2 \cdots w_N] \begin{bmatrix} X_1 \\ X_2 \\ \vdots \\ X_N \end{bmatrix} = w'X \tag{2.28}$$

这里 w' 代表转置向量（为行向量），X 是包括各资产收益率的列向量。

投资组合期望收益率为：

$$E(Y) = \mu_p = \sum_{i=1}^{N} w_i \mu_i \tag{2.29}$$

它是期望收益率 $\mu_i = E(X_i)$ 的加权平均。方差为：

$$V(Y) = \sigma_p^2 = \sum_{i=1}^{N} w_i^2 \sigma_i^2 + \sum_{i=1}^{N} \sum_{j=1, j\neq i}^{N} w_i w_j \sigma_{ij} = \sum_{i=1}^{N} w_i^2 \sigma_i^2 + 2\sum_{i=1}^{N} \sum_{j<i}^{N} w_i w_j \sigma_{ij} \tag{2.30}$$

使用矩阵形式，方差可以写成：

$$\sigma_p^2 = [w_1 \cdots w_N]\begin{bmatrix}\sigma_{11} & \sigma_{12} & \sigma_{13} & \cdots & \sigma_{1N} \\ & & & & \vdots \\ \sigma_{N1} & \sigma_{N2} & \sigma_{N3} & \cdots & \sigma_{NN}\end{bmatrix}\begin{bmatrix}w_1 \\ \vdots \\ w_N\end{bmatrix}$$

定义 Σ 为协方差矩阵，投资组合收益率的方差可以写得更为紧凑一些：

$$\sigma_p^2 = w'\Sigma w \tag{2.31}$$

这是描述整个投资组合风险的有用的表达式。

例　计算投资组合风险

考虑一个用加元和欧元投资的组合。联合密度函数由表 2.3a 给出。这里，x_1 代表加元收益，且 $\mu_1 = 0.00, \sigma_1 = 5.00, \sigma_1^2 = 25$ 。对于欧元收益，有 $\mu_2 = 1.00, \sigma_2 = 9.95, \sigma_2^2 = 99$ 。协方差为 $\sigma_{12} = 15.00$ ，相关系数为 $\rho = 0.30$ 。如果加元投资权重为 60%，欧元投资权重为 40%，那么投资组合的波动率是多少？

根据公式（2.31），我们可以写出：

$$\sigma_p^2 = [0.60 \quad 0.40]\begin{bmatrix}25 & 15 \\ 15 & 99\end{bmatrix}\begin{bmatrix}0.60 \\ 0.40\end{bmatrix}$$

$$= [0.60 \quad 0.40]\begin{bmatrix}25 \times 0.60 + 15 \times 0.40 \\ 15 \times 0.60 + 99 \times 0.40\end{bmatrix}$$

$$\sigma_p^2 = [0.60 \quad 0.40]\begin{bmatrix}21.00 \\ 48.60\end{bmatrix} = 0.60 \times 21.00 + 0.40 \times 48.60 = 32.04$$

因此，投资组合的波动率为 $\sigma_p = \sqrt{32.04} = 5.66$ 。注意，它几乎不可能高于加元的波动率，即使欧元的风险高一些。投资组合风险由于分散效应或者两种资产之间的低相关性而保持较低。■

2.3.4　随机变量的乘积

一些风险来源于两个随机变量的乘积。举个例子，信用风险损失源于违约发生次数和违约损失的乘积。

利用公式（2.20），乘积 $Y = X_1X_2$ 的期望可以写成：

$$E(X_1X_2) = E(X_1)E(X_2) + Cov(X_1, X_2) \tag{2.32}$$

当随机变量相互独立时，它简化为均值的乘积。

方差计算更为复杂，当随机变量相互独立时，它可以简化为：

$$V(X_1X_2) = E(X_1)^2V(X_2) + V(X_1)E(X_2)^2 + V(X_1)V(X_2) \tag{2.33}$$

2.3.5　随机变量变换的分布

前面的结果仅仅集中于简单变换的均值和方差上。它们没有对变换的变量 $Y = g(X)$ 本身的分布给出解答。遗憾的是，Y 的密度函数的推导通常比较复杂，

除了最简单的变换 $g(\cdot)$ 和密度函数 $f(X)$ 。

尽管对于密度函数没有封闭解，但当 $g(X)$ 是 X 到 Y 的一一映射时，这意味着函数可逆，我们可以通过 $x = g^{-1}(y)$ 得到 x 。我们可以写出：

$$P[Y \leqslant y] = P[g(X) \leqslant y] = P[X \leqslant g^{-1}(y)] = F_X(g^{-1}(y)) \quad (2.34)$$

式中 $F(\cdot)$ 为 X 的累积分布函数。这里，我们假设二者关系为正，否则公式右边应该变为 $1 - F_X(g^{-1}(y))$ 。

这就允许我们从收益率的分布信息得到债券价格的分位数。假设我们考虑一个零息债券，其市场价值 V 为：

$$V = \frac{100}{(1+r)^T} \quad (2.35)$$

式中 r 为收益率。公式将 V 描述为 r 的函数，即 $V = g(r)$ 。用 $r = 6\%$ 和 $T = 30$ 年，可以得到当前价格为 $V = 17.41$ 美元 。逆函数 $X = g^{-1}(Y)$ 为：

$$r = (100/V)^{1/T} - 1 \quad (2.36)$$

我们希望估计债券价格低于 15 美元的概率。我们进行逆变换从而计算相应的收益率水平，$g^{-1}(y) = (100/15)^{1/30} - 1 = 6.528\%$。价格越低，收益率越高。利用公式（2.34），所求概率由下式给出：

$$P[V \leqslant \$15] = P[r \geqslant 6.528\%]$$

假设收益率变动服从正态分布，波动率为 0.8%，可以得到上述概率为 25.5%。[①] 尽管我们不知道债券价格的密度，但这种方法允许我们通过改变截点价格 15 美元来描述它的累积分布。通过求导，我们可以再现债券价格的密度函数。图 2.5 显示了这个概率密度函数是右偏的。

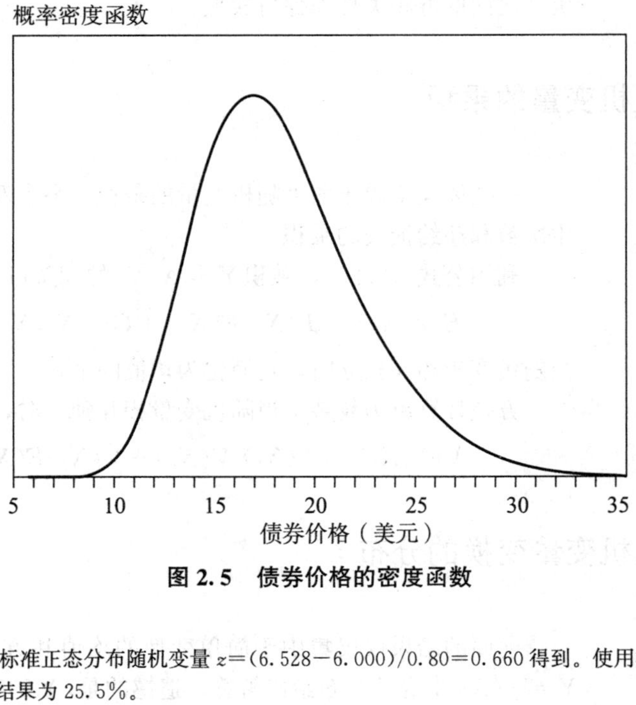

图 2.5　债券价格的密度函数

① 我们将从后面看到这可以通过标准正态分布随机变量 $z = (6.528 - 6.000)/0.80 = 0.660$ 得到。使用标准正态表或者 Excel 函数 NORMSDIST（-0.660），结果为 25.5%。

在最右端，如果收益率减少到零，那么债券价格将上升到 100 美元。在最左端，如果收益率增加到无穷，债券价格将下降为零。相对于当前价格 17.41 美元，债券价格上升的可能性比下降的可能性要大。

遗憾的是，这种方法不能进行简单的推广。对于一般的密度函数和变换，风险经理需要使用数值方法。这就是为什么信用风险模型全部通过数值模拟来描述信用损失分布。

例题 2.4　FRM 试题 2007——第 127 题

假设 A 和 B 为随机变量，均服从正态分布，两者之间的协方差为 0.35。那么 $(3A+2B)$ 的方差是多少？

(a) 14.47。

(b) 17.20。

(c) 9.20。

(d) 15.10。

例题 2.5　FRM 试题 2002——第 70 题

给定 x 和 y 是随机变量，a、b、c 和 d 为常数，下列定义哪一个是错误的？

(a) 如果 x 和 y 相关，$E(ax+by+c)=aE(x)+bE(y)+c$。

(b) 如果 x 和 y 相关，$V(ax+by+c)=V(ax+by)+c$。

(c) 如果 x 和 y 相关，$Cov(ax+by,cx+dy)=acV(x)+bdV(y)+(ad+bc)Cov(x,y)$。

(d) 如果 x 和 y 不相关，$V(x-y)=V(x+y)=V(x)+V(y)$。

2.4　重要的分布函数

2.4.1　均匀分布

最简单的连续分布函数是**均匀分布**（uniform distribution）。这是在 x 的值域 $a\leqslant x\leqslant b$ 上定义的。其密度函数为：

$$f(x)=\frac{1}{(b-a)},a\leqslant x\leqslant b \tag{2.37}$$

它是常数并且的确积分为 1。这个分布在允许值域内给每个观测值的权重相同，如图 2.6 所示。我们将均匀分布记为 $U(a,b)$。它的均值和方差为：

$$E(X)=\frac{a+b}{2} \tag{2.38}$$

$$V(X)=\frac{(b-a)^2}{12} \tag{2.39}$$

均匀分布 $U(0,1)$ 在数值模拟时使用十分广泛，它可以作为产生任何分布的

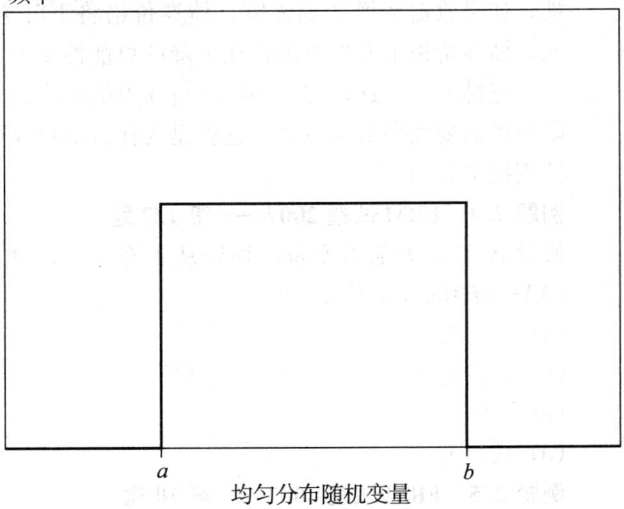

图 2.6　均匀分布密度函数

随机变量的初始分布。我们需要已知概率密度函数 $f(Y)$ 和它的累积分布函数 $F(Y)$ 的解析式。因为任何累积分布函数的值域都是从 0 到 1，我们可以先从 $U(0,1)$ 中抽取 X 接着计算 $y = F^{-1}(x)$ 。随机变量 Y 就具有确定的分布 $f(Y)$ 。

例题 2.6　FRM 试题 2002——第 119 题

随机变量 X 的密度函数为 $f(x) = 1/(b-a)$ ，值域为 $a < x < b$ ，称为在 (a,b) 上具有均匀分布。计算它的均值。

(a) $(a+b)/2$。

(b) $a-b/2$。

(c) $a+b/4$。

(d) $a-b/4$。

2.4.2　正态分布

也许最重要的连续分布是**正态分布**（normal distribution)，它充分地表现了许多随机过程。正态分布呈钟形，中心权重较高，尾部逐渐变细到零。举个例子，股票价格每日收益率的分布与正态密度函数相似。

正态分布可以仅用它的前两阶矩来刻画，即均值 μ 和方差 σ^2 。第一个参数描述位置，第二个参数描述离散程度。正态密度函数的表达式为：

$$f(x) = \frac{1}{\sqrt{2\pi\sigma^2}}\exp[-\frac{1}{2\sigma^2}(x-\mu)^2] \tag{2.40}$$

它的均值为 $E[X] = \mu$ ，方差为 $V[X] = \sigma^2$ ，我们将正态分布记为 $N(\mu, \sigma^2)$ 。由于该函数可以被两个参数完全确定，因此它可以称为**参数函数**（parametric function)。

我们可以使用**标准正态变量**（standard normal variable）ε 来简化处理不同的参数，它是经过标准化或者说是正态化的随机变量，因此 $E(\varepsilon)=0$，$V(\varepsilon)=\sigma(\varepsilon)=1$。图 2.7 为标准正态密度函数图。

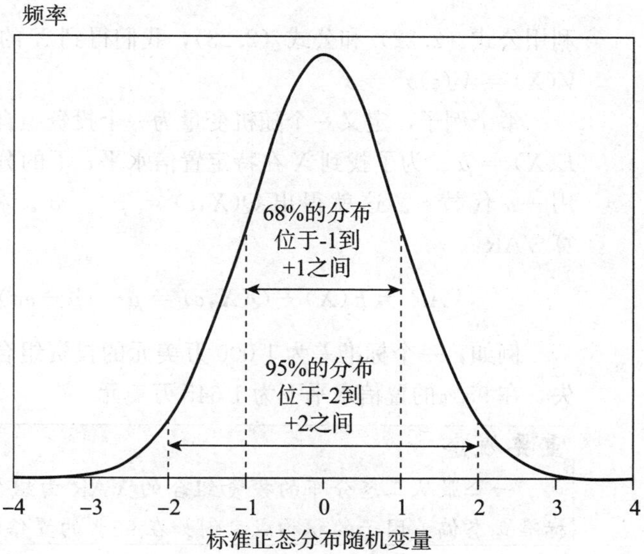

图 2.7　正态分布密度函数

首先，注意正态密度函数关于均值是对称的。它的零均值等于它的**众数**（mode，最有可能点或图形的最高点）和**中位数**（median，发生概率为 50%的点）。正态分布的偏度为零，这表明正态分布是关于均值对称的。正态分布的峰度为 3。肥尾分布的峰度较大。

正态分布的大约 95%的部分包含在 $\varepsilon_1=-2$ 和 $\varepsilon_2=+2$ 之间，68%的部分落在 $\varepsilon_1=-1$ 和 $\varepsilon_2=+1$ 之间。表 2.4 给出了对应右尾概率的分位数的值，使得

$$\int_{-\alpha}^{\infty} f(\varepsilon)\mathrm{d}\varepsilon = c \tag{2.41}$$

例如，$-\alpha=-1.645$ 是对应 95%概率的分位数（见表 2.4）。[①]

表 2.4　　标准正态分布下的分位数

	置信水平（%）								
c	99.99	99.9	99	97.72	97.5	95	90	84.13	50
$(-\alpha)$	−3.715	−3.090	−2.326	−2.000	−1.960	−1.645	−1.282	−1.000	−0.000

正态分布在金融上起到了非常核心的作用，因为它可以充分表现许多金融变量的性质。例如，在布莱克-斯科尔斯期权定价公式中，$N(\cdot)$ 代表了累积正态分布

① 一般来说，累积分布可以用 Excel 函数 NORMSDIST（·）得到。例如，我们可以证实 NORMSDIST（−1.645）等于 0.049 99，即 5%的左尾概率。

函数。

任意正态分布变量都能用标准正态分布导出，用如下公式定义：

$$X = \mu + \epsilon\sigma \tag{2.42}$$

利用公式（2.22）和公式（2.23），我们得到 X 的矩为 $E(X) = \mu + E(\epsilon)\sigma = \mu$，$V(X) = V(\epsilon)\sigma^2 = \sigma^2$。

举个例子，定义一个随机变量为一个投资组合的美元价值的变化。期望值为 $E(X) = \mu$。为了找到 X 在特定置信水平 c 下的分位数，我们在公式（2.42）中用 $-\alpha$ 代替 ϵ。这就得出 $Q(X,c) = \mu - \alpha\sigma$。利用公式（2.9），我们可以计算 VAR：

$$VAR = E(X) - Q(X,c) = \mu - (\mu - \alpha\sigma) = \alpha\sigma \tag{2.43}$$

例如，一个标准差为 1 000 万美元的投资组合的 VAR 或者说潜在的下行损失，在 95%的置信水平下为 1 645 万美元。

重要概念

一个服从正态分布的投资组合的 VAR 由组合的标准差和反映置信水平的标准正态偏差因子的积构成，例如在 95%的置信水平下该因子为 1.645。

正态分布的一个重要性质是，它是少数在加总情况下保持稳定的分布之一。换句话说，联合正态分布的随机变量的线性组合的分布仍然是正态分布。[①] 这是非常有用的，因为我们只需要知道投资组合的均值和方差就可以得到整个分布。

重要概念

联合正态变量的线性组合仍然服从正态分布。

当我们有 N 个随机变量时，它们的联合正态分布可以写成向量 x 的函数，均值为 μ，协方差矩阵为 Σ：

$$f(x_1,\cdots,x_N) = \frac{1}{(2\pi)^{N/2}|\Sigma|^{1/2}}\exp\left[-\frac{1}{2}(x-\mu)'\Sigma(x-\mu)\right] \tag{2.44}$$

例题 2.7　FRM 试题 2009——第 2-18 题

假设一个随机变量服从均值为 80、标准差为 24 的正态分布。该分布取值不在 32 到 116 范围内的比例为多大？

(a) 4.56%。

(b) 8.96%。

(c) 13.36%。

(d) 18.15%。

例题 2.8　FRM 试题 2003——第 21 题

下列关于正态分布的说法哪一个不正确？

(a) 峰度为 3。

① 严格来说，这在以下任一条件下成立：（1）一元随机变量是独立分布的，或者（2）随机变量是多元正态分布的（这个不变的性质同样也适用于多元椭圆分布的随机变量）。

(b) 偏度为 1。

(c) 整个分布可以由均值和方差所描述。

(d) 正态密度函数的表达式为：$f(x) = \frac{1}{\sqrt{2\pi\sigma^2}} \exp\left[-\frac{1}{2\sigma^2}(x-\mu)^2\right]$。

例题 2.9 FRM 试题 2006——第 11 题

在均值和方差相同的情况下，下列哪种分布极值变量发生的概率最低？

(a) 峰度为 4 的分布。

(b) 峰度为 8 的分布。

(c) 正态分布。

(d) 薄尾分布。

2.4.3 对数正态分布

对于许多金融变量而言正态分布是一个很好的近似，例如股票的收益率 $r = (P_1 - P_0)/P_0$，式中 P_0 和 P_1 分别为时刻 0 和 1 的股票价格。

严格地说这与现实并不一致，因为正态变量两边的尾部是无穷的。理论上，r 可以变为 -1，这意味着 $P_1 < 0$。但在实际中，由于公司的有限责任制，股票的价格不能为负。然而在许多情况下，这是一个很好的近似。例如，在短期或微小的价格变动情况下，得到负的价格的概率非常小以至于可以忽略。如果不是这种情况，我们就需要求助于其他的分布以防止价格为负。对数正态分布就是这样的分布之一。

一个随机变量 X 被称为服从**对数正态分布**（lognormal distribution），如果它的对数 $Y = \ln(X)$ 服从正态分布。在这个例子中我们可以定义 $X = (P_1/P_0)$。因为变量 X 在对数函数中必须为正，所以价格 P_1 永远不会低于零。

对数正态密度函数的表达式如下：

$$f(x) = \frac{1}{x\sqrt{2\pi\sigma^2}} \exp\left[-\frac{1}{2\sigma^2}(\ln(x)-\mu)^2\right], x > 0 \tag{2.45}$$

注意，这比简单地将 $\ln(x)$ 代入公式（2.40）更复杂，因为 x 也出现在了分母上。其均值为：

$$E[X] = \exp\left[\mu + \frac{1}{2}\sigma^2\right] \tag{2.46}$$

方差为 $V[X] = \exp[2\mu + 2\sigma^2] - \exp[2\mu + \sigma^2]$。参数对应于正态变量来选取，$E[Y] = E[\ln(X)] = \mu$，$V[Y] = V[\ln(X)] = \sigma^2$。

相反地，如果我们设 $E[X] = \exp[r]$，相关正态变量的均值为 $E[Y] = E[\ln(X)] = (r - \sigma^2/2)$。这种调整方式同样在布莱克-斯科尔斯期权定价模型中得到运用，其中公式涉及对数价格比率中 $(r - \sigma^2/2)$ 的一个趋势。

图 2.8 描述了对数正态密度函数，其中 $\mu = 0$，σ 分别等于 1.0、1.2 和 0.6。注意，分布是右偏的。σ 越大尾部越长。这就解释了为什么当方差变大时，公式

(2.46) 中的均值会提高。

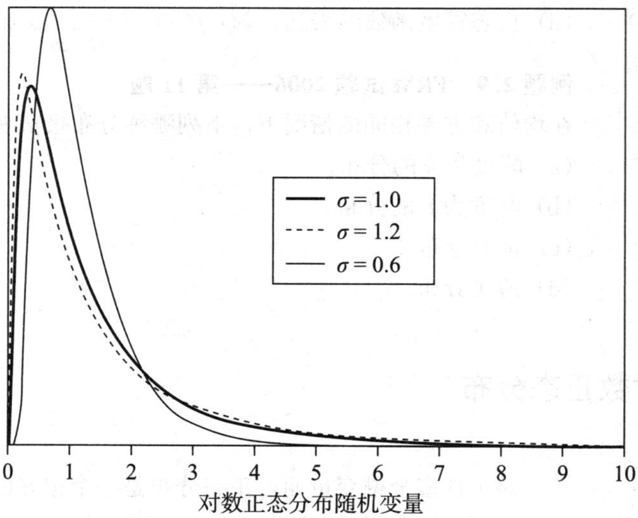

图 2.8　对数正态分布密度函数

我们也可以注意到在我们前面的例子中公式 (2.35) 讨论的债券价格分布就类似于对数正态分布。当使用连续复利而不是年度复利时，价格函数为：

$$V = 100\exp(-rT) \tag{2.47}$$

这可以推出 $\ln(V/100) = -rT$ 。因此，如果 r 服从正态分布，那么 V 就服从对数正态分布。

例题 2.10　FRM 试题 1999——第 5 题

下列哪种说法最好地描述了正态分布和对数正态分布的关系？

(a) 对数正态分布是正态分布的对数。

(b) 如果随机变量 X 的对数服从对数正态分布，那么 X 服从正态分布。

(c) 如果随机变量 X 服从对数正态分布，那么 X 的对数服从正态分布。

(d) 两种分布没有任何关系。

例题 2.11　FRM 试题 2007——第 21 题

对数正态分布的偏度为：

(a) 正数。

(b) 负数。

(c) 0。

(d) 3。

例题 2.12　FRM 试题 2002——第 125 题

考虑一只股票，初始价格为 100 美元。它一年后的价格由 $S = 100 \times \exp(r)$ 给出，式中收益率 r 服从均值为 0.1、方差为 0.2 的正态分布。在 95% 的置信水平下，S 的范围为：

(a) 从 67.57 美元到 147.99 美元。

(b) 从 70.80 美元到 149.20 美元。

(c) 从 74.68 美元到 163.56 美元。

(d) 从 102.18 美元到 119.53 美元。

例题 2.13　FRM 试题 2000——第 128 题

对于一个对数正态变量 X，我们已知 $\ln(X)$ 服从均值为 0、标准差为 0.5 的正态分布。那么 X 的期望和方差是多少？

(a) 1.025 和 0.187。

(b) 1.126 和 0.217。

(c) 1.133 和 0.365。

(d) 1.203 和 0.399。

2.4.4　学生 t 分布

另一个重要的分布是**学生 t 分布**（Student's t distribution）。它源于假设检验，因为它刻画了估计的参数与其标准差之比的分布。

这个分布用**参数自由度**（degree of freedom）k 来刻画。它的密度函数为：

$$f(x)=\frac{\Gamma[(k+1)/2]}{\Gamma(k/2)}\frac{1}{\sqrt{k\pi}}\frac{1}{(1+x^2/k)^{(k+1)/2}} \tag{2.48}$$

式中，Γ 为伽玛函数，定义为 $\Gamma(k)=\int_0^{\infty}x^{k-1}e^{-x}\mathrm{d}x$ 。当 k 增加时，学生 t 分布的概率密度函数收敛为正态概率密度函数。

该分布是对称的，均值为零，方差为：

$$V[X]=\frac{k}{k-2} \tag{2.49}$$

在 $k>2$ 时存在。峰度为：

$$\delta=3+\frac{6}{k-4} \tag{2.50}$$

在 $k>4$ 时存在。它比正态分布的尾部更肥，这对典型的金融变量提供了更好的描述。一般 k 的估计值大约为 4～6。图 2.9 展示了 $k=4$ 和 $k=50$ 的密度函数曲线。但是 $k=4$ 时的密度函数的尾部显然更肥。和正态密度函数一样，我们也可以用学生 t 分布来计算 VAR：

$$VAR=\alpha_k\sigma \tag{2.51}$$

式中，乘数 α_k 取决于自由度 k 。

另一个源于正态的分布是**卡方分布**（chi-square distribution），它可以视为独立的标准正态变量的平方和：

$$x=\sum_{j=1}^{k}z_j^2 \tag{2.52}$$

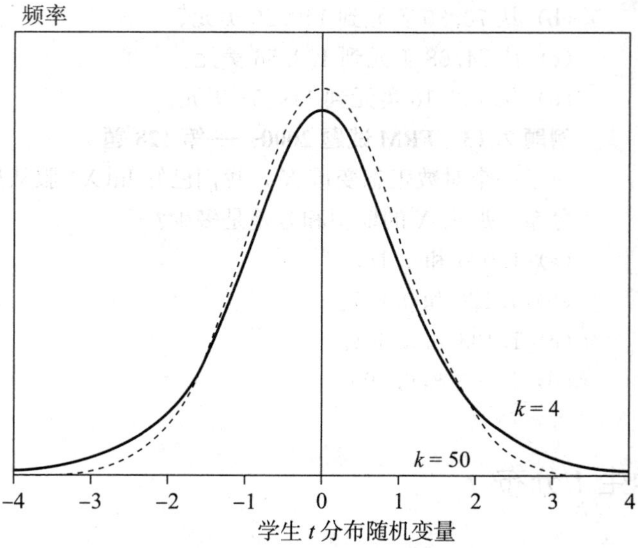

图 2.9 学生 t 分布密度函数

式中，k 也称为自由度。其均值为 $E[X]=k$，方差为 $V[X]=2k$。当 k 充分大时，$\chi^2(k)$ 收敛为正态分布 $N(k,2k)$。这个分布描述了样本方差。

最后，另一个有关的分布是 F **分布**（F distribution），它可以被视为独立的卡方变量除以它们自由度的比率：

$$F(a,b)=\frac{\chi^2(a)/a}{\chi^2(b)/b} \tag{2.53}$$

这个分布出现在回归系数的联合检验中。

例题 2.14　FRM 试题 2003——第 18 题

下列关于具有相同均值和标准差的正态分布与学生 t 分布之间关系的说法，哪一个最准确？

(a) 它们具有相同的偏度和峰度。

(b) 学生 t 分布具有较大的偏度和峰度。

(c) 随着自由度的增加，学生 t 分布的峰度收敛到正态分布的峰度。

(d) 当自由度很小时，正态分布是学生 t 分布的一个很好的近似。

2.4.5　二项分布

现在考虑取值在 0 到 n 之间的离散随机变量。例如，这可以是去年超过 VAR 的次数，也可以被称为**异常**（exceptions）事件。这样，二项分布在 VAR 模型的事后检验中起到了很重要的作用。

二项分布变量可以被视为 n 个独立**贝努利试验**（Bernoulli trials）的结果，其中每一次试验结果为 $y=0$ 或 $y=1$。这可以应用于信用风险。在违约的情况下，

我们有 $y=1$，否则 $y=0$。每一个贝努利变量的期望为 $E[Y]=p$，方差为 $V[Y]=p(1-p)$。

一个随机变量被定义为服从**二项分布**（binomial distribution），如果它的离散密度函数为：

$$f(x)=\binom{n}{x}p^x(1-p)^{n-x}, x=0,1,\cdots,n \tag{2.54}$$

式中，$\binom{n}{x}$ 为从 n 个个体中取出 x 个的组合数，即

$$\binom{n}{x}=\frac{n!}{x!(n-x)!} \tag{2.55}$$

参数 p 在 0 到 1 之间。这个分布也代表 n 次重复试验中总的成功次数，其中每一次成功的概率均为 p。

二项分布变量的均值和方差为：

$$E[X]=pn \tag{2.56}$$

$$V[X]=p(1-p)n \tag{2.57}$$

图 2.10 表述了 $p=0.25$ 和 $n=10$ 时的分布情况。观测值 $X=0,1,2,\cdots$ 的概率为 5.6%、18.8%和 28.1%等等。

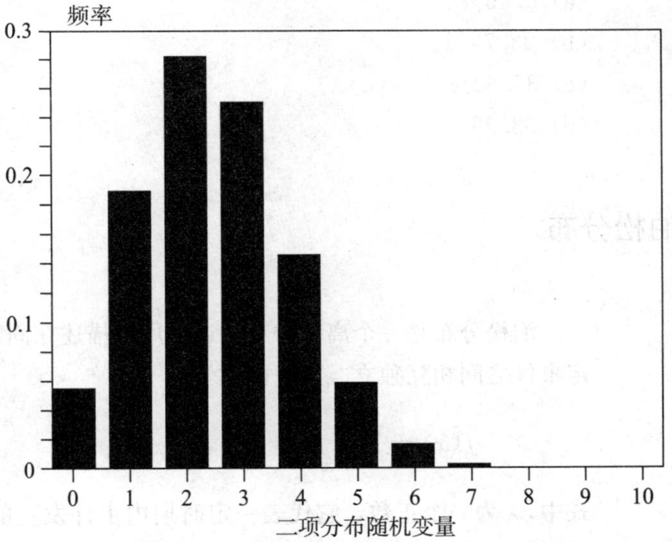

图 2.10　$p=0.25$，$n=10$ 的二项分布密度函数

举个例子，我们需要知道从 $n=250$ 个观测值的样本中观察到 $x=0$ 个异常事件的概率，而每一次观测出现异常事件的概率为 1%。因此，我们期望从这个样本中观察到大约 2.5 个异常事件。但是，我们要计算的是样本中没有一次异常事件发生的概率。这个概率为：

$$f(X=0)=\frac{n!}{x!(n-x)!}p^x(1-p)^{n-x}=\frac{250!}{1\times 250!}\times 0.01^0\times 0.99^{250}$$
$$=0.081$$

因此，在零假设的条件下，我们可以预计样本的8.1%是不会出现异常事件的。我们可以重复计算不同的 x 值的概率。例如，观察到8个异常事件的概率仅为 $f(X=8)=0.20\%$。我们可以利用这个信息来检验零假设。因为这个概率太小了，所以观察到8个异常事件会让我们质疑异常事件发生的概率是不是1%。

一个相关的分布是**负二项分布**（negative binomial distribution）。该分布的试验次数不是固定的，试验次数取决于固定的试验失败发生的次数 r。该密度函数为：

$$f(x)=\binom{x+r-1}{r-1}p^x(1-p)^r,x=0,1,\cdots \tag{2.58}$$

换句话说，这是一个发生 r 次失败之前的贝努利试验过程。它的均值为 $E[X]=r\frac{p}{1-p}$。还需要注意的是，和通常的二项分布密度函数中的随机变量不一致，这里的 x 没有上限。

例题 2.15　FRM 试题 2006——第 84 题

在一个六个问题的测试中，每个问题都是具有四个选项的多选题，那么学生猜对答案题目的个数低于两个的概率是多少？

(a) 0.46%。

(b) 23.73%。

(c) 35.60%。

(d) 53.39%。

2.4.6　泊松分布

泊松分布是一个离散分布，通常用来描述在固定时期内事件发生的次数，假定事件之间相互独立。密度函数为：

$$f(x)=\frac{e^{-\lambda}\lambda^x}{x!},x=0,1,\cdots \tag{2.59}$$

式中，λ 为一个正数，它代表一定时期内事件发生的平均次数。泊松分布被广泛地应用于计算操作风险损失在一年内发生的次数或频率。

参数 λ 同时代表了 X 的期望和方差：

$$E[X]=\lambda \tag{2.60}$$

$$V[X]=\lambda \tag{2.61}$$

泊松分布是二项分布当 n 趋于无穷、p 趋于零时的极限分布，这时 $np=\lambda$ 就保持固定。另外，根据中心极限定理，当 λ 很大时，泊松分布是均值和方差均为 λ 的正态分布的很好近似。

如果事件的发生服从泊松分布，那么事件发生的时间间隔服从**指数分布**(exponential distribution)，均值为 $1/\lambda$。后者的密度函数为 $f(x)=\lambda e^{-\lambda x}, x\geqslant 0$。例如，如果我们预期一年内发生 $\lambda=12$ 次损失，那么损失之间的时间间隔为 1/12，即一个月。

例题 2.16　FRM 试题 2004——第 60 题

假设有 n 个独立试验，每次试验成功的概率为 p，在什么情况下可以用正态分布来近似泊松分布？

(a) 在泊松分布均值非常小的情况下。

(b) 在泊松分布方差非常小的情况下。

(c) 在观测值数量非常大并且成功的概率接近于 1 的情况下。

(d) 在观测值数量非常大并且成功的概率接近于 0 的情况下。

2.5　均值分布

正态分布非常重要还因为**中心极限定理**（central limit theorem，CLT），它表明 n 个独立同分布的随机变量的均值收敛于正态分布。这个结论对任何分布都适用，只要随机变量之间相互独立。例如，总信用损失的分布随着贷款数量的增加收敛到正态分布，这里假设违约事件之间相互独立。

定义 $\overline{X}$ 为均值 $\frac{1}{n}\sum_{i=1}^{n}X_i$，每个变量都具有均值 μ 和标准差 σ。我们有：

$$\overline{X}\rightarrow N(\mu,\frac{\sigma^2}{n}) \tag{2.62}$$

将变量标准化，我们可以写成：

$$\frac{\overline{X}-\mu}{(\sigma/\sqrt{n})}\rightarrow N(0,1) \tag{2.63}$$

因此，正态分布是均值的极限分布，这解释了为什么在统计中该分布这么流行。

举个例子，考虑二项分布变量，它是一系列独立贝努利试验之和。当 n 非常大时，我们可以利用中心极限定理通过正态分布来近似二项分布。使用公式 (2.63)，我们得到：

$$z=\frac{x-pn}{\sqrt{p(1-p)n}}\rightarrow N(0,1) \tag{2.64}$$

这比使用二项分布进行计算容易得多。

考虑异常事件数目 x 是否与 99%VAR 相一致的例子。在我们的例子中，x 的均值和方差分别为 $E[X]=0.01\times 250=2.5$ 和 $V[X]=0.01(1-0.01)\times 250=2.475$。我们观察到 $x=8$，得到 $z=(8-2.5)/\sqrt{2.475}=3.50$。我们现在将这

个数值与标准正态分布进行比较。假如我们在统计量不在95%的双边置信区间内时就决定拒绝VAR是正确的零假设。[1] 对于标准正态分布，该置信区间为（－1.96，＋1.96）。这里，统计量的值3.50比截点＋1.96高。因此，我们将拒绝异常事件发生概率仅为1%的零假设。换句话说，异常事件发生的概率应该高一些。这同时也反映了该VAR模型低估了风险。

2.6 重要公式

概率密度函数：$f(x)=\text{Prob}(X=x)$

（累积）分布函数：$F(x)=\int_{-\infty}^{x} f(u)\mathrm{d}u$

均值：$E(X)=\mu=\int x f(x)\mathrm{d}x$

方差：$V(X)=\sigma^2=\int [x-\mu]^2 f(x)\mathrm{d}x$

偏度：$\gamma=(\int [x-\mu]^3 f(x)\mathrm{d}x)/\sigma^3$

峰度：$\delta=(\int [x-\mu]^4 f(x)\mathrm{d}x)/\sigma^4$

分位数，VAR：$VAR=E(X)-Q(X,c)=\alpha\sigma$

独立联合密度函数：$f_{12}(x_1x_2)=f_1(x_1)\times f_2(x_2)$

边缘密度函数：$f_1(x_1)=\int f_{12}(x_1,u_2)\mathrm{d}u_2$

条件密度函数：$f_{12}(x_1\mid x_2)=\dfrac{f_{12}(x_1,x_2)}{f_2(x_2)}$

协方差：$\sigma_{12}=\int_1\int_2 [x_1-\mu_1][x_2-\mu_2]f_{12}\mathrm{d}x_1\mathrm{d}x_2$

相关系数：$\rho_{12}=\sigma_{12}/(\sigma_1\sigma_2)$

随机变量的线性变换：$E(a+bX)=a+bE(X)$

$V(a+bX)=b^2V(X),\sigma(a+bX)=b\sigma(X)$

随机变量的和：$E(X_1+X_2)=\mu_1+\mu_2$

$V(X_1+X_2)=\sigma_1^2+\sigma_2^2+2\sigma_{12}$

随机变量的组合：$Y=w'X,E(Y)=\mu_p=w'\mu,\sigma_p^2=w'\Sigma w$

随机变量的乘积：$E(X_1X_2)=\mu_1\mu_2+\sigma_{12}$

$V(X_1X_2)=\mu_1^2\sigma_2^2+\sigma_1^2\mu_2^2+\sigma_1^2\sigma_2^2$

均匀分布：$E(X)=\dfrac{a+b}{2},V(X)=\dfrac{(b-a)^2}{12}$

---

① 注意到置信水平的选取和VAR置信水平无关。这里，95%的置信水平是做出拒绝一个正确模型的决定的错误概率。

正态分布：$E(X)=\mu, V(X)=\sigma^2, \gamma=0, \delta=3$

对数正态分布：对 X，如果 $Y=\ln(X)$ 是正态的，$E[X]=\exp\left[\mu+\frac{1}{2}\sigma^2\right]$，$V[X]=\exp[2\mu+2\sigma^2]-\exp[2\mu+\sigma^2]$

学生 t 分布：$V[X]=\frac{k}{k-2}$，$\gamma=0$，$\delta=3+\frac{6}{k-4}$

二项分布：$E[X]=pn$，$V[X]=p(1-p)n$

泊松分布：$E[X]=\lambda$，$V[x]=\lambda$

均值分布，中心极限定理：$\overline{X}\rightarrow N(\mu, \frac{\sigma^2}{n})$

2.7 例题解答

例题 2.1 FRM 试题 2009——第 2-3 题

(b) 投资组合 A 具有较厚的左尾，因为它的偏度为负。另外，它的峰度比正态分布的小，这意味着它的分布更尖。

例题 2.2 FRM 试题 2000——第 81 题

(b) 相关系数是线性相关的度量。独立可以推出不相关，但反过来并不总是正确。

例题 2.3 FRM 试题 2007——第 93 题

(b) 函数取值 $x\times y$ 如下表所描述。总和为 36。k 必须满足使得所有概率的和为 1。因此我们得到 $k=1/36$。表中显示了当 $X+Y>5$ 时，$x=3$，$y=3$。概率为 $p=9/36=1/4$。

$x\times y$	$x=1$	2	3
$y=1$	1	2	3
2	2	4	6
3	3	6	9

例题 2.4 FRM 试题 2007——第 127 题

(b) 方差为 $V(3A+2B)=3^2V(A)+2^2V(B)+2\times3\times2\times Cov(A,B)$

$$=9\times1+4\times1+12\times0.35=17.2。$$

例题 2.5 FRM 试题 2002——第 70 题

(b) 选项 a 是正确的，因为期望是一种线性运算过程。选项 c 根据公式（2.30）可知是正确的。选项 d 是正确的，因为变量之间不相关时其协方差就为零。选项 b 是错误的，因为增加常数 c 的随机变量的方差并不会发生改变，但是其期望值会改变。

例题 2.6　FRM 试题 2002——第 119 题

(a) 均匀分布的均值就是 a 和 b 的均值。

例题 2.7　FRM 试题 2009——第 2-18 题

(b) 首先将截点 32 和 116 转换成标准正态分布的截点。第一个 $z_1=(32-80)/24=-48/24=-2$，第二个 $z_2=(116-80)/24=36/24=1.5$，从正态分布表可知，$P(Z>+1.5)=N(-1.5)=0.066\,8$，$P(Z<-2.0)=N(-2.0)=0.022\,8$，加起来得到为 8.96%。

例题 2.8　FRM 试题 2003——第 21 题

(b) 正态分布的偏度为 0，其他说法均正确。

例题 2.9　FRM 试题 2006——第 11 题

(d) 峰度小于 3 的薄尾分布比正态分布的峰度低，而其他选项都具有高峰度，因此它们的极值变量发生的概率很低。

例题 2.10　FRM 试题 1999——第 5 题

(c) 如果 X 的对数 $Y=\ln(X)$ 服从正态分布，那么 X 被认为服从对数正态分布。

例题 2.11　FRM 试题 2007——第 21 题

(a) 对数正态分布是右偏的。直观上，如果这代表了价格的分布，价格最多下降 100%，但是可以无限增长。

例题 2.12　FRM 试题 2002——第 125 题

(c) 注意到这是一个双边置信区间，因此 $\alpha=1.96$。我们可以通过 $\$100\exp(\mu\pm\alpha\sigma)$ 计算边界值。下界为 $V_1=\$100\exp(0.10-1.96\times0.2)=\$100\exp(-0.292)=\$74.68$，上界为 $V_2=\$100\exp(0.10+1.96\times0.2)=\$100\exp(0.492)=\$163.56$。

例题 2.13　FRM 试题 2000——第 128 题

(c) 利用公式 (2.46)，我们有 $E[X]=\exp[\mu+0.5\sigma^2]=\exp[0+0.5\times0.5^2]=1.133\,1$，这就足够选出正确选项来了。

例题 2.14　FRM 试题 2003——第 18 题

(c) 这两个分布具有相同的偏度，均为 0，但是学生 t 分布具有更大的峰度。随着自由度的增加，学生 t 分布收敛到正态分布，因此选项 c 是正确的。

例题 2.15　FRM 试题 2006——第 84 题

(d) 我们利用公式 (2.54) 给出的概率密度函数。试验的次数为 $n=6$，猜对答案的概率为 $p=1/4=0.25$。一次都没猜对的概率为 $\binom{6}{0}\times0.25^0\times0.75^6=0.75^6=0.177\,98$。只猜对一题的概率为 $\binom{6}{1}\times0.25^1\times0.75^5=6\times0.25\times0.75^5=0.355\,96$，总和为 0.533 9。

例题 2.16　FRM 试题 2004——第 60 题

(c) 当成功的概率 λ 非常大的情况下正态分布是泊松分布的很好近似。因为 λ 也是泊松分布的均值和方差，因此选项 a 和 b 是错误的。实际上，二项分布在 $np=\lambda$ 非常大的情况下可以用泊松分布来近似。

附录 A　矩阵乘法回顾

这个附录简短地回顾一与矩阵乘法有关的数学内容。假设我们有两个矩阵 A 和 B，我们想将它们相乘得到新的矩阵 $C=AB$。它们各自的维度为：$A(n\times m)$，即 n 行 m 列；$B(m\times p)$。A 的列数必须正好与 B 的行数匹配（或者说一致）。这样将得到维度为（$n\times p$）的矩阵 C。

我们可以根据单个的成分 a_{ij} 写出矩阵 A，其中 i 为行标记，j 为列标记：

$$A=\begin{bmatrix} a_{11} & a_{12} & \cdots & a_{1m} \\ \vdots & \vdots & & \vdots \\ a_{n1} & a_{n2} & \cdots & a_{nm} \end{bmatrix}$$

为了更好地解释，下面给出简单的例子，其中矩阵的维度分别为（2×3）和（3×2）。

$$A=\begin{bmatrix} a_{11} & a_{12} & a_{13} \\ a_{21} & a_{22} & a_{23} \end{bmatrix}$$

$$B=\begin{bmatrix} b_{11} & b_{12} \\ b_{21} & b_{22} \\ b_{31} & b_{32} \end{bmatrix}$$

$$C=AB\begin{bmatrix} c_{11} & c_{12} \\ c_{13} & c_{22} \end{bmatrix}$$

在矩阵相乘中，A 的每一行与 B 的每一列每一个元素对应相乘然后相加。举个例子，c_{12} 计算如下：

$$c_{12}=\begin{bmatrix} a_{11} & a_{12} & a_{13} \end{bmatrix}\begin{bmatrix} b_{12} \\ b_{22} \\ b_{32} \end{bmatrix}=a_{11}b_{12}+a_{12}b_{22}+a_{13}b_{32}$$

那么矩阵 C 为：

$$C=\begin{bmatrix} a_{11}b_{11}+a_{12}b_{21}+a_{13}b_{31} & a_{11}b_{12}+a_{12}b_{22}+a_{13}b_{33} \\ a_{21}b_{11}+a_{22}b_{21}+a_{23}b_{31} & a_{21}b_{12}+a_{22}b_{22}+a_{23}b_{32} \end{bmatrix}$$

利用 Excel 中的函数“＝MMULT”很容易就可以实现矩阵乘法。首先，我们选中显示结果矩阵 C 的单元格，例如 f_1：g_2。接着我们输入函数，例如“＝MMULT（a_1：c_2；d_1：e_3）”，其中第一个域代表矩阵 A，这里是 2×3，第二个域代表矩阵 B，这里是 3×2。最后一步是同时点击 Control-Shift-Return 三个键。

附录B　正态分布

累积分布，从负无穷到 z，$P(-\infty<Z<z)$

z	0.00	0.01	0.02	0.03	0.04	0.05	0.06	0.07	0.08	0.09
0.0	0.500 0	0.504 0	0.508 0	0.512 0	0.516 0	0.519 9	0.523 9	0.527 9	0.531 9	0.535 9
0.1	0.539 8	0.543 8	0.547 8	0.551 7	0.555 7	0.559 6	0.563 6	0.567 5	0.571 4	0.575 3
0.2	0.579 3	0.583 2	0.587 1	0.591 0	0.594 8	0.598 7	0.602 6	0.606 4	0.610 3	0.614 1
0.3	0.617 9	0.621 7	0.625 5	0.629 3	0.633 1	0.636 8	0.640 6	0.644 3	0.648 0	0.651 7
0.4	0.655 4	0.659 1	0.662 8	0.666 4	0.6700	0.673 6	0.677 2	0.680 8	0.684 4	0.687 9
0.5	0.691 5	0.695 0	0.698 5	0.701 9	0.705 4	0.708 8	0.712 3	0.715 7	0.719 0	0.722 4
0.6	0.725 7	0.729 1	0.732 4	0.735 7	0.738 9	0.742 2	0.745 4	0.748 6	0.751 7	0.754 9
0.7	0.758 0	0.761 1	0.764 2	0.767 3	0.770 4	0.773 4	0.776 4	0.779 4	0.782 3	0.785 2
0.8	0.788 1	0.791 0	0.793 9	0.796 7	0.799 5	0.802 3	0.805 1	0.807 8	0.8106	0.813 3
0.9	0.815 9	0.818 6	0.821 2	0.823 8	0.826 4	0.828 9	0.831 5	0.834 0	0.836 5	0.838 9
1.0	0.841 3	0.843 8	0.846 1	0.848 5	0.850 8	0.853 1	0.855 4	0.857 7	0.859 9	0.862 1
1.1	0.864 3	0.866 5	0.868 6	0.870 8	0.872 9	0.874 9	0.877 0	0.879 0	0.881 0	0.883 0
1.2	0.884 9	0.886 9	0.888 8	0.890 7	0.892 5	0.894 4	0.896 2	0.898 0	0.899 7	0.901 5
1.3	0.903 2	0.904 9	0.906 6	0.908 2	0.909 9	0.911 5	0.913 1	0.914 7	0.916 2	0.917 7
1.4	0.919 2	0.920 7	0.922 2	0.923 6	0.925 1	0.926 5	0.927 9	0.929 2	0.930 6	0.931 9
1.5	0.933 2	0.934 5	0.935 7	0.937 0	0.938 2	0.939 4	0.940 6	0.941 8	0.942 9	0.944 1
1.6	0.945 2	0.946 3	0.947 4	0.948 4	0.949 5	0.950 5	0.951 5	0.952 5	0.953 5	0.954 5
1.7	0.955 4	0.956 4	0.957 3	0.958 2	0.959 1	0.959 9	0.960 8	0.961 6	0.962 5	0.963 3
1.8	0.964 1	0.964 9	0.965 6	0.966 4	0.967 1	0.967 8	0.968 6	0.969 3	0.969 9	0.970 6
1.9	0.971 3	0.971 9	0.972 6	0.973 2	0.973 8	0.974 4	0.975 0	0.975 6	0.976 1	0.976 7
2.0	0.977 2	0.977 8	0.978 3	0.978 8	0.979 3	0.979 8	0.980 3	0.980 8	0.981 2	0.981 7
2.1	0.982 1	0.982 6	0.983 0	0.983 4	0.983 8	0.984 2	0.984 6	0.985 0	0.985 4	0.985 7
2.2	0.986 1	0.986 4	0.986 8	0.987 1	0.987 5	0.987 8	0.988 1	0.988 4	0.988 7	0.989 0
2.3	0.989 3	0.989 6	0.989 8	0.990 1	0.990 4	0.990 6	0.990 9	0.991 1	0.991 3	0.991 6
2.4	0.991 8	0.992 0	0.992 2	0.992 5	0.992 7	0.992 9	0.993 1	0.993 2	0.993 4	0.993 6
2.5	0.993 8	0.994 0	0.994 1	0.994 3	0.994 5	0.994 6	0.994 8	0.994 9	0.995 1	0.995 2
2.6	0.995 3	0.995 5	0.995 6	0.995 7	0.995 9	0.996 0	0.996 1	0.996 2	0.996 3	0.996 4
2.7	0.996 5	0.996 6	0.996 7	0.996 8	0.996 9	0.997 0	0.997 1	0.997 2	0.997 3	0.997 4
2.8	0.997 4	0.997 5	0.997 6	0.997 7	0.997 7	0.997 8	0.997 9	0.997 9	0.998 0	0.998 1
2.9	0.998 1	0.998 2	0.998 2	0.998 3	0.998 4	0.998 4	0.998 5	0.998 5	0.998 6	0.998 6
3.0	0.998 7	0.998 7	0.998 7	0.998 8	0.998 8	0.998 9	0.998 9	0.998 9	0.999 0	0.999 0

超过 z 的右尾概率

z	$P(Z\geqslant z)$	z	$P(Z\geqslant z)$	z	$P(Z\geqslant z)$	z	$P(Z\geqslant z)$
2.0	0.022 750	3.0	0.001 349 9	4.0	3.167E-05	5.0	2.867E-07
2.1	0.017 864	3.1	0.000 967 6	4.1	2.066E-05	5.5	1.899E-08
2.2	0.013 903	3.2	0.000 687 1	4.2	1.335E-05	6.0	9.866E-10
2.3	0.010 724	3.3	0.000 483 4	4.3	8.540E-06	6.5	4.016E-11
2.4	0.008 198	3.4	0.000 336 9	4.4	5.413E-06	7.0	1.280E-12
2.5	0.006 210	3.5	0.000 232 6	4.5	3.398E-06	7.5	3.191E-14
2.6	0.004 661	3.6	0.000 159 1	4.6	2.112E-06	8.0	6.221E-16
2.7	0.003 467	3.7	0.000 107 8	4.7	1.301E-06	8.5	9.480E-18
2.8	0.002 555	3.8	0.000 072 3	4.8	7.933E-07	9.0	1.129E-19
2.9	0.001 866	3.9	0.000 048 1	4.9	4.792E-07	9.5	1.049E-21

第 3 章　统计学基础*

上一章介绍了概率论及其所包含的分布理论。在实际中，研究者必须找到选择分布的方法，并从实际数据中估计出分布的参数。现在我们从抽样这一主题入手来学习统计学理论。概率论假设分布已知，而统计学尝试从实际数据中得到结论。

这里，我们从总体（例如股票市场收益率的变动）分布中抽样来推断总体的信息。问题是描述随机变量的最好分布是什么以及该分布最好的参数估计是什么。

另外，风险管理通常需要处理大量的随机变量。因此我们需要刻画投资组合的风险因子之间的关系。例如，我们需要确定美国股票指数和欧洲股票指数之间是否有联系。这需要我们通过检验某些假设来做出决定，例如风险因子的波动率是否随时间保持稳定，或者股票指数之间的这种关系是否显著。

这些例子解释了统计推断的两个重要问题：**估计**（estimation）和**假设检验**（tests of hypotheses）。通过估计，我们希望从抽样数据中估计出未知参数的值。通过假设检验，我们希望检验关于数据的一个推测。

本章为风险经理回顾了统计理论的基本工具。参数估计和假设检验的问题将在 3.1 节介绍。然后 3.2 节转向回归分析、总结重要结论和说明统计解释中普遍存在的缺陷。

---

* FRM 考试第一部分的主题。

3.1 参数估计

3.1.1 参　数

风险管理的第一步是定义风险因子。它们可以是股票价格、利率、汇率或者商品价格的变动。

下一步就是度量它们的分布。这通常涉及特定分布函数的选取以及参数的估计。例如，定义 X 为利率的随机变量。我们观测到对于 x 的长度为 T 的序列值 x_1，x_2，…，x_T。

举个例子，我们可以假设观测到 x 的值服从正态分布：

$$x \sim \Phi(\mu,\sigma) \tag{3.1}$$

均值为 μ，标准差为 σ。一般地，我们同样需要假设随机变量是独立同分布的。就像我们将要看到的，即使这个条件不满足，参数的估计仍然可行，它可以通过使得残差项独立同分布得到模型的参数估计 r。

即使在简单的例子中，独立同分布的假设也需要对原始数据做一个基本变换。例如，r 应该是股票指数的变化率，而不是它的价格水平 P。我们知道明天的价格水平不会太偏离今天的价格水平。随机的部分是这个价格水平将上涨还是下跌。因此，随机变量应该是价格水平的变化率。

在已知独立同分布的 T 个观测样本的情况下，我们可以开始估计利率的参数，例如样本均值、样本方差和其他矩。假设随机变量 X 服从参数为 μ 和 σ^2 的正态分布。这些未知参数是需要估计的。这个方法同样可以用来检验参数分布是否合适。例如，正态分布意味着峰度为 3。我们可以估计样本的峰度并检验它是否等于 3。如果不等于 3，正态分布的假设必须被拒绝，并且风险经理必须寻找另一个更加贴合数据的分布。

3.1.2 参数的估计

期望收益率或者说均值 $\mu=E(X)$ 可以用样本均值进行估计：

$$m = \hat{\mu} = \frac{1}{T}\sum_{i=1}^{T} x_i \tag{3.2}$$

样本均值 m 是一个**估计量**（estimator），它是一个数据的函数。该样本估计量的具体值称为**点估计**（point estimate）。

注意到我们对所有的观测值都赋予相同的权重 $1/T$，由于独立同分布的原因它们具有相同的概率。例如，权重可以不一样，只要它们的和为 1。一个优良的估计量应该具有以下性质。

1. **无偏性**（unbiased），这意味着它的期望值等于利率的参数。例如，$E(m)=\mu$。否则估计量就是有偏的。

2. **有效性**（efficient），这意味着它具有所有估计量中的最小标准差，例如，$V[m-\mu]$ 是最小的。

例如，样本均值符合所有上述条件。一个在所有数据的线性组合中都只能是无偏的和有效的估计量，称为**最优线性无偏估计量**（best linear unbiased estimator，BLUE）。

对于一个估计量更弱的条件是**一致性**（consistent）。这意味着随着样本规模 T 的增加，它渐近地收敛于真实的参数。例如，公式（3.2），乘数变成 $T/(T+1)$。这个新的估计量是有偏的，但是随着 T 的增加同样收敛于真实值 μ，因此它是一致的。

接下来，方差 $\sigma^2=E[(X-\mu)^2]$ 可以用样本方差进行估计：

$$s^2=\hat{\sigma}^2=\frac{1}{(T-1)}\sum_{i=1}^{T}(x_i-\hat{\mu})^2 \tag{3.3}$$

注意我们用 $T-1$ 而不是 T 作为除数。这是因为我们要使用均值来估计方差。所以，我们具有相对较小的自由度。因此我们需要调整 s^2 来保证它的期望等于其真实值。但在大多数情况下，T 非常大使得这样的调整效果是很小的。

需要特别注意的是，这些估计值取决于特定的抽样，因此具有固定的波动率。样本均值自身的分布为：

$$m=\hat{\mu}\sim N(\mu,\sigma^2/T) \tag{3.4}$$

如果总体分布是正态的，上式就准确地刻画了样本均值的分布。否则中心极限定理表明，该分布仅仅是渐近有效的，即对于大样本是有效的。

$$se(m)=\sigma\sqrt{\frac{1}{T}} \tag{3.5}$$

重要概念

在独立性的条件下，样本均值的标准差是总体分布的标准差除以观测数目 T 的平方根。

对于样本方差 $\hat{\sigma}^2$ 的分布，我们可以证明，当 X 服从正态分布时，下面的比率为自由度为（$T-1$）的卡方分布：

$$\frac{(T-1)\hat{\sigma}^2}{\sigma^2}\sim\chi^2(T-1) \tag{3.6}$$

如果样本 T 足够大，卡方分布收敛到正态分布：

$$\hat{\sigma}^2\sim N\left(\sigma^2,\sigma^4\frac{2}{(T-1)}\right) \tag{3.7}$$

利用相同的近似方法，样本标准差也近似服从正态分布，其标准差为：

$$se(\hat{\sigma})=\sigma\sqrt{\frac{1}{2T}} \tag{3.8}$$

我们可以利用这些信息来进行**假设检验**（hypothesis testing）。例如，我们打算检验 X 的常数趋势。这里，**零假设**（null hypothesis）为 $\mu=0$。为了解决上述问题，我们利用公式（3.4）的分布假设，用均值的估计值除以它的标准差的比率来计算标准正态变量，即

$$z=\frac{(m-0)}{\sigma/\sqrt{T}} \tag{3.9}$$

因为现在这个数为标准正态变量，我们不会期望观测到远离零的值。我们需要确定一个检验的**显著性水平**（significance level）。它也是 1 减去置信水平，称为 c。通常，我们将置信水平 c 设为 95%，它对应于 z_c 的双边区间 [-1.96，$+1.96$]。显著性水平是 5%。

粗略地看，这意味着如果 z 的绝对值大于 2，我们将拒绝 m 来自于一个均值为零的分布的假设。我们有一定的把握认为 μ 的真实值不是零。

事实上，我们不知道 σ 的真实值，可以用估计值 s 来代替。这是一个自由度为 T 的学生 t 分布：

$$t=\frac{(m-0)}{s/\sqrt{T}} \tag{3.10}$$

它的截点值可以通过查表得到。区间的分位数是 t_c。随着 T 的增加，分布趋于正态分布。

这些检验统计量可以转换为**置信区间**（confidence interval）。置信区间包含了真实参数以及固定水平的置信度：

$$c=P[m-z_c\times se(m)\leqslant\mu\leqslant m+z_c\times se(m)] \tag{3.11}$$

假设我们希望确定关于 μ 的一个 95% 的置信区间。如果 T 足够大，我们可以使用正态分布，乘数 z_c 为 1.96。均值的置信区间为：

$$m\pm z_c se(m)=[m-1.96\times se(m),m+1.96\times se(m)] \tag{3.12}$$

在这个例子中，置信区间是对称的，因为分布是正态的。更一般地，置信区间可以是非对称的。例如，样本方差的分布是卡方分布，它就是非对称的。它的置信区间可以选择 2.5% 的低点和 2.5% 的高点作为截点来建立。例如，定义第一个截点为 $q_{2.5\%}=q[2.5\%，\chi^2(T-1)]$。将其代入公式（3.6）的右边得到方差的下界为 $q_{2.5\%}\times s^2/(T-1)$。

3.1.3 例：日元汇率

我们希望通过 1990 年到 2009 年的历史数据来刻画每月的日元/美元汇率的变动。收益率根据连续复合变化来定义，如公式（3.2）所示。样本大小为 $T=240$，参数的估计值为 $m=-0.18\%$ 和 $s=3.24\%$（每月）。

利用公式（3.4），均值的标准差近似为 $se(m)=s/\sqrt{T}=3.24\%/\sqrt{240}=0.21\%$。对于 $\mu=0$ 的零假设，得到比率为 $t=m/se(m)=-0.18\%/0.21\%=-0.86$。因为这个数的绝对值小于2，所以我们在置信水平95%的条件下不能拒绝均值为零的假设。这对于金融序列是一个常见的结果。均值不能得到充分精确的估计。

接下来，我们转向样本标准差的准确性检验。通过公式（3.8）可以得到它的标准差为 $se(s)=\sigma\sqrt{1/(2T)}=3.24\%\sqrt{1/480}=0.15\%$。对于 $\sigma=0$ 的零假设，得到比率 $z=s/se(s)=3.24\%/0.15\%=21.9$，这个数值很大。因此波动率不为零。可以看出对 s 的估计比 m 要准确得多。

进一步，我们可以对估计值建立95%的置信区间，分别为：

$$\mu:[-0.18\%-1.96\times0.21\%,-0.18\%+1.96\times0.21\%]$$
$$=[-0.59\%,+0.23\%]$$
$$\sigma:[3.24\%-1.96\times0.15\%,3.24\%+1.96\times0.15\%]$$
$$=[2.948\%,3.527\%]$$

所以，我们有理由确信波动率在3%到3.5%之间，但我们不能确信均值不等于零。

为了更精确，我们使用自由度为 $k=T-1=239$ 的卡方分布来计算方差的置信区间。对于 $\chi^2(239)$，2.5%的低点和2.5%的高点分别为 $q_{2.5\%}=198.1$ 和 $q_{97.5\%}=283.7$。准确的置信区间为从 $\sqrt{198.1/239}\times3.24\%$ 到 $\sqrt{283.7/239}\times3.24\%$，即[2.949%，3.530%]，这和使用正态分布近似看起来似乎一致。这是因为 T 足够大，在这种情况下，正态分布是卡方分布的一个很好的近似。

3.1.4 选择检验显著性水平

假设检验需要仔细考虑对显著性水平的选择。如表3.1所示，假设检验会产生两类错误。第一类错误是拒绝正确模型的错误。第二类错误是接受错误模型的错误。在给定的检验下，增加显著性水平会降低第一类错误发生的概率但是会增加第二类错误发生的概率。

因此，在一个选定的检验方法下两类错误之间存在一种权衡。显著性水平的选择必须反映这两类错误发生的概率。但是，检验方法应该在最低限度上保证是有效的。这意味着，对于固定概率的第一类错误，第二类错误发生的概率要尽可能小。

表3.1　决策误差

决策	模型：正确	模型：不正确
接受	OK	第二类错误
拒绝	第一类错误	OK

例如，当风险经理或者监管者决定是否接受一个 VAR 模型时，就会产生这两类错误。例如，第一步是记录最近 250 天内损失超过 99%置信水平的 VAR 观测值。在零假设下，VAR 模型是正确计算的，那么异常值应该服从二项分布，均值为 $E[X]=np=250(1-0.99)=2.5$。接着风险经理需要选择一个模型拒绝的截点。

第一类错误发生的概率是观测值的数量超过截点的概率。如果风险经理选择超过截点的数量为 $n=4$，这对应着第一类错误发生的概率或者显著性水平为 10.8%。超过 4，这个风险模型应该被拒绝。

假设，例如一个银行 A 的监管者观测到 6 个异常值。六个或者更多异常值发生的 **p 值**（*p*-value）为 4.1%。因为这低于选定的显著性水平，监管者可以得出结论，这个 VAR 模型是不正确的。但是，如果原因是由于不好的运气，这个决定就是错误的。

然而，一旦截点被选定，它就有可能导致监管者错误地接受一个异常值很低的 VAR 模型。因此，通常还要考虑第二类错误。例如，假设银行 B 知道它的真实 VAR 是 1 亿美元，但是为了降低监管资本，它只报告了 9 000 万美元。它的头寸和银行 A 完全一样。较低的 VAR 导致了比原来更多的异常值。但是，该银行可能比较幸运，只报告了 3 个异常值。这导致了监管者不拒绝的错误决定。

第一类错误和第二类错误之间的权衡可以用在 4 到 9 之间改变截点来说明。这可以降低第一类错误发生的概率，但是增加了第二类错误发生的概率。一方面，银行 A 没有得到惩罚，这是一个正确的决定。另一方面，又很难发现银行 B 的漏洞。

截点的选择取决于两类错误的成本。哪一个更坏？是因为不好的运气产生异常值多而去惩罚一家银行还是错过检查银行是否低估了风险？如果监管者对第二类错误赋予更高的权重，他将选择一个较低的截点。

3.1.5 估计的精度

公式（3.4）表明，当样本数量增加时，$\hat{\mu}$ 的标准差以 $1/\sqrt{T}$的比例减小。估计的精度会随着观测值数量的增加而增加。

这个结论对评估产生于**数值模拟**（numerical simulation）的估计精度非常有用，数值模拟在风险管理中被广泛使用。数值模拟会产生固定数量为 T 的独立随机变量。如果 T 太小，最终的估计就不精确。如果 T 非常大，估计会非常精确。估计的精度以 $1/\sqrt{T}$的比例增加。

重要概念

在独立情况下，大多数统计量的标准差与观测值 T 的平方根成反比。因此，观测值越多会使估计的精度更高。

例题 3.1 FRM 试题 2007——第 137 题

显著性水平为 5%的假设检验意味着什么？

(a) P（不拒绝 H_0 | H_0 为真）=0.05。

(b) P（不拒绝 H_0 | H_0 为假）=0.05。

(c) P（拒绝 H_0 | H_0 为真）=0.05。

(d) P（拒绝 H_0 | H_0 为假）=0.05。

例题 3.2　FRM 试题 2009——第 9 题

在假设检验时，当检验的显著性水平降低时下列说法哪一个是正确的?

(a) 拒绝正确的零假设的可能性增加。

(b) 发生第一类错误的可能性增加。

(c) 拒绝零假设的次数会越来越频繁，无论零假设是不是错误的。

(d) 发生第二类错误的可能性降低。

例题 3.3　FRM 试题 2009——第 6 题

一个总体的均值为 1 000。假设从总体中选取 1 600 个样本。样本均值为 998.7，样本标准差为 100。样本均值的标准差是多少?

(a) 0.025。

(b) 0.25。

(c) 2.5。

(d) 25。

3.1.6　分布的假设检验

目前的讨论都集中于对特定参数的假设检验。另一个应用就是检验样本服从的分布假设（例如正态分布）。分布的假设检验有很多种工具。一个使用较为广泛的方法是矩的检验。定义 $\hat{\gamma}$ 和 $\hat{\delta}$ 为估计的偏度和峰度。在正态分布下，$\gamma=0$，$\delta=3$。

Jarque-Bera（JB）统计量度量了期望值的偏差：

$$JB=T\left[\frac{\hat{\gamma}}{6}+\frac{(\hat{\delta}-3)^2}{24}\right] \tag{3.13}$$

它在零假设下服从自由度为 2 的卡方分布。95%置信水平的截点是 5.99。因此如果观测值的 JB 统计量超过 5.99，我们可以拒绝观测值服从正态分布的零假设。

作为一个说明，我们接着计算 1990 年到 2009 年的美元/日元汇率分布。样本的偏度和峰度为 $\hat{\gamma}=-0.47$ 和 $\hat{\delta}=5.82$。偏度为负并且非常小。但是峰度远远大于 3，这意味着这个分布具有肥尾。JB 统计量为 88.4，远远大于截点 5.99。因此该汇率的分布显然不是正态分布。

3.2　回归分析

回归分析对于风险管理非常重要，因为它可以用来解释和预测金融变量之间的关系。它还可以用来建立映射过程。例如，单只股票的头寸可以用一小部分股票组成的股票指数的风险暴露来代替。使用回归估计的风险暴露大大降低了风险空间的维度。

3.2.1 二元回归：最小二乘法估计

在**线性回归**（linear regression）中，**因变量**（dependent variable）y 被映射到一组预先确定的**自变量**（independent variable）x 之上。在最简单的二元回归情况下，我们可以写成：

$$y_t=\alpha+\beta x_t+\varepsilon_t,t=1,\cdots,T \tag{3.14}$$

式中，α 为**截距**（intercept）或常数，β 为**斜率**（slope），ε 为**误差项**（error term）。这里，y 称为**被回归值**（regressand），x 称为**回归值**（regressor）。

这可以是一个时间序列或横截面数据。系数之间是线性的，但随机变量之间不一定是。随机变量自身可以变化。例如，当使用市场价值时，通常将其取对数，在这种情况下，$x=\ln(X)$。

接下来就是如何估计这些通常无法观测到的参数的问题。回归估计为：

$$y_t=\hat{\alpha}+\hat{\beta}x_t+\hat{\varepsilon}_t,t=1,\cdots,T \tag{3.15}$$

式中估计的误差 $\hat{\varepsilon}$ 称为**残差**（residual），或者观测值与估计值的偏离程度。图 3.1 展示了线性回归的分解。y_t 的值分解成 y 在 x 条件下的预测值 $E[y_t \mid x_t]=\alpha+\beta x_t$ 和误差项 e_t。

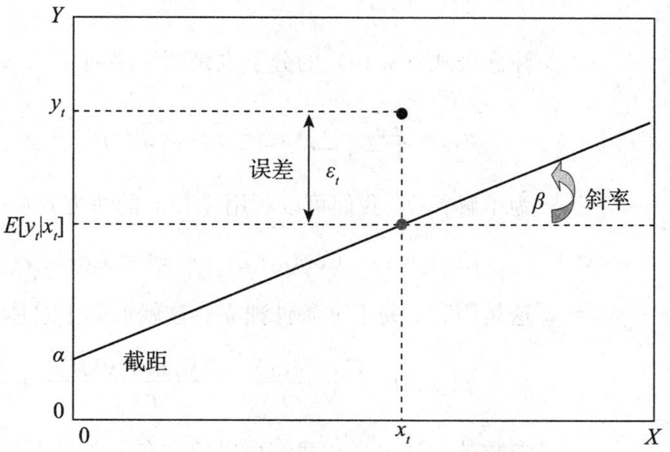

图 3.1 回归分解

一个特别方便的回归模型是基于**最小二乘法**（ordinary least squares，OLS），使用的假设为：

1. 误差与 x 独立。
2. 误差的方差为常数。

3. 观测值之间的误差是不相关的。

4. 误差服从正态分布。

和前面章节所看到的一样，两个随机变量 u 和 v 之间相互独立是一个非常严格的假设，它意味着协方差 $Cov(u, v)$ 和相关系数 $\rho(u, v)$ 都是零。另外，正态分布的假设意味着精确的统计结果。更一般地，中心极限定理的条件保证当 T 足够大的时候，分布趋于正态分布，和假设结果一致。

最小二乘法给出了使得误差平方和 $\sum \hat{\varepsilon}_t^2$ 最小的参数估计值。因此，估计值使得误差的平方和最小。

基于这些假设，高斯-马尔可夫定理表明，最小二乘法是最优线性无偏估计。估计值 $\hat{\beta}$ 是无偏的，即它的期望值为真实值 β。最优意味着最小二乘法估计值是有效的，即它相比别的估计值具有最小的方差。当误差服从正态分布时，最小二乘法估计值是最大似然估计值。它也同时对更为广泛的分布具有好的性质。

β 的估计如下：

$$\hat{\beta} = \frac{[1/(T-1)]\sum_t (x_t - \bar{x})(y_t - \bar{y})}{[1/(T-1)]\sum_t (x_t - \bar{x})^2} \tag{3.16}$$

式中，$\bar{x}$ 和 $\bar{y}$ 对应于 x_t 和 y_t 的均值。α 的估计为：

$$\hat{\alpha} = \bar{y} - \hat{\beta}\bar{x} \tag{3.17}$$

当回归包含截距时，它可以表示为估计的残差的平均值必须为零的形式：

$$(1/T)\sum_{t=1}^{T} \hat{\varepsilon} = 0 \tag{3.18}$$

注意公式（3.16）的分子也是两个序列 x_t 和 y_t 的样本协方差，它可以写成：

$$\hat{\sigma}_{ij} = \frac{1}{T-1}\sum_{t=1}^{T}(x_{t,i} - \hat{\mu}_i)(x_{t,j} - \hat{\mu}_j) \tag{3.19}$$

为了解释 β，我们可以利用 y 和 x 的协方差如下：

$$Cov(y,x) = Cov(\alpha + \beta x + \varepsilon, x) = \beta Cov(x,x) = \beta V(x)$$

这是因为 ε 关于 x 条件独立。这就证明了总体 β 为：

$$\beta(y,x) = \frac{Cov(y,x)}{V(x)} = \frac{\rho(y,x)\sigma(y)\sigma(x)}{\sigma^2(x)} = \rho(y,x)\frac{\sigma(y)}{\sigma(x)} \tag{3.20}$$

一旦参数被估计出来，我们可以建立在 x 条件下对 y 的预测：

$$\hat{y}_t = E[y_t \mid x_t] = \hat{\alpha} + \hat{\beta}x_t \tag{3.21}$$

这是风险度量的一个非常方便的替代结果。它表明随机变量 y 可以在回归效果好的情况下与 x 建立映射，此时意味着误差项相对较小。

3.2.2 二元回归：拟合的质量

回归拟合度（regression fit）可以通过检验残差的大小来评价，残差大小可以通过 y_t 减去估计值 $\hat{y}_t$ 得到：

$$\hat{\varepsilon}_t=y_t-\hat{y}_t=y_t-\hat{\alpha}-\hat{\beta}x_t \tag{3.22}$$

从而得到方差的估计值为：

$$V(\hat{\varepsilon})=\frac{1}{(T-2)}\sum_{t=1}^{T}\hat{\varepsilon}_t^2 \tag{3.23}$$

我们用 $T-2$ 作为除数是因为估计量用了两个未知参数 $\hat{\alpha}$ 和 $\hat{\beta}$。同样可以注意到，因为回归包括截距，所以 $\hat{\varepsilon}$ 的均值恰好为零。

拟合的质量可以用无单位的度量 R^2 来评价，也称为**决定系数**（coefficient of determination），定义如下：

$$R^2=1-\frac{SSE}{SSY}=1-\frac{\sum_t\hat{\varepsilon}_t^2}{\sum_t(y_t-\bar{y})^2} \tag{3.24}$$

其中，SSE 是误差平方的和，SSY 是 y 关于其均值偏差平方的和。如果回归包括一个常数，我们总有 $0\leqslant R^2\leqslant 1$。在这种情况下，$R^2$ 也是相关系数的平方：

$$R^2=\rho(y,x)^2 \tag{3.25}$$

R^2 度量了误差比原始变量 y 的偏差更小的程度。为了解释 R^2，考虑两个极端的例子。如果拟合非常好，误差将为零，公式（3.24）的分子也将为零，从而得出 $R^2=1$。但是如果拟合效果很差，SSE 将与 SSY 大小相同，因此导致$R^2=0$。

另外，我们可以通过分解 $y_t=\alpha+\beta x_t+\varepsilon_t$ 的方差来解释 R^2。因为 ε 与 x 不相关，因此有：

$$V(y)=\beta^2V(x)+V(\varepsilon) \tag{3.26}$$

等式两边同除以 $V(y)$，得到：

$$1=\frac{\beta^2V(x)}{V(y)}+\frac{V(\varepsilon)}{V(y)} \tag{3.27}$$

因为 $R^2=1-V(\varepsilon)/V(y)=\beta^2V(x)/V(y)$，它是 β 和 x 对 y 变动的贡献。

评价拟合的质量还需要检验最小二乘法假设是否满足。例如，误差应该具有常数方差：$V(\varepsilon_t\mid x_t)=\sigma^2$。缺少 σ^2 的描述意味着它是常数。这可以通过画相对于 x_t 的残差平方图来检验。

3.2.3 二元回归：假设检验

最后，我们推出估计参数的分布，它们关于真实值是正态的和集中的。对于斜率系数，$\hat{\beta} \sim N(\beta, V(\hat{\beta}))$，方差计算如下：

$$V(\hat{\beta}) = V(\hat{\varepsilon}) \frac{1}{\sum_t (x_t - \bar{x})^2} \tag{3.28}$$

这可以用来检验斜率系数是否与零显著不同。相关的检验统计量为：

$$t = \hat{\beta} / \sigma(\hat{\beta}) \tag{3.29}$$

该统计量具有学生 t 分布。

通常在实际中是检验统计量的绝对值是否大于 2。如果统计量的绝对值大于 2，我们将拒绝 y 与 x 没有关系的假设。对应的双边显著性水平为 5%。公式（3.29）还可以用于建立系数的置信区间。

3.2.4 自回归

一个特别有用的应用是变量在它本身的滞后值上的回归，称为**自回归**（autoregression）：

$$y_t = \alpha + \beta_k y_{t-k} + \varepsilon_t, t = 1, \cdots, T \tag{3.30}$$

如果 β 系数是显著的，变量先前的变动可以用来预测未来的变动。这里，系数 β_k 是 k 阶**自相关系数**（autoregression coefficient）。

举个例子，考虑一阶自回归，其中日元/美元汇率的每日变动用前一天的数值做了回归。正的系数 $\hat{\beta}_1$ 表明会有一个趋势，负的系数表明会有一个均值回归。例如，假设我们发现 $\hat{\beta}_1 = 0.10$，截距为零。某天市场上涨了 2%，那么我们对第二天的最佳预测就是又一个上涨

$$E[y_{t+1}] = \beta_1 y_t = 0.1 \times 2\% = 0.2\%$$

在实际中，大部分金融随机变量的斜率系数都在统计意义上不显著地不等于零。

自相关的存在改变了跨时期风险的正态模式。当自相关不存在时，我们知道风险随时间的平方根增加。当正的自相关存在时，冲击具有更长的持续效应，并且风险比时间平方根的增长要快。

3.2.5 多元回归

更一般地，回归公式（3.14）可以用 N 个独立变量写出：

$$y_t = \alpha + \sum_{i=1}^{N} \beta_i x_{t,i} + \varepsilon_t \tag{3.31}$$

将所有的随机变量 y 放在一起，我们有：

$$\begin{bmatrix} y_1 \\ \vdots \\ y_T \end{bmatrix} = \begin{bmatrix} x_{11} & x_{12} & x_{13} & \cdots & x_{1N} \\ \vdots & & & & \vdots \\ x_{T1} & x_{T2} & x_{T3} & \cdots & x_{TN} \end{bmatrix} \begin{bmatrix} \beta_1 \\ \vdots \\ \beta_N \end{bmatrix} + \begin{bmatrix} \varepsilon_1 \\ \vdots \\ \varepsilon_T \end{bmatrix} \tag{3.32}$$

这包含了 X 的第一列是元素均为 1 的常数列，在这种情况下 $\beta_1=\alpha$。用矩阵的形式表示：

$$y = X\beta + \varepsilon \tag{3.33}$$

估计的系数矩阵形式为：

$$\hat{\beta} = (X'X)^{-1}X'y \tag{3.34}$$

这需要对最小二乘法估计的另一个假设：

● 方阵 X 必须满秩，意味着任何一个随机变量 x 都不能用其他随机变量的线性组合表示。

如果 X 不满秩，矩阵 $(X'X)$ 就不可逆。这个假设排除了随机变量的完全相关情况。然而，有时两个随机变量可能高度相关，这被称为**多重共线性**(multicollinearity)。当出现这种情况时，估计出的结果是不稳定的。数据的小的变动可以产生估计值的大的变动。因此估计出的系数将具有非常大的标准差。

根据公式 (3.28)，系数的协方差矩阵为：

$$V(\hat{\beta}) = V(\hat{\varepsilon})(X'X)^{-1} \tag{3.35}$$

其中，

$$V(\hat{\varepsilon}) = \frac{1}{(T-N)} \sum_{t=1}^{T} \hat{\varepsilon}_t^2 \tag{3.36}$$

式中，分母根据系数的观测数目 N 进行调整。

我们可以将 t 统计量推广到多元的情况。假设我们想检验最后 m 个系数是否都为零，定义 $\hat{\beta}_m$ 为这组系数，$V_m(\hat{\beta})$为它们的协方差矩阵。我们建立统计量：

$$F = \frac{\hat{\beta}_m' V_m(\hat{\beta})^{-1} \hat{\beta}_m / m}{SSE/(T-N)} \tag{3.37}$$

它服从自由度为 m 和 $T-N$ 的 F 分布。如前所述，如果 F 值相对于表中的临界值太大，我们将拒绝假设。

最后，我们同样可以计算 R^2，和公式 (3.24) 一样。但是我们需要注意，R^2 机械地随着随机变量的数目增加而增加。随机变量越多，残差项的方差一定越小，因为样本拟合度越高。有时使用调整的 R^2：

$$\bar{R}^2 = 1 - \frac{SSE/(T-N)}{SSY/(T-1)} = 1 - (1-R^2)\frac{T-1}{T-N} \tag{3.38}$$

这样对应对独立随机变量的数量影响更为合适。

3.2.6 例 子

这一节给出了一个对市场上的股票收益率进行回归的例子。这种分析对于评估股票价格的变动能否用股指期货来对冲是很有用的。另外，股票可以与股票指数建立映射（例如它的头寸可以用拟合的股票指数的风险暴露来替代）。

我们考虑英特尔和标准普尔 500 指数在 10 年间的数据，这些数据是每个月的总收益率。图 3.2 画出了 120 个收益率的联合散点图，即 (y_t, x_t)。显然，两个变量之间具有正的相关关系，如图中的直线所示，它代表了回归拟合 $(\hat{y}_t, x_t)$。

表 3.2 展示了回归结果。回归结果表明两个变量之间具有正的相关关系，其中 $\hat{\beta} = 1.349$。正相关非常显著，标准差为 0.229，t 统计量为 5.90。t 统计量非常大，对应的概率值（p 值）接近于零。因此我们可以相当有把握地认为这两个变量正相关。

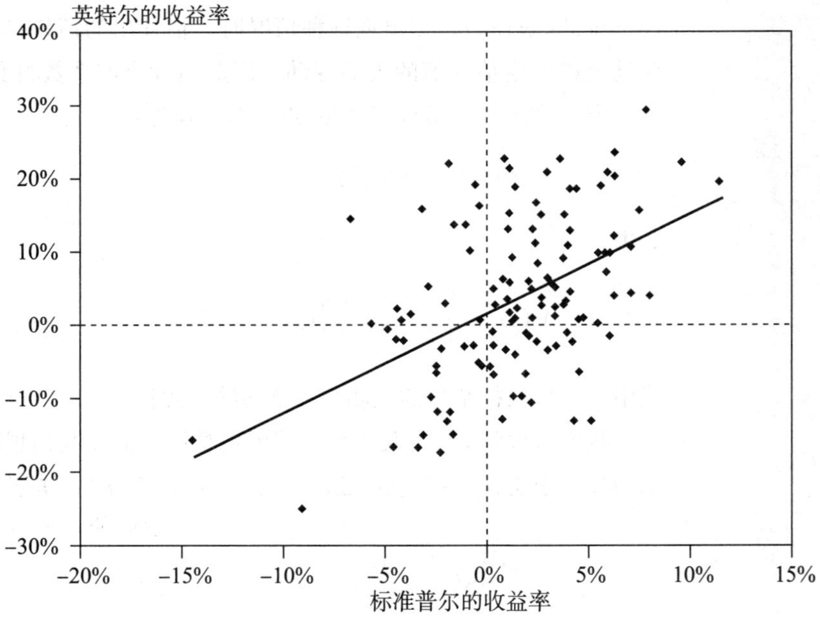

图 3.2 英特尔和标准普尔 500 指数收益率

表 3.2　　　　　　　　　　回归结果

$y=\alpha+\beta x$，y=英特尔的收益率，x=标准普尔的收益率				
R^2	0.228			
y 的标准差	10.94%			
$\hat{\varepsilon}$ 的标准差	9.62%			
系数	估计	标准差	t 统计量	p 值
截点 $\hat{\alpha}$	0.016 8	0.009 4	1.78	0.77
斜率 $\hat{\beta}$	1.349	0.229	5.90	0.00

这里的 β 系数也被称为**系统风险**（systematic risk），或者是一般市场变动的风险暴露。平均而言，科技股被认为具有更大的系统风险。事实上，英特尔回归的斜率大于 1。为了检验 β 系数是否与 1 显著不同，我们可以计算 z 值如下：

$$z=\frac{\hat{\beta}-1}{s(\hat{\beta})}=\frac{1.349-1}{0.229}=1.53$$

这小于通常的截点值 2，所以我们不能确定英特尔的系统风险大于 1。

R^2 为 22.8%，这同样可以通过检验从 y 到 $\hat{\varepsilon}$（从 10.94%到 9.62%）的离散程度的减少来进行解释。R^2 可以写为：

$$R^2=1-\frac{9.62\%^2}{10.94\%^2}=22.8\%$$

因此，英特尔收益率的大约 23%的波动应该归因于市场。

例题 3.4　FRM 试题 2004——第 4 题

考虑以下回归模型：$Y=a+bX+e$，假设 $a=0.05$，$b=1.2$，$SD(Y)=0.26$，$SD(e)=0.1$，那么 X 和 Y 之间的相关系数是多少？

(a) 0.923。

(b) 0.852。

(c) 0.701。

(d) 0.462。

例题 3.5　FRM 试题 2007——第 22 题

考虑两只股票 A 和 B，假设它们的年收益率服从联合正态分布，每只股票收益率的边缘分布的均值为 2%，标准差为 10%，相关系数为 0.9。如果股票 B 的年收益率为 3%，那么股票 A 的期望年收益率为多少？

(a) 2%。

(b) 2.9%。

(c) 4.7%。

(d) 1.1%。

例题 3.6　FRM 试题 2009——第 8 题

一个投资组合经理对一个股票组合的系统风险感兴趣，他用线性回归进行估计：

$R_{Pt}-R_F=\alpha_P+\beta_P[R_{Mt}-R_F]+\varepsilon_{Pt}$，其中 R_{Pt} 是投资组合在 t 时刻的收益率，R_{Mt} 是市场组合在 t 时刻的收益率，R_F 是无风险利率，为常数。假设 $\alpha=0.008$，$\beta=0.977$，$\sigma(R_P)=0.167$，$\sigma(R_M)=0.156$。这个回归中的决定系数是多少？

(a) 0.913。

(b) 0.834。

(c) 0.977。

(d) 0.955。

例题 3.7　FRM 试题 2004——第 23 题

下列哪些关于投资组合收益率和基准收益率之间的线性回归的说法是正确的？

投资组合参数	值
β	1.25
α	0.26
决定参数	0.66
标准误差	2.42

Ⅰ. 相关系数为 0.71。

Ⅱ. 投资组合变化的 34%可以用基准收益率的变化来解释。

Ⅲ. 该投资组合收益率是一个因变量。

Ⅳ. 对投资组合收益率的估计是 12%的 95%置信区间为（7.16%，16.84%）。

(a) Ⅱ和Ⅳ。

(b) Ⅲ和Ⅳ。

(c) Ⅰ、Ⅱ和Ⅲ。

(d) Ⅱ、Ⅲ和Ⅳ。

3.2.7　回归的缺陷

就像任何数量方法一样，回归分析的作用依赖于实际应用中必须满足的基础假设。现在简要分析一下前面阐述的潜在问题。

初始的最小二乘法中假设变量 X 是事先确定的（即外生的或者固定的），就像在一个能得到控制的试验中那样。实际上，回归是在实际存在的、不满足这些严格条件的数据上进行的。在前面的回归例子中，标准普尔 500 指数的收益率显然不是事先确定的。

但是如果变量 X 是随机的，只要变量 X 关于误差独立分布并且分布中不涉及 β 和 σ^2，那么绝大部分最小二乘法的估计结果仍然是合理的。

对假设的违背将会造成严重后果，因为它们造成对斜率系数的估计是有偏差的。这些偏差将导致研究者得出错误的结论。例如，我们在变量 X 中有估计误差，它导致估计的 X 与 ε 相关，这个所谓的**变量内部误差**（errors in the variables）问题导致了向下的偏差，或者说相比真实值减少了估计的斜率系数。注意到变量 y 中误差不会产生问题，因为这些误差已经包含在误差项 ϵ 中。

与之相关的问题是**特有误差**（specification error）。假设真实模型有 N 个变量但我们仅仅使用了其 N_1 个子变量。如果忽略的变量与采用的变量是相关的，估计的参数将是有偏差的。这是一个非常严重的问题，因为它很难辨认出来。参数的误差将导致模型的误差。

还有一类问题与参数的标准差中的潜在偏差有关。如果标准差被低估了，这种误差将特别严重，它可以产生一系列错误的“精确”回归结果并可能因此得出错误的结论。最小二乘法假设每次观测的误差相互独立，这对于金融时间序列是普遍的情况，但在截面分析中通常并非如此。例如，考虑共同基金在某一横截面上的收益率。除了费用结构不同之外（例如把 A 称为预先付费基金，把 B 称为延迟付费基金），共同基金几乎都一样。这些基金被投资到相同的证券中并由相同的基金经理管理，这样它们的收益率当然不是独立的。如果我们对所有基金进行标准最小二乘回归，那么标准差将太小，因为我们高估了观测数据的相关性。更一般地，必须检查残差中是否没有系统相关模式。甚至对于时间序列，问题也会随误差中的自相关而产生。标准差的偏差会影响估计结果，例如研究者可以由此认为系数的统计量是显著的。

没有完全使用所给的信息会产生回归不充分的问题。例如，残差在观测过程中将出现不同的方差，这种情况我们称为**异方差性**（heteroskedasticity）。这和方差为常数的情况是相反的，即**同方差性**（homoskedasticity）。条件异方差性产生于误差项的方差和其他自变量具有相关性。例如，较大的 X 可能会伴随着较高的误差方差。这些问题可以通过对残差的诊断检查识别出来。如果发现了异方差性，那么模型必须加以改进以得到更好的标准差。但是这对估计结果的影响比前面的问题要小得多。没有效率的估计不会产生估计的偏差。

回归中还会产生**多重共线性**（multicollinearity）的问题。这源于变量 X 高度相关。某些变量可能是多余的，例如使用两种汇率相互固定的货币。结果，公式（3.34）中的矩阵 $(X'X)$ 是不稳定的，并且估计出来的 β 将是不可靠的。然而这个问题将以大的标准差暴露出来。可以通过放弃一些彼此高度相关的变量来固定模型。

最后，即使所有的最小二乘估计条件都被满足了，在利用回归进行预测时还是需要特别小心。因为与本质上是稳定的物理系统相比，金融市场是动态的，而且市场中的关系变化非常迅速。事实上，历史数据回归的显著参数所解释的金融异常变化非常迅速，当想要利用它们时，也许已经消失了。

例题 3.8　FRM 试题 2009——第 7 题

你建立了一个回归模型来分析一个发达国家的年度工资水平。你在模型中插入了两个独立的随机变量，年龄和经验。得到回归的结果之后，你注意到经验的系数是负的，这好像和直观相反。另外，你发现该系数的 t 统计量很低但是回归模型却具有很高的 R^2。什么原因会造成这些结果？

(a) 不正确的标准误差。

(b) 异方差性。

(c) 序列相关性。

(d) 多重共线性。

例题 3.9 FRM 试题 2004——第 59 题

关于线性回归的下列说法哪一个是错误的?

(a) 当样本观测值残差的方差不相等时会出现异方差性。

(b) 非条件异方差性会导致估计的不充分，而条件异方差性会干预估计的结果。

(c) 当残差项彼此相关时会出现序列相关性。

(d) 当多元回归中的两个或多个自变量之间存在高度相关性时会出现多重共线性。

例题 3.10 FRM 试题 1999——第 2 题

在下面哪种情况下回归分析的解释能力被高估了?

(a) 解释性变量彼此之间不相关。

(b) 误差项的方差随因变量的增加而减小。

(c) 误差项是正态分布的。

(d) 一个重要的解释性变量被忽略了，它影响了模型中包含的解释性变量和因变量。

3.3 重要公式

离散收益率，对数收益率：$r_t = (P_t - P_{t-1})/P_{t-1}, R_t = \ln[P_t/P_{t-1}]$

时间加总：$E(R_T) = E(R_1)T, V(R_T) = V(R_1)T, SD(R_T) = SD(R_1)\sqrt{T}$

投资组合的收益率：$r_{p,t+1} = \sum_{i=1}^{N} w_{i,t} r_{i,t+1} = w'R$

投资组合的方差：$V[r_{p,t+1}] = w'\Sigma w$

均值的估计：$m = \hat{\mu} = \frac{1}{T}\sum_{i=1}^{T} x_i$

方差的估计：$s^2 = \hat{\sigma}^2 = \frac{1}{(T-1)}\sum_{i=1}^{T}(x_i - \hat{\mu})^2$

均值估计的分布：$m = \hat{\mu} \sim N(\mu, \sigma^2/T)$

方差估计的分布：$\frac{(T-1)\hat{\sigma}^2}{\sigma^2} \sim \chi^2(T-1), \hat{\sigma}^2 \to N(\sigma^2, \sigma^4 \frac{2}{(T-1)})$

标准差估计的分布：$se(\hat{\sigma}) = \sigma\sqrt{\frac{1}{2T}}$

二元回归：$y_t = \alpha + \beta x_t + \varepsilon_t$

多元回归：$y_t = X_t\beta + \varepsilon_t$

贝塔值估计：$\hat{\beta} = (X'X)^{-1}X'y$

总体 β：$\beta(y,x) = \frac{Cov(y,x)}{V(x)} = \frac{\rho(y,x)\sigma(y)\sigma(x)}{\sigma^2(x)} = \rho(y,x)\frac{\sigma(y)}{\sigma(x)}$

回归 R^2：$R^2 = 1 - \frac{SSE}{SSY} = 1 - \frac{\sum_t \hat{\varepsilon}_t^2}{\sum_t (y_t - \bar{y})^2}$

方差分解：$V(y)=\beta^2 V(x)+V(\varepsilon)$

零回归系数的 T 统计假设检验：$t=\hat{\beta}/\sigma(\hat{\beta})$

3.4 例题解答

例题 3.1 FRM 试题 2007——第 137 题

(c) 显著性水平是第一类错误发生的概率，或拒绝正确模型的概率，也就是 P（拒绝 $H_0 \mid H_0$ 为真）。另外，第二类错误发生的概率为 P（不拒绝 $H_0 \mid H_0$ 为假）。

例题 3.2 FRM 试题 2009——第 9 题

(a) 显著性水平同样也是犯第一类错误的概率，或者拒绝真实零假设的概率，它是降低的。选项 b 和 c 是相反的，因此错误。这将导致犯第二类错误的可能性增加，也就是接受错误的零假设，因此选项 d 是错误的。

例题 3.3 FRM 试题 2009——第 6 题

(c) 这是 $\sigma/\sqrt{T}$，即 $100/\sqrt{1\,600}=100/40=2.5$。条件中其他数字都是不相关的。

例题 3.4 FRM 试题 2004——第 4 题

(a) 我们可以利用公式（3.26）得到 X 的方差，$V(x)=[V(y)-V(e)]/\beta^2=[0.26^2-0.10^2]/1.2^2=0.04$。接着我们得到 $SD(X)=0.2$，$\rho=\beta SD(X)/SD(Y)=1.2\times0.2/0.26=0.923$。

例题 3.5 FRM 试题 2007——第 22 题

(b) 该题的信息可以用来建立股票 A 和 B 收益率之间的回归模型。我们有 $R_A=2\%+0.9(10\%/10\%)(R_B-2\%)+\varepsilon$。接着将 $R_B=3\%$ 代入得到 $\hat{R}_A=2\%+0.9(3\%-2\%)=2.9\%$。

例题 3.6 FRM 试题 2009——第 8 题

(b) 利用公式（3.27），$R^2=\beta^2\sigma_M^2/\sigma_P^2=0.977^2\times0.156^2/0.167^2=0.83$。

例题 3.7 FRM 试题 2004——第 23 题

(b) 相关系数为 $\sqrt{0.66}=0.81$，因此Ⅰ是不正确的。接下来，66%的 Y 的变化可以用基准收益率来解释，因此Ⅱ是不正确的。投资组合收益率的确是一个因变量，因此Ⅲ是正确的。最后，为了找到 95%的双边置信区间，我们需要利用标准正态分布的 95%分位数 α，为 1.96，近似为 2.00。区间为$(y-2SD(e), y+2SD(e))$，即（7.16%，16.84%），因此Ⅳ是正确的。

例题 3.8 FRM 试题 2009——第 7 题

(d) 年龄和经验可能高度相关。一般地，当系数的标准差很高时会产生多重共线性现象，即使 R^2 很高。

例题 3.9 FRM 试题 2004——第 59 题

(b) 当残差的方差不是常数时会出现异方差性，因此选项 a 是正确的。这会导致估计的不充分但是不会干预估计的结果。选项 c 和 d 也是正确的。

例题 3.10　FRM 试题 1999——第 2 题

(d) 如果真实回归包括影响 y 和 x 的第三个变量 z，误差项就不会关于 x 条件独立，而这与最小二乘估计模型的假设相矛盾。这会人为地增加回归的解释能力。直觉上变量 x 将能解释 y 中更多的变动性，这仅仅是因为它与 z 相关。

第 4 章　蒙特卡洛方法*

前面两章分别介绍了概率论和统计学的内容。前者涉及从已知分布生成随机变量的问题，后者涉及利用现实数据估计分布参数的问题。估计分布之后，我们可以继续下一步工作，那就是出于风险管理的目的进行随机变量的模拟。这种被称为**蒙特卡洛**（Monte Carlo）模拟的方法是金融工程和风险管理的一个核心部分。它使得金融专家可以对复杂的金融工具进行定价。它使得风险经理可以建立过于复杂而无法进行分析建模的投资组合的分布。

模拟方法很灵活，且随着计算技术的进步变得更易于实现，但它们的缺点也不可低估。模拟结构的精确性对模型假设（包括分布的形状、参数、价格函数）的依赖非常严重。风险经理要提防这些假设中的误差对结果产生影响。

本章介绍了蒙特卡洛方法如何用于风险管理。4.1 节介绍了仅有单一风险来源的例子。4.2 节显示了如何运用这些方法来建立在险值（VAR）度量和对衍生产品定价。接着 4.3 节考虑了多风险来源的情况。

4.1　随机变量的模拟

模拟涉及人工变量的生成，这些变量和投资组合的风险因子相类似。这些变

* FRM 考试第一部分的主题。

量包括股票价格、汇率、债券收益率以及商品价格。

4.1.1 模拟马尔可夫过程

在有效市场里，金融价格显示出随机游走的模式。更准确地说，假设价格遵循**马尔可夫过程**（Markov process），这是一个特别的随机过程，其未来价格的分布仅仅依赖于当前价格，与过去的历史信息没有任何关系。这些过程由下面的成分建立，按照复杂性递增的顺序加以描述。

● **维纳过程**（Wiener process）。它描述了一个变量 Δz ，该变量的变化在时间间隔 Δt 上度量，其均值为零，方差与 Δt 成比例：

$$\Delta z \sim N(0,\Delta t) \tag{4.1}$$

如果 ε 是一个标准正态变量 $N(0,1)$ ，这可以写成 $\Delta z = \varepsilon\sqrt{\Delta t}$ 。此外，增量 Δz 在时间上是独立的。

● **广义维纳过程**（generalized Wiener process）。它描述了由维纳过程建立的随机变量 Δx ，另外，具有每单位时间的恒定趋势 a 和波动率 b ：

$$\Delta x = a\Delta t + b\Delta z \tag{4.2}$$

一个特殊的例子就是**鞅**（martingale），它是零漂移随机过程，此时 $a=0$ ，这意味着 $E(\Delta x)=0$ 。它具有很方便的性质，即未来价值的期望等于当前价值：

$$E(x_T) = x_0 \tag{4.3}$$

● **伊藤过程**（Ito process）。它描述了一个普通维纳过程，该过程的趋势和波动性依赖于标的变量的当前价值和时间：

$$\Delta x = a(x,t)\Delta t + b(x,t)\Delta z \tag{4.4}$$

这是一个马尔可夫过程，因为分布只依赖于随机变量 x 的当前价值和时间。另外，此过程的变形具有正态分布。

4.1.2 几何布朗运动

伊藤过程的一个特殊例子就是**几何布朗运动**（geometric Brownian motion, GBM），它对于变量 S 的描述如下：

$$\Delta S = \mu S\Delta t + \sigma S\Delta z \tag{4.5}$$

这个过程是几何的，因为其趋势和波动率与 S 的当前价值成比例。股票价格通常属于这种情况。在这种情况下，收益率比美元收益 ΔS 显得更加稳定，它也适用于外汇。由于 $\Delta S/S$ 仅代表除去股利支付的资本增值，μ 代表资产的期望总收益率减去股利收益率。

例　股票价格过程

考虑一只无分红股票，它的期望收益率为每年 10%，波动率为每年 20%。如果当前价格为 100 美元，那么下个星期股票价格的变化过程是怎样的？如果当前价格是 10 美元呢？

股票价格的变化过程为：

$$\Delta S = S(\mu\Delta t + \sigma\sqrt{\Delta t} \times \varepsilon)$$

式中，ε 为标准正态分布的随机抽样。如果间隔是一个星期，即 $\Delta t = 1/52 = 0.019\,23$，那么均值为 $\mu\Delta t = 0.10 \times 0.019\,23 = 0.001\,923$，标准差为 $\sigma\sqrt{\Delta t} = 0.20 \times \sqrt{0.019\,23} = 0.027\,735$。过程为 $\Delta S = \$100(0.001\,923 + 0.027\,735 \times \varepsilon)$。对于初始股价 100 美元，得出 $\Delta S = 0.192\,3 + 2.773\,5\varepsilon$。对于初始股价 10 美元，得出 $\Delta S = 0.019\,23 + 0.277\,35\varepsilon$。趋势和波动率都以因子 10 的比例缩小了。■

这个模型特别重要，因为它是布莱克-斯科尔斯公式的基本过程。这个分布的主要特点是波动率与 S 成比例。这保证股价始终为正。事实上，当股价下跌时，它的方差减小，这就使价格大幅下跌至负值成为不可能。这个模型中 $dS/S = d\ln(S)$ 中的极限是正态分布，因此 S 服从**对数正态分布**（lognormal distribution）。

这个过程意味着在一个区间 $T - t = \tau$ 上，最终价格对数的分布为：

$$\ln(S_T) = \ln(S_t) + (\mu - \sigma^2/2)\tau + \sigma\sqrt{\tau}\,\varepsilon \tag{4.6}$$

式中，ε 为标准正态变量。

例　股票价格过程（续）

假设一周后的股价由 $S = \$100\exp(R)$ 给出，其中 R 的年期望值为 10%，年波动率为 20%。对 S 建立 95%的置信区间。

对于标准正态分布的 95%置信区间的端点为 $\alpha_{MIN} = -1.96$ 和 $\alpha_{MAX} = 1.96$。换句话说，两边区间外的概率各为 2.5%。那么 R 的 95%置信区间为 $R_{MIN} = \mu\Delta t - 1.96\sigma\sqrt{\Delta t} = 0.001\,923 - 1.96 \times 0.027\,735 = -0.052\,4$ 和 $R_{MAX} = \mu\Delta t + 1.96\sigma\sqrt{\Delta t} = 0.001\,923 + 1.96 \times 0.027\,735 = 0.056\,3$。这就得出 $S_{MIN} = \$100\exp(-0.052\,4) = \$94.89$ 和 $S_{MAX} = \$100\exp(0.056\,3) = \$105.79$。■

对数正态假设的重要性依赖于所考虑的时间范围。如果时间范围仅为 1 天，那么是对数正态还是正态假设的选择就没有关系。在给定波动率的条件下，股价一天内跌至 0 以下是基本不可能的。另一方面，如果时间范围是 1 年，两个假设将导致不同的结果。对数正态分布更贴近现实，因为它可以防止价格变为负值。

在模拟中，这个过程可以通过具有正态分布的小步长来近似，其均值和方差如下：

$$\frac{\Delta S}{S} \sim N(\mu\Delta t, \sigma^2\Delta t) \tag{4.7}$$

为了模拟 S 的未来价格路径，我们从现价 S_t 开始并生成一个独立标准正态变量 ε 的序列，$i=1,2,\cdots,n$。下一个价格 S_{t+1} 由 $S_{t+1}=S_t+S_t(\mu\Delta t+\sigma\varepsilon_1\sqrt{\Delta t})$ 得到。接下来价格 S_{t+2} 由 $S_{t+2}=S_{t+1}+S_{t+1}(\mu\Delta t+\sigma\varepsilon_2\sqrt{\Delta t})$ 得到，如此下去直到我们达到目标日期，在该时点 $S_{t+n}=S_T$ 应该近似服从对数正态分布。

表 4.1 解释了对这一过程的模拟，在整个时间范围内漂移（μ）为 0%，波动率（σ）为 20%，模拟分为 100 步。

表 4.1　模拟价格路径

步数 i	随机变量：均匀分布 u_i	随机变量：正态分布 $\mu\Delta t+\sigma\Delta z$	价格增量 ΔS_i	价格 S_{t+i}
0				100.00
1	0.043 0	−0.034 3	−3.433	96.57
2	0.833 8	0.019 4	1.872	98.44
3	0.652 2	0.007 8	0.771	99.21
4	0.921 9	0.028 4	2.813	102.02
…				
99				124.95
100	0.556 3	0.002 8	0.354	125.31

初始价格为 100 美元。局部期望收益率为 $\mu\Delta t=0.0/100=0.0$，波动率为 $0.20\times\sqrt{1/100}=0.02$。第二列显示了一个服从均匀分布 $U(0,1)$ 的随机变量的实现。第一步的值为 $u_1=0.043\,0$，下一列将这个变量变为均值为 0.0、方差为 0.02 的正态变量，值为−0.034 3。接着价格增量就可以通过上一个价格乘以该随机变量得到，为−3.433 美元。这就生成了一个新值 $S_1=\$100-\$3.43=\$96.57$。这一过程一直重复，直到在第 100 步得到最终价格 125.31 美元为止。

这个试验可以按需要重复进行。定义 K 为重复试验或者随机试验的次数。图 4.1 展示了最初的三次试验。每一次试验得出一个模拟的终值 S_T^k。这就产生了模拟结果 S_T 的一个分布。对于仅一步的情况（$n=1$），分布肯定是正态的。随着步数 n 的增加，分布趋于对数正态分布。

这种模拟对股价建模非常有帮助，但也存在着诸多缺点，价格增量假设具有正态分布，而事实上，我们观察到价格变化比正态分布具有更厚的尾部，且收益率的方差也会不断变化。

另外，随着时间间隔 Δt 的缩小，波动率也在缩小。这意味着较大的不连续性在短时期内不会发生。事实上，一些资产如商品价格或者破产公司发行的证券价格就会出现不连续的跳跃。在这些情况下，随机过程必须根据观测值变化进行调整。

例题 4.1　FRM 试题 2009——第 14 题

假设你用漂移 $\mu=0$，波动率 $\sigma=0.14$，时间间隔 $\Delta t=0.01$ 的几何布朗运动过程来模拟 HHF 公司股票。令 S_t 为股票在时刻 t 的价格。如果 $S_0=100$，并且前两

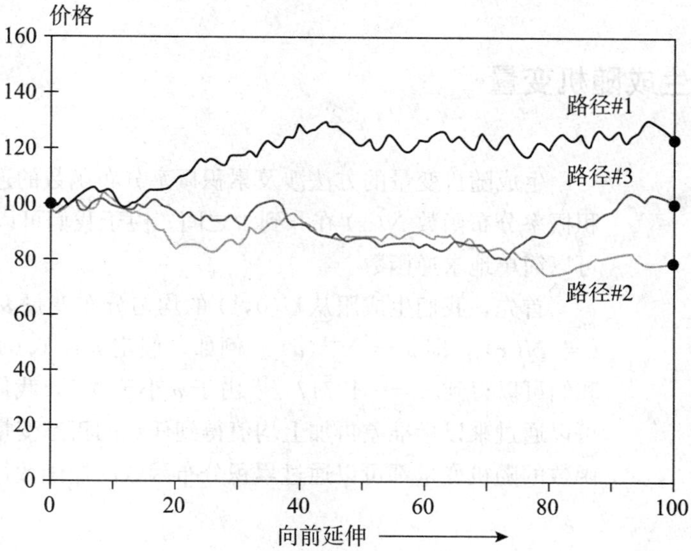

图 4.1　模拟价格路径

个模拟的标准正态分布随机变量为 $\varepsilon_1 = 0.263$ 和 $\varepsilon_2 = -0.475$，第二步之后的模拟股价是多少?

(a) 96.79。

(b) 99.79。

(c) 99.97。

(d) 99.70。

例题 4.2　FRM 试题 2003——第 40 题

关于几何布朗运动过程中的变量 S，下列说法正确的是?

Ⅰ. S 服从正态分布。

Ⅱ. $d\ln(S)$ 服从正态分布。

Ⅲ. dS/S 服从正态分布。

Ⅳ. S 服从对数正态分布。

(a) 只有Ⅰ。

(b) Ⅱ、Ⅲ和Ⅳ。

(c) 只有Ⅳ。

(d) Ⅲ和Ⅳ。

例题 4.3　FRM 试题 2002——第 126 题

考虑一个服从几何布朗运动 $dS = aSdt + bSdz$ 的股票价格 S。下列说法哪一个是错误的?

(a) 如果漂移 a 是正的，那么一年后的价格将会超过今天的价格。

(b) 股票的瞬时收益率服从正态分布。

(c) 股票价格 S 服从对数正态分布。

(d) 模型没有均值回归。

4.1.3 生成随机变量

生成随机变量的方法涉及累积概率分布函数的逆函数。以正态分布为例。累积概率分布函数 $N(x)$ 在 0 到 1 之间。由于我们可以得到它的解析形式，因此它可以简单地求逆函数。

首先，我们生成服从 $U(0,1)$ 的均匀分布变量 u 。接着，我们计算 x ，通过 $u = N(x)$ ，即 $x = N^{-1}(u)$ 。例如，假定 $u = 0.0430$ ，和表 4.1 第一行一样。我们可以得到 $x = -1.717$ 。[①] 由于 u 小于 0.5，我们可以证明 x 为负值。该变量可以通过乘以标准差再加上均值得到任意的正态变量。更一般地，服从任意分布函数的随机变量都可以通过累积分布函数的逆函数得到。

4.1.4 模拟收益率

GBM 过程广泛应用于股票价格和外汇，同样也应用于固定收益产品。

债券价格显示了面值的长期回归（假设没有违约）。此过程与 GBM 过程不一致，因为后者没有这样的均值回归。当久期缩小到零时债券价格的波动率也以可预计的方式变化。同样地，商品价格也显示了均值回归。

这些特点可以通过在第一步直接对债券收益率建模来加以考虑。在下一步，债券价格由收益率和定价函数来确定。利率 r_t 的动态性可以建模如下：

$$\Delta r_t = \kappa(\theta - r_t)\Delta t + \sigma r_t^{\gamma} \Delta z_t \tag{4.8}$$

式中，Δz_t 为维纳过程。这里，我们假设 $0 \leqslant \kappa < 1, \theta \geqslant 0, \sigma \geqslant 0$ 。由于在收益率中仅有一个随机变量，模型称为**单因子模型**（one-factor model）。

这个马尔可夫过程有许多有趣的性质。首先，它对 θ 的长期价值显示了均值回归性质。参数 κ 控制了均值回归的速度。当前利率升高即 $r_t > \theta$ 时，模型向 θ 产生一个负漂移 $\kappa(\theta - r_t)$ 。反过来，当前利率下降则产生正漂移。

第二个性质是波动过程。这个模型包括**瓦西塞克模型**（Vasicek model）（$\gamma = 0$）。因为 Δr 是 Δz 的线性函数，所以收益率的变化是服从正态分布的。因为这个模型对许多固定收益产品提供了封闭形式的解，因此显得非常方便。但是问题在于它在初始利率很低的时候允许负利率的存在，因为利率变化的波动率不依赖其水平，这与几何布朗运动不同。

公式（4.8）更具有普遍性，因为它在方差函数中包括了收益率的幂。当 $\gamma = 1$ 时，它是**对数正态模型**（lognormal model）。在忽略趋势的情况下，有 $\Delta r_t =$

① 在 Excel 里，一个均匀分布的随机变量可以通过函数 u_i=RAND（）生成。通过这样，一个标准正态随机变量可以通过 NORMSINV(u_i）计算得到。

$\sigma r_t \Delta z_t$，或者 $\Delta r_t / r_t = \sigma \Delta z_t$。这意味着收益率的变化率 dr/r 具有固定的方差。这样就像 GBM 模型，较小的收益率导致较小的变动，这使收益率降低到零以下成为不可能。这个模型在初始收益率接近于零时比正态模型更合适。

当 $\gamma = 0.5$ 时，这是**考克斯-英格索尔-罗斯模型**［Cox，Ingersoll and Ross (CIR) model］。最后，指数 γ 的选择是一个经验的问题。最近的研究表明，$\gamma = 0.5$ 对数据提供了一个很好的拟合。

这类模型被称为**平衡模型**（equilibrium model）。它们缘自关于经济变量的一些假设。这类模型包含着短期利率 r 的一个过程，并产生了一个预期的期限结构，其形状依赖于模型参数和初始的短期利率。但是它们缺乏足够的灵活性，难以拟合当今的期限结构。这一局限性让大部分实践者不太满意，因为他们无法依赖一个对当今债券都无法准确定价的模型。

相反，**无套利模型**（no-arbitrage model）被设计为和当今的期限结构保持一致。在这类模型中，期限结构是参数估计的一个输入。最早的这类模型是**霍-李模型**（Ho-Lee model）：

$$\Delta r_t = \theta(t) \Delta t + \sigma \Delta z_t \tag{4.9}$$

式中，$\theta(t)$ 是选择的时间函数使得模型与初始期限结构一致。这被扩展至包含均值回归的**赫尔-怀特模型**（Hull-White model）：

$$\Delta r_t = [\theta(t) - a r_t] \Delta t + \sigma \Delta z_t \tag{4.10}$$

最后，**希斯-贾罗-默顿模型**（Heath-Jarrow-Morton model）向前又走了一步，它允许波动率是时间的函数。

但是这些无套利模型在不同日期的估计参数之间不具有一致性。函数 $\theta(t)$ 在不同时间也可能完全不同。而且无套利模型对异常值（即用来拟合期限结构的债券价格中的数据错误）非常敏感。

4.1.5 二叉树

模拟对于模仿风险因子的不确定性非常有用，尤其对于多风险因素的情况。但在某些情况下用不连续树来描述价格中的不确定性也很有用。当价格可以二选一时，该树称为**二叉树**（binomial）。

二叉树模型可以视为几何布朗运动在离散情况下的等价模型。像前面一样，我们将时间范围 T 分为 n 个间隔 $\Delta t = T/n$。在每一个“节点”，假设价格要么以概率 p 上涨，要么以概率 $1-p$ 下跌。

参数 u、d、p 的选择使得对于较小时间间隔内期望收益率和方差等于连续过程的值。可以选择为：

$$u = e^{\sigma\sqrt{\Delta t}}, \quad d = (1/u), \quad p = \frac{e^{\mu\Delta t} - d}{u - d} \tag{4.11}$$

这符合均值，例如：

$$E[\frac{S_1}{S_0}] = pu + (1-p)d = \frac{e^{\mu\Delta t}-d}{u-d}u + \frac{u-e^{\mu\Delta t}}{u-d}d$$

$$= \frac{e^{\mu\Delta t}(u-d) - du + ud}{u-d} = e^{\mu\Delta t}$$

表 4.2 显示了二叉树是如何构建的。随着步数的增加，S_T 的离散分布趋于对数正态分布。该模型在后面的章节中用于期权定价。

表 4.2　二叉树

步数			
0	1	2	3

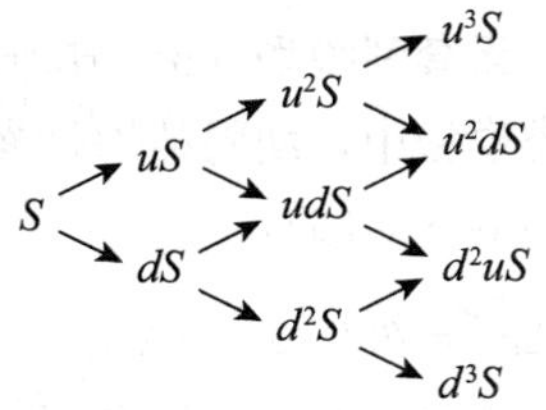

例题 4.4　FRM 试题——利率模型

瓦西塞克模型对 r 定义了一个风险中性过程 $\mathrm{d}r = a(b-r)\mathrm{d}t + \sigma\mathrm{d}z$，其中 a、b、σ 为常数，r 代表利率。从这个公式我们可以得出这个模型是

(a) 蒙特卡洛类型的模型。

(b) 单因子期限结构模型。

(c) 双因子期限结构模型。

(d) 决策树模型。

例题 4.5　FRM 试题——利率模型解释

上题公式中的 $a(b-r)$ 代表下列哪一项？

(a) gamma 项。

(b) 随机项。

(c) 回归项。

(d) vega 项。

例题 4.6　FRM 试题 2000——第 118 题

霍-李、赫尔-怀特、希斯-贾罗-默顿模型属于哪一组期限结构模型？

(a) 无套利模型。

(b) 双因子模型。

(c) 对数正态模型。

(d) 确定性模型。

例题 4.7　FRM 试题 2000——第 119 题

一个对短期利率而言似乎合理的随机模型通常被认为其利率应会回归至某一长期

平均水平。下列哪一个期限结构模型不包括这个性质？

(a) 瓦西塞克模型。

(b) 霍-李模型。

(c) 赫尔-怀特模型。

(d) 考克斯-英格索尔-罗斯模型。

4.2 模拟实现

4.2.1 VAR 模拟

总结一下，风险管理中的蒙特卡洛方法的步骤如下：

1. 对风险因子价格 S 选择一个随机过程（包括分布和参数，从当前价格 S_t 开始）。

2. 生成一个伪随机变量序列，代表在目标时间范围内的风险因子，到 S_T 为止。

3. 计算投资组合在目标时间范围内的价值 $F_T(S_T)$。

4. 按照要求重复步骤 2 和步骤 3，称 K 为重复次数。

这些步骤产生了值 $F_T^1, \cdots, F_T^K$ 的分布，它可以分类用来导出 VAR。我们度量第 c 分位数 $Q(F_T, c)$ 和平均值 $Ave(F_T)$。如果 VAR 被定义为目标日距期望值的偏差，我们有：

$$VAR(c) = Ave(F_T) - Q(F_T, c) \tag{4.12}$$

4.2.2 衍生产品模拟

熟悉衍生产品定价的读者将认出，这种衍生产品估值的方法与蒙特卡洛法很相似。在这种情况下我们只将注意力放在目标日期望值的折现值上：

$$F_t = e^{-r(T-t)} Ave(F_T) \tag{4.13}$$

这样，衍生产品估值聚焦于分布的折现中心，而 VAR 聚焦于目标日的分位数。

蒙特卡洛模拟用于衍生产品定价已有很长的历史了。正如在后面的章节将要看到的一样，衍生产品定价可以通过假设标的资产以无风险利率 r 增长来进行（假设没有收益支付）。举个例子，对一个期望收益率为 20%的股票的期权进行定价时假设（1）股票以无风险收益率 20%增长；（2）我们用相同的无风险利率来折现。这称为**风险中性法**（risk-neutral approach）。

相反，风险度量涉及的是真实分布，有时称为**物理分布**（physical distribution)。为了度量 VAR，风险经理必须利用真实期望收益率 $\mu = 20\%$ 来模拟资产增长。因此，风险经理使用物理分布，然而定价方法使用风险中性分布。

值得注意的是，模拟法并不适用于所有类型的期权。这些方法假设到期衍生产品可以被单独定价为期末价格为 S_T 的函数，并且可能为其样本路径的函数。亚式期权就是这种情况，其收益是样本路径上平均价格的函数。这样的期权称为**路径依赖型**（path-dependent）。

但是美式期权可以提前执行，因此模拟方法不适用于美式期权定价。最优执行决策是一个非常复杂的模型，因为它需要考虑期权的未来价值。这就意味着对美式期权定价不能由只考虑现在和过去的常规模拟方法完成。美式期权定价需要**后向递归**（backward recursion），例如二叉树。这种方法从最后开始向后回溯检验期权是否应该被执行，一直到开始时刻为止。

4.2.3 准确性

最后，我们必须提到**抽样变化性**（sampling variability）效应。除非 K 非常大，否则 S_T 的经验分布将仅仅是真实分布的近似。从蒙特卡洛模拟得到的统计量中会有某些正常的变动。由于蒙特卡洛模拟涉及独立抽样，因此易知统计量的标准差与 K 的平方根反向相关。这样，增加模拟次数可以提高准确性，虽然提高的速度很慢。从 $K = 10$ 到 $K = 1\ 000$，准确性能提高 10 倍。但是要想再提高相同的倍数，K 必须从 1 000 提高到 100 000。

风险管理的准确性比定价要低，因为分位数的估计准确性比平均值低。对于 VAR，准确性也是所选置信水平的函数。较高的置信水平在左尾产生较少的观测，因此导致 VAR 的准确性降低。一个 99%置信水平的 VAR 使用 1 000 次重复试验，其预期在左尾仅有 10 个预测，这并非一个很大的数。VAR 估计基于第 10 个和第 11 个次序后的数。相反，95%置信水平的 VAR 由第 50 个和第 51 个次序后的数度量，这将更准确一些。另外，分位数估计的准确性也取决于分布的形状。相对于对称分布，期权空头头寸具有负的偏度，或长的左尾。因此左尾的观测会更加离散，这对于准确估计 VAR 更加困难。

许多方法可以用来加速收敛过程：

1. **相对变量技术**（antithetic variable technique）。这种技术使用从 t 到 T 的相同随机抽样序列两次。它使用原始序列并且改变所有值的符号。这样就生成了两倍 F_T 最终分布中的点数，而并没有进行两倍数量的模拟。

2. **控制变量技术**（control variable technique）。这种技术当一个相似的期权已经有解析解时配合树来使用。假设 f_E 为一个具有解析解的欧式期权。遍历树获得了一个美式期权和欧式期权的价值 F_A 和 F_E。我们接着假设 F_A 中的误差与 F_E 相同是已知条件。调整的值为 $F_A - (F_E - f_E)$。

3. **伪随机序列**（quasi-random sequences）。这些技术也被称为**伪蒙特卡洛**（QMC），它们产生的抽样并非独立但目的在于更均匀地充满样本空间。模拟表明 QMC 法的收敛速度比蒙特卡洛法要快。换句话说，对于固定的重复试验次数 K，QMC 值在平均意义上与真实值更为接近。

但是传统 MC 的优势在于它提供了估计的标准差，该值与 $1/\sqrt{K}$同阶，因为抽样是独立的。所以，我们对估计值偏离真实值多少会有一些概念，这对于决定重复试验的次数是很有用的。相反，QMC 对准确性没有度量。

例题 4.8　FRM 试题 2005——第 67 题

下列关于蒙特卡洛模拟的说法哪一个是错误的？

(a) 蒙特卡洛模拟可以用于对数正态分布的估计。

(b) 蒙特卡洛模拟可以生成只含有线性头寸的投资组合的分布。

(c) 蒙特卡洛模拟的一个缺陷是它的计算量非常大。

(d) 假设标的过程服从正态分布，蒙特卡洛模拟得到的标准差和试验次数的平方根反向相关。

例题 4.9　FRM 试题 2007——第 66 题

一个风险经理被要求提供蒙特卡洛模拟的准确性指标。使用 1 000 次正态分布变量 S 的重复抽样，1 天 99%置信水平的相关误差为 5%。在这种情况下：

(a) 使用基于 S 的期权多头头寸的 1 000 次重复抽样会产生更大的相关误差。

(b) 使用 10 000 次重复抽样会产生更大的相关误差。

(c) 使用另一个 1 000 次重复抽样会恰好产生 5%的相关误差度量。

(d) 使用基于 S 的期权空头头寸的 1 000 次重复抽样会产生更大的相关误差。

例题 4.10　FRM 试题——抽样变化

由于抽样变化引起的 VAR 中的度量误差会随着以下哪一项变大？

(a) 更多的观测和一个很高的置信水平（例如 99%）。

(b) 更少的观测和一个很高的置信水平。

(c) 更多的观测和一个很低的置信水平（例如 95%）。

(d) 更少的观测和一个很低的置信水平。

4.3　风险的多种来源

我们现在转向具有许多金融风险来源的更一般的模拟情况。定义 N 为风险因子的数目。如果因子 S_j 是相互独立的，随机化可以对每一个变量独立进行。对于 GBM 模型：

$$\Delta S_{j,t} = S_{j,t-1}\mu_j \Delta t + S_{j,t-1}\sigma_j \epsilon_{j,t}\ \sqrt{\Delta t} \tag{4.14}$$

式中，标准正态变量 ϵ 在时间和因子 $j = 1,\cdots,N$ 上相互独立。

然而一般来说，风险因子是相关的。模拟首先可以通过抽取一个独立变量集合 η 来改造，接着将它们转化为相关变量 ϵ。作为一个仅有两个风险因子的例子，我们写出：

$$\varepsilon_1 = \eta_1$$

$$\varepsilon_2 = \rho\eta_1 + (1-\rho^2)^{1/2}\eta_2 \tag{4.15}$$

式中，ρ 为变量 ε 之间的相关系数。因为 η 有单位方差且不相关，我们可以证明 ε_2 的方差为1，如下所示：

$$V(\varepsilon_2) = \rho^2 V(\eta_1) + [(1-\rho^2)^{1/2}]^2 V(\eta_2) = \rho^2 + (1-\rho^2) = 1$$

此外，ε_1 和 ε_2 的相关系数由下式给出：

$$Cov(\varepsilon_1, \varepsilon_2) = Cov(\eta_1, \rho\eta_1 + (1-\rho^2)^{1/2}\eta_2) = \rho\, Cov(\eta_1, \eta_1) = \rho$$

定义 ε 为价值向量，我们可以证明 ε 的协方差矩阵为：

$$V(\varepsilon) = \begin{bmatrix} \sigma^2(\varepsilon_1) & Cov(\varepsilon_1, \varepsilon_2) \\ Cov(\varepsilon_1, \varepsilon_2) & \sigma^2(\varepsilon_2) \end{bmatrix} = \begin{bmatrix} 1 & \rho \\ \rho & 1 \end{bmatrix} = R$$

注意这个协方差矩阵，其为均值平方偏离的期望，也可以写为：

$$V(\varepsilon) = E[(\varepsilon - E(\varepsilon)) \times (\varepsilon - E(\varepsilon))'] = E(\varepsilon \times \varepsilon')$$

因为 ε 的期望为零。更一般地，我们需要一个系统的方法来得到公式（4.15）的适用于许多风险因子的变形。

4.3.1 乔累斯基因子分解

我们准备生成 ε 的 N 个联合值来显示其相关结构 $V(\varepsilon) = E(\varepsilon\varepsilon') = R$。因为矩阵 R 是实对称矩阵，因此可以分解为所谓的乔累斯基因子：

$$R = TT' \tag{4.16}$$

式中，T 为下三角矩阵，其右上角（在对角线之上）全为零。这被称为**乔累斯基因子分解**（Cholesky factorization）。

像上一节一样，我们首先生成相互独立的向量 η。它们的协方差矩阵 $V(\eta) = I$，其中 I 是单位矩阵，即除了对角线外全是零。

我们接着对变量作一下变形：$\varepsilon = T\eta$。协方差矩阵现在为 $V(\varepsilon) = E(\varepsilon\varepsilon') = E((T\eta)(T\eta)') = E(T\eta\eta' T') = TE(\eta\eta')T' = TV(\eta)T' = TIT' = TT' = R$。这种变形可以产生具有要求的相关系数的变量 ε。

为了解释方便，我们回到两个变量的情况。相关系数矩阵可以分解为乔累斯基因子，如下所示：

$$\begin{bmatrix} 1 & \rho \\ \rho & 1 \end{bmatrix} = \begin{bmatrix} a_{11} & 0 \\ a_{21} & a_{22} \end{bmatrix} \begin{bmatrix} a_{11} & a_{21} \\ 0 & a_{22} \end{bmatrix} = \begin{bmatrix} a_{11}^2 & a_{11}a_{21} \\ a_{21}a_{11} & a_{21}^2 + a_{22}^2 \end{bmatrix}$$

为了找到 a_{11}、a_{21}、a_{22}，我们求解以下三个方程：

$$a_{11}^2 = 1$$

$$a_{11}a_{21} = \rho$$

$$a_{21}^2 + a_{22}^2 = 1$$

得出 $a_{11} = 1$，$a_{21} = \rho$ 和 $a_{22} = (1-\rho^2)^{1/2}$。那么乔累斯基因子分解为：

$$\begin{bmatrix} 1 & \rho \\ \rho & 1 \end{bmatrix} = \begin{bmatrix} 1 & 0 \\ \rho & (1-\rho^2)^{1/2} \end{bmatrix} \begin{bmatrix} 1 & \rho \\ 0 & (1-\rho^2)^{1/2} \end{bmatrix}$$

注意这和公式（4.15）一致：

$$\begin{bmatrix} \varepsilon_1 \\ \varepsilon_2 \end{bmatrix} = \begin{bmatrix} 1 & 0 \\ \rho & (1-\rho^2)^{1/2} \end{bmatrix} \begin{bmatrix} \eta_1 \\ \eta_2 \end{bmatrix}$$

在实际中，这种分解会给我们许多有用的启示。如果相关系数矩阵中包含独立因子的数目少于 N，分解就会失败。举个例子，如果 $\rho = 1$，意味着我们相同的因子有两个，这可能是两种汇率彼此固定的货币。于是我们有：$a_{11} = 1, a_{21} = 1, a_{22} = 0$。于是新的变量为：$\varepsilon_1 = \eta_1$，$\varepsilon_2 = \eta_1$。在这种情况下，第二个变量 η_2 完全是多余的，并且只需要对一个变量进行模拟。

4.3.2 维 度

现代风险管理关注于度量大型投资组合的风险，这些大型投资组合通常都暴露于大量风险因子。问题是计算量随着风险因子数目 N 增加而增加。例如，协方差矩阵的维度为 $N(N+1)/2$。一个具有 500 个变量的投资组合需要一个具有 125 250 个元素的协方差矩阵。

实际上，风险经理应当简化风险因子的数目，放弃那些对投资组合的风险没有显著贡献的风险因子。基于全部风险因子集合的模拟会过度地浪费时间。模拟的艺术在于设计能代表风险因子广泛变动的简洁试验。

这可以通过对风险因子和投资组合策略的经济分析实现，在本书的第三部分将进行介绍。另外，风险经理可以对协方差矩阵进行统计分解。被广泛使用的方法是**主成分分析法**（principal-component analysis，PCA），其目的在于寻找具有最大解释效力的风险因子的线性组合。这种分析方法与其说是一种科学不如说是一门艺术，可以用来降低风险因子空间的维度。

例题 4.11 FRM 试题 2007——第 28 题

令 N 为一个 $n \times 1$ 的服从正态分布的相互独立的向量，令 V 为市场时间序列数据的协方差矩阵。如果 L 是 V 的特征值的对角矩阵，E 是 V 的特征向量矩阵，$C'C$ 是 V 的乔累斯基因子分解，下列哪一项会生成服从零均值并且协方差矩阵为 V 的正态分布随机向量以用于蒙特卡洛模拟？

(a) $NC'CN'$。

(b) NC'。

(c) $E'LE$。

(d) 无法由所给的数据确定。

例题 4.12　FRM 试题 2006——第 82 题

考虑一个无红利支付的股票，年波动率为 25%并且年期望收益率为 13%。当前的股票价格为 $S_0=30$ 美元。这意味着模型为 $S_{t+1}=S_t(1+0.13\Delta t+0.25\sqrt{\Delta t}\,\varepsilon)$，其中 ε 为标准正态随机变量。为了应用这种模拟，你生成了从 $t=0$ 开始的股票价格路径，生成了 ε 的样本，根据模型更新股票价格，每次增加一个单位时间 t 直到期限截止日。下列哪一项生成 ε 的样本策略将适用于模拟过程？

(a) 使用服从 0 到 1 的均匀分布数值结合标准正态累积分布函数的逆函数生成 ε 的样本。

(b) 使用服从均值为 0.13 并且标准差为 0.25 的正态分布来生成 ε 的样本。

(c) 使用服从 0 到 1 的均匀分布数值结合标准正态累积分布函数的逆函数生成 ε 的样本。使用乔累斯基因子分解根据先前时间范围内的样本对当前的样本进行修正。

(d) 使用服从均值为 0.13 并且标准差为 0.25 的正态分布来生成 ε 的样本。使用乔累斯基因子分解根据先前时间范围内的样本对当前的样本进行修正。

例题 4.13　FRM 试题 2006——第 83 题

继续上一题，你使用时间间隔 $\Delta t=0.001$ 的上述讨论的模拟过程，并且你对根据模拟过程生成的如下股票价格路径进行分析。

t	S_{t-1}	ε	ΔS
0	30.00	0.093 0	0.03
1	30.03	0.849 3	0.21
2	30.23	0.961 7	0.23
3	30.47	0.246 0	0.06
4	30.53	0.476 9	0.12
5	30.65	0.714 1	0.18

给定这个样本，下列哪个模拟步骤最可能产生误差？

(a) 更新股票价格的计算。

(b) 生成 ε 的随机数。

(c) 股票价格在每个时期内变化的计算。

(d) 以上均不对。

4.4 重要公式

维纳过程：$\Delta z \sim N(0,\Delta t)$

广义维纳过程：$\Delta x = a\Delta t + b\Delta z$

伊藤过程：$\Delta x = a(x,t)\Delta t + b(x,t)\Delta z$

几何布朗运动：$\Delta S = \mu S\Delta t + \sigma S\Delta z$

单因子收益率平衡模型：$\Delta r_t = \kappa(\theta - r_t)\Delta t + \sigma r_t{}^{\gamma}\Delta z_t$

瓦西塞克模型，$\gamma = 0$

对数正态模型，$\gamma = 1$

CIR 模型，$\gamma = 0.5$

无套利模型：

霍-李模型，$\Delta r_t = \theta(t)\Delta t + \sigma\Delta z_t$

赫尔-怀特模型，$\Delta r_t = [\theta(t) - ar_t]\Delta t + \sigma\Delta z_t$

希斯-贾罗-默顿模型，$\Delta r_t = [\theta(t) - ar_t]\Delta t + \sigma(t)\Delta z_t$

二叉树：$u = e^{\sigma\sqrt{\Delta t}}, d = (1/u), p = \dfrac{e^{\mu\Delta t} - d}{u - d}$

乔累斯基因子分解：$R = TT'$，$\varepsilon = T\eta$

4.5 例题解答

例题 4.1　FRM 试题 2009——第 14 题

(d) 股票价格的模拟过程的均值为 0，方差为 $\sigma\sqrt{\Delta t} = 0.14\sqrt{0.01} = 0.014$。因此第一步的股价为 $S_1 = S_0(1 + 0.014 \times 0.263) = 100.37$。第二步的股价为 $S_2 = S_1[1 + 0.014 \times (-0.475)] = 99.70$。

例题 4.2　FRM 试题 2003——第 40 题

(b) dS/S 和 $\mathrm{dln}(S)$ 都服从正态分布，因此 S 服从对数正态分布。只有 I 是不正确的。

例题 4.3　FRM 试题 2002——第 126 题

(a) 除了选项 a 其他说法都是正确的。一年后的期望价格会比今天价格高，但并不是一年后的价格一定比今天价格高。

例题 4.4　FRM 试题——利率模型

(b) 这个模型假定固定收益市场中仅有一个风险因子。这是单因子期限结构模型。

例题 4.5　FRM 试题——利率模型解释

(c) 这代表了均值回归的期望收益率。

例题 4.6　FRM 试题 2000——第 118 题

(a) 这是期限结构的无套利模型，用单因子或双因子模型实现。

例题 4.7　FRM 试题 2000——第 119 题

(b) 瓦西塞克和 CIR 模型都是具有均值回归的单因子平衡模型。赫尔-怀特模型是具有均值回归的无套利模型。霍-李模型是早期不具有均值回归的无套利模型。

例题 4.8　FRM 试题 2005——第 67 题

(b) MC 模拟是考虑期权定价的。第一步是模拟风险因子的过程。第二步是对期权定价，主要考虑的是非线性特性。

例题 4.9　FRM 试题 2007——第 66 题

(d) 期权空头头寸通常具有长的左尾，这使得正确估计左尾的分位数更加困难。独立抽样准确性随着 K 的平方根增加而增加。因此增加重复抽样次数会降低标准差，因此选项 b 是不正确的。

例题 4.10　FRM 试题——抽样变化

(b) 抽样变化（或者不准确性）随着（1）更少的观测和（2）更高的置信水平而增加。为了说明（1），我们可以参考样本均值的准确性公式，它随着数据量的平方根反向变化。一个相似的理由适用于（2）。更高的置信水平意味着左尾更少的观测，而 VAR 就是据此计算的。

例题 4.11　FRM 试题 2007——第 28 题

(b) 根据本章的内容，N 是独立同分布的随机变量 η 的向量并且 $C'C=TT'$。变形矩阵为 $T\eta$，或者 $C'N$，或者它的转置。

例题 4.12　FRM 试题 2006——第 82 题

(a) 随机变量 ε 服从标准正态分布，具有零均值和单位标准差。选项 b 是不正确的，因为 ε 具有零均值和单位标准差。乔累斯基因子分解没有应用到本例中，因为随机变量没有序列相关性。

例题 4.13　FRM 试题 2006——第 83 题

(b) 随机变量 ε 应该服从标准正态分布，意味着它既可能为负也可能为正，平均值接近于零。这在本例中不适用。应该用均匀分布变量来代替。

第 5 章 风险因子建模*

我们现在开始转向分析在金融风险管理中使用的风险因子的分布。一个通常的实际应用是将波动率作为分散程度的单独度量。更一般地，风险经理需要考虑风险因子分布的整体形状以及分布随时间的潜在变化。

由于性质良好，正态分布是一个非常有用的分布。但事实上，绝大多数金融时间序列都显示出比正态分布尾部更厚的特征。另外，经验数据表明，在很短的时间段内，风险因子的变动是可以预测的。这个现象称为**波动率聚类**（volatility clustering），也可以解释肥尾出现的原因。极端观测值可以通过具有高波动率阶段的分布得到。低波动率和高波动率的结合部可能会导致肥尾的出现。

5.1 节讨论了现实数据的抽样和收益率的构造。它说明了收益率如何随时间或者在投资组合的资产中进行加总。5.2 节接着介绍了正态分布和对数正态分布，并解释了这些选择如此流行的原因。而 5.3 节讨论了比正态分布尾部更厚的其他分布。

5.4 节将讨论风险的时间变化。我们总结了一些主要的方法，包括广义自回归条件异方差模型（GARCH）和它的一个特例 RiskMetrics 的指数加权移动平均模型（EWMA）。这些模型赋予最近的数据更多的权重并且证明波动率聚类的存在性。它们是风险经理工具箱里的一部分。

* FRM 考试第一部分的主题。

5.1 现实数据

5.1.1 度量收益率

从一个例子开始，假设我们要观察日元/美元汇率在一天之内的变化并刻画出明天汇率的分布。风险经理的工作就是评估交易头寸中潜在损益的范围。他观察历史即期汇率序列 P_0，P_1，…，P_t，从中推断出明天汇率 P_{t+1} 的分布。

明天价格中真正的随机成分不是它的价格水平，而是它相对于今天价格的变化。我们计算即期价格的变化率如下：

$$r_t=(P_t-P_{t-1})/P_{t-1} \tag{5.1}$$

另外，我们可以建立对数收益率：

$$R_t=\ln[P_t/P_{t-1}] \tag{5.2}$$

它等价于采用连续而非离散复利计算方式。这也可以写成：

$$R_t=\ln[1+(P_t-P_{t-1})/P_{t-1}]=\ln[1+r_t]$$

由于 $\ln(1+x)$ 当 x 很小时接近于 x，因此当收益率很小时，R_t 应该接近于 r_t。对于每天的数据，一般来说 R_t 和 r_t 的差别很小。

下一个问题是变量 r_t 序列是否可以视为独立的观测值。独立的观测值具有非常优良的性质，即它们的联合分布是边缘分布的乘积，这就在相当程度上简化了分析。而问题是这样的假设是否是一个可行的近似。事实上，有许多很好的经济学理由使我们相信金融产品价格的变化率接近于独立。

有效市场（efficient markets）假设假定当前的价格包含了所有与该资产有关的信息。如果这样，资产价格的任何变化必然源于新闻事件或者很难预料的事件（否则它就不是新闻了）。这意味着价格变化是不可预测的，因此它满足我们对独立随机变量的定义。

这个被称为**随机游走**（random walk）的假设意味着收益率的条件分布仅仅依赖于当前的资产价格，与以前的历史价格无关。这样一来，技术分析将毫无用处，因为价格的早期路径无法预测价格的变动。如果收益率的分布也不随时间变化，那么这些变量就是**独立同分布的**（independent and identically distribution，i. i. d. ）。

5.1.2 时间加总

将参数从一个给定的时期转到另一个时期通常是很有必要的。例如，我们可以根据每日收益率的原始数据来计算每日的波动率，并把它拓展为每月的波动率。这就是**时间加总**（time aggregation）问题。

当我们使用对数收益率时，收益率很容易跨时间联系起来，因为乘积的对数是对数的和。例如，两天的收益率可以分解为：

$$R_{t,2}=\ln[P_t/P_{t-2}]=\ln[P_t/P_{t-1}]+\ln[P_{t-1}/P_{t-2}]=R_{t-1}+R_t \tag{5.3}$$

期望收益率和方差为 $E(R_{t,2})=E(R_{t-1})+E(R_t)$，$V(R_{t,2})=V(R_{t-1})+V(R_t)+2Cov(R_{t-1}, R_t)$。假设收益率之间不相关且每天具有相同的分布，我们有 $E(R_{t,2})=2E(R_t)$，$V(R_{t,2})=2V(R_t)$。

更一般地，推广到 T 天，T 天的收益率的期望收益和波动率为：

$$\mu_T=\mu T \tag{5.4}$$

$$\sigma_T=\sigma\sqrt{T} \tag{5.5}$$

重要概念

在收益率序列不相关的条件下，当时期变长时，波动率随时间的平方根增加。

如果分布在增量下是稳定的，这意味着不论在一个时期还是多个时期中，它都是稳定的。正态分布就是如此。如果这样，我们可以对1期和 T 期的收益率使用相同的乘数 α，得到多期的VAR：

$$\text{VAR}_T=\alpha(\sigma\sqrt{T})W=VAR_1\sqrt{T} \tag{5.6}$$

换句话说，当扩展到多期的情况时遵循时间的平方根法则。图5.1显示了VAR在各种置信水平下随着时间范围长度变化的增长情况。图中坐标单位调整到使年标准差为1，此时对应的VAR是84.1%。图中显示VAR的增长比时间的增长缓慢。一个月置信水平为99%的VAR是0.67，但在一年范围内只增长到2.33。

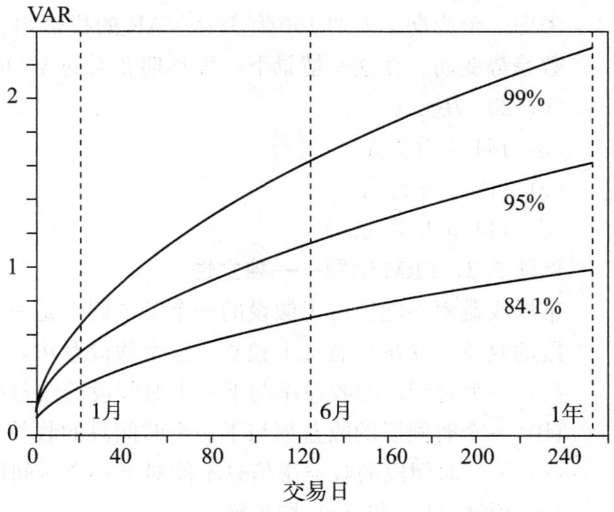

图5.1 随时间范围增长的VAR

概括起来，可以在下面这些条件下应用平方根法则：

1. 各期分布相同，即期望收益率和风险没有可预计的时间变化。

2. 各期收益率不相关。

3. 1期或 T 期的分布是相同的，或者在增量下是稳定的，例如正态分布。

如果收益率不是独立的，在某些情况下我们可以描述风险的特征。例如，收益率遵循一个一阶自回归过程：

$$R_t = \rho R_{t-1} + u_t \tag{5.7}$$

我们可以把为期2天的收益率的方差表示为：

$$V[R_t + R_{t-1}] = V[R_t] + V[R_{t-1}] + 2Cov[R_t, R_{t-1}] = \sigma^2 + \sigma^2 + 2\rho\sigma^2 \tag{5.8}$$

或者

$$V[R_t + R_{t-1}] = \sigma^2 \times 2[1+\rho] \tag{5.9}$$

在这种情况下：

$$VAR_2 = \alpha(\sigma\sqrt{2(1+\rho)})W = [VAR_1\sqrt{2}]\sqrt{(1+\rho)} \tag{5.10}$$

因为我们考虑到随机变量随时间的相关性，因此 ρ 称为**自相关系数**（autocorrelation coefficient），或者**序列自相关系数**（serial autocorrelation coefficient）。ρ 为正值意味着第一天的价格变动方向很可能与第二天的方向相同。一个正的自相关系数表示一个**趋势**（trend）的信号。在这种情况下，长期波动率比用时间的平方根法则得到的波动率要大。

ρ 为负值意味着第一天的价格变动方向很可能与第二天的方向不同。因此价格有回归到均值的趋势。一个负的自相关系数表示一个**均值回归**（mean reversion）的信号。在这种情况下，长期波动率比用时间的平方根法则得到的波动率要小。

例题 5.1 FRM 试题——时间刻度

考虑一个为期1天的100万美元VAR的投资组合。假定市场以0.1的自相关系数趋势变动。在这一情景下，你预期2天的VAR是多少？

(a) 200万美元。

(b) 141.4万美元。

(c) 148.3万美元。

(d) 144.9万美元。

例题 5.2 FRM 试题——独立性

市场收益率的随机游走假设的一个基本假设是一个时间段的收益率与下一个时间段的收益率在统计意义上独立。这个假设意味着：

(a) 一个时间段的收益率与下一个时间段的收益率永远不可能相同。

(b) 一个时间段的收益率与下一个时间段的收益率不相关。

(c) 一个时间段的收益率信息不能对下一个时间段的收益率预测提供帮助。

(d) 说法(b)和(c)均正确。

例题 5.3 FRM 试题 2002——第3题

考虑一个遵循随机游走假设的股票日收益率。年波动率为34%。估计该股票收益率的周波动率。假设一年有 52 个星期。

(a) 6.80%。

(b) 5.83%。

(c) 4.85%。

(d) 4.71%。

例题 5.4 FRM 试题 2002——第 2 题

假设我们用日 VAR 的数据计算一个天然气头寸的周 VAR，使用时间的平方根法则计算。现在我们假设实际的天然气价格有均值回归的趋势，重新计算 VAR。下列说法哪一个是正确的？

(a) 重新计算的 VAR 比原始 VAR 小。

(b) 重新计算的 VAR 与原始 VAR 相等。

(c) 重新计算的 VAR 比原始 VAR 大。

(d) 重新计算的 VAR 与原始 VAR 没有必然联系。

5.1.3 投资组合加总

我们现在转向不同资产收益率的加总。例如，考虑一个包含 N 只股票的投资组合，定义每只股票的数量为 q_i，单位价格为 S_i。在 t 时刻投资组合的价值为：

$$W_t = \sum_{i=1}^{N} q_i S_{i,t} \tag{5.11}$$

我们可以写出资产 i 的权重为：

$$w_{i,t} = \frac{q_i S_{i,t}}{W_t} \tag{5.12}$$

这些权重加起来为 1。然而使用这些权重排除了净投资 $W_t=0$ 的情况，例如某些衍生品的头寸。但是如果允许卖空，权重就可正可负，如果投资组合允许使用杠杆，权重可以超过 1。

下一个时刻，投资组合的价值为：

$$W_{t+1} = \sum_{i=1}^{N} q_i S_{i,t+1} \tag{5.13}$$

假设单位价格包含了任何收益，那么总收益为：

$$W_{t+1} - W_t = \sum_{i=1}^{N} q_i (S_{i,t+1} - S_{i,t}) \tag{5.14}$$

收益率为：

$$\frac{W_{t+1} - W_t}{W_t} = \sum_{i=1}^{N} \frac{q_i S_{i,t}}{W_t} \frac{(S_{i,t+1} - S_{i,t})}{S_{i,t}} = \sum_{i=1}^{N} w_{i,t} \frac{(S_{i,t+1} - S_{i,t})}{S_{i,t}} \tag{5.15}$$

因此，投资组合的收益率是各资产收益率的线性组合：

$$r_{p,t+1}=\sum_{i=1}^{N}w_{i,t}r_{i,t+1} \tag{5.16}$$

总收益为：

$$W_{t+1}-W_{t}=\left[\sum_{i=1}^{N}w_{i,t}r_{i,t+1}\right]W_{t} \tag{5.17}$$

如果单个收益率服从正态分布，组合的收益率也服从正态分布。

另外，我们可以以美元形式来表示单个资产头寸：

$$x_{i,t}=w_{i,t}W_{t}=q_{i}S_{i,t} \tag{5.18}$$

同样得到美元形式的收益为：

$$W_{t+1}-W_{t}=\left[\sum_{i=1}^{N}x_{i,t}r_{i,t+1}\right] \tag{5.19}$$

如同我们在上一章看到的一样，投资组合美元收益的方差为：

$$V[W_{t+1}-W_{t}]=x'\Sigma x \tag{5.20}$$

因为投资组合服从正态分布，因此完全由期望收益和方差刻画。投资组合的VAR为：

$$\text{VAR}=\alpha\sqrt{x'\Sigma x} \tag{5.21}$$

式中的 α 取决于所选择的密度函数。

例题 5.5 FRM 试题 2004——第 39 题

考虑一个投资组合，其中的 40%投资于资产 X，60%投资于资产 Y。X 收益率的期望和方差分别为 0 和 25，Y 收益率的期望和方差分别为 1 和 121，X 和 Y 之间的相关系数为 0.3。该投资组合的波动率是多少？

(a) 9.51。

(b) 8.60。

(c) 13.38。

(d) 7.45。

5.2 正态分布和对数正态分布

5.2.1 为什么是正态分布

正态分布，或者称为高斯分布，通常是对资产收益率建模的第一选择。这一分布在统计中扮演了一个重要的角色。因为它处理简单，增量稳定，并且给出了随机变量均值的极限分布（根据中心极限定理）。

根据经验，正态分布给出了许多随机变量分布的粗略一阶近似。这些随机变量包括外汇价格变化率、股票价格变化率、债券价格变化率、收益率的变化以及商品价格变化率。这些随机变量的特征是微小变动出现的频率高，较大变动出现的频率低，这恰好符合正态分布的钟形特征。在很多情况下，这是非常充分的近似。然而度量尾部风险时就无法应用。

5.2.2 收益率的计算

在下面的讨论中，给定随机变量当前价格为 P_0，新的价格为 P_1，这一价格下的收益率定义为 $r=(P_1-P_0)/P_0$，假定随机变量服从均值为 μ、标准差为 σ 的正态分布，即

$$r \sim \Phi(\mu,\sigma) \tag{5.22}$$

变为价格形式，我们可以得到 $P_1=P_0(1+r)$ 并且

$$P_1 \sim P_0 + \Phi(P_0\mu,P_0\sigma) \tag{5.23}$$

例如，股票初始价格为 100 美元，如果 $\mu=0\%$，$\sigma=15\%$，我们有 $P_1 \sim \$100+\Phi(\$0,\ \$15)$。

然而，对于许多这种随机变量，正态分布即使在理论上也不是正确的。由于有限责任的原因，股票价格不能低于零。类似地，商品价格和收益率也不能为负值。这正是为什么还有另外一种流行分布的原因，这种分布称为**对数正态分布**（lognormal distribution），形式如下：

$$R = \ln(P_1/P_0) \sim \Phi(\mu,\sigma) \tag{5.24}$$

通过取对数，价格由 $P_1=P_0\exp(R)$ 给出。由于指数函数始终是正值，这就排除了价格为负的情况。图 5.2 比较了 1 年期年波动率为 $\sigma=15\%$ 的正态和对数正态分布。除了在尾部，这两种分布很相似。对数正态分布是向右倾斜的。

两种分布的区别主要受时间段内波动率参数的大小影响。这两种分布在较短的时间段内在低波动率的情况下几乎完全相同。这可能发生在风险资产的年波动率很低或者时间段非常短的情况下。在这种情况下，资产价格变为负值的机会很小。有限责任约束也并不重要。

重要概念

正态分布和对数正态分布在短期和低波动率的情况下非常相似。

例如，在表 5.1 中比较了一天和一年范围内收益率的计算结果。一天范围内的收益率分别对应于 1.000% 的离散收益率和 0.995% 的自然对数收益率，转化成较小的相对差 0.5%。与之相比，在更长的时间范围内差别就比较显著。

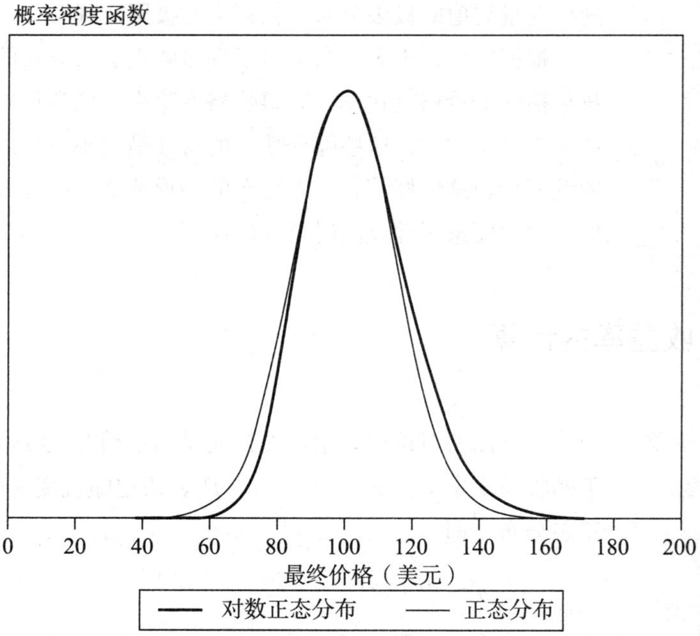

图 5.2　正态分布和对数正态分布（时间范围为 1 年）

表 5.1　离散收益率和对数收益率的比较

	每日	年度
初始价格	100	100
期末价格	101	115
离散收益率	1.000 0	15.000 0
自然对数收益率	0.995 0	13.976 2
相对差	0.50%	7.33%

5.3 肥　尾

或许正态分布最严重的问题是它的尾部“消失”得太快了，至少比金融数据中实际观察到的要快。我们通常观测到所有的市场每年出现一次或多次 4 个标准差或者更大幅度的单日变动。这样的频率与正态分布不一致。在正态分布下，这种情况在一天中出现的概率为 0.003 2%，这意味着每 125 年出现一次的频率。

重要概念

每个金融市场每年会出现一次或多次4个标准差或者更大幅度的单日变动。在任何一年内，通常至少有一个市场出现大于10个标准差的单日变动。

这种经验观测结果可以通过很多途径解释：(1) 真实的分布有更肥的尾部(例如学生 t 分布)；(2) 观测结果服从一个混合的分布（例如两个正态分布混合成的分布，其中一个风险高，一个风险低)；(3) 分布是不稳定的。

第一种解释当然是可能出现的。图5.3展示了正态分布和自由度分别为4和6的学生 t 分布的密度函数。学生 t 分布有更肥的尾部，它能更好地反映金融数据中极端观测值的出现。

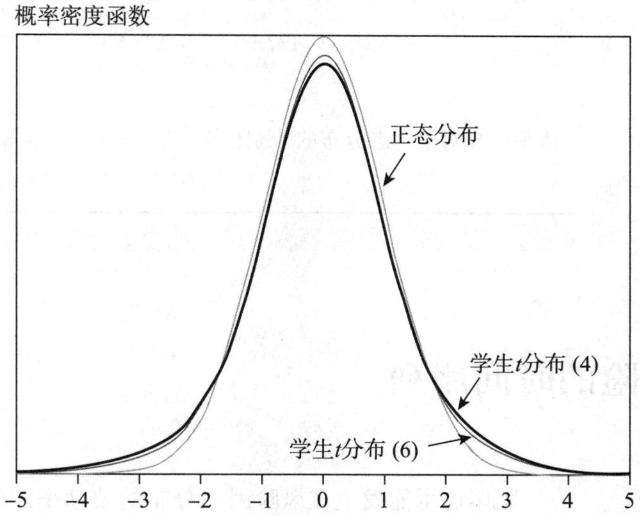

图 5.3　正态分布和学生 t 分布

分布的信息在表5.2中有更进一步的详细描述。表格左边表明一个观测样本的尾部概率低于偏差。例如，对于一个随机抽取的样本，观测到它的值小于−3，那么这个概率在正态分布下为0.001或0.1%，在自由度为6的学生 t 分布下为0.012，在自由度为4的学生 t 分布下为0.020。这表明在学生 t 分布下观测到极端变动的概率比在正态分布下大。

我们可以将这些信息转化为一年或250个交易日内事件发生的期望值。表格右边给出了各个分布相应的数值分别为0.34、3.00和4.99。换句话说，正态分布预测变动低于 $z=-3$ 的时间为0.3天，而在自由度为4的学生 t 分布下，期望值为一年5天，这一数值更接近于实际情况。

表格底部给出了对应99%的右尾置信水平或1%的左尾置信水平下的偏差。对于正态分布，其值通常为2.33。对于自由度为4的学生 t 分布，α 值为3.75，相比高了很多。这两者之间的比率为1.61。因此应当根据经验以1.61的比率对正态分布下的VAR度量进行修正，使得肥尾的情况也被包含在内。更一般地，这解释了为什么使用VAR度量时要乘以“安全因子”，例如巴塞尔乘数因子3。

表 5.2　正态分布和学生 t 分布的比较

偏差	尾部概率			250 天内的预期数值		
	正态分布	t 分布，自由度＝6	t 分布，自由度＝4	正态分布	t 分布，自由度＝6	t 分布，自由度＝4
－5	0.000 00	0.001 23	0.003 75	0.00	0.31	0.94
－4	0.000 03	0.003 56	0.008 07	0.01	0.89	2.02
－3	0.001 35	0.012 00	0.019 97	0.34	3.00	4.99
－2	0.022 75	0.046 21	0.058 06	5.69	11.55	14.51
－1	0.158 66	0.177 96	0.186 95	39.66	44.49	46.74
					偏差（α）	
概率＝相对于正态分布的 1%比率				2.33	3.14	3.75
				1.00	1.35	1.61

5.4　风险的时间序列

肥尾还可能发生在风险因子分布的波动率随时间变化的情况中。在实际中，这种随时间变化的特点具有一些可预测性。

5.4.1　移动平均

考虑一个传统的问题，一个风险经理观察 T 期的收益率序列 r_t，希望估计它的波动率。简单一点，忽略收益率的均值。在时刻 t，方差的估计为：

$$\sigma_t^2 = (1/T)\sum_{i=1}^{T} r_{t-i}^2 \tag{5.25}$$

这是一个简单的移动平均，以前各期的权重为 $w_i=1/T$。然而这也许并没有最好地利用历史数据，特别是在最近的观测值与下一天更加相关时。

图 5.4 描绘了标准普尔 500 指数的每日收益率。我们看到了密集聚类的波动率。一些时期显得特别严重。在 2008 年 9 月雷曼兄弟破产之后，许多数值较大的收益率有了显著的增加，不管是正还是负。在其他时期，例如 2004 年到 2006 年，收益率就显得特别平静。简单地将整个时期的波动率进行平均计算会低估 2008 年的风险并高估 2004 年到 2006 年的风险。

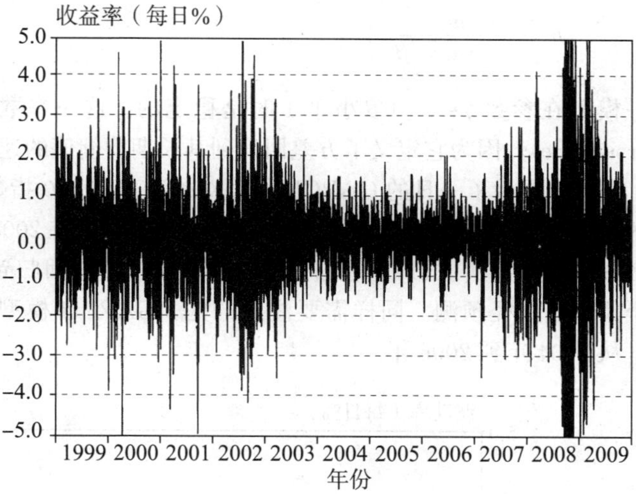

图 5.4　美国股票的每日收益率

5.4.2　GARCH

由 Engle（1982）和 Bollerslev（1986）开发的**广义自回归条件异方差**（generalized autoregressive conditional heteroskedastic，GARCH）模型在实践中被证明是相当成功的应用。

这类模型假定 t 时刻的收益率服从具有参数 μ_t 和 σ_t 的正态分布：

$$r_t \sim \Phi(\mu_t, \sigma_t) \tag{5.26}$$

其中重要的一点是 σ 以时间为指数。在这种关系中，我们定义**条件方差**（conditional variance）为当前信息条件下的方差。它区别于对于整个样本都相同的**非条件方差**（unconditional variance）。因此，平均方差是无条件方差，而时变方差是条件方差。

有实际经验表明，条件波动率模型可以成功地预测风险。尽管收益率可以延伸应用到学生 t 分布及其类似的分布上，但通常而言，我们假定条件收益率是服从正态分布的。

GARCH 模型假定条件方差依赖于先前的条件方差和最近的变化。定义 $h_t = \sigma_t^2$ 为条件方差，使用直到时刻 $t-1$ 的信息，并将 r_{t-1} 作为前一天的收益率。这个最简单的模型就是 GARCH(1，1)过程：

$$h_t = \alpha_0 + \alpha_1 r_{t-1}^2 + \beta h_{t-1} \tag{5.27}$$

式中涉及预测的一阶滞后。β 非常重要，因为它表明了方差的持续性，这是金融数据的真实特征。这里，我们忽略了均值 μ，在时间很短的情况下它一般比较小。更一般地，GARCH(p，q) 模型具有历史收益率的 p 阶滞后项和前期方差的 q 阶滞后项。

设 $E[r_{t-1}^2] = h_t = h_{t-1} = h$，可以得到平均无条件方差。解出 h，我们得到：

$$h = \frac{\alpha_0}{1-\alpha_1-\beta} \tag{5.28}$$

这一模型在参数 $\gamma=\alpha_1+\beta$ 小于 1 时是稳定的。这一参数之和也叫做**持续系数**(persistence)，因为它定义了方差回归到其长期均衡值的速度。

图 5.5 展示了一日的 GARCH 模型对标准普尔 500 指数的预测。GARCH 模型的长期波动率在每天 1.1%左右。波动率峰值出现在 2008 年，也就是雷曼兄弟破产的时期，达到了 5%。在这以后波动率又缓慢地回归到长期平均水平，这是一个典型的路径预测。同样需要注意的是，GARCH 模型扩展了低波动率的时期，从 2004 年到 2006 年。

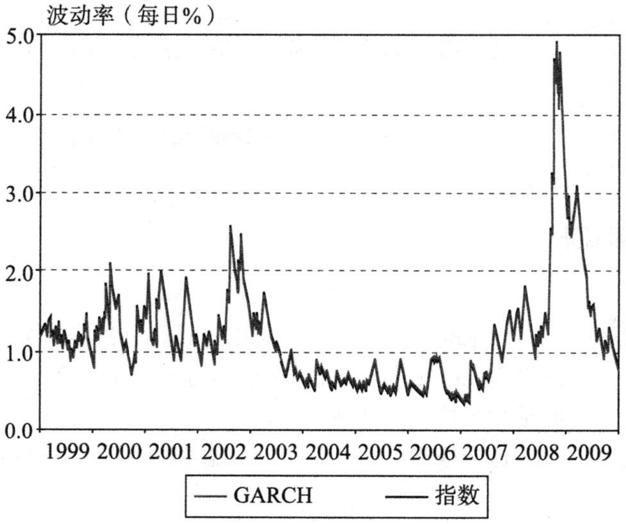

图 5.5　GARCH 和 EWMA 模型对美国股票波动率的预测

为了更好地理解这一过程，考虑表 5.3 的情况。参数分别取 $\alpha_0=0.01$，$\alpha_1=0.03$，$\beta=0.95$。每日的无条件方差是 0.01/(1－0.03－0.95)＝0.5，这对于外汇序列来说是个典型的值，因为它对应的年波动率为 11%。这个过程是稳定的，因为 $\alpha_1+\beta=0.98<1$。

表 5.3　构造 GARCH 预测

时间	收益率	条件方差	条件风险	95%界限条件
$t-1$	r_{t-1}	h_t	$\sqrt{h_t}$	$2\sqrt{h_t}$
0	0.0	1.10	1.05	±2.10
1	3.0	1.32	1.15	±2.30
2	0.0	1.27	1.13	±2.25
3	0.0	1.22	1.10	±2.20

在 0 时刻，开始时方差为 $h_0=1.1$（用平方后的百分比表示）。条件波动率为 $\sqrt{h_0}=1.05\%$。第二天收益率较大，为 3%。新的方差预测为 $h_1=0.01+0.03\times 3^2+0.95\times 1.1=1.32$。条件方差上升为 1.15%。如果在接下来的日子里没有收益，下一个方差预测为 $h_2=0.01+0.03\times 0^2+0.95\times 1.32=1.27$，如此下去。

GARCH 模型的参数如何得到？这些参数是用**极大似然方法**（maximum likelihood）估计得到的。这涉及对观测值可能性的数值优化。通常残差 $\varepsilon_t=r_t/\sqrt{h_t}$ 假设服从正态分布并且相互独立。对每一个观测值，密度函数为：

$$f(r_t|\alpha_0,\alpha_1,\beta)=\frac{1}{\sqrt{2\pi h_t}}\exp\left[-\frac{1}{2h_t}(r_t-\mu_t)^2\right]$$

如果我们有 T 个观测值，它们的联合分布是这段时期内每一时刻 t 的密度函数的乘积。接下来似然函数就取决于 3 个 GARCH 模型的参数，同样忽略均值。

优化过程将似然函数的对数进行最大化：

$$\max F(\alpha_0,\alpha_1,\beta\mid r)=\sum_{t=1}^{T}\ln f(r_t\mid h_t)=\sum_{t=1}^{T}\left[\ln\frac{1}{\sqrt{2\pi h_t}}-\frac{r_t^2}{2h_t}\right] \quad (5.29)$$

式中，f 是正态密度函数。优化过程必须进行递归处理。我们固定 3 个参数的数值，然后从 h_0 开始，从 h_1 递归计算到 h_T。我们然后计算似然函数的值并且让优化值收敛到最大值。

最后，GARCH 过程可以根据近期的数据外推。这建立了**波动率结构模型**（volatility term structure）。用模型进行下一天的预测：

$$E_{t-1}(r_{t+1}^2)=\alpha_0+\alpha_1E_{t-1}(r_t^2)+\beta h_t=\alpha_0+\alpha_1h_t+\beta h_t=\alpha_0+\gamma h_t$$

对于接下来的一天有：

$$\begin{aligned}E_{t-1}(r_{t+2}^2)&=\alpha_0+\alpha_1E_{t-1}(r_{t+1}^2)+\beta E_{t-1}(h_{t+1})\\&=\alpha_0+(\alpha_1+\beta)E_{t-1}(r_{t+1}^2)E_{t-1}(r_{t+2}^2)\\&=\alpha_0+\gamma(\alpha_0+\gamma h_t)\end{aligned}$$

一般地，

$$E_{t-1}(r_{t+n}^2)=\alpha_0(1+\gamma+\gamma^2+\cdots+\gamma^{n-1})+\gamma^n h_t$$

图 5.6 说明了在持续性参数取各种值的情况下一个 GARCH 过程波动的动态过程。随着条件方差偏离初始值，它以 $\alpha_1+\beta$ 的速度缓慢地回归到其长期均衡值。

注意，这些是对远期每日方差的预测。时间范围内的总方差是每日方差的加总。平均方差在图中已经标记出来。

该图还显示了为何在风险是时序变化的情况下不能运用时间平方根法则外推收益率。从一个大于长期均衡值的初始方差开始，简单地将每日方差外推到一个更长的时期会高估平均方差。相反，如果初始方差小于长期均衡值，运用时间平方根法则会低估风险。

重要概念

在风险是时序变化的情况下，将每日收益率换算到更长时间范围内时运用时间平方根法则通常是不合适的。

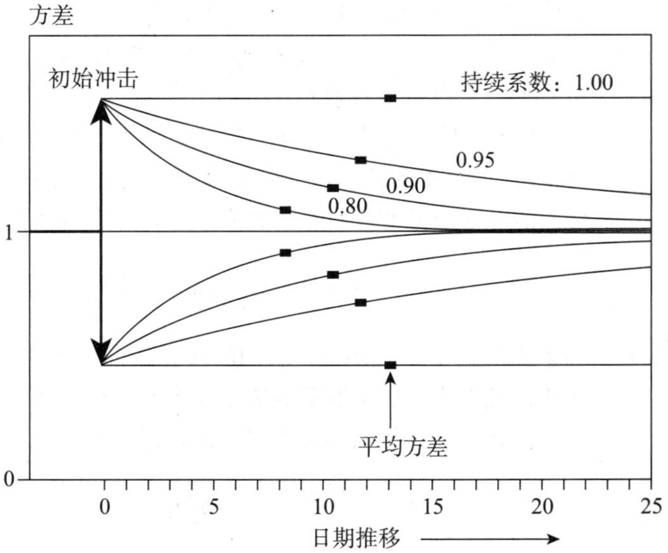

图 5.6　GARCH 过程的波动

例题 5.6　FRM 试题 2009——第 2－13 题

假设 σ_t^2 是时刻 t 的估计方差，u_t 是时刻 t 的真实收益率。下列哪一个 GARCH(1，1) 模型回归长期均衡值的时间最长？

(a) $\sigma_t^2=0.04+0.02u_{t-1}^2+0.92\sigma_{t-1}^2$。

(b) $\sigma_t^2=0.02+0.04u_{t-1}^2+0.94\sigma_{t-1}^2$。

(c) $\sigma_t^2=0.03+0.02u_{t-1}^2+0.95\sigma_{t-1}^2$。

(d) $\sigma_t^2=0.03+0.03u_{t-1}^2+0.93\sigma_{t-1}^2$。

例题 5.7　FRM 试题 2006——第 132 题

假设你正使用 GARCH 模型预测波动率以计算每日 VAR。如果波动率是均值回归的，那么你如何判断 T 天的 VAR？

(a) 它比 $\sqrt{T}\times$ 一天 VAR 小。

(b) 它等于 $\sqrt{T}\times$ 一天 VAR。

(c) 它比 $\sqrt{T}\times$ 一天 VAR 大。

(d) 它可能比 $\sqrt{T}\times$ 一天 VAR 大，也可能小。

例题 5.8　FRM 试题 2007——第 34 题

一个风险经理用基于每日收益率 r_t 的 GARCH 模型来估计每日波动率：$h_t=\alpha_0+\alpha_1 r_{t-1}^2+\beta h_{t-1}$，其中 $\alpha_0=0.005$，$\alpha_1=0.04$，$\beta=0.94$。每年的长期均衡波动率近似为多少？

(a) 13.54%。

(b) 7.94%。

(c) 72.72%。

(d) 25.00%。

例题 5.9　FRM 试题 2009——第 2-17 题

下列哪一项关于 GARCH(1，1) 模型 $\sigma_t^2=\omega+\alpha u_{t-1}^2+\beta\sigma_{t-1}^2$（其中 $\alpha+\beta<1$）预测的波动率的说法是不正确的？

(a) 当目前预测的波动率低于长期均衡波动率时，该 GARCH 模型估计了一个斜率向上的波动率期限结构。

(b) 当目前预测的波动率高于长期均衡波动率时，该 GARCH 模型估计了一个斜率向下的波动率期限结构。

(c) 假设估计的长期均衡方差不随 GARCH 模型中的参数 α 和 β 的增加而变化，由该 GARCH 模型预测的波动率期限结构向估计的长期均衡方差缓慢回归。

(d) 假设估计的长期均衡方差不随 GARCH 模型中的参数 α 和 β 的增加而变化，由该 GARCH 模型预测的波动率期限结构向估计的长期均衡方差快速回归。

5.4.3 EWMA

RiskMetrics 方法是 GARCH 过程的一个特殊的简单情况。方差通过**指数加权移动平均**（exponentially weighted moving average，EWMA）的方法预测出来。预测值是权重为 λ 的前一个预测值和权重为 $1-\lambda$ 的最新变化的平方的加权平均：

$$h_t=\lambda h_{t-1}+(1-\lambda)r_{t-1}^2 \tag{5.30}$$

参数 λ 也称为**衰减因子**（decay factor），确定了分配给先前观测值的相对权重。EWMA 模型给过去的观测值分配了几何衰减权重，最近的观测值被赋予较高的重要性。递归迭代等式（5.30）中的 h_{t-1}，我们可以得到：

$$h_t=(1-\lambda)[r_{t-1}^2+\lambda r_{t-2}^2+\lambda^2 r_{t-3}^2+\cdots] \tag{5.31}$$

因此权重以几何级数递减。λ 越低，旧的观测值就遗忘得越快。RiskMetrics 在每日数据中选择 $\lambda=0.94$，在每月数据中选择 $\lambda=0.97$。

表 5.4 显示了在 $\lambda=0.95$ 的情况下如何建立 EWMA 预测，它与先前的 GARCH 例子一致。在 0 时刻，与先前一样我们从初始方差 $h_0=1.1$ 开始。第二天，我们得到 3%的收益率。新的方差预测为 $h_1=0.05\times 3^2+0.95\times 1.1=1.50$。接下来一天，它变为 $h_2=0.05\times 0^2+0.95\times 1.50=1.42$，如此等等。

表 5.4　构造 EWMA 预测

时间	收益率	条件方差	条件风险	95%界限条件
$t-1$	r_{t-1}	h_t	$\sqrt{h_t}$	$2\sqrt{h_t}$
0	0.0	1.10	1.05	±2.1
1	3.0	1.50	1.22	±2.4
2	0.0	1.42	1.19	±2.4
3	0.0	1.35	1.16	±2.3

这一模型是GARCH过程在α_0为0、α_1和β之和为1的情况下的特例。因此模型具有永久持续性。当持续系数为1.00时波动率的震荡不会衰减，如图5.6所示。因此，用GARCH模型和EWMA模型向较长期限外推会给出不同的预测结果。的确，公式（5.28）表明非条件方差是没有定义的。然而，在一天的时间范围内，这两个模型的结果十分相近，通常没有区别。

图5.5同样展示了EWMA的预测，和GARCH预测模型类似，反映了它是GARCH预测的一个特例。然而，EWMA预测具有更低的均值回归。例如，它在2004年到2006年的预测值很低。

图5.7显示了先前预测值的加权模式。当$\lambda=0.94$时，权重衰减非常快。最近一天的权重为$(1-\lambda)=(1-0.94)=0.06$，前一天的权重为$(1-\lambda)\lambda=0.0564$，如此下去。100天以前的数据迅速降低到0.000 12以下。当$\lambda=0.97$时，权重衰减较慢。相比之下，移动平均模型（MA）具有一个固定的窗口，窗口内的权重都相等，否则为0。较短窗口的MA模型赋予最近观测值较高的权重。结果，它们越来越依赖当前事件而且越来越波动。

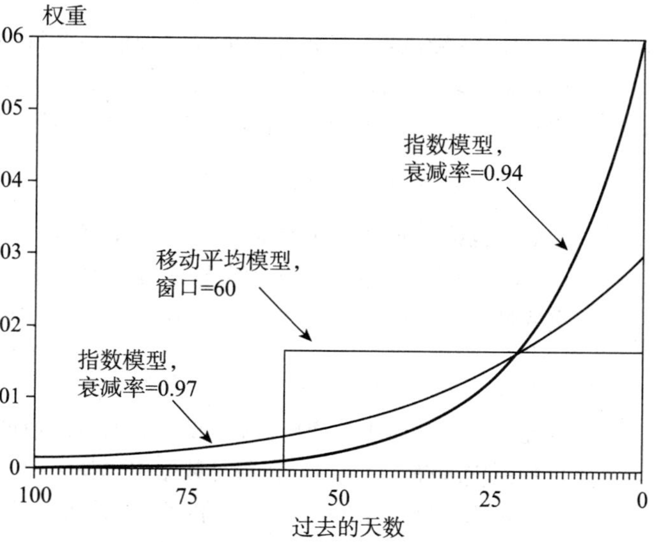

图5.7　过去观测值的权重

例题5.10　FRM试题2007——第46题

一家银行使用$\lambda=0.9$的指数加权移动平均（EWMA）方法对证券的每日波动率进行建模。当前的每日波动率为1.5%。证券昨天的价格为20美元，今天的价格为18美元。使用连续复利收益率，更新以后的收益率估计是多少？

(a) 3.62%。

(b) 1.31%。

(c) 2.96%。

(d) 5.44%。

例题5.11　FRM试题2006——第40题

使用$\lambda=0.95$的RiskMetrics的EWMA模型来预测条件方差，赋予前第4天收益率的权重是多少？

(a) 0.000。

(b) 0.043。

(c) 0.048。

(d) 0.950。

例题 5.12　FRM 试题——观测值的权重效应

直到 1999 年 1 月以前好几年，巴西货币对美元汇率的历史波动率一直很小。在 1999 年 1 月 13 日，巴西放弃了钉住汇率制度。使用 1 月 13 日收盘以来的数据，下列哪一种计算波动率的方法在度量历史波动率时会得到最大的跳跃值？

(a) 250 天等权重。

(b) 日衰减因子为 0.94 的指数权重。

(c) 60 天等权重。

(d) 以上全部都对。

例题 5.13　FRM 试题 2008——第 1 - 8 题

下列关于模型预测波动率的说法哪一项是不正确的？

(a) 在 EWMA 模型中，正的权重分配给长期均衡方差。

(b) 在 EWMA 模型中，分配给观测值的权重随着观测值的顺序指数递减。

(c) 在 GARCH 模型中，估计给长期均衡方差正的权重。

(d) 在 GARCH 模型中，估计给观测值的权重随着观测值的顺序指数递减。

例题 5.14　FRM 试题 2009——第 2 - 16 题

假设一个资产的每日收益率服从均值为零的正态分布。假设你有历史收益率序列 u_1，u_2，…，u_m 并且你希望使用最大似然方法去估计 EWMA 波动率模型的参数。为了做到这点，你定义 $v_i=\sigma_i^2$ 为 EWMA 模型在第 i 天的估计方差，那么 m 个观测值的似然函数为 $\prod_{i=1}^{m}\left[\frac{1}{\sqrt{2\pi v_i}}\exp[-u_i^2/(2v_i)]\right]$。为了最大化 m 个观测值的似然函数，你必须：

(a) 寻找使 $\sum_{i=1}^{m}[-\ln(v_i)-u_i^2/(2v_i)]$ 最小的 λ。

(b) 寻找使 $\sum_{i=1}^{m}[-\ln(v_i)-u_i^2/(2v_i)]$ 最大的 λ。

(c) 寻找使 $-m\ln(v_i)-\sum_{i=1}^{m}[u_i^2/(2v_i)]$ 最小的 λ。

(d) 寻找使 $-m\ln(v_i)-\sum_{i=1}^{m}[u_i^2/(2v_i)]$ 最大的 λ。

5.5　重要公式

收益率独立同分布假设下的多期期望收益和波动率：$\mu_T=\mu T$，$\sigma_T=\sigma\sqrt{T}$

非零自相关的两期方差：

$$V[R_t+R_{t-1}]=\sigma^2\times 2[1+\rho]$$

收益率独立同分布假设下的 VAR：

$$VAR_T=\alpha(\sigma\sqrt{T})W=VAR_1\sqrt{T}$$

投资组合 VAR：

$$VAR=\alpha\sqrt{X'\Sigma X}$$

GARCH 过程：$h_t=\alpha_0+\alpha_1 r_{t-1}^2+\beta h_{t-1}$

GARCH 长期均衡值：$h=\dfrac{\alpha_0}{(1-\alpha_1-\beta)}$

EWMA 过程：$h_t=\lambda h_{t-1}+(1-\lambda)r_{t-1}^2$

5.6 例题解答

例题 5.1 FRM 试题——时间刻度

(c) 假设不同时期内分布相同，已知方差为 $V(2day)=V(1day)[2+2\rho]$，我们可以得到 $V(2day)=Var(1day)\sqrt{2+2\rho}=\$1\sqrt{2+0.2}=\$148.3$ 万。

例题 5.2 FRM 试题——独立性

(d) 有效市场意味着未来收益率的分布不依赖于过去的分布，因此收益率是不相关的。但是，尽管收益率分布独立，两个连续的收益率相等的情况也是可能的。

例题 5.3 FRM 试题 2002——第 3 题

(d) 在随机游走假设下，我们可以使用时间的平方根法则。周波动率为 $34\%\times 1/\sqrt{52}=4.71\%$。

例题 5.4 FRM 试题 2002——第 2 题

(a) 在均值回归的趋势下，波动率比时间的平方根增长要慢。

例题 5.5 FRM 试题 2004——第 39 题

(d) 投资组合的方差为 $\sigma_p^2=0.4^2\times 25+0.6^2\times 121+2\times 0.4\times 0.6\times 0.3\times\sqrt{25\times 121}=55.48$，因此波动率为 7.45。

例题 5.6 FRM 试题 2009——第 2-13 题

(b) 持续系数 ($\alpha_1+\beta$) 分别为 0.94、0.98、0.97 和 0.96。因此具有最高持续系数的模型将具有最长的回归均值的时间。

例题 5.7 FRM 试题 2006——第 132 题

(d) 如果初始波动率等于长期均衡波动率，那么 T 天的 VAR 可以在正态分布的假设下使用时间的平方根法则来计算。如果初始波动率较高，那么 T 天的 VAR 比 $\sqrt{T}\times$ 一天 VAR 小。当初始波动率低于长期均衡波动率，那么结果正好相反。但是，题目并没有给出初始值，因此，选项 d 是正确的。

例题 5.8　FRM 试题 2007——第 34 题

(b) 长期均衡方差为 $h=\alpha_0/(1-\alpha_1-\beta)=0.005/(1-0.04-0.94)=0.25$。开平方得到每日波动率为 0.5。乘以 $\sqrt{252}$，我们得到每年波动率为 7.937%。

例题 5.9　FRM 试题 2007——第 2-17 题

(d) GARCH 模型具有条件方差的均值回归，因此选项 a 和 b 是正确的。当 σ_t 低于长期均值时，波动率期限结构将上升。越高的持续系数 $\alpha+\beta$ 意味着均值回归越慢，因此选项 c 是正确的。

例题 5.10　FRM 试题 2007——第 46 题

(a) 对数收益率为 $\ln(18/20)=-10.54\%$，那么新的方差预测值为 $h=0.90\times(1.5^2)+(1-0.90)\times10.54^2=0.001\,313$，开平方之后为 3.62%。

例题 5.11　FRM 试题 2006——第 40 题

(b) 最近一天的权重为 $(1-0.95)=0.050$。再前一天的权重为 0.05×0.95，前第 4 天的权重为 $0.05\times0.95^3=0.042\,87$。

例题 5.12　FRM 试题——观测值的权重效应

(b) EWMA 模型赋予最新观测值 0.06 的权重，这比 60 天等权重 MA 的 $(1/60)=0.016\,7$ 和 250 天等权重 MA 的 $(1/250)=0.004$ 高。

例题 5.13　FRM 试题 2008——第 1-8 题

(a) GARCH 模型具有有限的无条件方差，因此选项 c 是正确的。相反，因为 $\alpha_1+\beta=1$，EWMA 模型具有无限的长期均衡方差。两个模型的权重都随时间指数递减。

例题 5.14　FRM 试题 2009——第 2-16 题

(b) 最优参数必须使似然函数最大（而不是最小）。另外，对数似然函数是乘积的对数，也就是对数的和。那么除去常数，对数似然函数为 $\sum_{i=1}^{m}[-\ln(v_i)-u_i^2/(2v_i)]$，并且第一项无法从求和中取出，因为它取决于时刻 i。因此，选项 c 和 d 是不正确的。

译库·金融风险管理师考试手册(第六版)经济科学译库·金融风险管理师考试手册(第六版)经济科学译

第3部分

金融市场和产品

第 6 章　债券的基本原理*

风险管理源于资产定价。最简单的资产是固定息票债券。由于其现金流是事先确定的，因此我们可以通过一个固定收益率将它们的现金流进行折现以得到其现值。这样，债券的估值就涉及复利、折现以及现值和利率之间的关系。

然而，风险管理还关注利率变化时资产价格可能产生的变化，这比定价更进一步。在本章，我们假设对所有债券进行折现的利率（或者说收益率）只有一个，它就是我们的基本风险因子。本章讨论了债券价格和收益率之间的关系，并展示了固定收益投资组合风险管理所不可或缺的工具。

从本章起，我们将从讨论债券的基本原理开始全面介绍数量分析的方法。6.1 节将介绍折现、现值和终值的概念。这些概念是了解金融资产估值的基础。6.2 节深入分析价格和收益率的关系，它将展示怎样使用泰勒展式来度量债券价格随收益率的变动。当然，泰勒展式不止应用在债券价格的度量上，它是资产局部估值的一种风险管理方法，我们在后面会继续讨论。6.3 节将泰勒展式应用到计算债券价格的偏导数上。接着 6.4 节介绍了久期和凸度的经济含义。固定收益基金经理通常利用这些度量来操作他们的投资组合。

6.1　折现、现值和终值

一个投资者考虑面值为 100 美元的 10 年期零息债券。假设这个投资由美国

* FRM 考试第一部分的主题。本章也涉及债券的基本风险模型。

政府担保，并且没有信用风险。因此，它不会违约，只存在市场风险。市场风险产生于债券市场价格可能发生的波动。

要对未来的支付 100 美元进行估值，我们需要一个**折现因子**（discounting factor）。这也就是**利率**（interest rate），或者更简单地说就是**收益率**（yield）。定义在时刻 t 的现金流为 C_t，折现因子为 y。我们定义 T 为债券到期前的期数，例如年数，也通常被认为是**票期**（tenor），则债券的**现值**（present value，PV）可以按下式计算：

$$PV = \frac{C_T}{(1+y)^T} \tag{6.1}$$

例如，10 年后支付的 $C_T=100$ 美元，用 6%的折现率进行折现后得到的现值只有 55.84 美元。因此，在其他条件给定的条件下，零息债券的市场价格随到期时间的增加而减少。同样，给定时刻 T，债券价格随着收益率的增加而减少。

反过来，我们可以利用下式计算债券的**终值**（future value，FV）：

$$FV = PV \times (1+y)^T \tag{6.2}$$

例如，一笔投资现在的价值为 $PV=100$ 美元，按照 6%的年利率增长，那么 10 年后的终值 $FV=179.08$ 美元。

这里，收益率有一个有用的衡量方式，就是债券的**内部收益率**（internal rate of return），或者说是年增长率。处理收益率比处理资金数额要方便得多，当收益率以年为单位并显示为百分数形式时，就能直接用来比较各项资产。以年为单位来计算的收益率有时被定义为**有效年利率**（effective annual rate，EAR）。

要特别注意的是，在谈到利率的时候，应该说明复利的计算方式。年复利是最普遍的方式，但是还存在其他一些惯例。例如，美国的国债市场用的是半年复利。我们定义 y^S 为以半年为单位计算的复利，为了保持和年利率相比较，它可以表示为年利率除以 2。债券的期限也变为 $2T$。关于利率 y^S 的公式为：

$$PV = \frac{C_T}{(1+y^S/2)^{2T}} \tag{6.3}$$

例如，10 年期的美国国债有 20 个半年计息期。与式(6.1)相比较，我们发现：

$$(1+y) = (1+y^S/2)^2 \tag{6.4}$$

连续复利经常被应用于衍生产品的建模。它是计息期趋于无限的极限形式。连续复利 y^C 可以由下式得到：

$$PV = C_T \times e^{-y^C T} \tag{6.5}$$

式中，$e^{(\cdot)}$ 有时也记为 $\exp(\cdot)$，代表指数函数。

注意到在等式（6.1）、等式（6.3）和等式（6.5）里，现金流的现值和终值都相同，然而由于计息方式不同，收益率也各不相同。因此，计算复利时要强调计息方式。

例　使用不同的折现方法

考虑一种债券，它将在 10 年后支付 100 美元，并且现值为 55.839 5 美元。利用公式 $PV=C_T/(1+y)^{10}$ 或 $(1+y)=(C_T/PV)^{1/10}$，可以得到年复利 6.00%。

通过公式 $(1+y^S/2)^2=(1+y)$ 或者 $y^S/2=(1+y)^{1/2}-1$，得到半年复利 $y^S=[(1+0.06)^{1/2}-1]\times 2=5.91\%$。同样地，利用公式 $\exp(y^C)=(1+y)$ 得到 $y^C=\ln(1+0.06)=5.83\%$，将年复利转化为连续复利。■

注意，当我们增加计息的频率时，得到的利率是在减少的。从直觉上分析，因为复利计息越频繁，我们的钱就增加得越快，所以较小的投资收益率就可以最终得到相同的回报。

重要概念

对于固定的现值和终值，增加复利的计算频率将减少相关的收益率。

例题 6.1　FRM 试题 2002——第 48 题

假设一个投资者以 987 美元购买了为期一个月的美国国债，到期时该投资者可以得到 1 000 美元。计算有效年利率（EAR）。

(a) 17.0%。

(b) 15.8%。

(c) 13.0%。

(d) 11.6%。

例题 6.2　FRM 试题 2009——第 4-9 题

莉萨·史密斯，AAA 银行的财务官，有一笔 1 亿美元的钱要投资一年。她比较了 4 个一年期具有不同计息方式和不同年利率的大额定期存单（CDs）。CD1：每月计息，7.82%；CD2：每季计息，8.00%；CD3：每半年计息，8.05%；CD4：连续计息，7.95%。哪一个 CD 具有最高的有效年利率？

(a) CD1。

(b) CD2。

(c) CD3。

(d) CD4。

例题 6.3　FRM 试题 2002——第 51 题

考虑一个储蓄账户，年利率为 8%。计算需要几年才可以使账户里的钱加倍。选择最接近的年数。

(a) 7 年。

(b) 8 年。

(c) 9 年。

(d) 10 年。

6.2　价格—收益率关系

6.2.1　估　价

公式（6.1）所表示的基本折现关系能够拓展到任何具有固定现金流模式的

债券上。我们可以写出一个债券的现值 P，作为未来现金流的折现值：

$$P = \sum_{t=1}^{T} \frac{C_t}{(1+y)^t} \tag{6.6}$$

式中：C_t —第 t 个时期的现金流（利息或本金）；

t —每次支付的时期数（例如半年）；

T —最后到期的时期数；

y —每个时期的折现因子（例如 $y^S/2$）。

一个典型的现金流模式由定期的利息支付加上到期的本金［或**票面价值**（face value）］偿还构成。定义 c 为票息率，F 为票面价值。到期前我们有 $C_t = cF$，到期时则有 $C_T = cF + F$。

当息票率 c 与收益率 y 刚好相等时，如果使用相同的复利计算频率，债券的现值必将等于面值。这时债券被称为**平价债券**（par bond）。如果息票率大于收益率，那么债券的价格必将大于面值，这时债券被称为**溢价债券**（premium bond）。反过来，如果息票率比收益率低，甚至是零息债券的情形，那么债券的价格必将低于面值，这时债券被称为**折价债券**（discount bond）。

在给定债券的现金流特性的情况下，公式（6.6）描述了收益率 y 和债券价格 P 之间的关系。换句话说，债券价格 P 也可以写成收益率 y 的非线性函数：

$$P = f(y) \tag{6.7}$$

反过来，我们可以定义 P 为债券现在的市场价格，包括任何应计利息。在这个意义上，我们可以通过该式计算“隐含”收益率。

图 6.1 描述了 10 年期息票率为 6%的债券的价格—收益率关系。从风险管理的角度来看，这也是资产的偿还与风险因子的关系。当收益率为 6%时，债券平价 P =100 美元。收益率越高意味着价格越低。这是一个将价格与基本风险因子联系在一起的函数的例子。

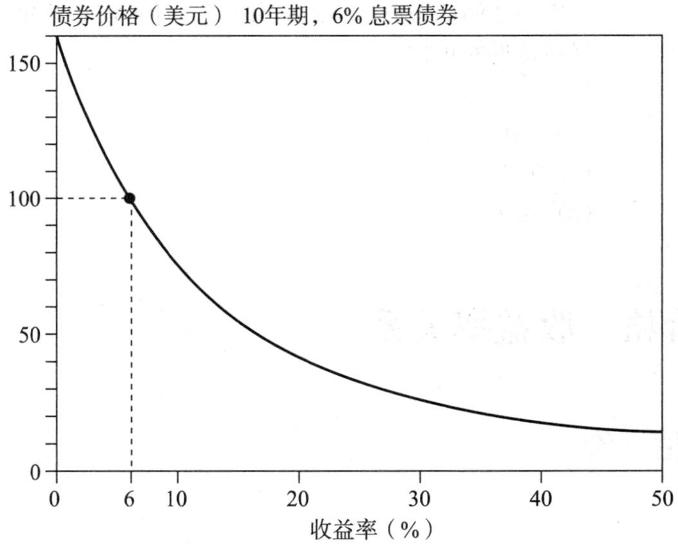

图 6.1 价格—收益率关系

从更广泛的范围来看，价格与收益率呈现为高度的非线性关系。比如，当收益率为 0 的时候，债券价格就是现金流的简单相加，在本例中为 160 美元。当收益率趋于很大的值时，债券价格趋于 0。然而当收益率在初始值 6%周围有很小的变动时，价格与收益率的关系近似呈现为线性关系。

对于**统一公债**（consols），或者说**永续年金债券**（perpetual bonds），有一个特别简单的关系。这种债券的特点是定期支付利息，但永不偿还本金。对于统一公债，到期的时间是无限的，并且现金流都一致表现为票面价值的一个固定的百分数，$C_t = C = cF$ 。这样，债券价格能从公式（6.6）简化为：

$$P = cF\left[\frac{1}{(1+y)} + \frac{1}{(1+y)^2} + \frac{1}{(1+y)^3} + \cdots\right] = \frac{c}{y}F \tag{6.8}$$

这样，债券的价格就简单地与收益率的倒数成正比。收益率越高导致债券的价格越低，反之亦然。

例　对债券估值

考虑一个年息票率为 6%的 10 年后支付 100 美元的债券，假设下一次利息支付恰好在一年后。如果收益率为 6%，那么债券的市场价格是多少？如果收益率下降到 5%呢？

债券的现金流是 $C_1 = \$6, C_2 = \$6, \cdots, C_{10} = \$106$ 。利用公式（6.6）按 6%进行折现，可以得到现金流的现值序列为＄5.66，＄5.34，…，＄59.19，总计为 100.00 美元。因此债券是平价出售的。这是合理的，因为息票率等于收益率，同样也是以年为单位进行复利计算的。另外，按 5%收益率进行折现得到的债券价格为 107.72 美元。■

6.2.2　泰勒展式

假如我们想知道，如果收益率从初始值 y_0 变成新的值 $y_1 = y_0 + \Delta y$ 时，债券价格会产生怎样的变化。风险管理都是在评估风险因子（例如收益率）的变化对资产价值的影响。是否有捷径能帮助我们来处理这样的问题呢？

我们来重新计算债券的新价格 $P_1 = f(y_1)$ 。然而，如果收益率的变化不是太大的话，我们可以运用一个非常有用的简单公式。非线性的关系能用初始值附近的**泰勒展式**（Taylor expansion）来近似①：

$$P_1 = P_0 + f'(y_0)\Delta y + \frac{1}{2}f''(y_0)(\Delta y)^2 + \cdots \tag{6.9}$$

式中，$f'(\cdot) = \frac{\mathrm{d}P}{\mathrm{d}y}$ 为函数 $f(\cdot)$ 的一阶导数，$f''(\cdot) = \frac{\mathrm{d}^2P}{\mathrm{d}y^2}$ 为二阶导数，它们的值由

① 这是以英国数学家布鲁克·泰勒（1685—1731）来命名的，他于 1715 年发表了这个结果。但是，人们完全意识到这个结果的重要性是在 1755 年，当时欧拉将它用于差分积分。

初始点确定。[①] 泰勒展式可以推广到二元函数或者多元函数的情况。对于债券来说，函数的一阶导数对应着久期的度量，二阶导数对应着凸度的度量。

公式（6.9）描述了随着 Δy 的幂的增加而无限展开的情形，但事实上仅有前两项（线性和二次项）被金融从业者使用。这是因为相对于资产定价时我们不得不做的其他假设而言，它已经对价格变化提供了很好的近似。如果增量很小，甚至连二次项都可以省略。

公式（6.9）对于风险管理而言是非常基本的。它（或者它的不同形式）被应用于多种金融市场。后面我们将看到，泰勒展式也被应用于近似衍生合约，例如股票期权价格的变动。这样，公式（6.9）就变为：

$$\Delta P = f'(S)\Delta S + \frac{1}{2}f''(S)(\Delta S)^2 + \cdots \tag{6.10}$$

式中，S 为标的资产——例如股票——现在的价格。这里，一阶导数 $f'(S)$ 称为 delta，二阶导数 $f''(s)$ 称为 gamma。

泰勒展式允许对不同的金融工具进行简单的加总。如果我们有 x_i 单位（数量）的债券 i，并且投资组合中总共有 N 种不同的债券，那么投资组合的导数为：

$$f'(y) = \sum_{i=1}^{N} x_i f'_i(y) \tag{6.11}$$

例题 6.4　FRM 试题 2009——第 4 - 8 题

一个五年期的公司债券，年息票率为 8%，到期收益率为 6%。一年过后收益率保持不变。假设收益率结构平缓并且其他因子不变，该债券在期限内的价格将

（a）增加。

（b）减少。

（c）保持不变。

（d）无法确定。

6.3　债券价格的导数

对于固定收益工具，导数非常重要，它们被赋予了一个特别的名字。[②] 一阶导数的负数称为**美元久期**（dollar duration，DD）：

$$f'(y_0) = \frac{dP}{dy} = -D^* \times P_0 \tag{6.12}$$

---

① 这首先假设等式能以多项式写出 $P(y+\Delta y)=a_0+a_1\Delta y+a_2(\Delta y)^2+\cdots$，而系数 a_0、a_1 和 a_2 等未知，为了解出第一个系数，我们令 $\Delta y=0$，得出 $a_0=P_0$。接下来，对两边求导并令 $\Delta y=0$，得出 $a_1=f'(y_0)$，接下来的步骤得出 $2a_2=f''(y_0)$，注意这些是传统的数学求导，和衍生产品例如期权毫无关系（二者英文均为 derivative——译者注）。

② 请注意，本章并不是以传统的教科书顺序来说明久期的。我们首先分析久期作为敏感性量度的特性，这与优先聚集于风险管理符合。它可应用于任何形式的固定收益工具。后面，我们将说明久期通常定义为成熟期的加权平均，这仅适用于固定息票率债券。

式中，D^* 称为**修正久期**（modified duration）。这样，美元久期为：

$$DD = D^* \times P_0 \tag{6.13}$$

式中，价格 P_0 为市场价格，包括任何应计利息。有时，风险用一个**基点的美元价值**（dollar value of a basis point，DVBP）来度量：

$$DVBP = DD \times \Delta y = [D^* \times P_0] \times 0.000\,1 \tag{6.14}$$

式中，0.000 1 为万分之一，代表一个基点（basis point，bp）的利率变化。DVBP，有时候被称为 DV01，能更容易地由整个投资组合的值加起来。

重要概念

一个基点的美元价值是债券价格对于收益率变化 0.01% 的美元风险暴露。它同时也是久期乘以债券价值，并且在整个投资组合中具有可加性。

二阶导数称为**美元凸度**（dollar convexity，DC）：

$$f''(y_0) = \frac{d^2P}{dy^2} = C \times P_0 \tag{6.15}$$

式中，C 称为**凸度**（convexity）。

对于现金流已知的固定收益工具，价格—收益率函数已知，我们可以计算得到一阶导数和二阶导数的解析形式。举个例子，考虑公式（6.1）给出的简单零息债券，其只需要支付票面价值，$C_T = F$。我们计算一阶导数为：

$$\frac{dP}{dy} = \frac{d}{dy}\left[\frac{F}{(1+y)^T}\right] = (-T)\frac{F}{(1+y)^{T+1}} = -\frac{T}{(1+y)}P \tag{6.16}$$

和公式（6.12）相比较，我们可知修正久期为 $D^* = T/(1+y)$。传统的**久期**（duration）的度量为 $D = T$，分母上没有 $(1+y)$，它也被叫做**麦考利久期**（Macaulay duration）。注意，这个久期是用时期来描述的，如 T。对于年复利，久期就是以年来度量。对于半年复利，久期就以半年计。转换成半年计久期必须除以 2。修正久期 D^* 和麦考利久期 D 有如下关系：

$$D^* = \frac{D}{(1+y)} \tag{6.17}$$

修正久期是对利率风险的恰当的度量。$(1+y)$ 出现在分母中是因为我们计算的是离散（非连续）复利的现值的导数。如果我们使用连续复利，修正久期就与传统的久期的度量一致了。实际上，麦考利久期和修正久期的差别通常非常小。

让我们回到公式（6.16），考虑二阶导数为：

$$\frac{d^2P}{dy^2} = -(T+1)(-T)\frac{F}{(1+y)^{T+2}} = \frac{(T+1)T}{(1+y)^2} \times P \tag{6.18}$$

同公式（6.15）比较，我们可知凸度为 $C = (T+1)T/(1+y)^2$。注意，它的表达式中量纲采用的是时期的平方。对于半年复利的情形，凸度用半年的平方来计算。如果转换成年的平方就必须除以 4。[1] 因此，对于具有固定息票的债券来

① 这是因为转换成年值是用 2 乘以半年收益率 Δy 而得到的。结果，久期值必须除以 2，凸度值除以 2^2，即 4，才能转为以年为单位。

说，凸度一定是正数。

将这些公式放在一起，我们就得到了债券价格变动的泰勒展式为：

$$\Delta P = -[D^* \times P](\Delta y) + \frac{1}{2}[C \times P](\Delta y)^2 + \cdots \tag{6.19}$$

所以，久期度量了收益率变化的一阶（线性）效应，而凸度则度量了二阶（平方）效应。

例　计算价格的近似值[①]

考虑一个 10 年期零息国债，收益率为 6%。债券的现值为 $P = 100/(1+6/200)^{20} = 55.368$。众所周知，在国债市场中收益率是按半年复利计算的。这样所有的计算都必须以半年为单位进行，然后将所得的最终结果转成以年为单位。

这里，麦考利久期恰好为 10 年，因为对于零息债券来说，我们有 $D = T$。它的修正久期为 $D^* = 20/(1+6/200) = 19.42$ 个半年，即为 9.71 年。它的凸度为 $C = 21 \times 20/(1+6/200)^2 = 395.89$ 个半年的平方，即 98.97 年的平方。美元久期为 $DD = D^* \times P = 9.71 \times \$55.37 = \$537.55$。基点的美元价值为 $DVBP = DD \times 0.0001 = \$0.0538$。

如果收益率变为 7%，我们来近似债券价格的变化。利用公式（6.19），有 $\Delta P = -[9.71 \times \$55.37](0.01) + 0.5[98.97 \times \$55.37](0.01)^2 = -\$5.375 + \$0.274 = -\$5.101$。如果仅仅使用第一项（线性关系）的话，新的价格为 $\$55.368 - \$5.375 = \$49.992$。如果使用泰勒展式中的前两项的话，预计的价格稍有不同，为 $\$55.368 - \$5.375 + \$0.274 = \$50.266$。

这些结果可以和精确的债券价格 50.257 美元相比较。这样，我们发现线性近似的定价误差为−0.53%，不算太糟糕。加上平方项之后定价的误差将降低为仅 0.02%，这在给定典型的买卖价差下是非常小的。■

图 6.2 比较了利用泰勒展式序列进行近似的质量。我们考虑一个 10 年期半年息票率为 6%的债券。起初，收益率也为 6%，结果债券平价出售，为 100 美元。图形对三种不同收益率曲线做了比较：

1. 实际的精确价格　　$P = f(y_0 + \Delta y)$
2. 久期估计价格　　$P = P_0 - D^* P_0 \Delta y$
3. 久期加凸度估计价格　　$P = P_0 - D^* P_0 \Delta y + 1/2 C P_0 (\Delta y)^2$

实际价格曲线显示，如果收益率下降则债券价格上升，反之，收益率上升则价格下降。这种效应用实际价格曲线的切线说明，该切线代表了基于久期的价格线性近似。对于小的收益率变动，线性近似对实际价格提供了相当不错的近似。

重要概念

美元久期计算了价格—收益率曲线在起点的切线的（负）斜率。

① 对于本书中类似的例子，请注意到中间计算过程中的数字比实际计算中的精度略低。因此，使用四舍五入的数字可能使结果与最终的结果有轻微的误差。

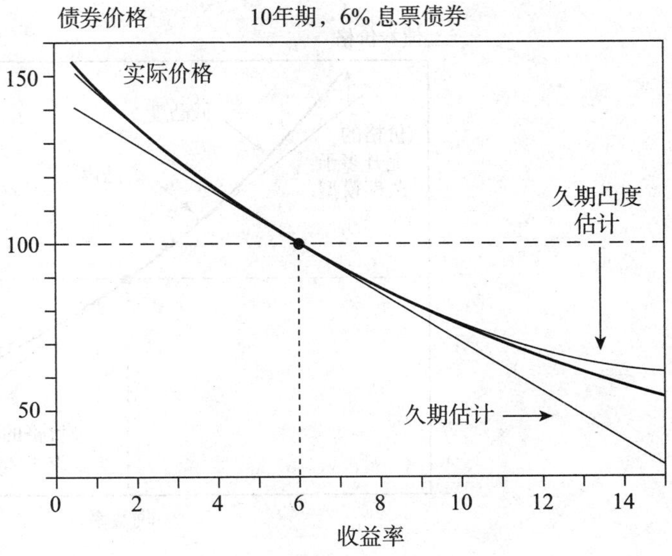

图 6.2　价格近似

但是，对于价格的较大变动，价格—收益率曲线变得更加弯曲，线性近似效果逐渐变差。在这种情况下，平方近似显然要更好一些。

我们同时应该注意到，平方近似的曲率与原始曲线的不同，这就解释了凸度（与凹度相反）的意义。这个曲率是有益的，因为二阶效应 $0.5[C\times P](\Delta y)^2$ 当凸度为正时肯定为正。一些债券含有赋予投资者的期权，它们的凸度是负的。在这种情况下，平方近似比线性近似低，而不是图 6.2 中凸度为正的情况。

图 6.3 比较了不同凸度下的债券价格曲线。就像图 6.3 所示，当收益率上升时价格下降，但小于切线估计的下降值。反过来，如果收益率下降，价格比切线估计上升得快。换句话说，平方项总是有益的。

重要概念

凸度对于定期支付息票的债券总是正的。无论价格下降还是上升，凸度越大越有利。

债券的修正久期和凸度也能通过导数直接进行计算。对于某些债券，例如抵押债券，久期和凸度就不能直接计算，这是因为它们的现金流无法确定。相应地，投资组合的管理者可以利用定价模型，在收益率变动的环境下，对债券进行重新定价。

就像图 6.4 所显示的那样，我们选择收益率的一个变化 Δy，分别在上升 $P_+=P(y_0+\Delta y)$ 和下降 $P_-=P(y_0-\Delta y)$ 的情况下对债券进行重新定价。**有效久期**（effective duration）可以用数值导数来计算。根据 $D^*=-(1/P)\mathrm{d}P/\mathrm{d}y$，有效久期估计如下：

$$D^E=\frac{[P_- - P_+]}{(2P_0\Delta y)}=\frac{P(y_0-\Delta y)-P(y_0+\Delta y)}{(2\Delta y)P_0} \tag{6.20}$$

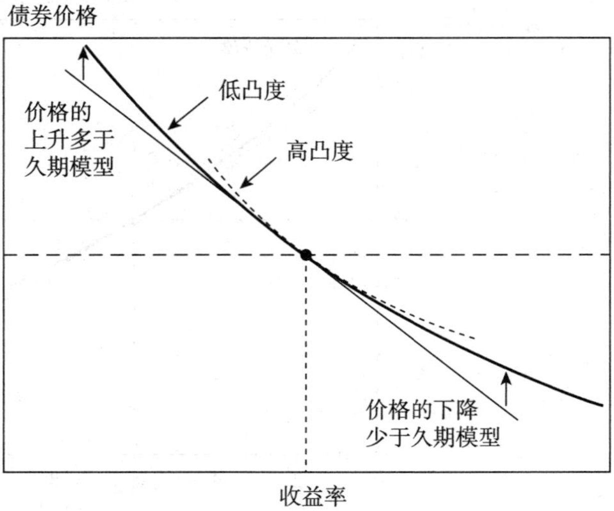

图 6.3　凸度效应

根据 $C=(1/P)\mathrm{d}^2P/\mathrm{d}y^2$，**有效凸度**（effective convexity）估计如下：

$$
\begin{aligned}
C^E &= [D_- - D_+]/\Delta y \\
&= \left[\frac{P(y_0-\Delta y)-P_0}{(P_0\Delta y)} - \frac{P_0 - P(y_0+\Delta y)}{(P_0\Delta y)}\right]/\Delta y
\end{aligned}
\tag{6.21}
$$

举个例子来说明一下，考虑一个 30 年期的零息债券，收益率为 6%，在半年复利下其初始价格为 16.973 3 美元。我们接着在收益率为 5%和 7%的情况下对债券进行重新估值，结果显示在表 6.1 里。公式（6.20）中的有效久期使用了两个极值点。公式（6.21）中的有效凸度使用了收益率上升和下降时的美元久期之差。注意，如果久期随着收益率的下降而增加，或者说 $D_- > D_+$，那么凸度为正。

计算细节如表 6.1 所示，其中有效久期的计算结果为 29.56。这与真实值 29.13 非常接近，并且当步长 Δy 更小时将更加接近。类似地，有效凸度为 869.11，这与真实值 862.48 也非常接近。

最后，这种评估债券久期和凸度的数值方法可以应用到成熟期相同而息票不同的债券中。如果利率下降 1%，息票率 6%的债券的市场价格将上涨，接近于息票率 7%的债券的市场价格。这样我们可以用息票率的增加 Δc 来代替收益率的下降 Δy，并且利用有效久期的方法来得到**息票曲线久期**（coupon curve duration）[①]：

$$
D^{CC} = \frac{[P_+ - P_-]}{(2P_0\Delta c)} = \frac{P(y_0;c+\Delta c) - P(y_0;c-\Delta c)}{(2\Delta c)P_0} \tag{6.22}
$$

这种方法对于在收益率变化情形下很难定价的债券是很有用的，它仅需不同

① 对于一个更为一般的证明，我们可以使用平价统一公债的定价公式来计算相对于 y 和 c 的导数。如果不看符号，这些导数在 $y=c$ 时相等。

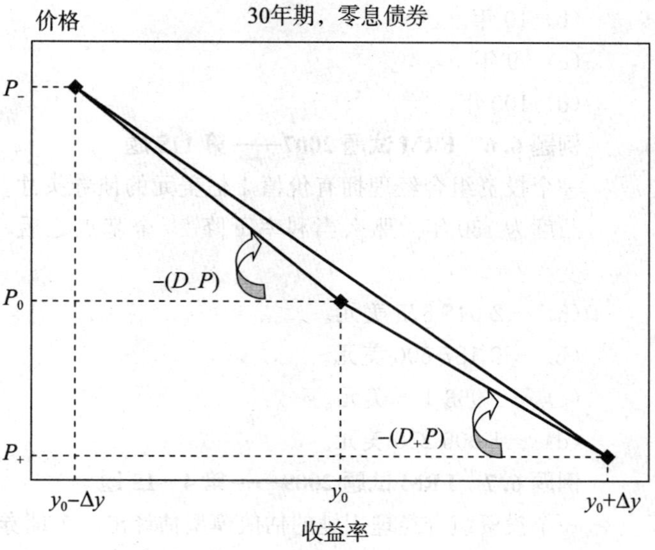

图 6.4 有效久期和凸度

息票率的债券的市场价格。

表 6.1 有效久期和凸度

状态	收益率（%）	债券价值	久期计算	凸度计算
初始 y_0	6.00	16.973 3		
上升 $y_0+\Delta y$	7.00	12.693 4		久期上升：25.22
下降 $y_0-\Delta y$	5.00	22.728 4		久期下降：33.91
价值的变化			−10.034 9	8.69
收益的变化			0.02	0.01
有效度量			29.56	869.11
准确度量			29.13	862.48

例　计算息票曲线久期

考虑一个 10 年期债券，半年息票率为 7%，在 7%的收益率下，债券平价销售，其修正久期为 7.11 年。息票率为 6%和 8%的债券价格分别为 92.89 美元和 107.11 美元。这就给出了息票曲线久期为（107.11－92.89)/(0.02×100)＝7.11，这时它和修正久期相同。■

例题 6.5　FRM 试题 2006——第 75 题

一个 10 年期的零息债券的年有效利率为 10%。下面哪个选项和它的修正久期最接近？

(a) 9 年。

(b) 10 年。

(c) 99 年。

(d) 100 年。

例题 6.6 FRM 试题 2007——第 115 题

一个投资组合经理拥有价值 1 亿美元的债券头寸。这个头寸的修正久期为 8 年，凸度为 150 年。那么当利率下降 25 个基点之后，债券头寸的价格会有多大的变动?

(a) −2 046 875 美元。

(b) −2 187 500 美元。

(c) −1 953 125 美元。

(d) −1 906 250 美元。

例题 6.7 FRM 试题 2009——第 4 - 15 题

一个投资组合经理用她的估值模型估计出一个债券投资组合的价值为 125.482 百万美元。利率结构平缓。使用相同的模型，她估计出如果利率下降 30 个基点，投资组合的价值将增加到 127.723 百万美元，如果利率增加 30 个基点，投资组合的价值将会降低到 122.164 百万美元。根据这些估计，该债券投资组合的有效久期最接近

(a) 8.38。

(b) 16.76。

(c) 7.38。

(d) 14.77。

6.4 久期和凸度

6.4.1 经济解释

前面一节已经展示了如何计算零息债券的久期和凸度。我们可以利用同样的方法处理含有息票的债券。根据公式 (6.6)，我们有：

$$\frac{\mathrm{d}P}{\mathrm{d}y}=\sum_{t=1}^{T}\frac{-tC_t}{(1+y)^{t+1}}$$

$$=-[\sum_{t=1}^{T}\frac{tC_t}{(1+y)^t}]/P\times\frac{P}{(1+y)}=-\frac{D}{(1+y)}P \tag{6.23}$$

其中，我们定义久期为：

$$D=[\sum_{t=1}^{T}\frac{tC_t}{(1+y)^t}]/P \tag{6.24}$$

对久期的经济学解释为，它代表了等待一次给付所需的平均时间，用相关的现金流的现值来加权。事实上，将 P 替换，可以写成：

$$D = \sum_{t=1}^{T} t \frac{C_t/(1+y)^t}{\sum C_t/(1+y)^t} = \sum_{t=1}^{T} t \times \omega_t \tag{6.25}$$

式中，权重 ω_t 代表现金流 C_t 的现值在总现值中所占的比例，然后进行加总。这就解释了为什么零息债券的久期等于到期时间，因为它只有一次现金流，且其权重为1。

重要概念

久期代表了等待所有现金流所需的平均时间。

图6.5显示了息票率为6%的10年期债券的现金流的现值。给定久期为7.80年，这个附息债券就等价于一个到期时间恰为7.80年的零息债券。

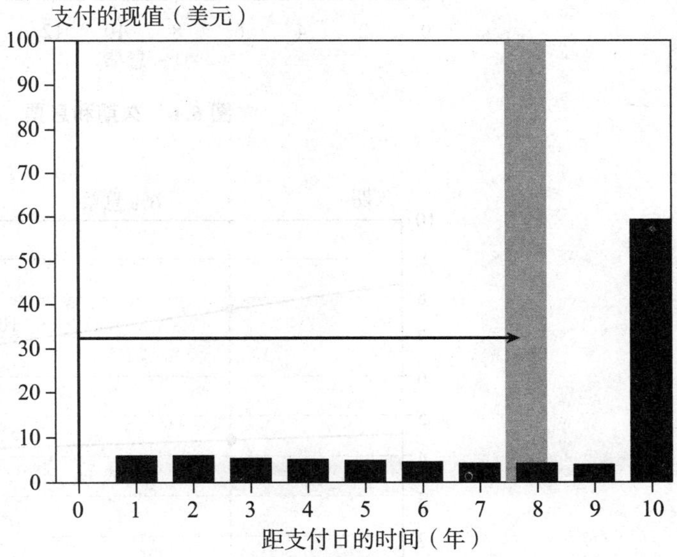

图6.5　零息债券到期时间的久期

对于支付固定息票的债券，久期比成熟期要小。例如，图6.6显示了一个10年期的债券随它的息票而变化的情况，收益率保持6%不变。当息票为零时，久期等于成熟期。因此，曲线从 $D=10$ 年开始。越高的息票导致了先期支付的权重越大，因此久期随之减少。

接下来，久期也随收益率水平的变化而变化。图6.7显示了一个10年期债券的久期随着收益率的降低而增加。这是因为越高的收益率降低了现金流在当前债券价格中的权重，因此降低了久期。这个关系对期限较长的债券更加明显。另外，收益率对修正久期的影响更大，因为它出现在分母中。

统一公债的久期具有一个简单的形式。根据公式（6.8），我们有 $P = (c/y)F$。求导数可以得到：

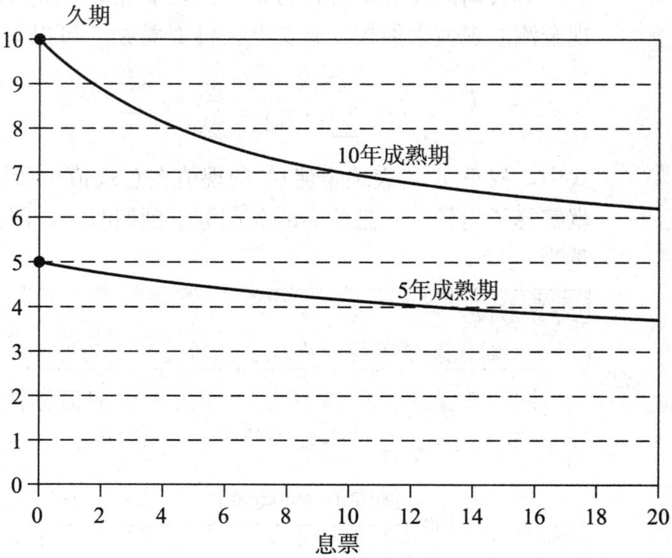

图 6.6　久期和息票

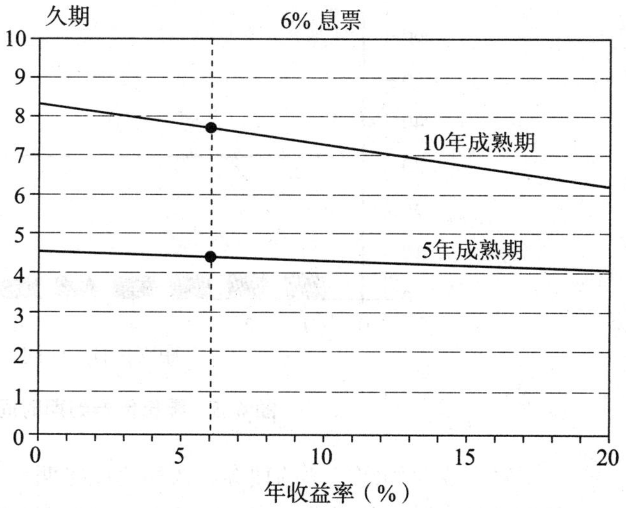

图 6.7　久期—收益率关系

$$\frac{\mathrm{d}P}{\mathrm{d}y}=cF\,\frac{(-1)}{y^2}=(-1)\,\frac{1}{y}\left[\frac{c}{y}F\right]=(-1)\,\frac{1}{y}P=-\frac{D_C}{(1+y)}P \quad (6.26)$$

因此，统一公债的久期 D_C 为：

$$D_C=\frac{(1+y)}{y} \quad (6.27)$$

这表明，即使一个统一公债的成熟期是无穷的，其久期也是有限的。同样，结果也与息票率无关。

这个公式为我们提供了一个有用的经验方法。对于一个长期的附息债券，久期肯定比 $(1+y)/y$ 要小。例如，当 $y=6\%$ 时，久期的上限为 $D_C=1.06/0.06$，约为 17.7 年。在这种情况下，一个平价的 30 年期债券的久期为 14.25 年，它确实比 17.7 年要小。

重要概念

长期债券的久期可以用一个上界来近似，这个上界就是具有同样收益率的统一公债的久期，$D_C=(1+y)/y$。

图 6.8 描述了普通债券在 6%的收益率下，其久期、成熟期和息票率之间的关系。对于零息债券，$D=T$，其久期是一条从起点出发的直线。对于息票率为 6%的平价债券，久期随着成熟期单调增加，直到渐近线 D_C 为止。在 T 固定的情况下，息票率为 8%的债券的久期比 6%的债券的要低。对于固定的成熟期，息票率越高，久期越小，因为更多的支付早一些就完成了。

最后，息票率为 2%的债券的久期位于零息债券和 6%的债券之间。该曲线开始时像零息债券的曲线一样运动，先是超过了 D_C，而后又降至渐近线。该渐近线对于所有支付息票的债券都是一致的。

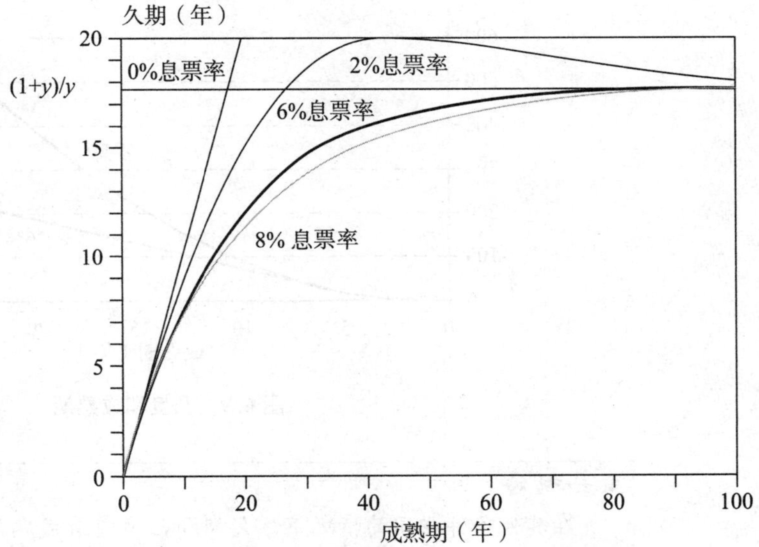

图 6.8　久期和成熟期

现在对公式（6.23）求二阶导数，可以得到：

$$\frac{d^2P}{dy^2}=\sum_{t=1}^{T}\frac{t(t+1)C_t}{(1+y)^{t+2}}=\left[\sum_{t=1}^{T}\frac{t(t+1)C_t}{(1+y)^{t+2}}/P\right]\times P \tag{6.28}$$

其中，我们定义凸度：

$$C=\sum_{t=1}^{T}\frac{t(t+1)C_t}{(1+y)^{t+2}}/P \tag{6.29}$$

凸度也可以写成：

$$C=\sum_{t=1}^{T}\frac{t(t+1)}{(1+y)^2}\times\frac{C_t/(1+y)^t}{\sum C_t/(1+y)^t}=\sum_{t=1}^{T}\frac{t(t+1)}{(1+y)^2}\times\omega_t \tag{6.30}$$

凸度本质上是时间平方的加权平均。因此，凸度对于成熟期长的债券而言要大得多，因为与它们的支付相关的时间 t 的值要大得多。公式也表明，对于这样的债券，凸度总是正的，这意味着曲率效应是有益的。正如我们在后面将要看到的，凸度对于现金流不确定的债券而言可能是负的，例如**债务抵押证券**（mortgage-backed securities，MBS）或者**可赎回债券**（callable bonds）。

图 6.9 显示了凸度的变化，比较成熟期相同而息票率分别为 0 和 6%的两只债券。零息债券的凸度始终要更大一些，因为只在到期日有一次现金流，它的凸度大致为成熟期的平方，例如对于 30 年期的零息债券，凸度大约为 900。相比较而言，30 年期的附息债券的凸度仅为 300。

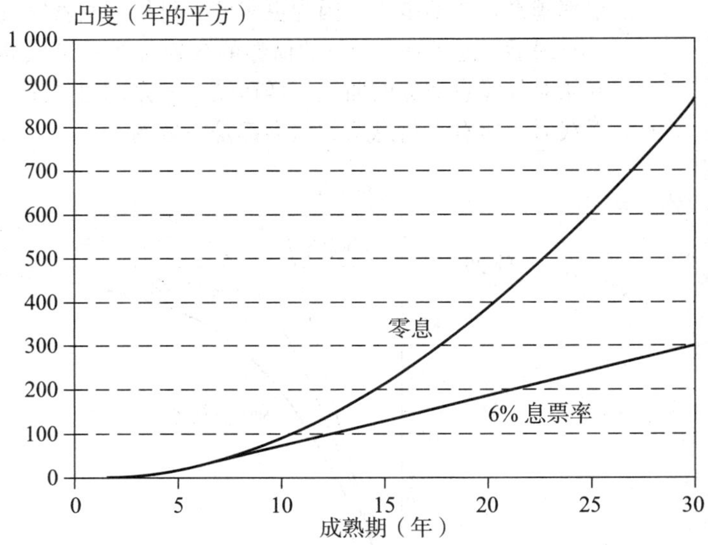

图 6.9　凸度和成熟期

> **重要概念**
>
> 在其他条件相同的情况下，久期和凸度随着成熟期的变长、息票率的降低和收益率的降低而增大。

作为一个例子，表 6.2 详细介绍了计算一个债券的久期和凸度的步骤，该债券为 2 年期，收益率为 6%，以半年复利计算，息票率为 6%，半年支付一次。我们先将年息票和年收益率转换为半年的值，分别为 3 美元和 3%。表中现值这一列给出了每一次现金流的现值。我们通过核实，将这些现值加起来为 100 美元，因为该债券平价销售。

接下来，久期这一列的值是用时间，或者更准确地说是支付息票的半年的次数，乘以每一个现值列所对应的值。这些值加起来为 382.86 美元，除以价格 100 后得到久期 $D=3.83$，这个数值是用半年来度量的，我们需要除以 2 转换为以年为单位。这样，久期为 1.91 年，修正久期 $D^*=1.91/1.03=1.86$ 年。注意，为了一致性，分母的调整包括3%的半年收益率。

最后，最右边的一列显示了怎样计算债券的凸度。每一个凸度的值等于对应的现值列的值乘以 $t(t+1)/(1+y)^2$，这些值的和为1 777.755，再除以价格100后得到凸度为17.78。这个数值是以半年平方为单位来度量的，故必须除以4才能转成以年为单位。我们得到凸度为 $C=4.44$，单位是年的平方。

表 6.2　　计算久期和凸度

时期（年）	付款	收益率	付款现值	久期项	凸度项
t	C_t	（%，6个月）	$C_t/(1+y)^t$	tPV_t	$t(t-1)PV_t/(1+y)^2$
1	3	3.00	2.913	2.913	5.491
2	3	3.00	2.828	5.656	15.993
3	3	3.00	2.745	8.236	31.054
4	103	3.00	91.514	366.057	1 725.218
总和			100.00	382.861	1 777.755
（半年）				3.83	17.78
（年）				1.91	
修正久期				1.86	
凸度					4.44

例题 6.8　FRM 试题 2003——第 13 题

假设一个3年期债券的面值为1 000美元，年息票率为10%。目前的收益率为5%。该债券的修正久期是多少？

(a) 2.62。

(b) 2.85。

(c) 3.00。

(d) 2.75。

例题 6.9　FRM 试题 2002——第 118 题

一个国债的息票率为6%，半年支付一次，以半年复利计算的收益率为4%。该国债的成熟期为18个月，下一次支付息票距现在6个月。下列选项哪一个最接近该国债的麦考利久期？

(a) 1.023 年。

(b) 1.457 年。

(c) 1.500 年。

(d) 2.915 年。

例题 6.10　FRM 试题——久期与息票

A和B是两个永续年金债券，它们的成熟期是无限的。A的息票率为4%，B的息票率为8%。假设两个债券的收益率均相同，下面关于久期的说法哪一个是正确的？

(a) A的久期比B的大。

(b) B的久期比A的大。

(c) A和B拥有相同的久期。

(d) 以上说法均不对。

例题 6.11 FRM试题 2004——第16题

一个经理想将手上的债券换成相同价格但是具有较大久期的债券。下面哪个是具有较大久期债券的特征？

Ⅰ. 较高的息票率。

Ⅱ. 更频繁的息票支付。

Ⅲ. 较长的成熟期。

Ⅳ. 较低的收益率。

(a) Ⅰ、Ⅱ、Ⅲ。

(b) Ⅱ、Ⅲ、Ⅳ。

(c) Ⅲ、Ⅳ。

(d) Ⅰ、Ⅱ。

例题 6.12 FRM试题 2001——第104题

当普通附息债券的成熟期增大时，它的久期将如何增长？

(a) 匀速地无限期增加。

(b) 上升到一个确定的水平。

(c) 渐进式地无限期增加。

(d) 在某种程度上依赖于债券是溢价还是折价。

例题 6.13 FRM试题 2000——第106题

考虑如下五个债券：

债券号码	成熟期（年）	息票率（%）	频率	年收益率（%）
1	10	6	1	6
2	10	6	2	6
3	10	0	1	6
4	10	6	1	5
5	9	6	1	6

如何按照久期从短到长给这些债券排序？

(a) 5—2—1—4—3。

(b) 1—2—3—4—5。

(c) 5—4—3—1—2。

(d) 2—4—5—1—3。

例题 6.14 FRM试题 2000——第110题

下面的说法哪些是正确的？

Ⅰ.10 年期的零息债券的凸度比 10 年期、息票率为 6%的债券的凸度大。

Ⅱ.10 年期的零息债券的凸度比息票率为 6%、久期为 10 年的债券的凸度大。

Ⅲ.凸度随债券的成熟期成比例增加。

Ⅳ.任何类型债券的凸度总是正的。

Ⅴ."纯粹的"债券的凸度总是正的。

(a) 仅Ⅰ。

(b) 仅Ⅰ和Ⅱ。

(c) 仅Ⅰ和Ⅴ。

(d) 仅Ⅱ、Ⅲ和Ⅴ。

6.4.2 投资组合的久期和凸度

固定收益投资组合通常包括大量证券。独立地考虑每一只证券的行为是不可能的。取而代之的做法是，投资组合的管理者将整个组合的久期和凸度进行加总。例如，假设一个经理认为利率将上升，他就会相对于基准的久期来缩短投资组合的久期。假如给定基准的久期是 5 年，那个经理会缩短投资组合的久期至仅仅 1 年。如果利率增加了 2%，按照基准利率将损失近似 $5 \times 2\% = 10\%$，但是，修正后的投资组合将仅仅损失 $1 \times 2\% = 2\%$，因此优于基准久期 8%。

泰勒展式包括一个求和过程，所以投资组合的久期很容易从各单独的组成成分得到。假定我们有 N 种债券分别用 i 标记，定义 D_p^* 和 P_p 为投资组合的修正久期和价值，组合的美元久期（DD）为：

$$D_p^* P_p = \sum_{i=1}^{N} D_i^* x_i P_i \tag{6.31}$$

式中，x_i 为投资组合中债券 i 的单位数量。投资组合的美元凸度（DC）具有相似的关系。如果对于所有债券的收益率都一样，这种关系同样适用于麦考利久期的计算。

因为投资组合总的市场价值是各部分市场价值的简单加总：

$$P_p = \sum_{i=1}^{N} x_i P_i \tag{6.32}$$

我们可以定义**投资组合权重**（portfolio weight）$w_i = x_i P_i / P_p$，前提是规定投资组合的市场价值非零。我们接着可以写出投资组合的久期为单个债券久期的加权平均：

$$D_p^* = \sum_{i=1}^{N} D_i^* w_i \tag{6.33}$$

类似地，投资组合的凸度也是单个债券凸度的加权平均：

$$C_p = \sum_{i=1}^{N} C_i w_i \tag{6.34}$$

举个例子，考虑一个包括三只债券的投资组合，如表 6.3 所示。组合的 10 年期和 1 年期债券为多头头寸，30 年期的零息债券为空头头寸。组合的市场价值为 1 301 600 美元。将各部分的久期加起来，组合的美元久期为 2 953 800 美元，久期为 2.27 年。组合的凸度为－76 918 323/1 301 600＝－59.10，凸度为负是因为拥有的 30 年期零息债券的空头头寸具有较高的负的凸度。

表 6.3　投资组合的久期和凸度

	债券 1	债券 2	债券 3	投资组合
成熟期（年）	10	1	30	
息票率	6%	0%	0%	
收益率	6%	6%	6%	
价格 P_i	$100.00	$94.26	$16.97	
修正久期 D_i^*	7.44	0.97	29.13	
凸度 C_i	68.78	1.41	862.48	
债券数量 x_i	10 000	5 000	－10 000	
美元数 x_iP_i	$1 000 000	$471 300	－$169 700	$1 301 600
权重 w_i	76.83%	36.21%	－13.04%	100.00%
美元久期 $D_i^*P_i$	$744.00	$91.43	$494.34	
投资组合 DD：$x_iD_i^*P_i$	$7 440 000	$457 161	$4 943 361	$2 953 800
投资组合 DC：$x_iC_iP_i$	68 780 000	664 533	－146 362 856	－76 918 323

另外，假设投资组合经理被要求以债券 1 为基准。他想投资债券 2 和债券 3，保证投资组合的久期等于目标基准久期，即 7.44 年。为了取得目标价值和美元久期，投资组合经理必须解含两个未知数 x_1 和 x_2 的方程组：

价值：　　$\$100 = x_1\$94.26 + x_2\$16.97$

美元久期：　　$7.44 \times \$100 = 0.97 \times x_1\$94.26 + 29.13 \times x_2\$16.97$

方程组的解为 $x_1 = 0.817$，$x_2 = 1.354$，代入方程组可使得投资组合的价值为 100 美元，修正久期为 7.44 年。① 投资组合的凸度为 199.25，比指数要高。这种投资组合由成熟期很短和很长的债券组成，称为**杠铃式组合**（barbell portfolio）。相反，由成熟期均在同一时间范围内的债券组成的投资组合，称为**子弹式组合**（bullet portfolio）。注意，杠铃式组合的凸度比子弹式组合的凸度大得多，这

① 这可以这样得到：首先，将第一个等式里的 x_2 表示成 x_1 的函数，接着代回第二个等式中。这样得出 $x_2=(100-94.26x_1)/16.97$ 和 $744=91.43x_1+494.34x_2=91.43x_1+494.34(100-94.26x_1)/16.97=91.43x_1+2\,913.00-2\,745.79x_1$。解之，我们得到 $x_1=(-2\,169.00)/(-2\,654.36)=0.817$，$x_2=(100-94.26\times0.817)/16.97=1.354$。

是因为支付将在 30 年内完成。如果收益率变动很大，杠铃式组合的预期表现要比子弹式组合好。

总的来说，久期和凸度是固定收益投资组合的关键度量，它们总结了收益率变动的线性效应和二次效应。因此，它们是固定收益投资组合经理的重要管理工具。

例题 6.15　FRM 试题 2002——第 57 题

一个债券组合的组成如下：

1. 组合 A：价格 90 000 美元，修正久期 2.5，8 个债券的多头头寸。
2. 组合 B：价格 110 000 美元，修正久期 3，6 个债券的空头头寸。
3. 组合 C：价格 120 000 美元，修正久期 3.3，12 个债券的多头头寸。

利率均为 10%。如果利率上涨 25 个基点，那么该债券组合的价值会

(a) 下降 11 430 美元。
(b) 下降 21 330 美元。
(c) 下降 12 573 美元。
(d) 下降 23 463 美元。

例题 6.16　FRM 试题 2006——第 61 题

考虑下面的债券投资组合：

债券	价格	持有量（百万美元）	修正久期
A	101.43	3	2.36
B	84.89	5	4.13
C	121.87	8	6.27

那么该组合的 DV01（每一个基点的美元价值）是多少？

(a) 8 019 美元。
(b) 8 294 美元。
(c) 8 584 美元。
(d) 8 813 美元。

例题 6.17　FRM 试题 2008——第 2－33 题

在相同久期的情况下，下面哪一项关于收益率变化对固定收益投资组合的影响的说法是正确的？

(a) 杠铃式组合比子弹式组合具有较高的凸度因为凸度随期限线性增加。
(b) 杠铃式组合比子弹式组合具有较高的凸度因为凸度随期限平方增加。
(c) 杠铃式组合比子弹式组合具有较低的凸度因为凸度随期限线性增加。
(d) 杠铃式组合比子弹式组合具有较低的凸度因为凸度随期限平方增加。

6.5 重要公式

复利：$(1+y)^T = (1+y^S/2)^{2T} = e^{y^c T}$

固定息票债券的估值：$P = \sum_{t=1}^{T} \frac{C_t}{(1+y)^t}$

泰勒展式：$P_1 = P_0 + f'(y_0)\Delta y + \frac{1}{2}f''(y_0)(\Delta y)^2 + \cdots$

久期暴露：$\frac{dp}{dy} = -D^* \times P, DD = D^* \times P, DVBP = DD \times 0.0001$

修正久期与传统久期：$D^* = \frac{D}{(1+y)}, D = \sum_{t=1}^{T} \frac{tC_t}{(1+y)^t}/P$

凸度：$\frac{d^2P}{dy^2} = C \times P, C = \sum_{t=1}^{T} \frac{t(t+1)C_t}{(1+y)^{t+2}}/P$

价格变化：$\Delta P = -[D^* \times P](\Delta y) + 0.5[C \times P](\Delta y)^2 + \cdots$

统一公债：$P = \frac{c}{y}F, D = \frac{(1+y)}{y}$

投资组合的久期和凸度：$D_p^* = \sum_{i=1}^{N} D_i^* w_i, C_p = \sum_{i=1}^{N} C_i w_i$

6.6 例题解答

例题 6.1　FRM 试题 2002——第 48 题

(a) EAR 的定义为 $FV/PV=(1+EAR)^T$，因此 $EAR=(FV/PV)^{1/T}-1$，这里 $T=1/12$，因此 $EAR=(1\,000/987)^{12}-1=17.0\%$。

例题 6.2　FRM 试题 2009——第 4-9 题

(d) 1 美元的初始投资将会增长到：（CD1）$(1+7.82\%/12)^{12}=1.081\,07$，（CD2）$(1+8.00\%/4)^4=1.082\,43$，（CD3）$(1+8.05\%/2)^2=1.082\,12$，（CD4）exp（7.95%）=1.082 75。因此，CD4 具有最高的终值和有效年利率。

例题 6.3　FRM 试题 2002——第 51 题

(c) 使账户里的钱加倍的时间 T 满足 $FV/PV=2=(1+8\%)^T$，两边同时取对数，解得 $T=\ln2/\ln1.08=9.006$。

例题 6.4　FRM 试题 2009——第 4-8 题

(b) 由于息票率高于收益率，债券必须溢价发行，当前价格高于票面价值。如果收益率没有变化，债券价格将收敛于票面价值。在开始很高的前提下，债券价格将减少。

例题 6.5　FRM 试题 2006——第 75 题

(a) 不用做任何计算，由于零息债券的麦考利久期为 10 年，那么修正久期为

$D^*=10/(1+10\%)$，最接近 9 年。

例题 6.6　FRM 试题 2007——第 115 题

(c) 价格的变化为 $\Delta P=-[D^*\times P](\Delta y)+\frac{1}{2}[C\times P](\Delta y)^2=-[8\times 10^8](0.0025)+0.5[150\times 10^8](0.0025)^2=-1\,953\,125$。

例题 6.7　FRM 试题 2009——第 4 - 15 题

(c) 根据公式 (6.20)，有效久期为 $D^E=\frac{[P_- - P_+]}{(2P_0\Delta y)}=\frac{[127.723-122.164]}{(125.482\times 0.6\%)}=7.38$。

例题 6.8　FRM 试题 2003——第 13 题

(a) 计算过程和表 6.2 一样，我们得到如下结果：

时期 t	支付 C_t	收益率 y	$PV_t=C_t/(1+y)^t$	tPV_t
1	100	5.00	95.24	95.24
2	100	5.00	90.71	181.41
3	1 100	5.00	950.22	2 850.66
总和			1 136.16	3 127.31

久期为 2.75，修正久期为 2.62。

例题 6.9　FRM 试题 2002——第 118 题

(b) 对于附息债券，其麦考利久期比成熟期要略小。这里该国债的成熟期为 1.5 年，久期最接近的选项为 (b)。

例题 6.10　FRM 试题——久期与息票

(c) 根据永续年金债券的久期计算公式 (6.27)，我们看到久期与息票率无关，只与收益率有关。因此两个债券的久期应该相同。然而，A 债券的价格应该是 B 债券价格的一半。

例题 6.11　FRM 试题 2004——第 16 题

(c) 具有较大久期的债券意味着将支付推到未来，它的特征是较长的期限、低息票率、低频率的息票支付和较低的收益率，因为这些会增大未来支付的权重。

例题 6.12　FRM 试题 2001——第 104 题

(b) 对于附息债券，它的久期将随成熟期的增大而增大到统一公债的久期水平，就像图 6.8 描述的那样。

例题 6.13　FRM 试题 2000——第 106 题

(a) 9 年期债券（第 5 号）的久期更短，因为在比较的债券中它的成熟期最短，为 9 年。接下来，我们必须在债券 1 和 2 之间做出决定，它们仅仅在支付频率上有差别。半年支付一次的债券（第 2 号）的久期比每年支付一次的要短一些。接下来，我们在债券 1 和 4 之间做出决定，它们仅是收益率不同。在低收益率情况下，未来的现金流权重更大，所以债券 4 久期更长。最后，零息债券的久期最长。所以，顺序为 5—2—1—4—3。

例题 6.14　FRM 试题 2000——第 110 题

(c) 因为凸度与支付的时间的平方成正比，债券的凸度将被未来发生的现金流所驱动。Ⅰ是正确的，因为 10 年期零息债券仅有一次现金流，而附息债券有其他时刻的现金流，这就将减少凸度。Ⅱ错误，因为息票率为 6%、久期为 10 年的债券肯定在未来有现金流，假设在 30 年后，这将产生更大的凸度。Ⅲ错误，因为凸度随时间的平方而增加。Ⅳ错误，因为有一些债券，例如 MBS 或者可赎回债券，有负的凸度。Ⅴ正确，因为对于支付息票的债券而言凸度是正的。

例题 6.15　FRM 试题 2002——第 57 题

(a) 债券组合的美元久期为 $D^*P=\sum x_i D_i^* P_i=8\times 2.5\times \$90\ 000-6\times 3.0\times \$110\ 000+12\times 3.3\times 4\ 120\ 000=\$4\ 572\ 000$。债券组合的价值变动为 $-(D^*P)(\Delta y)=-\$4\ 572\ 000\times 0.002\ 5=-\$11\ 430$。

例题 6.16　FRM 试题 2006——第 61 题

(c) 首先，每个债券组合的市场价格用持有数量乘以市场价格再除以 100，然后再分别乘以修正久期得到美元久期，加总得 85.841 百万美元。我们乘以 0.000 1 得到 DV01，为 8 584 美元。

债券	价格	持有量	市场价值	D^*	DD
A	101.43	3	3.043	2.36	7.181
B	84.89	5	4.245	4.13	15.530
C	121.87	8	9.750	6.27	61.130
总和					85.841

例题 6.17　FRM 试题 2008——第 2 - 33 题

(b) 该题比较了具有相同久期的两个组合。杠铃式组合由短期和长期债券组成。子弹式组合仅由中期债券构成。由于凸度是等待支付时间的平方函数，长期债券对杠铃式组合的凸度具有较大贡献，大于子弹式组合的凸度。

附录　无穷级数的应用

当债券具有固定息票的时候，其价值问题通常可以用无穷级数的组合来解释。最重要的无穷级数的结果是按几何指数增长的数之和：

$$1+a+a^2+a^3+\cdots=\frac{1}{1-a} \tag{6.35}$$

这是可以证明的，例如，用（$1-a$）去乘以上式两边，并消掉各项化简。

同样重要的是考虑有限项的几何级数，假设 N 项，我们可以认为它是两个无穷级数之差，从而写出：

$$\begin{aligned}&1+a+a^2+a^3+\cdots+a^{N-1}\\&=(1+a+a^2+a^3+\cdots)-a^N(1+a+a^2+a^3+\cdots)\end{aligned} \tag{6.36}$$

从而所有指数为 N 或 N 以上的项都相互抵消掉了。

我们接着就可以写出：

$$1+a+a^2+a^3+\cdots+a^{N-1}=\frac{1}{1-a}-a^N\frac{1}{1-a} \tag{6.37}$$

这些等式对于评估债券价值是至关重要的。首先考虑一个统一公债，它有无穷次的息票支付，且息票固定为 c。如果收益率为 y，票面价值为 F，债券的价值为：

$$\begin{aligned}P&=cF\left[\frac{1}{(1+y)}+\frac{1}{(1+y)^2}+\frac{1}{(1+y)^3}+\cdots\right]\\&=cF\frac{1}{(1+y)}[1+a^2+a^3+\cdots]\\&=cF\frac{1}{(1+y)}\left[\frac{1}{1-a}\right]\\&=cF\frac{1}{(1+y)}\left[\frac{1}{1-(1/(1+y))}\right]\\&=cF\frac{1}{(1+y)}\left[\frac{(1+y)}{y}\right]=\frac{c}{y}F\end{aligned}$$

类似地，我们可以对 T 期内息票支付有限次的债券进行估价，第 T 期偿还本金，这是具有三个部分的投资组合：

(1) 具有息票 c 的长期公债多头。

(2) 第 T 期开始的具有息票 c 的统一公债空头。

(3) 第 T 期支付的零息债券多头。

注意，(1) 和 (2) 的组合确保我们得到息票支付有限次，因此债券价格为：

$$P=\frac{c}{y}F-\frac{1}{(1+y)^T}\frac{c}{y}F+\frac{1}{(1+y)^T}F=\frac{c}{y}F\left[1-\frac{1}{(1+y)^T}\right]+\frac{1}{(1+y)^T}F \tag{6.38}$$

其中，这个等式也能调整以适用于不同的复利计算方法。

上式用途很广。例如，当 $c=y$，很明显可以立即得到价格肯定是平价的，$P=F$。这个等式也可以用来找到久期和凸度的封闭形式的解。

第 7 章　衍生产品介绍*

本章对衍生产品进行介绍。衍生产品是在**场外交易**（over-the-counter，OTC）市场上或者有组织的交易所里进行交易的合约。这些衍生产品的价值基于它们的标的资产指数，比如标的资产的价格。根据衍生产品与标的资产之间的关系，它可以广泛地分为两类：线性工具和非线性工具。

第一类工具（线性工具）包括远期利率合约、期货和互换。它们的价值都是标的资产指数的线性函数。这些都是根据特定的时间有义务进行交易的合约。远期合约的评估和定价相对简单。在交易所内进行交易的期货也是如此。互换更为复杂，但一般可以简化为远期合约的组合。第二类工具（非线性工具）包括期权，它的价值是标的资产指数的非线性函数。这些品种的估值较为复杂，将在下一章进行介绍。

本章描述了衍生产品的普遍特点和线性衍生产品的定价。定价是风险管理的第一步。第二步包括用基本风险因子组合的分布推出合约价值的分布和估值公式。这一步将在后面的市场风险部分完成。

7.1 节对衍生产品市场的规模及其交易机制进行了综述。7.2 节接着介绍了远期合约的估值和定价。期货和互换合约将分别在 7.3 节和 7.4 节内阐述。

* FRM 考试第一部分的主题。

7.1 衍生产品市场综述

7.1.1 定义

从一般意义来说，**衍生工具**（derivative instrument）可以定义为一份私人合约，其价值源于某一标的资产的价值、基准利率或者指数，例如股票、货币或者商品。此外，合约也必须具体确定本金或者**名义金额**（notional）的大小，这可以根据货币、股份、蒲式耳或其他单位来确定。衍生产品价值的变动可以作为名义金额和标的价格或指数的函数。

与股票和债券等发行用于融资的证券不同，衍生产品是合约或者说双方签订的私人协议。因此衍生产品的损益之和必定为零：一方的任何收益必然带来另一方相同大小的损失。

7.1.2 衍生产品市场的规模

最宽泛地说，衍生产品市场可以通过标的资产和交易形态来分类。表 7.1 描述了全球衍生产品市场的规模和增长情况。在 2009 年，总的名义金额加起来达到 688 万亿美元，其中 615 万亿美元在场外交易完成，73 万亿美元在交易所内完成。衍生产品市场发展非常迅猛，在 1995 年时，总的名义金额只有 56 万亿美元。

表 7.1 显示利率合约是交易最为广泛的衍生产品类型，特别是互换。在场外交易市场，货币合约同样被广泛采用，特别是单纯远期和**外汇互换**（forex swaps），它们是即期和短期远期合约交易的组合。在场内交易工具中，利率期货和利率期权是最为普遍的。

总的名义金额 688 万亿美元是非常庞大的数字，它是很难达到的。它是世界**国内生产总值**（gross domestic product，GDP）的几倍，后者在 2008 年仅为 61 万亿美元。同时它也比流通在外的股票（34 万亿美元）和债券（83 万亿美元）的总价值要高。

名义金额给出了现货市场中相等头寸的指示。例如，一个名义金额为 100 万美元的股指期货多头合约等于股票市场中同样大小的现金头寸。它们的重要性同样来自于对金融行业的费用贡献，通常表示为名义金额的一部分。

但是名义金额并没有对头寸风险给出更多的信息。举个例子，OTC 衍生产品合约的清算价值估计为 22 万亿美元，这比名义金额的 3%还小。一般来说，这些衍生产品的风险通过整个时间内按市值计算的潜在变化可以得到最好的度量，也就是说，用 VAR 方法来度量。

表 7.1　　全球衍生品市场，1995—2007 年　　单位：十亿美元

	名义金额	
	1995 年 3 月	2009 年 12 月
场外交易工具	47 530	614 674
利率合约	26 645	449 793
远期（远期利率协议）	4 597	51 749
互换	18 283	349 236
期权	3 548	48 808
外汇合约	13 095	49 196
远期和外汇互换	8 699	23 129
互换	1 957	16 509
期权	2 379	9 558
权益相关合约	579	6 591
远期和互换	52	1 830
期权	527	4 762
商品合约	318	2 944
信用违约互换	0	32 693
其他	6 893	73 456
场内交易工具	8 838	73 140
利率合约	8 380	67 057
期货	5 757	20 628
期权	2 623	46 429
外汇合约	88	311
期货	33	164
期权	55	147
股指合约	370	5 772
期货	128	965
期权	242	4 807
总和	55 910	687 814

资料来源：国际清算银行。

7.1.3　交易机制

衍生品可以在私下分散的市场进行交易，称为**场外交易**（over-the-counter, OTC）市场，或者在**有组织的交易所**（organized exchange）进行交易。场外交易一般和**衍生品交易商**（derivatives dealer）进行交易，通常是一家特定的公司和一家主要的金融机构买卖衍生品合约。

衍生品交易的主要问题是**交易对手风险**（counterparty risk）。交易对手定义为交易的另一方。假设银行A和对冲基金B签订一份衍生品合约，银行A同意以固定的汇率1.3买入欧元并卖出美元。如果欧元上涨，合约对于银行A处于实值状态。然而，这意味着对冲基金B遭受损失。如果这个损失足够大，对冲基金B有可能违约。因此，这个合约产生了信用风险。这个话题将在本书的其他部分进行深入讨论。

衍生品交易商通过很多途径来处理它们的交易对手风险。尽管如此，这些潜在的风险暴露也需要重点考虑。这解释了为什么美国政府要救助美国国际集团(AIG)。AIG出售给很多机构大量的信用违约互换（CDS），它的失败将可能引发其他银行的多米诺效应。

交易对手风险可以通过**清算所**（clearinghouse）来解决。一个清算所是为金融交易提供结算和清算服务的金融机构，这些交易可以发生在有组织的交易所中或者场外。

清算所的目的是降低买家卖家之间的交易对手风险，以保证合约的支付。这是为什么清算所被认为旨在提供**中央交易对手**（central counterparty，CCP）清算的原因。这是通过**更替**（novation）的方式进行的，也就是用剩余交易方和第三方之间的合约代替交易双方之间的合约。[①] 然而，清算所还可以提供除CCP之外的其他服务。

清算所通过很多途径降低了交易对手风险。第一，交易双方允许净额结算或者抵消，它们的交易可以进行合约的互换。[②] 例如，假设银行A从B处借了价值1亿美元的欧元。同时，它出售给银行C价值8 000万美元的相同合约。如果这两笔交易都在同一个清算所进行，银行A的净风险暴露将只是2 000万美元。

第二，清算所具有管理交易双方信用风险的步骤。它们需要**抵押物**（collateral deposit），也称为保证金，必须以每日或者更高的频率进行调整。它们将合约基于独立的交易估值进行盯市。当清算成员没有增加要求的抵押物时，清算所有权将头寸变现。另外，清算所一般用清算成员提供的保证基金来覆盖违约事件的损失。

现在转向交易方面，一个有组织的交易所，是金融机构买卖的高度有组织的市场。交易可以通过人工或者电子的方式进行。世界上最活跃的交易所是**纽约股票交易所**（New York Stock Exchange，NYSE）。另一个例子是**CME集团**（CME Group），它是世界上最大的衍生品交易市场。CME的交易可以直接公开喊话报价或者通过软件Globex进行电子报价。在2009年，CME 80%的交易量都是通过Globex来完成的。

大部分交易所是**公开的**（public），交易公共证券，并且需要当地监管者的监管，例如美国证券交易委员会（SEC）。相反，私人交易所不需要登记备案，可

---

① 更替需要各方的同意。这和分配不一样，这只要任何一方同意即可生效。

② 一个重要的例子，在第6部分的信用风险章节中，是中央清算银行的现金支付净额结算。

以交易未登记备案的证券，例如私募债券。

所有的交易所都有清算所。一个清算所可以被一个或几个交易所使用。作为第一种情况下的例子，称为**纵向整合**（vertical integration），CME 清算所是 CME 的场内清算所。相反，**期权清算公司**（Options Clearing Corporation，OCC）是 14 家交易所和交易平台的清算所，包括芝加哥期权交易所。NYSE Amex. LCH. Clearnet 集团主要负责清算欧洲金融交易所的交易。这个模式称为**横向整合**（horizontal integration）。

场外交易不需要清算所。然而，这也在慢慢改变。大约 25%的利率互换是通过清算所清算的。同样，ICE 信托，一个美国电子期货交易集团，已经开始清算 CDS 指数合约。监管法律将推行更多交易在 CCP 下进行。然而，场外衍生品交易商一般都反对在 CCP 下进行交易，因为这样做缩减了它们的业务和利润。

CCP 具有其他优点。它们产生了金融市场的**透明度**（transparency）。由于交易信息现在都集中在一起，CCP 可以分解有关交易、价格和头寸的信息。这是 AIG 失败的主要问题，因为监管者根本不知道 AIG 的 CDS 空头头寸的扩张。因此 CCP 可以用来进行交易**报告**（reporting）。当前，大部分信用衍生品的电子交易都报告给**托管信托清算公司**（Depository Trust & Clearing Corporation，DTCC），它是一家美国的结算大量证券交易的金融机构。

然而，清算所同样具有缺陷。第一，它们无法消除金融系统中的交易对手风险，只是将这些风险集中在它们这边。即使 CCP 具有比其他交易方更高的信用等级，一个 CCP 的失败也将导致系统风险。CCP 一般具有非常高的信用等级，例如 OCC 的信用等级为 AAA。CCP 的失败是非常罕见的，但也可能发生。①

监管者在考虑是否 CCP 可以向中央银行进行借贷。当然，这会产生道德风险，在这个环境中清算所将不再有动力去创造一个稳健的清算结构，因为它们知道无论如何中央银行都会营救它们的。

第二，头寸方面的风险管理非常重要。CCP 已经可以处理简单的标准化的合约，这也是容易定价的合约。对于更为复杂的金融工具，清算所增加了操作上的难度。即使是标准化的合约也可能没有流动性，这将在强制变现的过程中造成大量损失。

第三，CCP 净额结算的优点将由于 CCP 的大量存在而降低。在我们的银行 A 和客户 B 以及 C 的例子中，如果这两笔交易分别在两家不同的 CCP 清算，那么就没有净额结算。更进一步，使用 CCP 处理大量不同合约将降低国际互换与衍生品协会（ISDA）协议的作用，因为它们允许在不同合约之间进行净额结算。这些协议称为**双边协议**（bilateral），因为它们覆盖了交易双方的许多交易。

CCP 的建立产生了全球化的协调问题。美国、英国和欧洲大陆都希望使用它们自己的 CCP，因为它们的 CCP 可能需要当地中央银行的支持。监管者也需要避免 CCP 为了彼此竞争而降低保证金，这将会给它们造成安全隐患。

例题 7.1　FRM 试题——更替

更替的过程是：

---

① 记录的失败案例包括 1974 年的法国、1983 年的马来西亚和 1987 年的中国香港。同样也有近期的失败。在 1987 年 10 月的市场崩盘中，CME 和 OCC 同时都遇到了追加保证金的困境。

(a) 交易双方产生一个新的交易。
(b) 停止交易双方的交易。
(c) 取消交易双方的原合约并且交易双方和中央交易对手签订两份新合约。
(d) 将交易转给另一方。

例题 7.2 FRM 试题——中央交易对手
下列说法哪一个不是建立 CCP 的优点?
(a) CCP 允许合约的净额结算。
(b) CCP 可以应用到一些类型的场外交易。
(c) CCP 使交易产生更多的透明度。
(d) CCP 消除了金融系统中所有的交易对手风险。

7.2 远期合约

7.2.1 综　述

金融工具中最普遍的交易是**即期交易**（spot transactions），即一达成交易就进行实物交割（也许是 2 个交易日或一周后）。历史上，粮农到中心区域向买者出售他们的产品。当市场发展起来以后，农民意识到在未来某天进行交割的交易是有益的，这允许他们对冲预期产品销售的价格变动。

这就产生了**远期合约**（forward contracts），它是私人合约，约定在未来以固定的价格交易给定的资产。合约的条款包括数量（单位或股份数）、日期和交易价格。

购买资产的头寸称为**多头**（long）。出售资产的头寸称为**空头**（short）。任何一方的收益必然是另一方的损失。

这些工具代表了合约义务，不管期间的价格出现了什么变化都必须执行交易，除非发生违约。这不像期权，远期合约没有选择交割与否的权利。

为了避免损失，农民可以参加谷物的远期销售来获得收入。通过这么做他现在就为未来的交割锁定了价格。于是我们说农民对价格变动进行了**对冲**（hedge）。

我们使用以下的符号：

t = 当前时刻
T = 交割时刻
$\tau = T - t$ = 到期时间
S_t = 标的资产当前的即期价格（以美元计）
$F_t(T)$ = 在时刻 T 交割的标的资产的远期价格，也可简记为 F_t 或 F

V_t = 合约当前价值

r = 在时刻 T 交割时的当前国内无风险收益率

n = 数量或者合约的单位数

合约的**面值**（face amount）或者说**本金金额**（principal value）被定义为到期日支付的金额 nF，就像债券一样。这也被称为**名义金额**（notional amount）。我们将假设利率是连续复利，因此到期支付的 1 美元的现值为 $PV(1) = e^{-rT}$。

假设最初的远期合约价格为 $F_t = 100$ 美元。一个投机者同意以 F_t 买下 $n = 500$ 单位的到期时刻为 T 的远期合约，在到期日，远期合约的支付由如下条件决定：

（1）投机者支付现金 $nF = 50\ 000$ 美元并收到 500 单位的标的资产。

（2）投机者接着可以以即期价格 S_T 卖掉标的资产，得到利润 $n(S_T - F)$。例如，如果即期价格为 $S_T = 120$ 美元，那么利润为 $500 \times (120-100) = 10\ 000$ 美元，这也是远期合约在到期日的市场价格。

总之，单位标的资产的远期合约在到期日的价值为：

$$V_T = S_T - F \tag{7.1}$$

这里，到期日合约的价值源于标的资产的购买和**实物交割**（physical delivery）。存在现金支付与真实资产的交换。

另一个结算方式为**现金结算**（cash settlement）。这是指仅根据资产在到期日的市场价值 S_T 让多头获得 $nV_T = n(S_T - F)$。这个数额可能为正或负，对应于收益或损失。

图 7.1 和图 7.2 分别显示了一个远期合约多头和空头的收益情形。注意到收益关于标的资产的即期价格是线性的。同时，头寸关于横轴是对称的。对于一个给定的即期价格，多头和空头的损益之和为零，因为远期合约是双方的私人合约。

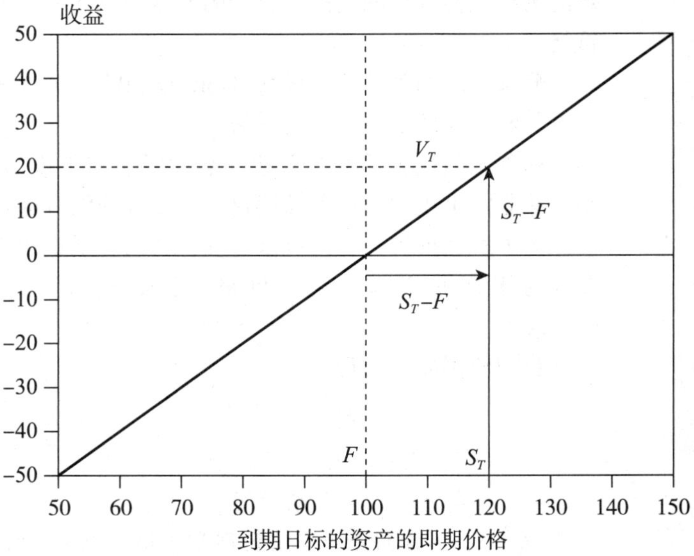

图 7.1　远期合约多头的收益

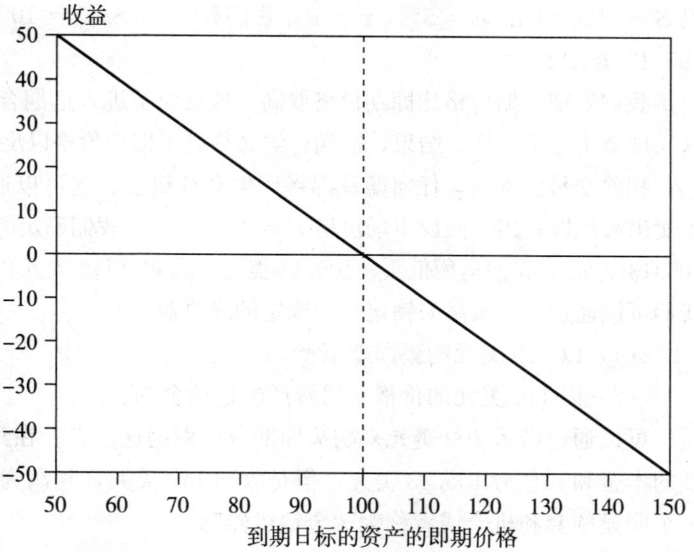

图 7.2　远期合约空头的收益

7.2.2　远期合约估值

在对远期合约估值时，需要注意两个重要的问题。第一，如何确定当前远期价格 F_t？第二，未结算远期合约的当前价值 V_t 是多少？

首先，我们假设标的资产不支付收益。这个假设在下一节将被一般化。我们也假设没有交易成本，也就是说即期和远期报价单为零买卖价差，并且能以相同的无风险利率进行借贷。

一般地，远期合约建立时要使合约初始价值为零。这是通过现货市场和远期市场的**无套利关系**（no-arbitrage relationship）来确定远期价格 F_t 而实现的。无套利是指相同回报的头寸具有相同价格的情况。这就排除了**套利收益**（arbitrage profits）。套利是零风险和零净现值也会产生收益的投资策略。

考虑如下策略：

（1）以即期价格 S_t 购买一单位标的资产，并持有至时刻 T。

（2）进入一个远期合约，以远期价格 F_t 购买相同单位的标的资产。为了在到期日有足够的现金来支付 F_t，我们向生息的账户进行投资，数额为 F_t 的现值 $F_t e^{-r\tau}$。远期价格 F_t 应该使初始远期合约价值 V_t 为零。

上述两种组合在经济上是等价的，因为它们在到期日将是一样的，每种组合中都包括一单位的标的资产，因此它们原先的成本必定相同。为了避免套利，我们有：

$$S_t = F_t e^{-r\tau} \tag{7.2}$$

这个式子定义了公平的远期价格 F_t，使得合约的初始价值为零。举个例子，假设 $S_t = 100$ 美元，$r = 5\%$，$\tau = 1$，我们有 $F_t = S_t e^{r\tau} = 100 \times \exp(0.05 \times 1) = 105.13$ 美元。

我们发现远期价格比即期价格要高。这反映了进入远期合约不需要支付定金，这与现金头寸不一样。结果，远期合约必须高于即期价格以反映资金的时间价值。

扣除交易成本后，任何偏差都将产生套利机会。这可以通过买入廉价资产高价卖出来加以利用。假设市场价格 $F = 110$ 美元，我们确定的公平价格为 $S_t e^{r\tau} = 105.13$ 美元。我们运用低买（105.13 美元）高卖（110 美元）的原则来进行套利。我们可以通过如下策略来锁定一个确定的净收益：

（1）以 100 美元购买即期资产。

（2）以 110 美元的价格卖出资产的远期合约。

可以通过借入 100 美元来购买即期资产做到这一点。在到期日，我们欠借的钱的本金和利息为 105.13 美元，但是收到 110 美元，利润为 4.87 美元。这将是一个明显的套利机会或者称为“金钱机器”。

现在考虑一个错误定价 $F = 102$ 美元。我们运用低买（102 美元）高卖（105.13 美元）的原则来进行套利。我们可以通过如下策略来锁定一个确定的净收益：

（1）以即期价格 100 美元卖空资产。

（2）以 102 美元的价格买入资产的远期合约。

通过卖空，我们得到现金进行投资，到期日增长为 105.13 美元。在到期日，我们需要买回资产进行交割，这可以通过购买远期合约获得。我们根据远期合约支付 102 美元购买资产，获得利润 3.13 美元。

这个交易涉及资产的**卖空**（short sale），它比直接购买更为复杂。当购买时，我们支付 100 美元并获得一单位资产。当卖空时，我们借入一单位资产并承诺在未来某一天偿还，同时我们以 100 美元出售该资产。[①]

7.2.3 场外远期合约估值

我们可以利用同样的推导来对未结算远期合约进行估值，合约具有固定的交割价格 K。一般来说，这样的合约将具有非零价值，因为 K 不同于一般的远期价格。这样的合约被称为场外合约。

考虑这些策略：

（1）以即期价格 S_t 购买一单位标的资产，并持有至时刻 T。

（2）以远期价格 K 进入远期合约来购买一单位相同的标的资产；为了在到期日有足够的现金来支付 K，我们向生息账户投资，数额为 K 的现值 $Ke^{-r\tau}$。此外，我们必须支付远期合约的市场价值，即 V_t。

---

① 实际中当涉及个人股票时，我们可能无法得到销售处理的全部权利。经纪人通常仅允许我们撤回 50% 的现金。假如交易产生损失，剩余部分将被保留作为一个绩效债券。

两种组合的预先成本肯定是相同的。因此，我们必然有 $V_t + Ke^{-r\tau} = S_t$，即：

$$V_t = S_t - Ke^{-r\tau} \tag{7.3}$$

它定义了未结算多头的远期合约市场价值。[①] 当标的资产价值上升时，合约也随之增值。空头将具有相反的符号。在后面我们将把这种关系加以推广，利用标的资产价格 S_t 和基本风险因子 r 的分布来进行风险度量。

举个例子，假设我们将持有原来 $F_t = 105.13$ 美元 的远期合约，一个月后即期价格变化为 $S_t = 110$ 美元 。利率 $r = 5\%$ 没有变化，但是现在离到期日 $\tau = 11/12$ 少了一个月。现在合约的价值为 $V_t = S_t - Ke^{-r\tau} = 110 - 105.13\exp(-0.05\times 11/12) = 110 - 100.42 = 9.58$ 美元 。合约现在比以前更加有价值了，因为标的资产的即期价格上涨了。

7.2.4 具有收益的远期合约估值

我们前面考虑了标的资产没有收益支付的情况。实际中，资产可能是

(1) 有规则地支付红利的股票；

(2) 有规则地支付息票的债券；

(3) 支付利息流的股指，可以近似为连续收益；

(4) 支付外币名义利率的外币。

资产收益无论是哪一个，我们都能将支付分类为离散（即在规则时间点支付固定金额）和连续（即随资产持有时间比例增加）两类。我们必须假设收益是固定的或者是确定的。更为一般地，存储成本等于负的收益。

我们使用下面的定义：

$D=$ 离散（美元）股票红利或债券息票支付

$r_t^*(T) =$ 到期时刻 T 交割时的外国无风险利率

$q_t(T) =$ 红利收益率

无论收益支付是红利还是外国利率，计算准则都是一样的。我们可以当前进行更少的投资而在到期日得到一单位的标的资产。这是因为收益支付可以继续投资于资产。或者，我们可以预先借入现金来弥补资产的收益支付。

同样需要注意的是，所有的价格 (S,F) 都是以国内货币来度量的。比如 S 可以是以美元计价的欧元，此时 r 为美元利率，r^* 为欧元利率。反过来，如果 S 是以日元计价的美元，那么 r 为日元利率，r^* 为美元利率。

继续我们的例子，考虑定价为 100 美元的一只股票，它三个月后支付一次红利 $D=1$ 美元。该红利的现值为 $De^{-r\tau} = 1\exp(-0.05\times 3/12) = 0.99$ 美元 。我们仅仅需要提供 $S_t - PV(D) = 100.00 - 0.99 = 99.01$ 美元 ，就能在一年后得到

---

① 注意 V_t 不同于远期价格 F_1。前者是合约的价值；后者指合约的一个详细说明。

1 股股票。换句话说，我们现在购买 0.990 1 股股票，并借入股利收益 1 美元的折现值来购买另外的 0.009 9 股股票，这样总共为 1 股。

定价公式（7.2）可以推广为：

$$F_t e^{-r\tau} = S_t - PV(D) \tag{7.4}$$

式中，$PV(D)$ 是红利/息票支付的现值。如果支付不止一次，$PV(D)$ 代表了每一次单独支付的现值总和，它们是按照适当的无风险利率折现的。如果要计算存储成本，我们需要将存储成本现值 $PV(C)$ 加到公式（7.4）的右边。

这个方法对于支付连续收益的资产是相似的，这种收益以每单位时间计算而不是离散金额。举个例子，持有外币应该通过一个利息支付随时间增长的账户来进行。在时间范围 τ 内，我们可以预先投资少一些 $S_t e^{-r^*\tau}$，以在到期日得到一单位资产。公式（7.4）的右边应该为：

$$F_t e^{-r\tau} = S_t e^{-r^*\tau} \tag{7.5}$$

因此远期价格应该为：

$$F_t = S_t e^{-r^*\tau} / e^{-r\tau} \tag{7.6}$$

如果利率是以年复利计算，那么有：

$$F_t = S_t(1+r)^\tau / (1+r^*)^\tau \tag{7.7}$$

公式（7.6）可以写成远期溢价或折价的形式：

$$\frac{(F_t - S_t)}{S_t} = e^{-r^*\tau} / e^{-r\tau} = \exp(r - r^*)\tau \approx (r - r^*)\tau \tag{7.8}$$

如果 $r^* < r$，我们有 $F_t > S_t$，资产以**远期溢价**（forward premium）交易。反过来，如果 $r^* > r$，就有 $F_t < S_t$，资产以**远期折价**（forward discount）交易。因此远期价格高于或低于即期价格，这依赖于资产收益率是低于还是高于国内无风险利率。

当涉及货币交易时，公式（7.6）也被称为**利率平价**（interest rate parity）。同时需要注意，当国内货币利率为 r 时，即期和远期价格必须用每单位外币的美元价值来表述，例如对于美元对欧元或者美元对英镑的汇率。另一方面，如果汇率是以每单位美元的外币价值来表述，那么 r 必须为外币利率，例如日元对美元的汇率，S 是每单位美元的日元价值，r 是日元利率，r^* 是美元利率。

重要概念

远期价格不同于即期价格以反映货币的时间价值和标的资产的收益。如果资产收益率低于国内无风险利率，远期价格将高于即期价格，反之亦然。

在支付收益的情况下，未结算远期合约价值为：

$$V_t = S_t e^{-r^*\tau} - K e^{-r\tau} \tag{7.9}$$

如果 F_t 是新的当前的远期价格，我们也可以得到：

$$V_t = F_t e^{-r\tau} - K e^{-r\tau} = (F_t - K) e^{-r\tau} \tag{7.10}$$

这对于远期合约估值提供了有用的可选择公式。这里，直觉上我们可以通过建立相反的头寸以当前的远期价格来变现未结算远期合约。支付的金额为（$F-K$），通过公式（7.10）进行折现后就是当前未结算合约价值。

重要概念

未结算远期合约的当前价值可以通过建立相反的远期头寸并将其现金流折现得到。

例题 7.3　FRM 试题 2008——第 2－15 题

一年期美元利率为 2.75%，一年期加元利率为 4.25%。当前的美元/加元即期汇率为 1.022 1－1.022 5。计算一年期美元/加元的远期汇率。假设利率为年复利。

(a) 1.007 6。

(b) 1.007 4。

(c) 1.007 5。

(d) 1.037 22。

例题 7.4　FRM 试题 2005——第 16 题

假设美国国内利率一年内从 3%升至 4%，日元/美元汇率的现货价格为 112.5，一年后的远期价格为 110.5，那么日本国内利率是多少？

(a) 1.81%。

(b) 2.15%。

(c) 3.84%。

(d) 5.88%。

例题 7.5　FRM 试题 2002——第 56 题

考虑一个基于股票指数的远期合约，在其他条件不变的情况下，下列说法哪一个是错误的？

(a) 远期价格直接依赖于股票指数的水平。

(b) 如果在合约期限内股票增加红利支付，远期价格会下降。

(c) 如果合约期限增加，远期价格会增加。

(d) 如果利率上升，远期价格会下降。

例题 7.6　FRM 试题 2007——第 119 题

一个基于股票指数的 3 个月期的期货合约价格为 1 000 美元，标的股票指数的即期价格为 990 美元，并按连续复利 2%发放红利。以连续复利计算的无风险利率为 4%。从以上信息可知该合约的套利利润最接近多少？

(a) 10.00 美元。

(b) 7.50 美元。

(c) 5.00 美元。

(d) 1.50 美元。

7.3 期货合约

7.3.1 综　述

远期合约允许使用者持有与标的现货市场上等价的头寸，不涉及真实的事先支付，这一点与现货市场不同。这样，远期合约可以理解为具有杠杆效用。杠杆可以使资金运作得更有效率。

杠杆意味着它给交易对手会带来信用风险。当投机者以 100 美元的价格购买一只股票时，交易对手收到现金没有信用风险，但当投机者敲定一份远期合约以 105 美元来购买一项资产时，则无须事先支付。事实上投机者是从交易对手处借钱投资该资产。如果资产价格下跌，并且因此合约价值也大幅下跌，就会出现投机者违约的风险。期货合约产生的目的正是最小化所有交易方的信用风险。另外，从一个市场风险的角度来看，期货与远期合约是一致的。

期货合约（futures contracts）是用来购买或出售标的资产的标准化、可协商和可交易的合约。它不同于远期合约的特点如下：

1. 在有组织的交易所内交易。与远期为 OTC 合约用于满足交易者的需求不同，期货在有组织的交易所内交易（包括实物交易所和电子交易所）。

2. 标准化。期货合约提供了有限的到期日选择。它们以固定的合约金额交易。这种标准化使期货合约交易的二级市场非常活跃，在二级市场中期货合约可以很容易地进行买卖交易。换句话说，大部分期货合约具有很好的流动性。但是期货不能完全满足一些对冲者的对冲要求，这就产生了基差风险（后文将作定义）。

3. 清算中心。期货合约也根据交易对手的类型来标准化。每一笔交易确认后，清算中心基本上将自己置于买卖双方之间，保证合约的履行，这就不像远期合约，交易双方不需要为交易对手的信用风险担心。信用风险被转移到了清算中心（或者经纪商），它们通常表现得很好。

4. 盯市。由于现在清算中心必须应对原来的两个交易者，因此它必须要监测和管理信用风险。这是通过盯市来实现的，它包括对每天合约的损益进行清算。其目的是防止投机者在交易中损失一大笔资金后违约，并将损失转移给清算中心。

5. 保证金。尽管每天对过去的损失进行账户结算，但是这不足以对未来损失提供缓冲。这就是设立保证金的目的，它是指事先将抵押资金过账以对履约提供保证。当开始拥有头寸时，交易者必须交纳**初始保证金**（initial margin）。当账户中的金额低于**维持保证金**（maintenance margin）时，交易者则需要提供资金来满足初始保证金。注意到需要满足的不是维持保证金，而是初始保证金。保证金的水平取决于使用的金融工具以及头寸的类别。总的来说，波动率低的金融工具或可对冲的头寸所要求的保证金相对较低。

例　期货合约的保证金

考虑一份期货合约，该合约为1 000单位，每单位标的于100美元的某资产。该期货多头在经济上等价于直接持有价值为100 000美元的资产。敲定合约后，投机者仅需交纳5 000美元的保证金，这代表了账户的初始价值。该账户由经纪商进行管理。

第二天，如果期货价格下降了3美元，那么损失为3 000美元，使得账户价值减为5 000－3 000＝2 000美元。于是投机者会被经纪商通知追加保证金，向账户中转入3 000美元。如果他无力如期追加保证金，经纪商有权进行平仓。■

由于期货交易集中于交易所内进行，所以收集和报告汇总交易数据是很容易的。**成交量**（volume）是一天内合约的交易数，这是一个流动量。**未平仓合约数**（open interest）代表一天收盘时的未结算合约数，这是一个存量。

7.3.2 期货合约估值

期货合约的估值原理与远期合约非常相似。两类合约主要的不同点是前者任何损益都在合约的持有期间发生，而不是在到期日所有损益一起发生。

当利率假设为恒定或确定的时，那么期货价格和远期价格必然相等。在随机利率下，二者的差别也是很小的，除非资产价值与利率高度相关。

如果相关系数为零，那么收到收益或早或晚并没有差别。期货价格必然等于远期价格。但是，当合约价值与利率正相关时则完全不同。如果合约价值上升，那么利率上升的可能性很大，这意味着净收益可以留存并以更高的收益率进行投资。与远期合约相比，这种盯市的特点对期货多头有利。因为交易双方都承认这个特点，所以期货价格平衡后会更高一些。

实际中，这个效应仅能从利率期货合约中观察到，该合约价值与利率负相关。对于这些合约，期货价格必定低于远期价格。第8章将解释如何计算这种称为**凸度效应**（convexity effect）的调整。

例题7.7　FRM试题2004——第38题

一个投资者敲定了一个每盎司黄金294.20美元的黄金期货空头。每份期货的黄金单位为100盎司。初始保证金为3 200美元，维持保证金为2 900美元。在第一天收盘时，期货价格下跌为每盎司黄金286.6美元。那么在第一天收盘时他的保证金账户变动多少？

(a) 0美元。

(b) 34美元。

(c) 334美元。

(d) 760美元。

例题7.8　FRM试题2004——第66题

下列关于期货交易的保证金的说法，哪一个不正确？

(a) 日内交易和价差交易的期货所要求的保证金水平较低。
(b) 如果投资者没有按时追加保证金，经纪商可以进行平仓。
(c) 当敲定期货时必须交纳初始保证金。
(d) 只有当投资者账户出现负值时才会被要求追加保证金。

7.4 互换合约

互换合约（swap contracts）是 OTC 合约，它根据事先确定的期限进行一系列现金流的交换。标的资产可以是利率、汇率、股票、商品价格或者其他指数。一般地，互换的期限比远期和期货要长。

举个例子，一个 10 年期外汇互换包括一个在接下来的 10 年中每年以 500 万美元交换 300 万英镑的合约，另外在到期日还要互换 1 亿美元和 5 000 万英镑的金额。该金额也被称为**名义金额**（notional principal）。

另一个例子是一个 5 年期的利率互换，其中一方支付给交易对手 1 亿美元本金的 8%，以换得浮动利率支付。在这种情况下，由于两种支付都与相等的本金挂钩，所以到期日不涉及本金的交换。

互换可以视为远期合约的组合，它们可以利用远期合约的估值公式来进行定价。举个例子，我们的外汇互换可以视为具有不同面值、到期日和汇率的 10 份远期合约的组合。我们将在以后的章节中详细举例介绍。

7.5 重要公式

无红利支付资产的远期价格：$F_t e^{-r\tau} = S_t$

支付红利资产的远期价格：

离散分红，$F_t e^{-r\tau} = S_t - PV(D)$

连续分红，$F_t e^{-r\tau} = S_t e^{-r^*\tau}$

远期溢价或折价：$\dfrac{(F_t - S_t)}{S_t} \approx (r - r^*)\tau$

未结算远期合约的估值：

$$V_t = S_t e^{-r^*\tau} - K e^{-r\tau} = F_t e^{-r\tau} - K e^{-r\tau} = (F_t - K) e^{-r\tau}$$

7.6 例题解答

例题 7.1 FRM 试题——更替

(c) 更替设计了交易方的替代。清算所使用这个过程将它处于买家和卖家之间。

这需要所有交易方的同意，和转移不一样。

例题 7.2　FRM 试题——中央交易对手

(d) CCP 一般降低了交易对手风险，但当它们失败时可能会产生系统风险。

例题 7.3　FRM 试题 2008——第 2-15 题

(a) 即期汇率是中间价 1.022 3。使用年复利（不是连续复利），远期汇率为 $F=S(1+r)/(1+R^*)=1.0223(1.0275)/(1.0425)=1.0076$ 。

例题 7.4　FRM 试题 2005——第 16 题

(b) 外汇市场的习惯是把日元/美元汇率定义为每美元可兑换多少日元，外汇利率应采用最新的美国国内利率 4%。使用离散复利计算，外汇远期的价格为 $F(JPY/USD)/(1+rT)=S(JPY/USD)/(1+r^*T)$ ，因此，$(1+rT)=(F/S)(1+r^*T)=(110.5/112.5)(1.04)=1.0215$，$r=2.15\%$。

例题 7.5　FRM 试题 2002——第 56 题

(d) 假定红利收益率为 q，远期价格可以表示为 $F\exp(-rT)=S\exp(-qT)$ ，也可以写成 $F=S\exp[(r-q)T]$ 。一般有 $r>q$。F 依赖于 S，因此选项 a 是正确的。q 增加会降低 F，因此选项 b 是正确的。当 T 增加时，F 会增加，因此选项 c 是正确的。利率 r 的上升会使得远期合约更具有吸引力，F 会增加，因此选项 d 是错误的。

例题 7.6　FRM 试题 2007——第 119 题

(c) 该期货合约的公允价格为 $F=S\exp(-r^*T)/\exp(-rT)=990\exp(-0.02\times3/12)/\exp(-0.04\times3/12)=994.96$ 。因此，实际的期货价格被高估了（1 000－995）=5。

例题 7.7　FRM 试题 2004——第 38 题

(a) 这是一个狡猾的问题。因为投资者是期货空头，当黄金价格下跌时，空头头寸会产生收益，因此他的保证金账户不会发生变动。相反，对于期货多头，收盘时会发生损失 760 美元，保证金账户价值下降为 3 200－760＝2 440 美元。因为低于维持保证金 2 900 美元，因此他需要追加 760 美元来补足初始保证金。

例题 7.8　FRM 试题 2004——第 66 题

(d) 除了选项 d 之外的说法都正确。当保证金账户价值低于维持保证金（不是零）时，就会被要求追加保证金。

第 8 章 期 权*

本章开始学习非线性衍生产品，即期权。如前一章所示，期权占了衍生产品市场相当大的一部分。在交易所，期权在未平仓衍生品中占了 50 万亿美元。若再加上场外交易的期权，则总共达到了 60 万亿美元。

尽管这些工具的概念并不是很新，但是直到布莱克-斯科尔斯公式的提出和计算机技术的发展所带来期权定价的突破，才使得期权在 20 世纪 70 年代初期蓬勃发展。我们从普通的看涨和看跌期权谈起，这些是最基本的金融工具，它们比复杂的奇异期权更为普遍。

本章的主要目的是描述期权的基本定义和它们的定价。我们将在以后的章节里介绍期权的敏感性问题。8.1 节介绍了基本的期权及其组合的收益函数。接着我们在 8.2 节讨论了期权溢价问题。在 8.3 节将介绍布莱克-斯科尔斯定价公式，接着在 8.4 节简要归纳了更为复杂的期权。最后，8.5 节介绍了如何利用二叉树模型的数值方法来对期权进行定价。

8.1 期权收益

8.1.1 基本期权

期权（options）是一种金融工具，它给予持有者以确定的价格在确定的到期

* RRM 考试第一部分的主题。本章也涉及期权定价。

日之前购买或出售一项资产的权利。其确定的交割价格可以称为**交割价格**（delivery price）、**执行价格**（exercise price）或**敲定价格**（strike price），并记为 K。

具有购买权利的期权称为**看涨期权**（call options），有出售权利的期权称为**看跌期权**（put options）。由于期权给予期权购买者的是权利而非义务，所以它们仅在能产生收益时才会被执行。与之不同的是，远期给予的是买或卖的义务，因此可能产生收益或损失。像远期合约一样，期权可以购买或出售。在后面，期权出售者被认为是**承保**（write）该期权。

根据执行时间的不同，期权可以分成欧式期权和美式期权。**欧式期权**（European options）只能在到期日执行，**美式期权**（American options）可以在到期日或之前的任何时刻执行。美式期权的价值必定不小于欧式期权。但在实际中，这个提前执行的权利具有很小的价值，因为一般来说投资者可以通过在市场上再次出售期权来获得比执行期权更高的价值。

除了前一章的符号外，我们使用如下符号：

K = 执行价格

c = 欧式看涨期权

C = 美式看涨期权

p = 欧式看跌期权

P = 美式看跌期权

举个例子，假设一个期权，它的标的资产股票的当前交易价格为 85 美元，一年后交割价格为 100 美元。如果即期价格停留在 85 美元，看涨期权的持有者将不执行这个期权，因为股票价格低于 100 美元时不能带来收益。相反，如果股票价格上涨到 120 美元，持有者将以 100 美元执行期权，将得到现在价值为 120 美元的股票，并将获得“纸面上的”收益 20 美元。这个收益可以通过出售股票来实现。对于看跌期权，如果即期价格下降至执行价格 $K = 100$ 美元以下时将产生收益。

因此，看涨期权多头在到期日的收益为：

$$C_T = \text{Max}(S_T - K, 0) \tag{8.1}$$

看跌期权多头的收益为：

$$P_T = \text{Max}(K - S_T, 0) \tag{8.2}$$

如果当前资产价格 S_t 接近于执行价格 K，那么期权称为**平值的**（at-the-money）。如果当前资产价格 S_t 使得期权执行会产生收益，那么期权称为**实值的**（in-the-money）。如果是其他情况，那么期权称为**虚值的**（out-of-the-money）。看涨期权在 $S_t > K$ 时是实值期权，看跌期权在 $S_t < K$ 时是实值期权。

与远期合约一样，到期日产生的收益可以用现金结算。如果资产价格为 120 美元，不用真正购买资产，该合约支付 20 美元即可。

因为购买期权能在到期日产生收益（至少为零），所以期权合约必然是一项有价资产（或者至少具有零价值）。这意味着获得期权合约需要付钱。这笔非常类似保险费的预付款被称为期权“费用”，这个费用不能为负。期权随着实值增加而变得更贵。

因此，期权产生的收益必须考虑这个成本（对于多头而言）或收益（对于空头而言)。为完整起见，我们应该通过费用的未来价值来调整所有的期权收益，对于欧式期权就是 ce^{rT} 。

图 8.1 展现了一个看涨期权在到期日的总收益。假设 $S_T = 120$ 美元，收益为 $120 - 100 = 20$ 美元，再减去期权费的未来价值，得到 10 美元 。在以后的图中，我们都会考虑期权费。

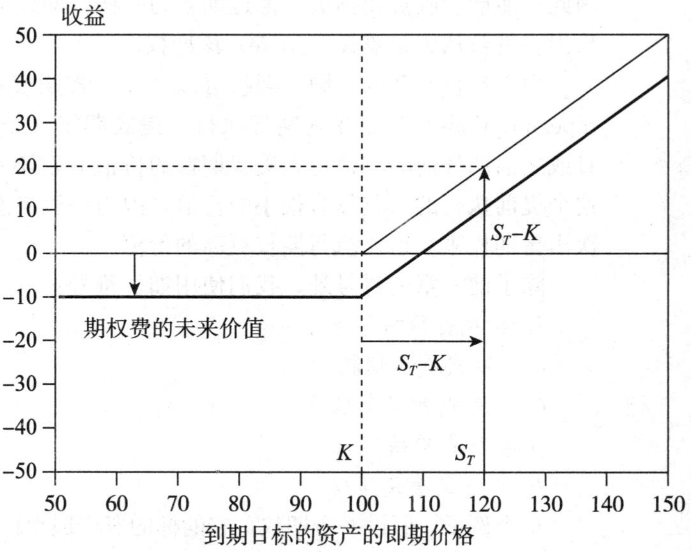

图 8.1　看涨期权多头的收益

图 8.2 比较并总结了看涨期权合约和看跌期权合约中多头、空头的收益情况。不像远期，期权的收益与标的资产的即期价格之间呈非线性关系。有时候它们被称为“曲棍球棒”图，这是因为远期是义务，而期权是权利。注意，期权头寸关于横轴是对称的。对于一个给定的即期价格，多头与空头的损益之和为零。

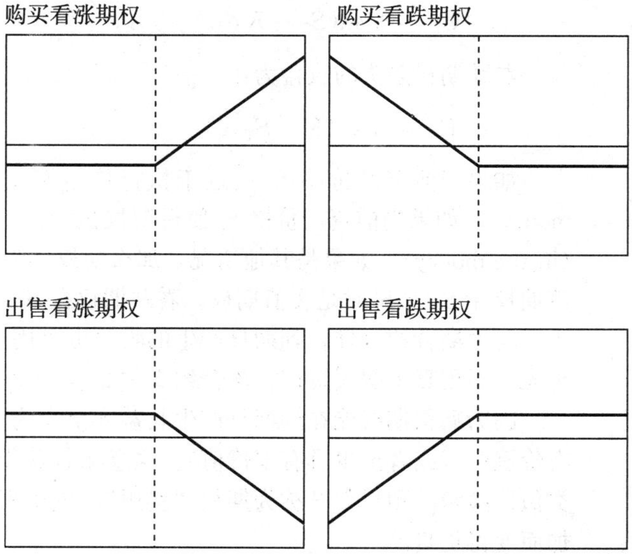

图 8.2　看涨、看跌期权多头和空头的收益

在本书的市场风险部分，我们会将期权的收益与风险因子的分布联系在一起。但是很容易发现，期权的多头具有有限的下跌风险，最多损失期权费。看涨期权的空头具有无限的下跌风险，因为标的资产的价格 S 没有上界。看跌期权的空头当 S 为零时损失最大。

到目前为止，我们已经用现金模式介绍了期权的基本概念。期权还可以用期货模式来介绍。当执行看涨期权时，投资者变成了期货的多头。反过来，执行看跌期权使投资者变成了期货的空头。因为期货的头寸等价于标的资产的杠杆头寸，期权在现金上的头寸和期货是一致的。

8.1.2 看跌看涨平价

这些期权头寸可以用作许多复杂头寸的基础构件。标的资产的多头头寸可以分解为具有相同执行价格和期限的看涨期权多头加上看跌期权空头，如图 8.3 所示。

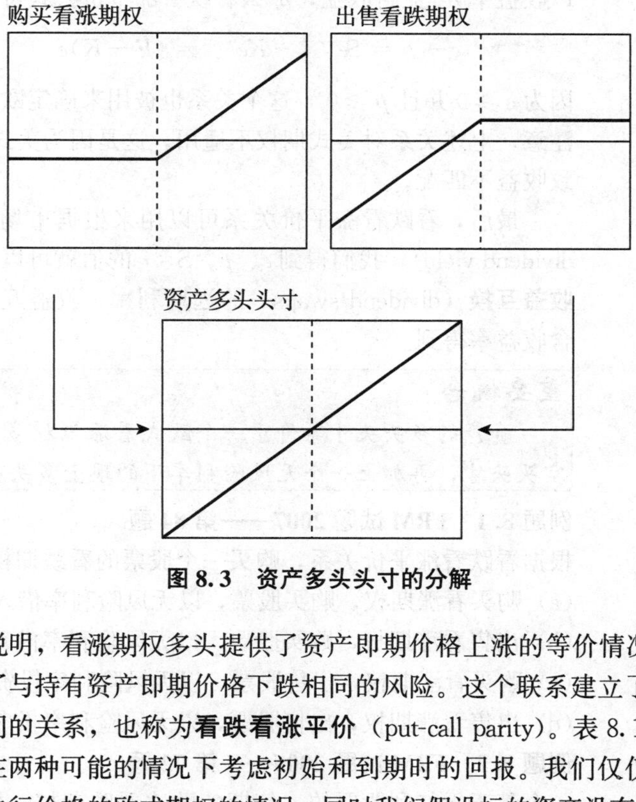

图 8.3 资产多头头寸的分解

图 8.3 说明，看涨期权多头提供了资产即期价格上涨的等价情况，而看跌期权空头提供了与持有资产即期价格下跌相同的风险。这个联系建立了看跌期权和看涨期权之间的关系，也称为**看跌看涨平价**（put-call parity)。表 8.1 描述了这种关系，我们在两种可能的情况下考虑初始和到期时的回报。我们仅仅考虑具有相同到期日和执行价格的欧式期权的情况，同时我们假设标的资产没有收益支付。

资产组合包括看涨期权多头头寸、看跌期权空头头寸以及我们为了保证到期支付执行价格而做的投资。多头头寸代表的价值是负的，因为它代表的是现金流的流出。

表 8.1 **看跌看涨平价**

组合	头寸	初始收益	到期收益	
			$S_T<K$	$S_T\geqslant K$
(1) 购买看涨期权	$-c$		0	S_T-K
出售看跌期权	$+p$		$-(K-S_T)$	0
投资	$-Ke^{-r\tau}$		K	K
总收入	$-c+p-Ke^{-r\tau}$		S_T	S_T
(2) 购买资产	$-S$		S_T	S_T

表 8.1 表明，在两种情况下，投资组合（1）的最终收益加起来等于资产价格多头头寸的价格 S_T。因此，为了避免套利，初始收益应该等于购买标的资产的成本，即 $S_t=S$。我们可以得到 $-c+p-Ke^{-r\tau}=-S$。一般来说，标的资产以收益率 r^* 支付收益，那么看跌看涨平价公式可以表示为：

$$c-p=Se^{-r^*\tau}-Ke^{-r\tau}=(F-K)e^{-r\tau} \tag{8.3}$$

因为 $c\geqslant 0$ 并且 $p\geqslant 0$，这个关系也被用来确定欧式看涨期权和看跌期权的下界。注意，上述关系对美式期权不适用，这是因为美式期权可能会提前执行，这将导致收益不匹配。

最后，看跌看涨平价关系可以用来根据市场价格确定**隐含收益率**（implied dividend yield）。我们得到 c、p、S、r 的值就可以解得 r^*。这个收益率用来确定**收益互换**（dividend swaps）的远期利率，收益互换的利率用实际收益率减去隐含收益率得到。

重要概念

资产的多头头寸等价于一个欧式看涨期权多头头寸加上一个欧式看涨期权空头头寸，再加上一个无风险利率下的现金多头头寸。

例题 8.1 FRM 试题 2007——第 84 题

根据看跌看涨平价关系，购买一个股票的看跌期权等价于

(a) 购买看涨期权，购买股票，以无风险利率借入现金。

(b) 出售看涨期权，购买股票，以无风险利率借入现金。

(c) 购买看涨期权，出售股票，以无风险利率投资现金。

(d) 出售看涨期权，出售股票，以无风险利率投资现金。

例题 8.2 FRM 试题 2005——第 72 题

一个基于无红利股票的一年期的欧式看跌期权，执行价格为 25 欧元，期权的即期交易价格为 3.19 欧元。股票的即期价格为 23 欧元，它的年波动率为 30%。年无风险收益率为 5%。那么基于相同股票的欧式看涨期权的价格是多少？以连续复利计算。

(a) 1.19 欧元。

(b) 3.97 欧元。

(c) 2.41 欧元。

(d) 无法确定。

例题 8.3　FRM 试题 2008——第 2-10 题

ABC 公司的股票当前价格为 42 美元，它的看涨期权的执行价格为 44 美元，期权价格为 3 美元。期权在一年后到期。该股票相应的看跌期权的价格为 2 美元。下列哪一个交易策略会产生套利利润？假设无风险利率为 10%，卖空风险债券无成本。没有交易费用。

(a) 持有看涨期权和股票的多头头寸，持有看跌期权和无风险债券的空头头寸。

(b) 持有看涨期权和看跌期权的多头头寸，持有股票和无风险债券的空头头寸。

(c) 持有看涨期权和无风险债券的多头头寸，持有股票和看跌期权的空头头寸。

(d) 持有看跌期权和无风险债券的多头头寸，持有股票和看涨期权的空头头寸。

例题 8.4　FRM 试题 2006——第 74 题

杰夫是个套利交易者，他希望利用场外交易的欧式看涨期权和看跌期权的价格来计算股票的隐含收益率。他得到如下数据：$S=\$85, K=\$90, r=5\%, c=\$10, p=\$15$。那么股票的连续隐含收益率是多少？

(a) 2.48%。

(b) 4.69%。

(c) 5.34%。

(d) 7.71%。

8.1.3　期权组合

期权的组合方式多种多样，既可以互相组合，也可以与标的资产进行组合。我们首先考虑标的资产与期权的组合。股票多头头寸可以与看涨期权空头相结合，以收取期权费。这个操作，称为**有保护看涨期权**（covered call），如图 8.4 所示。同理，股票多头头寸也可以与看跌期权多头相结合，以免蒙受股价下跌的损失。这个操作叫做**有保护看跌期权**（protective put）。

期权也可以和标的资产相结合来限制潜在收益和损失的范围。假设一个投资者是一个股票多头，股价现值为 10 美元。该投资者以较低的执行价格（比如 7 美元）购买了一个看跌期权，同时以较高的执行价格（比如 12 美元）出售了一个看涨期权。忽略期权的净费用，他的最大潜在收益为 2 美元，最大潜在损失为 3 美元。这种组合被称为**衣领期权**（collar）。如果看跌期权和看涨期权的执行价格一样，那么这相当于一个股票空头头寸，产生的净收益为零。

我们也可以将具有相同或不同执行价格和期限的看涨期权和看跌期权进行组合。当看涨期权和看跌期权的执行价格和期限相同时，它们的组合被称为**跨式期权**（straddle）。图 8.5 展示了如何构造一个跨式期权多头，购买一个具有相同执行价格和期限的看涨期权和看跌期权。这个头寸当价格大幅度变动时，不管上涨还是下跌，都将获利。和它相反的头寸就是跨式期权空头。当执行价格不同时，这种组合被称为**宽跨式期权**（strangle)。由于宽跨式期权是虚值期权，因此价格要比跨式期权低。

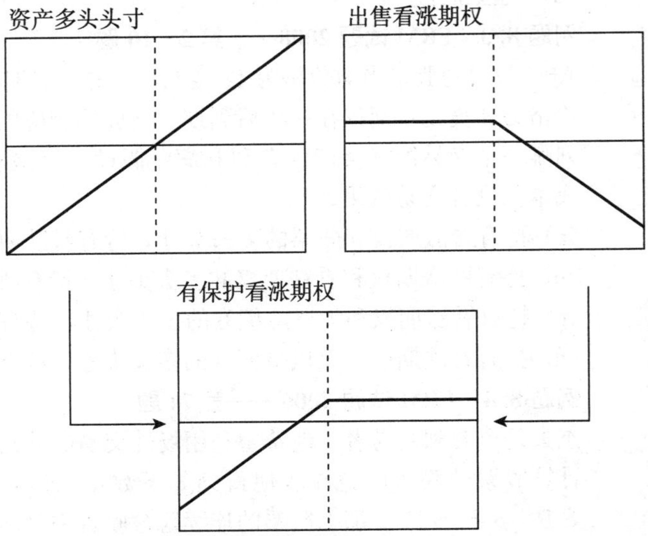

图 8.4　构造有保护看涨期权

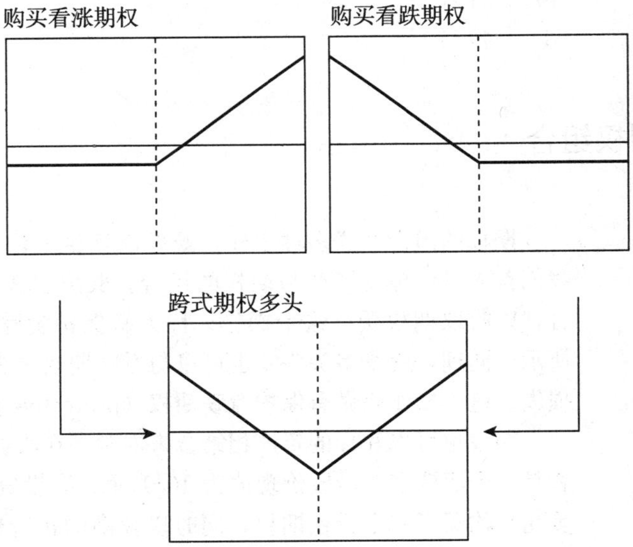

图 8.5　构造跨式期权多头

到目前为止，我们专注于两种期权的头寸组合。然而，我们也可以用一种期权来组合头寸，这称为**价差**（spreads)。**水平价差**（horizontal spreads）对应于不同的期限。**垂直价差**（vertical spreads）对应于不同的执行价格。价差的名字源于它们在报纸上列出的方式：时间是水平列的，执行价格是垂直列的。**对角价差**（diagonal spreads）则是在不同的执行价格与期限之间变动。

例如，**牛市价差**（bull spread）是为利用标的资产价格上升获利而建立的。

相反，**熊市价差**（bear spread）是预期资产价格下降而建立的。图 8.6 展示了牛市价差的构成，它是用两个期限相同的看涨期权组合成的。当然，也可以用看跌期权来组合构成牛市价差。这里，通过购买一个执行价格 K_1 较低的看涨期权同时出售一个执行价格 K_2 较高的看涨期权形成价差。注意，第一个看涨期权的期权费 $c(S,K_1)$ 应该大于第二个看涨期权的期权费 $c(S,K_2)$，因为第一个期权比第二个期权更容易成为实值期权。所以，两个期权费的总和应该为净支出。到期时，如果 $S_T > K_2$，收益为 $\text{Max}(S_T - K_1, 0) - \text{Max}(S_T - K_2, 0) = (S_T - K_1) - (S_T - K_2) = K_2 - K_1$，收益为正。因此该头寸预期从资产价格上涨中获利，而只承担有限的资产价格下降风险。

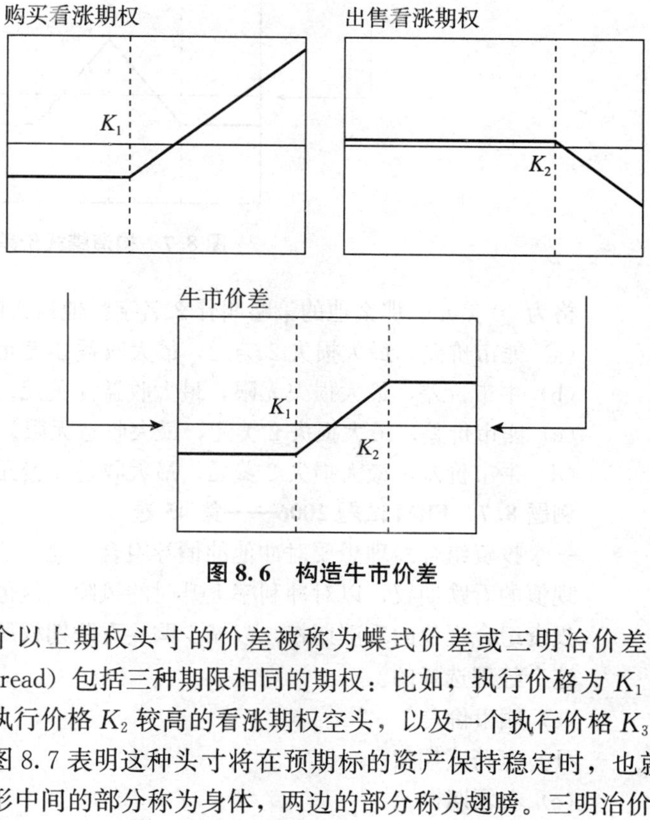

图 8.6　构造牛市价差

包含两个以上期权头寸的价差被称为蝶式价差或三明治价差。**蝶式价差**（butterfly spread）包括三种期限相同的期权：比如，执行价格为 K_1 的看涨期权多头，两个执行价格 K_2 较高的看涨期权空头，以及一个执行价格 K_3 更高的看涨期权多头。图 8.7 表明这种头寸将在预期标的资产保持稳定时，也就是接近 K_2 时获利。图形中间的部分称为身体，两边的部分称为翅膀。三明治价差正好和蝶式价差相反。

例题 8.5　FRM 试题——期权合约的风险

选用下列哪种期权合约进行投机的风险最大？

(a) 用看涨期权组成价差。

(b) 购买看跌期权。

(c) 出售裸看涨期权。

(d) 出售裸看跌期权。

例题 8.6　FRM 试题 2007——第 103 题

一个投资者在 2008 年 6 月以 3 美元的价格出售了 ABC 公司股票的看涨期权，执行价格为 45 美元，同时他又以 5 美元购买了 ABC 公司股票的看涨期权，执行价

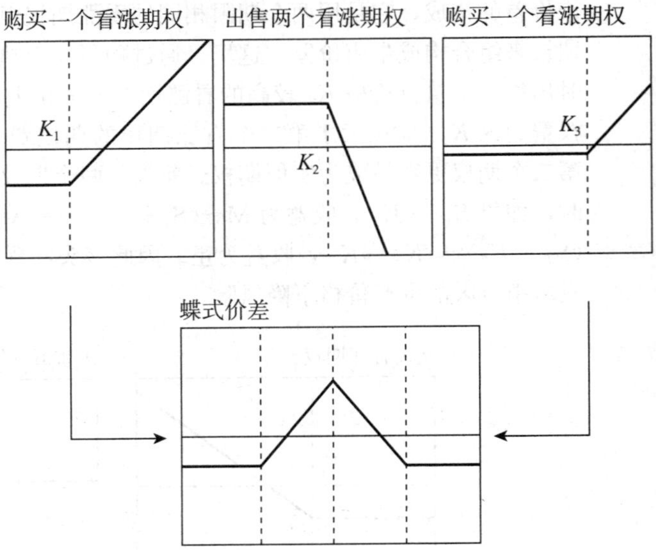

图 8.7　构造蝶式价差

格为 40 美元。那么他的策略叫什么名字？他最大的收益和损失又是多少？

(a) 熊市价差，最大损失 2 美元，最大收益 3 美元。

(b) 牛市价差，最大损失无限，最大收益 3 美元。

(c) 熊市价差，最大损失 2 美元，最大收益无限。

(d) 牛市价差，最大损失 2 美元，最大收益 3 美元。

例题 8.7　FRM 试题 2006——第 45 题

一个投资组合经理想要对冲他的债券组合。他想购买一个执行价格低于投资组合现值的看跌期权，以对冲利率上升时的风险。他也想同时出售一个执行价格高于投资组合现值的看涨期权，以减少购买看跌期权所花费的期权费。哪一个策略是这个经理选择的？

(a) 熊市价差。

(b) 宽跨式期权。

(c) 衣领期权。

(d) 跨式期权。

例题 8.8　FRM 试题 2002——第 42 题

考虑一个熊市价差，它的组合为购买一个执行价格为 50 美元的看跌期权，期权费为 7 美元，出售两个执行价格为 42 美元的看跌期权，期权费为 4 美元，购买一个执行价格为 37 美元的看跌期权，期权费为 2 美元。所有的期权具有相同的期限。计算到期日股票价格为 33 美元时该策略的最终收益。

(a) 1 美元。

(b) 2 美元。

(c) 3 美元。

(d) 4 美元。

例题 8.9　FRM 试题 2009——第 3-8 题

根据一份机构研究报告，它预期美元/日元汇率在 3 月底将在 97 附近。弗朗姬·希勒，一家基金的投资总监，决定用期权策略来捕捉这个机会。当前的美元/日元汇率在 2 月 28 日为 97。根据上述信息，下列哪一个策略会产生最大的利润而潜在的风险有限？

(a) 持有执行价格为 97 并且期限相同的美元/日元看涨期权和看跌期权多头头寸。

(b) 持有执行价格为 97 的美元/日元看涨期权多头头寸和执行价格为 99 并且期限相同的美元/日元看涨期权空头头寸。

(c) 持有执行价格为 97 并且期限相同的美元/日元看涨期权空头头寸和看跌期权多头头寸。

(d) 持有执行价格为 96 的美元/日元看涨期权和执行价格为 98 的美元/日元看涨期权多头头寸，同时持有两份执行价格为 97 的美元/日元看涨期权空头头寸，所有期权的期限都相同。

8.2　期权费

8.2.1　一般关系

前面我们讨论了期权的到期日收益，而期权价值与标的资产当前价值 S 的关系同样重要。如图 8.8 和图 8.9 所示。

对于看涨期权，资产价格 S 的上升将增加期权的当前价值，但呈现一种非线性、凸的形式。对于看跌期权，资产价格 S 的下降将增加期权的当前价值，一样也是非线性、凸的形式。随着时间的推移，曲线接近于曲棍球棒线。

图 8.8 和图 8.9 将期权的当前价格分解为：

(1) **内在价值**（intrinsic value)，它包括期权购买后当日执行的价值，即对看涨期权来说为 $\text{Max}(S_t-K,0)$ ，对看跌期权来说为 $\text{Max}(K-S_t,0)$ 。

(2) **时间价值**（time value)，它由剩余部分组成，反映了期权在未来创造更多收益的可能性。

举个例子，考虑一个一年期执行价格为 $K=100$ 美元 的看涨期权。资产现价为 $S=120$ 美元 ，利率为 $r=5\%$ ，资产没有红利。这个看涨期权的期权费为 26.17 美元 。它可以被分解为内在价值 120－100＝20 美元和时间价值 6.17 美元 。时间价值随标的资产的波动率增加而增加，它也随期权期限的增加而增加。

如图 8.8 和图 8.9 所示，期权可以被分为：

(1) **平值期权**（at-the-money)，当资产的即期价格等于执行价格时。

(2) **实值期权**（in-the-money)，当内在价值很大时。

(3) **虚值期权**（out-of-the-money)，当看涨期权的资产即期价格比执行价格低很多或看跌期权出现相反的情形时（虚值期权具有零内在价值)。

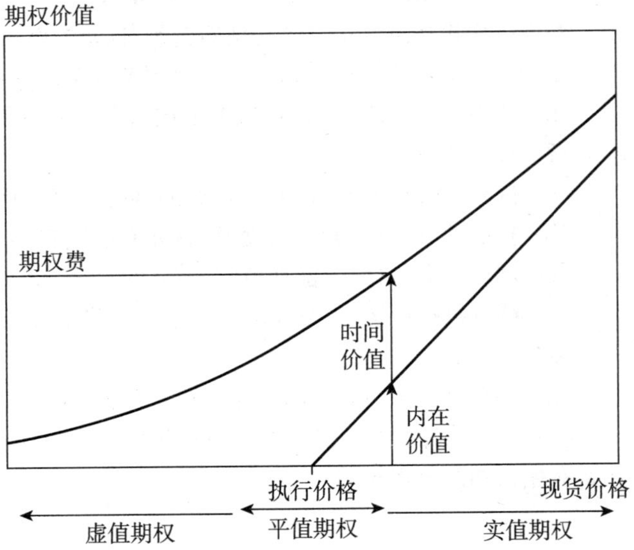

图 8.8　看涨期权价值和即期价格的关系

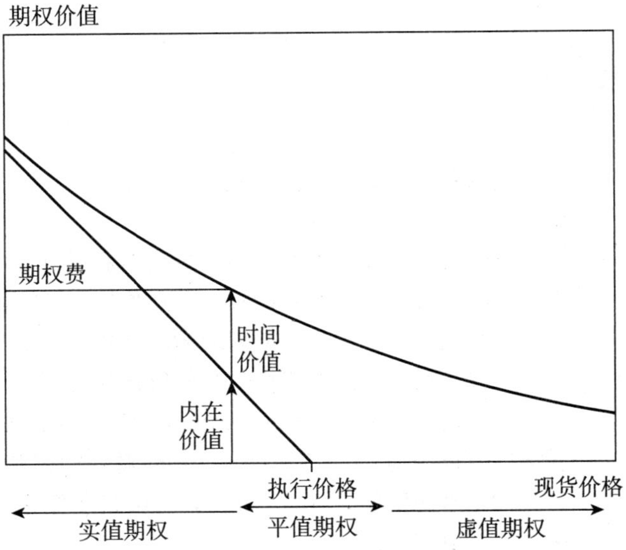

图 8.9　看跌期权价值和即期价格的关系

我们也可以讨论欧式期权的一些广义边界，否则将会产生套利机会（赚钱机器）。为简单起见，假设没有红利，我们知道欧式期权的价值比美式期权的价值要低。首先，看涨期权的价格必须小于等于资产价格：

$$c_t \leqslant C_t \leqslant S_t \tag{8.4}$$

这是因为在极端情况下，执行价格为零的期权相当于持有该资产。这时我们肯定会执行该期权。

其次，看涨期权的价格必须大于或等于资产价格减去执行价格的现值：

$$c_t \geqslant S_t - Ke^{-r\tau} \tag{8.5}$$

为了证明这一点，我们可以简单地利用看跌看涨平价关系公式（8.3），其中 $r^* = 0$，$p \geqslant 0$。注意到由于 $e^{-r\tau} < 1$，我们在到期前有 $S_t - Ke^{-r\tau} > S_t - K$，因此 $S_t - Ke^{-r\tau}$ 是一个比 $S_t - K$ 更严格的下界。例如，继续讨论我们前面的欧式期权的例子。下界为 $S_t - Ke^{-r\tau} = 120 - 100\exp(-5\% \times 1) = 24.88$ 美元，这比 $S_t - K = 20$ 美元要高。

我们也可以得到看跌期权的上下界。看跌期权的价格不能大于执行价格 K：

$$p_t \leqslant P_t \leqslant K \tag{8.6}$$

K 是资产价格下跌至零时的上界。利用看跌看涨平价关系，我们得到看跌期权的价格满足下式的下界：

$$p_t \geqslant Ke^{-r\tau} - S_t \tag{8.7}$$

8.2.2 期权的提前执行

这些关系可以用来对提前执行的美式期权进行估值。美式期权最基本的估值原则是看美式期权是**死的**（dead），即被执行的，还是**活的**（alive），即没有被执行的。因此美式期权具有提前执行和在公开市场交易两种选择。

考虑一个无红利支付的美式看涨期权，如果提前执行，期权持有者得到 $S_t - K$。而没有被执行的美式看涨期权要比相同的欧式看涨期权价值要高。根据公式（8.5），满足 $c_t \geqslant S_t - Ke^{-r\tau}$，显然严格比 $S_t - K$ 大。因为在利率为正的情况下 $e^{-r\tau} < 1$，因此，无红利支付的美式看涨期权将永远不可能被提前执行。

在我们的例子中，欧式看涨期权的下界为 24.88 美元，如果我们提前执行美式看涨期权我们只能得到 $S - K = 120 - 100 = 20$ 美元。这将比欧式看涨期权的下界要小，因此美式看涨期权不会被提前执行。结果，我们总是有 $c_t = C_t$。

美式看涨期权被提前执行的唯一理由就是资产有红利支付。直观上看，高红利收益使得持有资产比持有期权更具有吸引力。因此，具有红利支付的美式看涨期权可能会被提前执行。这同样也适用于期货期权，因为标的资产的隐含收益率是无风险收益率。

> **重要概念**
>
> 无红利支付的股票（或没有收益支付的资产）的美式看涨期权永远不应该提前执行。如果该资产支付收益，提前执行将可能进行，它的概率随着收益的增加而增加。

对于美式看跌期权，我们有：

$$P_t \geqslant K - S_t \tag{8.8}$$

因为它可以立即执行。不像看涨期权，这个下界 $K-S_t$ 严格大于欧式看跌期权的下界 $Ke^{-r\tau}-S_t$，因此我们可以选择提前执行。

为了确定是否要提前执行，期权持有者需要权衡提前执行的收益（也就是现在而不是以后获得 K）与期权所损失的时间价值。因为现在获得现金要比将来好，因此提前执行美式看跌期权可能更有价值。

因此，无收益支付资产的美式看跌期权可能会被提前执行，这与看涨期权不同。提前执行的概率将随利率的降低和资产收益支付的增加而减小，在这种情况下，出售资产的吸引力变小了。

重要概念

无红利支付的股票（或没有收益支付的资产）的美式看跌期权可能会提前执行。如果该资产支付收益，提前执行的概率随着收益的增加而减小。

例题 8.10　FRM 试题 2002——第 50 题

在给定利率为严格正的情况下，提前处理美式看涨期权多头头寸（标的股票无红利支付）的最好方式是什么？

(a) 执行期权。

(b) 出售期权。

(c) 转移期权。

(d) 以上都不对。

例题 8.11　FRM 试题 2005——第 15 题

你现在要对一个两年期执行价格为 45 美元的欧式看涨期权定价。已知初始股票价格为 50 美元，连续无风险利率为 3%。为了确定该期权的价格范围，你考虑计算它价格的上下界。那么该期权价格的上界与下界的差是多少？

(a) 0.00。

(b) 7.62。

(c) 42.38。

(d) 45.00。

例题 8.12　FRM 试题 2008——第 2-6 题

下列哪两项关于无红利支付股票的美式期权提前执行的说法是正确的？

Ⅰ. 美式看涨期权的提前执行永远不是最优的。

Ⅱ. 美式看跌期权的提前执行可能是最优的。

Ⅲ. 美式看涨期权的提前执行可能是最优的。

Ⅳ. 美式看跌期权的提前执行永远不是最优的。

(a) Ⅰ和Ⅱ。

(b) Ⅰ和Ⅳ。

(c) Ⅱ和Ⅲ。

(d) Ⅲ和Ⅳ。

8.3 期权定价

8.3.1 复制定价法

我们现在开始讨论期权的定价。衍生品定价模型的核心思想是复制衍生品的收益。为了避免套利，衍生品的当前价值必须等于复制投资组合的价值。

考虑一个股票的看涨期权，其价格用二项过程来描述。初始价格 $S_0 = 100$ 美元，仅能上涨或下跌到两个值（因此称为“二项”），即 $S_1 = 150$ 或 $S_2 = 50$ 。该期权为看涨期权，执行价格 $K = 100$ 美元，因此到期时期权仅能有两个值，即 $c_1 = 50$ 美元或 $c_2 = 0$ 美元，我们假设利率为 $r = 25\%$，因此现在投资 1 美元到期时可得 1.25 美元。

$S_0 = \$100$	↗	$S_1 = \$150$	$c_1 = \$50$
	↘	$S_2 = \$50$	$c_2 = \$0$

衍生品定价的核心思想是**复制**（replication），换句话说，我们通过标的资产的合适组合和某些无风险利率的借款来复制期权的收益。复制是简单易行的，因为我们只有两种状态和两个金融工具——股票和债券。为了防止套利，衍生品的当前价值必须和投资组合的价值一样。

我们这个组合包括 n 股股票和一个当前价值为 B（负值意味着借款）的无风险投资。我们令 $c_1 = nS_1 + B$ ，即 $50 = n\$150 + B$ ，$c_2 = nS_2 + B$ ，即 $0 = n\$50 + B$ ，解这个二元一次方程组得到 $n = 0.5$ ，$B = -\$25$ 。在时刻 $t = 0$ ，借款的价值为 $B_0 = \$25/1.25 = \$20$ 。投资组合当前价值为 $nS_0 + B_0 = 0.5 \times \$100 - \$20 = \$30$ ，因此期权的当前价值必为 $c_0 = \$30$ 。这个推导显示了期权定价方法的核心思想。

注意到我们不需要股票上涨的概率，定义为 p 。假设投资者为风险中性的，我们写出股票按照期望价格进行折现的现值：

$$S_0 = [p \times S_1 + (1-p) \times S_2]/(1+r) \tag{8.9}$$

这里股票期望即期价格等于概率乘以它们所对应的股票价格，再求和。解方程 $100 = [p \times 150 + (1-p) \times 50]/1.25$ ，我们得到风险中性概率为 $p = 0.75$ 。我们现在用相同的方式对期权进行定价：

$$c_0 = [p \times c_1 + (1-p) \times c_2]/(1+r) \tag{8.10}$$

即

$$c_0 = [0.75 \times \$50 + 0.25 \times \$0]/1.25 = \$30$$

这个简单的例子解释了一个非常重要的概念，即**风险中性定价**（risk neutral pricing）。

8.3.2 布莱克-斯科尔斯定价公式

布莱克-斯科尔斯模型给出了欧式看涨期权的优美的封闭形式解。模型的推导基于下面四个假设：

（1）标的资产价格连续变化；

（2）利率已知并且恒定；

（3）标的资产收益的方差恒定；

（4）资本市场是完美的（即允许卖空，没有交易成本或交易税，市场连续运作）。

其中最重要的假设是资产价格连续变化。这就排除了样本路径的不连续性，例如跳跃，它在这个模型中无法对冲。

资产价格的统计过程用几何布朗运动来建模：在一段非常短的时间 dt 内，对数收益率服从均值为 μdt 、方差为 $\sigma^2 dt$ 的正态分布。资产收益率可以建模为：

$$dS/S = \mu dt + \sigma dz \tag{8.11}$$

式中第一项代表漂移项，第二项代表随机项，dz 服从均值为零、方差为 dt 的正态分布。

这个过程意味着最终价格的对数的分布为：

$$\ln(S_T) = \ln(S_0) + (\mu - \sigma^2/2)\tau + \sigma\sqrt{\tau}\,\varepsilon \tag{8.12}$$

式中，ε 是服从 $N(0,1)$ 的随机变量，因此资产价格服从对数正态分布。

基于这些假设，布莱克和斯科尔斯（1972）推导出了无红利支付股票的欧式看涨期权的封闭性公式，称为**布莱克-斯科尔斯模型**（Black-Scholes model）。模型分析的核心之处在于期权的头寸可以通过标的资产的 delta 头寸来复制。因此，资产和期权的适当比例组合对于价格的微小变动而言是“局部”的风险中性。为了避免套利，这个组合的收益率必定为无风险利率。

结果我们可以直接将期权的现值作为折现的期望收益来计算：

$$f_t = E_{RN}[e^{-r\tau}F(S_T)] \tag{8.13}$$

式中，标的资产假设以无风险利率增长，折现也是以无风险利率进行。这里，下标 RN 指的是分析中假设**风险中性**（risk neutrality）。在一个风险中性的世界里，所有证券的期望收益率必定为无风险利率 r，原因是风险中性投资者不需要用风险溢价来吸引他们承担风险。布莱克-斯科尔斯模型的期权价值可以通过假设所有收益以无风险利率增长并以相同的无风险利率折现来计算。

风险中性定价方法在衍生品定价中无疑是最重要的工具。在布莱克-斯科尔斯的突破之前，萨缪尔森在 1965 年已经推导出了一个非常相似的模型，但是他的模型中的资产以收益率 μ 增长并以另一个利率 μ^* 折现。① 由于 μ 和 μ^* 均未知，

① Paul Samuelson, “Rational Theory of Warrant Price,” *Industrial Management Review* 6 (1965): 13 - 39.

因此萨缪尔森模型并不实用。但是风险中性定价仅仅是一种旨在取得正确解答的人工方法，它并不意味着投资者实际上都是风险中性的。

布莱克-斯科尔斯模型可以用来推导执行期权的**风险中性概率**（risk-neutral probability），但是对于风险管理来说，问题在于实际的执行概率，或者称为**物理概率**（physical probability），这不同于布莱克-斯科尔斯模型的概率。

我们现在回到布莱克-斯科尔斯模型，对于欧式看涨期权，最终收益为 $F(S_T) = \text{Max}(S_T - K, 0)$，我们假设资产没有红利支付，那么该期权的现值为：

$$c = SN(d_1) - Ke^{-r\tau}N(d_2) \tag{8.14}$$

式中，$N(d)$ 为标准正态分布的累积分布函数：

$$N(d) = \int_{-\infty}^{d} \Phi(x)\mathrm{d}x = \frac{1}{\sqrt{2\pi}}\int_{-\infty}^{d} e^{-\frac{1}{2}x^2}\mathrm{d}x$$

式中，Φ 为标准正态分布的密度函数。$N(d)$ 同时也是一个正态变量 d 左边的面积，如图 8.10 所示。注意，因为正态分布密度函数是对称的，所以 $N(d) = 1 - N(-d)$，即 d 的左侧面积等于 $-d$ 的右侧面积。

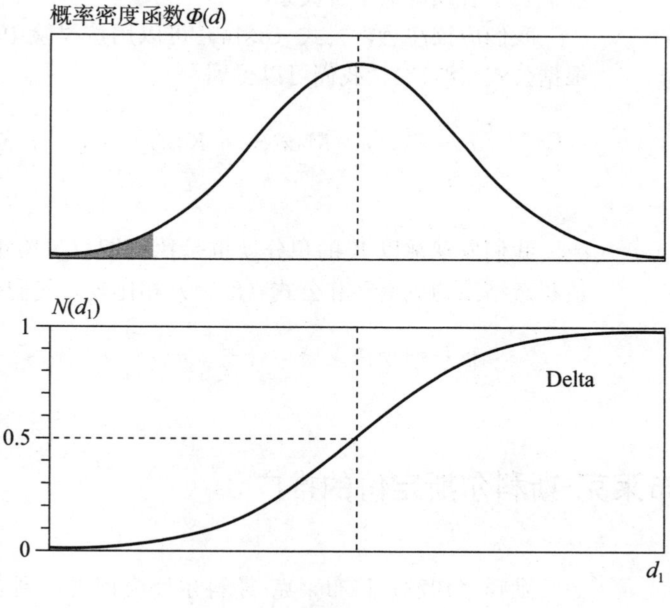

图 8.10　累积分布函数

d_1 和 d_2 的值为：

$$d_1 = \frac{\ln(S/Ke^{-r\tau})}{\sigma\sqrt{\tau}} + \frac{\sigma\sqrt{\tau}}{2}, \quad d_2 = d_1 - \sigma\sqrt{\tau}$$

利用看跌看涨平价关系，欧式看跌期权的价值为：

$$p = S[N(d_1) - 1] - Ke^{-r\tau}[N(d_2) - 1] \tag{8.15}$$

例　利用布莱克-斯科尔斯模型计算期权价值

考虑价值为 $S=100$ 美元的股票平值看涨期权，其执行价格为 $K=100$ 美元，期限为 6 个月。股票的年波动率为 $\sigma=20\%$，并且不支付红利，无风险利率为 $r=5\%$。

首先，我们计算现值因子为 $e^{-r\tau}=\exp(-0.05\times 6/12)=0.9753$，接着我们计算值 $d_1=\ln(S/Ke^{-r\tau})/\sigma\sqrt{\tau}+\sigma\sqrt{\tau}/2=0.2475$ 和 $d_2=d_1-\sigma\sqrt{\tau}=0.1061$。利用正态分布表我们得到 $N(d_1)=0.5977$ 和 $N(d_2)=0.5422$。注意，这两个值都大于 0.5，因为 d_1 和 d_2 都是正的。这个期权是平值的，当 S 接近于 K 时，d_1 接近于零，$N(d_1)$ 接近于 0.5。

看涨期权的价值为 $c=SN(d_1)-Ke^{-r\tau}N(d_2)=6.89$ 美元。

看涨期权的价值同样可以等价视为 $N(d_1)=59.77\%$ 的股票头寸和某个借款：$c=59.77-52.88=6.89$ 美元，因此期权是股票的一个杠杆头寸。

看跌期权的价值为 4.42 美元。购买看涨期权和出售看跌期权的成本为 $6.89-4.42=2.47$ 美元，这实际上等价于 $S-Ke^{-r\tau}=100-97.53=2.47$ 美元，这也就证实了看跌看涨平价关系。■

我们应该注意，公式（8.14）可以用按风险中性利率折现的观点重新解释，根据公式（8.13），我们可以得到：

$$c=E_{RN}[e^{-r\tau}\mathrm{Max}(S_T-K,0)]=e^{-r\tau}[\int_K^{\infty}Sf(S)\mathrm{d}S]-Ke^{-r\tau}[\int_K^{\infty}f(S)\mathrm{d}S] \tag{8.16}$$

我们发现乘以 K 的积分项也是执行期权风险中性概率，即该期权将会以实值状态结束的概率。和公式（8.14）相比较，我们得到：

$$\text{执行期权的风险中性概率}=[\int_K^{\infty}f(S)\mathrm{d}S]=N(d_2) \tag{8.17}$$

8.3.3　布莱克-斯科尔斯定价的推广

默顿（1973）将布莱克-斯科尔斯模型推广到支付连续红利收益 q 的股票的情况。加曼和柯尔哈根（1983）将布莱克-斯科尔斯定价公式推广到外汇的情况，得到了加曼-柯尔哈根模型，这个模型把收益率 q 用国外利率 r^* 代替。

默顿模型用 $Se^{-r^*\tau}$ 代替布莱克-斯科尔斯模型中的 S，看涨期权价值为：

$$c=Se^{-r^*\tau}N(d_1)-Ke^{-r\tau}N(d_2) \tag{8.18}$$

当期权变动为实值时，我们取公式（8.14）的极限，即即期价格 S 远大于执行价格 K。在这种情况下，d_1 和 d_2 变得非常大，并且 $N(d_1)$ 和 $N(d_2)$ 趋于 1。于是，看涨期权价格趋于：

$$c(S>>K)=Se^{-r^*\tau}-Ke^{-r\tau} \tag{8.19}$$

这也是远期合约的估值公式。一个深度实值的看涨期权等价于远期合约多头，因为我们肯定会执行期权。

布莱克模型（1976）将同样的公式应用到期货期权上，期货期权与现金期权仅在红利的支付上有区别。现金期权的红利是基于资产收益，而期货期权恰恰相反，它是按无风险利率产生的支付现金流。直觉上，期货期权可以等价视为一个标的资产的头寸和一个现值为 F 的现金投资账户。

根据布莱克模型，我们用 F 代替 S，用国内无风险利率 r 代替 r^*，期货期权的布莱克模型为：

$$c = [FN(d_1) - KN(d_2)]e^{-r\tau} \tag{8.20}$$

> **重要概念**
>
> 期货期权的隐含收益率为无风险利率。

例题 8.13　FRM 试题 2001——第 91 题

利用布莱克-斯科尔斯模型，在给定如下信息的情况下计算一个欧式看涨期权的价值：即期价格＝100，执行价格＝110，无风险利率＝10%，成熟期＝0.5 年，$N(d_1)$ ＝0.457 185，$N(d_2)$ ＝0.374 163。

(a) 10.90 美元。

(b) 9.51 美元。

(c) 6.57 美元。

(d) 4.92 美元。

例题 8.14　FRM 试题——执行期权概率

在欧式看涨期权的布莱克-斯科尔斯模型表达式中，用于计算执行期权概率的项为：

(a) d_1。

(b) d_2。

(c) $N(d_1)$。

(d) $N(d_2)$。

8.4　其他类型期权

前面描述的期权都是普通类型的期权，但市场上出现了许多更为复杂的期权类型。

两值期权（binary options），也称为**数字期权**（digital options），它在当资产价格最终高于执行价格时支付固定的金额，假设为 Q，表达式如下：

$$c_T = Q \times I(S_T - K) \tag{8.21}$$

式中，$I(x)$ 是显示型变量，当 $x \geq 0$ 时取 1，否则取 0。当 $K = 100$ 美元时，支付函数如图 8.11 所示。

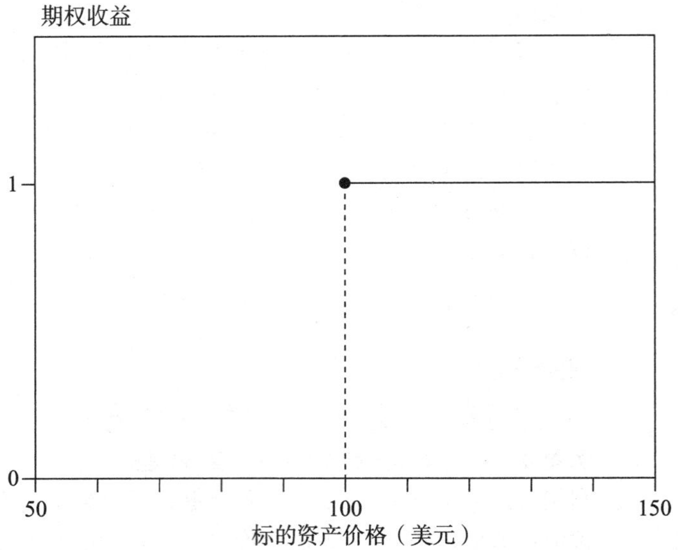

图 8.11　两值期权的收益

因为在一个风险中性世界里最终为实值期权的概率为 $N(d_2)$，因此两值期权的初始价格为：

$$c = Qe^{-r\tau}N(d_2) \tag{8.22}$$

这种期权在执行价格附近呈高度的不连续性，资产价格在 K 以下时期权价值为零，当资产价格超过 K 时，期权价值变为 Q。因此，它们很难进行对冲。

另一类重要的期权是障碍期权。**障碍期权**（barrier options）的收益依赖于标的资产的价格在某一特定时间内是否达到一个特定水平。如果资产价格达到某一特定水平，**敲出期权**（knock-out option）将作废，而**敲入期权**（knock-in option）将生效。

敲出期权的一个例子是**向下敲出看涨期权**（down-and-out call）。如果标的资产在有效期 S 内达到一个特定水平 H，那么该期权将作废。在这种情况下，敲出价格 H 必须低于初始价格 S_0。在达到水平 H 后生效的期权是**向下敲入看涨期权**（down-and-in call）。在参数相同时，上述两种期权完全是互补的。当一个作废时，另一个仍然有效。因此，这两类期权加起来必然为一个普通的看涨期权。同样地，**向上敲出看涨期权**（up-and-out call）当 S 达到 $H > S_0$ 时将作废，与之互补的是**向上敲入看涨期权**（up-and-in call）。

图 8.12 比较了障碍看涨期权的四种可能的价格路径。在所有图线中，实线描述了期权在有效期内的价格路径，虚线则描述了剩余路径。

图像说明了向下敲出看涨期权和向下敲入看涨期权加起来就是一个普通的欧式看涨期权。这样，两个期权的价格应该满足：

$$c = c_{DO} + c_{DI} \tag{8.23}$$

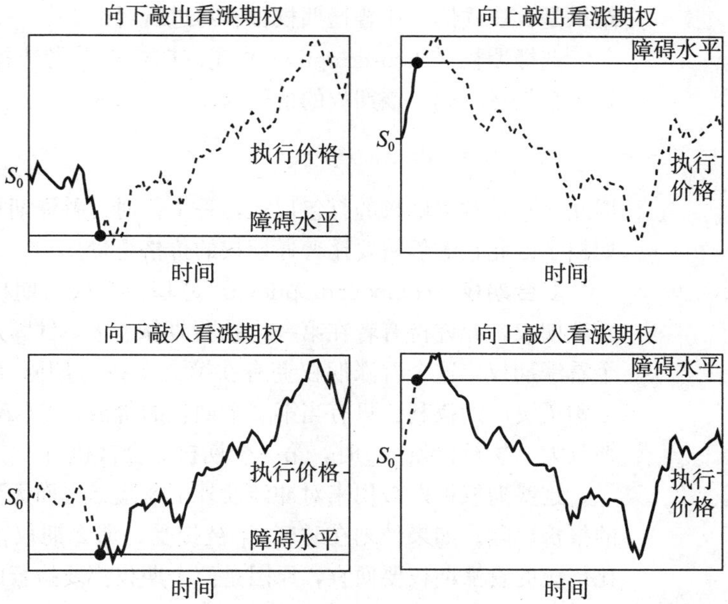

图 8.12　敲出、敲入看涨期权的路径

因为所有这些值都是正的（或者最坏情况下为零），因此 c_{DO} 和 c_{DI} 中任何一个都不能大于 c 。相似的推导适用于图像右边的两种期权。在一些情况下，当期权作废时，会向持有者提供一些返还金额。

对于看跌期权存在相似的组合。当 S 达到 $H > S_0$ 时**向上敲出看跌期权**（up-and-out put）将作废。当 S 达到 $H < S_0$ 时**向下敲出看跌期权**（down-and-out put）将作废。它们与图 8.12 唯一的区别在于期权在 $S < K$ 时可以执行。

障碍期权比相同条件的普通欧式期权"更便宜"，因此也更具吸引力。当然，这也反映了它们比其他期权执行的可能性更小。

更进一步，障碍期权也很难进行对冲，因为当即期价格更接近于障碍水平时会产生不连续性。仅在障碍水平之上，该期权才有正的价值。当资产价格发生微小变动而低于障碍水平时，期权的价值就消失了。

另一类广泛使用的期权是亚式期权。**亚式期权**（Asian options）也称为**平均收益率期权**（average rate options），它的收益依赖于标的资产在整个有效期内的即期价格的平均值，定义为 $S_{AVE}(t,T)$ ，而不是最终的即期价格。亚式期权最终的收益为：

$$c_T = \mathrm{Max}(S_{AVE}(t,\ T) - K,\ 0) \tag{8.24}$$

因为平均值的变动小于最终的即期价格的变动，所以亚式期权凭借其较低的波动率而比普通的期权"更便宜"。事实上，亚式期权的价格可以近似看做是波动率为 $\sigma/\sqrt{3}$ 的并对红利收益率进行相关调整的普通期权的价格。[①] 价格平均过程的

① 这仅当平均是几何平均时才严格为真，在实际中，平均期权包括对数平均，因此没有解析解；较低的波动率调整仅仅是一个近似。

结果是，亚式期权比普通期权更容易进行对冲。

选择期权（chooser options）允许期权持有者选择期权的类型为看涨还是看跌。在任意时刻，该期权的价值为：

$$f_t = \mathrm{Max}(c_t, p_t) \tag{8.25}$$

因此，它是两类期权的打包形式，一个普通的看涨期权加上一个与之相反的看跌期权。因此它的价格要比普通期权的价格更贵。

复合期权（compound options）是基于期权的期权。例如，一个看涨期权的看涨期权，允许持有者在第一个执行期限 T_1 支付固定的执行价格 K_1 去获取一个看涨期权，这个看涨期权拥有在第二个执行期限 T_2 支付固定的执行价格 K_2 去购买资产的权利。只有当第二个期权的价值 $c(S, K_2, T_2)$ 在第一个期权的到期日大于执行价格 K_1 时，第一个期权才会被执行。

这些期权可以被用来对冲涉及外汇风险暴露而无法确定是否接受的商业计划的报价风险。如果计划在时刻 T_1 被接受，那么期权很有可能被执行。复合期权比传统的看涨期权要便宜，原因是两个期权都要执行的成本很高。复合期权还包括看跌期权的看涨期权、看跌期权的看跌期权和看涨期权的看跌期权。

最后，**回望期权**（lookback options）的收益依赖于 S 在有效期内的极值。定义 S_{MAX} 为最大值，S_{MIN} 为最小值。一个具有固定执行价格的回望看涨期权到期支付 $\mathrm{Max}(S_{MAX} - K, 0)$，一个具有浮动执行价格的回望看涨期权到期支付 $\mathrm{Max}(S_T - S_{MIN}, 0)$。这类期权的价格比普通期权的价格更高。

例题 8.15　FRM 试题 2003——第 34 题

下列哪类期权具有强烈的路径依赖性？

（a）亚式期权。

（b）两值期权。

（c）美式期权。

（d）欧式期权。

例题 8.16　FRM 试题 2006——第 59 题

在其他条件相同的情况下，下列哪些期权比普通平值期权成本高？

Ⅰ. 回望期权。

Ⅱ. 障碍期权。

Ⅲ. 亚式期权。

Ⅳ. 选择期权。

（a）只有Ⅰ。

（b）Ⅰ和Ⅳ。

（c）Ⅱ和Ⅲ。

（d）Ⅰ、Ⅲ和Ⅳ。

例题 8.17　FRM 试题 2002——第 19 题

下列哪个期权不能随股票升值（现价为 100 美元，障碍水平还未达到）而具有盈利的机会？

（a）向下敲出看涨期权，障碍水平 90 美元，执行价格 110 美元。

（b）向下敲入看涨期权，障碍水平 90 美元，执行价格 110 美元。
（c）向上敲入看跌期权，障碍水平 110 美元，执行价格 100 美元。
（d）向上敲入看涨期权，障碍水平 110 美元，执行价格 100 美元。

8.5 利用数值方法对期权定价

一些期权具有解析解，例如用于布莱克-斯科尔斯模型定价的普通欧式期权。但是对于更多的一般期权，我们需要数值方法来进行定价。

衍生产品基本的定价公式是公式（8.13），它表明期权的当前价值是其现金流的折现值，其中所有资产以无风险利率增长并折现。

我们可以使用第 4 章介绍的蒙特卡洛模拟方法来生成样本路径、最终的期权价值，并将它们折现。上述模拟方法适用于欧式期权甚至是像亚式期权一样的路径依赖型期权。

表 8.2 给出了一个例子。假设我们需要对一个欧式看涨期权进行定价，$S=100, K=100, T=1, r=5\%, r^{*}=0, \sigma=20\%$。我们进行模拟，比如在一年内进行 100 次股票价格变化。每一次收益率的趋势为 $r/n=0.05/100$，波动率为 $\sigma/\sqrt{n}=0.20/\sqrt{100}$。每一次样本路径复制都从 100 美元开始。比如，第一次复制给出的股票最终价格为 $S_T=114.06$，那么此时期权为实值期权，价值为 $c_T=14.06$ 美元，我们把它进行折现，得到 13.37 美元。在第二次复制中，$S_T=75.83$ 美元，此时期权价值 $c_T=0$，经过 K 次样本路径复制，得到期权价格的均值为 10.33 美元。这与利用布莱克-斯科尔斯模型公式（8.14）得到的结果 10.45 美元非常接近。这个模拟是非常一般的情形，到期日的收益往往是一个关于最终价格的比较复杂的函数。

表 8.2　　模拟欧式看涨期权的例子

复制	最终支付		折现价值
	S_T	C_T	
1	114.06	14.06	13.37
2	75.83	0.00	0.00
3	108.76	8.76	8.33
…			
均值			10.33

但是模拟方法不能处理提前执行的可能性，因为它没有考虑到执行与否的选择，这样就必须使用二叉树对美式期权进行定价。和前面解释的一样，该方法将时间分成长度为 Δt 的 n 个区间，并构建树使得价格变动的特征满足对数正态分布。

在每一个节点，初始价格 S 以概率 p 上升至 uS 或以概率 $1-p$ 下跌至 dS 。参数 u、d、p 的选择使得对于一个小的时间段，期望收益与方差等于连续过程的对应情况。举个例子，可以选择：

$$u=e^{\sigma\sqrt{\Delta t}},d=(1/u),p=\frac{e^{\mu\Delta t}-d}{u-d} \tag{8.26}$$

由于这是一个风险中性过程，因此总的预期收益必然等于无风险利率 r 。如果存在红利支付收益率 r^* ，那么 $\mu=r-r^*$ 。

该二叉树的构建始于当前时刻至到期日为止，从左边一直到右边。接着，衍生产品的定价从二叉树的终点开始回溯至开始时刻，从右到左。

首先考虑一个欧式看涨期权。在时刻 T（到期日）和节点 j ，该看涨期权的价值为 $\text{Max}(S_{T,j}-K,0)$ 。在时刻 $T-1$ 和节点 j ，该看涨期权是期权在时刻 T 和节点 j 、$j+1$ 的期望价值折现：

$$c_{T-1,j}=e^{-r\Delta t}[pc_{T,j+1}+(1-p)c_{T,j}] \tag{8.27}$$

接着我们回溯遍历该二叉树直到当前时刻。

对于美式期权，该过程稍有不同。在每一个时点上，持有者比较持有和执行期权的价值。美式看涨期权价值在节点 $T-1$ 、j 为：

$$C_{T-1,j}=\text{Max}[(S_{T-1,j}-K),c_{T-1,j}] \tag{8.28}$$

例　计算美式期权价值

考虑一个外汇平值看涨期权，即期价格为 100 美元，执行价格为 $K=100$ 美元，成熟期为 6 个月。年波动率为 $\sigma=20\%$。国内利率为 $r=5\%$，国外利率为 $r^*=8\%$ 。注意，为了让提前执行这一特点具有价值，我们要求有收益支付。如果 $r^*=0$ ，我们知道美式期权的价值和欧式期权一样，可以直接应用布莱克-斯科尔斯模型，这就没必要使用数值方法进行定价了。

首先，我们将这一时期分成 4 个时段，因此 $\Delta t=0.50/4=0.125$ 。在每一个时间段的折现因子为 $e^{-r\Delta t}=0.9938$ ，接着我们计算：

$$u=e^{\sigma\sqrt{\Delta t}}=e^{0.20\sqrt{0.125}}=1.0733$$
$$d=(1/u)=0.9317$$
$$a=e^{(r-r^*)\Delta t}=e^{(-0.03)0.125}=0.9963$$
$$p=\frac{a-d}{u-d}=(0.9963-0.9317)/(1.0733-0.9317)=0.4559$$

详细过程见表 8.3。首先我们展示即期价格的二叉树，从时刻 $t=0$ 的 $S=100$ 开始，接着在时刻 $t=1$ 有 $uS=107.33$ ，$dS=93.17$ ，如此进行下去。

我们可以对欧式看涨期权进行定价。我们从终点 $t=4$ 开始，对于最高的即期价格，看涨期权的价格为 $c=S-K=132.69-100.00=32.69$ ，下一个即期价格的看涨期权价格为 15.19，如此下去，下降至即期价格低于 $K=100.00$ 时 $c=0$ 。在前面一步的最高节点，看涨期权的价值为：

$$c = 0.993\,8[0.455\,9 \times 32.69 + (1 - 0.455\,9) \times 15.19] = 23.02$$

继续遍历该二叉树到时刻 0 就得到一个欧式看涨期权的价值为 4.43 美元。用布莱克-斯科尔斯公式计算出来的准确值为 4.76 美元。注意到二叉树近似仅用 4 步就与布莱克-斯科尔斯公式的结果如此接近。如果时间段划分得更好的话，近似效果还能很快提高。

接下来，我们来对美式看涨期权进行定价。在时刻 $t=4$ 时价值同上，因为看涨期权已经到期。在时刻 $t=3$ 和节点 $j=4$，期权持有者可以持有该看涨期权（那么价值仍然为 23.02 美元）或者执行该看涨期权。当执行时，该期权的收益为 $S-K=123.63-100.00=23.63$ 美元 。因为这大于期权继续有效的价值，持有者应该执行该期权。此时我们将那个节点的欧式期权价值替换为 23.63 美元。继续以相同的方式遍历该二叉树，我们得到起点的期权价值为 4.74 美元。该美式看涨期权比欧式看涨期权的价格稍微高一些，正如预期的那样。

表 8.3　　美式期权价值的计算

	0	1	2	3	4
现货价格 S_t	→	→	→	→	→
					132.69
				123.63	115.19
			115.19	107.33	100.00
		107.33	100.00	93.17	86.81
	100.00	93.17	86.81	80.89	75.36
欧式看涨期权 c_t	←	←	←	←	←
					32.69
				23.02	15.19
			14.15	6.88	0.00
		8.10	3.12	0.00	0.00
	4.43	1.41	0.00	0.00	0.00
执行看涨期权 S_t-K					32.69
				23.63	15.19
			15.19	7.33	0.00
		7.33	0.00	0.00	0.00
	0.00	0.00	0.00	0.00	0.00
美式看涨期权 C_t	←	←	←	←	←
					32.69
				23.63	15.19
			15.19	7.33	0.00
		8.68	3.32	0.00	0.00
	4.74	1.50	0.00	0.00	0.00

例题 8.18　FRM 试题 2006——第 86 题

下列关于美式期权的说法哪一个不正确？

(a) 美式期权可以在到期前的任意时刻执行。

(b) 美式期权的价值至少和欧式期权一样。

(c) 美式期权的价值可以用蒙特卡洛模拟的方法得出。

(d) 美式期权的价值可以用二叉树的方法得出。

8.6　重要公式

看涨期权和看跌期权多头的收益：$C_T = \mathrm{Max}(S_T - K, 0)$，$P_T = \mathrm{Max}(K - S_T, 0)$

看跌看涨平价：$c - p = Se^{-r^* \tau} - Ke^{-r\tau} = (F - K)e^{-r\tau}$

看涨期权价值的上下界（不分红）：$c_t \leqslant C_t \leqslant S_t, c_t \geqslant S_t - Ke^{-r\tau}$

看跌期权价值的上下界（不分红）：$p_t \leqslant P_t \leqslant K, p_t \geqslant Ke^{-r\tau} - S_t$

几何布朗运动：$\ln(S_T) = \ln(S_0) + (\mu - \sigma^2/2)\tau + \sigma\sqrt{\tau}\,\varepsilon$

风险中性折现公式：$f_t = E_{RN}[e^{-r\tau}F(S_T)]$

布莱克-斯科尔斯看涨期权定价公式：$c = SN(d_1) - Ke^{-r\tau}N(d_2)$，

$$d_1 = \frac{\ln(S/Ke^{-r\tau})}{\sigma\sqrt{\tau}} + \frac{\sigma\sqrt{\tau}}{2}, d_2 = d_1 - \sigma\sqrt{\tau}$$

布莱克-斯科尔斯看跌期权定价公式，加曼-柯尔哈根模型：$p = S[N(d_1) - 1] - Ke^{-r\tau}[N(d_2) - 1]$

有红利支付的布莱克-斯科尔斯期权定价公式：

$$c = Se^{-r^* \tau}N(d_1) - Ke^{-r\tau}N(d_2)$$

布莱克期货期权定价模型：$c = [FN(d_1) - KN(d_2)]e^{-r\tau}$

两值期权定价公式：$c = Qe^{-r\tau}N(d_2)$

亚式期权定价公式：$c_T = \mathrm{Max}(S_{AVE}(t,T) - K, 0)$

二叉树过程：$u = e^{\sigma\sqrt{\Delta t}}, d = (1/u), p = \dfrac{e^{\mu\Delta t} - d}{u - d}$

8.7　例题解答

例题 8.1　FRM 试题 2007——第 84 题

(c) 购买看跌期权意味着当股票价格下降时产生收益，这相当于在下跌行情中以执行价格出售股票。如果股票价格上升，损失可以被购买看涨期权所保护。

例题 8.2　FRM 试题 2005——第 72 题

(c) 根据看跌看涨平价，$c = p + Se^{-r^* \tau} - Ke^{-r\tau} = 3.19 + 23 - 25\exp(-0.05\times 1) =$

2.409。注意到波动率信息没有用。

例题 8.3　FRM 试题 2008——第 2-10 题

(c) 选项 a 和 b 的收益取决于股票价格，因此无法产生套利利润。看跌看涨平价公式表明 $c-p=3-2=1$ 应该等于 $S-Ke^{-r\tau}=42-44\times0.9048=2.19$。看涨期权是便宜的。因此在股票上涨时可以购买看涨期权并卖出股票对冲。当 S 下降时卖出股票的收益可以被卖出看跌期权抵消。

例题 8.4　FRM 试题 2006——第 74 题

(c) 根据看跌看涨关系，$c-p=Se^{-r^*\tau}-Ke^{-r\tau}$。因此，有 $Se^{-r^*\tau}=(c-p+Ke^{-r\tau})=(10-15+90\exp(0.05\times5))=65.09$，隐含收益率为 $r^*=-(1/T)\ln(65.09/85)=5.337\%$。

例题 8.5　FRM 试题——期权合约的风险

(c) 期权多头最多损失期权费，所以 (b) 错误。价差包括期权的多头头寸和空头头寸并且损失有限，所以 (a) 错误。出售期权将出售者暴露于很大的损失之下。在看跌期权情况下，当资产价格为零时，最大的损失是执行价格 K。在看涨期权小的情况下，最大的损失理论上是无限的，因为 S 巨幅增长的概率很小。在 (c) 和 (d) 之间，(c) 是最好的答案。

例题 8.6　FRM 试题 2007——第 103 题

(d) 头寸如图 8.6 所示。他可以从股价上涨到 40～45 美元获利，因此这是牛市价差。最坏的损失发生在股价低于 $K_1=40$ 美元时，这时没有一个看涨期权会被执行，净损失为 5－3＝2 美元。最大的收益发生在股价超过 $K_2=45$ 美元时，这时两个看涨期权都被执行，净收益为 5 美元减去期权费的损失，为 3 美元。

例题 8.7　FRM 试题 2006——第 45 题

(c) 该投资经理是投资组合多头，他的投资组合用购买执行价格较低的看跌期权和出售执行价格较高的看跌期权来保护。这种策略锁定了收益与损失，因此是衣领期权。如果执行价格相同，这种对冲是非常完美的。

例题 8.8　FRM 试题 2002——第 42 题

(b) 因为最终价格比三个看跌期权的执行价格都要低，因此所有的看跌期权都会被执行。最后执行期权的收益＝(＄50－＄33)－2(＄42－＄33)＋(＄37－＄33)＝＄17－＄18＋＄4＝＄3。我们还需要减去期权费，－＄7＋2(＄4)－＄2＝－＄1，因此忽略货币的时间价值，总的收益为＄3－＄1＝＄2。

例题 8.9　FRM 试题 2009——第 3-8 题

(d) 最好的策略是一个蝶式价差多头，它在即期价格停留在当前水平时产生收益。选项 a 是一个跨式期权多头，它是不正确的，因为当即期价格不变的时候会产生亏损。选项 b 是一个牛市价差，它是不正确的，因为它假设即期价格将会上升。选项 c 相当于一个即期头寸的空头，也是不正确的。

例题 8.10　FRM 试题 2002——第 50 题

(b) 由于股票无红利支付，因此没有理由提前执行美式看涨期权。否则，可以将期权出售给另一方来获利。

例题 8.11　FRM 试题 2005——第 15 题

(c) 价格的上界是 $S=50$，下界为 $c\geqslant S-Ke^{-r\tau}=50-45\exp(-0.03\times2)=7.62$，

那么上下界的差为 50－7.62＝42.38。

例题 8.12　FRM 试题 2008——第 2 - 6 题

(a) 如果股票没有分红，美式看涨期权存在的价值要比执行的价值高。因此，没有必要提前执行美式看涨期权。另一方面，提前执行美式看跌期权可能会更合适，因为在正利率的前提下，提前获取执行价格要比将来获取更好。

例题 8.13　FRM 试题 2001——第 91 题

(c) 我们利用公式（8.14）假设资产没有红利支付，因此有 $c=SN(d_1)-K\exp(-r\tau)N(d_2)=100\times0.457\,185-110\exp(-0.1\times0.5)\times0.374\,163=\$6.568$。

例题 8.14　FRM 试题——执行期权概率

(d) 根据公式（8.17）可知（d）是乘以 K 的积分项，也是执行期权的风险中性概率。

例题 8.15　FRM 试题 2003——第 34 题

(a) 亚式期权的收益依赖于 S 的平均价格，因此它是具有路径依赖性的。

例题 8.16　FRM 试题 2006——第 59 题

(b) 回望期权是取有效期内的股票价格最大值，肯定比最终到期价格要大。因此它应该比普通期权贵。选择期权包含在有效期内选择期权类型的附加权利，因此它应该比普通期权贵。亚式期权是取有效期内股票价格的平均值，这比最终到期价格的波动率低，因此它应该比普通期权便宜。最后，两个障碍期权的和可以看成一个普通期权，因为每个障碍期权费都是正的，因此它应该比普通期权便宜。

例题 8.17　FRM 试题 2002——第 19 题

(b) 向下敲出看涨期权的障碍水平还未达到，因此期权还有效，可以随 S 的增加而盈利，所以（a）不对。向下敲入看涨期权只有当障碍水平达到时才能生效，因此 S 的增加反而离障碍水平越来越远。它不能盈利，所以（b）是正确的。向上敲入看跌期权随着 S 的增加越来越接近它的障碍水平，它具有盈利的机会，因此（c）不对。最后，向上敲入看涨期权同样随着 S 的增加越来越接近它的障碍水平。

例题 8.18　FRM 试题 2006——第 86 题

(c) 该说法错误的原因是蒙特卡洛是具有严格回溯性质的，它不能考虑到未来的执行情况，但是二叉树方法可以。

第 9 章　固定收益证券*

接下来的两章介绍固定收益市场、证券和它们的衍生产品。最初，**固定收益证券**（fixed income securities）只是承诺支付固定息票的债券。随着时间的推移，这个狭义的定义已被推广到任何借贷方在特定时间必须向证券持有人作特定支付的证券。因此，**债券**（bond）的发行目的与借款有关，为了换取现金，借贷方有义务向债券持有人做出一系列支付。

9.1 节概述了债券市场的组成部分。接着 9.2 节介绍固定收益证券的不同类型。9.3 节讨论了固定收益证券的基本工具，包括现金流的确定、久期的计算及利率的期限结构，利率的期限结构又包括收益率、即期利率和远期利率。最后，9.4 节描述了固定收益市场中风险因子的变动。

固定收益衍生品是指价格源于某一债券价格、利率或其他债券市场变量的金融工具。由于它们的复杂性，这些金融工具将在下一章中进行分析。因为抵押债券（MBS）的重要性，我们将在后面的章节讨论 MBS 和其他证券化产品。

9.1 债务市场概述

固定收益市场是全球化的市场。它包括国内债券、国外债券和欧洲债券。由

* FRM 考试第一部分的主题。本章也涉及估价问题。

本国发行并以国内货币计价的债券称为**国内债券**（domestic bonds）。相反，**国外债券**（foreign bonds）是由国外发行者以国内货币发行并服从于本国法规的债券（例如由瑞典政府以美元在美国发行的债券）。**欧洲债券**（eurobonds）主要是指由本国货币计价并通过国际金融机构出售的债券（例如一个以美元为计价货币的债券由 IBM 发行并且在伦敦市场交易）。欧洲债券不局限于以欧元发行，可以以任何货币发行。

国内债券市场可以进一步分成以下几类：

- **政府债券**（government bonds），由中央政府发行，也被称为**主权债券**（sovereign bonds）（例如美国国债）。
- **政府机构担保债券**（government agency and guaranteed bonds），由受中央政府担保的机构发行（例如房利美发行的债券）。
- **州和当地债券**（state and local），由当地政府而不是中央政府发行，也被称为**市政债券**（municipal bonds）（例如加州发行的债券）。
- 由私人**金融机构**（financial institutions）包括银行、保险公司或资产抵押证券发行者发行的债券（例如花旗银行发行的债券）。
- **公司债券**（corporate bonds），由私人非金融公司发行，包括企业和公共事业单位（例如由 IBM 发行的债券）。

表 9.1 展示了全球债务证券市场的情况，到 2009 年底它的总价值为 90 万亿美元。这包括**债券市场**（bond markets）和**货币市场**（money markets）。前者定义为固定收益证券，有效期限超过一年，后者期限较短，一般小于一年。表 9.1 包括所有公开的可交易债务证券，并根据发行者所属国家和发行者类型来分类。

表 9.1　　全球债务证券市场，2009 年　　单位：十亿美元

发行国家	国内	类型			国际	总计
		政府	金融机构	公司		
美国	25 065	9 475	12 805	2 785	6 646	31 711
日本	11 522	9 654	1 085	783	380	11 902
欧元区	14 043	6 872	5 032	2 139	10 879	24 922
英国	1 560	1 189	349	22	3 045	4 605
其他	12 032	6 914	3 792	1 326	5 128	17 160
总计	64 222	34 104	23 063	7 055	26 078	90 300

资料来源：国际清算银行。

如表 9.1 所示，美国一共发行了总价值为 25.1 万亿美元的国内债券和 6.6 万亿美元的国际债券，它的总名义金额为 31.7 万亿美元，是目前为止最大的债务市场。接下来是欧洲债券市场，其价值为 24.9 万亿美元，日本债券市场的价值为 11.9 万亿美元。

现在考虑借款人的类别。国内政府债券是债券市场上最大的部分。国内金融债券也非常重要，特别是抵押证券。**抵押证券**（mortgage-backed securities,

MBS）是结合房地产抵押商业贷款的证券。MBS 的支付是由资产所有者的抵押还款支持的重新打包的现金流。MBS 可以通过政府机构和私人金融公司发行。更为一般地，**资产担保证券**（asset-backed securities，ABS）是现金流由资产（例如信用卡应收款或者汽车贷款）支持的证券。

最后，市场的剩余部分是由私人、非金融公司发行的债券。这个部分在美国比例较大，相反，日本和欧洲更多依赖于银行来募集资金。

9.2 固定收益证券

9.2.1 工具类型

债券定期支付息票，对美国国债和公司债券而言是半年支付一次，欧洲债券则是一年支付一次，还有一些债券是按季度支付的。最普遍的债券类型是：

- **固定息票债券**（fixed-coupon bonds），它每个时期支付固定的本金比例，而本金作为最后一笔大额款项在到期日一次性支付。
- **零息债券**（zero-coupon bonds），它仅支付本金但不支付息票，它的回报仅源于价格增值。
- **年金**（annuities），它在整个有效期内每年支付固定数额，包括利息以及本金的分期偿还或逐渐偿还款项。
- **永续债券**（perpetual bonds）或**统一公债**（consols），它没有到期日且价值仅源于利息支付。
- **浮动息票债券**（floating-coupon bonds），它支付的利息等于参考利率加上一个差额，它通常也被称为**浮动利率票据**（floating-rate notes，FRN）。
- **结构性票据**（structured notes），它具有较复杂的息票模式以满足投资者的需求。
- **通胀保护票据**（inflation-protected notes），它的本金与**消费者价格指数**（consumer price index，CPI）挂钩，因此提供了抵御通胀率的保护。[①]

在这些债券的基础上有很多变化。举个例子，**递增债券**（step-up bonds）拥有随时间递增的息票。

我们来更深入地考虑浮息票据。例如一个 10 年期、面值为 10 000 万美元的 FRN，它半年支付一次利息，利率为 6 个月的 LIBOR。[②] 这里，LIBOR 是伦敦同

① 在美国，这些政府债券称为通胀保护国债。它的息票支付形式是固定的，例如 3%。如果 6 个月后，累积通胀率为 2%，那么债券的面值从 100 美元增加到 100×(1+2%)=102 美元。第一个半年支付的息票为 (3%/2)×102=1.53 美元。

② 注意这个指标可以采用不同的定义。浮动支付可以依附于一个国债利率，或者具有不同到期日的 LIBOR——比如 3 个月的 LIBOR。FRN 定价将依赖于这个指标。同样，息票通常也将设为 LIBOR 加上某个差价，这个差价取决于发行商的信用水平。

业银行拆借利率，它是高信用级别（AA）的一个短期借款成本标准。每半年后在**重新设定日**（reset date），6 个月 LIBOR 的价值被记录下来。假设初始 LIBOR 为 6%，在下一个付息日，支付的利息为 1/2 × 10 000 万美元 × 6% = 300 万美元。同样，我们记录新的 LIBOR，假设为 8%，那么下一次支付的利息将增加到 400 万美元，等等。在到期日，债务人支付最后一次息票和本金。像一个钓钩尾部的浮子，息票支付随利率"浮动"。

应用：LIBOR 和其他基准利率

LIOBR，伦敦银行同业拆借利率，是基于银行在伦敦国际银行市场拆借非担保资金的参考利率。

LIBOR 是英国银行家协会（British Bankers' Association，BBA）于每天伦敦时间上午 11：45 公布的利率，由银行上报的利率分布计算平均值得到。LIBID，伦敦银行同业拆入利率，代表了存款利率的平均值。

LIBOR 用于 10 种不同的货币和不同的借款期限（从一夜到一年）的利率计算。LIBOR 被广泛作为短期利率期货市场的参考利率，例如欧洲美元期货。

然而，对于欧元，EURIBOR，即欧洲银行同业拆借利率，是最常用的利率。它由欧洲银行业联盟（EBF）提供并于欧洲中部时间每天上午 11：00 公布。另外，EONIA（欧元隔夜利率指数平均）是隔夜非担保贷款利率，于欧洲中部时间每天晚上 7：00 之前公布。相同级别的银行都参照 EURIBOR 和 EONIA。对于英镑的等价利率为 SONIA（英镑隔夜利率指数平均）。 ■

在结构性票据中，我们应该提及**反向浮息票据**（inverse floaters），它的息票支付随利率水平反向变化。其息票的一个典型公式为 $c=12\%-\text{LIBOR}$，如果结果为正就每半年支付一次。假设本金为 10 000 万美元。如果 LIBOR 开始时为 6%，第一次息票将是 1/2 × 10 000 万美元 × (12% − 6%) = 300 万美元；如果 6 个月后 LIBOR 上升为 8%，第二次息票将是 1/2 × 10 000 万美元 × (12% − 8%) = 200 万美元；如果 LIBOR 变化至超过 12%，总息票为零。反过来，如果 LIBOR 下降则息票增加。因此，反向浮动票据在利率下降时表现得最好。

债券也可以利用期权的特点发行，最重要的是：

- **可赎回债券**（callable bonds），债券发行人有权利在指定的日期以指定的价格赎回该债券。赎回债券的原因是发行新债的成本低于当前债券支付的息票。
- **可退回债券**（puttable bonds），投资者有权利在指定的日期以指定的价格将该债券退回给债券发行人，处置债券的原因往往是其价值下跌。
- **可转换债券**（convertible bonds），债券可以在指定的日期以指定的价格转换成普通股，这样做的目的是可以分享公司的财富（这些内容将在股票的章节中介绍）。

分析这些债券的关键是辨认并对其期权特征进行定价。举个例子，可赎回债券可以分解为普通债券的多头减去标的为债券价格的看涨期权。看涨的特点对于希望以低价格购买可赎回债券以增加收益率的投资者来说没有什么吸引力。反过来，看跌的特点将使可退回债券更具有吸引力，增加了债券的价格并降低了其收益率。类似地，可转换的特征允许公司以比其他方式更低的收益率发行债券。

例题 9.1　FRM 试题 2003——第 95 题

在其他条件相同的情况下，下面关于债券的说法哪一个不正确?

(a) 当利率上升时，可赎回债券的价格增加。

(b) 可赎回债券等价于一个普通债券的空头加上一个基于债券价格的看涨期权多头。

(c) 可退回债券的看跌特点使得它比同条件的普通债券的收益率低。

(d) 反向浮息债券的价格随利率的上升而下降。

9.2.2　报价方法

大部分债券是基于**净价**（clean price）基础报价，即没有考虑最后一次息票的应计收入。对于美国债券，这个净价用债券面值的百分比和分母为 32 的分数来表达，举个例子，2030 年 5 月到期的利率为 6.25%的国债的净价为 104－12 或者 104＋12/32，交易用成交量来表示，例如 2 000 万美元面值。

但是，实际支付必须计算利息的增值。该增值被计入**全价**（gross price），也称为**脏价**（dirty price），它等于净价加上应计利息。在美国国债市场，应计利息（AI）基于一个实际/实际的基础计算：

$$\text{应计利息} = \text{息票} \times \frac{\text{自上一息票日的实际天数}}{\text{上一息票日到下一息票日之间的实际天数}} \tag{9.1}$$

这个分数包括分子和分母中的真实天数。举个例子，假设上面 2030 年 5 月到期的 6.25%债券在 11 月 15 日支付最后一次息票，并将在 5 月 15 日支付下一次息票。通过计算每个月的天数可以得到分母为 15＋31＋31＋29＋31＋30＋15＝182，如果交易在 4 月 26 日结算，共有 15＋31＋31＋29＋31＋26＝163 天。从 3.125 美元的息票得到应计利息为：

$$3.125 \times \frac{163}{182} = 2.798\ 763 \text{ 美元}$$

这个交易总的全价为：

$$(20\ 000\ 000/100) \times [(104 + 12/32) + 2.798\ 763] = 21\ 434\ 753 \text{ 美元}$$

不同市场有不同的天数计算习惯，例如 30/360 的习惯就是考虑所有月份都恰好为 30 天。

我们应该注意，LIBOR 市场的应计利息基于真实天数/360，举个例子，一个 6%、100 万美元的贷款在 92 天的应计利息为：

$$1\ 000\ 000 \times 0.06 \times \frac{92}{360} = 15\ 333.33 \text{ 美元}$$

另一个值得注意的定价习惯是短期国债的折现。这些国债按照面值的年度化折现率（DR）来报价，定义为：

$$DR = (\text{面值} - P)/\text{面值} \times (360/t) \tag{9.2}$$

式中，P 为债券价格，t 为真实天数。债券价格可以通过下式得到：

$$P = \text{面值} \times [1 - DR \times (t/360)] \tag{9.3}$$

例如，一张以 5.19%折现率报价、还有 91 天到期的短期国债可以用下面的价格购买：

$$100 \times [1 - 5.19\% \times (91/360)] = 98.688\,1 \text{ 美元}$$

这个价格可以转换成一个传统的到期收益率：

$$\text{面值} / P = (1 + y \times t/365) \tag{9.4}$$

在这个例子中结果为 5.33%，注意到这个收益率高于折现率，因为这是基于初始价格的回报率。由于价格低于票面价值，所以收益率必定高于折现率。

9.2.3 久期和凸度

前面的章节已经介绍过久期的概念，它可能是固定收益市场最重要的风险度量。久期度量了债券价格对收益率变动的风险暴露或敏感程度。凸度是二阶效应。

当现金流固定时，久期用每一次支付的加权期限来计算，其中权重与现金流的现值成正比。在很多情况下，我们可以从证券的经济分析来推导久期。考虑一个无信用风险的**浮动利率票据**（floating-rate note，FRN）刚好在利率重新设定日之前，我们知道息票率将被设置为当前利率。于是 FRN 与现金或者一个货币市场工具相似，它没有利率风险，因此平价销售，并且其久期为零。刚好在利率重新设定日之后，投资者在增加的期限内被锁定在一个固定的息票率上，于是 FRN 等价于一个零息债券，该债券到期时间长度等于到下一次利率重新设定日的时间长度。

我们也可以固定息票和零息债券都具有正凸度。然而，一个可赎回债券的投资者赋予公司以固定价格重新购回债券的权利。假设利率下降，这种情况下可赎回债券的价格将从 100 美元上涨到 110 美元。公司有权利以 105 美元的价格执行期权，因为它可以用更低的价格购买债券。这将产生债券的负凸度。相反，当投资者处于期权的多头时，债券具有更大的正凸度。

例题 9.2　FRM 试题——可赎回债券

一个 10 年期零息债券从第 6 年年初开始每年能平价（按面值）赎回。假设收益率曲线平坦为 10%，那么该债券的久期是多少？

(a) 5 年。

(b) 7.5 年。

(c) 10 年。

(d) 无法确定。

例题 9.3　FRM 试题——浮息债券的久期

一个货币市场交易方持有 8 年期浮动利率票据。利率以 3 个月 LIBOR 浮动，每个季度重新设定，下一次设定将在一个星期后，那么该浮动利率票据的近似久期为多少？

(a) 8年。

(b) 4年。

(c) 3个月。

(d) 1个星期。

例题 9.4　FRM 试题 2009——第 4 - 16 题

从保险期一直到债券到期日，下列哪一个债券最可能展现为负凸度？

(a) 可退回债券。

(b) 可赎回债券。

(c) 折价无期权债券。

(d) 零息债券。

9.3　固定收益证券的定价

9.3.1　净现值方法

固定收益证券可以通过如下步骤定价：首先，列出其现金流；其次，以合适的折现率折现这些现金流来计算它们的净现值（NPV）。我们用未来现金流的现值来表示债券的市场价格 P：

$$P = \sum_{t=1}^{T} \frac{C_t}{(1+y)^t} \tag{9.5}$$

式中：C_t ——第 t 个时期的现金流（利息或本金）

t ——每次支付的时期数（例如半年）

T ——最后到期的时期数

y ——这个债券的到期收益率

P ——债券价格，包括应计利息

对于一个面值为 F 的固定息票债券，每个时期的现金流 C_t 为 cF，c 为息票率，并在到期日加上 F。其他现金流模式也是可能的。图 9.1 展示了三个债券的现金流 C_t 的图像，这三个债券最初的市场价格为 100 美元，成熟期为 10 年，年利率为 6%。图像分别描绘了一个固定息票债券、一个年金和一个零息债券。只要现金流实现确定，债券的价格也就随之确定。

给定债券的市场价格，可以解出到期收益率 y。收益率也是体现债券价格和比较不同债券的有效途径。如果所有利息都以相同的利率重新投资的话，该收益率也是债券的预期回报率。然而这种关于收益率的解释当现金流是随机的或债券的期限根据它的期权特点可以变动的情况下就不准确了。利率的变动也会产生**再投资风险**（reinvestment risk）。这个风险只有通过投资零息债券可以避免，因为它没有即刻支付。

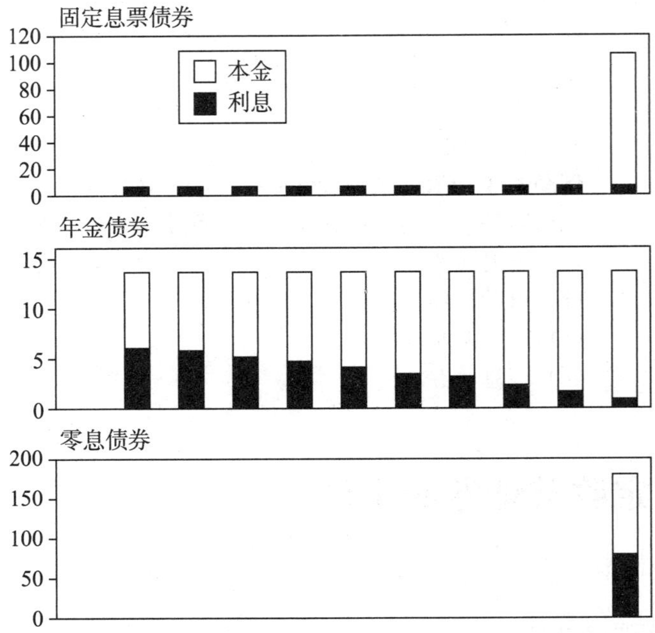

图 9.1　现金流的时间图

例题 9.5　FRM 试题 2009——第 4－12 题

你的老板希望建立一个在 5 年内没有再投资风险的固定收益投资策略。再投资风险不包括：

Ⅰ. 利率在债券的持有期保持不变。

Ⅱ. 购买的是可赎回债券。

Ⅲ. 购买的是平价债券。

Ⅳ. 购买的是 5 年期零息债券。

(a) 只有Ⅰ。

(b) 只有Ⅰ和Ⅱ。

(c) 只有Ⅲ。

(d) 只有Ⅰ和Ⅳ。

9.3.2　定　价

我们也可以通过固定收益市场上的信息来评估债券的公平价格。假设我们观察到债券到期的复利收益率为 y_T，我们可以用相同的市场决定收益率折现所有的现金流。那么债券的公允价格为：

$$\hat{P}=\sum_{t=1}^{T}\frac{C_t}{(1+y_T)^t} \tag{9.6}$$

注意到折现率 y_T 并不依赖于 t，对该债券所有的支付都是固定的。

然而这种方法忽略了利率结构。例如短期债券通常具有较低的利率，此时用统一的收益率来折现就不太合适。我们应该将每个现金流按照当期对应的零息债券收益率进行折现。定义 R_t 为到期时刻 t 的**即期利率**（spot interest rate），它反映了风险（例如外汇和信用风险）。那么债券的公允价格为：

$$\hat{P}=\sum_{t=1}^{T}\frac{C_t}{(1+R_t)^t} \tag{9.7}$$

我们可以检验债券的市场价格是被高估还是低估。如果该利率结构平缓，那么两种方法是一致的。

注意到即期利率应该被用来在相同的风险类别下（相同的外汇和信用风险）对现金流折现。例如，国债应该使用和美国政府相同风险的利率进行折现。对于高质量信用评级的公司债券，**互换曲线**（swap curve）经常被使用。互换利率对应 AA 等级交易对手的信用风险。

另外，我们还可以增加一个固定数，称为即期价格的**静态价差**（static spread，SS）来评估债券的市场价格是被高估还是低估，使得 NPV 等于当前债券价格：

$$P=\sum_{t=1}^{T}\frac{C_t}{(1+R_t+SS)^t} \tag{9.8}$$

在其他条件相同的情况下，具有较大静态价差的债券比具有较小静态价差的债券更受欢迎。这意味着债券更便宜，或者说具有更高的预期回报率。

更简单的方法是利用到期收益率计算收益率价差（yield spread，YS）：

$$P=\sum_{t=1}^{T}\frac{C_t}{(1+y_T+YS)^t} \tag{9.9}$$

表 9.2 给出了一个息票率为 7%的 2 年期债券的例子。表格左边描述的期限结构包括即期利率和平价收益率，右边列出的是使用不同方法计算得到的现金流的现值（PVCF）。我们首先使用公式（9.7），以即期利率折现现金流得到公允价格 $\hat{P}=\$101.9604$。事实上，债券以价格 $P=\$101.5000$ 出售，所以债券是便宜的。

表 9.2　　债券价格和期限结构

成熟期（年）	期限结构		7% 债券的 PVCF		
	即期利率	平价收益率	折现率		
			即期	收益率+YS	即期+SS
i	R_i	y_i	$SS=0$	$\Delta y=0.2386$	$SS=0.2482$
1	4.000 0	4.000 0	6.730 8	6.592 6	6.714 7
2	6.000 0	5.941 2	95.229 6	94.907 4	94.785 3
总计			101.960 4	101.500 0	101.500 0
价格			101.500 0	101.500 0	101.500 0

接下来，我们使用公式（9.9），从平价收益率 5.941 2%开始。我们可以将价格上的差异转化成年收益率上的差异。该债券的到期收益率为 6.179 8%，这意味着收益率价差为 $YS = 6.179\ 8\% - 5.941\ 2\% = 0.238\ 6\%$。最后我们使用公式（9.8），利用静态价差法，我们可以发现令即期收益率增加 $SS = 0.238\ 6\%$ 就可以得到当前价格。后两种方法计算出的现值完全匹配观测到的市场价格。

出于风险管理的目的，最好考虑将即期利率代替价格的到期收益率作为风险因子。这更直观一些并且使用的变量大部分是静态的。相反，使用债券的历史价格就稍逊一些，因为债券的期限随过去的时间改变，这样会系统性改变债券的特点。

例题 9.6　FRM 试题 2009——第 4-11 题

考虑一个面值为 1 000 欧元的 3 年期债券，每年支付的息票率为 5%。即期利率曲线如下：1 年期 6%，2 年期 7%，3 年期 8%。该债券的价值最接近于：

(a) 904。

(b) 924。

(c) 930。

(d) 950。

9.3.3 即期利率和远期利率

除了现金流，我们也需要知道利率期限结构的具体信息，以对固定收益证券和它们的衍生产品进行定价。这个信息由**即期利率**（spot rates）提供，该利率是从当前时刻开始的零息票投资利率。从即期利率我们可以推导出**远期利率**（forward rates），它是从未来某一天开始的利率。上述两个利率都是用于债券定价的基本构件。

举个例子，考虑一个一年后开始的 1 年期利率。这个远期利率被定义为 $F_{1,2}$ 并可以用 1 年期和 2 年期即期利率 R_1 和 R_2 推导得出。远期利率是未来的投资平衡利率，使得不同期限的投资的回报相等。为了说明这个重要概念，考虑一个投资者的两种选择。第一种选择是以 2 年期利率锁定一项 2 年期投资，第二种选择是以 1 年期利率和从第 1 年到第 2 年的远期利率各投资 1 年。当远期利率 $F_{1,2}$ 满足下式时，这两个投资组合将具有相同的回报：

$$(1+R_2)^2 = (1+R_1)(1+F_{1,2}) \tag{9.10}$$

例如，如果 $R_1 = 4.00\%$ 和 $R_2 = 4.62\%$，我们有 $F_{1,2} = 5.24\%$。

更一般地，T 时期即期利率可以写成即期和远期的几何平均：

$$(1+R_T)^T = (1+R_1)(1+F_{1,2}) \cdot \cdots \cdot (1+F_{T-1,T}) \tag{9.11}$$

式中，$F_{i,i+1}$ 为目前（时刻 t）的从时刻 i 到时刻 $i+1$ 的远期利率，如图 9.2 所示。表 9.3 展示了一系列的即期利率、远期利率和平价收益率，都是以复利计算，最后一列为折现因子，即时刻 t 的一美元在当前的现值。

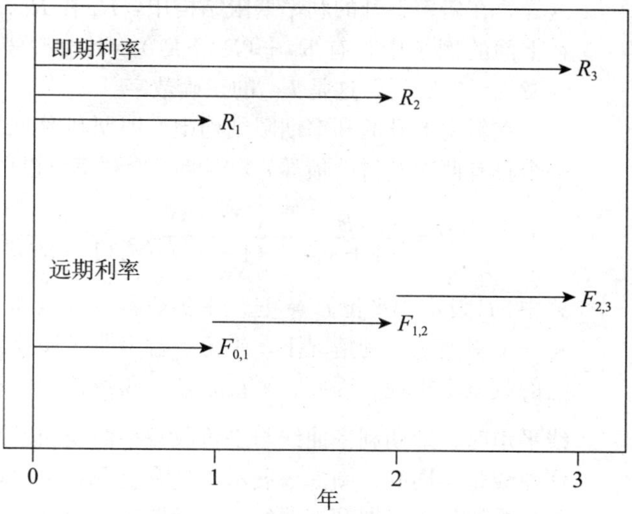

图 9.2 即期利率和远期利率

表 9.3 即期利率、远期利率和平价收益率

成熟期（年） i	即期利率 R_i	远期利率 $F_{i-1,i}$	平价收益率 y_i	折现函数 $D(t_i)$
1	4.000	4.000	4.000	0.961 5
2	4.618	5.240	4.604	0.913 6
3	5.192	6.350	5.153	0.859 1
4	5.716	7.303	5.640	0.800 6
5	6.112	7.712	6.000	0.743 3
6	6.396	7.830	6.254	0.689 3
7	6.621	7.980	6.451	0.638 3
8	6.808	8.130	6.611	0.590 3
9	6.970	8.270	6.745	0.545 2
10	7.112	8.400	6.860	0.503 0

另外，我们可以推导出不同期限债券的一系列从一年后开始的远期利率：

$$(1+R_3)^3=(1+R_1)(1+F_{1,3})^2,\cdots,$$
$$(1+R_T)^T=(1+R_1)(1+F_{1,T})^{T-1} \tag{9.12}$$

这种远期利率期限结构定义为 $F_{1,2},F_{1,3},\cdots,F_{1,T}$ 。

远期利率可以解释为期限结构的斜率值。例如，我们可以扩展公式（9.10），在忽略交叉乘积项之后，我们有：

$$F_{1,2} \approx R_2 + (R_2 - R_1) \tag{9.13}$$

这样，在斜率上升的利率期限结构中，R_2 在 R_1 之上，并且 $F_{1,2}$ 也将在 R_2 之上。在上面的例子中，有 $R_2+(R_2-R_1)=4.62\%+(4.62\%-4.00\%)=4.62\%+0.62\%=5.24\%$，这是 $F_{1,2}$ 的正确数字。

在斜率上升的利率期限结构中，即期利率曲线在平价收益率曲线之上。考虑一个具有两次支付的债券，2 年期平价利率可以由下式定义：

$$P=\frac{cF}{(1+y_2)}+\frac{(cF+F)}{(1+y_2)^2}=\frac{cF}{(1+R_1)}+\frac{(cF+F)}{(1+R_2)^2}$$

式中，P 设定为平价 $P=F$。平价收益率曲线也可以视为即期利率的加权平均。在一个斜率上升的情况下，平价收益率曲线涉及息票以比最终支付更短也因此更低的收益率折现。因此，平价收益率曲线在即期利率曲线之下。[①] 当即期利率曲线平坦时，即期利率曲线与平价收益率曲线和远期利率曲线一致。一般来说，这些曲线是不同的。图 9.3 展示了具有上升斜率的利率期限结构的情况。它表明收益率曲线低于即期利率曲线，而远期利率曲线则高于即期利率曲线。在下降斜率的利率期限结构中，如图 9.4 所示，收益率曲线高于即期利率曲线，而即期利率曲线高于远期利率曲线。

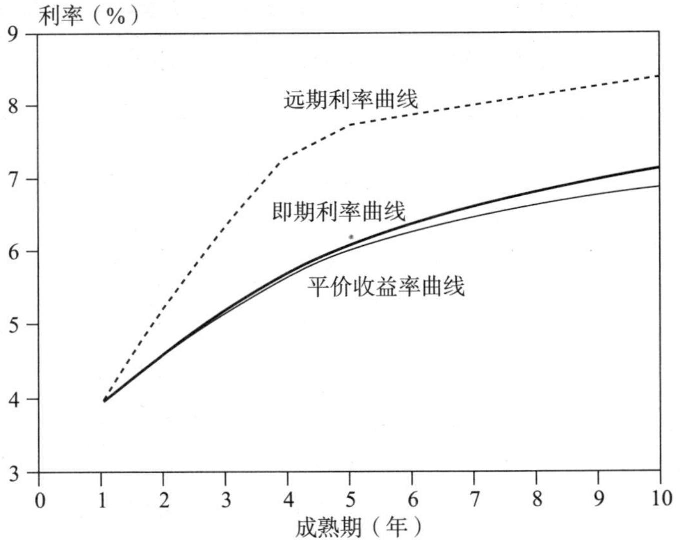

图 9.3　上升斜率的利率期限结构

① 为了进行较为规范的证明，考虑一个 2 个时期的平价债券，其面值为 1 美元，息票率为 y_2。我们可以写出这个债券的价格为：

$$1=y_2/(1+R_1)+(1+y_2)/(1+R_2)^2$$

$$y_2=R_2(2+R_2)/(2+F_{1,2})$$

在斜率上升的情况下，$F_{1,2}>R_2$，因此 $y_2<R_2$。

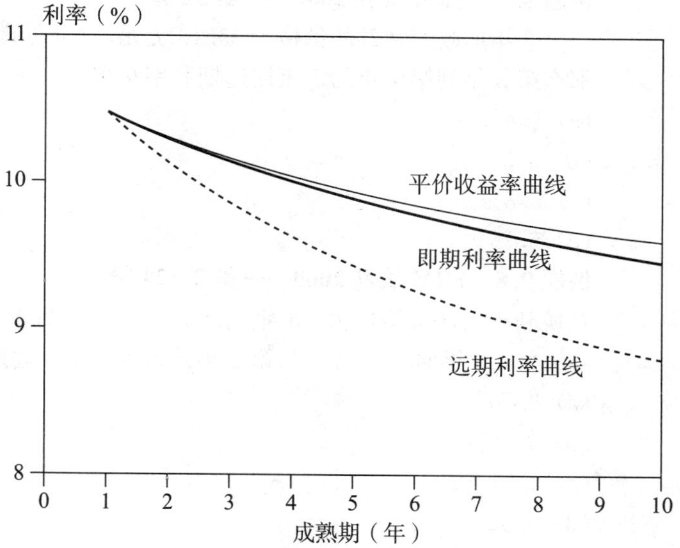

图 9.4　下降斜率的利率期限结构

注意，远期利率必须为正，否则会出现套利机会。①

远期利率允许我们以未来的利率预期未来的现金流。例如远期利率 $F_{1,2}$ 可以作为市场对一个每年支付息票并重新设定利率的 FRN 的第二次息票支付的预期。我们也将在后面说明远期利率的头寸通过衍生工具可以很容易地获得。

因此，远期利率可以看作未来即期利率的期望值，根据期望假设有：

$$F_{1,2}^{t} = E(R_1^{t+1}) \tag{9.14}$$

这里假设远期利率中不含有风险溢价。上升的利率期限结构说明短期利率在未来会上升。在图 9.3 中，远期利率曲线和未来一年期利率曲线路径一致。相反，下降的利率曲线将意味着远期利率在未来预期会下降。

如果期望假设成立，那么在投资时就无须考虑选择成熟期。成熟期越长的债券的息票收益也越高，但由于利率的上升而造成的资金损失正好抵消了高息票的收益。

实际中，远期利率可能包括风险溢价。一般来说，投资者更喜欢短期投资的安全性。如果远期提供一个正的溢价，他们将购买期限更长的债券。这解释了为什么即期利率曲线或者收益率曲线大部分时间都是上升的。

重要概念

在斜率上升的利率期限结构的情况下，远期利率曲线高于即期利率曲线，即期利率曲线高于平价收益率曲线。根据期望假设，这意味着利率上升的预期。

---

① 远期利率必定为正，否则会出现套利机会。我们不考虑交易成本并假设我们可以以相同的利率投资并借款。举个例子，$R_1=11.00\%$，$R_2=4.62\%$，得出 $F_{1,2}=-1.4\%$。这意味着 $(1+R_1)=1.11$ 大于 $(1+R_2)^2=1.094\,534$。为了利用这个差异，我们可以借入两年期 100 万美元并将它投资一年。第一年过后，所得收益以现金形式保存，为第二年准备。这个投资获得 1 110 000 美元并且仅需要我们偿还 1 094 534 美元。于是我们魔术般地得到 15 466 美元的净利润。这在现实中是非常不可能的。基于同样的原因利率必须为正。

例题 9.7　FRM 试题 2007——第 32 题

一个 3 年期政府债券的价格为 85.16 美元，4 年期政府债券的价格为 79.81 美元。那么第 3 年到第 4 年的 1 年期远期利率是多少?

(a) 5.4%。

(b) 5.5%。

(c) 5.8%。

(d) 6.7%。

例题 9.8　FRM 试题 2009——第 3 - 24 题

互换利率的期限结构为：1 年期 2.50%，2 年期 3.00%，3 年期 3.50%，4 年期 4.00%，5 年期 4.50%。从第 3 年开始的 2 年期远期互换利率最接近于：

(a) 3.50%。

(b) 4.50%。

(c) 5.51%。

(d) 6.02%。

例题 9.9　FRM 试题——期限结构的形状

假设收益率曲线是斜率上升的，下列说法哪一个正确?

(a) 远期利率曲线在零息债券收益率曲线之上，而后者在附息债券收益率曲线之上。

(b) 远期利率曲线在附息债券收益率曲线之上，而后者在零息债券收益率曲线之上。

(c) 附息债券收益率曲线在零息债券收益率曲线之上，而后者在远期利率曲线之上。

(d) 附息债券收益率曲线在远期利率曲线之上，而后者在零息债券收益率曲线之上。

例题 9.10　FRM 试题 2004——第 61 题

根据期望假设，考虑在收益率曲线斜率上升情况下的市场预期，下列说法哪一个是正确的?

(a) 利率会上升，收益率曲线会趋于平坦。

(b) 利率会上升，收益率曲线会趋于陡峭。

(c) 利率会下降，收益率曲线会趋于平坦。

(d) 利率会下降，收益率曲线会趋于陡峭。

9.4　固定收益风险

9.4.1　债券价格和收益率的波动率

固定收益风险（fixed-income risk）源于债券收益率的水平和波动率的潜在

变动。

利用久期的估计形式，债券价格收益率的波动率可以与收益率变化的波动率联系起来：

$$\sigma\left(\frac{\mathrm{d}P}{P}\right)\approx|D^{*}|\times\sigma(\mathrm{d}y) \tag{9.15}$$

我们现在说明各个市场的收益率风险。

9.4.2 影响收益率的因素

收益率的变动反映了经济的一些基本因素。长期以来，人们认为影响利率变动的一个主要因素是**预期通货膨胀**（inflationary expectations）。如果人们预期通货膨胀率将增长，那么在债券市场上，具有固定名义息票率的债券将失去吸引力，这样会导致它们收益率的上升。

图 9.5 对比了美国短期利率水平和当时的通货膨胀水平。从图中可以看出，名义利率的大部分变化都可以由通货膨胀来解释。但是，近几年来，通货膨胀的影响有所减弱。

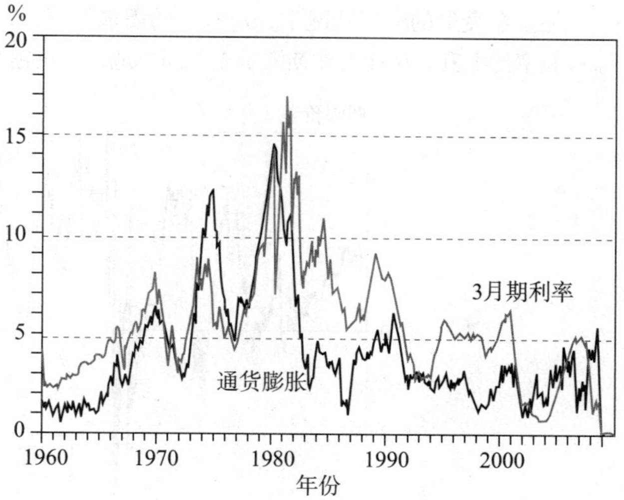

图 9.5　通货膨胀和利率

实际利率（real interest rate）定义为名义利率减去同期的通货膨胀率。通常情况下实际利率为正值，但近年来由于美联储将名义利率保持在一个非常低的水平以此来刺激经济，实际利率就出现负值的情况。

接下来，我们考虑第二个效应，它是利率期限结构的形状。尽管收益率在不同期限之间大幅平行变化，利率期限结构的斜率也同样变化。利率期限结构的变动可以概括为两个期限的利率变动。在实践中，市场观测者往往关注长期利率（如 10 年期的国债利率）和短期利率（如 3 月期国债利率），如图 9.6 所示。

通常来说，尽管短期利率表现的波动率更大，但这两个利率的变动总是一致

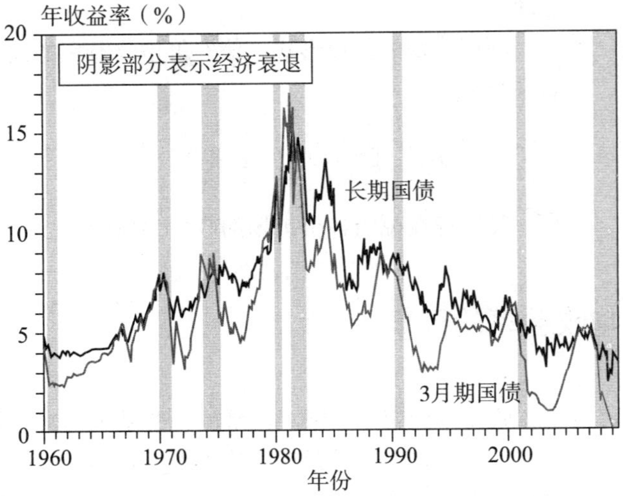

图 9.6　收益率的变动

的。**期限价差**（term spread）是指长期利率和短期利率之间的差。图 9.7 将期限价差与经济活动联系起来。图中的阴影部分表示美国经济的衰退期。经济衰退期由国家经济研究局（NBER）定义。如图所示，经济衰退往往表现为期限价差的增加。在衰退的经济状况下，对资本的需求将降低，这就导致短期利率的下降和长期利率的上升，从而增加期限价差。同样地，中央银行也会降低短期利率来刺激经济。

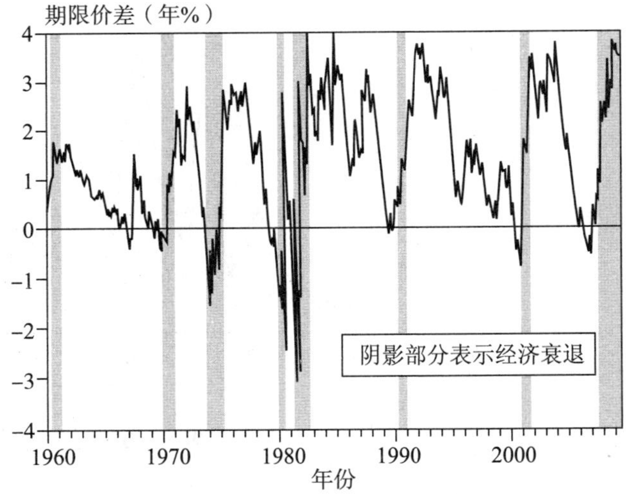

图 9.7　期限结构价差

9.4.3　债券价格和收益率的波动率

表 9.4 对比了 RiskMetrics 关于美国债券价格的波动率预测，采用了 2006 年

12 月的数据。这些数据是指数加权移动平均（EWMA）的每日和每月预测。每月的数据乘以 $\sqrt{12}$ 可以表示每年的数据。该表包括了欧洲存款利率和零息国债利率，成熟期从 30 天到 30 年不等。

正如所预期的，表 9.4 说明短期投资具有较少的价格风险，这是由于它们较短的成熟期和久期。10 年期债券的价格风险大约是 6%，这一数据与浮动货币相似。30 年期债券的价格风险更高，约为 20%，与股权相似。

表 9.4　　　　2006 年美国固定收益证券的价格波动率（%）

类型/成熟期	代码	收益率水平	$\sigma(dP/P)$ 每日	$\sigma(dP/P)$ 每月	$\sigma(dP/P)$ 每年	$\sigma(dy)$ 每年
Euro-30d	R030	5.325	0.001	0.004	0.01	0.17
Euro-360d	R360	5.338	0.028	0.148	0.51	0.54
Zero-2Y	Z02	4.811	0.088	0.444	1.54	0.22
Zero-5Y	Z05	4.688	0.216	1.084	3.76	0.44
Zero-10Y	Z10	4.698	0.375	1.874	6.49	0.48
Zero-20Y	Z20	4.810	0.690	3.441	11.92	0.49
Zero-30Y	Z30	4.847	1.014	5.049	17.49	0.63

表 9.4 最后一列是收益率的波动率。大部分期限的收益率的波动率大约在 0.50%。其他货币债券市场也是如此。然而，高通胀时期的债券收益率波动比较大，如图 9.6 所示。例如，20 世纪 80 年代初期就经历了收益率的剧烈摇摆。

例题 9.11　FRM 试题 2007——第 50 题

一个投资组合包括两个零息债券，当前价值均为 $10。第一个债券的修正久期为 1 年，第二个债券的修正久期为 9 年。收益率曲线是水平的，收益率均为 5%。假设所有的收益率曲线平行移动。给定每日收益率的波动率为 1%，下列哪一个是该投资组合在 95%置信水平下的每日 VAR 的最好估计？

(a) 1.65 美元。
(b) 2.33 美元。
(c) 1.16 美元。
(d) 0.82 美元。

9.4.4　实际利率风险

到目前为止，由于大部分债券的本金和息票的支付都是以名义值表示的（例如用美元表示），我们的分析也只考虑**名义利率风险**（nominal interest rate risk）。但是，近来许多国家都发行了通货膨胀保护债券，其支付固定于根据通胀率调整后的实际利率。

在这种情况下，风险的来源是**实际利率风险**（real interest rate risk）。实际利率可以看作一个内部收益率，也就是债券未来实际支付数额的折现值与当前实际价格相等的收益率。由于实际利率的变动并不是与名义收益率的变动完全相关，这一风险就成为新的风险来源。另外，名义利率和实际利率可以用来推测通胀预期。隐含通胀率可以用名义利率减去实际利率来度量。

例　实际和名义收益率

我们来考虑10年期通货膨胀保护债券（TIPS），实际息票率为3%，按半年付息。本金和息票的实际支付额与消费者价格指数（CPI）的增长挂钩。

现在TIPS的交易净价是108－23＋。将本金和息票支付额进行折现，我们就可以得到实际收益率$r=1.98\%$。注意由于债券是溢价发行的，其实际收益率要比息票率低。

预计通胀率为$\pi=2\%$，以半年复利计算，我们可以通过$(1+y/2)=(1+r/2)(1+\pi/2)$得到名义收益率为4%。这与当前的10年期国债的名义收益率3.95%具有相同的数量级。但是，这两个债券的风险特点差别很大。如果通胀率为5%，TIPS的息票率会为5%加上2%，而普通债券的息票率都是事先确定的。

9.4.5　信用价差风险

信用价差风险（credit spread risk）是由于久期匹配的信用敏感性债券和无风险债券收益率变动差异所产生的一种风险。本书的信用风险部分将更加详细地论述信用风险这一主题。该部分充分说明了，信用价差表示由于不履行责任所导致的损失补偿，加上反映投资者风险厌恶所可能产生的风险溢价。

通过投资于信用敏感性债券，例如公司债券、机构债券和抵押债券（MBS），同时卖空具有相同久期的国债，我们就可以建立一个信用价差的头寸。这种类型的头寸组合会在信用价差稳定和缩小时获利，在价差扩大时遭受损失。但是，由于信用价差不能为负，它们的分布就不是对称的。当价差的运动呈紧凑的大幅度变动时，这往往暗示着价差的增加，而不是降低。信用价差的这种头寸往往会产生较大的损失。

图9.8显示了自1960年以来，按照时间序列排列的信用评级为Baa的国债信用价差。图中显示了信用价差呈循环运动的模式，在经济衰退期上升，在经济繁荣期下降。在经济衰退期所表现出的较大的信用价差，反映了在困难时期违约事件数量的增加。在2008年，信用价差创纪录地达到了5%。投资者担心许多公司将要违约，这将会降低它们债券的价值。

和无风险利率的期限结构一样，信用价差也有期限结构。对于信用良好的公司，斜率是向上的，表明违约概率很低，但是在长时间范围内不可避免的不确定性也在增大。例如，在2009年，只有4家非金融美国公司评级为AAA。在1994年这样的公司有14家。随着时间范围的增加，信用等级有下降的趋势，这解释

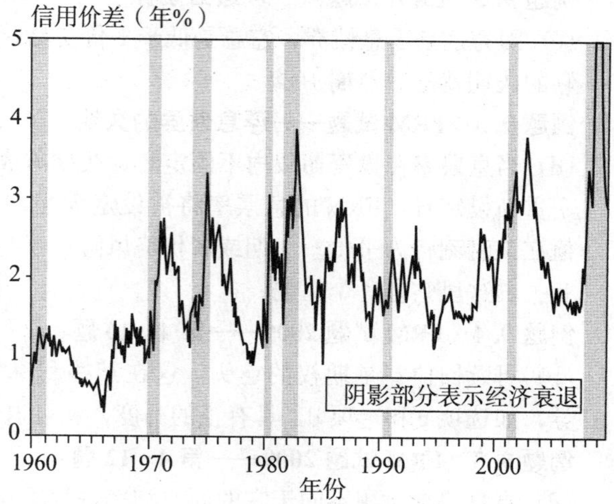

图 9.8　信用价差

了为什么期限越长信用价差越大。

例题 9.12　FRM 试题 2002——第 128 题

在 2002 年，一家阿根廷养老基金持有的 80%的以美元计价的债务资产损失了超过 40%的价值。下列哪种原因可以解释这 40%的损失？

(a) 这些资产被投资于分散的评级为 AAA 的美国公司组合。

(b) 投资于阿根廷本地的资产发生了损失而以美元计价的资产价值保持不变。

(c) 这些以美元计价的资产投资于美国国债，但是该养老基金购买了阿根廷主权债务的信用违约保护。

(d) 该养老基金将其 80%的资产投资于阿根廷以美元计价的主权债务。

例题 9.13　FRM 试题 2008——第 2-41 题

下列哪一项不会引起收益率曲线的上升？

(a) 投资者倾向于投资短期金融工具。

(b) 利率的期望下降。

(c) 信用风险状况的改善。

(d) 通胀率的预期增加。

9.5　例题解答

例题 9.1　FRM 试题 2003——第 95 题

(a) 选项 b 是正确的，因为可赎回债券的空头等价于一个普通债券的空头加上一个基于债券价格的看涨期权多头（债券发行人可以赎回债券）。选项 c 是正确的，因为看跌可退回债券对投资者具有吸引力，因此收益率降低。选项 d 是正确的，因为反向浮息债券具有很高的久期。

例题 9.2　FRM 试题——可赎回债券

(c) 因为这是零息债券，它总是低于平价交易，并且看涨期权不会被执行。因此它的久期就是成熟期 10 年。

例题 9.3　FRM 试题——浮息债券的久期

(d) 当息票率在投资期限内不固定时，久期与成熟期没有关系。我们知道在下一个重新设定日，FRN 的息票率将被设定为当期利率，因此，浮息票据的市场价值在该时刻将为平价。久期或者价格风险仅仅与到下一次重新设定日的时间长短有关，这里它是一个星期。

例题 9.4　FRM 试题 2009——第 4-16 题

(b) 可赎回债券是期权的空头，这在某些利率水平下产生了负的凸度。传统债券，如选项 c 和选项 d，具有正的凸度，和可退回债券一样。

例题 9.5　FRM 试题 2009——第 4-12 题

(d) 当息票支付用不同于它的固定利率进行重新投资时会产生再投资风险。如果利率保持恒定再投资风险将不会发生。可赎回债券可能被提前回购，这会产生对本金的再投资风险。

例题 9.6　FRM 试题 2009——第 4-11 题

(b) 价格为 $50/(1+6\%)+50/(1+7\%)^2+1\,050/(1+8\%)^3=924.36$。

例题 9.7　FRM 试题 2007——第 32 题

(d) 远期利率可以从 $P_4=P_3/(1+F_{3,4})$ 或者 $(1+R_4)^4=(1+R_3)^3(1+F_{3,4})$ 得到，即 $F_{3,4}=(85.16/79.81)-1=0.067$。

例题 9.8　FRM 试题 2009——第 3-24 题

(d) 我们首先计算 1 美元从第 3 年到第 5 年的实际支付。$T=3$ 年为 $(1+3.50\%)^3=1.108\,72$。$T=5$ 年为 $(1+4.50\%)^3=1.246\,18$。这样有 $1.246\,18=(1+F_{3,5})^2\times1.108\,72$。解方程我们得到 6.018%。注意到我们可以使用公式 (9.13) 来近似求解。这里，$5R_5=3R_3+2F_{3,5}$ 或者 $F_{3,5}=R_5+(3/2)(R_5-R_3)=4.50\%+1.5(4.50\%-3.50\%)=6\%$。

例题 9.9　FRM 试题——期限结构的形状

(a) 参看图 9.3 和图 9.4。附息债券收益率曲线是即期利率曲线，即零息债券收益率曲线的平均值，因此当斜率上升时低于即期利率曲线。远期利率曲线可以理解为即期利率曲线加上即期利率曲线的斜率。如果后者具有上升的斜率，那么远期利率曲线必定高于即期利率曲线。

例题 9.10　FRM 试题 2004——第 61 题

(a) 斜率上升的利率期限结构说明远期利率高于即期利率，或者说短期利率会上升。由于短期利率增长得比长期利率多，因此收益率曲线趋于平坦。

例题 9.11　FRM 试题 2007——第 50 题

(a) 该投资组合的美元久期为 $1\times\$10+9\times\$10=\$100$，乘以 0.01 和 1.65，等于 1.65。

例题 9.12　FRM 试题 2002——第 128 题

(d) 在 2001 年，阿根廷以本国货币和美元计价的主权债务发生违约。选项 a 是错误的，因为一个分散的投资组合不会产生这么大的损失。该养老基金投资了以美元计价的80%的资产，所以选项 b 是错误的。即使一个本国货币头寸的违约也不能解释投资组合 40%的损失。如果该养老基金购买了信用违约保护，那么它就不会损失这么多，所以选项 c 是错误的。该养老基金一定是具有暴露于阿根廷主权债务的信用风险暴露，所以选项 d 是正确的。

例题 9.13　FRM 试题 2008——第 2-41 题

（b）一个斜率向上的收益率曲线可以解释为投资者倾向于投资短期金融工具（选项 a），这需要较高的长期收益率，因此选项 a 不是正确的选择。一个斜率向上的收益率曲线也可以解释为对高利率和高通胀率的预期（选项 d）。最后，改进信用等级（选项 c）可以降低累积违约概率，因此会平缓期限结构。只有对利率的下降预期（选项 b）不会导致斜率向上的收益率曲线。

第 10 章　固定收益衍生品*

本章开始进行固定收益衍生品的分析。固定收益衍生品是基于债券价格、利率或其他债券市场变量的衍生产品。正如表 7.1 所示，固定收益衍生品占全球衍生品市场的份额最大。由于许多固定收益证券具有类似衍生品的特点，因此了解并掌握固定收益衍生品同样非常重要。

本章集中讨论固定收益衍生品的使用及定价。定价涉及找出合约的公允市场价值。然而，出于风险管理的目的，我们也需要估计合约价值的可能变动范围。这一点将在关于市场风险的章节展开讨论。

本章讨论了最重要的利率衍生品及其定价基础。10.1 节讨论了利率远期合约，它们也被称为利率远期协议。10.2 节转向对利率期货的讨论，包括欧洲美元期货和国债期货。虽然这些产品是基于美元的，类似的产品在其他资本市场也存在。10.3 节对互换进行了分析。由于其应用范围的广泛性，互换是非常重要的金融工具。最后，对于利率期权的学习在 10.4 节中进行，包括利率上限和利率下限、互换期权和交易所交易的期权。

10.1　远期合约

远期利率协议（forward rate agreement，FRA）是场外交易的金融合约，它

---

* FRM 考试第一部分的主题。

允许交易双方锁定自未来某一时间开始的利率。FRA 的买方锁定了借入利率，卖方锁定了借出利率。换句话说，FRA 多头的收益来自于利率上涨，空头的收益来自于利率下跌。

举个例子，考虑一份关于 3 月期 LIBOR 的 FRA，它在一个月之后交割，这样的 FRA 被称为 1×4。第一个数字对应于第一个交割日期，第二个数字对应于最后的到期日。把 LIBOR 适用的时期称为 τ，在本例中是 3 个月。在一个月后的交割日，向 FRA 多头的支付是即期利率 S_T（当时的 3 个月期 LIBOR）和锁定的远期利率 F 之间差额的净值。如同其他远期合约一样，S_T-F 代表了第一个交割日的收益，即：

$$V_T=(S_T-F)\times\tau\times 名义价值\times PV(\$1) \tag{10.1}$$

式中，$PV(\$1)=\$1/(1+S_T\tau)$。这个数量是用现金交割的。

图 10.1 显示了 FRA 空头等价于通过短期借款而进行长期投资。在两种情况下都没有直接投资。久期等于两个分支的久期之差。根据公式（10.1），可以推出久期是 τ，美元久期是 $DD=\tau\times$ 名义价值 $\times PV(\$1)$。

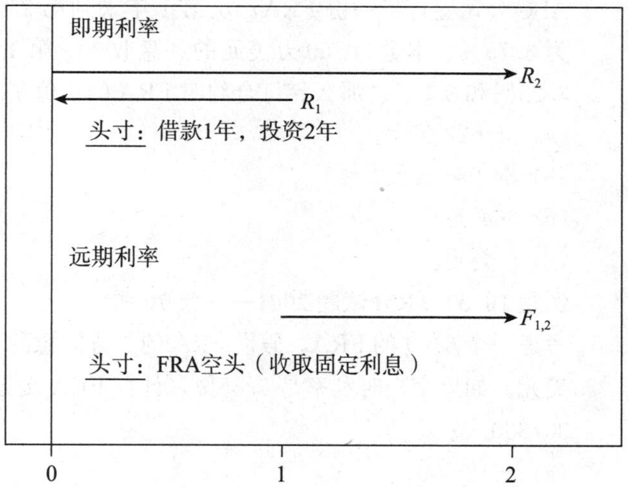

图 10.1　FRA 空头的分解

例　使用 FRA

一家公司 6 个月后将要收到 1 亿美元，并再进行为期 6 个月的投资。财务官担心利率会下降，在这种情况下投资的收益率将会降低。这家公司需要持有一个 FRA 头寸来抵消未来利率下降所带来的损失。因为 FRA 空头的收益来自于利率下降，财务官可以以 $F=5\%$ 的利率出售一份标的于 1 亿美元的 6×12FRA。这就把 6 个月后的投资利率锁定于 5%之上。

当 FRA 在 6 个月之后到期时，假定当时的 6 个月即期利率是 $S_T=3\%$，这将使现金的投资收益率变低，这正是财务官害怕出现的情况。利用公式（10.1），FRA 的收益是 $V_T=-(3\%-5\%)\times(6/12)\times1$ 亿美元=1 000 000 美元，乘以折现因子得到现值为 985 222 美元。实际上，这笔收益抵消了这家公司从浮动利率投资中可能减少的收益，保证收益率等于远期利率。这个合约也等价于借入 6 个月 1 亿美元的现值，并进行 12 个月的投资。■

重要概念

FRA 多头的收益来自于利率的上涨。FRA 空头类似于债券的多头，它的久期为正，并等于两个成熟期之差。

例题 10.1　FRM 试题 2002——第 27 题

一个 2×5 的 FRM 多头头寸相当于以下现货市场头寸中的哪一个？

(a) 借款 2 个月并进行 5 个月的投资。

(b) 借款 5 个月并进行 2 个月的投资。

(c) 在前 2 个月借款一半并在后 5 个月借款剩下一半。

(d) 借款 2 个月并进行 3 个月的投资。

例题 10.2　FRM 试题 2005——第 57 题

ABC 公司签订了一份 FRA，从第 1 年末到第 2 年末得到固定利率（连续复利）为 3.75%、本金为 100 万美元的利息收入。第 1 年和第 2 年的即期利率分别为 3.25%和 3.5%。那么签订合约时 FRA 的价值是多少？

(a) 35 629 美元。

(b) 34 965 美元。

(c) 664 美元。

(d) 0 美元。

例题 10.3　FRM 试题 2001——第 70 题

考虑一个 6×9 的 FRA，假设 FRA 的买方同意的利率为 6.35%，本金为 1 000 万美元。如果交割时利率是 6.85%，计算 FRA 卖方的交割金额。假设计息方式为 30/360。

(a) −12 500。

(b) −12 290。

(c) 12 500。

(d) 12 290。

10.2 期　货

与场外交易的 FRA 不同，期货是在有组织的交易所进行交易。我们将讨论最重要的一些期货合约，包括欧洲美元期货和长期国债期货。

10.2.1 欧洲美元期货

欧洲美元期货（Eurodollar futures）是标的于远期 LIBOR 的期货合约。自从它们在芝加哥商品交易所诞生以来，欧洲美元期货已经发展出欧洲银行同业拆借利率指数合约（以欧元计价）①、欧洲日元期货（以日元计价）等等。这些合约类似于涉及 3 个月期远期利率的 FRA，起始日期在很大的范围内变化，从几天后到未来 10 年不等。

计算期货合约价格的公式是：

$$P_t = 10\ 000 \times [100 - 0.25(100 - FQ_t)]$$
$$= 10\ 000 \times (100 - 0.25F_t) \qquad (10.2)$$

式中，FQ_t 为欧洲美元期货价格的报价。报价的形式为 100.00 减去利率 F_t，用百分比表示，即 $FQ_t = 100 - F_t$。因子 0.25 代表着 3 个月的期限，即 0.25 年。例如，如果市场报价 $FQ_t = 94.47$，那么合约价格为 $P = 10\ 000(100 - 0.25 \times 5.53) = 986\ 175$ 美元。在到期日，合约价格是：

$$P_T = 10\ 000 \times (100 - 0.25S_T) \qquad (10.3)$$

式中，S_T 为在 T 时的 3 个月欧洲美元的即期利率，支付以现金方式结算。

因此，F_t 可以被看作在期货合约到期时开始的 3 个月期远期利率。合约价格的公式可能看起来非常复杂，但实际上是人们特意这样设计的，这样利率的上升就会造成合约价格的下降，正如普通的固定收益工具一样。另外，因为价格的变化通过因子 0.25 与利率相联系，这个期货合约具有恒定的 3 个月的久期。可以很容易记住 $DV01 = \$10\ 000 \times 0.25 \times 0.01 = \$25$。尽管面值为 100 万美元，但是合约价值的变化很小。在这个例子中，面值金额的损失和合约在最坏情形下的损失大相径庭。即使利率变化 100 个基点，合约损失也仅仅为 2 500 美元。

例　使用欧洲美元期货

紧接前面的例子，公司的财务官希望对冲 6 个月后的一笔 1 亿美元为期 6 个月的投资。这家公司需要持有一个利率期货头寸来抵消未来利率下降所带来的损失。因为欧洲美元期货的多头头寸会在利率下跌时产生收益，因此该财务官可以购买欧洲美元期货。

如果期货合约以 $FQ_t = 95.00$ 交易，那么合约的价值为 $P = 10\ 000 \times [100 - 0.25(100 - 95)] = 987\ 500$ 美元。财务官需要购买匹配数量的合约，这样期货合约带来的收益可以抵消可能发生的损失。买入合约的数量我们将在后面的章节介绍计算细节。■

① Euribor 期货是基于欧洲银行家协会的欧洲银行同业拆放利率（EBF Euribor）。

之前的章节解释过远期合约的定价类似于期货，除了当期货合约的价值与再投资利率密切相关时。这正是欧洲美元期货的情况。

利率期货合约被设计成像债券一样，即利率上升时价值下降，相关系数是负的。这意味着当利率上升时，期货合约的价值下降，另外，当借款成本或者再投资利率更高时，必须追加保证金。相反，当利率下跌时，合约的价值上升，保证金可以被提出，但是只能以一个更低的利率再投资。相对于远期合约，这种每日以市值结算的特征对于期货多头是不利的。这一点必须通过降低期货合约的价值来予以抵消。在给定期货合约的价值与期货利率呈负相关的情况下，即 $P_t=10\ 000\times[100-0.25F_t]$，这意味着合约具有更高的欧洲美元期货利率 F_t。

这个差异被称为**凸度调整**（convexity adjustment），可以被描述为①：

$$期货利率=远期利率+(1/2)\sigma^2 t_1 t_2 \tag{10.4}$$

式中，σ 为短期利率变化的波动率，t_1 为期货合约的到期时间，t_2 为期货合约标的利率的到期时间。

例　凸度调整

考虑一份 10 年期欧洲美元合约，$t_1=10$，$t_2=10.25$，期货本身的到期时间是 10 年，标的利率的到期时间是 10 年加上 3 个月。

一般取 $\sigma=1\%$，因此凸度调整为 $(1/2)\times 0.01^2\times 10\times 10.25=0.51\%$，即如果远期利率为 6%，等价的期货利率将是 6.51%。注意，这个效应只对期限较长的期货合约比较明显。例如，把 t_1 变成 1 年，t_2 变成 1.25 年，凸度调整就只为 0.006%，这是可以忽略不计的。■

10.2.2　长期国债期货

长期国债期货（T-bond futures）是与一个国债池相联系的期货合约，这个国债池包含了剩余到期时间大于 15 年（不可赎回）的债券，也包含关于短期利率的合约，包括 2 年、5 年和 10 年的国债。国债期货也存在于其他市场，包括加拿大、英国、欧元区和日本的政府债券。

国债期货合约像国债一样报价，比如 97－02，以百分比加上 1/32 的倍数，本金为 100 000 美元。因此，合约的价格将是 $100\ 000\times(97+2/32)/100=$ 97 062.50美元。第二天，如果收益率上升，报价下跌为 96－0，新的价格为 96 000美元，这样国债期货多头的损失为 $P_2-P_1=-1\ 062.50$ 美元。

一定要注意长期国债是以实物形式交割的。为了保证可交割债券的可换性，期货合约使用一个交割的**转换因子**（conversion factor，CF），对于空头的支付，

① 公式来自霍-李模型。例如，可参见 John C. Hull，*Options，Futures，and Other Derivatives*，7th ed.（Upper Saddle River，NJ：Prentice Hall，2008）。

这个因子要乘以期货价格，目的在于平衡交割可选债券的净成本。

转换因子存在的原因在于债券以非常不同的价格交易。高息票债券以溢价交易，低息票债券以折价交易。没有这项调整，空头总是会交割同样条件下的最廉价债券。债券之间将没有可换性。可换性减少了市场挤压的可能性。当空头无法买入或借入合约规定交割的证券时，**挤压**（squeeze）就会发生。

因此，空头交割债券，并收到用期货的报价乘以所交割债券的转换因子（加上应计利息）的现金。空头应挑选使净成本最小的债券：

$$成本=价格-期货报价\times CF \tag{10.5}$$

具有最低净成本的债券被称为**最廉价交割债券**（cheapest to deliver，CTD）。

实际上，CF 由发行合约的交易所确定。它把债券的现金流用 6%的名义利率折现，并假设利率为平坦的期限结构。以 2015 年到期的 7.625%债券为例，CF 由下式计算：

$$CF=\frac{(7.625\%/2)}{(1+6\%/2)^1}+\cdots+\frac{(7.625\%/2)}{(1+6\%/2)^T} \tag{10.6}$$

计算得到 CF 为 1.171 7。高息票债券将具有高的转换因子。因为该债券的息票率大于 6%，因此 CF 大于 1。

表 10.1 展示了三种债券的净成本计算。第一种债券的净成本为 104.375－110.843 8×0.911 6=3.330 美元。对于 6%的附息债券，其 CF 恰好为 1。第三种债券的净成本为 1.874 美元。因为第三种债券的净成本最低，因此它就是 CTD。注意，CF 的调整使各种债券的成本远比它们的原始价格更接近彼此。

表 10.1　　CTD 的计算

债券	价格	期货价格	CF	成本
5.25% Nov 2028	104.375 0	110.843 8	0.911 6	3.330
6% Feb 2026	112.906 3	110.843 8	1.000 0	2.063
7.625% Feb 2025	131.750 0	110.843 8	1.171 7	1.874

当债券收益率远离 6%时，或者利率期限结构不平坦时，或者债券不以它们的理论价格交易时，CF 调整的效果就不好了。例如我们假设所有的收益率均平坦为 5%，并且所有债券的价格就是其面值。用 6%折现得到的 CF 都小于 1，债券的期限越长，净成本差异越明显。净成本 $P-F\times CF$ 会随着期限的增加而变大。这意味着短期债券作为交割债券更具有吸引力。当利率期限结构的斜率向上时，就出现相反的情况，长期债券作为交割债券更具有吸引力。

作为一阶近似，这个 CTD 决定了期货合约的特点。平衡的期货合约价格由下式给出：

$$F_t e^{-r\tau}=S_t-PV(D) \tag{10.7}$$

式中，S_t 为 CTD 的总价格，$PV(D)$ 为息票支付的现值。它还要再除以债券的转换因子。期货合约的久期由 CTD 给出。

实际上，这些关系都是近似的，因为空头具有选择最廉价的债券的权利，这相当于一个期权。这个交割期权的价值会压低期货价格，因为期货的多头也是期权的空头。因此，这需要一个较低的交割价格。另外，空头具有时间期权（timing option），这允许空头在交割月的任何一天进行交割。不幸的是，这个复杂的期权很难估值。

例题 10.4 FRM 试题 2009——第 3-11 题

收益率曲线是向上的。你持有一个国债期货的空头头寸。下面是可供交割的债券：

债券	A	B	C
即期价格	102—14/32	106—19/32	98—12/32
息票	4%	5%	3%
转换因子	0.98	1.03	0.952

国债期货价格为 103—17/32，并且合约的到期日是 9 月 1 日。债券在 6 月 30 日和 12 月 31 日按照半年的频率支付息票。哪一个是最廉价交割债券？

(a) 债券 A。

(b) 债券 B。

(c) 债券 C。

(d) 条件不充分。

例题 10.5 FRM 试题 2009——第 3-23 题

下列关于远期价格和期货价格的说法哪一个是正确的？

(a) 如果远期价格不等于期货价格，套利者将发掘套利机会。

(b) 利率水平决定了远期价格高于还是低于期货价格。

(c) 利率的波动率决定了远期价格高于还是低于期货价格。

(d) 远期价格高于还是低于期货价格取决于利率与期货价格的相关系数。

例题 10.6 FRM 试题 2007——第 80 题

考虑一个具有相同期限和计息频率的 FRA 和欧洲美元期货。FRA 的标的利率为 LIBOR，下列关于远期利率和期货利率的关系的说法哪一个是正确的？

(a) 远期利率一般比期货利率大。

(b) 两者之间没有关系。

(c) 远期利率一般比期货利率小。

(d) 两者恰好一样。

10.3 互 换

互换是双方根据事先定好的方式交换未来现金流的合约。利率互换的支付与利率相连。互换最常见的形式是**固定—浮动互换**（fixed-for-floating），其中一方承诺支付一个名义金额的固定比例以换取一个浮动利率（一般是 LIBOR）的收入，其风险是利率水平的变化。

其他形式的互换有**基差互换**（basis swaps），其中双方的支付都是根据浮动利率而定。例如，互换可能涉及 3 个月期 LIBOR 对 3 个月期短期国债利率，其风险是参考利率之间的价差。

10.3.1 互换工具

考虑两个交易方 A 和 B，它们都可以以固定利率或者浮动利率融资 10 年期的 1 亿美元。A 希望以浮动利率融资，B 希望以固定利率融资。

表 10.2a 显示了资金成本。公司 A 在两个市场都具有**绝对优势**（absolute advantage），因为它能以比 B 更低的利率融资。然而，公司 A 在固定利率市场上具有**相对优势**（comparative advantage），因为其成本比公司 B 低 1.2%。而在浮动利率市场上，只比公司 B 低 0.70%。相反，公司 B 在浮动利率市场上融资具有相对优势。

表 10.2a　　资金成本对比

公司	固定	浮动
A	10.00%	LIBOR+0.30%
B	11.20%	LIBOR+1.00%

这就是互换背后的基本原理，它使交易双方都能获益。如果两家公司都在它们最终希望的市场上直接融资，总成本将是 LIBOR＋0.30%（对于 A）和 11.20%（对于 B），相加得到 LIBOR＋11.50%。相反，如果两家公司都在具有比较优势的市场上融资，总成本将是 10.0%（对于 A）和 LIBOR＋1.00%（对于 B），相加得到 LIBOR ＋ 11.00%。进行互换使双方得到收益 11.50%－11.00%＝0.50%。例如，表 10.2b 和表 10.2c 描述的互换把收益在双方之间均分。

表 10.2b　互换对于公司 A

操作	固定	浮动
发行债务	支付 10.00%	
进行互换	收取 10.00%	支付 LIBOR+0.05%
净值		支付 LIBOR+0.05%
直接成本		支付 LIBOR+0.30%
节约		0.25%

表 10.2c　互换对于公司 B

操作	浮动	固定
发行债务	支付 LIBOR+1.00%	
进行互换	收取 LIBOR+0.05%	支付 10.00%
净值		支付 10.95%
直接成本		支付 11.20%
节约		0.25%

公司 A 以 10.00%发行固定利率债务，然后签订互换，其中它承诺支付 LIBOR+0.05%，得到 10.00%的固定支付。因此，它的实际融资成本是 LIBOR+0.05%，比直接融资成本小 25 个基点。

类似地，公司 B 以 LIBOR+1.00%发行浮动利率债务，然后签订互换，它收取 LIBOR+0.05%，支付 10.00%的固定利息。因此它的实际融资成本是 11.00%−0.05%=10.95%，比直接融资成本少 25 个基点。双方都从互换中受益。

对于实际的现金流，支付一般互相抵消，以净额支付。例如，如果 LIBOR 假设为 9%，那么公司 A 应收到 10%×1 亿美元=1 000 万美元，支付 LIBOR+0.05%，即 9.05%×1 亿美元=905 万美元。这就产生了净收入 95 万美元。由于双方的本金相同，因此没有必要交换本金。

10.3.2　报　价

互换经常相对于具有相同成熟期的国债收益率价差进行报价。例如，一个交易商可能对 10 年期互换相对于 LIBOR 的价差报价为 31/34bp。如果当前国债收益率是 6.72%，这意味着交易商同意支付 6.72%+0.31%=7.03%，同时收取 LIBOR，或者愿意收到 6.72%+0.34%=7.06%，同时支付 LIBOR。当然，交易商从价差中获取利润，这是很少的数额，只有 3 个基点。该互换的报价等价于

7.03/7.06。

注意到互换一般以一个与国债的正的信用价差进行交易，这是因为与LIBOR相关的报价具有信用风险。一般来说，互换利率的报价是相对于AA级的交易对手的报价。

表7.1表明利率互换市场是目前为止名义金额最大的衍生品市场。由于该市场流动性很强，固定利率的报价一般为标准利率，因此**互换利率曲线**（swap curve）也被称为平价收益率曲线，因为固定互换利率相当于债券以平价出售的收益率。由于浮动利率一般与LIBOR相关，具有信用风险，因此在这种情况下互换利率曲线一般比政府债券的平价收益率曲线要高。

10.3.3 定价

我们现在来讨论利率互换的定价。例如，考虑一个3年期1亿美元的互换，我们收到5.50%的固定息票，支付LIBOR。支付每年进行，我们忽略信用价差。我们可以使用两种方法对互换进行定价：考虑两个债券价格之差，或是对一系列远期合约估值，如图10.2所示。

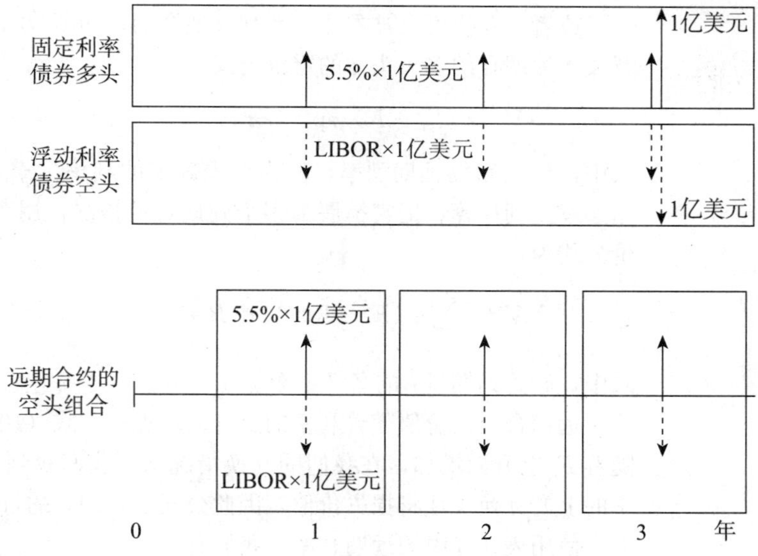

图10.2 互换现金流的不同分解

图的上半部分表明，这个互换等价于一个固定利率5.5%的3年期债券多头和一个3年期浮动利率票据（FRN）的空头。如果B_F是这个固定利率债券的价值，B_f是FRN的价值，那么互换的价值就是$V=B_F-B_f$。

FRN的价值应该接近于面值。刚好在重新设定日之前，B_f将完全类似于一个现金投资，因为下一个时期的息票率正好等于重新设定的当期利率。因此，它的市场价值将接近于面值。重新设定日之后，FRN将类似于一个具有一年期成熟期的债券。但是总的来说，B_f市场价值的波动会很小。

现在考虑互换的价值。如果在开始的时刻，互换的息票率被定位在当前的平价收益率，B_F 等于面值，即 $B_F=100$。因为刚好在重新设定日之前，$B_f=100$，互换的价值为零，即 $V=B_F-B_f=0$，这就像一个初始时刻的远期合约。

互换签订以后，它的价值将会受到利率的影响。如果利率下跌，互换将变为实值，因为它收到的息票率比市场利率高。B_F 升高，而 B_f 基本不变。

因此，收取固定利率互换的久期与固定利率债券的久期相近，包括固定的息票和到期时的本金，因为浮动利率互换的久期接近于零。本金没有变化，并不意味着计算久期时不包括本金，久期应当被看作对利率的敏感性。

重要概念

收取固定利率互换的头寸等价于具有相似息票特点和成熟期的债券多头，加上浮动利率票据的空头。它的久期接近于固定利率债券的久期。

现在我们利用上一章得到的期限结构数据对这个 3 年期的互换进行估值。时间刚好在重新设定日之前，因此 $B_f=100$（百万美元）。我们计算 B_F（单位为百万美元）：

$$B_F=\frac{5.5}{(1+4.000\%)}+\frac{5.5}{(1+4.618\%)^2}+\frac{105.5}{(1+5.192\%)^3}=100.95$$

因此互换的当前价值是 $V=100.95-100=0.95$（百万美元）。

或者，互换可以被看作一系列远期合约，如图 10.2 下半部分所示。回忆第 7 章关于远期合约多头头寸的定价公式：

$$V_i=(F_i-K)\exp(-r_i\tau_i) \tag{10.8}$$

式中，F_i 为市场远期利率，K 为事先确定的利率，r_i 为时间 τ_i 的即期利率，利用连续复利计算。把它扩展为多个到期日的情况，用离散复利 R_i 计算，互换定价公式为：

$$V=\sum_i n_i(F_i-K)/(1+R_i)^{\tau_i} \tag{10.9}$$

式中，n_i 为到期日 i 的名义金额。

远期合约的价值随着利率的上升而增加。公式（10.8）确实表明了合约价值随着 F_i 上升而增加，在我们的互换情况下，我们收到固定利率 K，因此随着利率的上升互换头寸将损失价值，因此公式（10.9）的符号需要反过来。

使用表 9.3 中的远期利率，我们有：

$$V=-\frac{100(4.000\%-5.50\%)}{(1+4.000\%)}-\frac{100(5.240\%-5.50\%)}{(1+4.618\%)^2}-\frac{100(6.350\%-5.50\%)}{(1+5.192\%)^3}$$

$$V=+1.4423+0.2376-0.7302=0.95(\text{百万美元})$$

这和前面的结果相同，当然本应如此。互换处于实值主要是因为第一个支付，它支付的利率为 5.5%，而远期利率只有 4.00%。

因此，利率互换可以利用一系列远期利率定价和对冲，正如欧洲美元合约中隐含的那样。实际上，期货每日结算的操作会引起期货利率的微小凸度偏离，在获得远期利率时必须向下调整。

图 10.3 比较了一系列 3 个月期远期利率和处于同一时间的 5 年期互换利率。因为短期远期利率小于互换利率，最近的支付处于实值状态。相对来说，更远的支付处于虚值。互换当前的市场价值为零，这表明所有近期的正的价值必须被远期的负的价值所抵消。

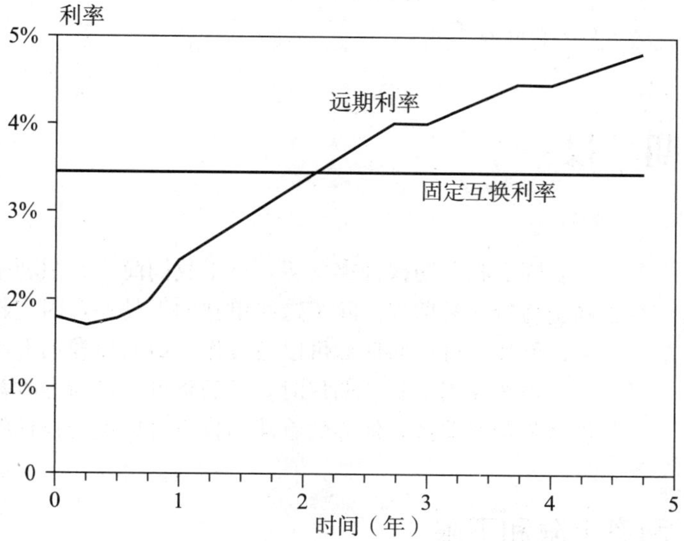

图 10.3　远期利率和互换利率系列

例题 10.7　FRM 试题 2005——第 51 题

你有一个利率互换的以下信息：2 年期，半年支付一次，固定利率为 6%，浮动利率为 LIBOR+50bp，名义金额为 1 000 万美元。在 LIBOR 在第一个支付期为 5%，第一个支付期后为 5.5%的情况下计算该互换的净息票支付。

(a) 固定利率支付者支付 0 美元。
(b) 固定利率支付者支付 25 000 美元。
(c) 固定利率支付者支付 50 000 美元。
(d) 固定利率支付者收到 25 000 美元。

例题 10.8　FRM 试题 2000——第 55 题

Bank XYZ 和 ABC Co. 签订 5 年期互换合约，支付 LIBOR 收取固定 8%的利率，名义金额为 1 亿美元。两年后，以 LIBOR 进行互换的 3 年期互换的市场利率是 7%。此时，ABC Co. 宣布破产，对互换违约。假设互换合约的净支付只在每年年末进行。违约给 Bank XYZ 造成损失的市场价值是多少？

(a) 192.7 万美元。
(b) 224.5 万美元。
(c) 262.4 万美元。
(d) 301.1 万美元。

例题 10.9　FRM 试题 2009——第 3-4 题

一家银行签订了一份 3 年期利率互换，面值为 2.5 亿美元，每年支付固定的利率 7.5%并收取 LIBOR。在刚刚支付完的年末，1 年期和 2 年期的 LIBOR 连续复利分别为 8%和 8.5%。此时该互换的价值最接近于

(a) 1 400 万美元。

(b) −600 万美元。

(c) −1 400 万美元。

(d) 600 万美元。

10.4　期　权

固定收益期权种类繁多，这里我们简要介绍利率上限、利率下限、互换期权和交易所交易期权。除了这些单独的工具外，固定收益期权还内嵌在很多证券之中，例如，可赎回债券可以被看作普通的债券加上期权的空头。

当考虑固定收益期权时，标的物可以是债券收益率或者债券价格。由于负的价格收益率关系，债券的看涨期权也可以被看作标的收益率的看跌期权。

10.4.1　利率上限和下限

利率上限（cap）是标的于利率的看涨期权，价值为：

$$C_T = \text{Max}[i_T - K, 0] \tag{10.10}$$

式中，$K=i_C$ 为上限利率，i_T 为到期日的利率。

实际上，利率上限与浮动利率票据同时发行，浮动利率票据支付 LIBOR 加上一个价差，并在票据期限内定期调整。通过购买利率上限，发行者保证发行资本成本不会超过利率上限。这种利率上限实际上是单个期权的组合，被称为**上限期权**（caplets）。

每个上限期权的支付由 C_T、名义金额和计息因子决定。支付是以**积欠**（arrears）方式进行的，即在每个时期的期末进行支付。例如，考虑名义金额为 100 万美元 1 年期的利率上限，其 6 个月期的 LIBOR 利率上限为 5%。协议期从 1 月 15 日到第二年的 1 月，调息日在 7 月 15 日。假设在 7 月 15 日，LIBOR 为 5.5%。在第二年 1 月，支付为：

$$100\text{ 万美元}\times(0.055-0.05)(184/360) = 2\ 555.56\text{ 美元}$$

使用实际/360 的计息方式。如果使用利率上限来对冲 FRN，这将会抵消更高的息票支付（现在的利率为 5.5%）。

利率下限（floor）是标的于利率的看跌期权，价值为：

$$P_T = \text{Max}[K - i_T, 0] \tag{10.11}$$

式中，$K = i_F$ 为下限利率。**利率双限**（collar）是买入利率上限和卖出利率下限的组合。该组合降低了购买利率上限保护的净成本。图 10.4 展示了一个价格路径的例子，上限利率为 3.5%，下限利率为 2%。有三种情况利率上限被执行，获得支付。有一种情况利率低于下限利率，需要进行支付。

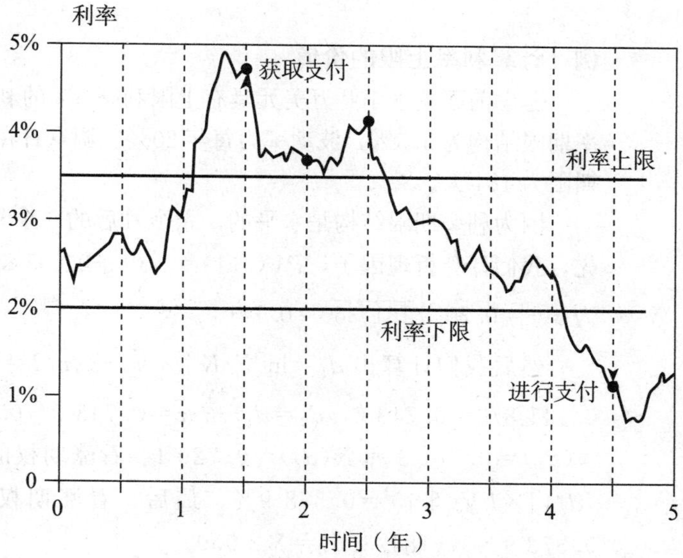

图 10.4　利率上限与下限的价格路径

当利率上限和利率下限收敛到同一个值时，总的债务成本变成固定的，不再浮动。这时利率双限和一个支付固定利率的互换一样，通过看跌看涨平价关系，有：

利率上限多头（$i_C = K$）+ 利率下限空头（$i_F = K$）

= 支付固定利率互换多头　　(10.12)

利率上限一般使用布莱克模型的变形进行定价，假设利率的变化为对数正态分布。利率上限的价值被设定等于 N 个上限期权的组合，它们是标的于不同利率并且具有规则成熟期的单独的欧式期权：

$$c = \sum_{j=1}^{N} c_j \tag{10.13}$$

每个上限期权的单位价格为：

$$c_j = [FN(d_1) - KN(d_2)]PV(\$1) \tag{10.14}$$

式中，F 为当前在 t_j 和 t_{j+1} 期间的远期利率，K 为上限利率，$PV(\$1)$ 为对于时刻 t_{j+1} 的折现因子。为了得到美元数量，我们必须调整名义金额的数量和计息期的长度。

定价模型中的波动率 σ 是当前时刻和到期日 t_j 之间的波动率。一般来说，对于一个利率上限的所有上限期权，给定一个波动率，称为**水平波动率**（flat volatilities）：

$$\sigma_j = \sigma$$

或者，对于上限期权的每个远期利率，都给定单独的波动率，它们被称为**即期波动率**（spot volatilities）。

例　计算利率上限的价值

考虑前面关于100万美元具有上限利率5%的利率上限。假设一个水平的利率期限结构为5.5%，波动率为每年20%。调息日在181天后的7月15日，计息期限为184天。

因为利率期限结构是水平的，六个月后的6个月期远期利率也是5.5%。首先，我们计算折现因子，$PV(\$1)=1/(1+0.055\times 365/360)=0.9472$，波动率为$\sigma\sqrt{\tau}=0.20\sqrt{181/360}=0.1418$。

然后我们计算出$d_1=\ln[F/K]/\sigma\sqrt{\tau}+\sigma\sqrt{\tau}/2=\ln[0.055/0.05]/0.1418+0.1418/2=0.7430$，$d_2=d_1-\sigma\sqrt{\tau}=0.7430-0.1418=0.6012$。我们得到$N(d_1)=0.7713$和$N(d_2)=0.7261$。看涨期权的价值为$c=[FN(d_1)-KN(d_2)]\times PV(\$1)=0.5789\%$，最后，看涨期权的总价值是100万美元×0.578 9%×(184/360)＝$2 959。■

图10.3可以被看作远期利率的序列。如果利率上限等于当前的互换利率，利率上限被称为处于平值。图中，近期的上限期权处于虚值，因为$F_i<K$。然而远期的上限期权处于实值。

例题10.10　FRM试题2002——第22题

一个12月期的利率上限基于3月期的LIBOR，执行价格为4%。下列说法哪一个是正确的？

(a) 该利率上限由3个3月期上限期权组成，第一个上限期权从当前时刻开始，基于3月期的LIBOR，以积欠的形式进行支付。

(b) 该利率上限由4个3月期上限期权组成，第一个上限期权从当前时刻开始，基于3月期的LIBOR，以积欠的形式进行支付。

(c) 无论收益率曲线如何变化，每个上限期权的隐含波动率都相等。

(d) 在期限内只有一个上限利率的上限期权。

例题10.11　FRM试题2004——第10题

一个收取固定利率、支付浮动利率的互换投资者的收益可以由下列头寸进行复制，除了

(a) FRA组合的空头头寸。

(b) 固定利率债券的多头头寸和浮动利率债券的空头头寸。

(c) 利率上限的空头头寸和利率下限的多头头寸。

(d) 浮动利率债券的多头头寸和利率下限的空头头寸。

例题 10.12　FRM 试题 2003——第 27 题

一个投资组合管理公司的经理用固定收益的养老基金持有固定利率公司债券的投资组合。债券组合的久期为 5 年，养老基金负债的久期为 7 年。假设基金持有者坚信利率会在未来 6 个月下降并关心投资组合和养老基金负债之间的久期不匹配。下列哪一种策略是消除久期不匹配的最好方法?

(a) 进行一个该公司支付固定利率收取浮动利率的互换交易。

(b) 进行一个该公司收取固定利率支付浮动利率的互换交易。

(c) 购买 6 个月期的利率上限。

(d) 出售欧洲美元期货合约。

10.4.2　互换期权

互换期权（swaption）是场外交易期权，给予购买者在确定时间以特定的条款（包括固定息票率）签订互换的权利。

这些合约具有多种形式。**欧式互换期权**（European swaption）在将来某一确定时间才可以执行。在那天，持有者拥有以特定利率和条款进入互换的权利。例如考虑一个“1Y×5Y”互换期权的例子，它给予持有者在 1 年后成为 5 年期互换多头或者空头的权利。

固定期限的**美式互换期权**（American swaption）可以在执行期内的任意一天执行。在我们的例子中，这将在下一年之内。例如，如果在 6 个月以后执行，互换将在 5 年零 6 个月后结束。因此，互换的结束日期取决于执行日期。相反，**或有美式互换期权**（contingent American swaption）具有事先确定的结束日期，例如恰好距现在 6 年以后。最后，**百慕大期权**（Bermudan option）给予持有者在期权期限内一系列特定的日期执行的权利。

举个例子，考虑一家公司，它在一年后将发行 5 年期的浮动利率债券。公司希望把浮动的支付互换成固定的支付。这家公司可以购买一个互换期权，它能给公司创造一个 5 年期支付固定 8%利率的互换的权利。如果一年后的互换利率高于 8%，公司将执行互换期权，相反，则不执行。到期时期权的价值将是：

$$P_T = \text{Max}[V(i_T) - V(K), 0] \tag{10.15}$$

式中，$V(i)$为支付固定利率 i 的互换价值，i_T 为互换到期时的互换利率，K 为锁定的互换利率。这种合约被称为欧式 6/1 看涨互换期权。

这种互换期权等价于债券期权。如果利率上升，互换期权获得利润，它类似于标的于 6 年期债券的 1 年期看跌期权。当债券价格下降时，也就是利率上升时，该看跌期权获得收益。相反，给予收取固定利率权利的互换期权类似于债券的看涨期权。表 10.3 总结了互换、利率上限、利率下限和互换期权等名词术语。

表 10.3　OTC 互换和期权术语总结

产品	买入（多头）	卖出（空头）
固定/浮动互换	支付固定 收取浮动	支付浮动 收取固定
利率上限	支付权利金 收取 $\mathrm{Max}(i-i_C, 0)$	收取权利金 支付 $\mathrm{Max}(i-i_C, 0)$
利率下限	支付权利金 收取 $\mathrm{Max}(i_F-i, 0)$	收取权利金 支付 $\mathrm{Max}(i_F-i, 0)$
看跌互换期权 （支付者期权）	支付权利金 支付固定、收取 浮动的期权	收取权利金 如果执行， 收取固定、支付浮动
看涨互换期权 （收取者期权）	支付权利金 支付浮动、收取 固定的期权	收取权利金 如果执行， 收取浮动、支付固定

互换期权的用途有很多。考虑一个投资于抵押债券（MBS）的投资者。如果长期利率下降，提前偿付会增加，导致债券价格的下降。这种风险可以通过购买互换期权来进行对冲。当利率下降时，购买者会执行期权，使得期权获得的收益抵消 MBS 上的损失。或者，这种风险也可以通过发行可赎回债券来进行对冲。这也会建立一个期权头寸，当利率下降时获得利润。例如，房利美，一个投资于抵押贷款的政府资助的企业，就用发行可赎回债券的方法来对冲提前偿付风险。

最后，互换期权通常用布莱克模型的变形进行定价，假设利率服从对数正态分布。互换期权的价值等于标的于不同利率的期权的组合，所有的期权具有相同的成熟期。实际上，互换期权以波动率的形式而不是以期权费用的形式进行交易。使用的远期利率的期限与期权一致。

例题 10.13　FRM 试题 2003——第 56 题

如果你是一家公司的风险经理，你正在寻找对未来 5 年内利率不利变动的保护。使用布莱克模型定价的欧式互换期权给予期权持有者取消 5 年后的 7 年期互换的权利。下列哪一项需要使用在模型中？

(a) 开始于 5 年后的 2 年期远期利率。

(b) 开始于 2 年后的 5 年期远期利率。

(c) 2 年期互换利率。

(d) 5 年期互换利率。

10.4.3 交易所交易期权

在交易所交易的固定收益期权中，我们介绍欧洲美元期货期权和长期国债期货期权。

欧洲美元期货期权（options on Eurodollar futures）给予持有者以固定价格进入欧洲美元期货多头或空头的权利。例如，看跌期权的收益为：

$$P_T = 名义价值 \times \text{Max}[K - FQ_T, 0] \times (90/360) \tag{10.16}$$

式中，K 为执行价格，FQ_T 为到期日的期货价格。除了获得现金收益，期权的持有者可以进入标的期货头寸。因为这是一个看跌期权，它执行后建立了一个空头头寸，而交易对手则建立相反的头寸。注意，由于期货是盯市的，因此期货合约的价值为零。

由于期货的价格也可以写成 $FQ_T = 100 - i_T$，执行价格为 $K = 100 - i_C$，期权的收益也可以写成：

$$P_T = 名义价值 \times \text{Max}[i_T - i_C, 0] \times (90/360) \tag{10.17}$$

它等价于利率上限的收益。因此，欧洲美元期货的看跌期权等价于 LIBOR 的上限期权。

实际上，合约有些小的差别。欧洲美元期货期权是美式而不是欧式的。另外，支付是在欧洲美元期货期权的到期日进行，而不是积欠支付。

长期国债期货期权（options on T-bond futures）给予持有者以确定价格进入长期国债期货多头或者空头的权利。例如，看涨期权的收益为：

$$C_T = 名义价值 \times \text{Max}[F_T - K, 0] \tag{10.18}$$

如果投资者认为利率将要下降，或者债券价格将要上升，就可以购买长期国债期货看涨期权。这样，他就会获得上行利润，却没有下行风险。

例题 10.14　FRM 试题 2007——第 95 题

为了对冲未来不可预测的借款利率的上升风险，下列哪一种方法给借款者提供了最大的便利？

(a) 利率双限。

(b) 固定浮动互换。

(c) 看涨互换期权。

(d) 利率下限。

例题 10.15　FRM 试题 2009——第 2 - 24 题

收益率曲线向上并且一个投资组合经理通过隔夜回购持有一个 10 年期国债的多头头寸。该风险经理关心由于市场利率上升导致头寸市场价值下降的风险。哪一个对冲可以降低头寸暴露于利率上升的风险？

(a) 签订一个 10 年期的支付固定利率收取浮动利率的互换。

(b) 签订一个 10 年期的收取固定利率支付浮动利率的互换。

(c) 建立一个 10 年期国债期货的多头头寸。
(d) 购买一个 10 年期国债期货的看涨期权。

10.5 重要公式

1. 1×4FRA 多头＝借款 4 个时期并进行 1 个时期的投资
2. FRA 的收益：$V_T=(S_T-F)\times\tau\times$名义价值$\times PV(\$1)$
3. 欧洲美元期货合约的估值：

$$P_t=10\ 000\times[100-0.25(100-FQ_t)]=10\ 000\times[100-0.25\ F_t]$$

4. 欧洲美元期货合约风险：$DV01=\$25$
5. 期货凸度调整：期货利率＝远期利率$+\left(\frac{1}{2}\right)\sigma^2t_1t_2$，合约价值和利率之间负相关
6. 国债期货净交割成本：成本＝价格－期货报价$\times CF$
7. 国债期货转换因子：CF＝利率为 6%时的债券的净现值
8. 利率互换估值：

$V=B_F$(固定利率) $-B_f$(浮动利率)
收取固定利率互换的多头＝固定息票债券的多头＋FRN 的空头

9. 用远期合约对利率互换估值：

$$V=\sum_i n_i(F_i-K)/(1+R_i)^{\tau_i}$$

10. 利率上限：$C_T=\text{Max}[i_T-K,0]$
11. 利率下限：$P_T=\text{Max}[K-i_T,0]$
12. 利率双限：利率上限的多头加利率下限的空头
13. 利率上限估值：$c=\sum_{j=1}^{N}c_j, c_j=[FN(d_1)-KN(d_2)]PV(\$1)$
14. 看跌互换期权 (1Y×5Y)：

$$P_T=\text{Max}[V(i_T)-V(K),0]$$

15. 欧洲美元期货的看涨期权＝利率上限

10.6 例题解答

例题 10.1 FRM 试题 2002——第 27 题

(b) 一个 $t_1\times t_2$ 的 FRA 涉及一个从时刻 t_1 开始到时刻 t_2 结束的远期利率。FRA 的买方锁定了从第 3 个月到第 5 个月的借款利率。这相当于借款 5 个月并进行 2

个月的投资。

例题 10.2　FRM 试题 2005——第 57 题

(d) 市场的远期利率为 $\exp(-R_2\times 2)=\exp(-R_1\times 1-F_{1,2}\times 1)$，即 $F_{1,2}=2\times 3.50\%-1\times 3.25\%=3.75\%$，这正好是合约签订的利率，因此 FRA 合约的价值为零。

例题 10.3　FRM 试题 2001——第 70 题

(b) FRA 的卖方同意收取固定利息。因为利率现在比合约利率要高，对于卖方此合约必然表现为损失。9 个月后损失为＄10 000 000×(6.85％－6.35％)×(90/360) ＝＄12 500，在交割日（购买 FRA 6 个月后），损失为＄12 500/(1＋6.85％×0.25) ＝＄12 290。

例题 10.4　FRM 试题 2009——第 3-11 题

(b) 每个债券交割的成本等于债券价格除以转换因子，即分别为 (102＋14/32)/0.98＝104.53、103.49 和 103.55。因此债券 B 是最廉价交割债券。其他条件都是多余的。

例题 10.5　FRM 试题 2009——第 3-23 题

(d) 远期利率可能和期货利率不一样的原因是利率或者再投资收益率和期货合约利率之间的相关系数。如公式 (10.4) 所示，波动率决定了偏差的大小而不是方向。

例题 10.6　FRM 试题 2007——第 80 题

(c) 公式 (10.4) 表明期货利率一般比远期利率大。

例题 10.7　FRM 试题 2005——第 51 题

(b) 浮动利率支付者在第一个支付期支付 LIBOR＋50bp，即 5.5％。因此固定利率支付者需要支付＄10 000 000×(0.06－0.055)×0.5＝＄25 000。

例题 10.8　FRM 试题 2000——第 55 题

(c) 对剩余的 3 个时期利用公式 (10.9)，我们得到净利率支付的现值，即(8％－7％)＄100 000 000＝＄1 000 000，以 7％折现，得到＄934 579＋＄873 439＋＄816 298＝＄2 624 316。

例题 10.9　FRM 试题 2009——第 3～4 题

(d) 这道题和上一题不一样，上一题给出了互换利率。这里，我们已知 1 年期和 2 年期的即期利率。息票是 7.5。支付的净现值为 $V=\$18.75\exp(-1\times 8\%)+(\$250+\$18.75)\exp(-2\times 8.5\%)=\$244$ 百万。刚刚利率重新设定之后，FRN 的价值为＄250 百万，导致产生了＄6 百万的利润。这是一个收益，因为银行必须支付固定利率但是当前的利率更高。

例题 10.10　FRM 试题 2002——第 22 题

(a) 利率上限包含多个上限期权。第一个期限为 3 个月，锁定价值为 $\text{Max}[R(t+3)-4\%, 0]$，以积欠的形式在第 6 个月末进行支付。第二个期权的价值为 $\text{Max}[R(t+6)-4\%, 0]$，第三个期权的价值为 $\text{Max}[R(t+9)-4\%, 0]$，在第 12 个月末进行支付。因为利率上限的期限为 12 个月，这就意味着只有 3 个上限期权。

例题 10.11　FRM 试题 2004——第 10 题

(d) 一个收取固定利率的互换头寸等价于固定利率债券的多头头寸或者 FRA 组

合的空头头寸（当利率下降时获得收益），或者出售利率上限并购买执行价格相同的利率下限（当利率上升时获得收益）。利率下限的空头头寸在利率下降时不能产生收益。

例题 10.12　FRM 试题 2003——第 27 题

(b) 该经理需要增加资产的久期，或者购买附息债券。这可以通过进行一个收取固定利率的互换交易达到目的，因此选项 b 是正确的，选项 a 是错误的。购买利率上限不会在利率下降时提供保护。出售欧洲美元期货在利率下降时会产生损失。

例题 10.13　FRM 试题 2003——第 56 题

(a) 远期利率必须在期权规定 5 年之后开始，期限等于期权的久期，为 2 年。

例题 10.14　FRM 试题 2007——第 95 题

(c) 互换期权给予借款者锁定低利率的便利。另一方面，普通的互换无法像期权一样提供便利。利率双限固定了利率的范围，但还不是很便利。利率下限在利率下降时提供保护，而不是在利率上升时提供保护。（注意购买利率上限也是一个不错的选择。）

例题 10.15　FRM 试题 2009——第 2－24 题

(a) 债券头寸具有正的久期。支付固定利息的互换当利率上升时产生利润，负的久期可以提供对原始头寸的对冲。因此选项 b 是不正确的。选项 c 和原始头寸一样，不是一个对冲。在选项 d 中，基于期货的看涨期权当利率上升时将不会产生利润，在这种情况下期货价格将下降。购买看跌期权可能会是正确的选项。

第 11 章　股票、外汇和商品市场*

介绍完固定收益工具之后，我们现在转向股票、外汇和商品市场。股票，或常称为普通股，代表一个公司的所有权份额。由于股票的现金流和折现率都具有不确定性，因此股票的定价要比固定收益证券难得多，对它应用数量分析也比固定收益市场要差一些。但是，股票衍生品可以根据标的股票价格进行合理、准确的定价。

外汇市场包括即期、远期、期权、期货和互换市场。外汇交易市场是当今全球最大的金融市场，目前的日交易量达到了 3 万亿美元。

商品市场包括农产品、金属、能源和其他产品。商品和金融资产的不同之处在于商品的持有可以带来隐含收益，同时也带来存储成本。

11.1 节介绍了股票市场和其当前的定价方法，以及股票风险。11.2 节接着概述了重要的股票衍生产品，包括股指期货、股票期权、股指期权和股票互换。大多数股票衍生产品合约的定价已经在前面的章节讨论过，因此不需要太多重点介绍。可转换债券和认股权证将在后面的章节单独进行介绍。

11.3 节简要介绍了外汇市场。11.4 节讨论了外汇衍生产品。外汇互换由于其独特性和重要性将做较详细的分析。最后，11.5 节和 11.6 节讨论了商品市场和商品衍生产品。

* FRM 考试第一部分的主题。

11.1 股　票

11.1.1 概　述

普通股（common stocks）通常也被称为**股票**（equities），是代表公司所有权的证券。债券比股票具有优先权，即当公司破产的时候，它们对公司的资产具有优先索取权。因此股票代表债券、贷款和其他契约债务之后留下来的公司价值的**剩余索取权**（residual claims）。

普通股的另一个重要特点是它们的**有限责任**（limited liability），这意味着股票持有者的最大损失是他们的初始投资。这点不同于未公司化企业的所有者，当经营不善时，债权人对所有者的个人资产具有索取权。

表 11.1 描述了全球的股票市场。普通股的总市值在 2009 年底大约为 48 万亿美元，美国股市占据了最大的份额，其次是日本、欧元区和英国。2008 年全球股市下跌了 42%，大约为 26 万亿美元的市值。2009 年市值又上涨了大约 10 万亿美元。因此，投资于股票市场包含了实实在在的风险。

表 11.1　　全球股票市场，2009 年　　单位：十亿美元

美国	15 077
日本	3 444
欧元区	7 271
英国	2 796
其他欧洲地区	2 109
其他太平洋地区	4 084
加拿大	1 677
发达国家	36 459
新兴市场	7 239
世界	47 783

资料来源：世界外汇协会。

优先股（preferred stocks）不同于普通股，因为它们承诺支付特定的红利。所以，它们类似于一个永续年金债券或者统一公债，但不像债券，优先股无法支付红利并且不会导致公司破产，只有在向优先股股东派发红利后公司才能向普通股股东派发红利。换句话说，优先股比债券级别要低，但比普通股级别要高。

在产生**累积优先股红利**（cumulative preferred dividends）的情况下，所有当前和以前推迟支付的红利必须得到支付之后才能给普通股股东派发红利。优先股通常没有选举权。

不像利息支付，优先股红利没有税收减免，但是优先股有一个补偿的税收优势，收到优先股红利的公司支付的所得税税率仅为30%，这降低了它们的税收负担。因此，大部分优先股的持有者是公司。优先股市场的资本化比普通股要低得多，成交量也少得多，从下面IBM的例子中可以看出。

例：IBM 优先股

IBM在1993年6月发行了优先股1 125万股。它们在NYSE以代码"IBM-A"进行交易，共有4 500万股"保管"股，每一股代表1/4的优先股，分红以每年＄7.50的速度增长，即每一保管股＄1.875。

在2001年4月，保管股以＄25.4交易，在52周的交易价格为从＄25到＄26.25的狭窄区间。利用统一公债的定价公式，股票以隐含收益率7.38%交易。总的IBM-A股票的市场资本化近似为11.43亿美元。与之相比，普通股的市场价值为2 146.02亿美元，比前者大多了。

11.1.2 定　价

普通股定价非常困难。像任何其他资产一样，它们的价值来源于它们的未来收益，即未来的现金流（例如红利收益）或者股票价格。

我们已经看到，对国债的定价非常直接，因为现金流、息票和本金可以很容易地列出并折现。

对于普通股这是完全不同的。考虑一个简单情况，一个公司在明年支付红利D，该红利以恒定比率g增长。我们忽略最终的股票价值并以常数比率r折现红利，其中$r>g$。那么公司的价值P可以用净现值得到，就像债券一样：

$$
\begin{aligned}
P &= \sum_{t=1}^{\infty} C_t/(1+r)^t \\
&= \sum_{t=1}^{\infty} D(1+g)^{(t-1)}/(1+r)^t \\
&= [D/(1+r)]\sum_{t=0}^{\infty}[(1+g)/(1+r)]^t \\
&= [D/(1+r)]\times\left[\frac{1}{1-(1+g)(1+r)}\right] \\
&= [D/(1+r)]\times[(1+r)/(r-g)]
\end{aligned}
$$

这也被称为"戈登增长"模型：

$$P=\frac{D}{r-g} \tag{11.1}$$

股票的问题在于红利的增长率和折现率都不是很清楚。更为复杂的是，一些公司不支付任何红利而是用它们的股价增值来创造价值。

还有，上述定价公式表明折现率或红利增长率的小变化可能导致股票价格的大变化，这也是股票具有巨大波动性的重要原因。更一般地，股票的价值依赖于企业的基本经营情况和杠杆大小（即资本结构中的负债大小）。

11.1.3 股票风险

股票风险（equity risk）源于股票价格的潜在变动。我们可以将投资组合的股票风险分解为整个市场范围内的系统风险和股票的特殊风险。将波动率作为一个风险的单独度量，股票指数波动率的范围一般为每年12%～20%。

分散程度低的市场波动率较高。**集中度**（concentration）体现为大型公司股票所占的权重。例如在芬兰，股指的一半都来自一家公司，诺基亚，这使得芬兰股指比其他国家的波动率更大。

11.2 股票衍生品

股票衍生品可以在场外市场和有组织的交易所内交易。我们仅仅考虑最流行的股票衍生品工具。

11.2.1 股指期货

由于它们具有对冲一般股票市场风险的功能，股票指数的衍生品合约被广泛使用。交易活跃的衍生品合约包括股指期货、股指期权以及股指互换。

股指期货（stock index future）在全球市场是交易最为活跃的衍生品合约。事实上，美国股指期货的成交量通常大于同一市场中实物股票的交易总量。股指期货合约的成功可以用它们在风险管理方面的多功能特点来解释。股指期货允许投资者以更多种市场行为来管理他们的风险暴露。投机者可以高效地对市场方向上涨或下跌下注赌博。对冲者可以保护他们的投资价值。

可能最活跃的股指期货合约要数芝加哥商品交易所（Chicago Mercantile Exchange，CME）的标准普尔股指期货合约了。该合约的名义金额为250美元乘以指数水平。表11.2显示了1999年12月31日的报价。

表 11.2　　标准普尔股指期货报价样本

到期日	开盘	收盘	变化	成交量	未结清合约
3月	1 480.80	1 484.20	+3.40	34 897	356 791
6月	1 498.00	1 503.10	+3.60	410	8 431

表 11.2 显示了大部分成交量集中于到期日附近的合约，在这里即为 3 月。将以合约数表示的交易量转换成等价的资金形式为＄250×1 484.2×34 897，即＄130 亿。在 2009 年，平均日成交量为＄330 亿。这几乎占到纽约股票交易所（New York Stock Exchange，NYSE）＄710 亿的股票日成交量的一半。因此这个市场的流动性很强。

我们也可以计算多头头寸的日净收益，为 250×(+3.40)=850 美元，这是相当小的，因为变化仅为+3.4%/1 480.8=0.23%。通常日标准差约为 1%，这对应的收益或损失为 3 710.50 美元。

这些合约是以现金结算的，它们在到期日并不进行股票的交割。就定价而言，股指期货合约可以依照通常的期货定价关系来定价：

$$F_t e^{-r\tau} = S_t e^{-y\tau} \tag{11.2}$$

式中，y 定义为每单位时间的红利收益率。例如，标准普尔股指的收益率为每年$y=0.94\%$。

这里，我们假设红利收益率事先已知并且连续支付。一般而言，不一定是这种情况，但是它可以视为一个很好的近似，因为指数中包含非常多的公司，所以红利被合理且均匀地分散于整个时段。

为了检验股指期货合约是否得到了合理的定价，我们需要即期价格 $S=1\,469.25$，短期利率 $r=5.3\%$和距到期日的天数 76（至 3 月 16 日）。这一利率并不是以连续复利计算的。现值因子为 $PV(\$1)=1/(1+r\tau)=1/[1+5.3\%(76/365)]=0.989\,1$。类似地，红利现金流的现值因子为 $1/(1+y\tau)=1/[1+0.94\%(76/365)]=0.998\,0$。这样，公允价格为：

$$F=[S/(1+y\tau)](1+r\tau)=[1\,469.25\times0.998\,0]/0.989\,1=1\,482.6$$

这与收盘价 $F=1\,484.2$ 非常接近。这种差异是可能的，因为报价并不是同步度量的。由于红利收益率比无风险利率低，因此远期价格比即期价格要高。

图 11.1 显示了在 CME 交易的标准普尔股指期货合约的期货价格和现货价格的收敛情况。注意到两个主要特征。第一，期货价格总是高于即期价格。然而这个价差将随着合约的到期收敛于零。第二，这两个价格的相关系数非常大，这反映了公式（11.2）的期货定价关系。

因为金融机构参与股指的套利，所以我们预计期货定价关系将很好地成立。

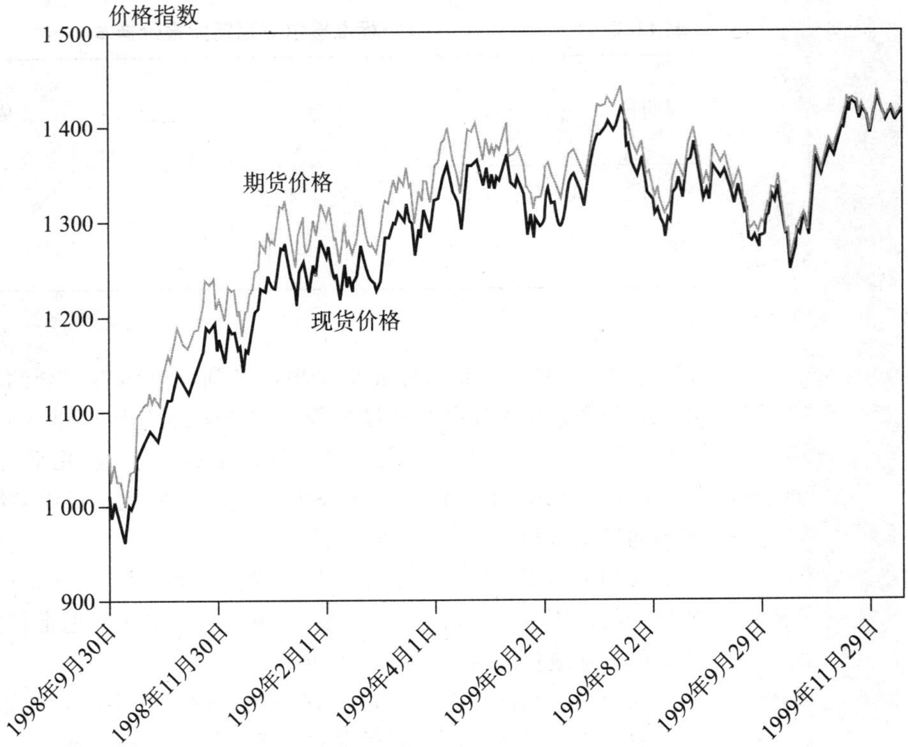

图 11.1　标准普尔股指期货的期货和现货价格

一个著名的例外发生在 1987 年 10 月 19 日市场崩溃期间。一天之内市场损失超过了 20%。但是在那一天，因推迟执行交易导致现货市场的闭市，期货价格的变化总是领先于现货价格。结果，标准普尔股指期货价格与标的现货市场价格相比非常低。但是，套利由于混乱的市场情况变得困难。

接下来，**股票互换**（equity swap）是交换依附于股票市场指数回报的现金流，以获得固定或浮动利率的一种协议。例如，用每 6 个月期的标准普尔 500 指数回报与 LIBOR 加一个价差的支付交换。该互换的定价通常使得初始互换价值为零。股票互换可以作为远期合约的组合进行定价，像利率互换那样。这些互换可以被投资管理者用来取得新兴市场的风险头寸而不需要直接投资于该市场本身。在某些情况下，这些互换也可以用于击退国外投资。

例题 11.1　FRM 试题 2000——第 12 题

假设 6 个月期的标准普尔股指期货合约的价格为 552.3。如果无风险利率为每年 7.5%，股指的红利收益率为每年 4.2%，并且市场是完全的，不存在套利机会，那么股票指数今天的价格为多少？

(a) 543.26。

(b) 552.11。

(c) 555.78。

(d) 560.02。

例题 11.2 FRM 试题 2009——第 3-1 题

一个股票指数的当前价值为 750 美元并且每年连续支付 2%的红利。基于这个股票指数的 6 个月期期货合约的交易价格为 757 美元。连续复利的无风险利率为 3.5%。没有交易成本和税收。此时有没有套利机会？如果有，下列哪一个数字最接近于你持有股指期货合约所带来的套利利润？

(a) ＄4.18。

(b) ＄1.35。

(c) ＄12.60。

(d) 没有套利机会。

11.2.2 单一股票合约

基于单一股票的衍生品合约也被广泛使用。它们包括单一股票的期货和期权以及有关价差的合约。

在 20 世纪末，美国通过法律批准了**单一股票期货**（single stock futures）的交易，它是单只股票的期货合约。这样的合约已在欧洲和其他地方交易，而在美国，电子交易始于 2002 年 11 月，现在在芝加哥商品交易所被广泛采纳。

每一份合约给定了购买或出售 100 股标的股票的义务。相对于标的股票的交易，单一股票期货具有很多优势。头寸因为很低的保证金要求可以更高效地建立，它一般为现金值的 20%。与之相反，股票的保证金就更高一些。同样，卖空股票期货消除了与股票借款过程相关的成本和低效率。不同于实物结算，这些合约交易时就像是股指期货。

价差合约（contracts for differences，CFD）是支付与标的股票相关的合约。CFD 最早发展于 20 世纪 90 年代初期的伦敦，大部分原因是为了避免昂贵的印花税，这是一种英国政府收取的股票交易税。和期货一样，CFD 也是保证金交易。支付与股票价格的变化相联系，并收取手续费。分红要给予 CFD 的多头。CFD 没有期限，可以根据需要进行滚动，只要保证金达到要求。CFD 是由经纪商和做市商在场外进行交易。

11.2.3 股票期权

期权的标的资产可以是单个股票、股票指数或者股指期货。在美国，股票期权的交易是在交易所内进行的，例如芝加哥期权交易所（Chicago Board Options Exchange，CBOE）。每一个期权给定了购买和出售 100 股的权利。股票期权的执行包括实物交割。

交易的期权通常是美式的，所以它们的定价应该包括提前执行的可能性。但是在实际中它们的价值与欧式期权不会相差很大，后者可以利用布莱克-斯科尔斯模型来定价。当股票不支付红利时，两者价值相等。更准确地，我们可以利用数值模型例如二叉树来考虑红利支付的情况。

美国最活跃的指数期权是 CBOE 交易的标准普尔 100 和标准普尔 500 股票指数。前者为美式期权，而后者为欧式期权。这些期权是现金结算的，因为交割 100 种或 500 种标的股票将变得过于复杂。每一份合约是 $ 100 乘以指数值。股指的欧式期权可以利用布莱克-斯科尔斯公式进行定价。最后，标准普尔股指期货期权也是很受欢迎的。这些期权以固定的价格给予了获得期货多空头寸的权利。执行是现金结算的。

11.3 外汇市场

11.3.1 概述

外汇交易（forex）市场具有巨大的交易量，2007 年的每日成交量估计达到了 3.21 万亿美元，其规模和增长幅度如表 11.3 所示。外汇市场的交易量令债券和股票的交易量相形见绌。相比之下，纽约股票交易所（NYSE）的每日交易量大约只有 800 亿美元。尽管外汇交易的最大部分是在交易商或者其他金融机构之间进行，但其他非金融机构之间的交易量仍然很大，达到了每日 5 490 亿美元。

表 11.3 全球外汇市场的平均每日交易量 单位：十亿美元

年份	即期	远期和外汇互换	合计
1989	350	240	590
1992	416	404	820
1995	517	673	1 190
1998	592	898	1 490
2001	399	811	1 210
2004	656	1 224	1 880
2007	1 005	2 076	3 210
其中：			
交易商			1 374
金融机构			1 287
其他			549

资料来源：国际清算银行。

即期交易（spot transactions）是指两种货币间交易成交后尽快交割，通常在两个营业日内。即期交易大概占了外汇市场交易量的35%。其他交易方式是单纯远期合约和外汇互换。**单纯远期合约**（outright forward contracts）是指在将来约定时间两种货币进行交易的合约，它的交易量大约占了整个市场的12%。**外汇互换**（forex swaps）涉及两个交易，在约定时间进行外汇交易和在较后的时间进行相反的交易，这占了整个市场交易量的53%。注意，外汇互换通常期限较短，但也有涉及未来长时间现金流支付的长期外汇互换。

除了这些合约外，还有OTC外汇期权（每日2 120亿美元）和可交易的衍生工具（每日720亿美元）。绝大部分的外汇期货在芝加哥商品交易所进行交易并最后进行实物交割，它还交易基于外汇期货的期权。

如我们在前面所见，外汇远期、期货和期权可以依据标准估值模型来定价。按照标准估值模型，定义外汇利率 r^* 后，可以将支付确认为连续的现金流。

外汇通常用**欧洲方式**（European terms）来表示，即每单位美元相当于多少外国货币。例如，日元汇率可以表示为，1美元为120日元。两种值得注意的例外是英镑和欧元，它们用**美国方式**（American terms）来表示，即每单位外国货币相当于多少美元。例如，英镑汇率可以表示为每英镑1.6美元。

例题11.3 FRM试题2003——第2题

当前的瑞士克朗/美元汇率为1.368 0瑞士克朗。3个月期的美元利率为1.05%，3个月期的瑞士利率为0.35%，都是以连续复利计算的年利率。一个外汇交易者注意到3个月期汇率的美元价格为0.7350。为了套利，该交易者应该

(a) 借入瑞士克朗，买入即期美元，持有瑞士克朗的远期合约多头头寸。

(b) 借入瑞士克朗，出售即期瑞士克朗，持有瑞士克朗的远期合约空头头寸。

(c) 借入美元，买入即期瑞士克朗，持有瑞士克朗的远期合约空头头寸。

(d) 借入美元，出售即期美元，持有瑞士克朗的远期合约多头头寸。

11.3.2 外汇风险

外汇风险（currency risk）的产生源于外国货币价值的潜在变动。这包括特定货币的波动率、不同货币之间的相关性以及贬值风险。外汇风险产生于以下几种环境中。

在汇率自由浮动的环境中，货币的外部价值可以自由变化，在市场的作用下贬值或升值。美元/欧元的汇率就是这样的例子。

在固定汇率的系统中，某一货币的外部价值固定于（或者钉住）另外一种货币。例如，港元就与美元挂钩。但是，由于**平价价值**（parity value）可能进行再调整（也称为贬值或再估值），这就意味着仍然有**贬值风险**（devaluation risk）存在。

在货币制度的变革中，以前固定汇率的某一货币将变成浮动汇率，反之亦然。例如，阿根廷比索在2001年以前与美元挂钩，随后变成浮动汇率制。货币

制度的变革也会降低货币的风险，就像最近的欧元那样。①

例题 11.4 FRM 试题 2009——第 3-19 题

Bonumeur SA 是一家针对欧洲市场生产婴儿车的法国公司。该公司从美国市场购买了婴儿车的轮子，用美元支付。Bonumeur 的外汇风险是什么？该公司如何对冲它的风险暴露？

(a) 欧元相对美元贬值；卖出欧元并买入美元的远期。

(b) 欧元相对美元贬值；卖出美元并买入欧元的远期。

(c) 欧元相对美元升值；卖出欧元并买入美元的远期。

(d) 欧元相对美元升值；卖出美元并买入欧元的远期。

11.4 外汇衍生品

外汇市场提供了全面的金融工具，包括期货、远期和期权。这些衍生品可以根据标准估值公式进行定价，约定支付是以国外利率计算的连续现金流。例如，对于外汇期货，远期价格和即期价格之间的关系非常类似于图 11.1。这两个价格高度相关并且在到期日互相收敛。

由于其重要性，我们将对外汇互换进行更详细的分析。**外汇互换**（currency swap）是指交易双方按照事先设定的公式互相交换不同货币现金流的合约。

11.4.1 外汇互换

考虑两个交易对手，公司 A 和公司 B 都可以借到 1 亿美元或 100 亿日元，期限是 10 年，汇率是 100 日元/美元。但公司 A 需要的是美元，而公司 B 需要的是日元。表 11.4a 显示了它们的借款成本。这个例子和利率互换很相似，只不过此时的利率为两种货币的利率。

表 11.4a　　资金成本对比

公司	日元	美元
A	5.00%	9.50%
B	6.50%	10.00%

① 截至 2009 年，欧元区已包括 16 个国家。早期在 1999 年加入的国家包括奥地利、比利时、卢森堡、芬兰、法国、德国、爱尔兰、意大利、荷兰、葡萄牙和西班牙。希腊于 2001 年 1 月 1 日加入。斯洛文尼亚于 2007 年 1 月 1 日加入。塞浦路斯和马耳他于 2008 年 1 月 1 日加入。斯洛伐克于 2009 年 1 月 1 日加入。然而汇率风险无法被消除，因为任何货币联盟都存在解体的可能性。

公司A无论在日元市场还是在美元市场上借款都具有**绝对优势**（absolute advantage)，其日元和美元的借款利率都低于公司B的两种借款利率。但是和日元借款的相对成本1.50%相比，公司B以美元借款具有**相对优势**（comparative advantage)，其美元借款的相对成本只有0.50%。相反，公司A以日元借款具有相对优势。

这种情况满足互换的基本条件，互换对双方都有利。如果双方直接在市场上筹集所需的货币资金，其成本为9.50%（A公司）和6.50%（B公司），总成本为16%。相反，如果双方在各自具有相对优势的货币市场上筹集资金，其成本为5.00%（A公司）和10.00%（B公司），总成本为15.00%。双方进入互换的总收益为16.00%－15.00%＝1.00%。例如，表11.4b和表11.4c显示互换将收益平摊在双方上。

表11.4b　　互换对于公司A

操作	日元	美元
发行债券	付日元5.00%	
进行互换	收日元5.00%	付美元9.00%
净值		付美元9.00%
直接成本		付美元9.50%
节约		0.50%

表11.4c　　互换对于公司B

操作	美元	日元
发行债券	付美元10.00%	
进行互换	收美元9.00%	付日元5.00%
净值		付日元6.00%
直接成本		付日元6.50%
节约		0.50%

公司A发行日元债务，利率为5.00%，然后进行互换，收取5.00%的日元利率，并以9.0%的美元利率进行支付。互换后公司A的实际成本为9.00%，比它直接借款成本少了50个基点。

类似地，公司B发行美元债务，利率为10.00%，然后进行互换，收取9.00%的美元，并以5.00%的日元进行支付。如果我们将美元利率的差异1.00%加到日元利率5.00%上，互换后公司B的实际成本为6.00%，比它直接借款成本少了 50 个基点。[1] 双方都从互换中获益。

利率互换通常采用净现金流的方式支付，因为它们是同一种货币，但对于外汇互换就不是这样。全部的支付都是以不同货币的形式进行。此外，在初始时刻和到期日，本金也以不同货币的形式进行互换。例如，假设支付每年进行，公司 A 每年会收取本金 100 亿日元 5.0%的利息，即 5 亿日元，同时支付本金 1 亿美元 9.0%的利息，即 900 万美元。

11.4.2 定 价

现在考虑对于公司 A 互换的定价。互换涉及收取 5.00%的日元并支付 9.00%的美元。和利率互换一样，我们也有两种方式对外汇互换进行定价，互换或者等于两种债券的价格差，或者等价于一系列远期合约的价值之和。

该外汇互换等价于利率 5%、10 年期日元债券多头头寸和利率 5%、10 年期美元债券空头头寸。互换的价值等于日元债券多头减去美元债券空头的价值。将 S 定义为日元货币的美元价格，P 和 P^* 定义为美元和日元债券的价格，我们有：

$$V = S(\$/¥)P^*(¥) - P(\$) \tag{11.3}$$

式中，我们将日元债券的价值用 P^* 表示。

通常情况下，债券的价值可以写成 $P(c, r, F)$，其中息票率为 c，收益率为 r，债券面值为 F。这样，我们的互换初始价值可以表示为（单位为百万）：

$$V = \frac{1}{100}P^*(5\%, 5\%, ¥10\,000) - P(9\%, 9\%, \$100)$$
$$= \frac{\$1}{¥100}¥10\,000 - \$100 = \$0$$

因此，外汇互换的初始价值为零。这里，我们假定两国利率为水平结构并且没有信用风险。

我们可以分析三种外汇互换为实值互换的条件。当日元价值 S 升值，或者日元利率 r^* 下降，或者美元利率 r 上升时，外汇互换都会变为实值互换。

因此，外汇互换暴露于三个风险因子：即期汇率和两种货币的利率。后者又暴露于相应债券的久期。

重要概念

一个收取外国货币的外汇互换的价值等价于一个外国债券多头头寸的价值减去一个美元债券空头头寸的价值。

互换也可以用一系列远期合约的价值表示。日元远期合约的价值可以表示为：

$$V_i = (F_i - K)\exp(-r_i\tau_i) \tag{11.4}$$

这里用连续复利计算。式中，r_i 为美元利率，F_i 为远期汇率（美元/日元），K

① 注意公司 B 有货币风险，因为不同币种的成本不能简单相加，但是这个误差比较次要。

为锁定的到期日汇率（美元/日元）。将它扩展为多个到期日，互换可以表示为：

$$V_i = \sum_i n_i (F_i - K)\exp(-r_i\tau_i) \tag{11.5}$$

式中，n_iF_i 为日元支付用远期汇率换算的美元价值，n_iK 为美元支付的价值。

表 11.5 比较了 3 年期、每年支付一次的外汇互换的两种定价方法。其中市场利率发生变化，美元利率为 $r=8\%$，日元利率为 $r^*=4\%$。我们假定每年按复利计算。即期汇率由 100 日元/美元变成了 95 日元/美元，说明美元贬值（或者日元升值）。

表 11.5　　外汇互换定价

	规定		市场数据
	名义金额（百万）	互换利率	市场收益率
美元	$100	9%	8%
日元	¥10 000	5%	4%
汇率		100¥/$	95¥/$

债券法定价（百万）

时间（年）	美元债券			日元债券		
	美元支付	现值（每美元）	现值（现金流）	日元支付	现值（每日元）	现值（现金流）
1	9	0.925 9	8.333	500	0.961 5	480.769
2	9	0.857 3	7.716	500	0.924 6	462.278
3	109	0.793 8	86.528	10 500	0.889 0	9 334.462
总计			$102.58			¥10 277.51
互换			－$102.58			$108.18
价值						$5.61

远期合约法定价（百万）

时间（年）	远期汇率（¥/$）	收日元（¥）	收日元（$）	付美元（$）	现金流差异（$）	现值（现金流）（$）
1	91.48	500	5.47	−9.00	−3.534	−3.273
2	88.09	500	5.68	−9.00	−3.324	−2.850
3	84.83	10 500	123.78	−109.00	14.776	11.730
价值						$5.61

表格中部显示了用两种债券的价值差异来对互换定价。首先，我们将债券的现金流以当期的收益率折现。美元债券的现值为$P=\$102.58$，日元债券的现值为10 277.51日元。将后者用新的即期汇率95日元/美元换算，我们得到\$108.18。现在互换可以定价为\$108.18－\$102.58，即$V=\$5.61$(百万)。互换价值主要是因为日元升值。

表格底部显示了如何用一系列远期合约来对互换定价。首先，我们计算各年的远期汇率。例如第一年远期汇率根据利率平价公式计算得到$95\times(1+4\%)/(1+8\%)=91.48$(日元/美元)。接着，我们将每期的日元以当期的远期汇率换算成美元，例如第一年的5亿日元可以换算成547万美元。减去900万美元的支付，净现金流为－353万美元。将这些现金流进行折现再加总，我们得到$V=561$万美元，这和用债券法计算的价值完全相同。

例题 11.5　FRM 试题 2008——第 2－27 题

下列关于利率互换和外汇互换之间差异的说法哪一个是正确的？

(a) 在到期日，利率互换和外汇互换都涉及本金交换。

(b) 在到期日，利率互换不涉及本金交换，但外汇互换涉及以优势汇率计算的本金之差的互换。

(c) 在到期日，利率互换不涉及本金交换，但外汇互换涉及本金互换。

(d) 利率互换暴露于更多的由于汇率利率的扩大而产生的交易对手信用风险以及交易中包含的结算风险。

例题 11.6　FRM 试题 2006——第 88 题

你进入一个外汇互换，每年收到4%的日元并支付6%的美元。本金为10亿日元和1 000万美元。该互换的期限为2年，当前的汇率为115日元/美元。年度日元即期利率（以连续复利计算）分别为2.00%（第一年）和2.50%（第二年），年度美元即期利率分别为4.50%（第一年）和4.75%（第二年）。那么对你来讲该外汇互换的美元价值为多少？

(a) －1.270。

(b) －0.447。

(c) 0.447。

(d) 1.270。

例题 11.7　FRM 试题 2007——第 87 题

你的公司将要收到英国客户的贸易汇款。合约以英镑计价，但你的公司希望收到美元。由于贸易额巨大，你公司不想承担汇率风险，希望用衍生产品来对冲。为了尽可能地减少对冲成本，下列合约哪一个最为合适？

(a) 英镑/美元汇率的选择期权。

(b) 支付美元收取英镑的外汇互换。

(c) 出售英镑的汇率障碍看跌期权。

(d) 购买英镑的汇率亚式看涨期权。

11.5 商　品

概　述

商品通常在交易所交易。合约包括即期、期货和期货期权。长期的商品互换也存在于场外市场，互换的支付基于商品的价格而不是固定利率或浮动利率。

商品合约可以分为：

(1) **农产品** (agricultural products)，包括谷物、含油种子（玉米、小麦、大豆）和纤维食品（可可、咖啡、糖、橙子）。

(2) **家畜和肉** (livestock and meat)（牛、猪）。

(3) **基本金属** (base metals)（铝、铜、镍和锌）。

(4) **贵金属** (precious metals)（金、银、铂）。

(5) **能源产品** (energy products)（天然气、燃油、无铅汽油、原油）。

(6) **气候衍生品** (weather derivatives)（气温、飓风、暴雪）。

(7) **环境产品** (environmental products)（二氧化碳排放量）。

高盛商品指数 (Goldman Sachs Commodity Index，GSCI) 是一组包含很多商品的价格指数，由24种可交易的期货合约组成。2009年12月，该指数包括了70%的能源产品、8%的工业金属、3%的贵金属、14%的农产品和4%的家畜产品。芝加哥商品交易所根据GSCI指数来进行商品期货和期权交易。

在过去的几年里，**电力产品** (electricity products) 交易市场已经发展起来。电力期货在一个特定的地点进行交易，例如在加州或者俄勒冈州、帕洛弗迪等等。随着对电价解除管制，这些市场迅速发展，使得电价波动幅度更大。

最近，场外市场和交易所已经开发出**气候衍生品** (weather derivatives)。在这种衍生产品中，支付与温度或者降雨量挂钩。例如，在芝加哥商品交易所，合约的支付是根据每个日历月的“日偏差程度指数”计算的。这个指数测量每天的气温和平均气温的偏差。这些合约有利于收入和天气呈负相关的投资者进行对冲。该市场仍然在不断开发新产品。

这样的商品市场允许参与者交换风险。例如农民能在将来的某个时间以固定的价格卖出其农产品，这样确保了他们的收入不受将来农产品价格波动的影响。同时，消费者能以固定的价格购买他们的农产品。

11.6 商品衍生品

11.6.1 定价

商品区别于金融资产有以下显著的两点：它们存储起来成本很高甚至几乎不可能，并且它们会产生一系列无法直接度量的收益。

第一个区别是投资商品会带来存储成本。对于大多数金融工具，其存储成本可以忽略不计，但是大宗商品的存储成本相当高。有些商品（例如电力）极难存储。

第二个区别是持有商品可以带来收益。例如，一家生产铜管的公司在生产过程中用完了铜会因为存储了铜而受益。这个收益率叫做**便利收益率**（convenience yield)。对于金融资产而言，这个收益是给投资者的货币收益。当类似于黄金的资产用于出借来获取收益的时候，收益率称为**租金收益率**（lease rate)，它是出借黄金所带来的短期回报。

如果只考虑存储成本，定价关系将变成如下。我们比较两种情况。第一种情况是我们购买即期商品，并且立即支付存储成本现值 $PV(C)$。第二种情况，我们持有远期合约，并且同时将远期合约价格的现值进行投资。因为这两种情况的价值在到期日是相同的，它们必须具有相同的初始价值：

$$F_t e^{-r\tau} = S_t + PV(C) \tag{11.6}$$

式中，$e^{-r\tau}$为现值因子，另外，如果存储成本定义为每单位时间支出 c，我们将上式重新表示为：

$$F_t e^{-r\tau} = S_t e^{c\tau} \tag{11.7}$$

由于这些成本，远期价格将大于即期价格，因为远期合约的持有者不仅可以从货币的时间价值中受益，而且能从避免支付存储成本中受益。

例 计算黄金的远期价格

使用1999年12月的数据，黄金的即期价格为 $S=288$ 美元，第一年的利率为$r=5.73\%$（连续复利），存储成本为每年每盎司 2 美元，提前支付，则 1 年期远期合约的公允价格为 $F=[S+PV(C)]e^{r\tau}=[288+2]e^{5.73\%}=307.1$ 美元。 ■

现在我们重新回到便利收益率，它可以表示为每单位时间 y。实际上，y 表示除去存储成本后持有商品的净利润。按照前面所述，商品远期价格可以表示为：

$$F_t e^{-r\tau} = S_t e^{-y\tau} \tag{11.8}$$

式中，$e^{-y\tau}$是一个实际因子，这个因子有经济含义，代表了现金和期货市场的供需情况。另外，给定 F、S 和 $e^{-r\tau}$，它也可以看作一个插入因子，使得公式(11.8)两边相等。

我们集中考虑 1 年期的合约。令 $S=25.60$ 美元，$F=20.47$ 美元，$r=5.73\%$，计算得到 y，即：

$$y=r-\frac{1}{\tau}\ln(F/S) \tag{11.9}$$

我们得到 $y=28.10\%$，这个数字是相当大的。事实上，y 的变动范围很大，我们可以计算出 1 年前的 $y=-9\%$，意味着一个负的便利收益率，即存在存储成本。这个收益率取决于合约的期限。

例如，图 11.2 显示了纽约商品交易所（NYMEX）中原油的现货和期货价格的期限结构水平。在 1997 年 12 月，曲线相对水平，在 1998 年 12 月，曲线明显向上倾斜。当期货价格高于现货价格时，市场可以被认为**期货溢价**（contango）。利用公式（11.9），这意味着便利收益率小于利率，$y<r$。

相反地，在 1999 年 12 月，曲线明显向下倾斜。当期货价格低于现货价格时，市场可以被认为**现货溢价**（backwardation）。这意味着便利收益率大于利率，$y>r$。换句话说，由于对商品的当期消费需求较高，较高的便利收益导致了较高的现货价格。

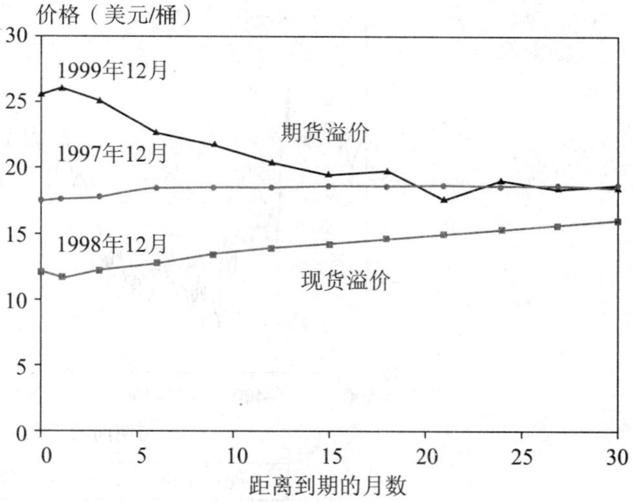

图 11.2　原油的期货价格期限结构

表 11.6 显示了一些期货合约的价格。期货价格一般来说随着合约的期限增加而增加，这反映了货币的时间价值、存储成本和较低的便利收益。例如，玉米是期货溢价。当然也有一些例外，反映了供需的不平衡。例如，白糖是现货溢价。同样，汽油价格因为夏季开车时间增加而上涨。天然气则表现相反，冬季由于取暖需求增加导致价格上涨。农产品也有较强的季节性。相反，黄金的期货价格则完全随时间增加，这是由于黄金具有非常好的可存储性。

表 11.6　　1999 年 12 月 31 日的期货价格

到期日	玉米	糖	铜	黄金	天然气	汽油	燃料油
1 月			333.8	1 095.2		205.3	211.9
3 月	414.5	26.95	334.7	1 096.9	5.532	207.2	212.2
7 月	433.0	23.02	337.1	1 099.5	5.695	219.9	215.3
9 月	437.5	22.20	337.6	1 101.0	5.795	218.9	219.4
12 月	440.8	21.50	338.2	1 104.1	6.548	209.4	226.6
3 月 11 日	449.8	21.05	338.5	1 108.4	6.560	216.0	230.7
…							
12 月 11 日	447.8	17.50	339.4	1 126.9	6.820	217.4	239.0

最后，图 11.3 比较了原油的现货和期货价格。原油现货与期货价格之间的基差有明显的变动。该市场从现货溢价（$S>F$）转向期货溢价（$S<F$）。

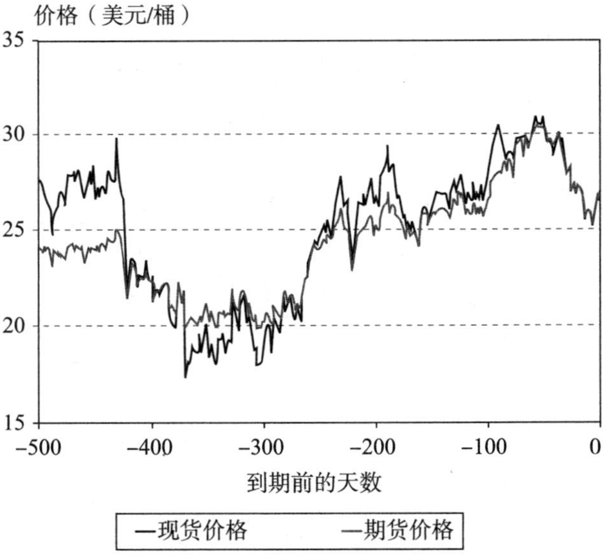

图 11.3　原油的现货和期货价格

重要概念

当现货价格低于期货价格时市场处于期货溢价。当现货价格高于期货价格时市场处于现货溢价。当商品需求较高时，现货溢价的情况会发生，这意味着便利收益率较高。

例题 11.8　FRM 试题 2008——第 2 - 30 题

如果商品 A 的租金收益率低于无风险利率，那么商品 A 的市场结构是什么？

(a) 现货溢价。
(b) 期货溢价。
(c) 平缓。
(d) 回归。

11.6.2 期货和预期现货价格

一个值得探讨的问题是今天的期货价格能否最好地预测将来的现货价格。如果是的话，它将满足预期假设，可以表示为：

$$F_t = E_t[S_T] \tag{11.10}$$

上述关系存在的原因如下。假定 1 年期的石油期货价格为 F=20.47 美元，市场预期石油的价格在 1 年后将变为 25 美元。一个投资者可以通过购买 F=20.47 美元的期货获得收益，因为等到 1 年后，他可以在 20.47 美元的低价买入石油并以 25 美元的高价卖出。换句话说，两个价格的差异暗含了**投机利润**（speculative profits）。

可以确定的是，这些利润不是无风险的。当然，它们可以表示为对风险的某种补偿。例如，如果市场上有大量想通过出售石油期货合约来套期保值的石油生产商，此时 F 和预期相比会变得不寻常地低。因此期货价格和预期的现货价格的关系十分复杂。

对于金融资产来说，在现金和期货之间套利是很简单的，金融资产的期货和远期价格完全由定价关系决定，例如由利率和资产收益决定。而对于商品，套利不是那么简单。因此，由于便利收益的存在，商品期货的价格会偏离定价关系所决定的价格。这样的价格不仅反映了预期的现货价格，也反映了市场上投机和对冲的压力。

当期货价格高于现货价格时，市场可以被认为**期货溢价**（contango）。一般情况下，期货溢价的大小会由于套利机会的存在而受到限制。如果期货溢价变得很大，交易者就会购买商品现货，将其存储起来，同时在期货交割时以高价卖出。然而在 2008 年 12 月，1 年期原油合约期货溢价达到了有史以来的最高，每桶 13 美元。这是信用危机所造成的，原油交易者很难贷到款去存储原油。

在现货溢价情况下，期货的价格随着到期日的临近而逐渐增加。在这种情况下，如果价格变动不大，采用**滚动策略**（roll-over strategy）将获得收益。该策略包括购买一个长期期货合约，持有等待，在较高的价格卖出，并将所得现金购买更长期更便宜的期货合约。

当收益率曲线斜率为正时，使用**驾驭收益率曲线策略**（riding the yield curve）将获得收益。该策略包括购买长期期货合约，然后等待收益率随时间流逝而降低。如果收益率曲线变动不大，这种策略将从类似于债券价格的升值中获得资产收益。由于价格收益率之间的负相关性，收益率曲线斜率为正等价于债券价格的现货溢价。

这是MGRM公司——Metallgesellschaft的美国子公司所采取的基本策略，即滚动购买WTI的原油期货以对在场外市场向客户出售的长期原油进行对冲。只要市场处于现货溢价状态，该策略就能获利。然而当市场变为期货溢价状态时，期货的多头头寸就开始随到期日的临近而发生亏损。另外，这些亏损还产生了现金流危机，即流动性危机。MGRM公司在将期货合约平仓后，最终导致实际亏损13亿美元。

一个相同的亏损发生在Amaranth对冲基金上，它在天然气期货合约上的投机导致了66亿美元的亏损。在2006年9月，天然气价格急剧下降。另外，冬季和夏季的天然气价差也突然消失。由于对冲头寸过大，导致对冲基金在平仓期货合约时造成的损失加大。

例题11.9　FRM试题2007——第29题

在1月，一个风险经理观察到1年期的连续利率为5%，商品A的存储成本为每季度0.05美元。他又观察了商品A的远期价格：3月5.35，6月5.90，9月5.30，12月5.22。下列关于该商品供求关系的解释哪一个能最好地描述从6月到12月的远期价格曲线？

(a) 由于商品A预期在夏季后减少供给，因此市场处于现货溢价状态。

(b) 由于商品A预期在夏季后减少供给，因此市场处于期货溢价状态。

(c) 由于商品A在夏季过度需求，因此市场处于期货溢价状态。

(d) 由于商品A在夏季过度需求，因此市场处于现货溢价状态。

例题11.10　FRM试题2007——第30题

根据定价关系利用上一题的信息计算购买3月的期货合约并在6月平仓的年度收益率是多少。

(a) 9.8%

(b) 8.9%

(c) 39.1%

(d) 35.7%

例题11.11　FRM试题2008——第4-16题

1993年年末，MGRM公司公布了在原油期货市场上的对冲策略造成的13亿美元的损失。1992年，该公司开始一个新的策略，以一个高于市场价格的固定价格在未来十年将汽油卖给独立的零售商。同时MGRM使用大量短期衍生品合约(例如互换和期货)进行对冲。这导致了短期对冲和长期负债之间的期限不匹配。非常不幸的是，当原油市场环境突然地变为下面哪种情况时该公司在对冲策略上遭受了重大损失？

(a) 期货溢价，当期货价格高于现货价格。

(b) 期货溢价，当期货价格低于现货价格。

(c) 现货溢价，当期货价格高于现货价格。

(d) 现货溢价，当期货价格低于现货价格。

11.6.3 商品风险

商品风险（commodity risk）源于商品合约价值的潜在变动，包括农产品、金属和能源产品。表 11.7 展示了商品合约的风险。[①] 这些商品可以分为贵金属（金、铂和银）、基本金属（铝、铜、镍和锌），还有能源产品（天然气、燃料油、无铅汽油、原油）。表 11.7 列出了现货和短期以及长期（通常 12～15 个月）期货合约的年度波动率。

表 11.7　　　　商品波动率（年度百分比）

商品	现货	期货
黄金	17	
铂	29	
银	33	
铝	28	20
铜	30	27
镍	41	45
锌	36	28
天然气	72	41
燃料油	33	20
无铅汽油	36	25
原油	28	19

贵金属的年波动率范围为 20%～30%，这与股票市场的波动率具有相同的数量级。基本金属的波动率范围也大致如此。相比之下，能源产品的波动率范围就大得多，范围为 20%～70%。这是由于相对金属而言，能源产品不易储藏，这样一来，其受供需波动的影响就较大。

如表 11.7 所示，对所有商品的期货价格而言，到期日较长的期货价格的波动率较低。对于能源产品来说，这一递减的波动率期限结构就更加明显，而对于基本金属，就不是很明显。

就相关性而言，图 11.3 表明金融合约期货价格的变动与现货价格联系不紧密。因此，期货合约具有一个单独的风险因子。另外，能源合约不同期限之间的相关性比金属合约的相关性要低。这解释了为什么能源合约需要多个风险因子的风险度量系统，包括期限、等级和地点。

例题 11.12　FRM 试题 2006——第 115 题

假设无风险年利率为 5%，存储原油的年成本率为 1%，原油的年便利收益率为

① 这些数据是 RiskMetrics 在 2006 年 12 月提供的。波动率可以通过未来一个月期和一年期的指数加权移动平均模型得到。

2%，当前的原油价格为每桶 50 美元。都以连续比率进行计算。那么一年后原油的远期价格是多少？

(a) 49.01 美元。

(b) 52.04 美元。

(c) 47.56 美元。

(d) 49.50 美元。

例题 11.13 FRM 试题 2006——第 138 题

假设你在未来的五年采用持有—滚动对冲策略持有期货合约。假设对冲比率只对不同时刻的货币流动性进行调整但没有对基差风险进行调整。在下列哪种情况下你的时间基差风险最大？

(a) 持有—滚动原油期货的当前月份。

(b) 持有—滚动天然气期货 12 个月。

(c) 持有—滚动黄金合约 3 年。

(d) 所有的情况具有相同的基差风险。

11.7 重要公式

戈登增长股票估值模型：$P=\frac{D}{r-g}$

股指期货：$F_t e^{-r\tau}=S_t e^{-y\tau}$

用债券头寸定价外汇互换：$V=S(\$/¥)P^*(¥)-P(\$)$

用一系列远期合约定价外汇互换：

$$V=\sum_i n_i(F_i-K)\exp(-r_i\tau_i)$$

带有存储成本的商品期货定价：

$$F_t e^{-r\tau}=S_t+PV(C)\text{ 或者 }F_t e^{-rt}=S_t e^{c\tau}$$

预期假设：$F_t=E_t[S_T]$

期货溢价：$F_t>S_t$，$y<r$

现货溢价：$F_t<S_t$，$y>r$

11.8 例题解答

例题 11.1 FRM 试题 2000——第 12 题

(a) 这是利用期货定价关系来求解 S。我们有 $Se^{-y\tau}=Fe^{-r\tau}$，即 $S=552.3\times\exp$

$(-7.5/200)/\exp(-4.2/200)=543.26$。我们证明了当红利收益率小于无风险利率时远期价格高于即期价格。

例题 11.2　FRM 试题 2009——第 3-1 题

(b) 公允的远期价格为 $F=Se^{-y\tau}/e^{-r\tau}=750\exp(-0.02\times6/12)/\exp(-0.035\times6/12)=750\times0.990\,5/0.982\,7=755.65$。实际价格为 757.00。因此以便宜的价格购买并以远期价格出售能产生利润 1.35 美元。

例题 11.3　FRM 试题 2003——第 2 题

(c) 保持一致性，用美元来表示即期汇率，$S=0.731\,0$。瑞士克朗利率比美元利率低，因此瑞士克朗必定具有远期溢价。远期的公允价格为 $F=S\exp((r-r^{*})\tau)=0.731\,0\exp((0.010\,5-0.003\,5)0.25)=0.732\,3$。由于比当前观测到的远期价格低，因此我们可以出售相对较贵的远期合约并同时借入美元，购买即期瑞士克朗，以瑞士利率投资。在到期日，我们将瑞士克朗的投资变现来支付远期合约的美元价值，归还美元借款，获得套利。

例题 11.4　FRM 试题 2009——第 3-19 题

(a) 由于公司的收入是欧元，成本是美元，它在美元升值时将发生损失。因此，风险是欧元相对美元的贬值。这可以通过购买美元远期、锁定未来的欧元支付对冲，即使美元升值。

例题 11.5　FRM 试题 2008——第 2-27 题

(c) 由于外汇互换的本金是以不同的货币计价的，它们需要交换。相反，利率互换的本金是以相同货币计价的，不需要交换。

例题 11.6　FRM 试题 2006——第 88 题

(a) 支付的净现值如下表所示。因此，外汇互换的价值等于日元债券多头头寸的美元价值减去美元债券空头头寸的价值，即 (1/115)1 000(102.85/100)－10(102.13/100)＝＄8.943－＄10.213＝－＄1.270。

T	日元			美元		
	利率	CF	NPV	利率	CF	NPV
1	2.00%	4	3.92	4.50%	6	5.74
2	2.50%	104	98.93	4.75%	106	96.39
总和			102.85			102.13

例题 11.7　FRM 试题 2007——第 87 题

(c) 外汇互换不合适，因为你想要支付英镑而并不是收取英镑。亚式期权的成本通常很低，但应该是一个看跌期权而不是看涨期权。在剩下两个选项中，选择期权的成本要更贵一些，因为它包含一个看涨期权和一个看跌期权。

例题 11.8　FRM 试题 2008——第 2－30 题

(b) 如果租金收益率为零，期货价格一定高于现货价格，这意味着期货溢价。

例题 11.9　FRM 试题 2007——第 29 题

(d) 从 6 月到 12 月，远期价格在下降，因此市场处于现货溢价状态。6 月价格不同寻常的高是因为过度需求导致价格上涨。

例题 11.10　FRM 试题 2007——第 30 题

(d) 该交易涉及 3 月期货合约的多头和 6 月期货合约的空头。实际上，这意味着交割并持有商品 3 个月直到 6 月重新卖出。期末的收入为 5.90－0.05，期初的价格为 5.35。这可以得到年度收益率 $r=4\ln(5.85/5.35)=35.7\%$。

例题 11.11　FRM 试题 2008——第 4－16 题

(a) MGRM 公司购买短期原油期货合约对冲长期销售。期货合约的多头头寸在市场转为期货溢价时将产生损失，这时现货价格低于长期价格。

例题 11.12　FRM 试题 2006——第 115 题

(b) 使用公式 $F_t e^{-r\tau}=S_t e^{-y\tau}$，我们得到 $F=S\exp(-(y-c)\tau+r\tau)=50\exp(-(0.02-0.01)+0.05)=52.04$。

例题 11.13　FRM 试题 2006——第 138 题

(a) 对于黄金，远期价格紧密跟随现货价格，因此几乎没有基差风险。对于原油和天然气，期货价格在短的期限结构里变动最大。因此持有较短期限的合约或者即月合约，基差风险最大。

译库·金融风险管理师考试手册(第六版)经济科学译库·金融风险管理师考试手册(第六版)经济科学译

第4部分 估值与风险模型

第 12 章　风险模型简介*

这一章是对风险模型的简介。现代风险管理是基于头寸的。这比基于收益率的信息更具有前瞻性。基于头寸的风险度量更有益一些，因为它们可以用来管理投资组合，这其中涉及了头寸的变化。

本书第 4 部分开始介绍市场风险模型。从理论上来讲，风险经理应当考虑一定时期内的投资组合收益和损失的整体分布情况。这推动了不同风险类别的风险度量的发展。一个主要的风险度量是**在险值**（value at risk，VAR）。VAR 是投资组合总风险的统计度量，是一段时期内一定的置信水平下的最坏损失值。更一般地，风险经理应当对收益和损失的整体分布进行评估。另外，作为 VAR 很好补充的**压力测试**（stress-testing），可以确定极端市场情况下的潜在损失，这些情况可能在近期的历史中并不存在。

12.1 节简要回顾了金融市场风险。12.2 节描述了 VAR 系统的一般组成部分。12.3 节描述了如何计算一个简单的暴露于一个风险因子的投资组合的 VAR。本节还讨论了对 VAR 结果解释的注意事项。12.4 节讨论了 VAR 模型中参数（置信水平和时期）的选取。12.5 节介绍了如何使用压力测试来补充 VAR 方法。最后，12.6 节描述了风险模型如何分成局部估值法和完全估值法。

* FRM 考试第一部分的主题。

12.1 金融市场风险简介

12.1.1 金融风险的类型

金融风险包括市场风险、信用风险和操作风险。**市场风险**（market risk）是由于市场价格水平的波动引起的风险。市场风险经常包含**流动性风险**（liquidity risk），它是为了满足资本要求而变现头寸引起的风险。然而不幸的是，流动性风险不适用于前面的量化分析。由于它的重要性，我们会在第 26 章进行详细介绍。**信用风险**（credit risk）是由于交易对手可能不愿意或者无法履行合约引起的风险。我们将在第 6 部分介绍信用风险。**操作风险**（operational risk）是由于不完善或者失效的内部流程、人力和系统以及外部事件所引起的风险。我们将在第 25 章介绍操作风险。然而，在很多情况下，这三类风险彼此之间相互作用，因此任何对于风险的分类都有一定程度的主观性。

例如，信用风险可以和其他类型的风险相互作用。在最基本的水平上，它包括了资产的违约风险，例如贷款或者债券。然而，在交易资产时市场风险也可以反映信用风险。例如公司债券，一些价格变动可能是由于无风险利率的变动引起的，这纯粹是市场风险。剩下的反映了市场对违约可能性看法的改变。因此，对于可交易的资产来说，没有清晰的市场风险和信用风险的界限。必须使用一些主观的分类。此外，操作风险也经常包含其中。

考虑一个简单的交易，一个交易员从 A 银行购买价值 100 万英镑（GBP）的现汇，两个交易日后进行结算，当前汇率为 \$1.5/GBP。因此，我们的银行要在两天内交付 150 万美元来交换 100 万英镑。这个简单的交易包括了一系列风险。

- **市场风险**：当天的现货可能改变。假设几个小时后汇率变为 \$1.4/GBP。这个交易员减少头寸，与另外一家银行 B 签订现货销售协议。这 100 万英镑现在只值 140 万美元，两天之内发生损失 100 000 美元。损失是投资的市场价值变化。

- **信用风险**：第二天，银行 B 破产了，交易员现在必须与银行 C 重新签订新的交易协议。如果现货汇率从 \$1.4/GBP 下降到 \$1.35/GBP，那么与银行 B 进行现货销售的 50 000 美元盈利现在就处于风险之中。损失是该笔投资市场价值的变化（如果市场价值变化是正值的话）。因此，在市场风险和信用风险之间存在着相互作用。

- **结算风险**：我们的银行在早晨向 A 银行电汇 150 万美元，A 银行拖延到中午还没有交付承诺的 100 万英镑。这是众所周知的 Herstatt 风险，由于这家德国银行在 1974 年不履行这样的义务潜在地破坏了整个金融系统的稳定。现在损失是全部的美元本金。

- **操作风险**：假设我们的银行将 150 万美元电汇到一个错误的银行 D。两天后，我们的后勤办公室拿到了返还的钱，然后加上补偿利息电汇到 A 银行。损失是到期金额的利息。

12.1.2 风险管理工具

在过去，度量风险的方法五花八门，但几乎没有令人满意的。这些方法包括**名义金额**（notional amounts）和**敏感性度量**（sensitivity measures）。尽管这些方法可以提供关于风险的直观理解，但是由于没有考虑市场之间波动率的差异和风险因素发生不利变动的概率以及风险因子之间的相关性，因而无法度量出总体投资组合在不利情况下的潜在损失。

例如考虑一个5年期的反向浮动利率债券，它的息票率是16%减去2倍的当前LIBOR，本金为1亿美元。它的初始市场价值是1亿美元。这项投资对于利率的变化是极度敏感的。如果利率上升，那么现金流的现值将会下降。另外，折现率也会上升，这样现金流减小和折现率上升的联合作用将会使得债券的价格急剧下降。

现在的问题是在一个特定的时期内投资者在这项投资上可能遭受的最大损失是多少？名义金额只能提供一个潜在损失的指标。最坏的情况是利率上升到8%以上，这时息票率变为零，债券变为一个零息债券，折现率为8%，债券价值变为6 800万美元。这时造成的损失为1亿美元－6 800万美元＝3 200万美元，远远小于名义金额。

使用敏感性方法，例如久期，会得到较好的结果。在这种情况下，这个反向浮动利率债券的久期是一个相同成熟期的5年期普通债券的3倍。假设后者的久期为4.5年，这给出了反向浮动利率债券的修正久期为$D=3\times 4.5=13.5$年。通过久期我们可以看出这个债券对于利率的变化极度敏感，但是我们无法了解利率发生这种糟糕变化的可能性有多大，同时，它也忽略了债券价格与收益率之间的非线性关系。

另一个普遍的问题是，这些敏感性方法无法将各个不同市场中的风险综合考虑。举个例子，持有一个以欧元计价的债券的投资者，他的风险是增加了还是分散了呢？

VAR模型的魅力在于它可以对所有这些类似问题给出一个非常漂亮的解答。一个数字就可以反映整个投资组合所面临的风险，考虑组合的杠杆和风险分散效应以及提供一个与概率相联系的风险度量。

如果下一年在95%的置信水平下收益率最坏的变化为1.65%，我们可以计算VAR如下：

$$VAR = \text{市场价值} \times \text{修正久期} \times \text{最坏情况下收益率的变化} \tag{12.1}$$

依据这样的方法，可以得出VAR：$VAR=1$亿美元×13.5×0.016 5＝2 200万美元。该投资者可以宣称：在95%的置信水平下最坏情况下的损失大约为2 200万美元。风险经理现在可以简单直观地解释投资风险。

名义金额和风险暴露的度量使用范围很局限，它们试图在风险发生之前去控制它。它们可以与VAR互补使用。其他的风险管理工具包括**止损**（stop losses），它在损失发生之后强制削减头寸。尽管止损在趋势市场上作用非常有效，但它只能提供部分的保护，因为它在损失发生后才采取措施。换句话说，它太迟了，不能预防未来的损失。

12.1.3 损失的来源

为了考察损失的来源，我们考虑一个普通固定息票债券。债券价值的变动为：

$$\mathrm{d}P = -(D^* P) \times \mathrm{d}y \tag{12.2}$$

式中，$D^* P$ 为美元久期，$\mathrm{d}y$ 为收益率的变动。

这说明了损失发生的原因可能是下面两种因素的组合这一基本原理：

1. 对风险因子如美元久期（可以选择的变量）的风险暴露。
2. 风险因子自身的变动（对于组合来说是外部原因）。

这一线性特征也适用于系统风险或者股票市场的风险暴露。例如，我们可以将股票 i 的收益率 R_i 分解成归于市场 R_M 的一部分和一些剩余风险：

$$R_i = \alpha_i + \beta_i \times R_M + \epsilon_i \approx \beta_i \times R_M \tag{12.3}$$

由于对风险没有贡献，我们忽略常数 α_i 和被分散的残差 ϵ_i。注意，R_i 在这里用**收益率**（rate of return）的形式表示，因此没有单位。为了得到1美元价格的变化，我们可以写成：

$$\mathrm{d}P_i = R_i P_i \approx (\beta P_i) \times R_M \tag{12.4}$$

括号中间的项是风险暴露，一个可选择的变量。

同样地，这一线性特征也适用于期权的delta，定义为Δ。[①] 衍生产品 f 的价格变化可以用标的资产 S 的价格变化来表示：

$$\mathrm{d}f = \Delta \times \mathrm{d}S \tag{12.5}$$

公式（12.2）、（12.4）和（12.5）都揭示了资产的价值变化与**风险暴露**（exposure）和市场变量的变化有关：

市场损失＝风险暴露×金融变量的不利变动

遭受损失需要有一些风险暴露和风险因子的不利变动。因此我们可以通过变动风险暴露来管理投资组合风险。例如，将一个债券投资组合变成现金就产生了零美元久期，在这种情况下利率的变动对投资组合的价值没有任何影响。更一般地，投资组合的价值和风险因子之间的关系不一定是线性的。

例题12.1 FRM试题2005——第32题

下列说法哪些是正确的？

---

① 为了避免混淆，我们使用传统的记号Δ来表示期权的一阶偏导数。数量的变化以微分 $\mathrm{d}f$ 和 $\mathrm{d}S$ 表示。

Ⅰ. 止损对趋势市场有用。
Ⅱ. 风险暴露度量不允许资产分散。
Ⅲ. VAR 不能用来套利。
Ⅳ. 止损可以用来预防损失。
(a) Ⅰ和Ⅱ。
(b) Ⅲ和Ⅳ。
(c) Ⅰ和Ⅲ。
(d) Ⅱ和Ⅳ。

12.2 VAR 系统的组成因素

正如图 12.1 所描述的，一个风险度量系统包括以下步骤：

1. 收集**投资组合头寸**（portfolio positions）的数据，并且将它们映射到风险因子上。

2. 利用市场数据中建立投资组合**风险因子**（risk factor）的分布（例如正态分布和经验分布等）。

3. 选取一种计算 VAR 的方法（参数法、历史数据法和蒙特卡洛模拟法）建立**投资组合收益率的分布**（distribution of portfolio returns），并总结 VAR 的下行风险。

考虑一个 40 亿美元的日元空头和美元多头头寸。该头寸是一家知名对冲基金压注日元将会相对美元贬值的头寸。该投资组合经理问道：一天内该头寸可能会损失多少？

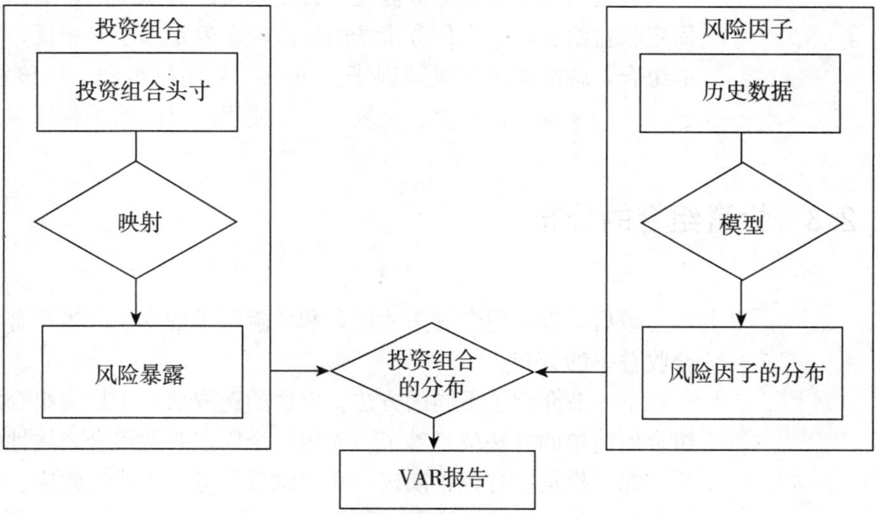

图 12.1 风险系统的组成元素

12.2.1 投资组合头寸

我们从投资组合头寸开始讨论。在这个例子中，当前的头寸为价值 40 亿美元的日元空头头寸。

首先假设在一个时期内，头寸不会发生变化。当然，在一个交易活跃的市场中这是不可能的。但是，这可以大大地简化问题。

真实的风险可能会大于或小于计算出的 VAR。如果计算 VAR 是基于前一天收盘到当天收盘的头寸，而头寸反映了较低的交易限额，以及如果交易员当天冒更大的风险，那么实际风险会大于 VAR 所反映的风险。相反，如果风险经理施加损失限制，换句话说，当损失发生时停止交易员进一步的冒险行为，那么实际风险会小于 VAR。

12.2.2 风险因子

接下来是风险因子的选取。在这个单独头寸的例子中，主要的风险因子显然是日元/美元汇率的变化。我们开始收集相关历史汇率。这是一个传统风险模型将会给出有用结果的例子，因为历史数据揭示，风险因子的大量变动代表了未来的风险。

风险因子（risk factors）是指所有市场变量中能够覆盖当前（或者允许拥有的）投资组合风险的那部分变量。名义上有成千上万种不同的证券，但是有用的风险因子非常有限。

关键的问题在于选取能充分说明投资组合风险的市场因子。对于一个单一的固定收益组合，一个债券市场的风险因子就足够了。相反，对于一个高度杠杆化的组合，就需要多个风险因子。对于一个期权组合，应该将波动率加入风险因子。一般来说，投资组合越复杂，要使用的风险因子就越多。

12.2.3 投资组合的分布

最后，投资组合的头寸信息和风险因子的变动应当组合在一起来建立投资组合收益率的分布。

下一节介绍了不同的方法，方法的选取依赖于投资组合的性质。简单的投资组合用简单的方法就足够了。对于一个固定收益组合，线性的方法就足够了。相反，如果投资组合包含期权，我们就需要考虑非线性效应。对于简单的期权，我们只需要使用一阶导数和二阶导数（delta 和 gamma）来作为它们价格的近似值。对于复杂的期权，例如数字期权或障碍期权，这些因子就不够了。

这就是为什么风险管理既是一门科学又是一门艺术的原因。风险经理需要做各种合理的近似来确保对风险的度量合乎成本。同时他们也需要意识到交易员可能会被诱使去寻找风险管理系统的漏洞。

一旦风险管理系统建立了，还可以用来进行压力测试。风险经理可以将当前的投资组合应用于不同的情景进行分析，这些情景仅为事先设定的风险因子的变动。因此压力测试是 VAR 系统的简单扩展。

例题 12.2　FRM 试题——基于头寸的风险度量

标准的 VAR 计算方法假定头寸是固定的。如果风险经理施加损失限制，那么真实的 VAR 应当

(a) 和计算值相同。

(b) 大于计算值。

(c) 小于计算值。

(d) 无法确定。

12.3　下行风险度量

12.3.1　VAR：定义

VAR 模型的兴起开始于 1993 年，那时 30 国集团（G-30）把它作为处理衍生产品的“最佳典范”方法进行推广。[①] 但 VAR 模型背后所使用的方法并非很新。

VAR 是一个以美元或相关货币计价的对于下行风险的概括性度量。一般定义为：

VAR 是一定时期内的最大损失值，它使得实际损失超过这个值的概率小于我们事先设定的值。

12.3.2　VAR：历史模拟

例如考虑一个价值 40 亿美元的日元空头和美元多头的头寸。为了度量它的风险，我们首先利用 10 年（从 2000 年到 2009 年）的每日日元对美元汇率的历史数据来模拟出每日的收益情况。每日收益可以表示为：

$$R_t(\$)=Q_0(\$)[S_t-S_{t-1}]/S_{t-1} \tag{12.6}$$

① G30 是一个私人的非营利性组织，由私人部门和公共部门以及学术团体的代表组成。受到 20 世纪 90 年代初期的衍生品灾难震撼，G30 发表了一篇成为风险管理里程碑文件的报告。

式中，Q_0 为头寸的美元价值，S 为连续两日的日元对美元的即期汇率。

例如，假设两天的汇率分别为 $S_1=112.0$ 和 $S_2=111.8$，然后，我们就可以得到一个模拟的收益值：

$$R_2(\$)=40\text{ 亿美元}\times[111.8-112.0]/112.0=-720\text{ 万美元}$$

在整个样本内（2 527 个交易日）重复以上步骤，我们可以得到一个收益的时间序列，如图 12.2 所示。这种方法称为**历史模拟法**（historical simulation），因为它使用近期的历史数据对当前的投资组合进行模拟。

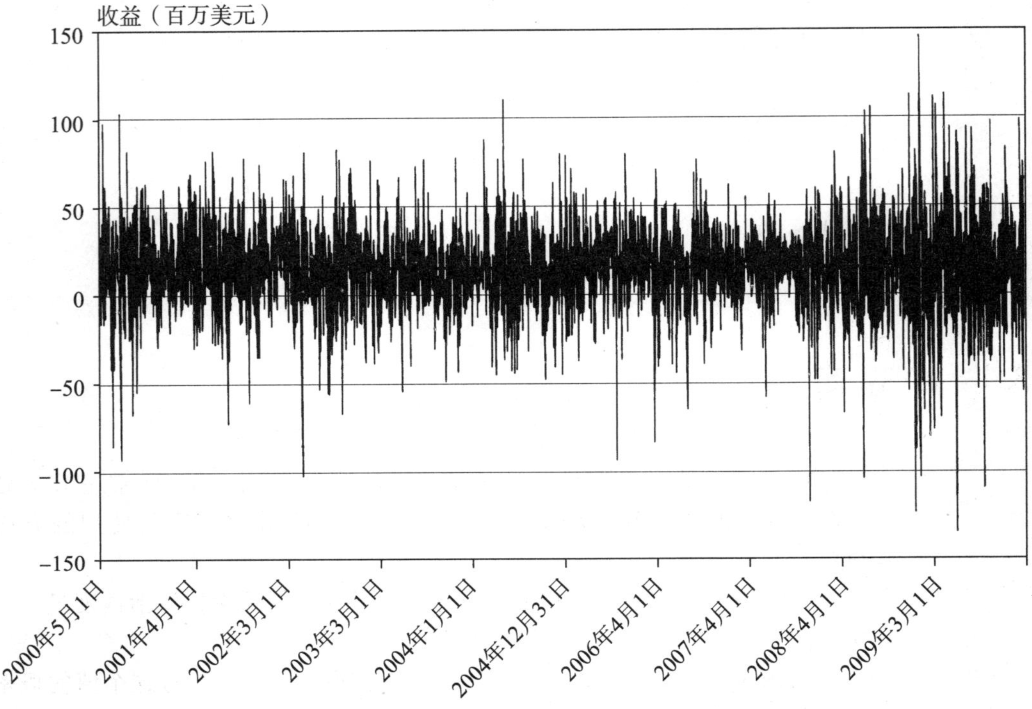

图 12.2　模拟每日收益

现在我们可以建立一个每日收益的频数分布图。我们还可以按照从损失的最差情形到收益的最好情形进行排序。例如，1.5 亿美元以上的损失有 2 个，1 亿美元至 1.5 亿美元之间的损失有 8 个等等。频数的直方图如图 12.2 所示。

我们现在用一个数字概括了分布的情况。我们可以描述分位数为：损失在某个高**置信水平**（confidence level）下不会超过的数值。例如选取置信水平为 $c=95\%$，这对应的是**右尾概率**（right-tail probability）。我们同样可以使用**左尾概率**（left-tail probability）$p=1-c$ 来定义 VAR。

定义 x 为以美元计价的利润或损失，VAR 通常是正数的形式，即使是损失的情形。它可以表示为：

$$c=\int_{-VAR}^{\infty}f(x)\mathrm{d}x \tag{12.7}$$

如果分布是离散的，那么 VAR 就是使得右尾概率至少是 c 的最小损失值。

有时 VAR 被定义为均值和分位数之间的差值。这种定义比第一种更具有一致性，因为它考虑了两个值在目标日期的偏差，还考虑了货币的时间价值。但是在大多数情况下，时期都非常短，收益的均值都接近于零。因此，两种定义通常给出相似的 VAR。

在这个对冲基金的例子中，我们希望找到一个截点 $-R^*$ 使得损失大于 R^* 的概率为 $p=1-c=5\%$。因为总的观测数目有 2 527 个，对应的左尾中的观测数目应该为 $pT=0.05\times2\ 527=126$。我们从分布中选取截点值为 $R^*=4\ 200$ 万美元。现在我们可以得出结论：在 95%的置信水平下，一天内的最大损失大约是 4 200 万美元。VAR 描述风险的方式是名义金额或风险暴露所无法得到的。

12.3.3 VAR：参数模型

另一个 VAR 度量的方法是假设收益率的分布服从某个特定分布，例如正态分布。当然其他分布也可以。分散程度的参数可以用常见的标准差（SD）进行度量，定义为：

$$SD(X)=\sqrt{\frac{1}{(N-1)}\sum_{i=1}^{N}[x_i-E(X)]^2} \tag{12.8}$$

这种方法的优点在于它考虑了所有的观测值，而不仅仅是分位数附近的观测值。例如，任何大的负值都会影响标准差的计算结果，增大标准差的值。如果我们考虑分布的形状，例如假设分布为正态分布或者 t 分布，那么标准差就是对于分散程度的最好度量。例如，对于我们的日元头寸，标准差为 $SD=2\ 680$ 万美元。

更进一步，我们可以把标准差应用到 VAR 的度量中，利用一个乘数因子 $\alpha(c)$，它取决于分布和选定的置信水平 c：

$$VAR=\alpha\sigma W \tag{12.9}$$

式中，σ 为收益率的波动率，没有单位，W 是投资金额，以相关货币计量。这里 $SD=\sigma W$，以美元计价。

对于一个正态分布，当 $c=95\%$ 时我们有 $\alpha=1.645$。我们进而可以估计出 VAR 为 1.645×2 680 万美元=4 400 万美元，与经验值 4 200 万美元很接近。

注意公式（12.9）所度量的 VAR 与均值有关，因为标准差是观测值偏离均值程度的度量。如果需要度量相对初始值的损失，那么 VAR 为：

$$VAR=(\alpha\sigma-\mu)W \tag{12.10}$$

式中，μ 为时间期限内期望收益率。在这种情形中，均值非常小，为－10 万美元，这导致度量的结果与 VAR 度量非常接近。

标准差方法的不足之处在于它是对称的，因此它无法区别损失与收益。而且，使用标准差计算 VAR 需要对分布做出假设，这可能是不恰当的。

使用标准差方法计算 VAR 是**参数方法**（parametric approach）的一个例子

(因为它取决于分布的参数)。在前面的章节中，VAR是用经验分布计算得到的，这是**非参数方法**（nonparametric approach）的一个例子。

12.3.4 VAR：蒙特卡洛

最后，第三种风险度量方法是使用蒙特卡洛方法模拟收益率。它涉及对风险因子分布的特定密度函数假设以及从这些分布中产生随机样本来生成投资组合的收益率。

例题 12.3　FRM 试题 2005——第 43 题

一个关于 ABC 银行的 10－Q 报告称 ABC 银行的每月 VAR 在 95%的置信水平下为 1 000 万美元。下列哪一项是关于这份报告最恰当的解释?

(a) 如果我们收集 ABC 银行 100 个月的损益数据，那么我们总是看到有大约 5 个月的损失会超过 1 000 万美元。

(b) 该银行有 95%的概率在一个月内的损失值低于 1 000 万美元。

(c) 该银行有 5%的概率在一个月内的收益值低于 1 000 万美元。

(d) 该银行有 5%的概率在一个月内的损失值低于 1 000 万美元。

12.3.5 VAR：使用时的注意事项

VAR是一个非常有用的度量风险的方法，但是在使用时，需要注意以下问题：

● VAR并没有描述最坏情形下的损失。VAR方法的设计目的并不是度量这样的损失。事实上，我们可以预测损失将会以概率 p 超过 VAR，也就是说，当置信水平为 95%时，100 天中将会有 5 天的损失超过 VAR。在实际中，我们用事后测试来检验超出 VAR 的损失发生的概率是否与 p 相一致。事后测试将在第 16 章进行介绍。

● VAR没有给出损失的左尾分布的描述。它仅仅说明了这个损失值发生的概率，并没有提供任何关于损失分布的左尾信息。但是，对于同样一个 VAR，我们可以有两个非常不同的损失分布形状。在图 12.3 中，超过 4 200 万美元损失的均值大约是 6 300 万美元，这超过了 VAR 的 50%。因此，持续发生超过 2 亿美元的损失是非常不正常的。

但是可能存在具有相同 VAR 的不同分布。图 12.4 显示损失超过 1.6 亿美元的数目为 125 个。由于在 4 200 万美元左边还有一个观测值，因此 VAR 没有变化，还是 4 200 万美元。但是和第一个分布不一样，这个分布隐含的信息是会有很大的概率发生巨大损失。

这种情况会产生其他奇怪的结果。例如，可以构造特殊的例子，使得一个投资组合的 VAR 比它各部分 VAR 的和还大。在这种情况下，VAR 不满足风险度量的次可加性。然而，标准差是次可加的：投资组合的标准差必须小于或至少等于

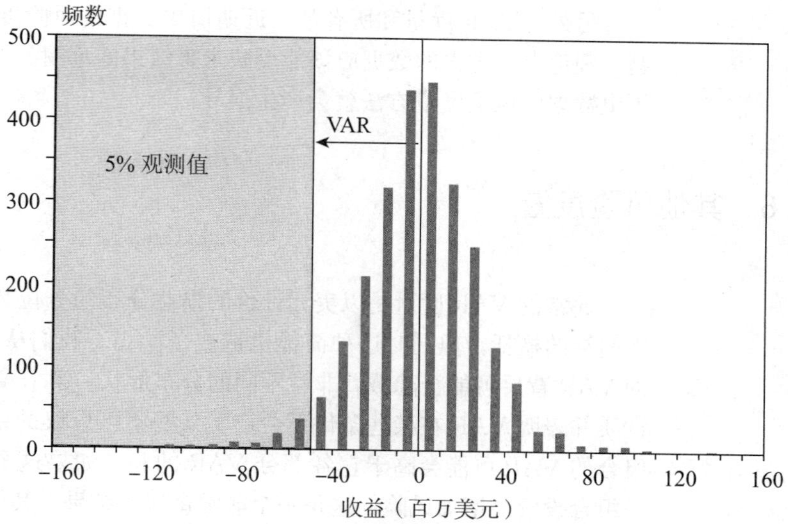

图 12.3　每日收益的分布

投资组合各部分的标准差之和。因此，用标准差计算的 VAR 也满足次可加性。

● VAR 的度量结果存在偏差。VAR 会受到样本变化的影响。例如在我们的例子中，我们使用的是 10 年的每日交易数据。但是如果我们使用不同时期的数据，或者改变抽样时期的长度，我们都会得到一个不同的 VAR。不同的统计方法或者不同的简化处理都会导致不同的 VAR。可以通过试验发现，样本时期长度以及使用的统计方法都可以影响 VAR 的精度。因此，非常有必要牢记 VAR 只有有限的精度。最重要的是第一阶的数值大小。例如不能简单地报告 VAR 为 4 198.9 万美元。只有前两个数字是有意义的。

参数模型的一个优点在于 VAR 比历史模拟法估计得更准确。这是因为标准差估计使用了所有的观测样本，样本的分位数恰恰相反，它只使用了一个或两个观测值，以及左尾的数目。

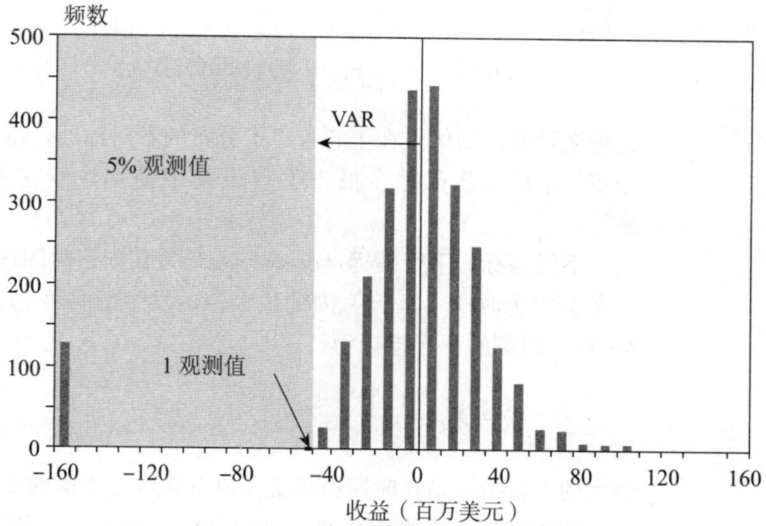

图 12.4　具有相同 VAR 的改变后的收益分布

另外，VAR 度量和所有基于近期历史数据的风险度量都面临一个相同的问题。理论上，过去的数据应该能反映未来结果的范围。如果不行，那么基于最近历史数据的风险度量方法就会产生误导。

12.3.6 其他风险度量

通常的 VAR 度量是以美元计价的损益分布的分位数。这个数值对分布是非常简洁的概括，但同时这种简捷也造成了隐患。我们从图 12.4 可以看出，相同的 VAR 背后可能会隐藏着非常不同的分布形状。第 15 章回顾了风险度量的主要性质并表明 VAR 在某些条件下会产生某些不可思议的结果，特别地，一个投资组合的 VAR 可能会高于它各部分 VAR 的和。如果这个结论成立的话，那就是说组合投资会增加风险，这是一个非常奇怪的结果。其他的风险度量包括：

条件 VAR。它的概念是指超过 VAR 时的损失的期望值。它度量了在损失超过 VAR 的条件下损失的均值。将 VAR 定义为$-q$，那么**条件 VAR**（conditional VAR，CVAR）可以表示为下式的负值：

$$E[X \mid X < q] = \int_{-\infty}^{q} xf(x)\mathrm{d}x \Big/ \int_{-\infty}^{q} f(x)\mathrm{d}x \tag{12.11}$$

分母代表损失超过 VAR 的概率，即 $p=1-c$。这个比率也被称为**期望不足**（expected shortfall）、**尾部条件期望**（tail conditional expectation）、**期望损失**（expected loss）或者**期望尾部损失**（expected tail loss）。CVAR 表示组合损失超过 VAR 的潜在损失。由于 CVAR 是尾部损失的均值，可以证明它满足风险度量的次可加性。例如我们考虑的日元头寸的例子，损失超过 VAR（4 200 万美元）的均值为 CVAR=6 300 万美元。

半标准差。这是一般的标准差概念的推广，它只考虑那些代表损失的数据。将 N_L 定义为这些数据的个数，半标准差度量可以写为：

$$SD_L(X) = \sqrt{\frac{1}{(N_L)}\sum_{i=1}^{N}[\mathrm{Min}(x_i, 0)]^2} \tag{12.12}$$

这种度量方法的优点在于它考虑了分布的不对称性，特别是偏度为负的严重损失分布。半标准差有时在报告下行风险中使用，但它不直观也没有 VAR 方法流行。

下行指标。下行指标（drawdown）是在固定时间区间内从峰值下降的程度。定义 x^{MAX}为时期 $[0, T]$ 内的最大值，发生的时刻 $t_{\mathrm{MAX}} \in [0, T]$。相对于这个数值，$t$ 时刻的下行指标为：

$$DD(X) = \frac{(x^{\mathrm{MAX}} - x_t)}{x^{\mathrm{MAX}}} \tag{12.13}$$

最大的下行指标是在时期内从最大值下降到最小值的度量。

这种度量方法当收益率在时期之间不相互独立的情况下有用。例如，当市场产生趋势时，在较长时期内的累计损失比从较短时期的外推损失要大。另外，下行指标对于主动管理的投资组合也很有用。例如，一个组合保险计划相对于风险资产的固定头寸应该具有较小的下行指标，因为当损失集聚时它会削减头寸。

这种度量方法的不足之处是它需要事后考虑。它不能由当前头寸计算得到，就像VAR的情况一样。另外，最大下行指标对应于不同的时间区间 $t_{MAX}-t_{MIN}$。因此，投资组合的最大下行指标之间不能直接进行比较，这和VAR和标准差方法恰好相反，因为它们是定义在一个固定的时期内或是以年为单位的。

例题 12.4　FRM 试题 2003——第 5 题

给定一个资产的30个顺序百分收益率，计算在90%置信水平下的VAR和期望不足：－16，－14，－10，－7，－7，－5，－4，－4，－4，－3，－1，－1，0，0，0，1，2，2，4，6，7，8，9，11，12，12，14，18，21，23。

(a) VAR(90%)＝10，期望不足＝14。
(b) VAR(90%)＝10，期望不足＝15。
(c) VAR(90%)＝14，期望不足＝15。
(d) VAR(90%)＝18，期望不足＝22。

例题 12.5　FRM 试题 2009——第 4－4 题

比VAR更坏的情形定义为导致收益率分布左尾的极值损失等于或超过给定置信水平的VAR的情形。下列哪一个说法是VAR的正确描述?

(a) VAR是比VAR更坏情形收益率的平均值。
(b) VAR是比VAR更坏情形收益率的标准差。
(c) VAR是比VAR更坏情形收益率中最坏的。
(d) VAR是比VAR更坏情形收益率中最好的。

12.4　VAR参数

在度量VAR之前，我们必须确定两个数值参数：置信水平和时期。

12.4.1　置信水平

置信水平 c 越大，那么得出的VAR就越大。通过改变置信水平可以为我们提供很多关于收益率分布和潜在极端损失的信息。但是，应该在怎样的程度停止，是99%、99.9%还是99.99%，并不是很明确。在这些置信水平下，计算出的VAR会依次增加，但损失发生的可能性会越来越小。

另一个问题是，当置信水平 c 增加时，大于VAR的损失事件的数目就会减少。这样就会造成对这些高分位数的度量不准确。例如我们有1 000个观测值，那么在99%的置信水平下VAR就是第10个最低的观测值。如果置信水平变为

99.9%，那么 VAR 就是最低的那个观测值。最后，在这个样本中，我们没有办法计算 99.99%置信水平下的 VAR。

对于置信水平的选取依赖于 VAR 的使用。在大多数情况下，VAR 都被用来度量下行风险。如此一来，在不同交易部门之间保持置信水平相互一致就显得尤为重要了。

相反地，如果 VAR 被用来计算应该准备多少资本来防止破产，那么建议使用较高的置信水平。很显然，金融机构非常不希望看到破产的发生。但是，这种**资本充足率**（capital adequacy）的要求应被用于整个金融机构而不仅仅是交易部门。

另一个重要的问题就是，VAR 只能在被验证是正确的情形下使用。这就是事后测试的目的。事后测试系统地检验是否超过 VAR 的损失事件的发生概率确实与 $p=1-c$ 一致。在这种目的下，风险经理不应当将 c 的值选得太高。例如如果选取 $c=99.99\%$，那么超出 VAR 的损失事件将会在 10 000 个交易日中发生一次，或者说 40 年发生一次。换句话说，我们将非常难以验证与 VAR 相关的这个概率是否的确是 99.99%。由于以上这些原因，我们通常选取一个不太高的置信水平，例如 95%到 99%。

12.4.2 时　期

时期 T 越长，那么计算出的 VAR 就越大。这个推断依赖于两个因素，风险因子的特性和投资组合头寸的特性。

要想从 1 天的 VAR 推断出更长时期的 VAR，我们必须假设收益率是独立同分布的。这使得我们可以通过将 1 天的波动率乘以时间的平方根来得到多日的波动率。我们还必须假设每日收益率的分布在更长的时期内是不变的，这个约束实际上使得分布是稳态的。正态分布就是一种稳态分布。如此一来，我们可以得到：

$$VAR(T\text{ 天})=VAR(1\text{ 天})\times\sqrt{T} \tag{12.14}$$

这就要求：（1）分布在同一时期内是不变的（像正态分布一样具有相同的 α）；（2）不同时期的分布是相同的（变量不随时间发生变化）；（3）每日的波动是相互独立的。

重要概念

可以通过将 1 天的 VAR 乘以时间的平方根来得到 T 日的 VAR。这种调整必须在收益率满足独立同分布而且必须服从正态分布的情况下才适用。

对时期的选取还依赖于投资组合的特性。如果组合中的头寸变化非常快，或者当标的资产价格变动时风险暴露（例如期权的 delta）也变化，那么增加时期长度将会引起 VAR 度量的错位。

另外，时期的选取依赖于 VAR 的使用。如果使用 VAR 的目的是准确地计算下行风险，那么应当选用较小的时期。理论上这个时期应当小于投资组合中的头寸价值变化的平均时间。

相反，如果VAR被用来计算应该计提多少资本来防止破产，那么建议选用较长的时期。出于资本充足率的目的，金融机构往往希望有更充足的时间来争取正确的行动。VAR的时期也应当选取得足够长以满足头寸的变现顺序。换句话说，流动性较低的资产应当在较长的时期内进行评估。

在实践中，时期不可能小于收益和损失报告的频率。在通常情况下，银行会每日计算损益值，而一般公司的时间则较长（从一天到一个月不等）。这个时间间隔就是计算VAR能够采取的最小时期。

另一个标准与事后测试有关。较短时期可以用更多的数据点来验证计算出来的VAR是否正确。对于统计检验，样本个数的增加可以大大提高统计检验的准确性，或者尽可能地发现VAR模型的问题。所以，出于事后测试的目的，建议选用尽可能短的时期。

由于以上原因，通常建议选取尽可能短的时期，例如交易部门可以选择1天作为时期。对于一些金融机构，例如养老基金，1个月的时期较为合适。

总的来说，选取的置信水平和时期与取决于风险度量的目的和使用。出于事后测试的目的，我们应当选取低置信水平和短时期。出于资本充足率的目的，我们需要选取高置信水平和长时期。实际中，这些冲突的目的可以被一个更为复杂的规则所融合，这就是巴塞尔市场风险资本要求。

12.4.3 应用：巴塞尔规则

风险模型的一个重要用途是出于资本充足率的目的。巴塞尔银行监管委员会规定了商业银行覆盖它们交易组合市场风险的最低资本要求。这种规则定义了**市场风险资本要求**（market risk charge，MRC），它是基于银行内部的VAR度量。最初在1996年实施的规则，需要以下的参数：

- 时期为10个交易日或者两周。
- 置信水平为99%。
- 需要至少一年的历史数据，而且历史数据必须至少每个季度更新一次。

在**内部模型法**（internal models approach，IMA）下，MRC由**一般市场风险资本要求**（general market risk charge，GMRC）加上其他部分计算得到：

$$GMRC_t = \text{Max}\left(k\frac{1}{60}\sum_{i=1}^{60} VAR_{t-i}, VAR_{t-1}\right) \tag{12.15}$$

GMRC涉及了过去60天内的市场风险VAR的平均值乘以一个事先给定的因子k（最小值为3）以及前一个交易日的VAR。巴塞尔委员会允许10日的VAR是从1日的VAR推导得出的，因此，VAR为：

$$VAR_t(10,99\%) = \sqrt{10} \times VAR_t(1,99\%)$$

如果金融机构发生问题，那么10天的时间就对应着银行监管者采取弥补措施的时间。同样地，99%的置信水平对应着较低的银行由于市场风险而失误的概率。即使这样，1%的失败概率对于银行来说仍然过于频繁。一年中有 52 周，也就是有 52/2=26 个双周时期。因此，一次失败可以被预期在 100/26=3.8 年内发生，这对于银行来说过于频繁了。这就解释了巴塞尔委员会使用了一个大于 3 的乘数因子 k 来进一步确保银行安全的原因。另外，这个因子还用来抵御肥尾、不稳定的参数、变动的头寸以及更一般的模型风险。

在 2009 年，这个规则被修订为至少每月更新一次。另外，GMRC 扩展到包括一个压力 VAR 度量，将在第 28 章进行更详细的介绍。

例题 12.6　FRM 试题 2008——第 2-2 题

假设一个流动性资产的损失收益分布为正态分布。该头寸 95%置信水平下的每日 VAR 为 100 000 美元。估计相同头寸 99%置信水平下的 10 天 VAR。

(a) 1 000 000 美元。

(b) 450 000 美元。

(c) 320 000 美元。

(d) 220 000 美元。

例题 12.7　FRM 试题 2009——第 4-3 题

假设投资组合的每日收益率是相互独立并且均服从正态分布。萨姆·尼尔，一个量化分析师，被投资组合经理要求计算投资组合 10 天、15 天、20 天和 25 天的 VAR。投资组合经理发现萨姆展示的计算结果存在一些问题。下列哪一个投资组合的 VAR 和其他不一致?

(a) 10 天 VAR=3.16 亿美元。

(b) 15 天 VAR=4.65 亿美元。

(c) 20 天 VAR=5.37 亿美元。

(d) 25 天 VAR=6 亿美元。

例题 12.8　FRM 试题——市场风险资本要求

在 95%置信水平下 1 天的银行交易组合的 VAR 为 1 000 000 美元，那么下列最接近市场风险资本要求的为多少?

(a) 3 000 000 美元。

(b) 9 500 000 美元。

(c) 4 200 000 美元。

(d) 13 400 000 美元。

12.5　压力测试

12.5.1　VAR 度量的局限

我们已经在前面的部分看到 VAR 度量的固有缺陷。另外，传统的 VAR 模型的应用，例如历史模拟法，会涉及**变动窗口**（moving window），通常使用1到3年的历史数据。

在从2007年开始的信用危机中，许多银行的风险管理系统都失效了。一些银行遭受了比它们预测更为频繁和情况更坏的损失。例如仅仅在2007年，瑞银遭受的异常损失就有29个，这比VAR系统的2或3个异常损失（250天的1%）严重得多。

原因部分是由于市场在经历漫长的相对平稳期之后于2007年开始急剧波动。例如，图12.5描绘了使用衰减为0.94的经验加权移动平均方法（EWMA）预测的每日标准普尔股票指数波动性。该模型表明在2004年到2006年间波动率非常低，平均每天为0.7%。结果，许多金融机构在2007年使用了较高的杠杆水平。

然而，银行并没有使用这个EWMA预测去对它们的风险进行建模。通常情况下，它们使用了每天相等权重的变动窗口，也就是移动平均模型（MA）。因此，该图也显示了一年内从移动平均模型（MA）推导得到的波动率预测。该图表明MA模型从2007年年中开始就低估了EWMA模型的波动率，这解释了大量异常值的出现。这说明仅仅依赖于近期的数据来评估风险是不充分的。这是为什么VAR模型必须用压力测试进行补充的原因。

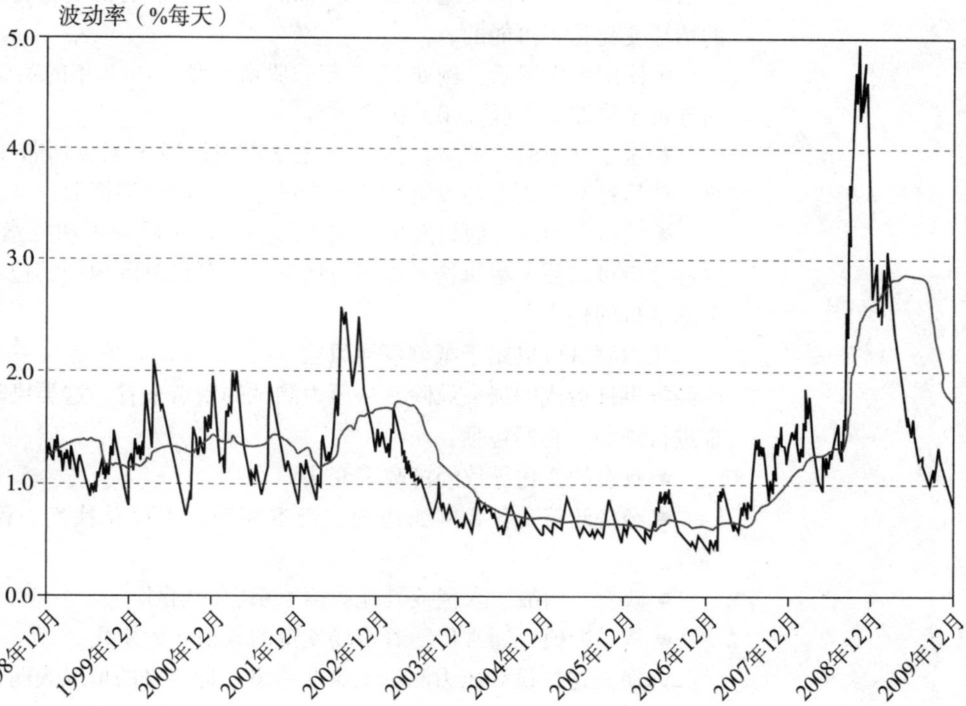

图12.5 标准普尔500股票指数的波动率

12.5.2 压力测试的原则

VAR 需要**压力测试**（stress-testing）进行补充，压力测试的目的在于确定可能造成灾难性损失的极端情形。压力测试的一个缺点是它比 VAR 度量更主观一些。VAR 数值反映实际风险。相反，一个极端情形可能很难被高级管理层所接受，如果它不能反映实际的观测值以及如果它看起来过于极端。

在我们的对冲基金持有 40 亿美元的日元空头头寸的例子中，我们可以得到 95%置信水平下的每日 VAR 为 4 200 万美元。另外，可以容易看出损失糟糕的程度。例如，回顾过去的 20 年，汇率的最坏损失是 1998 年 10 月 7 日的 −5.4%。这导致的压力损失为 2.15 亿美元。这个损失是合理的。

压力测试是风险管理的一个关键过程，它包括：（1）情景分析；（2）压力模型、波动率和相关性；（3）研究对策。**情景分析**（scenario analysis）考虑金融市场变量发生极大的变化给投资组合带来的冲击。可以利用以下方法来建立情景：

- 一次只改变一个变量。这是一种简单且易于理解的方法。不幸的是，要想评估现实中多个金融变量的联动是非常困难的。所有的变量在同一时刻都向最坏的情形变化是不可能的。
- 使用历史情景。例如 1987 年的股市崩盘，1992 年的英镑贬值，1984 年的债券市场崩溃，雷曼兄弟的破产等等。
- 建立可预期的情景。例如首先分析美国股市崩盘所带来的直接和间接影响，然后针对手头上的投资组合考虑可能发生的极端情形。
- 反压力测试。假设发生一次大的损失，然后分析和探索损失背后的原因。这种分析可以使金融机构考虑不包括在压力测试范围内的其他非常规情景，例如金融危机的传染。

压力测试可以用于抵御**事件风险**（event risk），它是由一个值得注意的政治或经济事件造成的损失风险。从压力测试的观点来看，这类风险很少发生并且很难进行预测。它们包括：

- 政府的变化导致经济政策变化。
- 经济政策变化，例如违约、资本控制、不可兑换性、税法的改变、征用等等。
- 政变、内战、入侵或其他政治不稳定的信号。
- 货币贬值，通常伴随着市场变量的其他巨大变化。

即使是这样设计压力测试也绝非易事。近年来的情况表明市场似乎总是对一些事件毫无准备。例如，根本就没有人预见到俄罗斯的违约。2001 年阿根廷的违约在某些方面也是非常特殊的。

例　阿根廷的危机

阿根廷是新兴市场政治风险的一个很好的例子。一直到 2001 年，阿根廷比索与美元的汇率固定为1∶1。政府承诺将不惜一切代价保护通货。然而阿根廷却遭受了几十年来最严重的经济危机损害，此外还有许多的借款成本。

在2001年12月，阿根廷宣布停止为其1 350亿美元的外债支付利息。这是迄今为止有记录的、最大的国家违约。经济部长卡瓦洛还宣布取消银行存款的提款限制以避免资本外逃。12月20日，在25人死于街头抗议和暴乱后，总统费尔南多·德拉鲁阿辞职，新任总统杜阿哈德在1月2日就职。1月6日，杜阿哈德使货币贬值，汇率迅速地从1比索/美元变化到超过3比索/美元。

可以通过情景分析将这种变动包含在风险管理系统内。然而完全出乎意料的是，政府宣布将区别对待银行贷款和存款。以美元计价的银行存款被转换成贬值的比索，而以美元计价的银行贷款要按1∶1的汇率转换成比索。由于贷款（银行资产）一夜之间变得低于存款（银行债务）的价值，这种不匹配致使大部分银行系统从技术上已经破产。尽管风险经理预期到了货币贬值的市场风险影响，但是几乎没有人考虑到这些政治活动的可能性。

到2005年。阿根廷政府计划偿还债券面值的30%。这个回收率在历史水平标准下是相当低的。 ■

压力测试的目的在于找出较为脆弱且容易发生问题的部分。这并不意味着金融机构可以抵御任何可能出现的风险，这样会使金融机构不可能冒任何风险。因此，压力测试以及考虑对策的目的应当是，在发生这些可能出现的情形时，金融机构能够抵御一定的风险而不至于破产。压力测试可以对VAR系统进行补充。在图12.1中，只需要在输入风险因子变量时考虑不同的情景。

例题 12.9　FRM试题2008——第2-29题

下列关于压力测试的说法哪些是正确的？

Ⅰ. 压力测试可以补充VAR估计，帮助风险经理确定投资组合关键冲击风险。

Ⅱ. 压力测试允许使用没有发生在VAR数据回顾期但是有可能发生的情景。

Ⅲ. 压力测试的缺点是它具有高度的主观性。

Ⅳ. 包含大额损失的情景帮助风险管理者更好地理解投资组合的风险暴露。

(a) Ⅰ和Ⅱ。

(b) Ⅲ和Ⅳ。

(c) Ⅰ、Ⅱ和Ⅲ。

(d) Ⅰ、Ⅱ、Ⅲ和Ⅳ。

例题 12.10　FRM试题2006——第87题

下列关于压力测试的说法哪一个是正确的？

(a) 它被用来评估不太可能发生的事件或者金融变量的变动对投资组合价值的潜在冲击。

(b) 它是一个将预测结果和实际观测结果进行直接比较的风险管理工具，预测结果还和历史数据进行比较。

(c) 选项a和b都正确。

(d) 以上说法均不正确。

例题 12.11　FRM 试题 2008——第 2－18 题

约翰·弗拉格，一个价值 1.5 亿美元的困境债券投资组合经理，对投资组合进行压力测试。该投资组合的年收益率为 12%，年收益率的波动率为 25%。在过去的两年中，该投资组合有好几天投资组合每日价值的变化超过 3 个波动率。如果该投资组合遭受到 4 个波动率的每日冲击，估计该投资组合的价值变化。

(a) 948 万美元。

(b) 2 370 万美元。

(c) 3 750 万美元。

(d) 1.5 亿美元。

12.6　VAR：局部估值法和完全估值法

本部分转向讨论风险模型的一般分类，它可以分为局部估值法和完全估值法。**局部估值法**（local valuation methods）是对当前所持有的金融工具估值，使用一阶或者二阶偏导数。相反，**完全估值法**（full valuation methods）根据各种风险因子在大范围内的变动对金融工具重新估值。

不同的 VAR 方法在图 12.6 中描述。图中左边的部分说明了局部估值法，也叫做**解析方法**（analytical methods），包括线性模型和非线性模型。线性模型基于协方差矩阵方法，可以使用因子模型甚至对角模型简化。

非线性模型考虑一阶和二阶偏导数。后者称为 gamma 或者凸度。图中右边的部分说明了完全估值法，包括历史模拟法或蒙特卡洛模拟法。

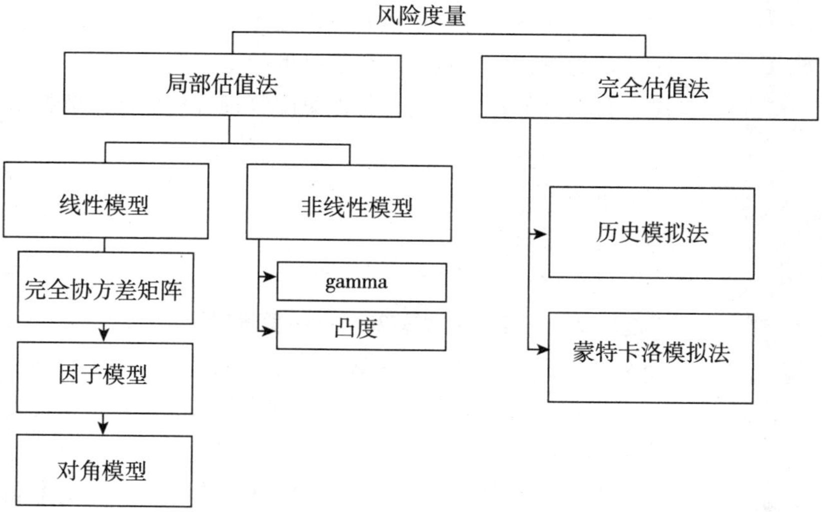

图 12.6　VAR 方法

12.6.1 局部估值法

我们需要一个考虑了各种风险来源的评估方法并计算按照概率出现的损失，VAR 正是在这种方法基础上诞生的。将久期公式推广到某个置信水平下 dy 收益率的最坏变动，我们得到：

$$(\text{Worst d}P)=(-D^{*}P)\times(\text{Worst d}y) \tag{12.16}$$

式中，D^{*} 为修正久期。对于债券的多头头寸，收益率的最坏变动是在例如 95% 置信水平下的增量。这将会导致在相同置信水平下债券价值的下跌。我们称这种方法为局部估值法，因为它使用了关于初始价格及初始风险暴露的信息。因此，债券的 VAR 可以通过下式得到：

$$VAR(\text{d}P)=|-D^{*}P|\times VAR(\text{d}y) \tag{12.17}$$

更一般地，delta-正态方法用 delta 风险暴露代替头寸并且假设风险因子服从多元正态分布。在这种情况下，VAR 为：

$$VAR(\text{d}f)=|\Delta|\times VAR(\text{d}S) \tag{12.18}$$

这一方法最主要的优点在于它的简单：价格的分布与收益率变化的分布是相同的。这对于拥有大量风险来源的投资组合来说尤其方便，因为正态分布的线性组合还是正态分布。例如，图 12.7 给出了服从正态分布密度函数的线性风险暴露如何组合后仍然服从一个正态分布密度函数。线性模型可以扩展到考虑二次项的近似，称为 delta-gamma，将在第 14 章进行详细介绍。

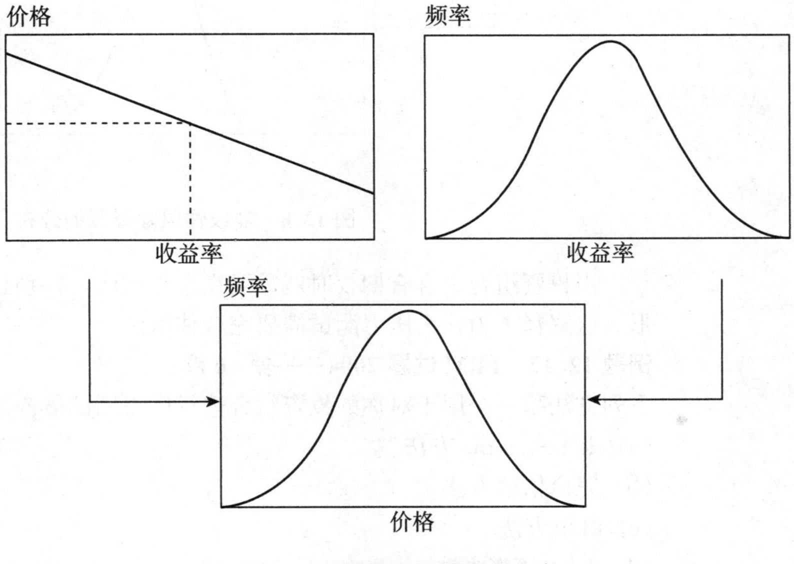

图 12.7 线性风险暴露的分布

12.6.2 完全估值法

更一般地，为了考虑非线性关系，我们不得不在不同收益率的情况下重新定价债券。定义 y_0 为初始收益率，则有：

$$(\text{Worst } dP) = P[y_0 + (\text{Worst } dy)] - P[y_0] \tag{12.19}$$

因为它需要对资产重新定价，所以我们称这种方法为**完全估值法**（full valuation）。

图 12.8 解释了这种方法，图中非线性风险暴露与正态分布密度函数结合起来，形成了一个不再对称、右偏的分布。遗憾的是，完全估值法比简单线性估值法要复杂和困难得多。

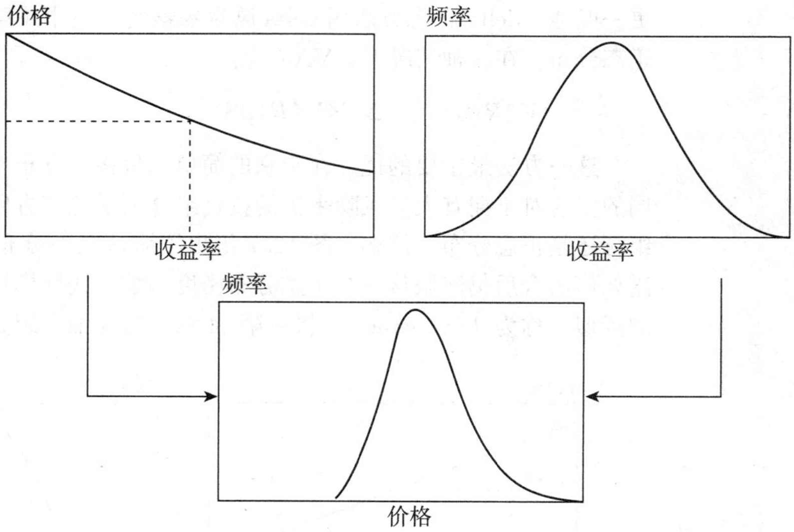

图 12.8　非线性风险暴露的分布

当投资组合中含有期权时就需要完全估值法，特别是风险因子变化很大的情形。这解释了为什么压力测试需要完全估值法。

例题 12.12　FRM 试题 2004——第 60 题

下列方法哪一个用于对你的投资组合进行压力测试最合适？

(a) delta-gamma 方法。

(b) 完全估值方法。

(c) 盯市方法。

(d) delta-正态方法。

12.7 重要公式

VAR：$c=\int_{-VAR}^{\infty} f(x)\mathrm{d}x$

CVAR：$E[X \mid X<q]=\int_{-\infty}^{q} x f(x)\mathrm{d}x \Big/ \int_{-\infty}^{q} f(x)\mathrm{d}x$

下行风险度量：$DD(X)=\dfrac{(x^{\mathrm{MAX}}-x_t)}{x^{\mathrm{MAX}}}$

时间的平方根调整：$VAR(T\text{ days})=VAR(1\text{ day})\times\sqrt{T}$

市场风险资本要求：$GMRC_t^{IMA}=\mathrm{Max}\left(k\dfrac{1}{60}\sum_{i=1}^{60}\mathrm{VAR}_{t-i},\ \mathrm{VAR}_{t-1}\right)$

线性 VAR，固定收益：$VAR(\mathrm{d}P)=|-D^{*}P|\times\mathrm{VAR}(\mathrm{d}y)$

完全估值 VAR，固定收益：$(\text{Worst d}P)=P[y_0+(\text{Worst d}y)]-P[y_0]$

delta VAR：$VAR(\mathrm{d}f)=|\Delta|VAR(\mathrm{d}S)$

12.8 例题解答

例题 12.1　FRM 试题 2005——第 32 题

(a) 止损在损失发生之后削减头寸，在趋势市场中具有作用。风险暴露度量不允许资产分散因为它没有考虑资产之间的相关性。VAR 可以用来套利，特别是一些不健全的 VAR 模型。最后，止损是在损失发生之后才采取措施，因此它无法预防损失。综上所述，说法Ⅰ和Ⅱ是正确的。

例题 12.2　FRM 试题——基于头寸的风险度量

(c) 真实的 VAR 将比计算得到的低。损失限额当损失累积时截断头寸。这和看涨期权多头头寸一样，delta 随着价格增加而增加，反之亦然。期权的多头头寸具有截短的左尾，因此风险比没有保护的头寸低。

例题 12.3　FRM 试题 2005——第 43 题

(b) VAR 是在 95%置信水平下的最大损失值，也就是说，有 5%的概率损失值会超过 VAR，因此选项 b 是正确的。

例题 12.4　FRM 试题 2003——第 5 题

(b) 10%的截点是第三低的观测值，即 VAR=10。期望损失差额为尾部观测值的均值，即 15。

例题 12.5　FRM 试题 2009——第 4-4 题

(d) CVAR 是超过 VAR 的损失的平均值，因此选项 a 是不正确的。以绝对值的形式表示，VAR 低于 CVAR，因此 VAR 是最乐观的损失。

例题 12.6　FRM 试题 2008——第 2－2 题

(d) 99％置信水平下的 VAR 为＄100 000×2.326/1.645＝＄141 398。乘以 $\sqrt{10}$ 为＄447 140。

例题 12.7　FRM 试题 2009——第 4－3 题

(a) 我们用每个 VAR 除以时间的开方得到每日 VAR，即 316/ $\sqrt{10}$＝100，其他为 120、120 和 120。因此选项 a 和其他不一致。

例题 12.8　FRM 试题——市场风险资本要求

(d) 首先，我们需要把置信水平从 95％转换成 99％，在其他信息未知的情况下假设服从正态分布。GMRC 为 $3\times VAR\times\sqrt{10}$＝3×＄1 000 000(2.33/1.65)× $\sqrt{10}$＝＄13 396 000。

例题 12.9　FRM 试题 2008——第 2－29 题

(c) 除了说法Ⅳ，其他都是正确的，因为太多的情景很难去解释风险暴露。

例题 12.10　FRM 试题 2006——第 87 题

(a) 压力测试可以评估极端事件的影响。选项 b 是关于事后测试的说法，不是压力测试。

例题 12.11　FRM 试题 2008——第 2－18 题

(a) 首先，我们将波动率转化为每日度量，为 25％/ $\sqrt{252}$＝1.57％。再做乘法，我们得到 150×1.57％×4＝＄9.45。

例题 12.12　FRM 试题 2004——第 60 题

(b) 根据定义，压力测试涉及风险因子的较大变动。这需要对投资组合进行全面估值。

第 13 章　管理线性风险*

可以度量的风险就可以进行管理。这一章我们开始介绍如何管理市场风险。风险管理的一个重要方法是**对冲**（hedging）。对冲包括了选择头寸降低投资组合的风险。

这项技术是由期货市场发展起来的。在期货市场上，农场主可以使用金融工具来对冲他们农产品的价格风险。在这种情况下，它的目的在于找到期货合约中的最优头寸使得总头寸的方差或者 VAR 最小化。对冲的投资组合包含两种头寸，一种是固定的需要对冲的投资头寸，一种是对冲工具头寸。

在本章，对冲工具的价值与标的风险因子线性相关。它们包括期货、远期和互换。我们将在下一章介绍风险管理的非线性工具（期权）。

一般情况下，对冲也会造成**对冲偏差**（hedge slippage）或**基差风险**（basis risk）。当对冲工具的收益不能完全抵消标的头寸的价格变动时，就会产生基差风险。当基差风险远远低于价格风险时对冲是有效的。

本章主要讨论风险管理的线性工具。13.1 节介绍了单位对冲比率的期货对冲。13.2 节介绍了寻找最优对冲比率的一般方法。13.3 节介绍了这种方法在对冲债券和股票风险时的应用。

* FRM 考试第一部分的主题。

13.1 单位对冲

13.1.1 期货对冲

考虑一个美国出口商，预计 7 个月后收到 1.25 亿日元。这是一个预期的现金投资头寸。理想的对冲应当是在场外交易市场上购买一个 7 个月的远期合约。假设场外交易市场合约在这种情况下不可行，出口商决定转而购买在交易所内更容易进行交易的期货合约。

芝加哥商品交易所（CME）具有面值为 1 250 万日元、9 个月到期的期货品种。该出口商下单卖出 10 张该期货合约，预期在 7 个月后平仓，那时距离到期日还有 2 个月。[①] 因为卖出的交易量与标的资产相同，因此称为**单位对冲**（unitary hedge）。

在这种情况下，对冲一直保持到对冲期间的结束。更一般地，我们可以区分：**静态对冲**（static hedging），它在对冲开始时建立头寸，然后使对冲头寸保持不变，直到对冲期间结束；**动态对冲**（dynamic hedging），它要求必须在对冲期间内连续地调整投资组合。动态对冲与期权联系在一起，我们将在下一章讨论。

表 13.1 给出了合约的初始和结束条件。在每个日期，期货价格由利率平价关系决定。假设日元急剧贬值，即汇率从 125 日元/美元上升到 150 日元/美元，这导致预期的现金头寸的损失为￥125 000 000×(0.006 667－0.008 00)＝－＄166 667。但是这个损失可以被在期货合约上的收益弥补，收益为（－10）×￥12 500 000×(0.006 711－0.008 06)＝＄168 621，获得了一个很小的净盈利＄1 954。总体来说，出口商成功地进行了对冲。

表 13.1 期货对冲

项目	初始时间	结束时间	损益值
市场数据			
到期日（月）	9	2	
美元利率	6%	6%	
日元利率	5%	2%	
即期汇率（日元/美元）	125.00	150.00	
远期汇率（日元/美元）	124.07	149.00	
合约数据			
即期汇率（美元/日元）	0.008 000	0.006 667	－＄166 667
远期合约（美元/日元）	0.008 060	0.006 711	＄168 621
基差（美元/日元）	0.000 060	0.000 045	＄1 954

① 实际上，如果长期合约的流动性不充分，出口商可能采用短期合约进行滚动操作。当存在多个风险暴露时，这种形式被称为**叠式对冲**（stack hedge）。另一个对冲的形式是**条形对冲**（strip hedge），它涉及使用不同的合约来对冲风险暴露。尽管叠式对冲在流动性上处于优势，但是它也比条形对冲增加了基差风险。对冲者必须决定是否值得以增加基差风险的代价来换取叠式对冲的高流动性。

这个例子表明期货对冲是非常有效的，它消除了风险因子变动所带来的影响。定义 Q 为交易的日元数量，S 和 F 分别为即期和远期汇率，期初使用下标 1，期末使用下标 2。未经对冲的交易损益值为：

$$Q[S_2-S_1] \tag{13.1}$$

对冲后的损益值为：

$$Q[(S_2-S_1)-(F_2-F_1)]=Q[(S_2-F_2)-(S_1-F_1)]=Q[b_2-b_1] \tag{13.2}$$

式中，$b=S-F$ 是**基差**（basis）。对冲后的损益值仅仅取决于基差的变动。因此，对冲的结果就是将价格风险转换为基差风险。一个空头的对冲头寸被称为基差多头，因为它会从基差的上涨中获益。

> **重要概念**
>
> 一个对冲头寸的空头相当于基差的多头，当基差扩大时它获得收益。这是因为该头寸是对冲工具的空头，当基差扩大时价值下降（相对于现货价格）。

在这个例子中，由于各种原因基差风险达到了最小。第一，现金和期货对应于同一种资产。第二，货币完全符合平价关系。第三，退出时剩余的到期时间非常短。当然，实际中也不经常符合这些情况。

13.1.2 基差风险

当期货合约和标的资产的特征不相符合时，就会产生**基差风险**（basis risk）。期货合约可分为不同等级的标准化合约，例如纽约商品交易所交易的 West Texas Intermediate（WTI）石油合约，就给定了按照合约进行交割的原油等级。但是，一个对冲者手中持有的石油头寸可能是不同的等级，因此与 WTI 品种的价格不完全相关。因此基差风险就代表了现货期货价差在对冲期间增大还是缩小的不确定性。但是，如果价差的变动远远小于现货市场价格波动，那么对冲就是有效的。

对于大多数商品，基差风险是无法避免的。交易所努力为可交易的合约品种提供充足的交易量和流动性，投机者也增加了市场的交易量和流动性。因此，在流动性和基差风险之间存在着此消彼长的关系。

当使用**交叉对冲**（cross-hedging）的时候，基差风险会更高。交叉对冲是指对冲时使用的资产或商品与现货头寸的品种完全不同。例如，美国的出口商具有一笔挪威克朗的应收账款，但是他使用欧元的期货合约来对冲。相对于美元，欧元和克朗的波动应当非常类似，但是仍然有一些基差风险存在。

当标的头寸与对冲时使用的期货品种完全一致的时候，基差风险达到最小。即使是这样，因为到期日不同仍然可能存在基差风险。在我们前面提到的日元对冲的例子中，期货合约的到期日是 9 个月而不是 7 个月。因此，期货的变现价格是不确定的。

图 13.1 描述了使用美国长期国债对冲时的不同时间因素。第一个因素是标的债券的成熟期，例如 20 年。第二个因素是期货合约的到期时间，例如 9 个月。第三个因素是对冲时间，例如 7 个月。当对冲时间与期货合约的到期时间不匹配时就会出现基差风险。

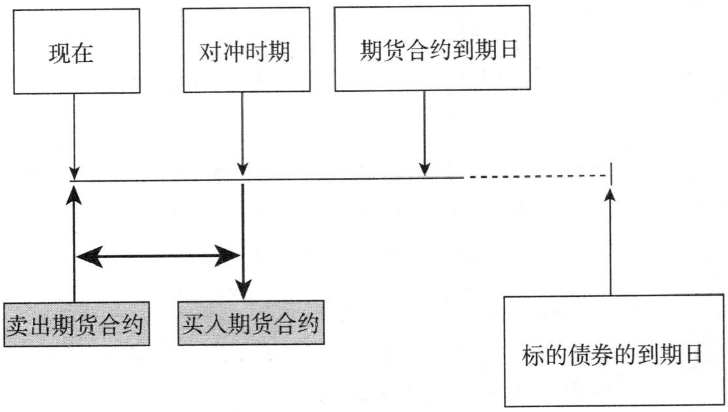

图 13.1　对冲时间与期货合约的到期时间

例题 13.1　FRM 试题 2000——第 79 题

下列哪种情况下可能存在基差风险?

(a) 一个与标的资产到期日相同的对冲工具在到期日前平仓。

(b) 标的资产与对冲工具的相关系数小于 1 并且它们的波动率不相等。

(c) 标的资产与对冲工具不相同。

(d) 以上均正确。

例题 13.2　FRM 试题 2009——第 3-14 题

玛丽拥有 IBM 股票并将在两个月后月中固定的一天出售这些股票。玛丽想对冲 IBM 股票的价格风险。她如何最好地对冲并且避免基差风险的发生?

(a) 卖出 IBM 股票的 2 个月期远期合约。

(b) 卖出 IBM 股票的 3 个月期期货合约。

(c) 卖出标准普尔 500 股票指数的 2 个月期远期合约。

(d) 选项 a 和 b 正确。

例题 13.3　FRM 试题 2009——第 3-15 题

下列关于基差风险的说法哪些是正确的?

Ⅰ. 基差风险产生于交叉对冲策略，但当标的资产和对冲资产相同时就没有基差风险。

Ⅱ. 对冲头寸空头的收益来自于基差的意外扩大。

Ⅲ. 对冲头寸多头的收益来自于基差的意外扩大。

(a) Ⅰ和Ⅱ。

(b) Ⅰ和Ⅲ。

(c) 只有Ⅱ。

(d) 只有Ⅲ。

例题 13.4　FRM 试题 2007——第 99 题

下列哪些交易包含基差风险？

Ⅰ. 持有 1 000 桶 11 月 7 日的伦敦北海布伦特原油期货合约多头头寸并持有 1 000 桶 11 月 7 日的纽约商品交易所 WTI 原油期货合约空头头寸。

Ⅱ. 持有 1 000 桶 11 月 7 日的伦敦北海布伦特原油期货合约多头头寸并持有 2 000 桶 11 月 7 日的伦敦北海布伦特原油期货合约多头头寸。

Ⅲ. 持有 1 000 桶 11 月 7 日的伦敦北海布伦特原油期货合约多头头寸并持有 1 000 桶 12 月 7 日的伦敦北海布伦特原油期货合约空头头寸。

Ⅳ. 持有 1 000 桶 11 月 7 日的伦敦北海布伦特原油期货合约多头头寸并持有 1 000 桶 12 月 7 日的纽约商品交易所 WTI 原油期货合约空头头寸。

(a) Ⅱ和Ⅳ。

(b) Ⅰ和Ⅲ。

(c) Ⅰ、Ⅲ和Ⅳ。

(d) Ⅲ和Ⅳ。

13.2 最优对冲

前一节介绍了一个单位对冲的例子，在单位对冲中现货市场和期货市场的交易数量是相等的。一般来说，这是不合适的。我们必须考虑对冲时使用的头寸数量。

假设一个投资组合经理有一个精心挑选的公司债券的投资组合，这个组合的表现应当强于市场整体的表现。但是，经理希望能够规避未来 3 个月内利率上涨的风险。在这种情况下，将整个投资组合先卖出稍后再买进，其成本将会非常高。经理可以使用衍生合约（例如美国长期国债期货）进行一个暂时的对冲。

这里，因为投资组合中的头寸数量是已知的，我们注意到唯一的风险就是**价格风险**（price risk），但是情况并不总是这样。例如，农场主可能对于农作物的产量和价格都不确定。如果是这样的话，对冲问题就变得更加复杂，因为它涉及了收入对冲，这就要求对供给和需求条件进行分析。

13.2.1 最优对冲比率

定义 ΔS 为投资组合以美元表示的价值变化，定义 ΔF 为一份期货合约以美元表示的价值变化。投资组合或者说需要对冲的头寸可以是已经存在的，也可以是**可预期的**（anticipatory），即可能在未来获得具有很大风险的现金流。投资经理非常关心 ΔS 价值的潜在变化。

如果投资经理买入 N 份期货合约，那么投资组合的价值总变化就是：

$$\Delta V = \Delta S + N\Delta F \tag{13.3}$$

我们应当找到可以将风险降到最低水平的对冲数量。总收益的方差等于：

$$\sigma_{\Delta V}^2 = \sigma_{\Delta S}^2 + N^2\sigma_{\Delta F}^2 + 2N\sigma_{\Delta S,\Delta F} \tag{13.4}$$

注意到波动率最初是用美元表示的，而不是收益的比率，因为我们的目的是保持用美元表示收益。

对 N 求导：

$$\frac{\partial \sigma_{\Delta V}^2}{\partial N} = 2N\sigma_{\Delta F}^2 + 2\sigma_{\Delta S,\Delta F} \tag{13.5}$$

为了简化，将下标中的 Δ 省略不写。令公式（13.5）等于零求解 N，我们得到：

$$N^* = -\frac{\sigma_{\Delta S,\Delta F}}{\sigma_{\Delta F}^2} = -\frac{\sigma_{SF}}{\sigma_F^2} = -\rho_{SF}\frac{\sigma_S}{\sigma_F} \tag{13.6}$$

式中，σ_{SF} 为期货与现货价格变化的协方差。这里，N^* 就是**最小方差对冲比率**（minimum variance hedge ratio）。

在实际中，对于投资组合的价值和单位价格通常会有混淆。这里 S 由单位（股份、债券、蒲式耳、加仑）的数量乘以单位价格（股票价格、债券价格、小麦价格、燃油价格）。

有时使用单位价格并且用无单位的单位价格的变动率来表示波动率会更方便一些。定义数量 Q 以及单位价格 s，我们可以得到 $S=Qs$。类似地，一份期货合约的名义价值是 $F=Q_f f$。我们可以得到：

$$\sigma_{\Delta S} = Q\sigma(\Delta s) = Qs\sigma(\Delta s/s)$$
$$\sigma_{\Delta F} = Q_f\sigma(\Delta f) = Q_f f\sigma(\Delta f/f)$$
$$\sigma_{\Delta S,\Delta F} = \rho_{sf}[Qs\sigma(\Delta s/s)][Q_f f\sigma(\Delta f/f)]$$

利用公式（13.6），最优对冲比率 N^* 可以表示为：

$$N^* = -\rho_{SF}\frac{Qs\sigma(\Delta s/s)}{Q_f f\sigma(\Delta f/f)} = -\rho_{SF}\frac{\sigma(\Delta s/s)}{\sigma(\Delta f/f)}\frac{Qs}{Q_f f} = -\beta_{sf}\frac{Q\times s}{Q_f\times f} \tag{13.7}$$

式中，β_{sf} 是 $\Delta s/s$ 对于 $\Delta f/f$ 的回归系数。第二项代表了针对现货头寸与期货头寸数量的调整因子。

最优对冲数量 N^* 可以由 $\Delta s/s$ 对于 $\Delta f/f$ 的回归系数得出：

$$\frac{\Delta s}{s} = \alpha + \beta_{sf}\frac{\Delta f}{f} + \varepsilon \tag{13.8}$$

如第 3 章所介绍的，标准回归定理证明了：

$$\beta_{sf} = \frac{\sigma_{sf}}{\sigma_f^2} = \rho_{sf}\frac{\sigma_s}{\sigma_f} \tag{13.9}$$

因此，最优对冲是由投资组合价值的变化对于对冲工具价值的变化的回归得到的。

重要概念

最优对冲是投资组合现货价值变动对于对冲工具价值变动的回归 β 系数的相反数。

我们得到的结果不仅限于此。在最优状态下，我们可以用 N^* 代替公式（13.4）中的 N，得到：

$$\sigma_V^{*2}=\sigma_S^2+\left(\frac{\sigma_{SF}}{\sigma_F^2}\right)^2\sigma_F^2+2\left(\frac{-\sigma_{SF}}{\sigma_F^2}\right)\sigma_{SF}$$

$$=\sigma_S^2+\frac{\sigma_{SF}^2}{\sigma_F^2}+2\frac{-\sigma_{SF}^2}{\sigma_F^2}=\sigma_S^2-\frac{\sigma_{SF}^2}{\sigma_F^2} \tag{13.10}$$

我们可以通过降低原始投资组合方差的比例来度量最优对冲比率的质量：

$$R^2=\frac{(\sigma_S^2-\sigma_V^{*2})}{\sigma_S^2} \tag{13.11}$$

使用公式（13.10）进行替换，我们得到 $R^2=(\sigma_S^2-\sigma_S^2+\sigma_{SF}^2/\sigma_F^2)/\sigma_S^2=\sigma_{SF}^2/(\sigma_F^2\sigma_S^2)=\rho_{SF}^2$。这个无单位的数值也是 $\Delta s/s$ 与 $\Delta f/f$ 的相关系数，也是公式（13.8）中 $\Delta f/f$ 解释 $\Delta s/s$ 的部分。因此这个公式实际上给出了对冲的**有效性**（effectiveness），即方差减少的比例。

我们也可以使用公式（13.10）的结果来表示对冲头寸的波动率：

$$\sigma_V^*=\sigma_S\sqrt{(1-R^2)} \tag{13.12}$$

这表明如果 $R^2=1$，那么回归的结果非常好，对冲后的投资组合具有零风险。在这种情况下，投资组合没有基差风险。但是如果 R^2 的值非常小，那么对冲就不是非常有效。

13.2.2 例　子

一家航空公司预计在未来 3 个月内购买 10 000 吨航空燃油，它希望使用期货合约来规避价格上涨带来的风险。

该公司可以使用纽约商品交易所的取暖用油期货合约来对冲，一份合约的面值是 42 000 加仑。因为期货市场上没有关于航空用油的交易品种，所以风险经理希望先检验一下取暖用油能否起到对冲作用。当前市场上航空用油的价格是每吨 277 美元，取暖用油的期货价格是每加仑 0.690 3 美元。3 个月的航空燃油价格变动率的标准差是 21.17%，取暖用油期货合约价格变动率的标准差是 18.59%，两者的相关系数是 0.824 3。

计算：

(a) 航空燃油在未对冲的情况下以美元表示的头寸价值及其标准差。

(b) 需要购买或卖出的最优期货合约数量，近似为最接近的整数。

(c) 航空燃油在对冲后以美元表示的标准差。

结果：

(a) 头寸的名义价值为 Q_S = \$2 770 000，以美元表示的标准差为：

$$\sigma(\Delta s/s)sQ = 0.211\ 7\times \$277\times 10\ 000 = \$586\ 409$$

一份期货合约的标准差为：

$$\sigma(\Delta f/f)fQ_f = 0.185\ 9\times \$0.690\ 3\times 42\ 000 = \$5\ 389.72$$

期货合约的名义价值为 fQ_f = \$0.690 3×42 000= \$28 992.60。

(b) 现货头寸对应着一个支付或者说负债。因此，该公司必须买入期货来进行保护。首先，我们计算 β 值，β_{sf} =0.824 3 (0.211 7/0.185 9) =0.938 7。对应的协方差为 σ_{sf} =0.824 3×0.211 7×0.185 9=0.032 44。调整为名义值 σ_{SF} = 0.032 44× \$2 770 000× \$28 993=2 605 268 452。利用公式 (13.7)，可以得到最优对冲比率为：

$$N^* = \beta_{sf}\frac{Q\times s}{Q_f\times f} = 0.938\ 7\ \frac{10\ 000\times \$277}{42\ 000\times \$0.69} = 89.7$$

即近似为 90 份期货合约。

(c) 使用公式 (13.10) 可以得到对冲后头寸的风险。未对冲头寸的波动率为 σ_S = \$586 409。对冲后头寸的方差为：

$$\sigma_S^2 = (\$586\ 409)^2 = +343\ 875\ 515\ 281$$

$$-\sigma_{SF}^2/\sigma_F^2 = -(2\ 605\ 268\ 452/5\ 390)^2 = -233\ 653\ 264\ 867$$

$$V(\text{对冲后}) = +110\ 222\ 250\ 414$$

对冲后头寸的波动率为 σ_V^* = \$331 997，因此对冲把风险由 \$586 409 降低为 \$331 997。我们用 1 减去对冲后的方差与未对冲的方差的比得到 R^2 为 (1−110 222 250 414/343 875 515 281) = 67.95%。这恰好等于相关系数的平方，$0.824\ 3^2 = 0.679\ 5$，即对冲的有效性。

图 13.2 给出了对冲后投资组合的风险与期货合约数量之间的关系。在未对冲

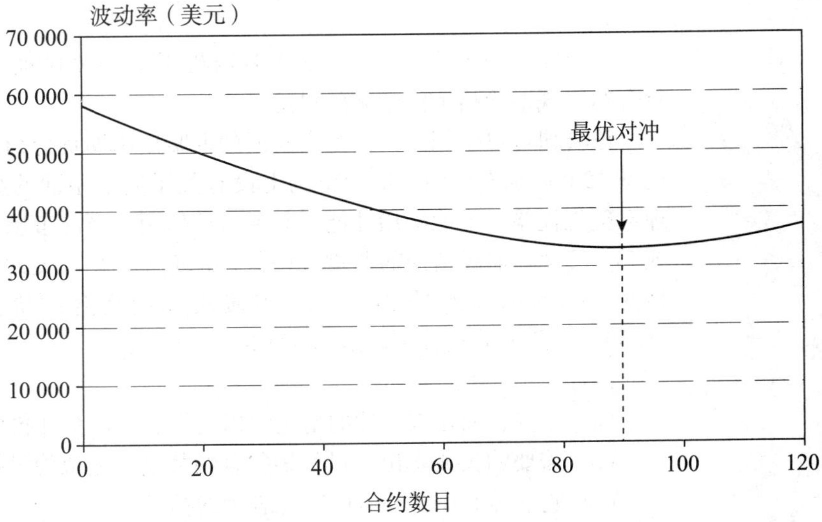

图 13.2　对冲后投资组合的风险与期货合约数量

时，波动率为$586 409。当$N$增加时，风险随之减小，在$N^*=90$时达到了最小值。从图上还可以看出，在最小值附近的二次平方关系相对平坦。因此，选择合约数量为80～100对于总体风险影响不大。出于减少风险的目的，风险经理可以进行补充对冲。

13.2.3 流动性问题

期货对冲可以成功地降低市场风险，但也会带来其他风险。期货合约每天以市值计算，因此会涉及大量的现金流入和流出。现金流出在某些情况下会带来流动性问题，特别是如果这种现金流出没有得到标的资产头寸上现金流入的补充。

例题 13.5　FRM 试题 2001——第 86 题

如果两种证券具有相同的波动率，相关系数是－0.5，那么它们的最小方差对冲比率是：

(a) 1∶1。

(b) 2∶1。

(c) 4∶1。

(d) 16∶1。

例题 13.6　FRM 试题 2007——第 125 题

一家公司准备购买10 000桶WTI原油。它计划购买布伦特原油期货进行对冲。现货与期货价格之间的相关系数为0.72。现货价格的波动率为每年0.35。布伦特原油期货价格的波动率为每年0.27。该公司的最优对冲比率是多少？

(a) 0.933 3。

(b) 0.555 4。

(c) 0.819 8。

(d) 1.209 9。

例题 13.7　FRM 试题 2009——第 3-26 题

XYZ公司是一个金矿产商，它将在未来3个月后以市场价格出售10 000盎司黄金。3个月金价的标准差为3.6%。XYZ公司决定用黄金期货进行对冲。黄金期货的面值为10盎司。黄金期货价格的标准差为4.2%。3个月期货与现货价格变化的相关系数为0.86。该公司需要购买/出售多少份期货合约才能完成对冲？

(a) 出售632份期货合约。

(b) 出售737份期货合约。

(c) 购买632份期货合约。

(d) 购买737份期货合约。

13.3 最优对冲的应用

前面介绍的线性对冲框架只是一般的情形。现在，我们介绍两种特殊的情形：久期对冲以及 beta 对冲。第一种对冲应用于债券市场，第二种对冲应用于股票市场。

13.3.1 久期对冲

修正久期可以被视为债券价格相对于收益率变化的风险暴露的度量。利用第 6 章的定义，我们可以得出：

$$\Delta P=(-D^{*}P)\Delta y \tag{13.13}$$

式中，D^{*} 为修正久期。**美元久期**（dollar duration）被定义为（$D^{*}P$）。

假设久期模型成立，这意味着收益率的变动 Δy 并不依赖于成熟期，我们可以重新给出现货和期货头寸的表达式：

$$\Delta S=(-D_S^{*}S)\Delta y,\Delta F=(-D_F^{*}F)\Delta y$$

式中，D_S^{*} 和 D_F^{*} 分别为 S 和 F 的修正久期。注意在这些关系中我们都忽略了误差项。这样方差和协方差就是：

$$\sigma_S^2=(D_S^{*}S)^2\sigma^2(\Delta y),\sigma_F^2=(D_F^{*}F)^2\sigma^2(\Delta y),\sigma_{SF}=(D_F^{*}F)(D_S^{*}S)\sigma^2(\Delta y)$$

代入公式（13.6）得到：

$$N^{*}=-\frac{\sigma_{SF}}{\sigma_F^2}=-\frac{(D_F^{*}F)(D_S^{*}S)}{(D_F^{*}F)^2}=-\frac{(D_S^{*}S)}{(D_F^{*}F)} \tag{13.14}$$

或者，可以进行如下推导。将投资组合的总收益写为：

$$\begin{aligned}\Delta V&=\Delta S+N\Delta F\\&=(-D_S^{*}S)\Delta y+N(-D_F^{*}F)\Delta y\\&=-[(D_S^{*}S)+N(D_F^{*}F)]\times\Delta y\end{aligned}$$

当括号中所代表的净风险暴露为零时，上式为零。换句话说，最优对冲比率就是负的现货的美元久期与对冲工具的美元久期的比值。这个比率也可以用基点的美元价值来表示：

$$N^{*}=-\frac{DVBP_S}{DVBP_F} \tag{13.15}$$

更一般地，我们可以使用 N 作为工具来修正投资组合的总的久期。如果我们的目标久期是 D_V，则可以通过令 $[(D_S^{*}S)+N(D_F^{*}F)]=D_V^{*}V$ 来达到，即：

$$N=\frac{(D_V^{*}V-D_S^{*}S)}{(D_F^{*}F)} \tag{13.16}$$

公式（13.14）是上式的一个特例。

重要概念

最优久期对冲就是风险头寸的美元久期与对冲工具的美元久期的比值。

例 国债期货对冲

一个投资组合经理持有一个修正久期为 6.8 年的 \$1 000 万的债券组合，该投资组合需要对冲 3 个月。当前的国债期货合约价格是 93－02，名义金额为 \$100 000。我们假定它的久期可以用廉价交割法度量，结果为 9.2 年。①

计算

(a) 期货合约的名义价值。

(b) 最优对冲的期货合约数量。

结果

(a) 期货合约的名义价值为 [93＋(2/32)]/100× \$100 000＝ \$93 062.5。

(b) 由公式 (13.14) 可以得到最优对冲的期货合约数量：

$$N^* = -\frac{(D_S^* S)}{(D_F^* F)} = -\frac{6.8\times \$10\,000\,000}{9.2\times \$93\,062.5} = -79.4$$

即需要卖出 79 份股指期货合约。注意到期货的基点美元价值是 9.2× \$93 000× 0.01%＝ \$85。■

例 欧洲美元期货对冲

在 2 月 2 日，某公司财务部希望为一个 7 月 17 日发出的预期收入 452 万美元、期限为 180 天的 500 万美元商业票据对冲。9 月份欧洲美元期货价格是 92，名义金额为 100 万美元。②

计算

(a) 期货合约的美元现值。

(b) 最优对冲的期货合约数量。

结果

(a) 期货合约的美元现值为 \$10 000[100－0.25(100－92)]＝ \$980 000。注意到欧洲美元期货合约的久期一般是 3 个月 (90 天)，因为这种合约参考的是 3 个月的 LIBOR。

(b) 如果利率上升，借款的成本将上升。我们应当利用期货市场上空头头寸的收益来抵补这个损失。由公式 (13.14) 可以得到最优对冲的期货合约数量：

$$N^* = -\frac{(D_S^* S)}{(D_F^* F)} = -\frac{180\times \$4\,520\,000}{90\times \$980\,000} = -9.2$$

即需要卖出 9 份股指期货合约。注意到期货的基点美元价值是 0.25× \$1 000 000×0.01%＝ \$25。在这个例子中，需要对冲头寸的基点美元价值为 \$226。除以 \$25 得到对冲比率为 9。■

① 国债期货在第 10 章有所介绍。注意到这种对冲方法忽略了空头持有的选择权效用，它包括一个到期交割的选择权。同样，国债期货的久期应该等于最廉价交割债券的久期除以转换因子。

② 欧洲美元期货在第 10 章有所介绍。

例题 13.8　FRM 试题——久期对冲

从基于久期的对冲方案可以得出下列哪个利率变动的假设？

(a) 所有利率变动都相等。

(b) 收益率曲线发生较小的平行的变动。

(c) 利率期限结构的任意平行变动。

(d) 利率变动是高度相关的。

例题 13.9　FRM 试题——用欧洲美元期货对冲

如果所有的即期利率都增加一个基点，一个互换组合的价值就会增加 1 100 美元。需要多少欧洲美元期货来对冲这个互换组合？

(a) 44。

(b) 22。

(c) 11。

(d) 1 100。

例题 13.10　FRM 试题 2007——第 17 题

在 6 月 2 日，一个投资 1 000 万美元于政府债券的基金经理担心利率会在未来 3 个月上升。该经理决定使用 9 月的国债期货合约对投资组合进行对冲。期货的当前价格是 95.062 5 美元。每个合约交割的是面值为 10 万美元的债券。基金经理的债券组合的久期为 7.8 年。最廉价交割的国债合约的久期预计为 8.4 年。在国债期货的到期日，标的国债的久期为 9 年。该基金经理应该使用下列哪种头寸来转移他的利率风险暴露？

(a) 卖空 94 份合约。

(b) 卖空 98 份合约。

(c) 卖空 105 份合约。

(d) 卖空 113 份合约。

例题 13.11　FRM 试题 2004——第 4 题

艾伯特·亨利是一个大型加拿大养老金的固定收益经理。该养老金投资组合资产的现值为 40 亿加元，而该养老金负债的期望现值为 50 亿加元。两者的久期分别为 8.254 年和 6.825 年。该养老金目前为会计赤字状态（资产小于负债），艾伯特必须避免赤字缺口的扩大。当前收益率曲线有两种情景：第一种情景是利率上升 25 个基点，第二种情景是利率下降 25 个基点。流动性最好的利率期货现值为 68 336加元，久期为 2.146 8 年。单独分析两个情景，艾伯特应该如何操作来避免养老金赤字缺口的扩大？选择最好的选择。

第一个情景	第二个情景
(a) 什么都不做	购买 7 559 份合约
(b) 什么都不做	出售 7 559 份合约
(c) 购买 7 559 份合约	什么都不做
(d) 什么都不做	什么都不做

13.3.2 Beta 对冲

现在我们转向利用股指期货来对冲股票风险。Beta，或者说**系统风险**（systematic risk），可以被看作投资组合 i 的收益率与市场 m 的收益率有关的部分：

$$R_{it}=\alpha_i+\beta_i R_{mt}+\varepsilon_{it} \tag{13.17}$$

式中，β 代表系统风险，α 为截距项（它不是风险来源，因此在考虑风险管理的时候可以忽略），ε 为残差项，它与市场无关。我们可以忽略截距项和残差项，写成：

$$(\Delta S/S)\approx\beta(\Delta M/M) \tag{13.18}$$

现在，假定我们可以使用股指期货进行对冲，它的 β 为 1，即 $(\Delta F/F)=1(\Delta M/M)$。对于期权，$\beta$ 被净 δ 值替代，即 $(\Delta C)=\delta(\Delta M)$。

如同前面债券久期的例子，我们可以把整个投资组合的收益写成：

$$\begin{aligned}\Delta V&=\Delta S+N\Delta F=(\beta S)(\Delta M/M)+NF(\Delta M/M)\\&=[(\beta S)+NF]\times(\Delta M/M)\end{aligned}$$

括号中的项代表了净风险暴露，如果它的值为零，那么上式为零。最优的股指期货合约数量为：

$$N^*=-\frac{\beta S}{F} \tag{13.19}$$

> **重要概念**
>
> 使用股指期货对冲时的最优对冲数量是现货头寸的 β 值乘以现货头寸的价值除以期货的名义价值。

例

一个投资组合经理持有价值 \$1 000 万的股票组合，β 值为 1.5，相对于标准普尔 500 股票指数。股指期货的当前价格为 1 400，乘数为 \$250。

计算

(a) 期货合约的名义价值。

(b) 最优对冲的期货合约数量。

结果

(a) 期货合约的名义价值为 $\$250\times1\,400=\$350\,000$。

(b) 由公式（13.19）可以得到最优对冲的期货合约数量：

$$N^*=-\frac{\beta S}{F}=-\frac{1.5\times\$10\,000\,000}{1\times\$350\,000}=-42.9$$

即需要卖出 43 份股指期货合约。

13.3.3 一般考虑

对冲的效果依赖于市场模型公式（13.17）中残差项的大小。对于大的投资组合，近似的效果可能不错。相反，如果使用股指期货来对冲单个股票的风险，效果将会很差。

例如，一只美国股票与标准普尔500股票指数的相关系数是0.50。相对于行业指数，相关系数是0.75。利用公式（13.12）中的回归系数，我们发现对冲后的投资组合的波动率仍是未对冲波动率的 $\sqrt{1-0.5^2}=87\%$，使用行业指数的话就是66%。这个较低的数字说明，使用股指期货对冲对于较大的投资组合效果好一些。为了较好地对冲股票风险，对冲者应当使用行业指数期货，或者指数基金（ETF），甚至是该股票的期货。

最后再来谈谈关于对冲需要注意的问题。如果对冲的目的是降低波动率，那么对冲会消除下行风险但是同时也会存在潜在的上行风险。对冲的目的应该是降低风险，而不是获取盈利，因此这是一把双刃剑。对冲是否盈利应该取决于风险和收益的平衡。

例题 13.12　FRM 试题 2009——第 3－10 题

你拥有一个500万美元的股票投资组合需要使用股指期货进行对冲。投资组合与股指期货的相关系数为0.65。投资组合的标准差为7%并且对冲工具的标准差为6%。股指期货合约的价格为1 500美元并且1份合约的规模是100手股指期货。下列头寸中哪一个可以最大限度地降低风险？

(a) 购买33份期货合约。

(b) 出售33份期货合约。

(c) 购买25份期货合约。

(d) 出售25份期货合约。

例题 13.13　FRM 试题 2007——第 107 题

标准普尔500股票指数的当前价值为1 457，每份标准普尔股指期货合约的价格为250乘以股票指数。一个多头股票投资组合的市值为300 100 000美元，β值为1.1。为了将投资组合的β值降为0.75，需要出售多少份标准普尔股指期货？

(a) 288份。

(b) 618份。

(c) 906份。

(d) 574份。

13.4 重要公式

单位对冲的头寸收益：$Q[(S_2-S_1)-(F_2-F_1)]=Q[b_2-b_1]$

对冲头寸的空头＝基差的多头，或者当基差扩大时获利

最优对冲比率：$N^*=-\beta_{sf}\dfrac{Q\times s}{Q_f\times f}$

最优对冲比率（非单位头寸）：$\beta_{sf}\dfrac{\sigma_{sf}}{\sigma_f^2}=\rho_{sf}\dfrac{\sigma_s}{\sigma_f}$

对冲头寸的波动率：$\sigma_V^*=\sigma_s\sqrt{(1-R^2)}$

久期对冲：$N^*=-\dfrac{(D_S^*S)}{(D_F^*F)}$

对冲：$N^*=-\beta\dfrac{S}{F}$

13.5 例题解答

例题 13.1 FRM 试题 2000——第 79 题

(d) 如果现货价值和对冲头寸价值的波动率不能完全抵消就会产生基差风险。在对冲工具和资产头寸不相同或者相关系数不为 1 的情况下都会产生基差风险。即使是具有相似特征的对冲工具，如果在标的资产的到期日前进行平仓，也会存在基差风险。

例题 13.2 FRM 试题 2009——第 3-14 题

(a) 当对冲工具的期限和对冲时间（2 个月）一致并且对冲工具暴露于相同的风险因子（IBM 公司）时，基差风险最小。

例题 13.3 FRM 试题 2009——第 3-15 题

(c) 当对冲期限不一致时可能会导致基差风险，因此说法Ⅰ是不正确的。一个空头对冲头寸相当于标的多头头寸，这意味着当基差扩大时会获利，因为这意味着期货价格相对于现货价格下跌时将产生利润。

例题 13.4 FRM 试题 2007——第 99 题

(c) 在同时持有不同期限或不同标的资产的期货合约的多头和空头头寸时会产生基差风险。头寸Ⅱ由于持有的都是期货的多头头寸，因此没有基差风险，仅具有方向性风险。

例题 13.5 FRM 试题 2001——第 86 题

(b) 假设第一种证券的投资数量为 1，第二种为 x，那么投资组合的方差为 $1+x^2+2x\rho$，求导数并且令等式等于零，我们可以得到 $x=-\rho=0.5$。因此第一种证券的数量是第二种的 2 倍。或者，对冲比率为 $N^*=-\rho\dfrac{\sigma_S}{\sigma_F}=0.5$。选项 b 是唯一一个符合这个比率的。

例题 13.6 FRM 试题 2007——第 125 题

(a) 最优对冲比率为 $\beta_{sf}=\rho_{sf}\dfrac{\sigma_s}{\sigma_f}=0.72\times\dfrac{0.35}{0.27}=0.933$。

例题 13.7　FRM 试题 2009——第 3 - 26 题

(b) 当金价下跌时 XYZ 公司将产生损失，因此它应该卖出期货进行对冲。最优对冲比率为 $\rho\sigma_s/\sigma_f=0.86\times3.6/4.2=0.737$。考虑头寸的规模，卖出期货合约的数量为 0.737×10 000/10=737。

例题 13.8　FRM 试题——久期对冲

(b) 假设是：收益率曲线 (1) 是平行的；(2) 有较小的变动。选项 a 和 c 相同，忽略了变动的大小。选项 d 应当要求完全相关，而不是高度相关，再加上较小的变动。

例题 13.9　FRM 试题——用欧洲美元期货对冲

(a) 互换组合的基点美元价值是 1 100 美元。期货的基点美元价值是 25 美元。因此对冲比率是 1 100/25=44。

例题 13.10　FRM 试题 2007——第 17 题

(b) 卖空的合约数量为 $N^*=-\dfrac{(D_S^*S)}{(D_F^*F)}=-(7.8\times10\,000\,000)/(8.4\times(95.062\,5)\times1\,000)=-97.7$，即 98 份合约。注意相关的久期应该是最廉价交割债券的久期，与其他久期无关。

例题 13.11　FRM 试题 2004——第 4 题

(a) 我们首先需要计算资产和负债的美元久期，以百万为单位，分别为 4 000×8.254=33 016 和 5 000×6.825=34 125。因为负债的美元久期超过资产的美元久期，利率的下降会使负债的增加比资产的增加快，这将导致更大的赤字。艾伯特需要购买利率期货进行对冲。合约的数目为 (34 125－33 016)/(68 336×2.146 8/1 000 000)=7 559。

例题 13.12　FRM 试题 2009——第 3 - 10 题

(d) 为了对冲，投资组合经理需要出售股指期货合约，当投资组合价值发生损失时获得盈利。投资组合的 β 为 0.65×(7%/6%)=0.758。合约的数目为 $N^*=-\beta S/F=-(0.758\times5\,000\,000)/(1\,500\times100)=-25.3$，即 25 份合约。

例题 13.13　FRM 试题 2007——第 107 题

(a) 和前一道题目一样，但是为部分对冲，即 β 值从 1.10 到 0.75 的变动。因此，$N^*=-\beta S/F=-(1.10-0.75)\times300\,100\,000/(1\,457\times250)=-288.3$ 份合约。

第 14 章　非线性（期权）风险模型*

前一章集中讨论的是线性风险模型，对冲时使用的工具主要是远期或者期货，这一类合约的特点是它们的价值与标的风险因子线性相关。因为正态分布的随机变量的线性组合仍然服从正态分布，因此线性对冲仍然保持了正态分布的特性，同时很大程度上简化了风险分析。

但是非线性风险模型更复杂一些。特别地，期权价值的分布可能是非常不对称的。由于期权是一种广泛存在的金融工具，因此对于风险管理经理来说，度量期权头寸风险是非常必要的。由于期权可以用动态的对标的资产的买卖来模拟，这就为我们提供了用积极交易来度量期权风险的启发。

在前一章，我们可以看到市场损失被归因于两种因素的组合：风险暴露和风险因子的不利变动。因此，一个巨大损失的发生可能是由于风险因子的不利变动，也就是坏运气。但是更经常发生损失的原因是，风险暴露的情况类似于一个期权空头，这就有些不可原谅了，因为投资组合经理是可以控制这些风险暴露的。

建立一种可以对风险情况提供直观理解的度量方法是非常具有挑战性的。14.1 节介绍了期权定价和泰勒展式近似理论，还简单回顾了第 8 章曾经介绍过的布莱克-斯科尔斯公式。14.2 节介绍了期权价格的偏导数，也被称为“希腊字

* FRM 考试第一部分的主题。请注意 FRM 考试第一部分也涉及信用评级，将于第 20 章介绍。

母”。14.3 节讨论了期权头寸的分布情况以及使用 delta 和 gamma 对 VAR 的度量。

14.1 期权模型

14.1.1 定 义

我们考虑一项价值依赖于标的资产的衍生工具，标的资产可以是价格、指数或者利率。例如，我们考虑一个标的资产为外汇的看涨期权。我们使用如下定义：

S_t——资产以美元表示的现货价格

F_t——资产当前的远期价格

K——期权合约的执行价格

f_t——衍生工具的当前价值

r_t——国内的无风险利率

r_t^*——国外的无风险利率（也写作 y）

σ_t——S 变化率的年波动率

τ——距离到期日的时间

更一般地，r^* 表示资产的收益支付，它可以是股票指数每年的红利收益率或者债券的息票率。

对于大多数期权，我们可以将它的价值写成一个函数：

$$f_t = f(S_t, r_t, r_t^*, \sigma_t, K, \tau) \tag{14.1}$$

合约的规格由 K 和到期时间 τ 给出。其他因子受到市场变动的影响，导致了期权价格的波动。为了简单起见，我们在下文中省略时间下标。

衍生产品定价的目标就是在合约到期前给定一些对市场的假设后找出函数 f 的价值。例如，对于一个远期合约，表达式就非常简单：

$$f = Se^{-r^*\tau} - Ke^{-r\tau} \tag{14.2}$$

而在更一般的情况下，我们无法写出函数 f 的解析形式，只能使用数值方法求解。

14.1.2 泰勒展式

我们对于如何描述 f 的变动很感兴趣。衍生产品的风险暴露情况可以使用一个局部泰勒展式来表达：

$$df=\frac{\partial f}{\partial S}dS+\frac{1}{2}\frac{\partial^2 f}{\partial S^2}dS^2+\frac{\partial f}{\partial r}dr+\frac{\partial f}{\partial r^*}dr^*+\frac{\partial f}{\partial \sigma}d\sigma+\frac{\partial f}{\partial \tau}d\tau+\cdots \tag{14.3}$$

因为表达式的值对于 S 的依赖是非线性的，我们增加了 S 的二次项。公式(14.3) 使用带有线性和二次项的多项式对非线性函数进行近似。

期权定价（option pricing）的目的是寻找 f 的值，**期权对冲**（option hedging）的目的是使用偏导数，**风险管理**（risk management）的目的则是将它们二者与风险因子的变动联系起来。

图 14.1 描述了欧式看涨期权的价值与标的资产价格之间的关系。实线代表的是期权的实际价格。较细一点的线是期权价格的线性估计（delta 估计），这是一条经过初始值点的切线。虚线是期权价格的二次估计（delta-gamma 估计），包括了较多的参数，因此估计的效果更好。

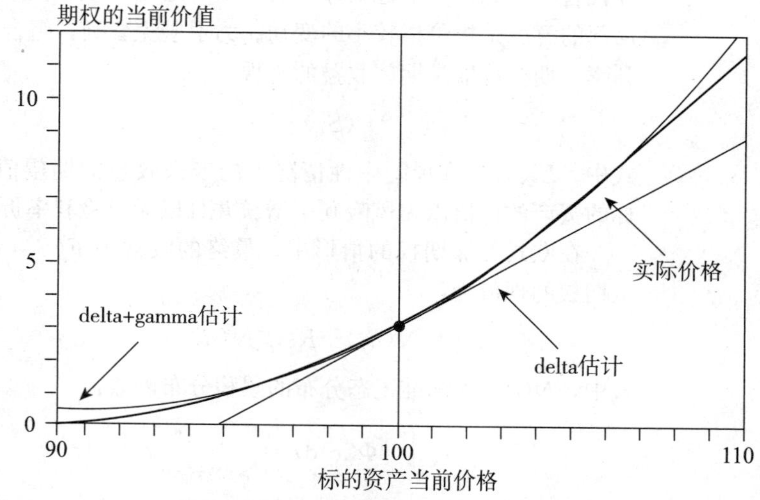

图 14.1　看涨期权多头的 delta-gamma 近似

注意，我们考虑的是局部价格变动之和，因此可以在组合的层次将标的资产的敏感性加总。这与通过加总组合中的单个证券的加权久期来计算组合的久期的方法类似。

例如，定义 $\Delta=\frac{\partial f}{\partial S}$，我们可以通过加总，定义组合对于标的资产价格的敏感性 Δ_P：

$$\Delta_P=\sum_{i=1}^{N}x_i\Delta_i \tag{14.4}$$

式中，x_i 是组合中的第 i 种期权的数目。为了对冲一阶的价格风险，对冲组合的 delta 值就足够了，这比对冲单个期权更有效率。

在下列情况下，泰勒展式近似的效果会很差：

- 标的风险因子的较大变动。
- 高度非线性的风险暴露，例如接近到期日的期权或者奇异期权。
- 交叉偏导数效应，例如 delta 的变动与 S 有关。

如果这些情况发生的话，我们需要对期权进行**完全估值**（full revaluation）。利用 0 和 1 代表期初和期末的时刻，期权价值的变动为：

$$f_1 - f_0 = f(S_1, r_1, r_1^*, \sigma_1, K, \tau_1) - f(S_0, r_0, r_0^*, \sigma_0, K, \tau_0) \tag{14.5}$$

14.1.3 期权定价

我们现在给出传统的欧式看涨期权和看跌期权的各种偏导数。正如我们在第 8 章看到的那样，**布莱克-斯科尔斯**（Black-Scholes，BS）模型给出了闭合形式的解，通过它我们可以计算各种偏导数的解析表达式。

BS 模型导数的要点在于期权的一份头寸可以用标的资产上的“delta”份头寸代替。因此，一个包括标的资产和一定比例期权的投资组合是局部无风险的。局部的意思是指价格较小的变动。为了避免套利，组合的回报率需要达到无风险利率。期权价值是期望收益的折现：

$$f_t = E_{RN}[e^{-r\tau}F(S_T)] \tag{14.6}$$

式中，E_{RN} 表示在风险中性情况下的未来收益的期望值。风险中性的假设是指，标的资产的价值以无风险利率增长并且以无风险利率折现。

在欧式看涨期权的情形中，最终的收益为 $F(S_T) = \mathrm{Max}(S_T - K,\ 0)$，那么该期权的现值为：

$$c = Se^{-r^*\tau}N(d_1) - Ke^{-r\tau}N(d_2) \tag{14.7}$$

式中，$N(d)$ 为标准正态分布的累积分布函数：

$$N(d) = \int_{-\infty}^{d} \Phi(x)\,\mathrm{d}x = \frac{1}{\sqrt{2\pi}}\int_{-\infty}^{d} e^{-\frac{1}{2}x^2}\,\mathrm{d}x$$

式中，Φ 为标准正态分布的密度函数。$N(d)$ 同时也是一个取值为 d 的正态变量左边的面积。d_1 和 d_2 的值为：

$$d_1 = \frac{\ln(Se^{-r^*\tau}/Ke^{-r\tau})}{\sigma\sqrt{\tau}} + \frac{\sigma\sqrt{\tau}}{2}, d_2 = d_1 - \sigma\sqrt{\tau}$$

利用看跌看涨平价关系，欧式看跌期权的价值为：

$$p = Se^{-r^*\tau}[N(d_1) - 1] - Ke^{-r\tau}[N(d_2) - 1] \tag{14.8}$$

14.2 期权的希腊字母

14.2.1 期权敏感性：delta 和 gamma

给出欧式期权的解析表达式，我们可以推导出所有的偏导数。最重要的表示敏感性的偏导数是 delta 值，它是对标的资产价格的一阶偏导数。对于一个看涨期权，delta 的表达式为：

$$\Delta_c = \frac{\partial c}{\partial S} = e^{-r^* \tau} N(d_1) \tag{14.9}$$

它的值通常为正而且小于 1。

图 14.2 给出了不同到期日情况下的 delta 值与 S 的关系。这幅图的要点就是 delta 值充分受到现货价格和时间变化的影响。当现货价格上升时，d_1 和 d_2 值变得很大，delta 值趋于 $e^{-r^* \tau}$，较短到期日的 delta 值接近于 1。在这种情况下，期权与资产头寸的价格变化完全相同，公式（14.7）的极限就是 $c = Se^{-r^* \tau} - Ke^{-r\tau}$，和公式（14.2）的远期合约的价值一样。

在另一种极端情况下，如果 S 值非常小，delta 值就接近于 0 并且对 S 非常不敏感。当 S 接近于执行价格 K 时，delta 值接近于 0.5，1 份期权的价格波动就相当于 0.5 份标的资产的价格波动。

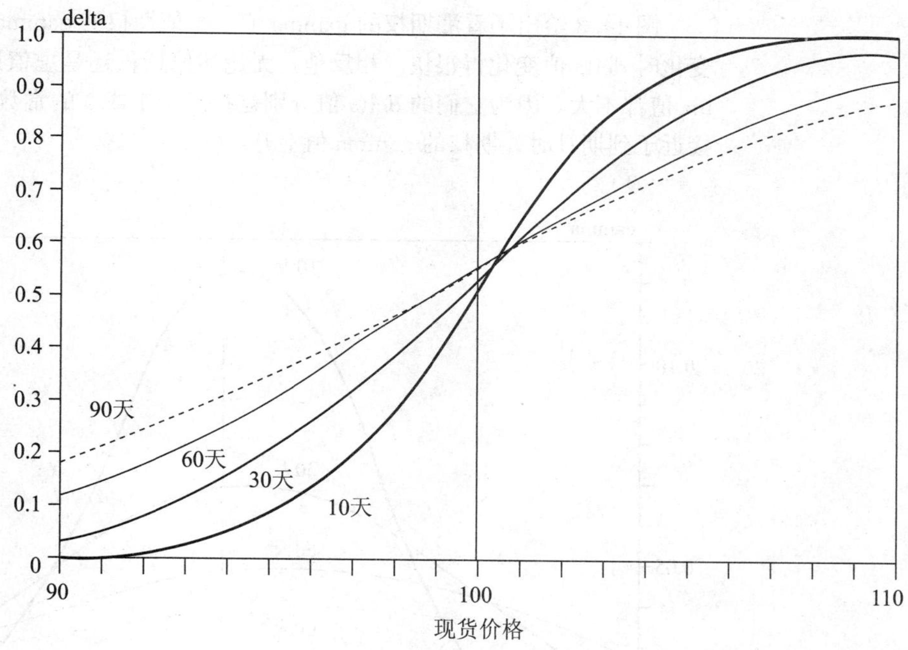

图 14.2　期权的 delta 值

重要概念

一个平值看涨期权的 delta 值接近于 0.5。当期权变为深度实值的时候，delta 值趋于 1。当期权变为深度虚值的时候，delta 值趋于 0。

看跌期权的 delta 值的表达式为：

$$\Delta_p = \frac{\partial p}{\partial S} = e^{-r^* \tau}[N(d_1) - 1] \tag{14.10}$$

它的取值总为负。它的取值变化与看涨期权类似，只是符号不同。一个平值期权的 delta 值大约是−0.5。

重要概念

一个平值看涨期权的 delta 值接近于−0.5。当期权变为深度虚值的时候，delta 值趋于−1。当期权变为深度实值的时候，delta 值趋于 0。

从图中还可以看出，当期权接近于到期日时，delta 函数的凸度更大。它收敛于一个阶梯函数，当 $S<K$ 时取值为 0，其他情况取值为 1。接近于到期日的期权的 delta 值非常不稳定。

对于一个欧式看涨或看跌期权，gamma(Γ) 是关于标的资产的二阶偏导数：

$$\Gamma=\frac{\partial^2 c}{\partial S^2}=\frac{e^{-r^{*}\tau}\Phi(d_1)}{S\sigma\sqrt{\tau}} \tag{14.11}$$

它受到正态密度函数 Φ 的钟形分布的影响。它也是 delta 关于 S 的一阶偏导数。Γ 度量了 delta 值不稳定性。应当注意，具有相同条件的看涨期权和看跌期权的 Γ 完全相同。

图 14.3 给出了看涨期权的 gamma 值。平值期权的 gamma 值最大，这表明 S 变化时 delta 值变化得很快。相反地，无论实值期权还是虚值期权，它们的 gamma 值都不大，因为它们的 delta 值分别是接近于 1 或 0 的常数。该图还表明，当接近于到期日时，期权的 gamma 值上升。

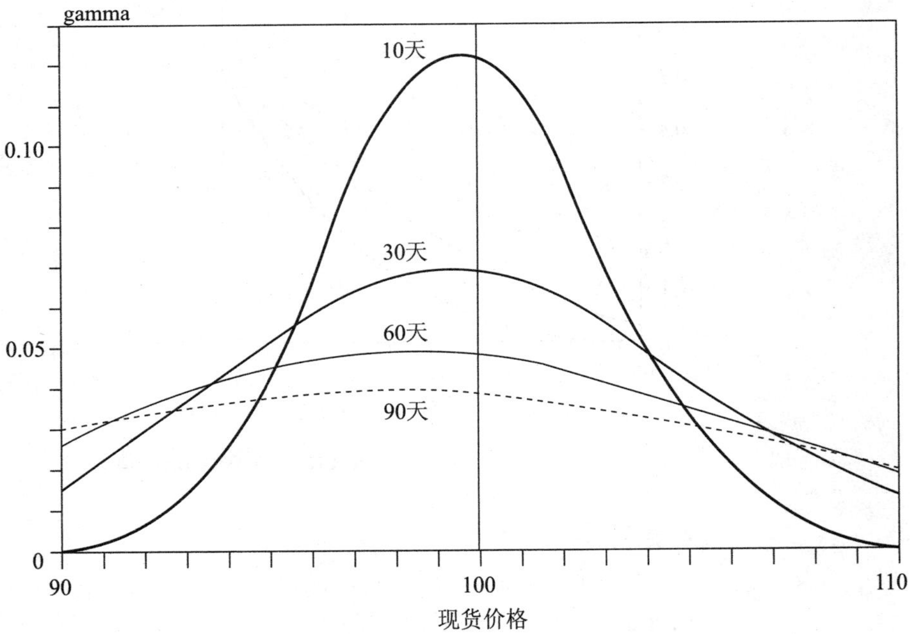

图 14.3　期权的 gamma 值

重要概念

对于普通期权，短期平值期权的 gamma 值最高，即非线性表现得最明显。

因此，gamma 值类似于债券的凸度。但是，固定息票债券的凸度总是正的，而期权的凸度则可能为正可能为负。正的凸度或者 gamma 值是有益的，因为它表明资产的价格下降得较慢或者增长得较快。相反地，负的凸度是非常危险的，因为它意味着较快的价格下跌或者较慢的价格上涨。

图 14.4 总结了期权头寸的 delta 和 gamma 风险暴露。期权的多头，无论是看涨期权还是看跌期权，都具有正的凸度。空头头寸具有负的凸度。因为要承担这种负的凸度所带来的坏处，期权的出售者要收取一定的期权费。

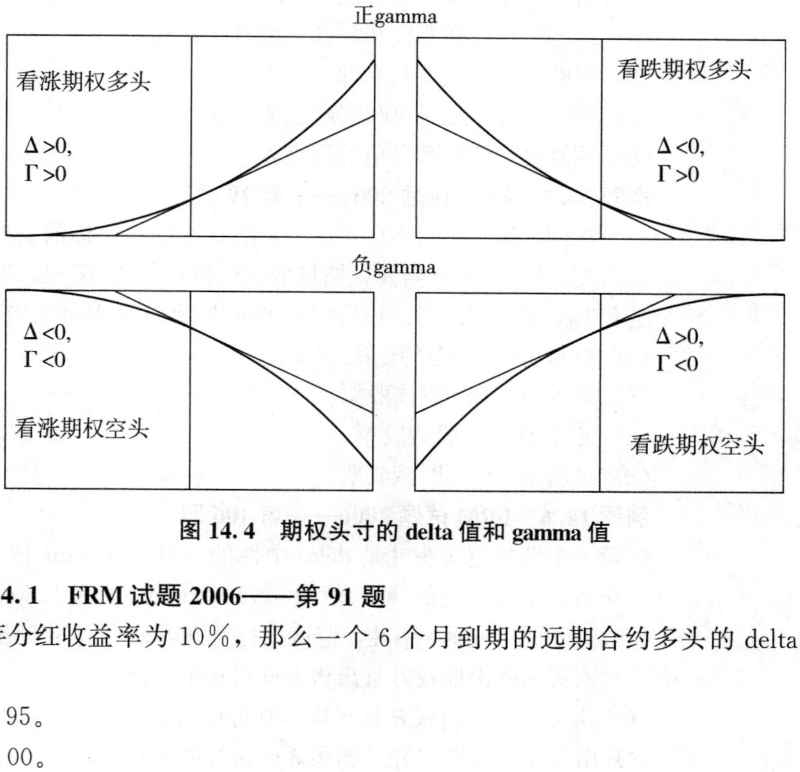

图 14.4　期权头寸的 delta 值和 gamma 值

例题 14.1　FRM 试题 2006——第 91 题

资产年分红收益率为 10%，那么一个 6 个月到期的远期合约多头的 delta 值是多少？

(a) 0.95。

(b) 1.00。

(c) 1.05。

(d) 无法确定。

例题 14.2　FRM 试题 2004——第 21 题

一个期限为 90 天的微软股票的看跌期权执行价格为 30 美元。微软股票的当前市场价格为 30 美元。该期权的 delta 值最接近于

(a) −1。

(b) −0.5。

(c) 0.5。

(d) 1。

例题 14.3　FRM 试题 2006——第 80 题

一个欧式看涨期权具有如下信息：到期时间为 2 年，连续的无风险利率为 4%，连续的分红收益率为 1%，$N(d_1)=0.64$。计算该期权的 delta 值。

(a) −0.64。

(b) 0.36。

(c) 0.63。

(d) 0.64。

例题 14.4　FRM 试题 2009——第 4 - 27 题

一个分析师在做一项关于标的资产价格的变动对期权价格的影响的研究。该分析师希望寻找出看涨期权和看跌期权的 delta 在什么时候相对标的资产价格的变动最敏感。假设期权是欧式的并且布莱克-斯科尔斯公式条件满足。标的资产价格的增加对哪种期权的 delta 会产生最大的绝对值冲击?

(a) 深度实值看涨期权和深度虚值看跌期权。

(b) 深度实值看跌期权和深度实值看涨期权。

(c) 深度虚值看跌期权和深度虚值看涨期权。

(d) 平值看跌期权和平值看涨期权。

例题 14.5　FRM 试题 2001——第 79 题

一家银行出售了价值 300 000 美元的看涨期权，标的资产是 100 000 股股票。股票的交易价格是 50 美元，期权的执行价格是 49 美元，到期日是 3 个月，波动率是 20%，利率是 5%。银行应该如何进行 delta 对冲?

(a) 买入 65 000 股该股票。

(b) 买入 100 000 股该股票。

(c) 买入 21 000 股该股票。

(d) 卖出 100 000 股该股票。

例题 14.6　FRM 试题 2006——第 106 题

假设一个期权空头头寸是 delta 中性的，但是 gamma 值为－600。假设存在一个可交易的期权，它的 delta 值为 0.75，gamma 值为 1.50。为了保证期权头寸具有 delta 中性和 gamma 中性，应该进行下列哪种合适的策略?

(a) 购买 400 份期权并且出售 300 份标的资产。

(b) 购买 300 份期权并且出售 400 份标的资产。

(c) 出售 400 份期权并且购买 300 份标的资产。

(d) 出售 300 份期权并且购买 400 份标的资产。

14.2.2　期权敏感性：vega

与线性合约不同，期权风险不但来自于现货价格的变动，还与现货价格的波动率的变动也有关系。因此，期权也被视为“波动率赌博”。

期权对于波动率的敏感性被称为期权的 **vega 值** (vega)，对于欧式看涨期权，vega 值为：

$$\Lambda=\frac{\partial c}{\partial \sigma}=Se^{-r^{*}\tau}\sqrt{\tau}\Phi(d_1) \tag{14.12}$$

它也具有正态密度函数 Φ 的钟形分布。与 gamma 值一样，vega 值对于类似的看涨和看跌期权是相同的。对于期权多头头寸，vega 值一定是正的。

图 14.5 给出了看涨期权的 vega 值。从图中可以看出，平值期权对于波动率是最敏感的，但是在这里时间的效应与 gamma 值不同，因为$\sqrt{\tau}$这一项出现在分子上而不是分母上。这意味着 vega 值随着到期日递减，而不像 gamma 值随着到期日递增。

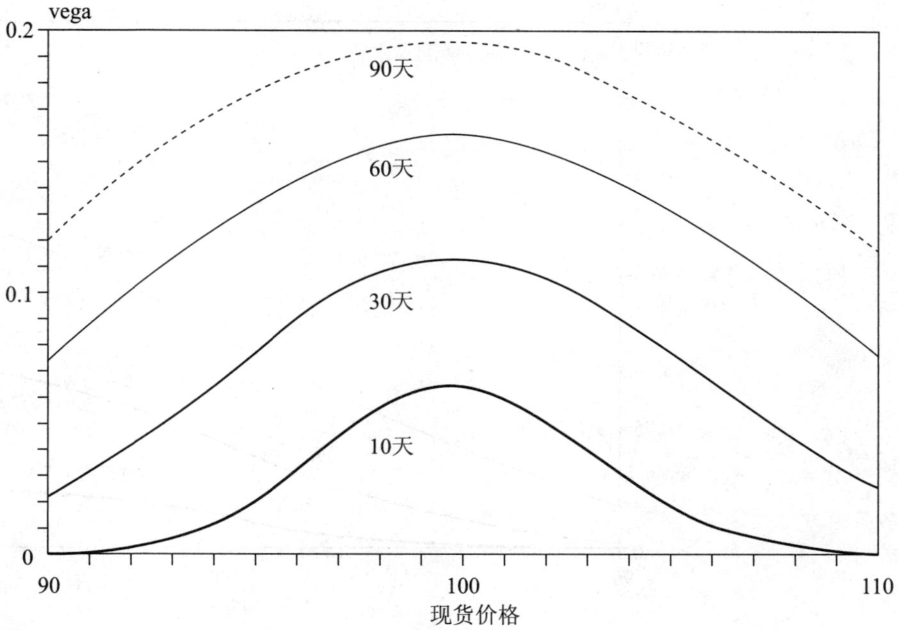

图 14.5 期权的 vega 值

> **重要概念**
>
> 长期的平值期权的 vega 值最高。

14.2.3 期权敏感性：rho

期权价格对于国内利率的敏感性称为 **rho**，表达式如下：

$$\rho_c=\frac{\partial c}{\partial r}=Ke^{-r\tau}\tau N(d_2) \tag{14.13}$$

对于看跌期权，有：

$$\rho_p=\frac{\partial p}{\partial r}=-Ke^{-r\tau}\tau N(-d_2) \tag{14.14}$$

国内利率的上涨会引起看涨期权价格的上涨，因为标的资产价格以更快的速度增长，对于固定的执行价格 K，这就大大增加了看涨期权被执行的可能性。在极限情况下，对于一个无限的利率，执行期权的概率是 1 并且看涨期权等价于股票本身。

如图 14.6 所示，看涨期权的 rho 是正的并且当看涨期权是实值时越大。对于看跌期权，上述过程正好相反，这时 rho 是负的。在每一种情况下，敏感性粗略地和剩余到期时间成比例。

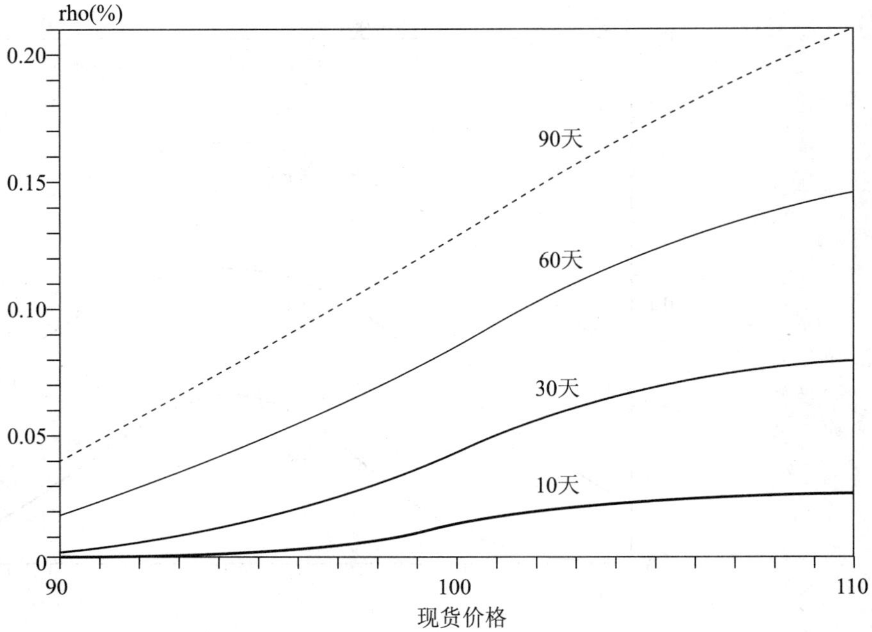

图 14.6　看涨期权的 rho 值

看涨期权和看跌期权对于标的资产收益率的风险暴露分别为：

$$\rho_c^* = \frac{\partial c}{\partial r^*} = -Se^{-r^*\tau}\tau N(d_1) \tag{14.15}$$

$$\rho_p^* = \frac{\partial p}{\partial r^*} = Se^{-r^*\tau}\tau N(-d_1) \tag{14.16}$$

标的资产收益率的上涨会降低标的资产价格的增长速度，因此会降低看涨期权的价值，但会增加看跌期权的价值。

如图 14.7 所示，看涨期权的 rho 是负的并且当看涨期权是实值时绝对值越大。同样，对于看跌期权，上述过程正好相反。在每一种情况下，敏感性粗略地和剩余到期时间成比例。

例题 14.7　FRM 试题 2009——第 4－26 题

郑小姐对伦敦银行的期权头寸负责。她关心期权分红对期权头寸的冲击。她问你哪种期权对分红支付最为敏感。在使用布莱克-斯科尔斯对分红调整的公式时，你的答案是什么？

(a) 在所有条件相同的情况下，当期望分红上升时虚值看涨期权比实值看涨期权下跌的价值大。

(b) 当期望分红上升时实值看跌期权上涨的价值比实值看涨期权下跌的价值大。

(c) 在期权类型一致的前提下，当期望分红上升时实值期权价值的绝对变化最大并且虚值期权价值的绝对变化最小。

(d) 在期权类型一致的前提下，当分红支付实施时平值期权价值的绝对变化最大并且虚值期权价值的绝对变化最小。

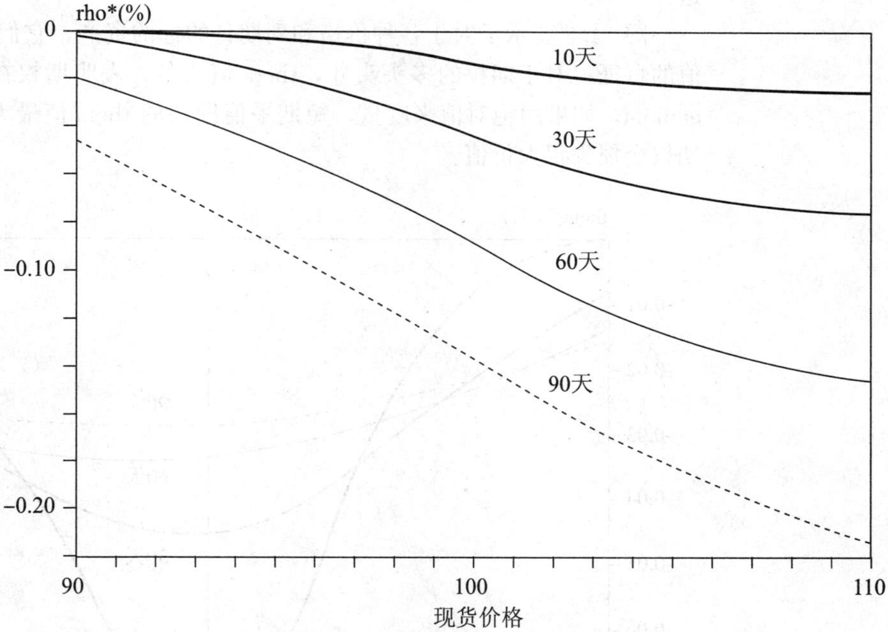

图 14.7　看涨期权的 rho* 值

14.2.4　期权敏感性：theta

最后，由于时间的消逝引起的期权价格的变化被称为 **theta**，也被称为**时间衰减**（time decay）。但是不像其他风险因子，在剩余到期日内的变化完全是可以预测的，因此时间不是一个风险因子。

对于欧式看涨期权，theta 值为：

$$\Theta_c=\frac{\partial c}{\partial t}=-\frac{\partial c}{\partial \tau}=-\frac{Se^{-r^*\tau}\sigma\Phi(d_1)}{2\sqrt{\tau}}+r^*Se^{-r^*\tau}N(d_1)-rKe^{-r\tau}N(d_2) \tag{14.17}$$

对于欧式看跌期权，theta 值为：

$$\Theta_p=\frac{\partial p}{\partial t}=-\frac{\partial p}{\partial \tau}=-\frac{Se^{-r^*\tau}\sigma\Phi(d_1)}{2\sqrt{\tau}}-r^*Se^{-r^*\tau}N(-d_1)+rKe^{-r\tau}N(-d_2) \tag{14.18}$$

无论在看涨期权还是在看跌期权中，多头头寸的 theta 值通常为负，这意味着随着时间的消逝，期权的价值在下降。

但是对于美式期权，theta 值总为负，因为它们给予期权持有者在到期前执行的权利，因此短期的美式期权的价值肯定要低于长期的美式期权的价值。对于欧式期权，公式（14.17）和（14.18）表明 theta 在某些参数下可以为正，尽管这并不常见。

图 14.8 展示了对于各种价格和到期日的标的资产，它们的看涨期权的 theta 值的特征。对于期权的多头头寸，theta 值为负，表明期权在逐渐贬值。类似于 gamma，如果用绝对值来度量，短期平值期权的 theta 值最大，当到期时，平值期权会损失很大价值。

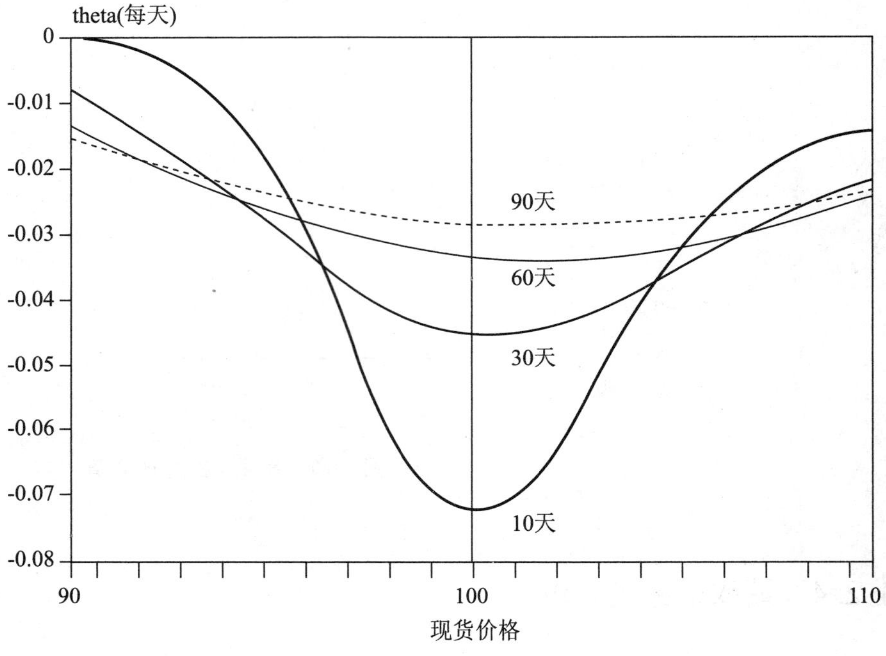

图 14.8　期权的 theta 值

14.2.5　期权定价与希腊字母

在定义了期权的敏感性之后，我们可以解释另外一种推导布莱克-斯科尔斯公式的办法。回想一下，标的资产的价格变动服从**几何布朗运动**（geometric Brownian motion，GBM）：

$$dS=\mu Sdt+\sigma Sdz \qquad (14.19)$$

式中，dz 服从正态分布，均值为 0，方差为 dt。

只考虑这一个风险来源，我们可以回到式（14.3）的泰勒展式。导数的值是

S 和时间的函数，我们可以写为 $f(S, t)$。问题是，$f(S, t)$ 怎样随时间变化？

我们可以使用**伊藤引理**（Ito's lemma）将 f 的随机过程与 S 的随机过程联系起来。这可以被视为泰勒展式在随机环境下的延伸。应用到几何布朗运动，可以得到：

$$\mathrm{d}f=\left(\frac{\partial f}{\partial S}\mu S+\frac{1}{2}\frac{\partial^2 f}{\partial S^2}\sigma^2 S^2+\frac{\partial f}{\partial \tau}\right)\mathrm{d}t+\left(\frac{\partial f}{\partial S}\sigma S\right)\mathrm{d}z \tag{14.20}$$

也就是：

$$\mathrm{d}f=\left(\Delta\mu S+\frac{1}{2}\Gamma\sigma^2 S^2+\Theta\right)\mathrm{d}t+(\Delta\sigma S)\mathrm{d}z \tag{14.21}$$

第一项包括了 $\mathrm{d}t$，代表了趋势。第二项包括了 $\mathrm{d}z$，是随机成分。

接着，我们构造了一个由 S 和 f 组成的投资组合，使它对于 $\mathrm{d}z$ 没有风险暴露。将组合定义为：

$$\Pi=f-\Delta S \tag{14.22}$$

利用公式（14.19）和（14.21），它的随机过程就是：

$$\begin{aligned}\mathrm{d}\Pi&=\left[\left(\Delta\mu S+\frac{1}{2}\Gamma\sigma^2 S^2+\Theta\right)\mathrm{d}t+(\Delta\sigma S)\mathrm{d}z\right]-\Delta[\mu S\mathrm{d}t+\sigma S\mathrm{d}z]\\&=(\Delta\mu S)dt+\left(\frac{1}{2}\Gamma\sigma^2 S^2\right)\mathrm{d}t+\Theta\mathrm{d}t+(\Delta\sigma S)\mathrm{d}z-(\Delta\mu S)\mathrm{d}t-(\Delta\sigma S)\mathrm{d}z\\&=\left(\frac{1}{2}\Gamma\sigma^2 S^2+\Theta\right)\mathrm{d}t\end{aligned} \tag{14.23}$$

这个简化过程非常重要。注意与 $\mathrm{d}z$ 有关的项是如何相互抵消的。投资组合不会再受到这一类风险的影响。与此同时，含有 μS 的项也相互抵消了。投资组合的趋势中不含有 μ，这一点非常重要。这就解释了为什么标的资产的变化趋势没有在布莱克-斯科尔斯公式中出现。

接着，我们注意到投资组合 Π 没有风险。为了避免套利，收益率必须为无风险利率：

$$\mathrm{d}\Pi=[r\Pi]\mathrm{d}t=r(f-\Delta S)\mathrm{d}t \tag{14.24}$$

如果标的资产的红利收益率为 y，那么上式应调整为：

$$\begin{aligned}\mathrm{d}\Pi&=[r\Pi]\mathrm{d}t+y\Delta S\mathrm{d}t=r(f-\Delta S)\mathrm{d}t+y\Delta S\mathrm{d}t\\&=[rf-(r-y)\Delta S]\mathrm{d}t\end{aligned} \tag{14.25}$$

令公式（14.23）和（14.25）中的趋势项相等，我们得到：

$$(r-y)\Delta S+\frac{1}{2}\Gamma\sigma^2 S^2+\Theta=rf \tag{14.26}$$

这就是布莱克-斯科尔斯偏微分方程（Black-Scholes partial differential equation, PDE），它适用于任何可以从 S 导出的合约或投资组合。加上适当的边值条件，这个微分方程的解就是欧式看涨期权的布莱克-斯科尔斯公式，即公式（14.7）。

我们可以使用这种关系来理解各种敏感性如何联系在一起。考虑一个基于同一种标的资产的衍生工具组合，该组合已经进行了 delta 对冲。令公式（14.26）中 $\Delta=0$，我们可以得到：

$$\frac{1}{2}\Gamma\sigma^2 S^2+\Theta=rf \tag{14.27}$$

这表明，对于这样的投资组合，当 Γ 是较大的正值的时候，如果 rf 较小的话，Θ 一定为负。换句话说，一个具有正的 gamma 值、被 delta 对冲的头寸，一定具有负的 theta 值或时间衰减。一个很好的例子就是第 8 章中提及的跨式期权多头。这样的头寸是 delta 中性的，具有大的 gamma 值或凸度。当 S 发生较大的变动，不论向上还是向下，这种期权都会获得收益。但是这种投资组合涉及必须购买随时间贬值很快的期权。因此，在 Γ 和 Θ 之间存在着不可避免的此消彼长的关系。

重要概念

对于 delta 对冲的投资组合，Γ 和 Θ 必须异号。例如，如果投资组合的凸度为正，那么它的价值必然随着时间衰减。

14.2.6 期权敏感性：总结

我们现在使用一些演示性的数据来概括一下期权的敏感性，如表 14.1 所示。其中考虑了三个执行价格，$K=90$、100 和 110。我们验证了当期权处于平值状态（$K=100$）的时候，Γ、Λ 和 Θ 值达到最大。这样的期权的非线性性质最为明显。

表 14.1　欧式看涨期权的各种导数

参数：$S=\$100$，$\sigma=20\%$，$r=5\%$，$y=3\%$，$\tau=3$ 个月

变量	单位	执行价格			最坏情形下的损失	
		$K=90$	$K=100$	$K=110$	变量	损失
C	美元	\$11.02	\$4.22	\$1.05		
	每变化：					
Δ 现货价格	美元	0.868	0.536	0.197	−2.08	−\$1.114
Γ 现货价格	美元	0.020	0.039	0.028	4.33	\$0.084
Λ 波动率	（年%）	0.103	0.198	0.139	−2.5	−\$0.495
ρ 利率	（年%）	0.191	0.124	0.047	−0.10	−\$0.013
ρ^* 资产收益	（年%）	−0.220	−0.135	−0.049	0.10	−\$0.014
Θ 时间	天	−0.014	−0.024	−0.016		

从表中我们还可以看到，在 95%的置信水平下每个风险因子的每日最坏情形的损失。对于 S，就是 $dS=-1.645\times20\%\times\$100/\sqrt{252}=-\$2.08$。我们把它与 delta 值结合起来，得到潜在的损失为 $\Delta\times dS=-\$1.114$，大约是期权价值

的四分之一。

接着，我们观察二阶项 S^2。在95%的置信水平下，风险因子在最坏情形下的变动的平方值是 $dS^2=2.08^2=4.33$。将它与 gamma 值结合起来，得到的潜在收益为 $\frac{1}{2}\Gamma\times dS^2=0.5\times0.039\times4.33=\$0.084$。注意到由于 gamma 值为正，所以这是一个收益，但远远小于一阶项。因此，利用上面计算的线性项与二次项的影响，由 S 引起的最坏情形的损失是 $-\$1.114+\$0.084=-\$1.030$。

对于 σ，我们注意到每日变动的波动率大约是 1.5%。最坏情形下以百分比表示的每日变化是 $-1.645\times1.5=-2.5$，导致的最坏损失是 $-\$0.495$。最后，对 r，我们假设利率变化的年波动率是 1%，最坏的每日变动是以百分比表示的 $-1.645\times1/\sqrt{252}=-0.10$，导致的最坏损失是 $-\$0.013$。因此，大部分的风险由 S 产生。在这个例子中，使用 Δ 的线性近似只能概括投资组合大部分的下行风险。对于接近到期日的平值期权来说，二次项就显得尤为重要。

例题 14.8　FRM 试题 2004——第 65 题

下列哪一项关于期权希腊字母的说法是正确的？

(a) 当购买平值期权时，theta 值会变大且为正。

(b) 期限较长的实值期权的 gamma 值最大。

(c) 期限较长的平值期权的 vega 值最大。

(d) 深度实值的看跌期权的 delta 值趋于+1。

例题 14.9　FRM 试题 2006——第 33 题

史蒂夫，Marcat 证券公司的一名市场风险经理，正分析交易台的标准普尔 500 股票指数期权的风险。他的风险报告指出，交易台正处于净 gamma 值多头和净 vega 值空头状态。下列哪一项期权投资组合表现的风险暴露与报告一致？

(a) 交易台持有长期看涨期权的多头头寸和短期看跌期权的空头头寸。

(b) 交易台持有长期看跌期权的多头头寸和长期看涨期权的空头头寸。

(c) 交易台持有长期看涨期权的多头头寸和短期看涨期权的空头头寸。

(d) 交易台持有短期看涨期权的多头头寸和长期看涨期权的空头头寸。

例题 14.10　FRM 试题 2006——第 54 题

下列说法哪一项是不正确的？

(a) 欧式看涨期权的 vega 值当期权处于平值状态时最大。

(b) 欧式看跌期权的 delta 值随着标的股票价格上升而趋于 0。

(c) 平值欧式期权的 gamma 值随着期权的剩余期限减少而增加。

(d) 和平值欧式看涨期权相比，具有相同执行价格和剩余期限的虚值欧式期权具有一个负的较大的 theta 值。

例题 14.11　FRM 试题——vega 和 gamma

交易员如何构造一个 vega 值空头、gamma 值多头的头寸？

(a) 买入短期期权，卖出长期期权。

(b) 买入长期期权，卖出短期期权。

(c) 买入并卖出长期期权。

(d) 买入并卖出短期期权。

例题 14.12　FRM 试题——vega 和 theta

一个期权投资组合呈现出对隐含波动率上升非常高的不利敏感性，以及随时间的消逝而产生的损失非常严重。交易员最有可能使用以下哪一种策略来对他的投资组合进行对冲？

(a) 卖出短期期权，买入长期期权。

(b) 买入短期期权，卖出长期期权。

(c) 卖出短期期权，卖出长期期权。

(d) 买入短期期权，买入长期期权。

14.3　期权风险

14.3.1　期权收益的分布

与远期和期货等线性衍生产品不同，期权的收益在本质上就是非对称的。但是这种非对称性并非来自于标的风险因子，因为它们的分布通常是对称的，而是来自于风险暴露的特性。期权的多头头寸，无论是看涨期权还是看跌期权，都具有正的 gamma 值、正的偏度或者说长的右尾。相反地，期权的空头头寸的 gamma 值为负，因此偏度为负或者说左尾较长。如图 14.9 所示。

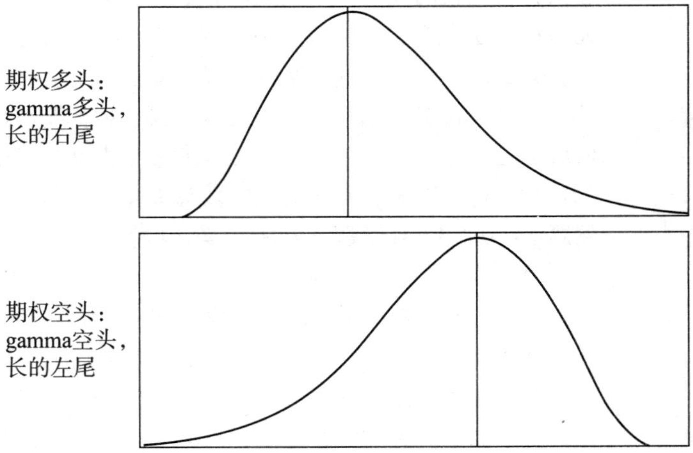

图 14.9　期权多头和空头的收益分布

14.3.2　期权 VAR：线性

现在我们来概括对于简单期权头寸的 VAR 公式。在正态分布假设下，标的资产的 VAR 是：

$$VAR(\mathrm{d}S)=\alpha S\sigma(\mathrm{d}S/S) \tag{14.28}$$

式中，α 对应于确定的置信水平，例如在 95%的置信水平下，$\alpha=1.645$。

接下来，我们将资产价格的变动和期权的变动结合起来。考虑一个看涨期权的多头头寸，它的 Δ 是正的：

$$\mathrm{d}c=\Delta\times\mathrm{d}S \tag{14.29}$$

期权的 VAR 是正数 $VAR_1(\mathrm{d}c)=-\mathrm{d}c=\Delta\times-\mathrm{d}S=\Delta\times VAR(\mathrm{d}S)$。一般地，期权的线性 VAR 是：

$$VAR_1(\mathrm{d}c)=\Delta\times VAR(\mathrm{d}S) \tag{14.30}$$

14.3.3 期权 VAR：二阶

接下来，我们使用泰勒近似的方法考虑非线性效用：

$$\mathrm{d}f\approx\frac{\partial f}{\partial S}\mathrm{d}S+\frac{1}{2}\frac{\partial^2 f}{\partial S^2}\mathrm{d}S^2=\Delta\mathrm{d}S+\frac{1}{2}\Gamma\mathrm{d}S^2 \tag{14.31}$$

当衍生工具的价值是标的风险因子的递增函数时，我们可以使用泰勒展式去寻找风险因子 S 最坏变动导致的 f 的最坏变动。

例如，对于一个看涨期权，当标的价格下降 $VAR(\mathrm{d}S)$ 时达到了最坏价值。期权的二阶 VAR 是：

$$VAR_2(\mathrm{d}c)=\Delta\times VAR(\mathrm{d}S)-\frac{1}{2}\Gamma\times VAR(\mathrm{d}S)^2 \tag{14.32}$$

因为这个方法对 delta-正态 VAR 提供了解析的二阶调整，所以它被称为 **delta-gamma**。遗憾的是，这个简单的修正只在收益率函数是单调的时候才起作用。也就是说，期权价值 f 和 S 之间存在一对一的关系。

公式（14.32）是基本公式。期权多头头寸具有正的 gamma 值，因此比线性模型具有较低的风险。相反地，负的 gamma 值会导致二阶 VAR 高于线性 VAR。

这同时也可以应用到固定收益头寸。使用修正久期为 D^* 和凸度为 C 的泰勒展式：

$$\mathrm{d}P\approx\frac{\partial P}{\partial y}\mathrm{d}y+(1/2)\frac{\partial^2 P}{\partial y^2}(\mathrm{d}y)^2=(-D^*P)\mathrm{d}y+(1/2)CP(\mathrm{d}y)^2 \tag{14.33}$$

由于价格是标的收益率的单调函数，我们可以使用泰勒展式从收益率的最坏变动得到债券价格的最坏下跌值。记做 $\mathrm{d}y^*=VAR(\mathrm{d}y)$，我们有：

$$\begin{aligned}(\text{Worst } \mathrm{d}P)&=P(y_0+\mathrm{d}y^*)-P(y_0)\\&\approx(-D^*P)\mathrm{d}y^*+(1/2)(CP)(\mathrm{d}y^*)^2\end{aligned} \tag{14.34}$$

和公式（14.32）类似，有：

$$VAR(dP)=|-D^{*}P|\times VAR(dy)-(1/2)(CP)\times VAR(dy)^{2} \quad (14.35)$$

为了避免我们认为这样的期权需要复杂的风险管理方法，最重要的是非线性的程度。图 14.10 表示的是一个成熟期为 3 个月的看涨期权的风险。从图中可以看出，非线性的程度也依赖于时间范围。当 VAR 的时间范围是 2 个星期时，S 的取值范围就非常小。如果 S 服从正态分布，期权的价值就接近于正态分布。但是，如果 VAR 的时间范围是 2 个月，风险暴露的非线性特性和价格大范围的波动就会带来具有严重偏度的分布。

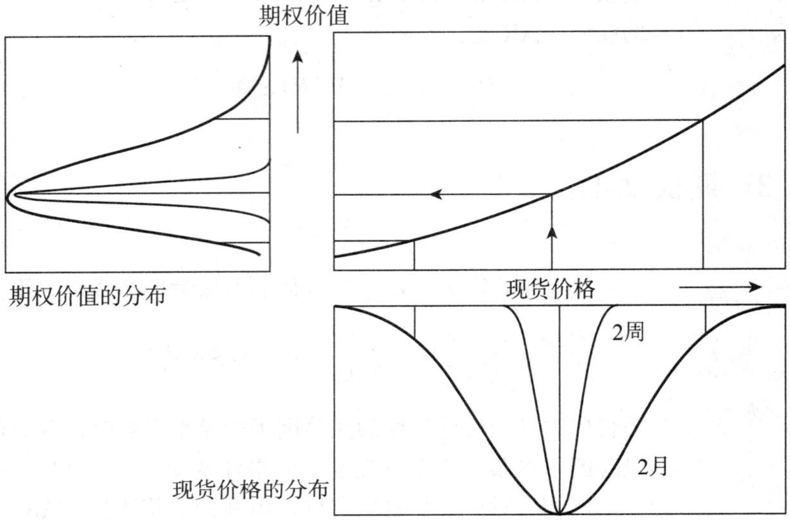

图 14.10　偏度与 VAR 时间范围

因此，对于普通期权，只要 VAR 的时间范围较短，线性近似是足够的。对于更奇异的期权或者较长的 VAR 时间范围，风险经理则需要考虑非线性特性。

例题 14.13　FRM 试题 2005——第 130 题

一个期权基于 Bovespa 股票指数，目前股票指数为 3 000 BRL。该期权的 delta 为 0.6，股票指数的年波动率为 24%。使用 delta 正态假设，假设一年 260 天，那么 95%置信水平下的 10 天 VAR 是多少？

(a) 44 BRL。

(b) 139 BRL。

(c) 2 240 BRL。

(d) 278 BRL。

例题 14.14　FRM 试题 2009——第 4－6 题

一个投资者购买了一个短期平值看跌期权，标的股票投资组合的名义价值为 100 000美元。如果标的投资组合 95%置信水平下的 VAR 是 10.4%，下列哪一个关于考虑了二次项的期权头寸 VAR 的说法是正确的？

(a) 期权头寸的 VAR 略微大于 5 200 美元。

(b) 期权头寸的 VAR 略微大于 10 400 美元。

(c) 期权头寸的 VAR 略微小于 5 200 美元。

(d) 期权头寸的 VAR 略微小于 10 400 美元。

14.4　重要公式

布莱克-斯科尔斯期权定价模型：$c=Se^{-r^*\tau}N(d_1)-Ke^{-r\tau}N(d_2)$

泰勒系列展式：

$$df=\frac{\partial f}{\partial S}dS+\frac{1}{2}\frac{\partial^2 f}{\partial S^2}dS^2+\frac{\partial f}{\partial r}dr+\frac{\partial f}{\partial r^*}dr^*+\frac{\partial f}{\partial \sigma}d\sigma+\frac{\partial f}{\partial \tau}d\tau+\cdots$$

$$df=\Delta dS+\frac{1}{2}\Gamma dS^2+\rho dr+\rho^* dr^*+\Lambda d\sigma+\Theta d\tau+\cdots$$

Delta：$\Delta_c=\frac{\partial c}{\partial S}=e^{-r^*\tau}N(d_1),\Delta_p=\frac{\partial p}{\partial S}=e^{-r^*\tau}[N(d_1)-1]$

看涨期权和看跌期权的 gamma：$\Gamma=\frac{\partial^2 c}{\partial S^2}=\frac{e^{-r^*\tau}}{S\sigma\sqrt{\tau}}\Phi(d_1)$

看涨期权和看跌期权的 vega：$\Lambda=\frac{\partial c}{\partial \sigma}=Se^{-r^*\tau}\sqrt{\tau}\Phi(d_1)$

	看涨期权多头			看跌期权多头		
	虚值	平值	实值	实值	平值	虚值
Δ	→0	0.5	→1	→−1	−0.5	→0
Γ	低	高，>0 尤其是短期	低	低	高，>0 尤其是短期	低
Λ	低	高，>0 尤其是短期	低	低	高，>0 尤其是短期	低
Θ	低	高，<0 尤其是短期	低	低	高，<0 尤其是短期	低

布莱克-斯科尔斯偏微分方程：$(r-y)\Delta S+\frac{1}{2}\Gamma\sigma^2S^2+\Theta=rf$

期权的线性 VAR：$VAR_1(dc)=|\Delta|\times VAR(dS)$

期权的二阶 VAR：$VAR_2(dc)=|\Delta|\times VAR(dS)-\frac{1}{2}\Gamma\times VAR(dS)^2$

14.5　例题解答

例题 14.1　FRM 试题 2006——第 91 题

(a) 远期合约多头的 delta 值为 $e^{-r^*\tau}=\exp(-0.10\times0.5)=0.95$。

例题 14.2　FRM 试题 2004——第 21 题

(b) 该期权为平值期权，因为它的执行价格与现货价格相等。又由于它是看跌期权，所以 delta 值应该接近于−0.5。

例题 14.3　FRM 试题 2006——第 80 题

(c) 这是一个看涨期权，因此 delta 值为正，$\Delta = e^{-r^* \tau} N(d_1) = \exp(-0.01 \times 2) \times 0.64 = 0.63$。

例题 14.4　FRM 试题 2009——第 4 - 27 题

(d) 由图 14.3，短期平值期权的 delta 是最敏感的，或者 gamma 是最高的。在 BS 模型下，gamma 对于看涨期权和看跌期权是一样的。

例题 14.5　FRM 试题 2001——第 79 题

(a) 这是一个具有 0.5delta 值的平值期权。因为银行出售看涨期权，它需要通过购买股票来进行 delta 对冲。因为 delta 值近似是 0.5，它需要购买大约 50 000 股。因此选项 a 是正确的。注意其他大部分信息都是多余的。

例题 14.6　FRM 试题 2006——第 106 题

(a) 因为 gamma 值是负的，因此我们需要购买看涨期权来增加组合的 gamma 值使之为零。看涨期权的数量为 600/1.5=400 份。然而，这样会增加 delta 值从零到 400×0.75=300。因此，我们还需要出售 300 份标的资产来使 delta 值为零。注意标的资产的头寸的 gamma 值为零。

例题 14.7　FRM 试题 2009——第 4 - 26 题

(c) 虚值看涨期权对分红并不十分敏感，如图 14.7 所示，因此选项 a 是不正确的。该图同样表明实值期权具有随 ρ^* 变化最大的绝对值。

例题 14.8　FRM 试题 2004——第 65 题

(c) theta 值对于期限较长的平值期权为负，因此选项 a 是不正确的。gamma 值对于实值期权很小，因此选项 b 是不正确的。delta 值对于实值看跌期权趋于−1，因此选项 d 是不正确的。

例题 14.9　FRM 试题 2006——第 33 题

(d) gamma 值多头意味着投资组合持有高 gamma 值的看涨期权多头，通常为短期实值期权。vega 值空头意味着投资组合持有高 vega 值的看涨期权空头，通常为长期实值期权。

例题 14.10　FRM 试题 2006——第 54 题

(d) 平值欧式期权的 vega 值最大，因此选项 a 是正确的。delta 值当 S 增加时是负的且趋于 0，因此选项 b 是正确的。gamma 值随着平值期权的到期日临近而增加，因此选项 c 是正确的。短期平值期权的 theta 值较大（绝对值），因此选项 d 是不正确的。

例题 14.11　FRM 试题——vega 和 gamma

(a) 期权的多头头寸具有正的 gamma 值和 vega 值。临近到期日时 gamma 值上升，vega 值下降。因此，为了得到正的 gamma 值和负的 vega 值，我们需要购买短期期权，并且卖出长期期权。

例题 14.12　FRM 试题——vega 和 theta

(a) 这样的投资组合具有负的 vega 值和 theta 值。我们需要使用一个 delta 中性的、买入卖出不同到期日期权的对冲策略。短期期权的多头具有较大的负的 theta 值和较小的正的 vega 值。因此，可以通过卖出短期期权买入长期期权来进行对冲。

例题 14.13　FRM 试题 2005——第 130 题

(b) 线性 VAR 是股票指数价值的最坏偏差，即 $\alpha S\sigma\sqrt{T}=1.645\times 3\,000(24\%/\sqrt{260})\sqrt{10}=232.3$。乘以 delta 值 0.6 得到 139。

例题 14.14　FRM 试题 2009——第 4-6 题

(c) delta 必须在 0.5 左右，这意味着线性 VAR 为 $\$100\,000\times 10.4\%\times 0.5=\$5\,200$。该头寸是期权多头，具有正的 gamma 值。因此，二阶 VAR 一定小于 $5 200。

第5部分

市场风险管理

第 15 章　高级风险模型：一元情形*

我们现在转向高级风险模型。首先，我们考虑一元风险模型。多元模型在下一章进行介绍。

本章覆盖了传统风险模型的改进。实际上，大型机构风险模型涉及许多快捷、简化和可评价的需求。风险经理的任务就是设计一个在可接受的速度和成本下对投资组合风险提供合理近似的系统。问题是如何评价准确性是否合理。

这是为什么风险模型总是需要用事后测试步骤进行补充的原因。这包括了系统的比较风险预测和接下来的结果。事后测试的框架在 15.1 节进行介绍。

接下来，我们介绍一种改进尾部分位数估计的方法，这种方法超出了传统的历史模拟法和 delta-正态法，它可以分别定义为非参数方法和参数方法。15.2 节转向**极值定理**（extreme value theory，EVT），它可以用来拟合解析分布的左尾。这种方法可以描述为非参数方法，比 VAR 估计更为精确。另外，解析函数可以用来外推其他置信水平的 VAR。

最后，15.3 节讨论了风险度量的一般性质。一个满足特定性质的风险度量称为一致性风险度量。这表明，在一些情况下，VAR 不是一致性风险度量 。但

* FRM 考试第二部分的主题。

是，期望差额满足这些性质。

15.1 事后测试

任何风险模型都应当检测是否与真实情况保持一致。**事后测试**（backtesting）是一个系统性的比较 VAR 预测值与真实收益率的过程。这个过程对风险经理非常有用。它可以检测模型的缺陷并指出需要改进的地方。

事后测试重要的另一个原因是它作为银行监管者允许银行使用它们的内部风险度量来决定它们的交易组合的监管资本的数量的理由之一。因此覆盖了事后测试框架的部分被巴塞尔委员会加入《巴塞尔协议Ⅰ》的市场风险修正案。①

事后测试将每日 VAR 的预测值与下一天的真实损益值进行比较。如果真实损失超过 VAR，该事件称为**异常事件**（exception）。然后风险经理查出异常事件 x 在 T 个观测值的时间窗口中的数目。

15.1.1 度量异常事件

首先我们必须定义**交易结果**（trading outcome）。交易结果的一种定义是指下一天实际发生的收益或损失。但是这并不能确切地符合前一天的 VAR。所有度量 VAR 的方法都假定一个固定投资组合的资产从前一个交易日收盘到下一个交易日收盘之间发生的收益或损失，而没有考虑费用收入。在实际中，投资组合是不断交易的。日内交易一般也会增加风险。费用收入比较稳定，它可以降低投资组合的风险。虽然这些影响可能会相互抵消，但是也会造成实际投资组合的波动比 VAR 预测的波动幅度大或者小。

这就是为什么一般会构造一个**虚拟组合**（hypothetical portfolios），虚拟组合就是为了使 VAR 模型更能反映真实的情况。组合的收益由和所有证券的实际价格变化相当的固定组合得到，并使用每日数据进行计算。

巴塞尔框架建议银行同时采用虚拟组合和实际组合进行事后测试。两种方法的综合使用更能全面反映风险管理系统的质量。例如，假设用实际组合进行事后测试发生失效而使用虚拟组合进行事后测试可行。这表明该模型有效但是实际交易增加了波动性。另一方面，如果用虚拟组合进行事后测试发生失效，那么结论就是该风险模型具有缺陷。

---

① Basel Committee on Banking Supervision，*Supervisory Framework for the Use of "Backtesting" in Conjunction with the Internal Models Approach to Market Risk Capital Requirements*（Basel：Bank for International Settlements，1996）.

15.1.2 二项分布

考虑一个 99%置信水平 c 下的每日 VAR 度量。这意味着每日异常事件发生的概率为 $p=1-c=1\%$。事后测试的时间窗口为 $T=250$ 天。

异常事件发生数目的随机变量 X 是 T 次独立的贝努利试验的结果，其中每一次试验结果为 $y=0$ 或 $y=1$，成功或失败。一个随机变量被定义为服从**二项分布**（binomial distribution），如果它的离散密度函数为：

$$f(x)=\binom{T}{x}p^x(1-p)^{T-x},x=0,1,\cdots,n \tag{15.1}$$

式中，$\binom{T}{x}$为从 T 个东西中取出 x 个的组合数，即

$$\binom{T}{x}=\frac{T!}{x!\ (T-x)!} \tag{15.2}$$

参数 p 代表异常事件发生的概率，在 0 到 1 之间。二项分布变量的均值和方差为 $E[X]=pT$ 和 $V[X]=p(1-p)T$。

举个例子，我们需要知道从 $n=250$ 个观测值的样本中观察到 $x=0$ 个异常事件的概率，而每一次观测出现异常事件的概率为 1%。因此我们期望从这个样本中观察到大约 $p\times T=2.5$ 个异常事件。但是我们要计算的是样本中没有一次异常事件发生的概率。这个概率为：

$$f(X=0)=\frac{T!}{x!\ (T-x)!}p^x(1-p)^{T-x}=\frac{250!}{1\times 250!}\times 0.01^0\times 0.99^{250}=0.081$$

因此，在零假设的条件下，我们可以预计样本的 8.1%是不会出现异常事件的。我们可以重复计算不同的 x 值的概率。例如，观察到 8 个异常事件的概率仅为 $f(X=8)=\binom{250}{8}\times 0.01^8\times(0.99)^{242}=0.02\%$。因为这个概率太小了，所以观察到 8 个异常事件会让我们质疑异常事件发生的概率是不是 1%。

例题 15.1 FRM 试题 2003——第 11 题

在 90%的置信水平下，事后测试 VAR 时，在一年 250 个交易日中会出现多少个异常事件？

(a) 10。

(b) 15。

(c) 25。

(d) 50。

例题 15.2 FRM 试题 2007——第 101 题

一个大型国际银行交易账户的规模取决于它的交易员观察到的机会。市场风险经理估计在 95%的置信水平下每日 VAR 为 5 000 万美元。现在来评估该风险经理

的每日 VAR 估计是否正确。下列哪一项最能证明该经理的 VAR 估计是糟糕的？假设损失是独立同分布的。

(a) 在最近 250 个交易日，出现超过 5 000 万美元损失的数目为 8 个。

(b) 在最近 250 个交易日，最大损失值为 5 亿美元。

(c) 在最近 250 个交易日，损失的均值为 6 000 万美元。

(d) 在最近 250 个交易日，没有一次损失超过 5 000 万美元。

15.1.3 正态近似

当 T 足够大时，我们可以使用中心极限定理将二项分布用正态分布进行近似：

$$z=\frac{x-pT}{\sqrt{p(1-p)T}}\approx N(0,1) \tag{15.3}$$

这提供了一个适合的截点。如果判别准则定义为双尾 95%置信水平的检验，那么截点值 $|z|$ 为 1.96。

例如，对于 8 个观测到的异常事件，$z=(8-2.5)/1.573=3.50$，它比较高。因此，这个 99%置信水平下产生 8 个异常事件的模型不太可能是精确计算的模型。

15.1.4 统计决策原则

平均来说，我们期望 250 天的 1%，即过去的一年中发生 2.5 次异常事件。过多的异常事件说明可能模型低估了 VAR，或者银行的运气太差了。但是我们怎样判断到底发生了哪种情况呢？

下面的统计测试框架说明了这两类错误：

- **第一类错误**：模型本身是正确的，但由于银行的坏运气导致了误认为模型是错误的。
- **第二类错误**：模型本身是错误的，但被误认为是正确的。

理想的情况是，人们希望找到一个测试框架可以同时降低第一类错误和第二类错误发生的概率。实际上，人们必须在两个错误类型之间进行权衡。大多数统计测试是固定第一类错误的发生概率，如 5%，然后再使测试框架最小化第二类错误的发生概率，或者说最大化框架的测试能力。[①]

① 检验效力为 1 减去第二类错误的概率。

表 15.1 展示了如何使用累积分布作为一个第一类错误发生概率的函数来计算异常事件数目的截点值。例如，观测到 5 个或更多异常值的累积概率为 10.78%。这是 1 减去观测到最多 4 个异常值的累积概率，在中间一栏中为 0.892 2。使用这个截点值可以惩罚在 11%的情况下正确的 VAR 模型。更高的截点值将降低第一类错误发生的概率。例如，判定准则变为拒绝 10 个或者更多的异常值。这将会将第一类错误发生的概率从 10.78%降低为 0.03%。因此，我们将几乎不会拒绝正确的模型。

表 15.1　　异常事件数目的分布（$T=250$，$p=0.01$）

异常事件次数	概率	累积概率	第一类错误发生的概率
0	0.081 1	0.081 1	100.00%
1	0.204 7	0.285 8	91.89%
2	0.257 4	0.543 2	71.42%
3	0.215 0	0.758 1	45.68%
4	0.134 1	0.892 2	24.19%
5	0.066 6	0.958 8	10.78%
6	0.027 5	0.986 3	4.12%
7	0.009 7	0.996 0	1.37%
8	0.003 0	0.998 9	0.40%
9	0.000 8	0.999 8	0.10%
10	0.000 2	0.999 9	0.03%

然而，这将会使得我们更有可能错过发现错误的 VAR 模型。例如，假设交易员故意低估 VAR，使用 96%的置信水平来代替 99%的置信水平。这导致产生的异常事件的期望数目为 4%×250=10。结果，第二类错误发生的概率非常高，在 50%左右。因此，这个欺骗的交易员将不会被轻易发现。

15.1.5　巴塞尔的事后测试准则

巴塞尔委员会基于每日 VAR 的事后测试建立了一个框架。确定 4 次以下的异常事件是可以接受的，记为“绿色区域”。如果异常事件次数是 5 或者 5 以上，那么银行就进入了“黄色”或“红色”区域，会遭受累计惩罚，这将会增加更高的资本要求。粗略来说，资本要求表示为 99%置信水平下的 10 天 VAR 的乘数因子。正常的乘数因子 k 为 3。当进入“黄色”区域，乘数因子 k 会从 3 逐渐提高到 4。这个“附加因子”的大小如表 15.2 所示。

表 15.2 **巴塞尔惩罚区域**

区域	异常事件次数	乘数 k 的潜在增加值
绿色	0～4	0.00
黄色	5	0.40
	6	0.50
	7	0.65
	8	0.75
	9	0.85
红色	≥10	1.00

如果银行进入了红色区域，那么就会自动产生一个不可任意改变的惩罚额度。因为如果模型是正确的，但却发生了 10 次以上的异常事件，这种情况几乎是不可能的。

如果异常事件次数位于黄色区域，那么监管部门根据出现异常事件的原因确定惩罚额度。巴塞尔委员会使用下面的判断标准：

1. 模型基本完整：出现异常事件是因为输入变量报告错误，或者计算程序出现错误。这些都是非常严重的错误。在这种情况下，"应该"进行惩罚并要立即采取修正措施。

2. 模型本身的精度不够：出现异常事件是因为模型不能精确地度量风险(例如没有足够的风险因子)。这同样是非常严重的错误。"应该"进行惩罚并要求重新设置模型。

3. 日内交易：即一天之内银行的头寸发生变化。在这种情况下，"应该酌情考虑"惩罚额度。如果采用了虚拟组合进行计算，能够使异常事件次数降低到合理范围内，那么说明银行的 VAR 模型本身没有问题。

4. 坏运气：即市场的波动性或相关性发生了特殊的变化。这些异常事件"应该每隔一段时间就会发生"，这不能说明银行的模型精确度不够，只能简单地说明运气不好。

15.1.6 事后测试评估

最后，我们需要注意异常事件测试只集中于异常事件发生的概率。这和 VAR 简单地作为分位数的理念相一致。然而，这个计数的方法完全忽略了损失的规模。这是基于 VAR 的风险度量的一般缺陷，这可以用条件 VAR（CVAR）来弥补，它将在后面的章节进行介绍。

另一个传统事后测试方法的缺陷是它忽略了损失的时间路径。理论上，异常事件的发生应当在时间期限内均匀分布。相反，异常事件在短时间内接连发生的时间路径揭示了风险度量的缺陷。相应地，风险模型应当考虑风险的时间变化，例如，使用第 5 章介绍的广义自回归条件异方差模型（GARCH）。例如，即使一个事后测试在过去一年只产生了 4 个异常事件，超过了巴塞尔的要求，这 4 个异常事件都发生在上一个月的事实就要引起关注，因为投资组合非常可能将在接下来的日子中遭受重大损失。

例题 15.3　FRM 试题 2002——第 20 题

下列哪一个是关于确认 VAR 估计的关键步骤？

(a) 压力测试。

(b) 情景分析。

(c) 事后测试。

(d) 一旦被监管机构批准就不需要。

例题 15.4　FRM 试题——惩罚区域

巴塞尔资本修正案规定 250 个观测值中出现多少次异常事件，银行就被归为“黄色区域”？

(a) 3～7。

(b) 5～9。

(c) 6～9。

(d) 6～10。

例题 15.5　FRM 试题 2002——第 23 题

事后测试通过粗略地比较每日损益和模型的风险度量来评估其风险度量系统的质量和精度。

1996 年市场风险修正案描述了结合内部模型来计算风险资本要求的事后测试框架。事后测试框架涉及

Ⅰ. 异常值的大小。

Ⅱ. 使用期限为 1 天的风险度量。

Ⅲ. 使用期限为 10 天的风险度量计算的异常值的大小。

Ⅳ. 异常值的数目。

(a) Ⅱ和Ⅲ。

(b) 只有Ⅱ。

(c) Ⅰ和Ⅱ。

(d) Ⅱ和Ⅳ。

例题 15.6　FRM 试题 2009——第 5－6 题

Tycoon 银行宣布在前一年只有 8 天的损失超过置信水平 99%的每日 VAR。结果，对 VAR 方法的准确性产生了关注。假设一年有 250 天，下列哪些说法是正确的？

Ⅰ. 使用双尾 99%置信水平的 z 检验，当前的 VAR 方法低估了银行投资组合的真实风险。

Ⅱ. 使用双尾 99%置信水平的 z 检验，当前的 VAR 方法高估了银行投资组合的真实风险。

Ⅲ. 如果银行的投资组合转变为日内低风险和高利润的市场交易行为，该银行对 VAR 的异常事件测试可能不正确。

Ⅳ. 如果这 8 个异常事件全部发生在前一个月，这个模型应当对错误的假设和无效的参数进行重新检验。

(a) Ⅰ和Ⅲ。
(b) Ⅰ、Ⅲ和Ⅳ。
(c) 只有Ⅲ。
(d) Ⅰ、Ⅱ和Ⅳ。

15.2 极值定理

正如我们在第 12 章看到的那样，VAR 度量可以用两种方法进行计算。第一种方法是非参数方法，它依赖于对近期历史收益率的模拟。第二种方法是参数方法，因为它假设了收益率的解析密度函数，例如正态分布，它可以用标准差（参数）进行总结，用于 VAR 的计算。非参数方法更为普遍但是精度不高，通常几乎不做任何假设。因此，VAR 的估计可能非常不精确，这归因于随机变量抽样的影响，特别是在高置信水平上。

除此之外，可以选择第三种方法，它可以描述为非参数方法。**极值定理**（extreme value theory，EVT）可以用来拟合解析分布，但只是分布的左尾。这比 VAR 估计更为精确。另外，解析函数可以用来外推其他置信水平的 VAR。

15.2.1 EVT 分布

EVT 可以视为中心极限定理的推广，中心极限定理表明独立随机变量的均值趋于服从正态分布，和随机变量的初始分布无关。这可以用来处理分布的均值或中心。

出于风险管理的目的，尾部的分布同样十分有用。EVT 证明 x 超过截点 u 的极限分布服从以下分布：

$$F(y)=1-(1+\xi y)^{-1/\xi},\xi\neq 0$$
$$F(y)=1-\exp(-y),\xi=0 \qquad (15.4)$$

式中，$y=(x-u)/\beta$。为简单起见，我们定义损失 x 是正数，因此 y 也是正数。该分布由度量参数 $\beta>0$ 和形状参数 ξ 所描述，形状参数决定了尾部消失的速度。

这个方法称为**临界峰值法**（peaks over threshold，POT），u 是固定的临界值。注意到这是一个极限定理，这意味着 EVT 分布只是一个渐近分布（例如随着 u 的增大）。

这个分布被称为**广义帕累托分布**（generalized Pareto distribution），其他分布是它的特殊形式。例如，正态分布对应 $\xi=0$，说明其尾部以指数速度消失。通常的金融数据表现出 $\xi>0$，这意味着肥尾。该分布在 $\xi\to 0$、$\xi>0$ 和 $\xi<0$ 时分别对应着 Gumbel、Frechet 和 Weibull 分布族。其中，Frechet 分布与金融风险管理联系最为紧密，因为大部分金融风险因子都具有比正态分布更肥的尾部。这个分布

族包括学生 t 分布和帕累托分布。

另一个方法称为**分块最大值法**（block maxima），它将样本分成不同的块，确定每块的最大值。在这种情况下，最大值的正态化极限分布称为**广义极值分布**（generalized extreme value，GEV）。

这两种方法在图 15.1 中进行了比较。左边的部分是从三个数据组成的块中选定的观测值的最大值。右边的部分是选定超过 u 的观测值。分块最大值法忽略了极值 x_9、x_1 和 x_8，因为它们出现的块中已经存在另一个最大值。

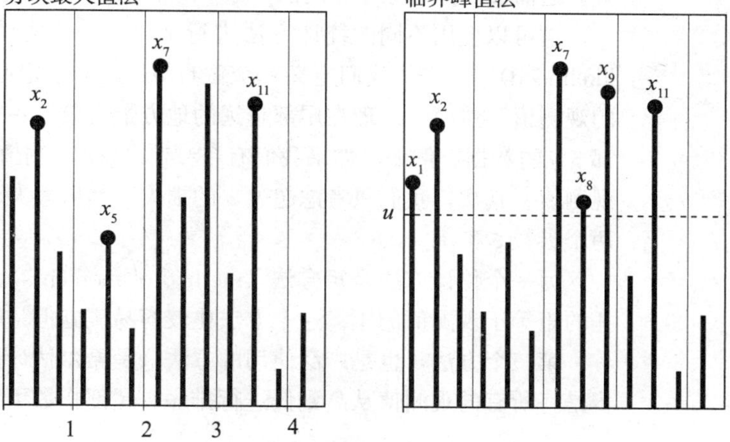

图 15.1　EVT 方法

实际中，POT 方法得到更为广泛的应用，因为它更为充分地利用数据，即使它需要对临界值进行选择。这更适合于尾部损失的风险度量，因为它集中考虑分布超过临界值的异常事件。

图 15.2 使用广义帕累托分布描述了美国股票市场数据密度函数的形状。正态密度函数下降的速度非常快。当 $\xi=0.2$ 时，EVT 密度函数具有比正态密度函数更肥的尾部，这意味着出现大损失的概率较高。这种现象对于风险管理十分重要。

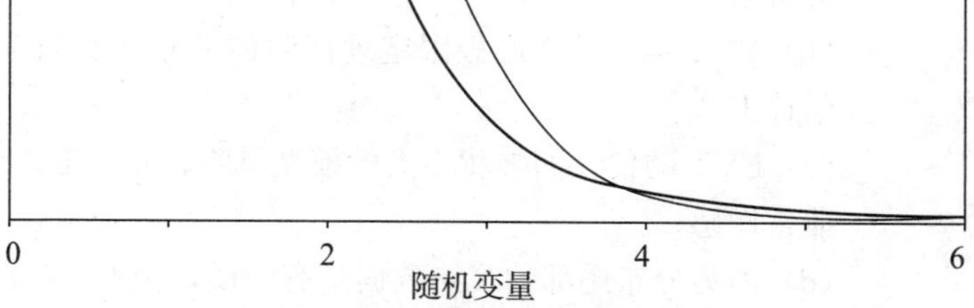

图 15.2　EVT 和正态分布密度

注意到 EVT 密度函数只对尾部（例如当损失 x 超过设定的截点值，在本例中设定为 2）进行定义。它对分布的其余部分没有任何解释。

15.2.2 VAR 和 EVT

VAR 和 CVAR 一样，可以利用公式（15.4）从解析分布中得到闭合形式的解。这需要尾部参数 ξ 和离散参数 β 的估计。

这可以使用不同的统计方法进行估计。一个方法是**最大似然法**（maximum likelihood）。首先，我们定义一个截点 u。这个选定必须保证尾部具有充分数量的观测值。然而，定理在尾部越远的地方最有效。一个 u 的好的选择必须包括尾部 5%的数据。例如，如果我们有 $T=1\ 000$ 个观测值，我们将只考虑左尾 50 个观测值。其次，我们只考虑超过 u 的损失，然后最大化观测值的似然函数来估计两个参数 ξ 和 β。

另一个估计方法是**矩方法**（method of moments）。它拟合参数使得广义帕累托的矩等于观测值的矩。这个方法比较容易实施但是缺乏有效性。

第三个方法，也是广泛使用的方法，是**希尔估计量**（Hill's estimator）。第一步是将所有的观测值从高到低进行排序。尾部指数可以估计为：

$$\hat{\xi}=\frac{1}{k}\sum_{i=1}^{k}\ln X_i-\ln X_{k+1} \tag{15.5}$$

换句话说，这是一个从 1 到 k 的观测值的对数的平均数减去下一个观测值的对数。不幸的是，没有理论来帮助我们选择 k。实际中，可以画出 ξ 相对于 k 的图来选择平滑区域的值，在平滑区域中估计量对截点的选择变化不敏感。

EVT 的一个问题是它只依赖于尾部很少数量的观测值。因此，估计的结果对样本的变化就非常敏感，尽管敏感程度低于 VAR 的非参数估计。更一般地，EVT 的估计结果同样取决于假设和估计方法。最后，它依然依赖于历史数据，这些历史数据可能无法给出所有金融风险的全景图。

例题 15.7　FRM 试题 2009——第 5 - 12 题

极值定理（EVT）提供了对收益率分布尾部评估非常有价值的方法。下列关于 EVT 及其应用的说法哪一个是不正确的？

(a) 临界峰值法需要对临界值进行合理选择，然后决定异常事件观测值的数目，临界值必须充分高以应用定理，但是充分低可以使异常事件观测值数目的估计更加可信。

(b) EVT 强调被中心极限定理证明的分布（例如正态分布）可以应用到极值的估计上。

(c) EVT 的估计面临相当大的模型风险，并且 EVT 的估计结果通常对精确假设非常敏感。

(d) 因为分布尾部的观测数据是有限的，因此 EVT 的估计结果可能对小样本和其他偏差非常敏感。

例题 15.8　FRM 试题 2007——第 110 题

下列关于极值定理的说法哪一个是不正确的？

(a) 和传统度量 VAR 的方法相反，极值定理只考虑尾部分布的情况。

(b) 传统度量 VAR 的方法假设收益率的分布在整个取值范围内服从均匀分布，没有考虑收益率分布的肥尾情况。

(c) 极值定理试图找到一个最优截点，超过这个截点的数值都归于尾部，然后单独对尾部的分布进行建模分析。

(d) 由于对尾部的分布进行修匀，极值定理忽略了极值事件和超出预期的损失。

15.3　一致性风险度量

15.3.1　风险度量的性质

风险度量的目的是将美元收益率 X 的整体分布用一个数字 $\rho(X)$ 来总结。阿茨纳等（1999）列出了资本充足率目的下风险度量的四条基本性质①：

1. 单调性： 若 $X_1 \leqslant X_2$，$\rho(X_1) \geqslant \rho(X_2)$。

换句话说，如果一个投资组合的价值系统性地低于另一个，那么在任何状态下，它一定具有更大的风险。

2. 平移不变性： $\rho(X+k) = \rho(X) - k$。

换句话说，在投资组合中加入现金 k 将降低它的风险 k。这降低了投资组合的价值。和 X 一样，k 也用美元度量。

3. 齐次性： $\rho(bX) = b\rho(X)$。

换句话说，以因子 b 增加投资组合的价值会同样以因子 b 增加它的风险度量。这个性质适用于标准差。

4. 次可加性： $\rho(X_1 + X_2) \leqslant \rho(X_2) + \rho(X_2)$。

换句话说，投资组合的风险必须小于等于单个风险的和。如果这成立，分散的投资组合不会增加风险。

这些标准的有用之处在于它们迫使我们考虑具有意义的风险度量，并且更重要的是，潜在地简化风险度量。

例如，齐次性看起来在很多情况下都是合理的。然而，大型头寸在缺乏显著的市场冲击时无法变现的例子就存在疑问。在这种情况下，风险增加的比例要比头寸规模增加的比例大得多。因此，这条性质忽略了流动性风险。在实际中，差不多所有的风险度量都具有这个问题，并且很难应对。

接下来，次可加性意味着投资组合的风险必须小于投资组合各部分风险的

---

① See P. Artzner, F. Delbaen, J.-M. Eber, and D. Heath, "Coherent Measures of Risk," *Mathematical Finance* 9 (1999): 203-228.

和。正如我们在下一个部分将要看到的，基于分位数的 VAR 度量不满足这条性质。

然而，在正态分布假设下，基于标准差的 VAR 满足次可加性。这是因为投资组合的波动率小于或至少等于波动率的和：$\sigma(X_1+X_2)\leqslant\sigma(X_1)+\sigma(X_2)$。更一般地，**椭圆分布**（elliptical distribution）的次可加性都成立，它的密度函数的形状都是椭圆形的，例如学生 t 分布。

15.3.2 例子：VAR 和次可加性

我们现在给出一个 VAR 不满足次可加性的例子。考虑一个交易员持有一项公司债券的投资，面值为＄100 000 并且违约概率为 0.5%。在下一个阶段，债券可能不违约并且收益为零或者发生违约产生损失＄100 000。因此收益为 0.5% 概率的－＄100 000 和 99.5%概率的＋＄0。由于获得＄0 的概率大于 99%，因此 99%置信水平下的 VAR 为＄0，不考虑均值。这和 VAR 为右尾概率不低于 99% 情况下的最小损失的定义相一致。

现在，考虑一个投资于三种具有相同特征和独立支付的债券（A、B 和 C）的投资组合。VAR 的加总为 $VAR_S=\sum_i VAR_i=\$0$。我们将收益和概率展现在表 15.3 中。

表 15.3　　次可加性和 VAR：例子

状态	债券	概率	收益
没有违约		0.995×0.995×0.995＝0.985 074 9	＄0
1 违约	A、B 或 C	3×0.005×0.995×0.995＝0.014 850 4	－＄100 000
2 违约	AB、AC 或 BC	3×0.005×0.005×0.995＝0.000 074 6	－＄200 000
3 违约	A、B 和 C	0.005×0.005×0.005＝0.000 000 1	－＄300 000

这里，不发生违约的概率为 0.985 1，低于 99%。因此投资组合的 VAR 为＄100 000，即超过 99%的最低数值。因此投资组合的 VAR 高于单个 VAR 的加总，其为零。在这个例子中，VAR 不满足次可加性。这是一个不理想的性质，因为它不利于投资组合的加总，因为它表现出具有更高的风险。

不可否认地，这个例子有一点人为的痕迹。但是，它反映了只局限于将 VAR 作为唯一风险度量的危险性。

15.3.3 期望差额

相反，**条件 VAR**（conditional VAR，CVAR），也称为**期望差额**（expected

shortfall）或者**期望尾部损失**（expected tail loss），满足次可加性的性质。CVAR 是超过 VAR 损失的平均值，$CVAR=E[-X \mid X<-VAR]$。

对于某个单独债券，尾部只有一个观测值，这导致 $CVAR_i=\$100\,000$。加总为 $CVAR_S=\$300\,000$。我们现在计算投资组合的 CVAR。这是损失超过 \$100 000 的概率加权平均值，即 $(0.000\,074\,6\times\$200\,000+0.000\,000\,1\times\$300\,000)/0.000\,074\,7=\$200\,167$。这比 $CVAR_S$ 低，因此这表明 CVAR 是一个满足次可加性的风险度量。

另外，CVAR 在决策理论中比 VAR 更容易做出评价。假设一个投资者需要从不同分布的两个投资组合 A 和 B 中进行选择。决策理论可以基于不同的随机优势。一个例子是**一阶随机优势**（first-order stochastic dominance，FSD）。这需要 A 的累积分布函数系统性地低于 B。因此，B 具有产生坏结果的较高概率。但是，这是一个非常严格的规则。另一个例子是**二阶随机优势**（second-order stochastic dominance，SSD）。投资组合 A 比 B 更具有优势，如果它具有更高的均值和更低的风险。这比第一个规则更容易实现。使用 CVAR 作为风险度量与 SSD 相一致，而 VAR 需要 FSD，这较不容易实现。

实际中，CVAR 很少出现在金融行业的报告中，它更多使用在保险行业，因为保险行业更关注尾部风险。另外，死亡率和巨灾事件的统计分布具有很长的历史并且更容易应用期望差额分析。

即使如此，风险经理还需要意识到用类似 VAR 的一个数值来加总整个分布的缺陷。交易员可能会决定使用一个低 VAR 但是高 CVAR 的投资组合，产生较低的损失频率但是较高的损失数值。这是一个非对称的头寸情况，例如期权的空头头寸或者暴露于信用风险的非分散投资组合。下一章将给出一个由次级抵押贷款支撑的债务担保证券高级层次发生数十亿损失的例子。这些高级层次类似于虚值期权的空头头寸，具有发生概率很低但是数值巨大的巨灾损失。

例题 15.9　FRM 试题 2008——第 2-25 题

一个市场风险经理使用 1 000 天的收益/损失历史信息来计算 99%分位数的 VAR，为 800 万美元。超过 99%分位数的损失观测值被用来估计条件 VAR。如果超过 VAR 水平的损失，为 900 万美元、1 000 万美元、1 100 万美元、1 300 万美元、1 500 万美元、1 800 万美元、2 100 万美元、2 400 万美元和 3 200 万美元，那么 CVAR 为多少？

(a) 900 万美元。

(b) 3 200 万美元。

(c) 1 500 万美元。

(d) 1 700 万美元。

例题 15.10　FRM 试题 2009——第 5-8 题

格雷格·劳伦斯是一个 ES 银行的风险分析师。在使用历史模拟法估计过去 1 200 天银行投资组合置信水平 99%的每日 VAR 之后，他担心 VAR 度量无法提供关于尾部损失的足够信息。他决定重新检查模拟的结果。他将模拟的每日收益/损失情况从最坏到最好进行排列，得出如下结果。

排名	1	2	3	4	5	6
P&L	−2 833	−2 333	−2 228	−2 084	−1 960	−1 751
排名	7	8	9	10	11	12
P&L	−1 679	−1 558	−1 542	−1 484	−1 450	−1 428
排名	13	14	15			
P&L	−1 368	−1 347	−1 319			

那么投资组合置信水平 99%的每日期望差额为多少?

(a) 433 美元。

(b) 1 428 美元。

(c) 1 861 美元。

(d) 2 259 美元。

例题 15.11　FRM 试题 2009——第 5 - 14 题

下列关于期望差额的说法哪一个是不正确的?

(a) ES 提供了不同头寸之间的一致性风险度量并且考虑了相关性。

(b) ES 告诉了坏状态下的期望情况：它提供了如果投资组合具有一个坏的结果时该投资组合损失的糟糕程度。

(c) 如果风险是用二阶随机优势规则进行排序的，基于 ES 的规则和期望效应最大化相一致。

(d) 和 VAR 一样，ES 不会始终满足次可加性（例如，一个投资组合的风险必须小于等于它的单个头寸的风险之和）。

15.4　重要公式

T 个样本中异常事件数目在置信水平 $c=1-p$ 下的 VAR：$c=1-p$：$E[X]=p\times T$

异常事件的分布：$f(x)=\binom{T}{x}p^{x}(1-p)^{T-x}, x=0,1,\cdots,n$

n 个异常事件的巴塞尔准则：$T=252$，$c=99\%$

绿色区域：$0\leqslant n\leqslant 4$

黄色区域：$5\leqslant n\leqslant 9$

红色区域：$10\leqslant n$

尾部分布：$y=(x-u)/\beta$→广义帕累托分布

15.5 例题解答

例题 15.1　FRM 试题 2003——第 11 题

(c) 为 10%×250=25。

例题 15.2　FRM 试题 2007——第 101 题

(d) 我们预期大约有 (1−95%)250=12.5 个异常事件。8 个异常事件有点少，但差距不是太大。然而没有一个异常事件，就非常不正常了，它发生的概率为 $1-(1-5\%)^{250}$，概率是非常低的。这意味着该风险经理提供的 VAR 估计过高了。其他选项中的损失最大值或均值都无法提供损益分布的有用信息。

例题 15.3　FRM 试题 2002——第 20 题

(c) VAR 估计需要和实际损益结果进行比较来确认，这称为事后测试。

例题 15.4　FRM 试题——惩罚区域

(b) 见表 15.2。

例题 15.5　FRM 试题 2002——第 23 题

(d) 内部模型法的事后测试框架只考虑每日的异常值的数目，例如损失超过 VAR 的数目。因此，它涉及异常值的数目和每日的风险度量。

例题 15.6　FRM 试题 2009——第 5-6 题

(b) z 检验得到 $(8-2.5)/\sqrt{250\times0.01\times0.99}=3.5$。这个得分太高（超过 2），这将会拒绝 VAR 模型正确度量的零假设。因此，VAR 太低，说法Ⅰ是正确的。说法Ⅱ是不正确的。然而，这将会归因于日内交易，因此说法Ⅲ也是正确的。最后，如果所有 8 个异常事件都发生在上一个月，这就是异常事件的接连发生，模型应当重新检验，因此说法Ⅳ是正确的。

例题 15.7　FRM 试题 2009——第 5-12 题

(b) 极值定理会产生估计风险，因此选项 c 和 d 是正确的。然而，极值定理不能应用到中心极限定理，中心极限定理表明独立同分布的随机变量的平均值（不是尾部）服从正态分布。

例题 15.8　FRM 试题 2007——第 110 题

(d) 极值定理只考虑了尾部的信息，因此选项 a 是正确的。传统的方法（例如 delta-正态 VAR）假设在整个分布具有固定的概率密度函数，低估了肥尾的情况，因此选项 b 是正确的。极值定理的第一步是选择尾部的截点，然后估计尾部分布的参数，因此选项 c 是正确的。最后，极值定理没有忽略极值事件的发生（只要它们在样本中）。

例题 15.9　FRM 试题 2008——第 2-25 题

(d) CVAR 是超过 VAR 的观测值的平均值。这也就是 1 700 万美元。选项 a 和 b 可以直接排除，因为它们分别太小和太大。

例题 15.10　FRM 试题 2009——第 5-8 题

(c) 这看上去是一个计算复杂的问题，但是它可以通过判断来解决。T=1 200

的 1%的左尾为 12 个观测值，因此 VAR =1 428。这排除了选项 a 和 b。ES 是观测值 1 号到 11 号的平均值。使用简单排序，中间点的观测值是 6 号，为−1 751。最接近的是 1 861，即选项 c。

例题 15.11　FRM 试题 2009——第 5 - 14 题

(d) ES，和 VAR 一样，提供了考虑分散性的一致性风险度量，因此选项 a 是正确的。然而，和 VAR 不一样，CVAR 是满足次可加性的风险度量。

第 16 章　高级风险模型：多元情形*

我们现在转向大型投资组合的风险度量。一个风险系统具有三个部分：(1) 一个投资组合头寸系统，(2) 一个风险因子建模系统，(3) 一个风险加总系统。第一个部分在 16.1 节介绍。投资组合头寸必须收集数据并且需要映射过程，它用所选择的风险因子上的风险暴露来代替每个金融工具。映射极大地简化了风险度量过程，因而极大地简化了风险度量的过程。对所有金融工具单独建模是不可行的，因为它们的数量实在太多了。风险管理技术包含选择一组有限的、能跨越或覆盖整个投资组合风险领域的风险因子。

第二个部分是描述风险因子的联合变动。有两种可行的方法。第一种方法选定一个解析分布，例如，正态联合分布。更一般地，联合变动可以用 copula 进行刻画，这将在 16.2 节进行介绍。在第二种方法中，联合分布可以简单地用经验观测值来表示，不需要任何附加的假设。

第三个部分是将头寸和风险因子结合起来。16.3 节介绍了三种主要的在险值（VAR）方法，包括 delta-正态方法、历史模拟法和蒙特卡洛模拟法。这些方法以一个例子的形式在 16.5 节进行说明。

一个感兴趣的问题是 VAR 模型在最近的信用危机期间的表现。这在 16.4 节

* FRM 考试第二部分的主题。

进行讨论，同时也扩展到风险模型的一般缺陷。

16.1 风险映射

16.1.1 风险简化

现代风险度量方法的基本思想，是最大限度地度量投资组合的风险。在实践中，对每一个单独风险都进行建模是非常复杂的事情。取而代之的是一些简化的方法。这就是**风险映射**（risk mapping）的原则，它用有限数目风险因子的头寸代替金融工具。

当然，这个思想不是最新的。考虑一个拥有许多股票头寸的投资组合的例子。威廉·夏普设计了一个度量这个投资组合风险的方法。他的**对角模型**（diagonal model）将股票的收益率分解为市场指数部分的系统风险和单个股票部分的特殊风险。在数量较大并且较为分散的投资组合中可以忽略特殊风险部分，只存在市场指数的系统风险部分作为风险的主要驱动因子。这就把单个股票的头寸映射到统一的市场指数的头寸上。

更一般地，这种方法可以应用到各个市场中。图 16.1 显示了映射过程，这一过程是基于相同货币但是成熟期不同的外汇远期合约。风险经理可以用只有三个风险因子的头寸代替这些头寸去评估风险。在本章中，我们会给出一个完整的例子。

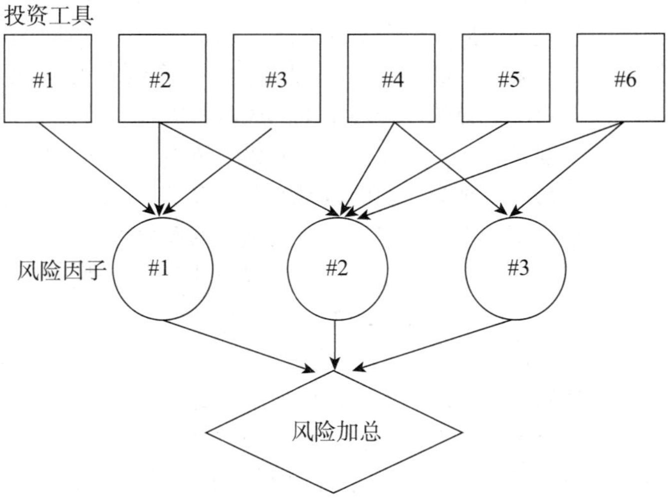

图 16.1 映射方法

这个映射过程分三步进行：

1. 用 $K=3$ 的风险因子的风险暴露代替 $N=6$ 的头寸中的任何一个。定义

$x_{i,k}$为第 i 个金融工具暴露于风险因子 k 的风险暴露。

2. 加总投资组合中的 K 个风险暴露，$x_k = \sum_{i=1}^{N} x_{i,k}$ 。这生成了 $K=3$ 个风险暴露价值，以美元计价。

3. 用三种 VAR 方法中之一可以从风险暴露和风险因子的变动 Δf 中得到投资组合收益率 $R_{p,t+1}$ 的分布。

16.1.2 因子模型的映射

对角模型是一个只有一个风险因子的简化模型，通常选择一个被动型的市场指数作为这个风险因子。这个模型将股票 i 的收益率用统计方法分解成市场范围收益率和残差项，一般称为特殊收益率。我们将股票 i 的收益率 R_i 分解成三部分：(1) 一个常数，(2) 一个基于市场收益率 R_M 的成分和 (3) 残差项：

$$R_i = \alpha_i + \beta_i \times R_M + \varepsilon_i \tag{16.1}$$

式中，β_i 称为股票 i 的系统风险。注意到，根据假设残差与 R_M 线性无关。对角模型增加了所有特殊风险因子不相关的假设。因此，任何两只股票之间的相关性都必须来自于市场的相关效应。

威廉·夏普的贡献在于他指出了资本市场的均衡会对 α_i 有一个严格的限制。对于风险经理，他们不会集中精力去考虑截距，我们在下面可以忽略它。因此，对角模型对风险度量过程起到了巨大的简化作用。

考虑一个各种资产权重为 w_i 的投资组合，我们有：

$$R_p = \sum_{i=1}^{N} w_i R_i \tag{16.2}$$

利用公式（16.1），可以得到投资组合的收益率：

$$R_p = \sum_{i=1}^{N} (w_i \beta_i R_M + w_i \varepsilon_i) = \beta_p R_M + \sum_{i=1}^{N} (w_i \varepsilon_i) \tag{16.3}$$

加权平均的 β 为：

$$\beta_p = \sum_{i=1}^{N} w_i \beta_i \tag{16.4}$$

投资组合的方差为：

$$V[R_p] = \beta_p^2 V[R_M] + \sum_{i=1}^{N} (w_i^2 V[\varepsilon_i]) \tag{16.5}$$

由于所有的残差项都是不相关的，为简化起见，投资组合内各资产的权重相等，并且残差项都相等，$V[\varepsilon_i]=V$。这就意味着 $w_i = w = 1/N$。随着资产数量 N 的增加，上式的第二项将收敛于：

$$\sum_{i=1}^{N} (w_i^2 V[\varepsilon_i]) \rightarrow N \times [(1/N)^2 V] = (V/N)$$

随着 N 的增加，这一项将消失。在这种情况下，剩下的唯一风险就是一般市场风险，由 β 的平方值与市场收益率的方差乘积组成：

$$V[R_p] \to \beta_p^2 V[R_M]$$

因此，在数量较大并且较为分散的投资组合中可以忽略特殊风险。这个映射方法用市场指数的 $x_i\beta_i$ 美元价值代替了股票 i 的 x_i 美元价值：

$$\text{股票 } i \text{ 的 } x_i \text{ 美元价值} \to \text{指数的 } x_i\beta_i \text{ 美元价值} \tag{16.6}$$

更一般地，这种方法可以扩展到多种因子的情形。本章后面的附录说明了如何应用这种方法来为一般市场因子建立协方差矩阵。每只证券首先映射到选定风险因子上。然后将风险暴露添加到整个投资组合，从而使得风险在最高层加总。

这个映射方法对于评估没有历史收益率数据的头寸风险特别有用，因为这些头寸可以映射到事先选定的风险因子上。考虑一个例子，一只**首次公开募股**(initial public offering，IPO）的股票，它没有任何历史，这样的股票具有较大风险。一个实用的解决方法就是将这个股票头寸映射到具有相同特征的股票指数上(例如小市值高科技股票指数)。

16.1.3 映射固定收益投资组合

作为投资组合简化的另一个例子，我们开始研究无风险债券投资组合。这个投资组合由于支付时点的不同具有不同的价值，支付时点的范围从现在开始的第二天到未来的 30 年不等。对这些期限分别建模是不太实际的。因此，可以对无风险结构项进行简化。

一个简化方法是**成熟期映射**（maturity mapping)，它将任何债券的当前价值用具有相同成熟期风险因子的头寸代替。然而，它忽略了现金流的支付间隔。一个相对更好的方法是**久期映射**（duration mapping)，它将债券映射到具有相同久期的零息债券上。第三种方法是**现金流映射**（cash flow mapping)，这种方法尽管精确但比较复杂，它将任何债券的当前价值映射到每一个具有相同支付间隔的零息债券上。

考虑另一个例子，公司债券投资组合的简化。它增加了风险的维度，不但有无风险债券结构项的风险，还具有信用风险因子。同样地，对这些期限分别建模是不太实际的。每个债券都没有足够的历史价格数据。另外，在没有考虑违约概率的情况下，历史数据对分析也没有帮助。更一般地，历史数据既不能反映债券的当前信用等级，也不能反映债券的久期。

下面，我们假设风险经理采用久期映射的方法，并且考虑将收益率曲线的变动作为风险因子而不是债券价格。风险经理评估的主要风险因子包括 J 个零息国债的利率 z_j 和 K 个信用价差 s_k，按照信用等级排列。这样分析的目标是为投资组合的风险提供一个较好的估计模型。

我们可以对每一个公司债券的收益率 y_i 的变动建模，所选因子包括与它的到期日最相近的国债因子 z_j 和它所属的信用等级 s_k。剩余的成分是 ϵ_i，通常假设相互独立。我们有 $y_i = z_j + s_k + \epsilon_i$。图 16.2 展示了对于一个 BBB 级的 20 年期公司债券的分解。

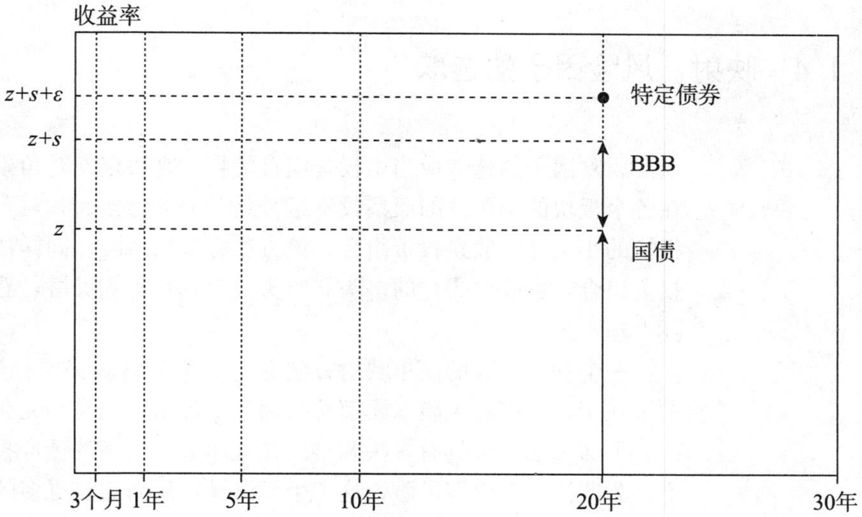

图 16.2　收益率分解

债券的价格变动为：

$$\Delta P_i = -DVBP_i \Delta y_i = -DVBP_i \Delta z_j - DVBP_i \Delta s_k - DVBP_i \Delta \epsilon_i \qquad (16.7)$$

式中，DVBP 是风险因子的每一基点所对应的美元价值。我们持有 n_i 单位这种债券，因此它的价值为：

$$P = \sum_{i=1}^{N} n_i P_i \qquad (16.8)$$

把投资组合扩展到它的每一个成分，我们有：

$$\Delta P = \sum_{i=1}^{N} n_i \Delta P_i = -\sum_{i=1}^{N} n_i DVBP_i \Delta y_i \qquad (16.9)$$

利用风险因子分解，投资组合的价格变动为：

$$\Delta P = -\sum_{j=1}^{J} DVBP_j^z \Delta z_j - \sum_{k=1}^{K} DVBP_k^s \Delta s_k - \sum_{i=1}^{N} n_i DVBP_i \Delta \epsilon_i \qquad (16.10)$$

式中，$DVBP_j^z$ 是对所有的风险暴露为第 j 个到期日的债券的 $n_i DVBP_i$ 求和而得。利用公式（16.5），总的方差可以分解成：

$$V[\Delta P] = \text{一般风险} + \sum_{i=1}^{N} n_i^2 DVBP_i^2 V[\Delta \epsilon_i] \qquad (16.11)$$

如果该投资组合充分分散，一般风险这一项就居主导地位。所以，我们为简化就可以忽略第二项。在忽略特殊风险的情况下，一个由上千个债券组成的投资组合，仅通过度量少量的政府债券和信用价差对其的影响，就可以对该投资组合进行建模。这是一个相当大的简化。

这个映射方法用两个风险因子的美元价值代替了股票 i 的 x_i 美元价值：

$$股票\ i\ 的\ x_i\ 美元价值 \to 收益率\ j\ 的\ n_i DVBP_i\ 美元价值 + 价差\ k\ 的\ n_i DVBP_i\ 美元价值 \quad (16.12)$$

16.1.4 映射：风险因子的选取

风险因子的选取应当由投资组合的特点来决定。对角模型对于具有许多分散在各个板块的小头寸的股票投资组合是充分的。然而，对于一个具有集中在一个板块的小头寸的股票投资组合，该方法将低估风险。同样地，一个市场中性股票投资组合，由股票头寸的多头和空头组成，具有零贝塔，看起来没有风险，但实际上却不是。

一个利率风险的简单映射方法对于一个只有多头的投资组合是完全足够的，关键在于，所有的风险暴露都总结为一个数字，就是美元久期。

下面考虑一个具有多头和空头并且净久期为零的债券投资组合。在这种情况下，久期模型给出零风险，这产生了误导，从而需要更多的风险因子。另一个例子是具有多头和空头头寸的期权投资组合，期权具有不同的执行价格和期限。在这种情况下，仅考虑线性甚至是二阶标的风险因子的风险暴露是不充分的。风险经理应当加上隐含波动率的变动。随着市场设计更复杂的金融产品，风险经理应该明确风险模型不能滞后并且不能错过主要的风险。

重要概念

风险因子的数目以及风险模型的复杂性取决于交易策略的深度。一般来说，复杂的投资组合需要更复杂的风险模型。

例题 16.1　FRM 试题 2009——第 2-7 题

下列哪些关于风险因子映射模型的说法是正确的？

Ⅰ. 在现金流映射方法下，只有和固定收益投资组合平均期限相关的风险被映射。

Ⅱ. 现金流映射是固定收益投资组合映射中最不准确的方法。

Ⅲ. 在久期映射方法下，债券的风险被映射到具有相同久期的零息债券上。

Ⅳ. 越多的风险因子一般会导致更好的风险度量，但是也需要在建模过程和风险计算上花费更多的时间。

(a) Ⅰ和Ⅱ。

(b) Ⅰ、Ⅲ和Ⅳ。

(c) Ⅲ和Ⅳ。

(d) 只有Ⅳ。

例题 16.2　FRM 试题 2002——第 44 题

历史模拟法是基于经验分布和大量风险因子的方法。RiskMetrics 方法假设风险因子服从正态分布并使用映射。在哪种情况下历史模拟法比 RiskMetrics 方法估计的 VAR 更为准确？

(a) 数量较小的新兴市场证券。
(b) 数量较小的成熟市场指数。
(c) 数量较大的新兴市场证券。
(d) 数量较大的成熟市场指数。

例题 16.3　FRM 试题 2007——第 11 题

一个对冲基金经理需要选择一个针对大型市场中性股票（β值为零）投资组合的风险模型。持有的许多股票都是 IPO。下列模型中最好的一个是

(a) 一个去年估计的没有特殊风险的单一指数模型。
(b) 一个去年估计的具有特殊风险的对角指数模型。
(c) 一个将股票头寸映射到行业风险因子的模型。
(d) 一个完全协方差矩阵模型。

16.2　风险因子的联合分布

风险系统的第二个部分是建立风险因子的联合分布。一个方法是非参数的，由最近的观测值构成。另一个方法是参数的，需要确定联合分布的解析函数和参数。本节引入了 copula 的概念，它是风险因子联合分布的核心。

copula 被广泛应用在对诸如债务担保债券（CDO）的金融工具的建模中。CDO 是 N 个债务担保的池子，每个债务的价值取决于借款人的信用等级。每个信用风险可以由一个边缘分布来描述。然而，最终考虑的是投资组合的总风险分布。因此，CDO 的金融工程需要对单个信用风险因子的联合分布进行建模。对于投资组合和可交易的资产，联合分布可以用历史数据来评估。然而，信用投资组合就困难多了，因为当前投资组合中的信用主体没有违约记录。因此，建立 CDO 损失的分布必须依赖于参数模型，这需要 copula 的确定。copula 同样被应用于对企业全面风险的度量，从而加总市场风险、信用风险和操作风险。

16.2.1　边缘密度和分布

边缘分布单独考虑每个风险因子。降低维度使得风险因子建模变得简单。相反，联合分布由于高维度就非常复杂，它需要估计许多参数。这产生了严重的问题，在实际的金融市场中产生了非常大的损失，我们将在后面的章节看到。

由第 2 章可知，概率密度函数 $f(u)$ 描述了观测值在 u 处发生的概率。例如，一个正态密度函数具有钟形曲线。相反，分布函数是密度函数的累积，$F(x)=\int_{-\infty}^{x} f(u)\mathrm{d}u$。分布函数的值通常在 0 到 1 之间：$0\leqslant F(x)\leqslant 1$。

现在考虑两个风险因子的简单例子。问题是如何在这些风险因子之间连接边缘密度函数或者分布函数。

16.2.2 copula

在两个随机变量独立的情况下，联合密度函数就是边缘密度函数的简单乘积。然而金融变量相互独立的这种情况比较少见。相依性可以用 **copula** 函数来建模，copula 函数是将边缘分布和联合分布联系在一起的函数。一般来说，copula 是边缘分布为 $F(x)$、含有特定参数 θ 的函数。在二元情况下，copula 的形式为：

$$c_{12}[F_1(x_1),F_2(x_2);\theta] \tag{16.13}$$

这种联合分布和边缘分布之间的联系可以由 Sklar's 定理证明，该定理证明，对任意的联合密度函数，总存在一个 copula 函数，满足：

$$f_{12}(x_1,x_2)=f_1(x_1)\times f_2(x_2)\times c_{12}[F_1(x_1),F_2(x_2);\theta] \tag{16.14}$$

在随机变量独立的情况下，copula 函数等于 1。

因此 copula 包含了随机变量之间的相关性信息，但是与边缘分布无关。

例如，考虑 N 个随机变量的正态多元密度函数。正态密度函数的联合函数可以写成向量 x 的函数，均值为 μ，协方差矩阵为 Σ：

$$f^N(x_1,\cdots,x_N)=\frac{1}{(2\pi)^{N/2}|\Sigma|^{1/2}}\exp\left[-\frac{1}{2}(x-\mu)'\Sigma(x-\mu)\right] \tag{16.15}$$

使用 copula 的概念，这可以分成 N 个不同边缘正态密度函数和一个联合正态 copula。在两个随机变量的情况下：

$$f_{12}^N(x_1,x_2)=f_1^N(x_1)\times f_2^N(x_2)\times c_{12}^N[F_1(x_1),F_2(x_2);\rho] \tag{16.16}$$

式中，f_1^N 和 f_2^N 都是正态密度函数。它们具有参数 μ_1 和 σ_1 以及 μ_2 和 σ_2。另外，c_{12}^N 是正态 copula。注意到它的唯一参数是相关系数 ρ_{12}。

特别地，考虑标准正态随机变量，此时 $\mu_i=0$ 和 $\sigma_i=1$，二元正态密度函数简化为：

$$f_{12}^N(x_1,x_2)=\frac{1}{2\pi\sqrt{(1-\rho^2)}}\exp\left\{-\frac{(x_1^2+2\rho x_1x_2+x_2^2)}{2(1-\rho^2)}\right\} \tag{16.17}$$

当相关系数为零时，有：

$$\begin{aligned}f_{12}^N(x_1,x_2)&=\frac{1}{2\pi}\exp\left\{-\frac{(x_1^2+x_2^2)}{2}\right\}\\&=\frac{1}{\sqrt{2\pi}}\exp\left\{-\frac{(x_1^2)}{2}\right\}\times\frac{1}{\sqrt{2\pi}}\exp\left\{-\frac{(x_2^2)}{2}\right\}\end{aligned} \tag{16.18}$$

这就是随机变量 x_1 和 x_2 的边缘正态密度函数的乘积，并且 copula 是单元 copula，因为随机变量是独立的。

因此 copula 可以和边缘分布分离开。在正态联合分布的例子中，边缘分布和 copula 都是正态的。然而，不需要一定是这样。边缘分布可以来自于一个分布族，而 copula 可以来自于另一个分布族。

正态 copula 假设了风险因子之间的线性相关关系，由皮尔逊相关系数度量。然而，一般地，相关关系不一定是线性的，这可以用其他类型的 copula 来表示。

风险经理应当选取最适合数据的 copula。这涉及选择，首先，一个解析函数，其次，使用诸如极大似然估计方法的统计工具得出的最佳参数。

copula 的一个重要特征是它们的**尾部相关性**（tail dependence）。这是由一个随机变量发生极值变化导致另一个随机变量发生极值变化的条件概率。正式地，在给定置信水平 c 的情况下，条件概率的上下界为：

$$P_U(c)=P[X_2>F_{X_2}^{-1}(c)\mid X_1>F_{X_1}^{-1}(c)] \tag{16.19}$$

$$P_L(c)=P[X_2\leqslant F_{X_2}^{-1}(c)\mid X_1\leqslant F_{X_1}^{-1}(c)] \tag{16.20}$$

尾部相关性的上界是当 c 趋于 1 的极限，下界是当 c 趋于 0 的极限。

当尾部相关参数为零时，copula 展现出**尾部独立性**（tail independence）。这是正态 copula 的情况。考虑一个截点概率为 16%的例子，相应的 $F_X^{-1}=-1$。接下来，计算 $X_1\leqslant-1$ 条件下 $X_2\leqslant-1$ 的条件概率。假设相关系数为 0.5，那么 $P_L(16\%)=P[X_2\leqslant-1\mid X_1\leqslant-1]=42\%$。接下来，将截点由 −1 换成 −1.645。条件概率从 42%下降到 $P_L(5\%)=22\%$。继续将截点降低为 −2.326。条件概率继续下降为 $P_L(1\%)=9\%$。最终，尾部相关性收敛到零。由于正态分布是对称的，上下尾部相关性都为零。

因此正态 copula 是不能产生尾部相关性的。实际中，市场通常在金融危机中同时下跌。例如，考虑一个持有美国和英国股票多头头寸的投资组合。当美国市场急剧下跌时，英国市场也一起下跌，这就扩大了投资组合的损失。[①] 这使得正态 copula 对尾部事件的刻画不真实。然而，可以使用其他 copula。一个例子是学生 t copula，它展示了尾部相关性并且更加真实。因此，对风险因子的统计建模需要细致的选择。

例题 16.4：FRM 试题 2009——第 2-9 题

布伦达·威廉斯是一个风险分析师，她希望使用 copula 对资产收益率之间的相关性进行建模，她必须使她的经理确信这是最好的方法。下列哪些说法是正确的？

Ⅰ. 投资组合资产收益率分布之间的相关性对风险度量非常关键。

Ⅱ. 在低市场波动率时期估计出的相关系数通常表现稳定，在市场压力情况下变得波动。使用较长时间范围估计出的相关系数计算得到的风险度量将在市场压力时期低估风险。

Ⅲ. 皮尔逊相关系数是两个资产收益率之间的线性相关度量，它等于资产收益率的协方差与它们波动率乘积的比率。

Ⅳ. 使用 copula，可以利用边缘分布函数通过更广泛的相关结构类型建立收益率相关分布函数。

(a) Ⅰ、Ⅱ和Ⅲ。

① F. Longin and B. Solnik, "Extreme Correlations of International Equity Markets," *Journal of Finance* 56 (2001): 649-676.

(b) Ⅱ和Ⅳ。

(c) Ⅰ、Ⅱ、Ⅲ和Ⅳ。

(d) Ⅰ、Ⅲ和Ⅳ。

16.3 VAR方法

我们现在进入下一阶段。一旦投资组合的风险暴露被加总，就需要与风险因子的变动结合起来，去反映投资组合收益率分布的风险情形，这可以用VAR方法来实现。一共有三种方法。

16.3.1 delta-正态方法

delta-正态方法（delta-normal method）是最简单的VAR方法。它假定投资组合的风险暴露是线性的并且风险因子服从联合正态分布。因此，它是一种局部估值方法。

由于投资组合收益率是正态变量的线性组合，因此它也是服从正态分布的。使用矩阵符号，投资组合方差为：

$$\sigma^2(R_{p,t+1}) = x'_t \Sigma_{t+1} x_t \tag{16.21}$$

式中，Σ_{t+1}是在期限内对协方差矩阵的预测。由于该方法依赖于协方差矩阵，因此它有时也被称为**方差—协方差矩阵**（variance-covariance matrix）方法。

如果投资组合波动率用美元度量，VAR可以从对应置信水平c的标准正态偏差α直接得到：

$$VAR = \alpha\sigma(R_{p,t+1}) \tag{16.22}$$

这称为**分散的VAR**（diversified VAR），因为它考虑了分散效应。相反，**未分散VAR**（undiversified VAR）只是每个风险因子的单个VAR的简单加总。它假定所有的价格都会同时向最差方向变动，这并不现实。

这种方法的主要优点在于它惊人地简单。收益率的分布由方差描述，这可以很方便地得到封闭形式的解。它也可以得到边缘VAR和成分VAR的解析形式。这种VAR方法相对非参数度量更为精确，并且具有更小的样本波动率。

这同样也是它的缺陷。delta-正态方法没有考虑例如期权情况下遇到的非线性效应。同样，由于它依赖于正态分布，还会低估可能发生的巨大变动。

16.3.2 历史模拟法

历史模拟法（historical simulation，HS）是一种完全估值方法。它从时间上回溯，例如过去 250 天，并将当前权重应用到历史时期的资产收益率的一个时间序列上。它用当前权重回放历史“磁带”。

定义当前时刻为 t，我们观测从 1 到 t 的数据。当前投资组合价值为 P_t，它是当前风险因子的函数：

$$P_t = P[f_{1,t}, f_{2,t}, \cdots, f_{N,t}] \tag{16.23}$$

我们从历史数据的分布中抽取风险因子变动的样本，不重复抽样：

$$\Delta f_i^k = \{\Delta f_{i,1}, \Delta f_{i,2}, \cdots, \Delta f_{i,t}] \tag{16.24}$$

从中我们可以利用当前的风险因子价值建立假设的风险因子价值：

$$f_i^k = f_{i,t} + \Delta f_i^k \tag{16.25}$$

并以此来建立新情况下投资组合的假设价值，使用公式（16.23），有：

$$P^k = P[f_1^k, f_2^k, \cdots, f_N^k] \tag{16.26}$$

现在我们用当前头寸 $R^k = (P^k - P_t)/P_t$ 计算资产组合价值的变化。

我们将 t 期限内的收益率进行排序，从中选取与第 c 分位数对应的收益率 $R_p(c)$。VAR 可以由均值与分位数的差得到：

$$VAR = AVE[R_p] - R_p(c) \tag{16.27}$$

这里的 VAR 是相对于均值的度量。

这种方法的优点在于它没有对收益率的分布类型做任何特殊的假设，仅仅依赖历史数据。这比使用正态分布假设做了改进，因为历史数据通常具有肥尾。历史模拟法被广为采纳还因为损失可以在一定特殊时期被追踪，而风险因子的变动为损失的驱动原因提供了更多作用。

这种方法的主要缺陷是它依赖较短期限内的历史数据对市场价格的变动做出推断。如果历史期限没有包含可能的市场变动，那么它就会错过一些风险。

16.3.3 蒙特卡洛模拟法

除了风险因子的变化通过某些分布生成之外，**蒙特卡洛模拟法**（Monte Carlo simulation method）大体与历史模拟法类似。我们使用：

$$\Delta f^k \sim g(\theta), k = 1, \cdots, K \tag{16.28}$$

式中，g 为联合分布（例如正态分布或者学生 t 分布），θ 为所需要的参数。风险经理需要确定风险因子的边缘分布以及它们之间的 copula。可以包括正态 copula 或者学生 t copula 等等。

风险经理从分布中抽取**伪随机数**（pseudo-random numbers），然后生成和前面一样的伪美元收益率。最后，对收益率排序，来生成要求的 VAR。

这种方法是最灵活的，但同样带来了大量的计算负担。它要求使用者做出关于随机过程的假定并理解结果对这些假设的敏感性。因此，它受到**模型风险**（model risk）影响。一个很好的实务例子是信用评级机构用正态 copula 度量

CDO的风险。正如前面章节介绍的那样，这种 copula 的选择低估了真实的风险。

由于随机化，蒙特卡洛方法还会产生固有的采样变化，不同的随机数会导致不同的结果。它可能需要经过无数次迭代才能收敛到一个稳定的 VAR。和其他方法不一样，蒙特卡洛模拟明确地反映了样本的波动性。

最后，应当注意到当所有风险因子服从正态分布并且风险暴露为线性时，这个方法将会收敛于 delta-正态方法得到的 VAR。更一般地，在实务中最好比较三种 VAR 方法的结果，以便检验实际结果和哪一种方法更为接近。

16.3.4 方法比较

表 16.1 提供了 3 种主流 VAR 方法的一个大概比较。在这些方法中，delta-正态方法是到目前为止最容易实现并掌握的。对于没有期权的简单投资组合，这种方法会相当适用。

相反，期权的出现可能需要完全估值方法。另外，许多金融数据序列呈现肥尾，这就意味着用正态分布近似在高置信水平下不太可信。这解释了为什么历史模拟法是采纳最广泛的 VAR 方法。

表 16.1　　VAR 方法的比较

特点	delta-正态	历史模拟法	蒙特卡洛模拟法
估值方法	线性	完全	完全
分布			
形状	正态	实际	普通的
极端情况	低概率	最近数据中	有可能
应用			
计算简便	是	中等	不
可掌握性	一般	容易	很难
VAR 精度	很好	对短窗口期很差	多次重复下精度很好
主要缺陷	非线性、肥尾	时变风险、非常事件	模型风险

例题 16.5　FRM 试题 2004——第 51 题

在 2000 年早期，一个风险经理用过去 3 年的数据来计算技术型股票基金的 VAR。该基金的策略是购买股票和出售虚值期权。该风险经理需要计算 VAR。下列哪一种方法反映投资组合风险的程度最低?

(a) 完全重新定价的历史模拟法。

(b) 假设零漂移的 delta-正态方法。

(c) 完全重新定价并假设零漂移的蒙特卡洛模拟法。

(d) 对所有头寸使用 delta-等价的历史模拟法。

例题 16.6　FRM 试题 2006——第 114 题

下列关于 delta-正态 VAR 的说法哪一个最正确？

(a) delta-正态方法对资产的 VAR 估计精确，它可以将资产表示为线性或非线性的服从正态分布的风险因子组合。

(b) delta-正态方法对平值或虚值以及将要到期的期权的 VAR 估计精确。

(c) delta-正态方法通过生成协方差矩阵和利用矩阵乘法来估计 VAR。

(d) delta-正态方法对期权以及其他衍生品的 VAR 估计精确，即使它们的 delta 不稳定。

例题 16.7　FRM 试题 2005——第 94 题

下列关于 VAR 估计方法的说法哪一个是错误的？

(a) delta-正态 VAR 方法对使用动态对冲和购买看跌期权的具有保险的投资组合的估计更可信。

(b) 基于历史数据的完全估值 VAR 方法对包含类似期权的金融工具投资组合的估计比 delta-正态 VAR 方法更可信。

(c) delta-正态 VAR 方法可能会在股票收益率具有较高峰度时低估股票投资组合的真实 VAR。

(d) 基于历史数据的完全估值 VAR 方法考虑了风险因子和证券价格之间的非线性关系。

例题 16.8　FRM 试题 2005——第 128 题

天然气价格具有季节波动率。整个远期价格曲线特别在冬季较为波动。如果 VAR 用无权重的历史模拟法和 3 年样本时期进行估计，那么下列关于 VAR 的说法哪一个是正确的？

(a) 我们会在夏季高估 VAR 并在冬季低估 VAR。

(b) 我们会在夏季高估 VAR 并在冬季高估 VAR。

(c) 我们会在夏季低估 VAR 并在冬季低估 VAR。

(d) 我们会在夏季低估 VAR 并在冬季高估 VAR。

例题 16.9　FRM 试题 2004——第 30 题

给予你以下有关股票 P 和股票 Q 收益率的信息：股票 P 收益率的方差为 100.0。股票 Q 收益率的方差为 225.0。股票 P 和股票 Q 收益率之间的协方差为 53.2。在 1999 年年末，你持有 400 万美元的股票 P。你正在考虑将 100 万美元转向股票 Q 并保留 300 万美元的股票 P 的投资策略。该策略能降低多少以收益率标准差度量的风险百分比？

(a) 0.5%。

(b) 5.0%。

(c) 7.4%。

(d) 9.7%。

16.4 VAR 系统的局限

风险度量系统的目标是描述投资组合潜在损失的分布。VAR 是投资组合收益率中单一的分散程度的度量，它的局限是比较明显的。

16.4.1 非流动性资产

所有风险度量的第一个也是最明显的局限是基于历史价格的非流动性效用。第 26 章全面介绍流动性风险。非流动性资产无法正常交易，这意味着观测到的价格可能无法代表近期的交易，在这种情况下价格是不更新的。例如一些债券，在一个月内都很难交易。在这种情况下，价格的每日报告将趋于平缓，调整是偶尔发生的。结果，波动率度量将被低估。

不更新的价格使得它们具有特殊的自相关路径，这可以用来尝试改进传统的风险度量。即使如此，如果价格并不是很有意义，传统的风险度量必须使用同样的标准。

16.4.2 超过 VAR 的损失

就像第 12 章所介绍的那样，VAR 不能视为最坏损失度量。它应当视为超过某一水平的分散程度的度量，例如 1%的情况和通常 99%的置信水平。另外，VAR 不能描述左尾的损失程度。例如像期权空头头寸的金融工具可能会产生不经常发生但一旦发生却是极端的损失。为了观察这些风险，超过 VAR 的损失分布同样必须进行考虑。

16.4.3 映射的问题

另外，就像我们在本章中看到的那样，VAR 系统的使用通常需要简化，将头寸映射到选定的风险因子上。因此，风险经理应当意识到他们的风险系统的缺陷。

在从 2007 年开始的信用危机中，许多银行的风险管理系统都失效了。一些银行遭受了比它们预测的更为频繁和情况更坏的损失。例如仅仅在 2007 年，瑞银就在抵押债券上遭受了 190 亿美元的损失。瑞银遭受的异常损失为 29 个，这比 VAR 系统的 2 或 3 个异常损失（250 天的 1%）严重得多。[①] 注意到这也同样

---

① 对风险管理缺点的透彻解释，参见 *Shareholder Report on UBS's Write-Downs* (April 2008)。

是压力测试的局限。

除了所有金融市场高波动率的影响外，许多银行经历了来自于次级抵押债券支持的AAA级别的高级层次债券的大量损失。我们将会在第23章看到，这些模型结构都相当复杂，因为需要估计联合违约概率。投资于高级层次债券可以视为卖出虚值看跌期权，就像我们已经看到的，其涉及非线性的支付。只要房地产市场持续向上，次级债券的违约概率就相对较低并且高级层次债券非常安全，没有价格的波动。然而，当房地产市场急剧崩溃时，看跌期权变为实值期权，这导致了高级层次债券的大量损失。当然，这些变动都没有在最近的历史数据中出现，这不仅因为房地产市场保持了持续的上升势头而且因为这些证券的非线性特性。

一些银行简单地将高级层次债券映射到AAA级别的公司债券曲线上，而没有对它们的复杂性建模。这忽略了这些证券的非线性特性并且对信用评级持有盲目的信心。在这种情况下，映射过程就出现错误并且无法给出将要发生的风险的警告信号。

16.4.4 近期历史数据的依赖性

传统的VAR模型的应用，例如历史模拟法，会涉及**变动窗口**（moving window）。窗口的选择涉及使用较长的窗口还是较短的窗口之间的平衡。使用较长的窗口，估计将更加准确和稳定，使用较短的窗口，当市场变化时或次序数据不存在时将更加合适。

然而，变动窗口的效用搅乱了VAR度量变化的解释。变化可以归因于头寸的变化或者变动窗口的变化，或者两者全部变化。①

越短的窗口会使VAR数值波动更剧烈。通常情况下，大部分银行使用短期窗口，最多为1～3年的历史数据。在金融市场的稳定期之后，这些窗口可能会低估未来的风险，就像我们在图12.5所解释的例子一样。

这是传统的VAR模型为什么需要压力测试并把它作为其一部分的原因。的确，就像我们将要在第28章解释的那样，巴塞尔委员会已经在抵御市场风险的资本要求中增加了**压力VAR**（stressed VAR）。这仍然是基于当前的头寸情况，但是使用的是风险因子的固定冲击。

16.4.5 周期性

一个相关的问题是杠杆和使用风险敏感性度量的投资组合管理的结合。风险呈现出周期性变动。经济扩张期呈现出低信用价差和风险因子的低波动率。这是因为基础资产的波动率在经济扩张期很低，同样因为低的违约率和低的风险回

① 这可以通过以下方法解决。我们从两个VAR度量开始。第一个是以前的VAR，使用以前的头寸和风险集合。第二个是当前的头寸和风险集合。可以通过使用当前的头寸和风险集合增加一个新的VAR度量来解决问题。和以前的VAR的不同之处在于它完全反映了头寸的变化情况。

归。相反，经济萧条期呈现出高信用价差和高波动率。不可避免地，我们将经历商业周期和伴随而来的波动率周期。

一个好的风险敏感性度量系统将反映出这个波动率情况并给出合适的高风险和低风险预警期。然而，在一些情况中，这个信息可以用来决定投资组合的**杠杆**（leverage）数量。如果他们具有一个固定的波动率目标，低波动率时期会引诱交易者增加杠杆。

例如，假设一个基金经理具有一个固定的波动率目标 $\bar{\sigma}=10\%$。这个经理拥有一个资产上的单独头寸，该头寸的波动率随时间变化。当前，$\sigma_t=5\%$。该基金经理可以提高资产的杠杆 $l=2$ 以达到波动率的目标。然而，如果资产波动率上升为 $\sigma_t=10\%$，该投资组合基金经理将被迫将杠杆从 $l=2$ 降低到 $l=1$，这涉及了出售一半的投资组合。

因此，一个波动率的持续增加将迫使交易者、对冲基金和银行降低账面资产。这个过程在它们持续遭受损失时将放大。风险敏感性度量和杠杆的结合将产生**顺周期效应**（procyclical effect）。更一般地，这描述了经济或者金融动荡的扩大。这是一个对银行监管者的主要问题，就像我们将要在第 28 章看到的那样。这种两难的处境是由风险敏感性越强自我周期性越强的规律造成的。

另一个例子是交易所在交易时保证金的设定，例如期货合约。这些保证金是用来保护清算所在客户违约事件中的损失。它们通常基于高置信水平下的每日 VAR 度量。例如，通常名义价值为 100 000 美元的头寸初始保证金比率为 $m=5\%$，这允许 $l=1/m=20$ 的杠杆。在波动率增加时，交易所可以增加它们的保证金。这是非常谨慎的。然而，这就迫使客户在无法追加更高保证金时变现他们的头寸。

同样地，银行或主要经纪商使用**逆回购协议**（reverse repurchase agreement）来对其他银行和资产经理提供融资。在这个协议下，客户出售给银行证券以获得证券价值减去**折扣**（haircut）的现金数量。事实上，这个折扣和保证金或缓释器的作用一样，保护银行由于客户违约带来的损失。表 16.2 展示了在信用危机期间折扣的急剧上升。即使是国债这种信用等级最高、流动性最好的资产，折扣也从 0.25%变成 3%。对于流动性不好的资产，折扣变为 100%，意味着银行不愿意接受这些资产作为抵押物。

表 16.2　　　　通常的折扣（%）

证券	2007 年 4 月	2008 年 8 月
美国国债	0.25	3
投资级别的债券	0～3	8～12
投机级别的债券	10～15	25～40
优质杠杆贷款	10～12	15～20
优先级 MBS	2～4	10～20
资产抵押 CDO，AAA	2～4	95
资产抵押 CDO，股权	50	100

资料来源：Joint FSF-CGFS Working Group，*The Role of Valuation and Leverage in Procyclicality* (Basel：Bank for International Settlements，2009).

这是一个银行的谨慎风险管理实务，它不想保有没有价值和没有市场的证券。然而，同时这些实际操作在 2007 年恐慌中使得去杠杆化的压力进一步恶化。①

16.4.6 拥挤交易

另一个风险管理模型的主要局限是它们基本假设公司是价格承受者。风险度量很少考虑公司投资组合变现时的价格冲击。更糟的是，它们没有考虑其他交易者在同一时刻被迫出售同样头寸的可能性，因为其他头寸是非公开的。交易者或资产经理同时出售同样的资产有时被称为**羊群效应**（herding）。交易者受到这种效应的影响称为**拥挤交易**（crowded trade）。②

16.5 例 子

16.5.1 盯 市

现在我们举一个简单的例子来说明 VAR 的计算。现在的问题是估计一个外汇远期的每日下行风险。我们会说明为了计算 VAR 我们首先需要对投资组合估值，将投资组合价值映射到基本风险因子上，然后生成这些风险因子的变动，最后把估值模型与风险因子结合起来，模拟合约价值的变动。

假设在 1998 年 12 月 31 日，我们有一个 3 个月后购买 1 000 万英镑兑换 1 650万美元的远期合约。

与以前一样，我们使用如下定义：

S_t＝以美元计价的英镑即期价格
F_t＝当前的远期价格
K＝合约中的购买价格
f_t＝合约的当前价值
r_t＝国内无风险利率
r_t^*＝国外无风险利率
τ＝到期时间

为了与国际外汇市场保持一致，我们使用离散复利定义现值因子：

---

① G. Gorton，"The Panic of 2007"（working paper，Yale School of Management，2008）.

② 注意到拥挤交易需要一个特殊情况下的市场环境。一群交易者或者基金必须进行杠杆交易并且持有相同的多头或空头头寸。另外，很难确定羊群效应的驱动因子，因为交易行为通常由新消息触发而不是其他基金的抛售。

$$P_t=PV(\$1)=\frac{1}{1+r_t\tau},P_t^*=PV(\$1)=\frac{1}{1+r_t^*\tau} \tag{16.29}$$

购买1英镑的一个远期合约的市场价值如下：

$$f_t=S_t\frac{1}{1+r_t^*\tau}-K\frac{1}{1+r_t\tau}=S_tP_t^*-KP_t \tag{16.30}$$

它受到即期汇率和两个利率这3个风险因子的影响。此外，我们可以使用这个公式得到风险因子的暴露。经过微分后，我们得到：

$$\mathrm{d}f=\frac{\partial f}{\partial S}\mathrm{d}S+\frac{\partial f}{\partial P^*}\mathrm{d}P^*+\frac{\partial f}{\partial P}\mathrm{d}P=P^*\mathrm{d}S+S\mathrm{d}P^*-K\mathrm{d}P \tag{16.31}$$

也可以写成：

$$\mathrm{d}f=(SP^*)\frac{\mathrm{d}S}{S}+(SP^*)\frac{\mathrm{d}P^*}{P^*}-(KP)\frac{\mathrm{d}P}{P} \tag{16.32}$$

直观来看，远期合约等同于：

1. 即期汇率的多头头寸 SP^*。
2. 国外现金的多头头寸 SP^*。
3. 国内现金的空头头寸 KP。

现在我们可以对我们这个合约按市值计算。如果 Q 代表数量，1 000万英镑，我们合约的当前市场价值为：

$$V_t=Qf_t=\$10\,000\,000S_t\frac{1}{1+r_t^*\tau}-\$16\,500\,000\frac{1}{1+r_t\tau} \tag{16.33}$$

在评估日，我们有 $S_t=1.663\,7$，$r_t=4.937\,5\%$，$r_t^*=5.968\,8\%$，因此：

$$P_t=\frac{1}{1+r_t\tau}=\frac{1}{(1+4.937\,5\%\times 90/360)}=0.987\,9$$

同样地，$P_t^*=0.985\,4$。合约的当前市场价值为：

$$\begin{aligned}V_t&=\$10\,000\,000\times 1.663\,7\times 0.985\,4-\$16\,500\,000\times 0.987\,9\\&=\$93\,581\end{aligned}$$

它处于略微实值状态。我们将使用这个公式来得到在风险因子不同情况下合约价值的分布。

16.5.2 风险因子

现在我们用最近的100天来代表市场价格变动。表16.3显示了从8月10日开始的最近100个交易日的3个月期汇率和利率。

表 16.3　　历史市场因子

日期	市场因子 美元利率 （3个月期年率）	 英镑利率 （3个月期年率）	 即期汇率 美元/英镑	天数
8/10/1998	5.593 8	7.437 5	1.634 1	
8/11/1998	5.562 5	7.593 8	1.631 5	1
8/12/1998	6.000 0	7.562 5	1.628 7	2
8/13/1998	5.562 5	7.468 8	1.626 7	3
8/14/1998	5.562 5	7.656 2	1.619 1	4
8/17/1998	5.562 5	7.656 2	1.617 7	5
8/18/1998	5.562 5	7.656 2	1.616 5	6
8/19/1998	5.562 5	7.562 5	1.623 9	7
8/20/1998	5.562 5	7.656 2	1.627 7	8
8/21/1998	5.562 5	7.656 2	1.638 7	9
8/24/1998	5.562 5	7.656 2	1.640 7	20
…				
12/15/1998	5.187 5	6.312 5	1.684 9	90
12/16/1998	5.125 0	6.218 8	1.675 9	91
12/17/1998	5.093 8	6.343 8	1.675 5	92
12/18/1998	5.125 0	6.125 0	1.680 1	93
12/21/1998	5.125 0	6.281 2	1.680 7	94
12/22/1998	5.250 0	6.187 5	1.678 9	95
12/23/1998	5.250 0	6.187 5	1.676 9	96
12/24/1998	5.156 2	6.187 5	1.673 7	97
12/29/1998	5.187 5	6.125 0	1.683 5	98
12/30/1998	4.968 8	6.000 0	1.666 7	99
12/31/1998	4.937 5	5.968 8	1.663 7	100

首先我们需要将这些报价转化成真实随机变量，即均值为零并且离散程度保持不变。表 16.4 显示了利率的每日变化 dr，以及相关联的折现因子 dP/P 和即期汇率 dS/S 的相对变化。例如，第一天，

$$dr_1 = 5.562\,5 - 5.593\,8 = -0.031\,3$$
$$dS/S_1 = (1.631\,5 - 1.634\,1)/1.634\,1 = -0.001\,6$$

现在利用这些信息来构造风险因子的分布。

表 16.4　　市场因子的变动

天数	市场因子的变动				
	dr($1)	dr(£1)	dP/P($1)	dP/P(£1)	dS($/£)/$S$
1	−0.031 3	0.156 3	0.000 00	−0.000 46	−0.001 6
2	0.437 5	−0.031 3	−0.001 16	0.000 00	−0.001 7
3	−0.437 5	−0.093 7	0.001 00	0.000 15	−0.001 2
4	0.000 0	0.187 4	−0.000 08	0.000 54	−0.004 7
5	0.000 0	0.000 0	−0.000 08	−0.000 08	−0.000 9
6	0.000 0	0.000 0	−0.000 08	−0.000 08	−0.000 7
7	0.000 0	−0.093 7	−0.000 08	0.000 15	0.004 6
8	0.000 0	0.093 7	−0.000 08	−0.000 31	0.002 3
9	0.000 0	0.000 0	−0.000 08	−0.000 08	0.006 8
10	0.000 0	0.000 0	−0.000 08	−0.000 08	0.001 2
…					
90	0.093 7	0.062 5	−0.000 31	−0.000 23	−0.004 4
91	−0.062 5	−0.093 7	0.000 08	0.000 15	−0.005 3
92	−0.031 2	0.125 0	0.000 00	−0.000 38	−0.000 2
93	0.031 2	0.218 8	−0.000 15	0.000 46	0.002 7
94	0.000 0	0.156 2	−0.000 08	−0.000 46	0.000 4
95	0.125 0	−0.093 7	−0.000 39	0.000 15	−0.001 1
96	0.000 0	0.000 0	−0.000 08	0.000 08	−0.001 2
97	−0.093 8	0.000 0	0.000 15	−0.000 08	−0.001 9
98	0.031 3	−0.062 5	−0.000 15	0.000 08	0.005 9
99	−0.218 7	−0.125 0	0.000 46	0.000 23	−0.010 0
100	−0.031 3	−0.031 2	0.000 00	0.000 00	−0.001 8

16.5.3　VAR：历史模拟法

历史模拟法（historical simulation method）使用风险因子的历史变化来模拟潜在的未来变化。例如，美国利率一个可能的情况是，从当前价值 $r_0=4.9375$ 开始，第二天的变化与 8 月 11 日观测到的相似，降低了 $dr_1=-0.0313$。新的价值为 $r(1)=4.9062$。

我们计算其他变量的模拟值为：

$$r^*(1)=5.9688+0.1563=6.1251$$
$$S(1)=1.6637\times(1-0.0016)=1.6611$$

有了这些新的价值，我们可以对远期合约重新定价，其新的价值为：

$$V_t=\$10\,000\,000\times1.6611\times0.9849-\$16\,500\,000\times0.9879$$
$$=\$59\,941$$

注意到，由于合约多头的英镑出现贬值，因此合约的当前价值相对于初始价值＄93 581降低了。

我们记下这个合约新的当前价值，并对第1天到第100天的所有变化重复这一过程。这就生成了合约价值的一个分布，显示在表16.5中的最后一列。

表16.5　　模拟的市场因子

天数	模拟的市场因子					假想的MTM合约($)
	r($1)	r(£1)	S($/£)	PV($1)	PV(£1)	
1	4.906 2	6.125 1	1.661 1	0.987 9	0.984 9	59 941
2	5.375 0	5.937 5	1.660 8	0.986 7	0.985 4	84 301
3	4.500 0	5.875 1	1.661 7	0.988 9	0.985 5	59 603
4	4.937 5	5.156 2	1.655 9	0.987 8	0.984 8	9 467
5	4.937 5	5.968 8	1.662 3	0.987 8	0.985 3	79 407
6	4.937 5	5.968 8	1.662 5	0.987 8	0.985 3	81 421
7	4.937 5	5.875 1	1.671 3	0.987 8	0.985 5	172 424
8	4.937 5	6.062 5	1.667 6	0.987 8	0.985 1	128 149
9	4.937 5	5.968 8	1.674 9	0.987 8	0.985 3	204 361
10	4.937 5	5.968 8	1.665 7	0.987 8	0.985 3	113 588
…						
90	5.031 2	6.031 3	1.656 4	0.987 6	0.985 1	23 160
91	4.875 0	5.875 1	1.654 8	0.988 0	0.985 5	7 268
92	4.906 3	6.093 8	1.663 3	0.987 9	0.985 0	83 368
93	4.968 7	5.750 0	1.668 3	0.987 7	0.985 8	148 705
94	4.937 5	6.125 0	1.664 3	0.987 8	0.984 9	93 128
95	5.062 5	5.875 1	1.661 9	0.987 5	0.985 5	84 835
96	4.937 5	5.968 8	1.661 7	0.987 8	0.985 3	74 054
97	4.843 7	5.968 8	1.660 5	0.988 0	0.985 3	58 524

续前表

天数	模拟的市场因子					假想的MTM合约（$）
	r（$1）	r（£1）	S（$/£）	PV（$1）	PV（£1）	
98	4.968 8	5.906 3	1.673 4	0.987 7	0.985 4	193 362
99	4.718 8	5.843 8	1.647 1	0.988 3	0.985 6	−73 811
100	4.906 2	5.937 6	1.660 7	0.987 9	0.985 4	64 073
	4.937 5	**5.968 8**	**1.663 7**	**0.987 9**	**0.985 4**	**93 581**

最后一步是对合约价值排序，如表 16.6 所示。假设我们想计算出相对于初始值（不是相对于目标日期的均值）的 VAR。表中最后一列给出了投资组合价值的变化，也就是 $V(k)-V_0$。这些变化的范围从 $200 752 的损失到 $280 074 的收益。

表 16.6　投资组合价值的分布

天数	排序后的值（$）	
	假想 MTM	MTM 的变化
1	−107 171	−200 752
2	−73 811	−167 392
3	−46 294	−139 875
4	−37 357	−130 938
5	−33 651	−127 232
6	−22 304	−115 885
7	−11 694	−105 275
8	7 268	−86 313
9	9 467	−84 114
10	13 744	−79 837
…		
90	193 362	99 781
91	194 405	100 824
92	204 361	110 780
93	221 097	127 515
94	225 101	131 520

续前表

天数	排序后的值（$）	
	假想 MTM	MTM 的变化
95	228 272	134 691
96	233 479	139 897
97	241 007	147 426
98	279 672	186 091
99	297 028	203 447
100	373 655	280 074

现在我们可以通过远期合约的完全分布描述其风险特征，如图 16.3 所示。VAR 的目的是给出单一的数值作为下行风险度量。例如，我们取 95%的分位数。从表 16.6 中，我们选取 100 个数据中的第 5 个最低值，为 $127 232。忽略均值，95%的 VAR 为 $VAR_{HS}=\$127\ 232$。

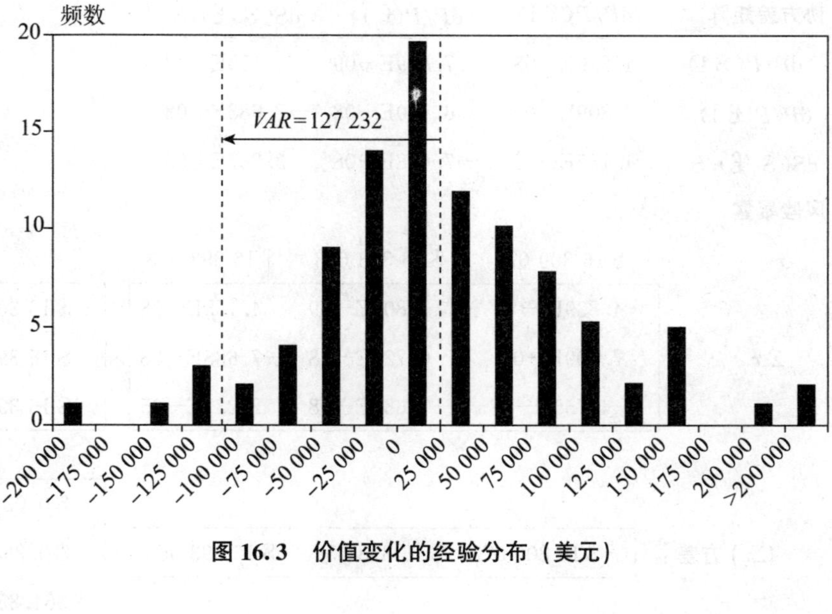

图 16.3　价值变化的经验分布（美元）

16.5.4　VAR：delta－正态方法

delta-正态（delta-normal）方法使用了不同的方法来构造投资组合价值的分布。我们假定 3 个风险因子（dS/S）、（dP/P）和（dP^*/P^*）是服从联合正态分布的。

我们可以将公式（16.32）写为：

$$df=(SP^*)\frac{dS}{S}+(SP^*)\frac{dP^*}{P^*}-(KP)\frac{dP}{P}=x_1 dz_1+x_2 dz_2+x_3 dz_3 \quad (16.34)$$

式中 dz 是正态变量，x 是风险暴露。

定义 Σ 为 dz 的 3×3 协方差矩阵，x 为风险暴露向量。我们利用 $\sigma^2(df)=x'\Sigma x$ 计算 VAR。表 16.7 详细展示了计算步骤。首先，我们计算这 3 个风险因子的协方差矩阵。表中顶部给出了每日收益率的标准差以及相关系数。利用这些数据，我们构造协方差矩阵。

表 16.7　协方差矩阵方法

	dP/P($1)	dP/P(£1)	dS($/£)/S
标准差	0.022%	0.026%	0.473%
相关系数矩阵	dP/P($1)	dP/P(£1)	dS($/£)/S
Σ　dP/P($1)	1.000	0.137	0.040
dP/P(£1)	0.137	1.000	−0.063
dS($/£)/S	0.040	−0.063	1.000
协方差矩阵	dP/P($1)	dP/P(£1)	dS($/£)/S
Σ　dP/P($1)	4.839E−08	7.809E−09	4.155E−08
dP/P(£1)	7.809E−09	6.720E−08	−7.688E−08
dS($/£)/S	4.155E−08	−7.688E−08	2.237E−05
风险暴露			
x'	−$16 300 071	$16 393 653	$16 393 653

$$\Sigma x:\quad \begin{bmatrix} 4.839E-08 & 7.809E-09 & 4.155E-08 \\ 7.809E-09 & 6.720E-08 & -7.688E-08 \\ 4.155E-08 & -7.688E-08 & 2.237E-05 \end{bmatrix} \times \begin{bmatrix} -\$16\,300\,071 \\ \$16\,393\,653 \\ \$16\,393\,653 \end{bmatrix} = \begin{bmatrix} \$0.020 \\ -\$0.286 \\ \$364.852 \end{bmatrix}$$

$$\sigma^2=x'(\Sigma x)\ \text{方差}:\quad \begin{bmatrix} -\$16\,300\,071 & \$16\,393\,653 & \$16\,393\,653 \end{bmatrix} \times \begin{bmatrix} \$0.020 \\ -\$0.268 \\ \$364.852 \end{bmatrix} = \$5\,976\,242\,188$$

σ	标准差	$77 306

接着，表中给出了风险暴露向量 x'。矩阵相乘 Σx 的结果在下一行给出。然后，我们计算 $x'(\Sigma x)$，生成方差。再取平方根，我们得到 $\sigma(df)=\$77\ 306$。最后，我们通过乘以 1.645 转化为 95%的分位数，得到 $VAR_{DN}=\$127\ 169$。

注意到这个数值与我们前面得到的 $127 232 的 VAR_{HS} 十分接近。这表明这些随机变量的分布与正态分布十分接近。事实上，图 16.3 中的经验分布粗略看起来很像一个正态分布。拟合的分布显示在图 16.4 中。

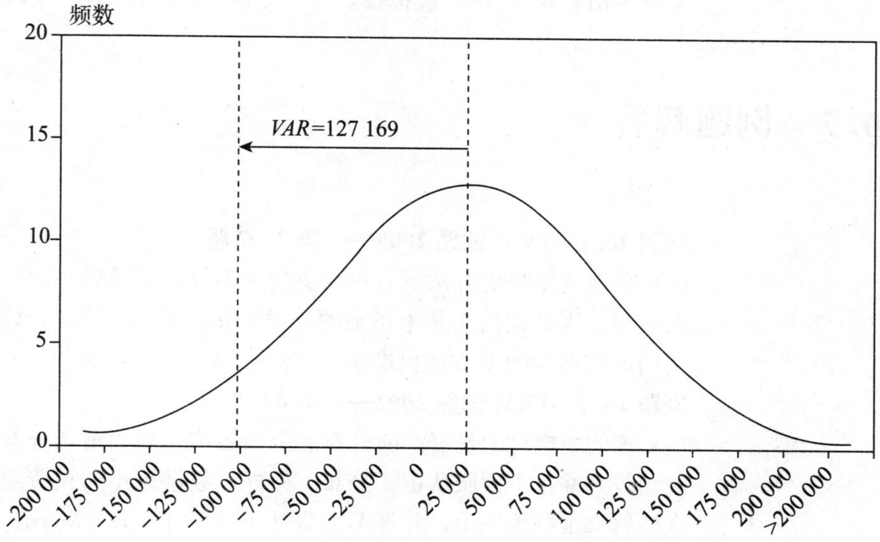

图 16.4　价值变化的正态分布（美元）

例题 16.10　FRM 试题 2008——第 2-35 题

一个交易账户由下面两种资产构成，相关系数为 0.2。

资产	期望收益率	年度波动率	价值
A	10%	25%	$100
B	20%	20%	$50

如果该银行出售价值 $50 的 A 并且购买价值 $50 美元的 B，99%置信水平下的每日 VAR 变化多少？假设服从正态分布并且一年的交易日是 250 天。

(a) 0.228 6。

(b) 0.457 1。

(c) 0.770 5。

(d) 0.779 8。

16.6　重要公式

联合分布分解成边缘分布和它的 copula（Sklar 定理）：$f_{12}(x_1, x_2)=f_1(x_1)\times f_2(x_2)\times c_{12}[F_1(x_1), F_2(x_2); \theta]$

Delta-正态 VAR：$VAR=\alpha\sigma(R_{p,t+1})$，$\sigma^2(R_{p,t+1})=x_t'\Sigma_{t+1}x_t$

历史模拟 VAR：模型投资组合分位数，使用 $\Delta f_i^k=\{\Delta f_{i,1}, \Delta f_{i,2}, \cdots, \Delta f_{i,t}\}$

蒙特卡洛模拟 VAR：模拟投资组合分位数，使用 $\Delta f^k \sim g(\theta)$

16.7 例题解答

例题 16.1 FRM 试题 2009——第 2-7 题

(c) 在现金流映射方法下，每次支付（不仅仅是最后一次）和不同的风险因子联系起来，因此说法Ⅰ是不正确的。说法Ⅱ也是不正确的，因为现金流映射方法比久期或成熟期映射方法更准确。

例题 16.2 FRM 试题 2002——第 44 题

(a) 该问题应对的是资产的分布和分散效应。新兴市场证券与成熟市场指数相比波动较大并且不太服从正态分布。另外，数量较小的投资组合也不太可能通过建立映射来很好地表示，并且不太服从正态分布。RiskMetrics 方法假设分布是正态的并且利用映射进行简化。这对于数量较大的服从正态分布的证券组合较为合适，这是选项 d 的情况。选项 a 描述的是最不分散的投资组合，使用历史模拟法最好。

例题 16.3 FRM 试题 2007——第 11 题

(c) 选项 a 不正确，因为它只考虑了投资组合的 β 值，它是零，因此它可能错误地得出没有风险的结论。选项 b 虽然较好但是却没有考虑 IPO 股票头寸的风险，因为它们没有历史。选项 d 不会产生真实的数据，因为时间期限太短。最好的解决方案是将 IPO 股票头寸用暴露于行业风险因子的风险暴露进行替代。

例题 16.4 FRM 试题 2009——第 2-9 题

(d) 相关性非常关键，因此说法Ⅰ是正确的。通常的皮尔逊相关系数是相关性的线性度量，因此说法Ⅲ是正确的。说法Ⅳ也是正确的。对于说法Ⅱ，相关系数的确在市场压力时期发生变化，但是不清楚长期相关系数的偏差是向上还是向下。同样，对投资组合风险的效用取决于头寸。因此，没有足够的证据支持说法Ⅱ。

例题 16.5 FRM 试题 2004——第 51 题

(d) 因为投资组合含有期权，基于完全重新定价的方法 a 和 c 是比较合适的。接下来，我们回忆技术型股票在 2000 年 3 月之前的大涨。从 1996 年到 1999 年，NASDAQ 指数从 1 300 上升到 4 000。这产生了收益率序列的正漂移。因此，对漂移没有任何调整的历史模拟法将使得模拟的收益率有上升的趋势偏差，因此会低估 VAR。

例题 16.6 FRM 试题 2006——第 114 题

(c) delta-正态方法对非线性的支付估计不准确，因此选项 a 是错误的。同样地，该方法也不能对 delta 变动的期权进行恰当的风险度量，也就是对于平值期权，因此选项 b 和 d 是错误的。

例题 16.7 FRM 试题 2005——第 94 题

(a) 完全估值方法对于期权投资组合的估计更为准确，因此选项 b 和 d 是正确的。delta-正态方法当分布为肥尾时会低估风险，因此选项 c 是正确的。选项 a 是错误的。delta-正态方法对具有期权头寸或者动态复制的投资组合估计较差。

例题 16.8　FRM 试题 2005——第 128 题

(a) 这种方法在 3 年时期中估计了平均波动率，忽略了季节性。结果，如果条件波动率在冬季较高，该方法就会低估真实风险，对夏季正好相反。

例题 16.9　FRM 试题 2004——第 30 题

(b) 初始投资组合的方差为 1 600，波动率为 40。新投资组合的方差为 $3^2\times100+1^2\times225+2\times53.2\times3\times1=1\ 444$，波动率为 38，降低了 5%。

例题 16.10　FRM 试题 2008——第 2-35 题

(b) 我们首先计算当前投资组合的方差，为 $(100\times0.25)^2+(50\times0.20)^2+2\times0.2(100\times0.25)(50\times0.20)=825$。VAR 为 $\sqrt{825}\times2.33/\sqrt{250}=4.226$。新的投资组合的头寸价值分别为＄50 和＄100，方差为 $(50\times0.25)^2+(100\times0.20)^2+2\times0.2(50\times0.25)(100\times0.20)=656.25$，VAR 为 3.769，差值为－0.457。新的 VAR 比较低，因为 B 资产具有更多的权重，而它的波动率较低。同样注意到期望收益率是不相关的。

附录　协方差矩阵的简化

本附录介绍对角模型如何应用到协方差矩阵的简化中，这对于解析风险模型非常有用。假设我们有 $N=100$ 个资产。这意味着协方差矩阵有 $N(N+1)/2=5\ 050$个不同的元素。我们从一元模型开始，即公式（16.1）：

$$R_i=\alpha_i+\beta_i\times R_M+\varepsilon_i \tag{16.35}$$

接下来，我们可以算出两个股票的协方差：

$$Cov[R_i, R_j]=Cov[\beta_i R_M+\varepsilon_i, \beta_j R_M+\varepsilon_j]=\beta_i\beta_j\sigma_M^2 \tag{16.36}$$

利用残差项之间以及其与市场之间线性无关的假设，我们还可以得到股票的方差：

$$Cov[R_i, R_j]=\beta_i^2\sigma_M^2+\sigma_{\varepsilon,i}^2 \tag{16.37}$$

协方差矩阵为：

$$\Sigma=\begin{bmatrix}\beta_1^2\sigma_M^2+\sigma_{\varepsilon,1}^2 & \beta_1\beta_2\sigma_M^2 & \cdots & \beta_1\beta_N\sigma_M^2\\ \vdots & & & \vdots\\ \beta_N\beta_1\sigma_M^2 & \beta_N\beta_2\sigma_M^2 & \cdots & \beta_N^2\sigma_M^2+\sigma_{\varepsilon,N}^2\end{bmatrix}$$

这一矩阵还可以写成：

$$\Sigma=\begin{bmatrix}\beta_2\\ \vdots\\ \beta_N\end{bmatrix}[\beta_1\cdots\beta_N]\sigma_M^2+\begin{bmatrix}\sigma_{\varepsilon,1}^2 & \cdots & 0\\ \vdots & & \vdots\\ 0 & \cdots & \sigma_{\varepsilon,N}^2\end{bmatrix}$$

利用矩阵的符号，我们有：

$$\Sigma=\beta\beta'\sigma_M^2+D_\varepsilon \qquad (16.38)$$

这由含有 N 个元素的向量 β，含有 N 个元素的对角矩阵 D_ε，再加上市场本身的方差组成。对角模型将参数的数量从 $N\times(N+1)/2$ 减少到 $2N+1$，这是一个相当大的进步。例如，对于 100 个资产的市场组合来说，参数数量从 5 050 个减少到 201 个。

具有权重 w_i 的投资组合的方差为：

$$\sigma_p^2=w'\Sigma w=(w'\beta)^2\sigma_M^2+w_i{}'D_\varepsilon w \qquad (16.39)$$

这取决于投资组合的贝塔 $\beta_p=w'\beta$ 和残差项的方差，如果投资组合充分分散，残差项的方差应该很小。

总之，这个对角模型极大地简化了股票投资组合的风险结构。风险经理可以集中管理投资组合的整体市场风险和控制单个股票较为集中的风险。

上述单因子模型也许会忽略这些股票中的一些共同的影响因素，例如工业的影响。考虑到这一点，式（16.35）可以一般化成 K 因子模型：

$$R_i=\alpha_i+\beta_{i1}y_1+\cdots+\beta_{iK}y_K+\varepsilon_i \qquad (16.40)$$

这里，y_1，…，y_K 是因子。为简化起见，我们假设这些因子之间互相独立。式（16.38）的协方差公式可以写成：

$$\Sigma=\beta_1\beta_1'\sigma_1^2+\cdots+\beta_K\beta_K'\sigma_K^2+D_\varepsilon \qquad (16.41)$$

参数的数量为（$N\times K+K+N$）。例如，对于 100 个资产来说，五因子模型中涉及的参数数量为 605，这比未加限制的模型所涉及的 5 050 这一参数数量少很多。同样，投资组合风险可以通过管理投资组合暴露于风险因子 $\beta_{p,1}$，…，$\beta_{p,K}$ 的风险暴露来控制。

第 17 章　管理波动率风险*

期权是一个非线性金融工具，它的价值取决于波动率参数。因此期权交易涉及波动率和标的资产价格方向的交易。前面的章节已经介绍了布莱克-斯科尔斯定价公式以及期权的偏导数。本章将介绍涉及波动率交易的更高级模型。

17.1 节解释了隐含波动率如何从期权市场价格中得到。一个著名的例子是波动率指数（VIX），它是美国股票隐含波动率的度量，被广泛视为通用的度量。更一般地，VIX 可以扩展到不同的期限和执行价格，这产生了隐含波动率平面的概念。期权投资组合给风险管理带来了特殊的挑战。复杂的投资组合需要对所有标的风险因子的整个波动率平面进行建模，这是一个复杂的过程。

在投资组合的水平上，波动率的比较产生了平均相关系数的概念，它在 17.2 节进行介绍。接下来，17.3 节介绍了价值直接决定于实际方差或者相关系数的衍生品合约。17.4 节接着转向动态对冲的解释。风险经理需要具有对这些对冲策略很好的理解，因为它们对许多主动型交易策略提供重要的指引。

最后，17.5 节分析了可转换债券和权证。它们和普通的股票期权具有区别，

---

* FRM 考试第二部分的主题。读者可参见第 8 章，该章介绍了期权及其定价，尤其是奇异期权。此外，第 14 章讨论了偏导数或希腊字母。

执行它们的时候会产生新的股份。可转换债券的交易是对冲基金广泛使用的行为。

17.1 隐含波动率

17.1.1 定　义

我们可以将一个衍生品的价值写成一个关于标的资产和其他参数的函数：

$$f_t=f(S_t,r_t,r_t^*,\sigma_t,K,\tau) \tag{17.1}$$

式中，S_t 为标的资产的现货价格，r_t 和 r^* 分别表示国内的无风险利率和资产的收益率。合约规定执行价格为 K 以及距离到期日的时间为 τ。例如，一个欧式看涨期权的布莱克-斯科尔斯模型为：

$$c=Se^{-r^*\tau}N(d_1)-Ke^{-r\tau}N(d_2) \tag{17.2}$$

所有的参数都是可以观测到的，除了标的资产价值在期权期限内的波动率 σ_t。在这个参数已知的情况下就可以计算期权的理论价值。

同样地，我们可以反解这个模型。如果我们观察一个期权的市场价格 c_t，我们就可以解出波动率并将模型价格设置成与市场价格相等。此时我们得到的波动率称为**隐含波动率**（implied standard deviation，ISD）。利用下面的估值公式：

$$ISD_t=f^{-1}(c_t,\ S_t,\ r_t,\ r_t^*,\ K,\ \tau) \tag{17.3}$$

由于函数是非线性的，求解 ISD 需要利用数值计算过程，例如**牛顿-拉弗森方法**（Newton-Raphson method）。这个方法是求解收敛到真实结果的相对 ISD 的偏导数的最优化过程，计算速度相当快。

事实上，许多市场直接用 ISD 报价来代替溢价。溢价需要应用在实际交易中，它可以由标准定价模型推导出来。[①] 交易者更喜欢用波动率报价，而不是用溢价报价。它和用到期收益率来为债券报价的传统一样，因为这样可以更简单地在不同的期限和证券之间进行比较。

ISD 反映了市场对于资产波动率的观点。但是要记住，BS 公式的假设前提是风险中性。因此 ISD 是一个风险中性波动率，可能和实际或者客观波动率不一样。所以，ISD 在对资产价格的预测中需要进行一些调整。

同样地，$N(d_2)$ 反映的是执行看涨期权的风险中性概率。这对两值期权的定价非常有用，例如，对于一个在到期时 S 大于 K 的情况下支付 Q 的两值期权，它的价值为 $c=Qe^{-r\tau}N(d_2)$。而实际中的执行概率可能不同。

---

① 对于欧式期权，布莱克-斯科尔斯公式是标准的。对于美式期权，交易时可以使用惠利定价公式，它提供了对风险溢价的二阶有效近似。

即使这样，出于风险管理的目的，ISD 还是非常重要的。为了预测未来期权的价值，我们需要同样预测隐含波动率。因此 ISD 是一个度量期权风险时主要的风险因子。

17.1.2 VIX

波动率参数的变动是一类风险因子。图 17.1 展示了标准普尔 500 股票指数在不同时刻的隐含波动率，也称为**波动率指数**（Volatility Index，VIX）。隐含波动率是由标准普尔 500 股票指数的近期平值期权市场价格推导出的，由芝加哥期权交易所计算。[①] VIX 指数有时称为**恐惧指数**（fear index），因为它代表了风险厌恶程度的加总度量。

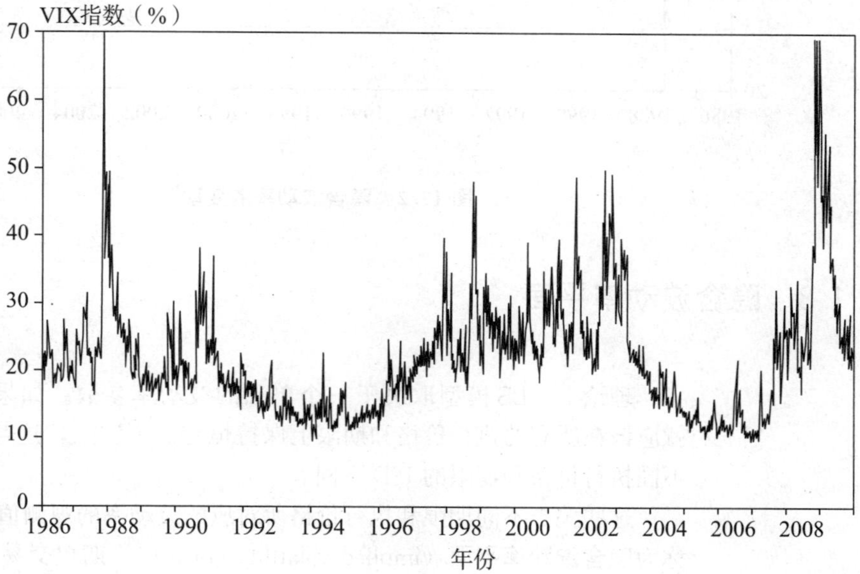

图 17.1　VIX：隐含波动率

在整个时间段内，VIX 指数的平均值为 21%，VIX 的日波动率为 2.4%。[②] 假设服从正态分布以简化处理，这意味着每日的变动应该在正负 5%之内，如图 17.2 所示。

然而，VIX 远远不服从正态分布，它的分布随着不确定性的增加而变得陡峭。特别地，在 1987 年 10 月股市崩盘、1998 年长期资本管理公司（LTCM）危机、2001 年世贸中心遇袭、2000—2002 年大熊市探底和 2008 年信用危机加剧时，VIX 都接近或超过 40%。

---

① 2003 年，这个方法发生变化。新的 VIX 指数由基于广泛股票价格的标准普尔 500 股票指数期权得到。该图在这里展示了 VXO，它使用的是 1986 年的旧方法。

② 注意到，由于均值回归效应，每日波动率不能从年度数据外推得到。

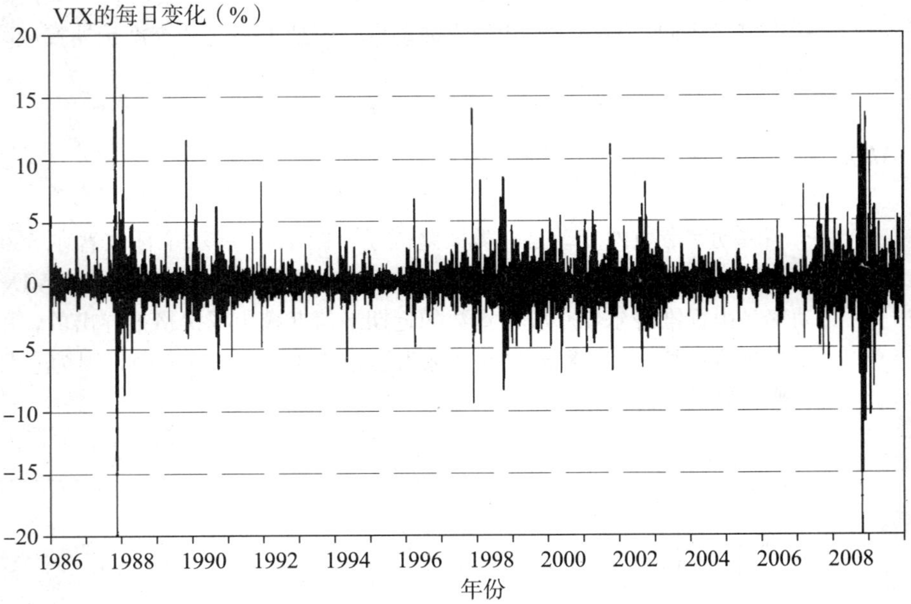

图 17.2　隐含波动率的变动

17.1.3　隐含波动率平面

理论上，BS 模型取决于一个单独的波动率参数。如果模型是正确的，ISD 就应该在所有的执行价格和期限上保持恒定。事实上，这与我们观察的不一致。不同执行价格和期限的 ISD 不同。

这些关于不同期限和执行价格所对应的波动率的观测值在三维图形上的形状称为**隐含波动率平面**（implied volatility surface）。期权交易者经常会关注波动率平面的形状，预测隐含波动率平面的变动。图 17.3 展示了标准普尔 500 股票指数期权的隐含波动率平面。当时，现货价格在 1 130 左右。

ISD 与执行价格的图显示了我们称为**波动率微笑**（volatility smile）的曲线形状，这意味着 ISD 随着 K 的减小和增大而增加。这种效应在许多市场上都能观察到，特别是外汇期权。

对于股指期权，这种效应是非对称的，越小的执行价格对应的 ISD 越高。这种负的效应我们称为**波动率偏态**（volatility skew）。一个波动率偏态有时称为**微笑**（smirk）。换句话说，虚值看跌期权的 ISD 比平值甚至实值看跌期权都高。在 1987 年 10 月股市崩溃以前，这种效应是很微小的，但从那以后就变得显著起来。

另一个特征叫做**波动率期限结构**（term structure of volatility），它是指 ISD 随期限的不同而不同。这是因为期权价格在其期限内包含了许多类型的信息，例如，股票的波动率在发出盈利公告前是有增大的趋势的。在图 17.3 中，$K=$1 000的期限结构是递减的，$K=1\ 200$ 的期限结构是递增的。

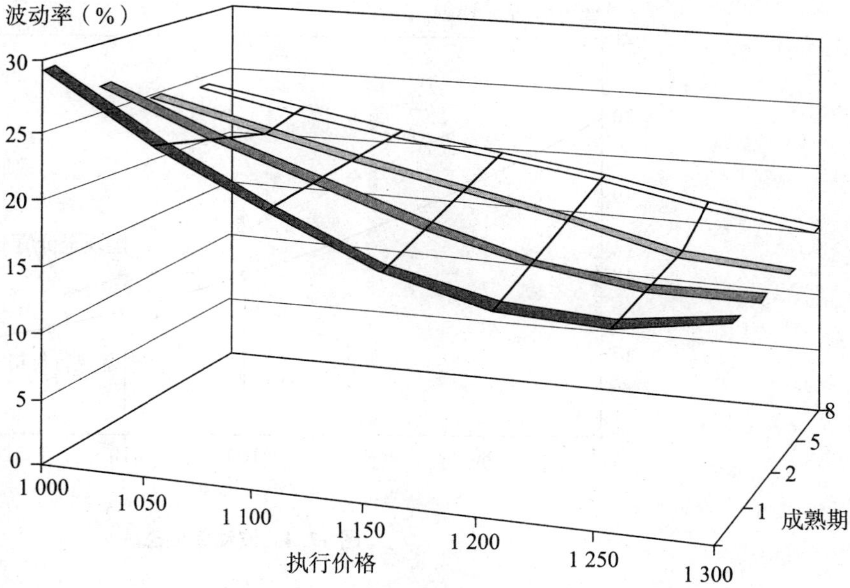

图 17.3　隐含波动率平面

类似利率，波动率可以用即期和远期来度量。定义 $\sigma_\tau^2\tau$ 为当前到未来时刻 τ 期间的总方差。这是即期度量。假设标的风险因子的变动不相关，方差可以简单地随时间相加，不需要进行年化处理。即期度量的组合可以用来定义远期波动率 $\sigma_{1,2}$：

$$\sigma_2^2\times\tau_2=\sigma_1^2\times\tau_1+\sigma_{1,2}^2\times(\tau_2-\tau_1) \tag{17.4}$$

例如，在图 17.3 中，1 个月期和 2 个月期平值期权的波动率分别为 16.5%和 17.8%。相应的方差为 $16.5\%^2\times(1/12)=0.002\ 269$ 和 $17.8\%^2\times(1/12)=0.005\ 287$。1 个月到 2 个月的远期方差为 0.003 018。年化处理并开根号得到 19%。因此市场期望第一个月的年化波动率为 16.5%，第二个月的年化波动率为 19%。一些不确定性预期也许能在第二个月解决，例如这可能反映出盈利期。

17.1.4　波动率平面的预测

为了预测期权的收益，交易者同样需要预测隐含波动率平面的变化。图 17.4 给出了一个关于波动率偏态的例子。ATM 期权的初始 ISD 为 18%，执行价格为 $K=100$。图像显示的是当期权的即期价格从 $S=100$ 变化到 $S=110$ 时 ISD 的变化情况。交易者会在投资期限内关注 ISD 曲线。

在第一种情景（第一条曲线）中，我们称为**随执行价格不变曲线**（sticky strike），曲线不变，ISD 从 18%降为 17.5%。这说明 ISD 曲线没有发生结构性的变化，价格的波动也只是暂时的。在第二种情景（第二条曲线）中，我们称为**随现金价值不变曲线**（sticky moneyness），曲线从左边移动到右边，ISD 仍然为

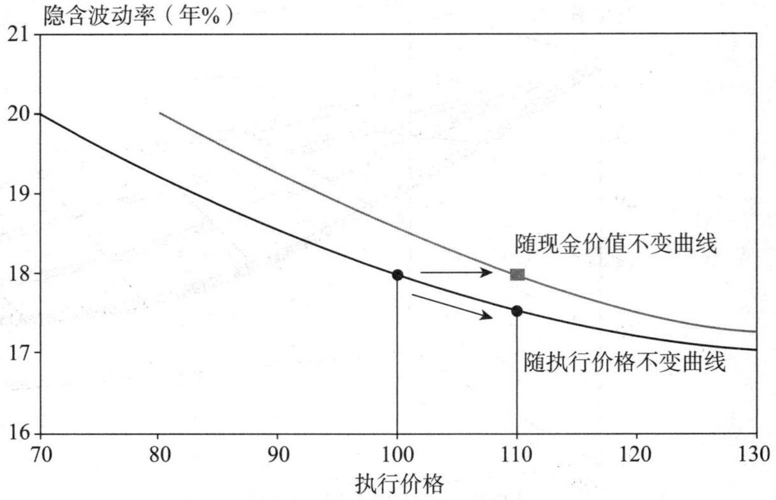

图 17.4　波动率偏态

18%。这说明 ISD 曲线发生了永久的移动。在这些假设下，交易者会计算不同期权策略的收益情况，然后选择最合适的策略。一般来说，隐含波动率是期权交易中的主要风险因子。

例题 17.1　FRM 试题 2008——第 2－11 题

你被指定对一个普通股票期权账户进行盯市。交易员卖空了深度虚值期权并买入了平值期权。所有的期权都具有显著的波动率微笑。交易员的奖金随着他的账面价值增加。你应该用哪种方法对期权账户进行盯市？

(a) 使用虚值期权的隐含波动率，因为这个波动率的估计更加可信。

(b) 使用交易期权数据的平均隐含波动率，因为所有期权根据布莱克-斯科尔斯公式都具有相同的波动率，而你不知道哪一个是正确的。

(c) 对于每个期权，使用市场上和它具有最相似交易期权的隐含波动率。

(d) 使用历史波动率，因为这样可以纠正期权市场的定价错误。

例题 17.2　FRM 试题 2009——第 5－1 题

假设股票期权的隐含波动率展现了波动率偏态并且外汇期权的隐含波动率展现了波动率微笑。下列哪些关于期权价格隐含波动率曲线的说法是正确的？

Ⅰ. 深度虚值股票看跌期权的隐含波动率比深度实值股票看跌期权的高。

Ⅱ. 深度虚值股票看涨期权的隐含波动率比平值股票看涨期权的高。

Ⅲ. 深度实值外汇看涨期权的隐含波动率和深度实值外汇看跌期权的不一样。

Ⅳ. 深度虚值外汇看涨期权的隐含波动率比平值外汇看涨期权的高。

(a) 只有Ⅰ和Ⅲ。

(b) 只有Ⅰ和Ⅳ。

(c) 只有Ⅱ和Ⅲ。

(d) 只有Ⅱ和Ⅳ。

17.2 隐含相关性

17.2.1 定 义

在我们拥有足够多的期权的假设前提下，隐含波动率的定义可以推广到隐含相关性上。首先，我们需要注意标准期权涉及的是用现金交换资产的选择。这是**交换期权**（exchange option）的特例，它包括放弃一项资产（称为 B）来交换另一项资产（称为 A）。这样一个看涨期权的收益为：

$$c_T = \mathrm{Max}(S_T^A - S_T^B, 0) \tag{17.5}$$

式中，S^A 和 S^B 分别为两项资产的即期价格。一些金融工具包括两项资产价值的最大值，它等价于一项资产加交换期权的组合头寸：

$$\mathrm{Max}(S_T^A, S_T^B) = S_T^B + \mathrm{Max}(S_T^A - S_T^B, 0) \tag{17.6}$$

马格拉布（1978）已经证明交换期权的定价公式与基本的布莱克-斯科尔斯定价公式相似，除了 K 用资产 B 的价格 S_B 代替，无风险利率用资产 B 的收益率 q_B 代替。① 两项资产之差的波动率为：

$$\sigma_{AB}^2 = \sigma_A^2 + \sigma_B^2 - 2\rho_{AB}\sigma_A\sigma_B \tag{17.7}$$

交换期权包括相关系数，所以如果我们有三个一组的期权，包括 A、B 和将 B 交换成 A 的期权，我们就可以计算 σ_A、σ_B 和 σ_{AB}。这可以让我们得到相关系数。交换期权的定价公式也被称为**马格拉布模型**（Margrabe model）。

更一般地，这是一个**彩虹期权**（rainbow option）的例子，它是一个暴露于两个或者两个以上不确定资产的期权。例如，**一篮子期权**（option on a basket）的价值取决于两个资产，$S_T^A + S_T^B$，它的波动率取决于隐含相关性 $\sigma_{AB}^2 = \sigma_A^2 + \sigma_B^2 + 2\rho_{AB}\sigma_A\sigma_B$。

17.2.2 汇率隐含相关性

一个直接的应用包括含有 3 种汇率的期权报价。汇率表现为相对于一个基础货币的价值。这一基础货币通常是美元。**交叉汇率**（cross rate）是指除了基础货币以外的两种货币之间的换算汇率。例如，如果 S_1 代表美元/英镑的汇率，S_2

---

① W. Margrabe, "The Value of an Option to Exchange One Asset for Another," *Journal of Finance* 33 (1978): 177-186. See also R. Stulz, "Options on the Minimum or the Maximum of Two Risky Assets: Analysis and Applications," *Journal of Financial Economics* 10 (1982): 161-185.

代表美元/欧元的汇率，那么欧元/英镑的汇率为：

$$S_3(\text{EUR/GBP})=\frac{S_1(\$/\text{GBP})}{S_2(\$/\text{EUR})} \tag{17.8}$$

取对数可以写成：

$$\ln[S_3]=\ln[S_1]-\ln[S_2] \tag{17.9}$$

交叉汇率的波动率可以写成：

$$\sigma_3^2=\sigma_1^2+\sigma_2^2-2\rho_{12}\sigma_1\sigma_2 \tag{17.10}$$

另外，该公式表明我们可以根据这 3 种汇率的波动率推出相关系数 ρ_{12}。

实际中，等式的成立需要满足一些条件。公式（17.8）假设分子分母都是基于相同货币的汇率，这时交叉汇率的对数就是对数的差。如果不是的话，交叉汇率的对数公式就变成了对数的和，公式（17.10）中的负号也要变成正号。

17.2.3 投资组合的平均相关性

资产组合的 ISD 可以通过**平均相关性**（average correlation）和各个部分的 ISD 联系起来。一般情况下，资产组合的方差与单个资产的波动率有如下关系：

$$\sigma_p^2=\sum_{i=1}^{N}w_i^2\sigma_i^2+2\sum_{i=1}^{N}\sum_{j<i}^{N}w_iw_j\rho_{ij}\sigma_i\sigma_j \tag{17.11}$$

假设各个资产之间的相关系数为常数 ρ，那么有：

$$\sigma_p^2=\sum_{i=1}^{N}w_i^2\sigma_i^2+2\sum_{i=1}^{N}\sum_{j<i}^{N}w_iw_j(\rho)\sigma_i\sigma_j \tag{17.12}$$

这个相关系数是 ρ_{ij} 的加权平均。我们根据观测到的资产组合的 ISD，利用公式（17.12）可以计算得到资产组合的隐含相关性。同时该式也可以被应用于计算实际波动率或者隐含波动率。

隐含相关性是资产组合收益分散化的度量。在其他条件相同的情况下，相关系数的增加意味着整个资产组合风险的增加。

可以根据平均相关性的变化来设计交易策略。例如一个**分散交易**（dispersion trade）就是持有一个指数波动率的空头头寸，它可以对冲持有的指数成分股票多头头寸的波动率风险。

例题 17.3　FRM 试题——隐含相关系数

给定下列汇率之间的波动率，JPY/EUR 和 EUR/USD 之间的隐含相关系数是多少？

JPY/USD：8%；JPY/EUR：10%；EUR/USD：6%

(a) 60%。

(b) 30%。

(c) −30%。

（d）-60%。

17.3 波动率互换

波动率互换（variance swap）是基于波动率的远期合约。合约支付计算如下：

$$V_T=(\sigma^2_{t_0,T}-K_V)N \tag{17.13}$$

式中，N 为名义金额数量，σ^2 为合约期限内的波动率，通常如下度量：

$$\sigma^2=\frac{252}{\tau}\sum_{i=1}^{\tau}[\ln(S_i/S_{i-1})]^2 \tag{17.14}$$

式中，K_V 为执行价格或者远期价格。波动率通常的标的资产为股票或股票指数。它们允许直接以波动率进行交易。**相关性互换**（correlation swap）的多头预期会出现高波动率并对其下注。

举个例子，假设一个投资者签订了一份 1 年期的标准普尔 500 股票指数的互换合约，$K_V=(15\%)^2$，名义金额为 $N=\$100\,000/(\text{一个波动率点})^2$。如果到期时波动率为 17%，那么合约多头获得的支付为（$\$100\,000/1^2$）$(17^2-15^2)$ $=\$100\,000(289-225)=\$6\,400\,000$。因此，支付是关于波动率平方的函数。理论上，支付是无限的。[①] 和其他远期合约一样，K_V 的确定使得合约的初始价值为零。事实上，互换的公允执行价格通常引用于 **VIX 指数**（VIX index），它是标准普尔 500 股票指数的波动率互换报价。

一个剩余期限为 $\tau=T-t$ 的波动率互换的市场价值为：

$$V_t=Ne^{-r\tau}[w(\sigma^2_{t_0,t}-K_V)+(1-w)(K_t-K_V)] \tag{17.15}$$

式中，$\sigma^2_{t_0,t}$是从初始时刻 t_0 到当前时刻 t 的波动率，w 是已过去天数的比例，K_t 为当前的远期价格。我们可以证明在初始时刻，$w=0$，V_0 与 K_t-K_V 成比例，它在初始时刻为零。在到期日收敛于公式（17.13）。

类似的还有**相关性交易**（correlation trading）。考虑一个两个股票指数的例子。每一个波动率互换只针对每一个股票指数的波动率进行交易，但两个股票指数的波动率互换就要依赖于两者之间的相关性。在其他条件相等的情况下，越高的相关性会导致越高的组合波动率。相关性交易的多头会购买一份基于股指的波动率互换并卖空相应股指成分股票的波动率互换。[②] 如果相关性增加，多头头寸比空头头寸获利要多，因此最终产生收益。

---

① 实际中，大部分合约的上限都是方差的最大值 m^2K_V。标准差互换也可以使用但并不常见。这是因为波动率互换可以使用期权的组合来相对简单地对冲。对标准差互换却不行。

② 注意到保持头寸的波动率均衡需要比成分互换名义价值之和更大的指数互换。

17.4 动态对冲

布莱克-斯科尔斯公式的推导过程已经向我们演示了如何为期权定价以及如何为期权对冲。或许更重要的是，它告诉了我们，持有一个看涨期权实际上等价于持有一定比例的标的资产，而这个比例则是随着时间动态变化的。

17.4.1 动态期权复制

这种等价关系由图 17.5 给出，它把看涨期权的价格作为当前现货价格的函数。一份看涨期权的多头由标的资产的部分头寸进行复制。对于平值期权来讲，初始的 delta 值就是 0.5。

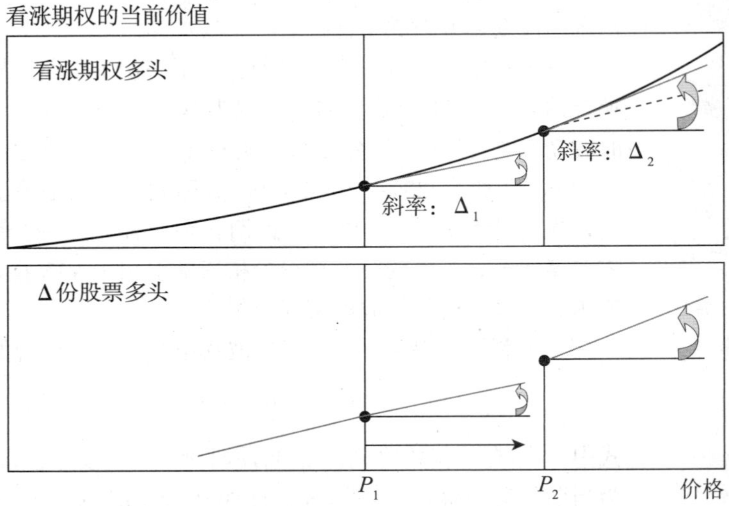

图 17.5 看涨期权的动态复制

当股票价格由 P_1 上升到 P_2，期权曲线的斜率或者说 delta 值也由 Δ_1 上升到 Δ_2。因此，期权可以被一个更大头寸的标的资产复制。相反地，当股票价格下跌，在逐步止损指令下头寸的规模被降低。因此，动态调整将在股票上涨时购买更多的股票，相反地，在下跌时卖出更多的股票。

图 17.6 给出了看跌期权动态的复制过程。由平值期权开始，这时的 Δ 值接近−0.5。当价格 S 上升时，Δ 趋于零。注意这是一个增加的过程，因为初始的 delta 值是负值。对于看跌期权的多头，当它的价格上涨时我们买入更多的资产。相反地，看跌期权的空头会导致相反的操作。期权空头的动态复制要求当价格下降时买入更多的资产。

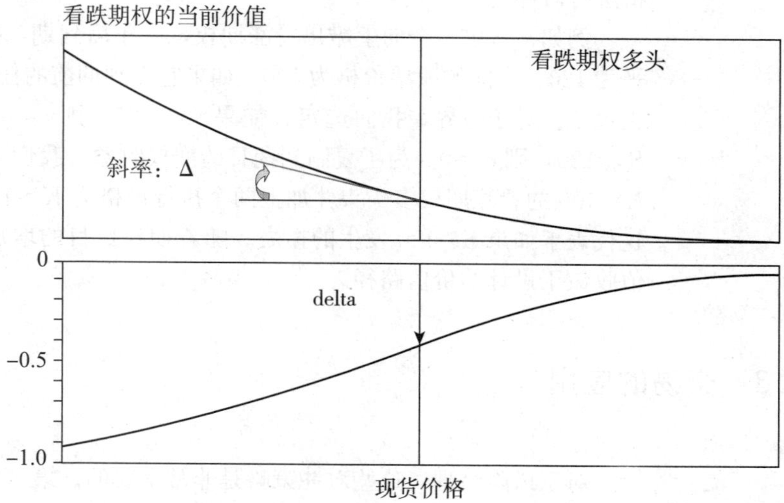

图 17.6　看跌期权的动态复制

传统期权的动态对冲是相对直接的，因为对冲比率变化缓慢。换句话说，gamma 值，或者 delta 的变化，并不是很高。奇异期权的对冲可能更简单或者更困难。

例如，对于亚式期权，对冲就更加简单，因为期权的支付取决于平均价格，这比到期的价格更加稳定。相反，对于不连续的期权，对冲就更加困难。一个例子就是两值期权，它到期时在边界以下支付 0，在边界以上支付 1。这个支付和普通看涨期权的 delta 相同。因此，它们的 delta 和从布莱克-斯科尔斯看涨期权模型得到的 gamma 具有相同的形状。一个高度波动的 delta 使动态对冲更为困难。另一个例子涉及障碍期权，它的 delta 在障碍水平附近高度不稳定。

即使是传统期权，期权复制策略的成功也取决于连续价格的几何布朗运动（GBM）过程的假设。在价格连续运动的前提下，理论上可以通过尽可能频繁的重新平衡得到近似的期权收益。实际上，如果价格经历了突然的跳动，复制就可能失败。如果价格在很短时间间隔中发生了数值很大的跳空缺口，发生在 delta 的多头头寸上的损失就会在 delta 削减之前变得很大。

17.4.2　静态期权复制

前面的部分介绍了期权投资组合如何用标的资产的动态交易进行复制。这在当期权被错误定价或者没有满足设计特征的可交易期权时是很方便进行的。例如，假设投资者希望复制一个两年期看跌期权的多头头寸。这些期权在交易所无法主动交易。或者设计的期权可能是一个更加奇异的期权。

另一个复制的方法是使用不经常重新平衡的期权投资组合。**静态对冲**（static replication）是通过匹配目标期权和具有不同选定边界及日期的期权组合的价值进行对冲的。

例如，考虑一个向上敲出看涨期权，一年后到期，执行价格为 100，障碍水平为 120。当前的股票价格为 100。如果它在到期前的任何时刻击穿 120，期权就失效了。对于边界，我们选定，如果$S_T<120$，则 $c_T=\text{Max}(S_T-K, 0)$，如果$S_t\geqslant 120$，则 $c_t=0$。为了复制到期日的期权收益，我们可以选择一个执行价格为$K=100$ 的看涨期权多头头寸加上两个执行价格为 $K=120$ 的看涨期权空头头寸，这代表了如果 $S>120$ 发生的损失。随着期权数目的增加，复制的投资组合的价值收敛于设计的价值路径。

17.4.3 交易的应用

对于风险经理，这些对冲策略是非常重要的。第一，动态地复制期权多头头寸注定赔钱，因为它总是在价格上涨以后买入资产，换句话说就是太迟了。每笔交易都损失了少量的钱，这些损失加起来恰好等于期权的费用。然而，注意这个期权费是由期限范围内的实际波动率决定的，而不是隐含波动率。

> **重要概念**
>
> 动态地复制期权多头头寸总是在价格上涨以后买入资产，在价格下跌以后卖出资产。这个过程注定赔钱，这些损失加起来恰好等于期权的费用。期权费是基于实际波动率的，而不是隐含波动率。

考虑下一个策略，卖出期权并且用标的金融工具或者它的期货进行动态对冲。假设交易员卖出一份看涨期权。这产生了负的 delta 值，需要用具有正 delta 值的标的资产头寸进行动态对冲。总体上看，这个投资组合是 delta 中性的。问题是，这个策略是注定盈利还是损失？

这个答案取决于期权的价格。卖出期权锁定了作为隐含波动函数的收入。进行动态对冲将产生作为实际波动率函数的成本。因此，如果隐含波动率趋向大于实际波动率，这个策略一般会产生利润。

的确，这是我们在实际中观测到的。在股票市场中，隐含波动率趋向大于实际波动率。这解释了为什么卖出隐含波动率是对冲基金和其他交易者的一般策略。差别产生的原因是因为隐含波动率是一个风险中性度量，由于风险溢价的存在，它基本不同于实际波动率。

的确，我们可以找到解释这个风险溢价的证据。VIX 和股票市场运动是负相关的。图 17.7 展示了 1990 年到 2009 年的月度收益率。该图具有显著的负斜率，表明当市场下跌时 VIX 趋于向上。在这些情况下，出售 delta 对冲的期权将会产生损失。

因此，我们的 delta 中性投资组合（卖出期权并进行动态对冲）具有负的 beta 值。当股票市场下跌时它将产生损失。这可以解释为什么卖出波动率的交易策略通常会随时间的推移而盈利的原因。这些利润可以简单反映股票溢价的一部分。

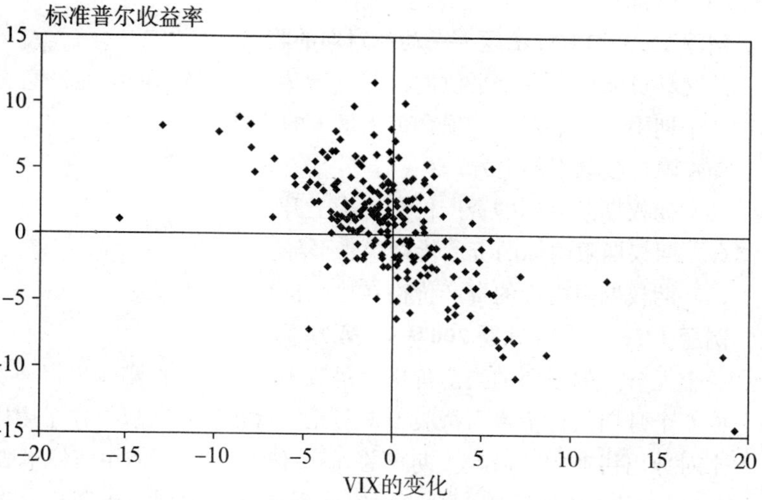

图 17.7　标准普尔股票收益率和 VIX 变化之间的关系

17.4.4　引　申

动态对冲也存在一些问题。这些自动交易策略如果大规模地使用可能会潜在地导致崩盘。价格下跌的时候出售资产只会加速价格的下跌。对于 1987 年的股市崩盘，有种观点就认为，投资组合保险公司在下跌行情中大规模地抛售股票。这一盲目抛售行为复制出看跌期权的多头头寸，从而导致了股市狂跌。[①]

另外，在资产价格下跌时出售资产的策略实际上类似于谨慎的风险管理实践。一般地，交易员在某些头寸引发重大损失后必须削减这些头寸。这类似于当 S 下降时降低 Δ 值。因此，止损策略同期权的多头头寸有类似之处。它们都具有正的 gamma 值、发生较大损失的低可能性以及正的偏度。

例题 17.4　FRM 试题 2009——第 4-25 题

你是一个银行负责衍生品交易的风险经理。一个交易员出售了 300 份看涨期权合约，每份合约基于 100 股日产汽车公司的股票，90 天后到期，执行价格为 1.8 美元。相对于一股的期权 delta 为 0.6。你已经通过购买 18 000 股标的股票对期权的风险暴露进行对冲。第二天，股票价格下跌并且期权的 delta 下降为 0.54。为了保持期权的对冲，你应该

(a) 购买 1 800 股日产汽车公司股票。

(b) 出售 1 800 股日产汽车公司股票。

(c) 购买 1 080 股日产汽车公司股票。

---

① 然而，关于投资组合保险的确切规则仍然在热论之中。另一些观点认为市场崩盘在下降的市场结构中会进一步放大（例如，在正常交易量下无法成交股票时会导致额外的不确定性）。

(d) 出售 1 080 股日产汽车公司股票。

例题 17.5　FRM 试题——动态对冲的收益

某交易员购买了一个平值期权并且希望对它进行 delta 对冲直至到期。在期权的整个期限内，下列哪一项会带来最大的收益?

(a) 隐含波动率的上升。

(b) 期权期限内标的资产价格稳步上升。

(c) 期权期限内标的资产价格稳步下降。

(d) 期权期限内标的资产价格在执行价格上下波动。

例题 17.6　FRM 试题 2004——第 26 题

一个无分红的股票的当前价格为每股 100 美元。你刚刚出售一份基于 100 股股票的 6 个月期执行价格为每股 101 美元的欧式看涨期权。你希望用动态对冲的计划来对冲出售期权的风险。期权的 delta 值为 0.50。你相信如果股票价格下降到 99 美元，delta 会降低到 0.44。确定你现在（你刚刚出售期权）应该采取何种行动来使得你的头寸为 delta 中性。在期权出售以后，如果股票价格下降到每股 99 美元，确定你在此时应该采取何种行动来使得你的 delta 对冲头寸重新平衡?

(a) 现在：购买 50 股股票；后来：购买 6 股股票。

(b) 现在：购买 50 股股票；后来：出售 6 股股票。

(c) 现在：出售 50 股股票；后来：购买 6 股股票。

(d) 现在：出售 50 股股票；后来：出售 6 股股票。

例题 17.7　FRM 试题 2009——第 5-3 题

交易员 A 从交易员 B 处购买了一份向下敲出看涨期权，执行价格为 100 美元，障碍水平为 96 美元。两个交易员都需要调整它们的 delta 来对冲障碍水平。如果存在价格缺口（不连续）阻碍他们在障碍水平附近退出交易，哪一个交易员面临更大的风险?

(a) 交易员 A 具有更大的风险。

(b) 交易员 B 具有更大的风险。

(c) 两者具有相同的风险。

(d) 两者都没有任何风险，因为都进行了对冲。

17.5　可转换债券和认股权证

17.5.1　定　义

我们现在转向可转换债券和认股权证。虽然这些工具具有期权特征，但是它们和一般的期权不同。举个例子，当看涨期权被执行时，多头方从空头方处购买了流通股，并没有产生新的股票。相反，因为可转换债券和认股权证（包括可执行股票期权）是由公司本身发行，所以它们的执行产生了新的股票。在这种情况下，由于股票的数量增加了，现存股票被产生的新股票**稀释**（diluted）了。

认股权证（warrants）是公司对其股票发行的长期看涨期权。它们通常在债券发行时产生，但与所依附的债券分开单独交易。当认股权证被执行时，它将导致公司收入现金流并发行更多的股票。

可转换债券（convertible bonds）是公司发行的在某一时刻以事先设定的转换比率转换股票的债券。它等价于一个普通的债券加上一个认股权证。这允许公司以更低的息票发行债券。

举个例子，**转换比率**（conversion ratio）为10的可转换债券允许持有者将面值为＄1 000的一张债券转换成10股普通股。**转换价格**（conversion price）事实上是期权的执行价格，为＄1 000/10＝＄100。公司通常在资金紧张时发行可转换债券，例如这时股价为＄50，当股价上涨至＄120时，该债券可以转换成股票从而立即得到期权收益（＄120－＄100）×10＝＄200。

图17.8描述了可转换债券的价值与**转换价值**（conversion value）的关系，后者为当前的股价乘以转换比率。可转换债券的价值必定大于其他条件相同的普通债券的价值和转换价值。

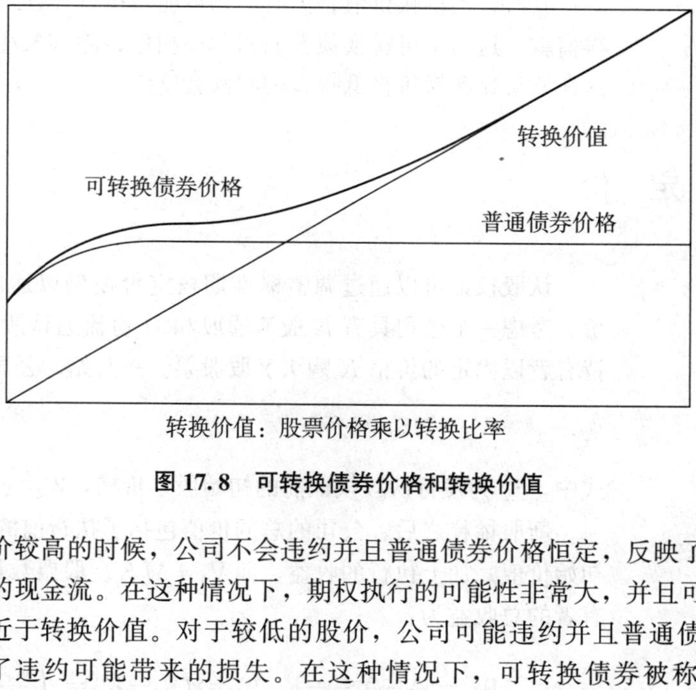

图17.8　可转换债券价格和转换价值

当股价较高的时候，公司不会违约并且普通债券价格恒定，反映了以无风险利率折现的现金流。在这种情况下，期权执行的可能性非常大，并且可转换债券的价值接近于转换价值。对于较低的股价，公司可能违约并且普通债券价格下跌，反映了违约可能带来的损失。在这种情况下，可转换债券被称为**降级的**（busted）。在这种情况下，执行期权的可能性非常小，并且可转换债券的价值接近于普通债券的价值。在中间情况下，可转换债券的价值依赖于转换价值和普通债券的价值。

例　可转换债券

考虑一个息票率为8%、面值为$1 000的10年期可转换债券。该公司发行的成熟期相同的普通债券的当前收益率为8.50%，从而可以得到普通债券的当前价值为$967。该可转换债券可以以10∶1的比率转换成普通股。

首先假设股价为$50，于是转换价值为$500，比普通债券价值$967要低得多。这对应于图17.8的左边部分。如果可转换债券以$972交易，它承诺的收益率是8.42%。这与普通债券的收益率很接近，因为期权几乎没有价值。

假设接下来股价为$150，转换价值于是为$1 500，比普通债券价值$967要高得多。这对应于图17.8的右边部分。如果可转换债券以$1 505交易，它承诺的收益率就是2.29%。在这种情况下，期权是实值的，这也解释了为什么收益率如此之低。■

一个复杂的问题是公司可以随意回购大部分可转换债券。一般来说，可转换债券回购基于以下一些原因。首先，回购可以在股价较高时强制转换进行。债券持有者通常有一个月的时间考虑是否转换。这种情况被称为**强制转换**（forced conversion）。这个回购特点使公司对转换具有更大的控制力并可以利用转换募集股票资本。

其次，当期权价值丧失时回购可能被执行并且公司可以以较低的息票重新筹得借款。这与不可转换债券的回购很相似，除非发生可转换债券被降级的情况，这在股价比转换价格低得多的时候会发生。

17.5.2　定　价

认股权证可以通过调整标准期权定价模型以适应新股的稀释效应来进行定价。考虑一个公司具有N股流通股和M份流通认股权证，每一份认股权证允许持有者以固定的价格K购买γ股股票。一开始，公司的价值包括认股权证，即：

$$V_0 = NS_0 + MW_0 \tag{17.16}$$

式中，S_0为发行认股权证前的初始股票价格，W_0为认股权证的初始价值。

新股稀释之后，公司的总的价值包括了执行前的公司价值（包括认股权证的初始价值）加上执行的收益，即$V_T + M_\gamma K$。股票数量增至$N+\gamma M$。认股权证持有者的总收益为：

$$W_T = \gamma \text{Max}(S_T - K, 0) = \gamma(S_T - K) = \gamma\left(\frac{V_T + M_\gamma K}{N + \gamma M} - K\right) \tag{17.17}$$

其一定为正。化简得：

$$W_T = \gamma\left(\frac{V_T + M_\gamma K}{N + \gamma M} - K\right) = \frac{\gamma}{N + \gamma M}(V_T - NK) = \frac{\gamma N}{N + \gamma M}\left(\frac{V_T}{N} - K\right) \tag{17.18}$$

它等价于基于股价的 $n=\gamma N/(N+\gamma M)$ 个期权。认股权证可以通过标准期权模型进行定价，其资产价值等于股价加上认股权证收益并乘以因子 n：

$$W_0=n\times c\left(S_0+\frac{M}{N}W_0,\ K,\ \tau,\ \sigma,\ r,\ d\right) \tag{17.19}$$

这里单位资产价值为 $\frac{V_0}{N}=S_0+\frac{M}{N}W_0$。这必须通过迭代进行求解，因为 W_0 出现在式子的两边。但是如果 M 比当前流通普通股数量 N 小，那么该式可化简为简单的 γ 份看涨期权：

$$W_0=\gamma\times c(S_0,\ K,\ \tau,\ \sigma,\ r,\ d) \tag{17.20}$$

例　可转换债券的定价

考虑一个零息的 10 年期可转换债券，其面值为 \$1 000。该公司发行的成熟期相同的普通债券的当前收益率为 8.158%，以连续复利计算，可以得到普通债券的价值为 \$442.29。

债券在到期日可以以 10∶1 的比率转换为普通股，即执行价格为 $K=\$100$。当前的股价为 \$60。该股票不支付红利，并且年波动率为 30%。无风险利率为 5%，也是以连续复利计算。

忽略稀释效应，布莱克-斯科尔斯模型给出期权价值为 \$216.79，因此可转换债券的理论价值为 $P=\$442.29+\$216.79=\$659.08$。如果市场价值低于 \$659，那么可转换债券被认为是廉价的。当然，这假设定价模型和输入假设是正确的。 ■

17.5.3 风险管理

我们已经看到可转换债券涉及一个公司股票的看涨期权多头。因此，期权价值应当随影响期权的通常风险因子而增加，特别是股票价格的增加和隐含波动率的增加。这个期权当可转换债券同样也可以被公司赎回时更为复杂，这时对于债券投资者是一个期权空头头寸。另外，可转换债券的价值也暴露于利率和信用价差的增加，和普通公司债券一样。

一些对冲基金的策略是基于**可转换债券套利**（convertible bond arbitrage），这将在第 30 章进行详细介绍。对冲基金经理通常购买可转换债券，因为它们便宜，但他们同时通过卖空标的股票对冲 delta。卖空通过对冲进行主动性管理，也称为 gamma 交易。回顾期权多头头寸的复制会产生损失。相反，可转换债券套利策略经理复制一个看涨期权的空头头寸，这将会产生收益，依赖于波动率。假设隐含波动率足够低，这些行为的加总会产生收益。

需要重点注意的是从可转换债券推导出的隐含波动率不同于 VIX，它是由交易所期权推导出的短期波动率。可转换债券的波动率反映了可转换债券的价格，它可能也被流动性因子所影响。的确，在 2008 年，即使 VIX 处于历史高位，可转换债券市场依然产生损失。这反映了债券市场的严重流动性问题，例如主要经纪商强迫对冲基金降低杠杆，这导致了可转换债券市场的抛售，却很少有买家接盘。这个问题在证券交易委员会（SEC）严禁卖空时更为严重，这搅乱了可转换债券对冲策略。这在很大程度上解释了为什么瑞士信贷第一波士顿（CSFB）可转换债券套利对冲基金指数在 2008 年损失了 32%。然而，在接下来的一年，该基金又收益了 47%。

例题 17.8　FRM 试题——可转换债券的决定

面值为 $100 的一个公司的债券可以以 $40 转换成普通股，并且公司已经以 $106 准备回购它。当前债券以 $115 出售，并且股票的当前市场价格为 $45，那么债券持有者最有可能采取下列哪一种行为？

(a) 出售债券。

(b) 将债券转换为普通股。

(c) 允许公司以 $106 回购债券。

(d) 以上均不对。

例题 17.9　FRM 试题——可转换债券中的看涨期权

下列哪一个是可转换债券发行通常附带可回购条款的原因？

(a) 使投资者分析困难。

(b) 为了避免恶意收购。

(c) 缩短久期。

(d) 在实值情况下强制转换。

例题 17.10　FRM 试题 2009——第 3-20 题

利率波动率下降和股票价格波动率下降会对可赎回可转换债券的价值产生什么影响？

(a) 两者都会增加价值。

(b) 前者增加价值，后者降低价值。

(c) 前者降低价值，后者增加价值。

(d) 两者都降低价值。

17.6　重要公式

隐含波动率：$ISD=f^{-1}(c_t, S_t, r_t, r_t^*, K, \tau)$

马格拉布模型：以 S_A 取代 S，以 S_B 取代 K，可得 $\sigma_{AB}^2=\sigma_A^2+\sigma_B^2-2\rho_{AB}\sigma_A\sigma_B$

交叉汇率：$S_3(\text{EUR/GBP})=\dfrac{S_1(\$/\text{GBP})}{S_2(\$/\text{EUR})}$，$\sigma_3^2=\sigma_1^2+\sigma_2^2-2\rho_{12}\sigma_1\sigma_2$

投资组合平均相关系数：$\sigma_p^2=\sum_{i=1}^{N}w_i^2\sigma_i^2+2\sum_{i=1}^{N}\sum_{j<i}^{N}w_iw_j(\rho)\sigma_i\sigma_j$

波动率互换的收益：$V_T=(\sigma^2-K_V)N$

未结算波动率互换的估值：$V_t=Ne^{-r\tau}[w(\sigma_{t_0,t}^2-K_V)+(1-w)(K_t-K_V)]$

权证估值：$W_0=n\times c\left(S_0+\frac{M}{N}W_0，K，\tau，\sigma，r，d\right)$

17.7 例题解答

例题 17.1　FRM 试题 2008——第 2-11 题

(c) 账户应该使用最接近交易期权的市场价格的波动率进行盯市。这意味着使用最相似期权的隐含波动率。而使用虚值期权的隐含波动率，就像选项 a 建议的那样，将低估虚值期权空头的价值，人为地提高交易员的利润。

例题 17.2　FRM 试题 2009——第 5-1 题

(b) 对股票期权，波动率偏态意味着深度虚值看跌期权的 ISD 要比实值看跌期权的大，因此说法Ⅰ是正确的。相反，实值看跌期权的 ISD，或者等价的虚值看涨期权的 ISD，和平值期权相类似，因此说法Ⅱ是错误的。对外汇期权，一个波动率偏态意味着深度虚值期权的 ISD 要比平值期权的大，因此说法Ⅳ是正确的。另一方面，虚值期权和平值期权可能具有相同的波动率（对外汇期权），因此说法Ⅲ是错误的。

例题 17.3　FRM 试题——隐含相关系数

(d) JPY/EUR 的对数值与 EUR/USD 的对数值之和等于 JPY/USD 的对数值：$\ln[\mathrm{JPY/USD}]=\ln[\mathrm{JPY/EUR}]+\ln[\mathrm{EUR/USD}]$。因此有：

$$\sigma^2(\mathrm{JPY/USD})=\sigma^2(\mathrm{JPY/EUR})+\sigma^2(\mathrm{EUR/USD})+2\rho\sigma(\mathrm{JPY/EUR})\sigma(\mathrm{EUR/USD})$$

即：$8^2=10^2+6^2+2\rho 10\times 6$，即 $2\rho 10\times 6=-72$，即 $\rho=-0.60$。

例题 17.4　FRM 试题 2009——第 4-25 题

(b) 首先，我们证明初始的购买股票数量是正确的。即 0.6×300×100=18 000 股。如果 delta 下降到 0.54，或者下降了 0.06，风险经理将出售 0.06×300×100=1 800 股。

例题 17.5　FRM 试题——动态对冲的收益

(d) 这个问题重要的特点在于期权被持有直至到期日。选项 a 是不正确的，因为隐含波动率的变化会带来期权价值的变化，但是当持有至到期日时它并不起作用。动态投资组合的收益依赖于实际的波动率是否与隐含波动率相同，而不依赖于期权是否以实值状态到期。因此选项 b 和 c 都是不正确的。如果实际波动率很小，即价格在执行价格附近波动，投资组合将会产生收益。

例题 17.6　FRM 试题 2004——第 26 题

(b) 动态对冲应该复制看涨期权的多头头寸。由于 delta 值为正，这意味着需要复制多头头寸为 $\Delta\times 100=50$ 股。如果 delta 值下降，这个头寸需要通过出售 $(0.5-0.44)\times 100=6$ 股进行调整。

例题 17.7　FRM 试题 2009——第 5-3 题

(b) 每一个交易员都通过动态复制对向下敲出期权进行对冲。交易员 B 卖出期权，因此需要用看涨期权的多头头寸进行复制，向下敲出看涨期权的对冲比率和普通期权一样，除非价格产生突然的不连续，那么对冲比率将在障碍水平附近下降为0。在障碍水平之上，交易员B需要持有对冲比率（例如0.4）数量的标的资产多头头寸。当价格突然跳空低于障碍水平时，交易员B将产生大量损失。直观上，这些损失就是交易员A的收益，他持有的是相反的头寸。

例题 17.8　FRM 试题——可转换债券的决定

(a) 这里的转换比率是以转换价格来表示的，该债券的转换比率为＄100比＄40，即1份债券可换2.5股普通股，立即转换将获得收入2.5×＄45＝＄112.5，回购价格为＄106。因为市场价格比回购价格和转换价格要高，并且该债券正被回购中，所以出售该债券是最有利的。

例题 17.9　FRM 试题——可转换债券中的看涨期权

(d) 公司发行可转换债券是因为息票低于普通债券。另外，这些债券回购是为了强制股票转换以一个可接受的比率进行。举个例子，在上一道题目中转换将以价格＄40给公司提供股票资本，而股票的市场价格为＄45。

例题 17.10　FRM 试题 2009——第 3－20 题

(b) 股票价格波动率的下降降低了股票转换期权的价值，因此降低了可转换债券的价值。利率波动率的下降降低了利率看涨期权的价值。因为债券投资者是利率期权的空头，这增加了可转换债券的价值。

第 18 章 抵押证券风险*

本章转向讨论抵押证券的定价和风险管理。这些债券的现金流是由住房抵押贷款池（居住或者商业）所支持。抵押证券市场是**证券化**（securitization）的一个例子，它是发行代表资产池利益的证券的过程。

抵押贷款的支付通常以年为结构周期，涉及通常的利息覆盖和本金分期偿还的支付过程。然而，抵押贷款的主要特征是房主可能在任何时刻提前偿付本金。因此，房主拥有一个提前支付的期权。

这个特征使得对抵押证券的风险分析比普通债券更加复杂。除了通常的利率风险和信用风险，抵押证券还涉及提前偿付风险。这些将在 18.1 节进行介绍。由于内嵌有期权的空头，抵押证券暴露于波动率风险。这解释了为什么抵押证券的收益率比收益率价差要高。这个价差可以分解为期权成分和期权调整价差。

18.2 节接着讨论了抵押证券和证券化的过程，并讨论了证券化过程的缺陷，这个缺陷演变成最近的信用危机。最后，18.3 节描述了抵押证券分层为抵押担保证券的过程。

* FRM 考试第二部分的主题。

18.1 提前偿付风险

18.1.1 作为年金的抵押证券

和固定收益证券一样，对抵押证券定价的第一步是展现预计的现金流。抵押证券的结构为固定或者浮动的支付。为了简化，我们假设每月固定的支付为 C_t。

价格和收益率的关系为：

$$P = \sum_{t=1}^{T} \frac{C_t}{(1+y)^t} \tag{18.1}$$

考虑一个 30 年期、面值为 \$100 000 且年收益率为 6%的固定利率抵押证券。每月支付为 $C=\$600$。开始，500 美元是利息支付 $I_t=(6\%/12)\times\$100\ 000$，剩余的为本金支付 $P_t=C-I_t=\$100$。在下一个月初，本金降为 \$99 900，这降低了下个月的利息支付并增加了规定计划中的本金支付。到最后，每年支付中的大部分都是用来偿还本金。

即使这个债券的期限是 $T=30$ 年，一个更好的度量是**平均寿命**（average life，AL），它考虑了本金支付的时间情况，

$$AL = \sum_{t=1}^{T} tP_t/P \tag{18.2}$$

在这个例子中，$AL=19.3$ 年。我们同样可以计算久期度量，它考虑了本金和利息支付的情况，在这个例子中，$D=10.8$ 年。它也代表了债券价格对收益率变动的敏感性。注意到这些度量都比同样的子弹式债券要低，子弹式债券的 $AL=30$，$D=14$。

当处理抵押证券池时，它的特点由加权平均期限（WAM）、加权平均息票（WAC）和加权平均寿命（WAL）来描述。

18.1.2 提前偿付速度

尽管是固定金额支付，但很多抵押证券的现金流是不确定的，因为房主可能会提前偿还本金。因此对于债务人这相当于一个期权多头头寸，而对于债权人这相当于一个期权空头头寸。

在某些情况下，这些提前偿付是随机的，例如当房主由于工作或家庭条件的改变而出售房子。在其他情况下，这些提前偿付更具有可预测性。当利率下降时提前偿付增加，因为房主可以以较低的成本再借款。这与可赎回债券相类似，发

债人具有在固定的时点以固定的价格将债券赎回的权利。①

一般来说，影响 MBS 再融资模式的因素有：

● 抵押贷款利率和当前利率的价差：价差越高，提前偿付越多。像可赎回债券一样，如果再融资能获得显著的成本节约，那么这样做就可以获得更大的收益。

● 贷款年限：提前偿付率在抵押贷款刚发行后普遍很低，并随着时间逐渐增加直到达到一个稳定的或者说适应的水平，这种效应称为**稳定效应**（seasoning）。

● 再融资动机：再融资的成本越低，房主再融资的可能性就越高。

● 利率的路径：如果利率过去较高而近来下降的话，再融资更有可能发生。在这种情况下，过去的提前偿付很少，但现在会大幅上升。相反，如果利率较低但这种情况已经持续了一段时间，那么大部分本金就已经偿还了。这种路径依赖性称为**燃尽效应**（burnout）。

● 抵押贷款利率水平：较低的利率增加承受能力和周转能力。

● 经济活动：在一个经济环境下，如果更多工人改变工作地点，形成更多的工作变动，就更有可能导致提前偿还。

● 周期性效应：春天通常买房子的人更多，这导致在初秋提前偿付增加。

提前偿付率称为所谓的**条件提前偿付率**（conditional prepayment rate，CPR），它以年为单位。这个数值可以转化成以月为单位的数值，称为**单月偿付率**（single monthly mortality，SMM），调整如下：

$$(1-SMM)^{12}=(1-CPR) \tag{18.3}$$

举个例子，如果每年 $CPR=6\%$，那么本金提前偿还每月的比例为 $SMM=1-(1-0.06)^{1/12}=0.005\ 143$，即每月 0.514%。对于具有月初余额 $BMB=\$50\ 525$ 和计划的本月本金偿还额 $SP=\$67$ 的贷款而言，提前偿还将为 $0.005\ 143\times(\$50\ 525-\$67)=\$260$。

为了对抵押证券进行定价，投资组合经理应该描述债券在剩余期限内的提前偿付计划。这依赖于前面提到的多种因素。

提前偿付可以用行业标准来描述，这被称为**公共证券协会**（Public Securities Association，PSA）提前偿付模型。PSA 模型假设第一个月 $CPR=0.2\%$，在接下来的 30 个月每月以 0.2%的速度增加，直到 6%以后，即：

$$CPR=\mathrm{Min}[6\%\times(t/30),\ 6\%] \tag{18.4}$$

这种模式以 100%的 PSA 速度为例描述于图 18.1 中。习惯上，提前偿付模式被描述为 PSA 速度的一个百分数，例如 165%PSA 代表一个较快的模式而 70%PSA 代表一个较慢的模式。

例 计算 CPR

考虑一个 20 个月以前发行的，速度为 150%PSA 的 MBS。其 CPR 和 SMM 为多少？

① 一些债券也是可退回的，这意味着投资者具有将债券退回给借款人的权利。在这种情况下，投资者是期权的多头。

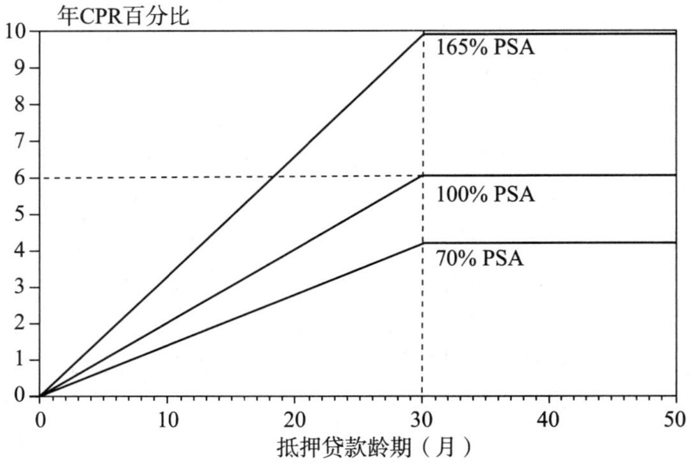

图 18.1　提前偿付模式

PSA 速度为 Min[6%×(20/30)，6%]=0.04，乘以 150%这个因子，我们有 *CPR*=150%×0.04=0.06，可以推出 *SMM*=0.514%。■

接下来就是基于提前偿付速度模式来规划现金流。图 18.2 展示了一个 30 年期的抵押证券的现金流模式，其面值为 $100 万，利率为 6%。"无提前偿付"水平线描述了没有任何提前偿还的固定年金模式。"100%PSA"线描述了现金流的一个增长模式，在 30 个月后达到顶峰，然后开始下降。这一点对应于 CPR 在 6%的稳定情况。这个模式对"165%PSA"线更为明显，它假设提前偿付的速度更快。

提前偿付减少了后面的偿付，这就解释了为什么 100%PSA 线开始时比 0% PSA 线更高，接着却因为本金更快得到了偿还而降到了其下面。

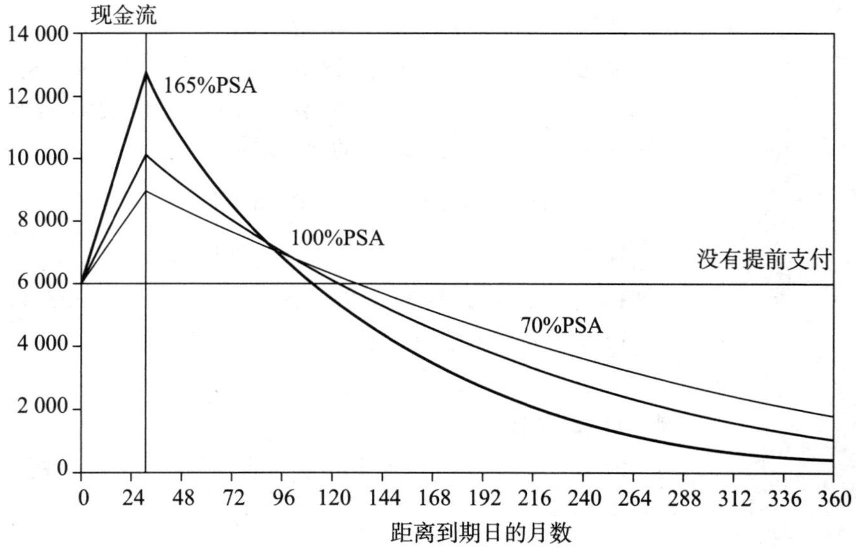

图 18.2　不同 PSA 速度的现金流

例题 18.1　FRM 试题 2008——第 2-37 题

MBS 是一类标的资产为抵押资产的证券。除了借款人对贷款违约的信用风险以外，抵押资产还具有提前偿付风险，因为借款人拥有一个以对他们有利的利率变动提前偿还贷款（在任何时刻）的期权。从投资者的角度来看，抵押证券等价于持有一个没有提前偿付的抵押资产池和下列哪一项？

(a) 一个基于标的资产的美式看涨期权多头。

(b) 一个基于标的资产的美式看涨期权空头。

(c) 一个基于标的资产的欧式看跌期权空头。

(d) 一个基于标的资产的美式看跌期权多头。

例题 18.2　FRM 试题——计算 SMM

假设 MBS 的年度提前偿付率 CPR 为 6%，那么对应的单月偿付率 SMM 为多少？

(a) 0.514%。

(b) 0.334%。

(c) 0.5%。

(d) 1.355%。

18.1.3　度量提前偿付风险

掌握了对现金流的预测，我们现在可以将现金流折现计算抵押证券的现值。下一步就是度量提前偿付风险，它可以通过债券价值的变化得到。像其他固定收益证券一样，抵押证券由于利率的波动而承受着市场风险，并由于房主的违约而承受着信用风险。它们同时还承受着**提前偿付风险**（prepayment risk），它是指本金提前偿付的风险。

考虑一个 8%的 MBS，如图 18.3 所示。如果利率下降为 6%，房主将理性地提前偿还贷款以进行再融资。因为贷款的平均期限被缩短了，所以这种风险被称为**收缩风险**（contraction risk）。相反，如果利率上升至 10%，房主再融资的可能性将减少，提前偿还速度也将减慢。因为贷款的平均期限被延长了，所以这种风险被称为**延展风险**（extension risk）。

如图 18.3 所示，在 A 点产生了“负凸度”，它反映了 MBS 投资者事实上具有期权空头头寸。在 B 点，利率非常高，因此房主提前再融资的可能性非常小，该期权几乎没有价值，并且这个 MBS 和常规的债券一样，具有正凸度。

这种现金流模式的变化使标准久期变得不可靠了。因此，我们利用有效久期和有效凸度来度量 MBS 的敏感性，如第 1 章所述。在对收益率变化如何影响提前偿付进行适当的假设后，这些敏感性度量可以根据 MBS 对于三种收益率的估计价格计算得到。

表 18.1 显示了一个例子。在每一种情况下，我们都考虑利率上升和下跌 25 个基点的情况。首先，在“不变的 PSA”一栏中，PSA 速度假设恒定为 165PSA。其次，在“变化的 PSA”一栏中，我们假设当利率下跌时 PSA 速度上升更快而当利率上升时 PSA 速度将降慢。当利率下跌时，MBS 的价值上升但并

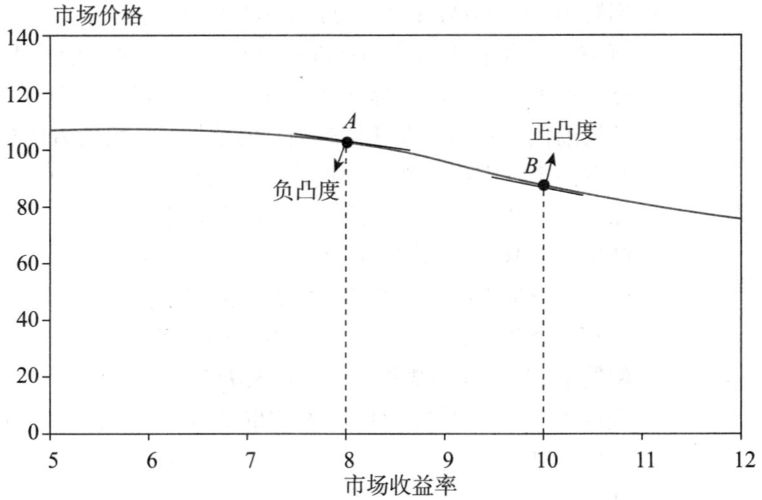

图 18.3　MBS 的负凸度

不如提前偿付速度没有变化时的大，这就反映了收缩风险。当利率上升时，MBS 的价值比提前偿付速度没有变化时减少的多，这就反映了延展风险。

表 18.1　计算有效久期和凸度

	初始	不变的 PSA		变化的 PSA	
收益率	7.50%	+25bp	−25bp	+25bp	−25bp
PSA		165PSA	165PSA	150PSA	200PSA
价格	100.125	98.75	101.50	98.718 8	101.343 8
久期		5.49 年		5.24 年	
凸度		0		−299	

正如我们在第 6 章看到的那样，有效久期为：

$$D^E=\frac{P(y_0-\Delta y)-P(y_0+\Delta y)}{2P_0\Delta y} \tag{18.5}$$

有效凸度为：

$$C^E=\left[\frac{P(y_0-\Delta y)-P_0}{(P_0\Delta y)}-\frac{P_0-P(y_0+\Delta y)}{(P_0\Delta y)}\right]\Big/\Delta y \tag{18.6}$$

在表 18.1“不变的 PSA”一栏中，有效久期是 5.49 年，凸度接近于零。在“变化的 PSA”一栏中，有效久期为 5.24 年，凸度为负并且很大，和预期的一样。

重要概念

抵押证券具有负凸度，它反映了允许房主提前偿付的期权空头头寸，这样，当利率上升时增加了延展风险，而当利率下降时增加了收缩风险。

抵押证券中的期权特征增加了它们的收益率。为了确认该证券是否代表了公允价值，投资组合经理需要对期权成分进行建模。广泛使用的方法是**期权调整价差**（option-adjusted spread，OAS）。

我们从静态价差开始，**静态价差**（static spread，SS）是抵押证券与具有相同加权平均期限的国债的收益率之差。**零价差**（zero spread，ZS）是一个更好的度量，它是零息债券的收益率加上一个固定价差，这样计划的现金流折现之后的价值就等于债券的初始价格：

$$P = \sum_{t=1}^{T} \frac{C_t}{(1+R_t+ZS)^t} \tag{18.7}$$

OAS 方法包括对各种利率情景和提前偿付的模拟，以建立期权的成本估计。OAS 为：

$$\text{OAS}=\text{静态价差}-\text{期权成本} \tag{18.8}$$

它描述了 MBS 的昂贵或便宜程度。在风险类别相同的情况下，以高 OAS 交易的证券比其他证券更有吸引力。

OAS 比静态价差更具有时间稳定性，因为后者受到期权成分的影响。这就解释了为什么在市场反弹期间（例如当长期国债收益率下跌时），当前抵押证券的收益率价差常常变大。这些抵押证券提前偿付的可能性更大，这使得它们的吸引力减少。它们的期权成本增加，提高了收益率价差。另外，当利率的波动率增加时，期权成本也会增加，提高了零价差。

例题 18.3　FRM 试题 2000——第 3 题

如何描述 MBS 价格的低风险溢价特点？

(a) 它和美国国债一样。

(b) 它和普通公司债券一样。

(c) 当利率下降时，它的价格增长得比美国国债快。

(d) 当利率下降时，它的价格增长得比美国国债慢。

例题 18.4　FRM 试题 2003——第 52 题

下面是哪种债券类型的价格—收益率曲线？哪一点的凸度等于零？

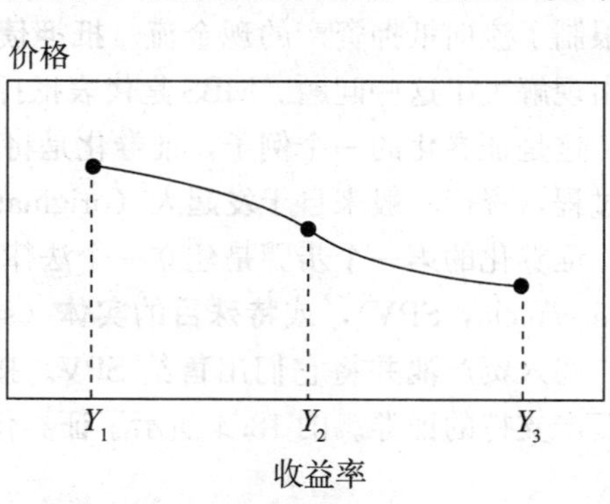

(a) 可退回债券，在 Y_2 点凸度接近零。

(b) 可退回债券，在 Y_1 和 Y_3 点凸度接近零。

(c) 可赎回债券，在 Y_2 点凸度接近零。

(d) 可赎回债券，在 Y_1 和 Y_3 点凸度接近零。

例题 18.5　FRM 试题 2006——第 93 题

你要分析两种条件相同（相同的信用评级、期限、流动性和利率）的美国可赎回债券。下列数据给出了两种债券与美国国债的名义价差、Z 价差和期权调整价差(OAS)。

	X	Y
名义价差	145	130
Z 价差	120	115
OAS	100	105

无期权特征的债券与美国国债的名义价差为 100 个基点。下列说法哪一个是正确的?

(a) 只有 X 价格被低估。

(b) 只有 Y 价格被低估。

(c) X 和 Y 价格均被低估。

(d) X 和 Y 价格均没有被低估。

18.2　证券化

18.2.1　证券化的原理

抵押贷款的一个问题是它们不可以交易。过去，它们被金融机构像存款和贷款一样发放和持有。然而这种安排使得风险过于集中并且无法进行对冲。同时，还限制了流向抵押资产的现金流。**抵押债券**（mortgage-backed securities，MBS）的出现解决了这些问题。MBS 是代表抵押贷款池的可交易债券。[①]

这是证券化的一个例子，证券化是将资产池产生的现金流转化为证券的利息的过程，资产一般来自于**发起人**（originator）或**发行方**（issuer）。

证券化的第一个步骤是建立一个法律实体，称为**特殊目的机构**（special-purpose vehicle，SPV），或**特殊目的实体**（special-purpose entity，SPE）。发起人将资产注入资产池并将它们出售给 SPV。接下来，SPV 发行方交易这些背后有金融资产支持的证券。图 18.4 演示了证券化的基本过程。

① MBS 市场在 20 世纪 80 年代初期由所罗门兄弟公司大力发展。参见 Michael Lewis，*Liar's Poker*（New York：Norton，1989）。

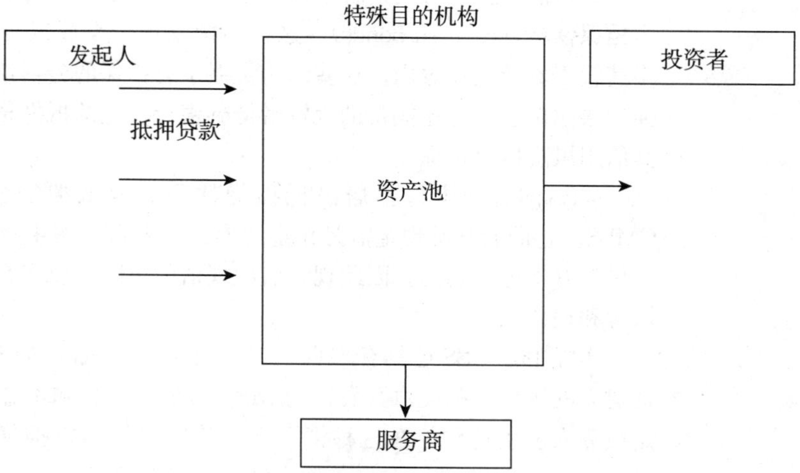

图 18.4　证券化

证券化的最大优点是它将发起人的信用风险转移给 ABS 的投资者，然而这要求 SPV 的资产是优质的。因为一旦发生信用违约，SPV 的债权人会在破产过程中清算它的资产。证券化的另一个优点是实现了资产的多样化。

作为主要的资金提供者的银行的**非中介化**（disintermediation）加速了证券化的进程。当银行扮演一个中介机构的角色时，它们吸收存款（在资产负债表中记为负债）并用来发放贷款（在资产负债表中记为资产）。当实施证券化后，资产和负债都可以从资产负债表中移走，这样经营所需要的股本权益金额就会减少。证券化还减轻了银行的监管资本压力。例如，如果对于抵押贷款的资本要求很高，银行就会从抵押贷款的证券化中受益，因为这使得它的资本要求大大降低。

对于抵押证券的发起人，证券化提供给他们又一种融资途径。证券化还可以用来管理银行的风险状况。如果可证券化的资产拥有和银行剩下的资产一样的风险，那么银行的相关风险并没有变化，即使它的规模在缩小。相反，如果抵押资产的风险大大超出银行剩余资产的风险，银行就需要进行资产证券化来降低它的风险状况。

ABS 中的所有资产类别包括住房抵押贷款、汽车贷款、教育贷款、信用卡应收账款、会计上的应收账款等。这些资产被称为**抵押资产**（collateral）。一般地，收取抵押资产的支付需要**服务机构**（servicing agent），通常发起人也充当服务机构的角色，以收取服务费。

资产所产生的现金流，减去服务费，经 SPV 流向证券的持有者。当证券化被构造为一个**转手证券**（pass-through）时，SPV 只发行一种类型的证券，此时所有的投资者得到的利息是现金流的相同比例。当 SPV 发行不同类型的证券时，这些证券被称为**分层证券**（tranches）。[①] 另外还可以创造出基于 ABS 分层证券的衍生工具，我们会在第 23 章看到。

① tranch 为英语单词 slice 的对应法语词汇，指蛋糕的一片的意思。

到目前为止，我们了解了证券化的资产负债表。还有一种表内证券化资产称为**担保债券**（covered bonds）。这种结构是银行发放以贷款作为担保的证券，并将其置于资产负债表内。这些结构类似于有担保的公司债，但在欧洲国家受到很强的法律保护。它还能帮助投资者抵御银行发生的抵押贷款违约。银行一般会对其信用风险做出担保。

MBS的类型中包括居民抵押贷款和商业抵押贷款，分别称为RMBS和CMBS。它们的基础现金流是年金的形式，来自于房主每个月的固定支付，这些支付含有本金和利息。因此现金流净现值的风险主要来自于利率风险、提前偿付风险和违约风险。

实际中，MBS还具有来自第三方对于信用风险的担保。例如，美国政府出资建立的机构房利美对其发行的MBS的全部利息和本金支付进行担保，即使原始债务人发生违约。在这种情况下，政府机构为**抵押证券的保险人**（mortgage insurer）。这种抵押证券也被称为**经认证的抵押证券**（participation certificates）。

相反，私人机构发行的MBS暴露于信用风险，需要进行信用评级。标的抵押贷款的信用风险可以用反映借款人信用程度的类似**FICO信用分数**（FICO credit score）的度量来评估。① 其他的因子包括贷款与房屋价值的比率、借款人负债与收入或者资产的比率，以及贷款的报备文件等。较低信用等级的贷款，通常FICO分数低于640，称为**次级贷款**（subprime）。在优先级和次级贷款之间的通常是不具有标准条件但借款人具有A级信用程度的Alt-A级贷款。

18.2.2 证券化的发行

2007年爆发的金融危机正是由证券化过程中的缺陷导致的。证券化允许银行从资产负债表移走资产，减轻资本要求并将风险在广大不同的投资者之间分散。理论上，这的确带来了实惠。

实际上，信用危机正是归因于**发起—传递**（originate-to-distribute）模型的失败。该模型在一些关键步骤上均失败，这些步骤包括签发、信用评级以及对投资者的尽职尽责。

在传统的银行模型下，银行或存款机构发放贷款并将其留在资产负债表上，这意味着银行需要时刻小心地关注贷款的质量情况。相反，当贷款可以进行证券化时，发起人就不再像以前那样关心贷款的质量情况，因为此时他的收入主要来自于发行证券的数量。最终总会有一方来承担这种损失。证券化促使一些质量差的贷款数额大幅增加，尤其是一些次级贷款，而它们经过打包形成证券出售时，证券的质量会变得更差。这就是**道德风险**（morel hazard）问题，银行机构在证券化下的行为与它完全暴露在风险下的行为截然不同。

银行还有一个将贷款证券化的动机是它们不愿面对借款人的负面信息，而这

① Fair Isaac公司（FICO）是一个提供消费者信用评级度量的上市公司（由Bill Fair和Earl Isaac建立）。FICO的得分在300到850之间，中间水平为723。

一点甚至比风险分散和减轻资本要求的动机更明显。这就导致了银行对低质量贷款的证券化尤其偏爱。为了保护自己的利益，资产抵押证券的投资者要求银行留有部分贷款的风险，但这显然不够。由于**信息不对称**（asymmetric information），这将导致**逆向选择**（adverse selection）问题。确实，伯恩特和吉普塔（2008）发现，在二级市场出售的贷款抵押证券和表现不佳的公司的股票一样糟糕。[①]

另外，许多贷款证券化过程都非常复杂。投资者只能盲目相信信用评级，而这些信用评级并不十分准确，而且不能体现证券标的资产的风险。

同时，资产证券化的火热，导致居民贷款数量大增，制造了对房子的过度需求，将房价推高得远远超过它们的基本价值。

证券化过程也出现在发起银行建立的专门投资资产抵押证券的独立实体中。例如**结构性投资工具**（structured investment vehicles，SIV），它其实相当于一个虚拟银行，用自己发行的短期债务融资来投资于资产抵押证券。在信用危机中，短期债务的投资者担心这些 SIV 的偿付能力并拒绝继续投资。因此 SIV 遇到了糟糕的流动性风险。

这迫使许多银行不得不将处于困境的 SIV 的资产吸收到自己的资产负债表上，这样使得它们在不景气的经济环境中需要提高资本要求。结果，证券化并没有起到减轻资本要求的作用。

最后，当证券化市场冷清时，许多银行和贷款机构将依赖于存量贷款，只能勉强暂时维持。当房地产市场萧条并且许多贷款变成坏账时，这些银行将产生它们原本以为只会暂时拥有的大量损失。

例题 18.6　FRM 试题 2009——第 9 - 2 题

许多观察家批评银行的发起—传递模型扩大甚至引起了信用危机。下列关于在信用危机中银行的发起—传递模型的说法哪一个不正确？

(a) 发起—传递模型在所有类型的贷款中都失败了。

(b) 抵押证券的债务人在危机期间发生重大损失，很多人走向破产。

(c) 存量贷款风险是导致次级抵押证券债务人发生损失的主要原因。

(d) 发起—传递模型可以通过银行留有极少的风险来降低系统风险，但是在危机中令人惊讶的是，很多银行都留有大量风险。

18.3　分　层

18.3.1　概　念

正如我们所看到的，抵押证券主要的风险是提前偿付风险，因为它具有负的凸度。这无法吸引那些想投资于固定收益证券的投资者，因为投资固定收益证券

① 另一个解释是获得银行贷款的借款人不符合银行的监管条例，并且进行不良投资。

可以匹配他们的债务。

为应对这种情况，金融行业基于 MBS 发展了许多新的、具有更大吸引力的证券。这些证券就是**抵押担保证券**（collateralized mortgage obligations，CMO），这种新证券使一个 MBS 证券的现金流重新流向不同的部分。

图 18.5 演示了整个过程。来自 MBS 证券池的现金流进入一个 SPV 之中，它发行不同类别的证券，或者说证券由具有不同特点的部分构成。例如，经过特别设计，可以让第一部分的现金流比原始的现金流更容易被预测到，现金流的不确定性被转移到其他层次之中。

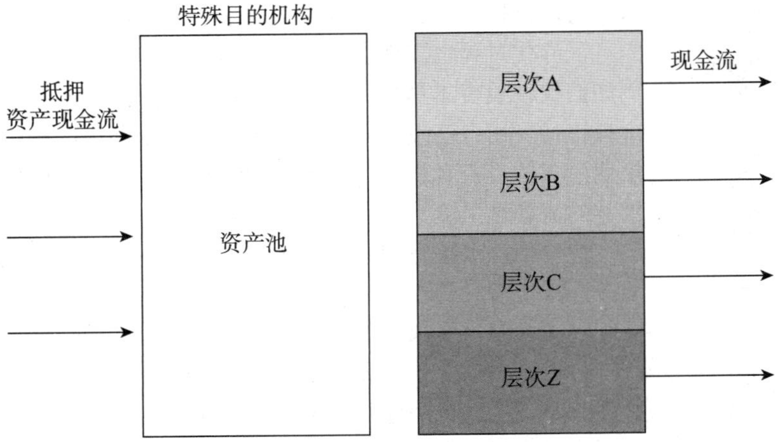

图 18.5　分层过程

利用 MBS 证券池，金融工程技术创造出更符合投资者需求的证券。然而，我们应该认识到，现金流和风险的特点都被完全保留下来，它们只是在各个层次之间重新分配。无论发生了什么变化，最终的打包必然遵从标的证券和最终证券之间的基本守恒定律。①

在每个时点上，进出 SPV 的现金流必然相同。因此我们必然得到同样的市场价值和同样的风险状况。特别地，各个层次的加权久期和凸度相加起来必然等于原始的久期和凸度。如果层次 A 的凸度比标的证券的凸度小，那么其他层次的证券一定具有较大的凸度。

类似的结构也适用于**债券担保证券**（collateralized bond obligations）、**贷款担保证券**（collateralized loan obligations）和**债务担保证券**（collateralized debt obligations），它们是各种可交易的债券，分别由债券、贷款或者债务（债券和贷款）所抵押支撑。这些结构重组了信用风险，我们将在后面的章节对其进行详细阐述。

重要概念

抵押证券的分层重组了标的证券的总现金流、总价值和总风险。在任何时刻，各个层次的总现金流、总价值和总风险必然与抵押证券相等。如果某些层次的证券比抵押证券的风险更小，那么其他层次的证券的风险必然更大。

① 正如大革命时期法国化学家拉瓦锡所说：“什么也没有失去，但什么也没有创造。”

例题 18.7　FRM 试题 2000——第 13 题

一般意义上一个 CLO 是

(a) 一些可以在市场上单独交易的贷款。

(b) 一个转手证券。

(c) 一系列由贷款组合抵押的债券。

(d) 以上说法均不对。

例题 18.8　FRM 试题 2004——第 57 题

对资产抵押证券发行方进行评估时，下列哪一项是投资者分析过程中最不重要的信息？

(a) 发起人的负债集中水平。

(b) 标的证券的交易结构。

(c) 标的资产交易中负责贷款收取的服务机构的质量。

(d) 证券化结构中标的证券的质量。

18.3.2　反向浮息票据

为了解释分层的概念，我们考虑一个简单的具有两个层次的例子。抵押债券为一个普通的 5 年期、息票率为 6%、面值为 100 百万美元的票据。它可以被分开成一个浮息票据，名义金额为 50 百万美元，支付 LIBOR，以及一个**反向浮息票据**（inverse floater），名义金额为 50 百万美元，支付 12%－*LIBOR*。反向浮息票据的息票 C_{IF} 不能低于零，浮息票据的息票 C_F 也具有类似的约束条件，即：

$$C_F=\text{Min}(LIBOR, 12\%), C_{IF}=\text{Max}(12\%-LIBOR, 0)$$

我们可以验证现金流加总以后恰好等于原始的现金流。对于每次息票支付，我们有（单位为百万）：

$$\$50\times LIBOR+\$50\times(12\%-LIBOR)=\$100\times 6\%=\$6$$

因此这是一个完美的匹配。到期时，总的支付是两个 50 百万美元，加起来等于 100 百万美元，同样正好匹配。

我们可以把原始的风险结构分解为这样两个部分。假设最初的票据具有平坦的利率期限结构，例如，原始的 5 年期票据具有 $D=4.5$ 年的久期，那么组合的美元久期是：

$$\$50\,000\,000\times D_F+\$50\,000\,000\times D_{IF}=\$100\,000\,000\times D$$

恰好在重新设定日以前，浮息票据的久期等于零，$D_F=0$，因此，反向浮息票据的久期必然是 $D_{IF}=(\$100\,000\,000/\$50\,000\,000)\times D=2\times D$，或者说是原始票据久期的 2 倍，即 9 年。注意到这个久期远大于票据的成熟期，这说明久期是利率敏感性的度量。当现金流不确定时，久期与成熟期之间没有必然联系。直观来说，第一层次，即浮息票据，具有零风险，因此所有风险必然被第二层次所吸收。组合的总风险被保持下来。

这个分析可以很容易被扩展到具有更大杠杆的反向浮息票据上。假设息票与2倍的LIBOR相联系，例如$18\%-2\times LIBOR$。本金分配给浮息票据x百万，分配给反向浮息票据$100-x$百万，保证息票的支付被保持下来。我们建立如下等式：

$$x\times LIBOR+(100-x)\times(18\%-2\times LIBOR)=\$6$$
$$[x-2(100-x)]\times LIBOR+(100-x)\times 18\%=\$6$$

由于LIBOR随时间变化，因此上式成立的条件是LIBOR前面的括号项为零，即$3x-200=0$，$x=\$66.67$百万。因此，2/3的本金必须分配给浮息票据，1/3的本金分配给反向浮息票据。现在反向浮息票据的久期是原始票据久期的3倍。

例题 18.9　FRM 试题——反向浮息票据的久期

假设一个10年期平值债券的息票率和修正久期分别为6.0%和7.5。那么一个息票率为$18\%-2\times LIBOR$的10年期反向浮息平值债券的近似修正久期为多少？

(a) 7.5。

(b) 15.0。

(c) 22.5。

(d) 0.0。

例题 18.10　FRM 试题 2004——第 69 题

LIBOR为4%，一个投资经理想增加组合的久期。下列哪种证券可以使他把组合的久期增加到最大？

(a) 一个每年支付$8\%-LIBOR$的10年期反向浮息票据。

(b) 一个每年支付$12\%-2\times LIBOR$的10年期反向浮息票据。

(c) 一个每年支付LIBOR的10年期浮息票据。

(d) 一个每年支付4%的10年期固定息票债券。

例题 18.11　FRM 试题 2003——第 91 题

下列说法中哪一个最正确地反映了反向浮息债券的特征？

(a) 反向浮息债券组合的久期风险比相同成熟期的普通浮息票据小。

(b) 反向浮息票据可以通过签订一个收入浮动利率、支付固定利率的互换转换成一个固定利率债券的头寸。

(c) 反向浮息票据可以对冲基准利率上升的风险。

(d) 在给定的收益率变动下反向浮息票据价格的变化与相同成熟期的固定利率债券的变化一样。

18.3.3　CMO

当担保物是抵押债券时，CMO可以根据本金偿还的优先级分为不同的系列，这被称为**序列支付分层**（sequential-pay tranches）。例如层次A将首先收到全部标的抵押债券支付的本金，这使层次A的现金流更具有确定性，于是更加吸引投资者。当然，这是建立在损害其他投资者的基础之上的。当支付给层次 A 的本金付清之后，层次 B 将收到标的 MBS 的所有本金支付。对于其他层次依此类推。

提前偿付风险可以通过**计划分摊支付**（planned amortization class，PAC）被降低。所有的提前偿付风险都转移到 CMO 结构中的其他债券中，这些债券被称为**支撑债券**（support bonds）。当抵押债券的提前偿付在一定的 PSA 范围内时，例如 100PSA 到 250PSA，PAC 债券可以提供一个固定的支付计划，被称为 **PAC 衣领**（PAC collar）。当这种结构建立起来后，本金的支付被设定为期限内的每月最低值，这保证了一个随时间稳定的支付形式。

另一个流行的结构是 IO/PO 结构。**只收取利息**（interest-only，IO）层次只收到标的 MBS 的利息支付。**只收取本金**（principal-only，PO）层次只收到本金支付。和以前一样，IO 和 PO 的市场价值相加必定等于 MBS 的市场价值。图 18.6 描绘了 IO 和 PO 的价格特征。注意到，两部分价值垂直相加恰好等于 MBS 的价值。

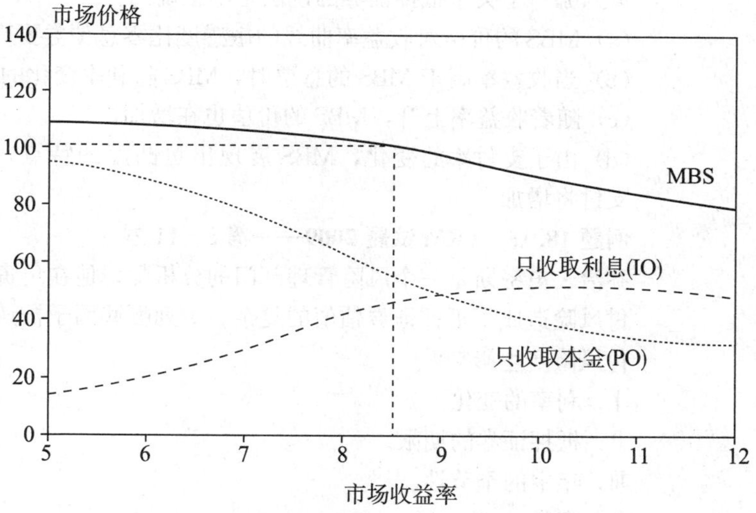

图 18.6　由 MBS 构造 IO 和 PO

为了分析 PO，需要注意到所有本金支付的和是一个常数（因为我们没有违约风险），不确定的只是时间。相比之下，所有利息支付的和依赖于本金支付的时间。延迟支付本金会造成更多的总利息支付。

如果利率下跌，本金会提前偿付，这反映了收缩风险。因为本金提前偿付，折现率下降，PO 应该大幅升值。另一方面，更快的提前偿付，意味着 MBS 期限内更少的利息支付，这对于 IO 将是不利的，IO 将会贬值。

相反，如果利率上升，本金支付速度将会下降，这反映了扩张风险。因为本金延迟偿付，折现率上升，PO 的价值将会降低。另一方面，更慢的偿付意味着 MBS 期限内更多的利息支付，这对于 IO 是有利的，IO 将会升值，直到更高的折现率效应开始起主要作用。因此，IO 是具有负的久期的牛市证券，如图 18.6 所示。

例题 18.12　FRM 试题 2006——第 43 题

下列哪一个抵押证券具有负的久期?

(a) 只收取利息的票据（IO）。

(b) 反向浮息票据。

(c) 转手抵押债券。

(d) 只收取本金的票据（PO）。

例题 18.13　FRM 试题 2004——第 45 题

作为一个专门投资 MBS 的公司首席风险官（CRO），你被问到 IO 和 PO 会随利率的变化如何变化，下列说法哪一个是正确的?

(a) 当利率下降时，PO 和 IO 的价值都会增加。

(b) 当利率下降时，PO 的价值会增加，IO 的价值会降低。

(c) 当利率上升时，PO 的价值会增加，IO 的价值会降低。

(d) 当利率上升时，PO 和 IO 的价值都会增加。

例题 18.14　FRM 试题 2009——第 5－10 题

下列哪一个关于抵押证券的说法是不正确的?

(a) MBS 的价格对收益率曲线的敏感度比零息债券要高。

(b) 当收益率高于 MBS 的息票时，MBS 随利率变化的特点和公司债券类似。

(c) 随着收益率上升，MBS 的价值也在增加。

(d) 由于支付率的变化，MBS 展现出负凸度的特点，也就是，当利率下降时，支付将增加。

例题 18.15　FRM 试题 2009——第 5－11 题

乔治·史密斯是一个风险管理部门的分析师，他在负责一个抵押证券池。提前支付风险造成了抵押证券估值的复杂。下列哪些因子被认为会对抵押证券的提前支付风险产生影响?

Ⅰ. 利率的变化。

Ⅱ. 抵押证券的期限。

Ⅲ. 年中的季节性。

Ⅳ. 房龄。

Ⅴ. 未偿还本金的数量。

(a) Ⅰ、Ⅱ和Ⅴ。

(b) Ⅰ、Ⅱ、Ⅲ和Ⅴ。

(c) Ⅰ、Ⅱ、Ⅳ和Ⅴ。

(d) Ⅲ和Ⅳ。

18.4　重要公式

平均期限：$AL = \sum_{t=1}^{T} tP_t / P$

条件提前偿付率（CPR），单月偿付率（SMM）：$(1-SMM)^{12}=(1-CPR)$
PSA 模型：$CPR=\text{Min}[6\%\times(t/30), 6\%]$
期权调整价差：OAS＝静态价差－期权成本

18.5 例题解答

例题 18.1 FRM 试题 2008——第 2-37 题

(b) 这和美式看涨期权一样，因为如果利率下降或者价格上升，借款人可以随时重新支付。

例题 18.2 FRM 试题——计算 SMM

(a) 利用 $(1-6\%)=(1-SMM)^{12}$，我们得到 $SMM=0.51\%$。

例题 18.3 FRM 试题 2000——第 3 题

(d) MBS 和普通债券、国债以及公司债券不同，因为它具有负凸度。当利率下降时，房主会提前偿付，这意味着价格的上涨比具有相同久期的普通债券价格的上涨少。

例题 18.4 FRM 试题 2003——第 52 题

(c) 这是关于可赎回债券的图像，因为当利率下降时，价格具有上限限制，这意味着债务人有权将债券赎回。在 Y_1 点凸度为负，在 Y_2 点凸度接近零。

例题 18.5 FRM 试题 2006——第 93 题

(b) 名义价差和 Z 价差没有考虑可赎回债券的期权特征，因此只需考虑比较其 OAS，Y 的 OAS 较高，而且高于无期权特征的债券与国债 100 个基点的价差。

例题 18.6 FRM 试题 2009——第 9-2 题

(a) 抵押贷款特别是次级贷款的问题，比其他类型的债务都严重。另外，选项 b 和 c 是正确的。债权人的损失归因于存储风险，这涉及在抵押贷款被证券化之前将其放在资产负债表上。当贷款价值下降时就导致了损失。

例题 18.7 FRM 试题 2000——第 13 题

(c) 和 CMO 一样，CLO 代表一系列由某一抵押担保的可交易证券，在这里抵押物是一个贷款组合。

例题 18.8 FRM 试题 2004——第 57 题

(a) 发起人的破产不会影响到 SPV，因此发起人的金融状况是最不重要的信息。其他信息都对评估证券化发行方非常重要。

例题 18.9 FRM 试题——反向浮息票据的久期

(c) 根据前面的解释，我们必须将该固定息票债券分成 2/3 个 FRN 和 1/3 个反向浮息债券。这将确保反向浮息债券的支付与 2 倍的 LIBOR 相关，因此，反向浮息债券的久期必然是该债券的 3 倍。

例题 18.10 FRM 试题 2004——第 69 题

(b) 浮息票据的久期为零。10 年期普通债券的久期大约为 9 年。第一个反向浮息票据的久期为 $2\times9=18$ 年，第二个反向浮息票据的久期为 $3\times9=27$ 年。

例题 18.11　FRM 试题 2003——第 91 题

(b) 反向浮息票据的久期比 FRN 的久期（接近于零）高，甚至比具有相同成熟期的固定利率债券的久期高，所以选项 a 和 d 是错误的。当收益率上升时它的价值就会降低，所以选项 c 是错误的。反向浮息票据等价于一个固定利率债券多头头寸加上一个收入固定利率、支付浮动利率的互换，因此选项 b 是正确的。

例题 18.12　FRM 试题 2006——第 43 题

(a) IO 的价值随着利率的上升而增加，因为在这种情况下，很少会出现抵押债券的提前偿付。越少的提前偿付意味着越多的利息总支付，这会增加 IO 的价值。

例题 18.13　FRM 试题 2004——第 45 题

(b) PO 具有正的久期，IO 具有负的久期，因此，当利率下降时它们的变化恰好相反。

例题 18.14　FRM 试题 2009——第 5-10 题

(c) 随着收益率的波动率增加，期权费上升，同样，收益率的上升意味着价格的下降。选项 d 是正确的，因为 MBS 具有负的久期。选项 b 是正确的，因为高收益率意味着较低的支付率，这使得 MBS 和传统债券一样。

例题 18.15　FRM 试题 2009——第 5-11 题

(b) 除了房屋的年龄，所有的因子都会影响提前偿付风险。

译库・金融风险管理师考试手册(第六版)经济科学译库・金融风险管理师考试手册(第六版)经济科学译

第6部分

信用风险管理

第 19 章　信用风险导论*

信用风险（credit risk）是因交易对手未能履行合同义务而造成经济损失的风险，其影响是通过对手违约时重置现金流的成本来度量的。

本章将介绍信用风险的度量。近些年来，信用风险的研究得到了巨大的发展，在市场风险衡量手段快速发展的推动下，一些机构首次尝试在投资组合的基础上对信用风险进行量化。

然而，信用风险的研究给我们提出了一个独特的挑战，它需要构建违约概率的分布、违约情况下的损失分布以及信用暴露的分布，所有这些用于信用损失度量的分布都必须在投资组合的背景下来度量。相比之下，利用在险值来度量市场风险就简单多了。这些挑战也说明了为什么这些模型在 2007 年的信用危机中表现得如此糟糕。

对于大多数机构而言，市场风险与信用风险相比显得微不足道。事实上，银行系统为信用风险而储备的风险资本的数额要远远大于为市场风险而储备的风险资本金。在金融机构发展的历史中，我们也可以看出最大的一些银行倒闭案例都是由信用风险引起的。

信用风险涉及远期债务或者交易过程中未能支付的概率。19.1 节介绍了产生于本金在不同货币之间兑换的一小段时间内（比如一天）的**结算风险**（settlement risk）。我们将会讨论结算风险的暴露及其处理方法。

然而从传统上说，信用风险被看作是**结算前风险**（presettlement risk），它产

* FRM 考试第二部分的主题。

生于合约义务的有效期内。19.2 节分析了信用风险体系的组成部分以及信用风险度量体系的发展。接下来 19.3 节介绍了如何在给定了组合中各个成分违约概率的情况下构建整个组合信用损失的分布。

决定组合信用风险最重要的因素是单个违约事件之间的相关性。19.4 节以一个总额固定为 1 亿美元的投资组合为例，通过不断增加组合中债务人的数目来说明单个违约事件之间的相关性是如何在很大程度上影响信用损失的分布的。

19.1 结算风险

19.1.1 结算前风险和结算风险

交易对手的信用风险包括结算前风险和结算风险两部分。**结算前风险**（pre-settlement risk）是因交易对手在交易过程中不能履行义务而造成损失的风险，包括贷款的违约、债券的违约以及在衍生产品交易中无法履行必需的支付。结算前风险存在于从合约签订到结算之间的很长一段时间（通常好多年）。

与之相反的是，**结算风险**（settlement risk）来自于现金流的兑换，具有短期的性质。该风险在一个机构开始支付款项时产生，直到所有的支付款项都已被收到。当支付发生在不同的时间段时，特别是对于在不同货币之间进行兑换的外汇交易，结算风险达到最大。合约交易对手的违约、流动性限制或操作问题都可能导致不履行支付。

通常情况下，由于操作问题造成的无法结算所导致的经济损失很小，例如利息支付的损失。然而在有些情况下损失也会很大，甚至全部金额都发生损失。一个典型的结算风险的例子是 1974 年 Herstatt 银行的倒闭。破产那天，Herstatt 银行已经收到了来自许多交易对手的支付，但在这些支付款项被用于一些交易的还款之前该银行就已经违约了。

19.1.2 结算风险的处理

1996 年 3 月，国际清算银行（BIS）在一份公开报告中警告说，私人业务部门面对每天 1.2 万亿美元交易额的全球外汇市场，应该寻找一些途径来降低结算风险。[①] 报告中还提到中央银行对于“源自当前的外汇交易结算安排的风险非常

---

① Committee on Payment and Settlement Systems, *Settlement Risk in Foreign Exchange Transactions*, BIS (1996) (online), available at www. bis. org/publ/cpss 17. pdf.

关注”。报告中说到“仅一个交易对手的有风险的资金量就可能超过银行的资本金总量”，这就引起了**系统风险**（systemic risk）。监管导致了对于结算风险的重新考虑。

交易的状态可以被分为五类：

- 可撤销：机构在没有得到对手同意的情况下仍然可以撤销交易时。
- 不可撤销：支付行为已经发生并且在来自另一方的支付到期之前。
- 不确定：来自另一方的支付已经到期但还没有实际收到款项。
- 已结算：来自对手的支付款项收到以后。
- 违约：对手未能履行支付的行为发生以后。

结算风险发生在不可撤销和不确定这两个时段，一般为1～3天。

尽管结算风险可能带来巨大的经济损失，其短期性又使得它与结算前风险有着根本的不同。对结算风险的管理需要特殊的工具，如**实时总额结算**（real-time gross settlement，RTGS）系统。这些系统以缩短从一个机构不能中止支付的时点到来自对手的资金已经收到的时点这一时间段为目标。

结算风险可以通过净额交易协议得到进一步的管理。其中的一种形式就是涉及两个银行的**双边净额结算**（bilateral netting）。银行之间将余额进行合并并且仅就每种货币的净差额进行结算，而不是相互支付总金额。在工具层面上，净额交易中出现了**差额交易合约**（contracts for differences，CFD），合约在到期时统一以美元结算，而不是以不同的货币交换本金。[①]

接下来一步的发展就是**多边净额结算系统**（multilateral netting system），也称为**连续结算**（continuous-linked settlements）。在这一系统中，一组属于该系统的银行之间就净额支付。2002年9月9日，当由60家成员银行于1998年组建的CLS银行开始运转时，这一想法成为现实。每晚，CLS银行为其成员银行提供一张第二天需要进行支付的时间表。只有当资金都已收到并且所有的交易都已经被确认时才进行支付。这样，风险就被减少到仅存在于那些进行净额交易的机构。除了降低结算风险，净额交易系统还有效地减少了参与者交易数量的90%以上，从而降低了交易成本。

例题 19.1　FRM 试题——结算风险

外汇交易中的结算风险通常来自于：

(a) 名义额的交换。

(b) 净额的交换。

(c) 涉及的多种货币和多个国家。

(d) 汇率的高波动性。

例题 19.2　FRM 试题——多边净额结算系统

下面关于多边净额结算系统的表述哪一个不正确？

---

① 这与不可交割的远期合约类似，它们用来交易新兴市场国家的货币，但是在这些国家的司法管辖权之外进行交易，以美元结算。

(a) 系统风险会增加，因为多边净额结算系统会将风险集中于中心对手，而中心对手的倒闭将使每一个参与者都面临风险。

(b) 中心对手的高质量使得风险在向中心对手集中的过程中被消除了。

(c) 通过改变结算成本和信用暴露，外汇交易的多边净额结算系统可以改变信用关系的结构并且影响外汇市场的竞争。

(d) 在多边净额结算系统中，有着净借方头寸的参与者必须对中心对手进行净额结算支付。反过来，中心对手也必须对有着净贷方头寸的参与者进行支付。

19.2 信用风险概述

19.2.1 信用风险成因

现在我们来看一看信用风险（传统定义为结算前风险）的成因。信用风险度量体系试图将因对手违约而造成损失的风险进行量化，信用风险的分布可以被看成一个受下面这些变量影响的复合过程：

- **违约**（default）：这是一个离散型变量，对手或者违约或者不违约。违约用**违约概率**（probability of default，PD）来度量。
- **信用暴露**（credit exposure，CE）：指对手在违约时资产的经济价值或市值，也被称为**违约暴露**（exposure at default，EAD）。
- **违约损失**（loss given default，LGD）：指因违约造成的损失部分。例如，如果违约造成的**回收率**（fractional recovery rate）仅有30%，那么违约损失为违约暴露的70%。

需要注意的是，一个信用资产的多头头寸包含着一个嵌入的期权空头头寸。这表明的事实是借款人具有违约的期权。考虑一个传统的信用敏感债券的例子。它的收益率比无风险债券高，代价是借款人发生违约造成的资本损失。这个支付路径为收取一个风险溢价来换取一个潜在的未来资本损失，这恰好等于一个期权的空头头寸。

一般来说，信用风险度量被用于风险暴露或经济价值接近于其名义价值或票面价值的贷款或债券。这对于债券来说是一个合理的近似，但不适用于衍生产品。衍生产品的价值可正可负。信用暴露被定义为资产的正的价值：

$$CE_t = \mathrm{Max}(V_t, 0) \tag{19.1}$$

这是因为如果对手违约，对于欠他的所有金额仍需要全部支付。相反，如果对手违约有未支付金额，那么仅仅只有一部分可能被收回。这种非对称性可以用很多合约现在具有非走开条款的事实来解释，这防止出现欠钱的对手陷入破产并从合约走开的情况。因此，结算前风险对于机构来说只有合约的重置成本为正时才会发生。

19.2.2 信用风险度量

信用风险度量工具的发展演变经历了如下几个阶段：

● **名义数量**（notional amounts），就是简单的风险暴露。

● **风险加权数量**（risk-weighted amounts），就是对风险暴露进行粗略的风险调整。

● **信用评级数量**（notional amounts combined with credit ratings），就是对风险暴露根据违约概率进行调整。

● **内部组合信用模型**（internal portfolio credit models），就是将所有的信用风险整合起来。

起先，信用风险通过总的名义数量来度量，用一个乘数，例如8%，乘以名义数量就得到针对信用风险需要持有的资本储备。

这种方法的问题是忽略了违约概率中的变量。1988年，巴塞尔委员会通过信用分级制定了一个非常粗略的信用风险分类，提供了度量每一种名义数量的风险权重。这是推动银行根据风险程度持有足够资本金的首次尝试。我们会在后面的章节详细讨论《巴塞尔协议》。

然而，这些风险权重被证明过于简单化了，使得银行有动机在巴塞尔资本金要求下改变它们的资产组合来最大化其股东回报，这使得商业银行的资产负债表中存在更大的风险，而这当然不是1988年法案的初衷。例如，AAA评级和C评级的公司信用并没有什么区别。由于在同样的资本金管制下，对C评级公司的贷款比对AAA评级公司的贷款更有利可图，因此银行部门必然将其贷款组合转向低评级的贷款人。这导致了《巴塞尔协议Ⅱ》的诞生，它允许银行使用其自己内部的或外部的信用评级。这些信用评级更好地代表了信用风险。

虽然有这些改进，信用风险仍然是简单地计算各风险暴露然后再加总。这没有考虑到资产的分散化效应。内部组合信用模型则考虑到了这一点。然而这些内部模型产生了一些新的挑战，因此目前还未被巴塞尔委员会作为资本充足要求接受。

19.2.3 信用风险与市场风险

近年来发展起来的度量市场风险的工具对于信用风险的度量非常有用。虽然如此，市场风险与信用风险还是有着许多重要的差异，如表19.1所示。

表 19.1 市场风险与信用风险的比较

项目	市场风险	信用风险
风险来源	仅仅市场风险	违约风险，回收风险，市场风险
分布状态	基本对称，有肥尾的可能	左偏
时间范围	短期（几天）	长期（几年）
适用总体	商业/贸易单位	所有公司及其对手
发布的法律	没有可适用的	非常重要

正如前面所说，信用风险是源于三种风险来源的复合过程。与大多数市场风险因子不同，信用风险的性质使其服从严重的左偏分布，这是因为信用风险与期权空头类似。在最好的情况下，对手支付所有应支付的金额，使得没有任何损失发生。在最坏的情况下，所有应收到的金额都成为损失。

期限长度也有所不同。对于市场风险而言，调整策略的行动所需的时间相对较短，但是对于信用风险，却需要很长的时间。虽然当前信用衍生产品的出现使得信用风险很容易被对冲，但与市场风险相比，信用风险头寸的调整还是相当缓慢的。

最后，两者的适用水平也是不同的。对市场风险的限定可以应用于交易台、公司部门甚至最终整个公司层面。与之相对，信用风险的限定必须应用于对手的层面，因为所有的头寸都由机构持有。

法律条款对于信用风险来讲非常重要。例如，风险暴露可以由净资产交易合约来控制。最后，违约事件的发生不可避免地会引发一个法律层面的变动。

19.3 度量信用风险

19.3.1 信用损失

为了讨论直观的信用模型，我们举一个简单的例子，仅考虑损失是由违约引起的情况。这就是所谓的**违约模式**（default mode）。换句话说，它不随市值变化。这个例子可以视为一个典型的在银行资产负债表内的贷款，与交易账户上的债券相反。

由 N 种不同债务人的贷款的信用风险引起的损失的分布可以表示为：

$$\text{信用损失} = \sum_{i=1}^{N} b_i \times CE_i \times (1 - f_i) \tag{19.2}$$

式中，b_i 为一个概率为 p_i 的（贝努利）随机变量。当违约发生时，该变量取 1，否则取 0。因此 $E(b_i)=p_i$；CE_i 为违约发生时的信用暴露；f_i 为回收率，或者 $LGD_i=1-f_i$ 为违约时的损失率。

理论上，上述所有这些都可以是随机变量。如果它们是相互独立的，期望信用损失为：

$$E[CL]=\sum_{i=1}^{N}E[b_i]\times E[CE_i]\times E[LGD_i]=\sum_{i=1}^{N}p_i\times E[CE_i]\times E[LGD_i] \tag{19.3}$$

为了理解信用损失分布的驱动因子，考虑一个简单的例子，所有的债务人拥有相同的违约概率分布和违约损失分布。信用风险暴露也相同，固定为 1 美元。

实际发生的信用损失为：

$$CL=\sum_{i=1}^{n}LGD_i \tag{19.4}$$

式中，n 为损失事件发生的实际数目，介于 0 和 N 之间。这是一组随机数字的和，由每个真实的 LGD 组成。

和以前一样，信用损失的期望值为：

$$E[CL]=E[n]E[LGD]=NpE[LGD] \tag{19.5}$$

在其他条件相等的情况下，期望信用损失随违约概率 p 线性变化。

现在考虑 CL 的分散情况，用标准差来度量。根据方差求和的法则，我们有：

$$V[CL]=E\{V[CL|n]\}+V\{E[CL|n]\} \tag{19.6}$$

这样有：

$$V[CL]=E\{nV[LGD]\}+V\{nE[LGD]\}$$

式中，第一项是由独立随机变量和的方差等于它们的方差之和得到的。接下来，

$$\begin{aligned}V[CL]&=E[n]V[LGD]+V[n]\{E[LGD]\}^2\\&=NpV[LGD]+NP(1-p)\{E[LGD]\}^2\end{aligned}$$

当 $N=1$ 时，有：

$$SD[CL]=\sqrt{pV[LGD]+p(1-p)\{E[LGD]\}^2} \tag{19.7}$$

我们看到这里信用损失的波动率是由 LGD 的方差和违约概率的方差共同驱动的，$V[b]=p(1-p)$。

但是 $SD[CL]$ 和 p 之间的关系是非线性的，与期望信用损失和 p 之间的关系不一样。当 p 非常小的时候，$SD[CL]$ 与 $\sqrt{p}$ 近似成比例关系。因此，$SD[CL]$ 比 $E[CL]$ 随着 p 增加得快。例如，当 p 从 0 变到 0.01，它的平方根从 0 变到 0.1。因此，信用损失的分散程度在高违约概率下比平均损失要大。

例题 19.3　FRM 试题 2002——第 130 题

你已经同意一个公司的贷款。这个贷款将一次性支付 5 000 万美元。该公司有 3%的可能性违约，而且通过你的计算可知最终的贷款回收率为 70%。如果你需要对期望信用损失计提信用准备金，那么你需要计提多少准备金？

(a) 450 000 美元。

(b) 750 000 美元。

(c) 1 050 000 美元。

(d) 1 500 000 美元。

例题 19.4　FRM 试题 2009——第 6-7 题

一个银行账面有一笔总金额为 50 000 美元的贷款，80%的贷款还未偿还。贷款在下一年的违约概率假设为 2%，违约损失估计为 50%。违约损失的标准差为 40%。违约后的额外损失率（违约后未损失中的一部分）假设为 60%。那么该银行的期望损失和非期望损失（标准差）是多少？

(a) 期望损失=500 美元，非期望损失=4 140 美元。

(b) 期望损失=500 美元，非期望损失=3 220 美元。

(c) 期望损失=460 美元，非期望损失=3 220 美元。

(d) 期望损失=460 美元，非期望损失=4 140 美元。

例题 19.5　FRM 试题 2008——第 3-5 题

定义非期望损失（UL）为损失的标准差，期望损失（EL）为平均损失。进一步定义 LGD 为违约损失，EDF 为期望违约频率。下列哪些说法是正确的？

Ⅰ. EL 随着 EDF 线性增加。

Ⅱ. EL 通常比 UL 高。

Ⅲ. UL 比 EL 随着 EDF 增加得快。

Ⅳ. LGD 越低，EL 和 UL 中损失比例越高。

(a) 只有Ⅰ。

(b) Ⅰ和Ⅱ。

(c) Ⅰ和Ⅲ。

(d) Ⅱ和Ⅳ。

19.3.2　联合事件

更一般地，信用损失的离差在很大程度上取决于违约事件之间的相关程度。

当随机变量之间相互独立时，可以很容易地推导出信用损失的封闭形式的解。这一假定在很大程度上简化了分析，因为任何联合事件的概率都可以简单表示为单个事件发生概率的乘积：

$$p(A \cup B) = p(A) \times p(B) \tag{19.8}$$

在极端情况下，如果两个事件完全正相关，即 A 违约时 B 也肯定违约，我们有：

$$p(A \cup B) = p(B \mid A) \times p(A) = 1 \times p(A) = p(A) \qquad (19.9)$$

此时边缘概率是相等的，$p(A) = p(B)$ 。

例如假定边缘概率为 $p(A) = p(B) = 1\%$，那么联合事件的概率在事件相互独立的情况下为 0.01%，在完全正相关的情况下仍为 1%。

在更为一般的情况下，联合事件违约的概率取决于单个事件的边缘概率和它们之间的相关性。正如在第 2 章所看到的，乘积的期望为：

$$E[b_A \times b_B] = Cov[b_A, b_B] + E[b_A]E[b_B] = \rho\sigma_A\sigma_B + p(A)p(B) \qquad (19.10)$$

在该公式中，b_A 为一个贝努利变量，在第 2 章中我们给出了其标准差，为 $\sigma_A = \sqrt{p(A)[1-p(A)]}$，$b_B$ 和 b_A 具有相同的性质，于是我们有：

$$p(A \cup B) = Corr(A,B)\sqrt{p(A)[1-p(A)]}\sqrt{p(B)[1-p(B)]} + p(A)p(B) \qquad (19.11)$$

例如，如果相关性为 1 并且 $p(A) = p(B) = p$，我们可以得到：

$$\begin{aligned} p(A \cup B) &= 1 \times [p(1-p)]^{1/2} \times [p(1-p)]^{1/2} + p^2 \\ &= [p(1-p)] + p^2 = p \end{aligned}$$

这一结果与公式（19.9）对应。

如果相关系数为 0.5 并且 $p(A) = p(B) = 0.01$，我们可以得到 $p(A \cup B) = 0.005\,05$，这一结果仅仅为边缘概率的一半。这一例子的结果如表 19.2 所示，该表还给出了完整的联合概率分布。注意到每行或每列的概率之和都等于边缘概率。通过这些信息，我们能够推出所有未知的概率。例如，A 发生违约而 B 没有发生违约的概率为 0.01−0.005 05=0.004 95。这可以让我们填满整张表格。

表 19.2　　联合概率（违约相关系数为 0.5）

A	B 违约	B 没有违约	边缘概率
违约	0.005 05	0.004 95	0.01
没有违约	0.004 95	0.985 05	0.99
边缘概率	0.01	0.99	

19.3.3　一个实例

作为一个信用损失分布的例子，考虑一个由 A、B、C 三种债券组成的 1 亿美元的投资组合。为了简单起见，我们假定：（1）违约暴露为常量；（2）在违约发生的情况下回收率为 0；(3) 对于不同的债券发行方，违约事件是独立的。

表 19.3 展示了三种债券的违约暴露和违约概率。我们可以简单地计算得到期望损失 $E[CL]=\sum p_i \times CE_i = 0.05\times 25+0.10\times 30+0.20\times 45=13.25$ 百万美元。这是在假设基础上重复生成样本的平均数。这种计算非常简单，并没有考虑除违约概率以外的任何信息。需要注意，我们定义损失为一个正数，和通常的习惯一样。

另一方面，我们需要给出损失的完全分布以推导最大损失的情况。这在表 18.3 的下半部分给予展示。在第一种情况下，三种债券都没有违约，在违约事件相互独立的假定下，概率为 $(1-p_1)(1-p_2)(1-p_3)=(1-0.05)(1-0.10)(1-0.20)=0.684$ 。在第二种情况下，债券 A 违约而其他两种债券没有违约，概率为 $p_1(1-p_2)(1-p_3)=0.05(1-0.10)(1-0.20)=0.036$ ，其他情况的概率可依此类推。

表 19.3　　投资组合的违约暴露、违约风险和信用损失

		发行方	违约暴露（百万美元）	违约概率	
		A	25	0.05	
		B	30	0.10	
		C	45	0.20	
违约 i	损失 L_i（百万美元）	概率 $P(L_i)$	累积概率	期望损失 $L_i p(L_i)$	方差 $(L_i-EL_i)^2 p(L_i)$
无违约	0	0.684 0	0.684 0	0.000	120.08
A	25	0.036 0	0.720 0	0.900	4.97
B	30	0.076 0	0.796 0	2.280	21.32
C	45	0.171 0	0.967 0	7.695	172.38
A，B	55	0.004 0	0.971 0	0.220	6.97
A，C	70	0.009 0	0.980 0	0.630	28.99
B，C	75	0.019 0	0.999 0	1.425	72.45
A，B，C	100	0.001 0	1.000 0	0.100	7.53
总和				13.25(百万美元)	434.7

图 19.1 画出了信用损失的概率分布图。从表 19.3 中我们可以计算得到损失方差：

$$V[CL]=\sum_{i=1}^{N}(L_i-E[CL])^2 p(L_i)=434.7$$

那么标准差为 $\sigma(CL)=\sqrt{434.7}=20.9$ 百万美元。

同样，我们可以用 95%分位数来表示满足下式的最小损失值 CL_i：

$$P(CL \leqslant CL_i) \geqslant 95\% \tag{19.12}$$

由于损失都是正数，分位数就是累积概率大于等于 95%所对应的最小损失值。

从表 19.3 中，我们发现第四行的累积概率为 0.9670，刚好大于 0.95，对应的损失值为 45 百万美元。图 19.2 画出了累积分布函数，并指出 95%分位数为 45 百万美元。

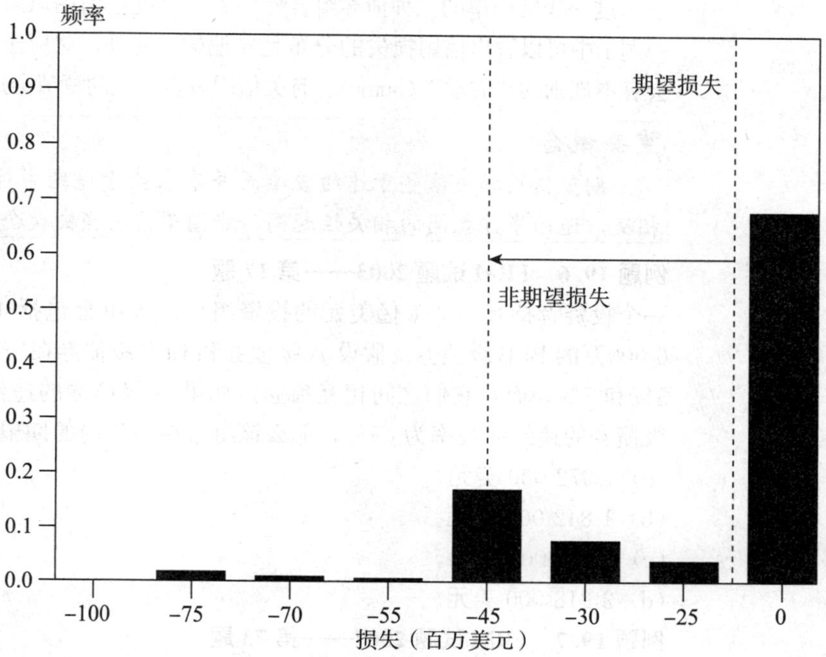

图 19.1　信用损失的分布

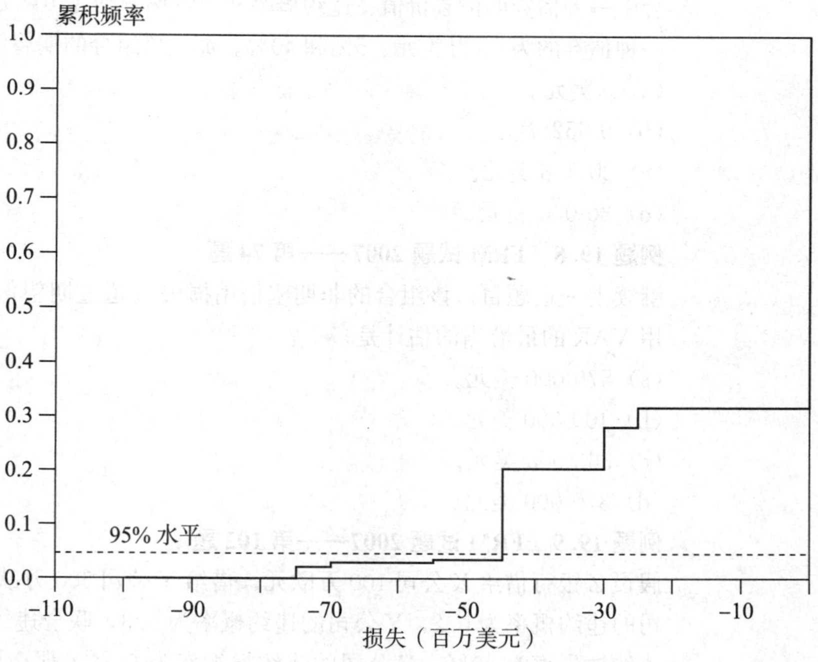

图 19.2　信用损失的累积分布

根据相对于均值的离差，图 19.1 给出了一个非期望损失 45－13.2＝32 百万美元。这就是**信用风险价值**（credit VAR）的度量。然而有时候信用风险价值度量的是整个损失，在本例中是 45 百万美元。

这一非常简单的三种债券组合提供了一个度量信用风险分布的有用实例。从这一例子中可以看出信用损失的分布是左偏的。此外，对应于违约事件的发生，分布会有不规则的“波动”（bump）。有关信用风险管理的章节会进一步阐述这一观点。

重要概念

期望信用损失依赖于违约概率而并不依赖于违约事件之间的相关性。与之相反，违约事件之间的相关性越高，非期望信用损失就会越大。

例题 19.6　FRM 试题 2003——第 17 题

一个投资者持有一个 1 亿美元的投资组合。该组合包括 4 000 万的 A 级债券和 6 000万的 BBB 级债券。假设 A 级债券和 BBB 级债券在一年内的违约概率分别为 3%和 5%，而且它们之间相互独立。如果 A 级债券的违约回收率为 70%，BBB 级债券的违约回收率为 45%，那么该组合在一年内的期望信用损失是多少?

(a) 1 672 000 美元。

(b) 1 842 000 美元。

(c) 2 010 000 美元。

(d) 2 218 000 美元。

例题 19.7　FRM 试题 2007——第 73 题

一个投资组合包含两种债券。信用 VAR 定义为在一年内置信水平为 98%的最大损失。两种债券的联合违约概率为 1.27%，违约事件之间的相关系数为 30%。该组合中一种债券的债券价值、违约概率和回收率分别为 100 万美元、3%和 60%，另一种债券的为 60 万美元、5%和 40%。那么该组合的期望信用损失是多少?

(a) 0 美元。

(b) 9 652 美元。

(c) 20 348 美元。

(d) 30 000 美元。

例题 19.8　FRM 试题 2007——第 74 题

继续上一道题目，该组合的非期望信用损失（超过期望信用损失的部分），即信用 VAR 的最恰当的估计是多少?

(a) 570 000 美元。

(b) 400 000 美元。

(c) 360 000 美元。

(d) 370 000 美元。

例题 19.9　FRM 试题 2007——第 102 题

假设 Z 银行借给 X 公司 100 万欧元，借给 Y 公司 500 万欧元。在下一年中，X 公司的违约概率为 0.2，Y 公司的违约概率为 0.3，联合违约概率为 0.1。X 公司的违约损失率为 40%，Y 公司的违约损失率为 60%。那么该银行在一年中的期望违约损失是多少?

(a) 72 万欧元。

(b) 98 万欧元。

(c) 46 万欧元。

(d) 64 万欧元。

例题 19.10　FRM 试题 2004——第 46 题

考虑一个 A 级债券和一个 BBB 级债券。假设 A 级债券和 BBB 级债券在一年内的违约概率分别为 2%和 4%，两种债券的联合违约概率为 0.15%。那么它们之间的违约相关系数是多少？

(a) 0.07%。

(b) 2.6%。

(c) 93.0%。

(d) 无法计算。

19.4　信用风险分散化

现代银行是建立在"贷款组合的风险小于单个贷款的风险"这一合理概念的基础上的。与市场风险一样，信用风险最重要的特征就是能够将违约分散化。

为了说明这一点，图 19.3 画出了 1 亿美元贷款组合的损失分布。违约概率固定为 1%，如果发生违约，回收率为零。

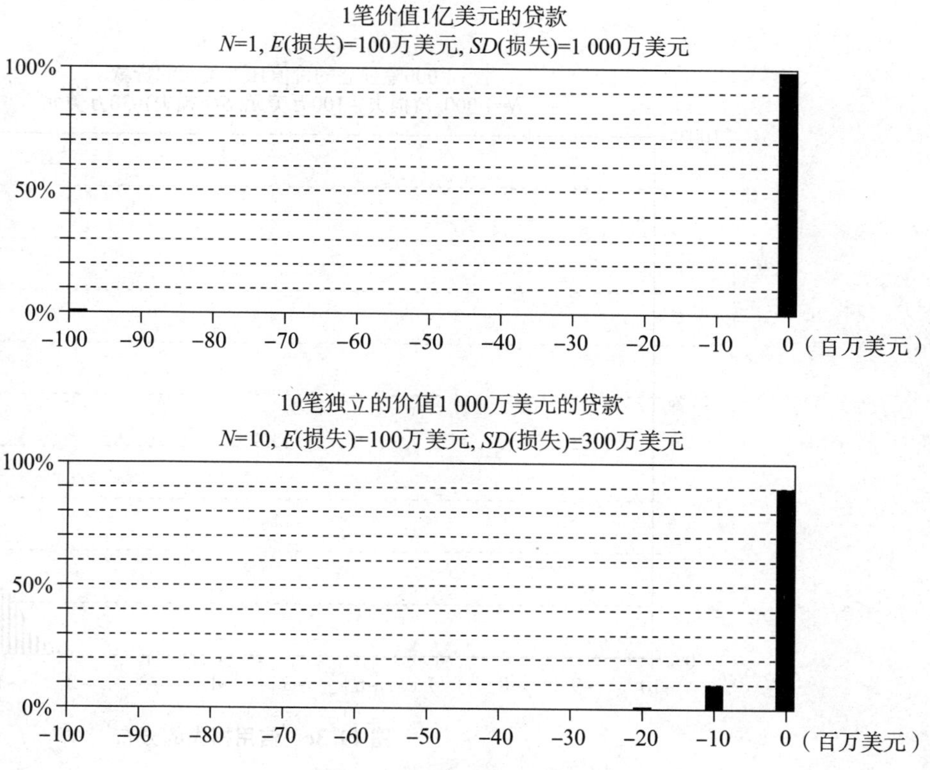

图 19.3a　信用损失的分布

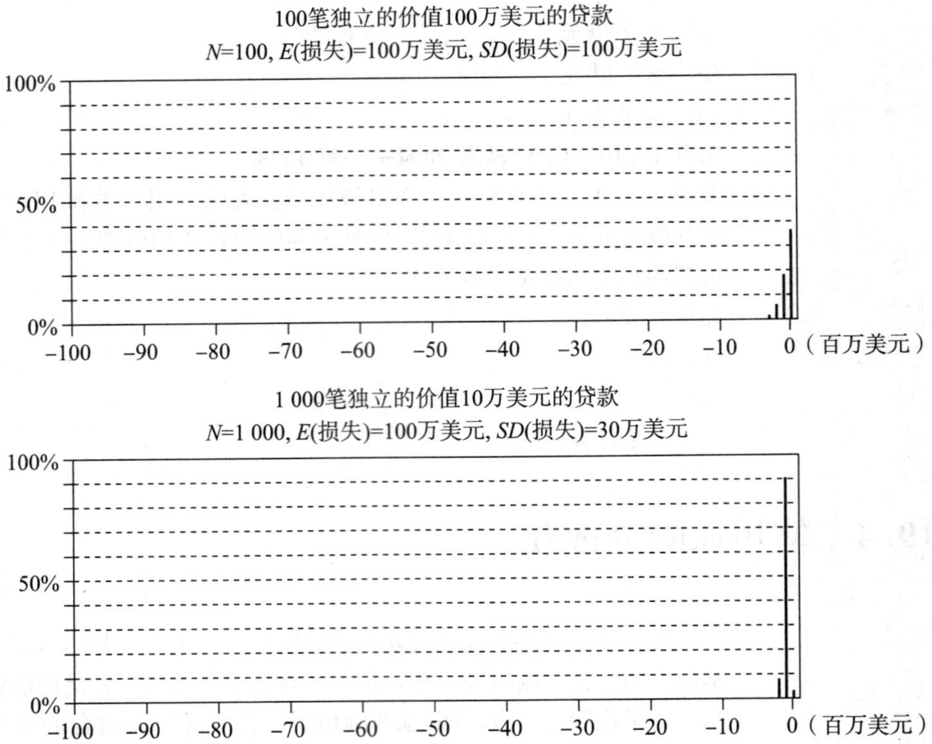

图 19. 3b　信用损失的分布

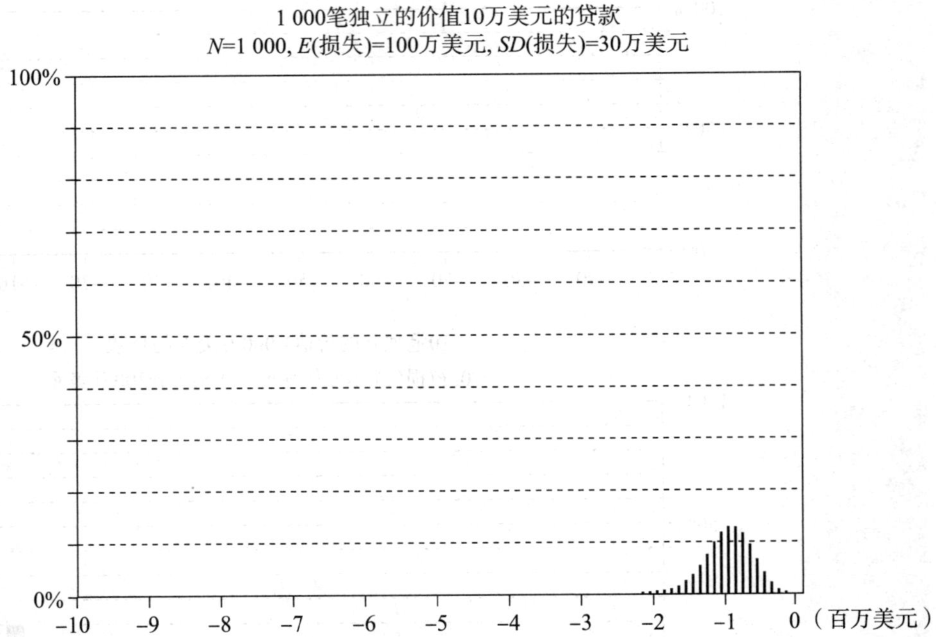

图 19. 3c　信用损失的分布

在第一张图中，我们只有一笔贷款，该贷款或者不会发生违约（概率为99%），或者损失1亿美元（概率为1%）。期望损失为：

$$EL = 0.01 \times 1\text{ 亿美元} + 0.99 \times 0 = 100\text{ 万美元}$$

当然，问题在于一旦违约真的发生了，这将是一个巨大的损失，很可能导致贷款银行破产。

基本上，这就是发生在因1997年亚洲金融危机而破产的香港最大的投资银行之一百富勤投资公司的情况。该公司的倒闭很大一部分是由于一笔对一家名为PT Steady Safe的印度尼西亚出租车公司2.35亿美元的贷款。这一贷款金额达到了百富勤权益资本金的四分之一。

在单一贷款的情况下，分布的偏差非常大，其方差为99，相应地，其标准差大约为1 000万美元。然而，在分布存在严重偏度的情况下，仅仅一个标准差并不能反映出全部信息。

在第二张图中，我们考虑10笔贷款，每笔贷款金额为1 000万美元。总金额与第一张图的情况相同。假定违约事件的发生是相互独立的，则期望损失仍为100万美元，即$10 \times 0.01 \times 1\ 000$万美元。然而现在的标准差却为300万美元，远远小于前面一种情况。

接下来在第三张图中，我们考虑100笔每笔金额为100万美元的贷款组合。期望损失仍然是100万美元，但现在的标准差更小了，仅为100万美元。最后，在第四张图中，考虑1 000笔每笔金额为10万美元的贷款组合，其标准差为30万美元。

为了进行比较，所有这些图的横坐标和纵坐标都使用了相同的刻度。但是，这仍然没有将分布充分地显示出来。这就是为什么第五张图将分布扩展到1 000笔贷款的情况，此时的分布看起来与正态分布比较接近。这体现了**中心极限定理**(central limit theorem)，该定理说明了独立随机变量和的分布趋于正态分布。值得注意的是，即使开始是一个有高偏度的分布，由于分散化的作用最终使得我们得到一个正态分布。

另外，分布的偏差也变得很小。这就解释了为什么分散于很多贷款人的消费者贷款组合的风险要小于传统的公司贷款的组合。

假设N个事件的发生有着相同的概率p，定义变量$X = \sum_{i=1}^{N} b_i$为违约事件发生的数目（当违约事件发生时，$b_i = 1$）。那么，我们的贷款组合的期望信用损失为：

$$E[CL] = E[X] \times 1\text{ 亿美元}/N = pN \times 1\text{ 亿美元}/N = p \times 1\text{ 亿美元} \tag{19.13}$$

该期望信用损失的值不依赖于N，但却依赖于违约的平均概率和总的违约暴露（1亿美元）。当事件的发生相互独立时，利用二项分布的结果，可以得到这一变量的方差为：

$$V[CL] = V[X] \times (1\text{ 亿美元}/N)^2 = p(1-p)N \times (1\text{ 亿美元}/N)^2 \tag{19.14}$$

相应地可以得到标准差为：

$$SD[CL] = \sqrt{p(1-p)} \times 1\text{ 亿美元} / \sqrt{N} \quad (19.15)$$

如果总额固定，随着 N 的增加标准差将趋于零。

我们应该注意到贷款者是独立的这一关键性假设。当这一假设不成立时，分布非对称性的消失将会变得更加缓慢。即使是一个有着很多数量消费者贷款的贷款组合，偏差也不会趋于零，因为对于所有消费者贷款人而言，一般的经济情况是一个共同的影响因素。事实上，在经济的萧条期比经济的扩张期有更多违约事件发生。这是对信用风险模型以时期为刻度标准进行质疑的原因之一。

机构通过使用**中心极限**（concentration limits）的方法往往失去了风险分散化的效应。换句话说，它们常常将贷款集中在一个特定的行业或地区范围内，其背后的基本原理是行业或地区内比行业或地区之间违约事件发生的相关性更高。相反地，**集中风险**（concentration risk）指的是在同一时间许多违约事件同时发生的风险。

可以在假设风险具有同质性（即事件的违约概率均为 p，并且相互独立）的前提下推导出集合风险分布的封闭形式解。在这种情况下，利用二项分布可以计算得到所有可能的状态。一般形式为：

$$(x+y)^N = a_0x^N + a_1x^{N-1}y^1 + a_2x^{N-2}y^2 + \cdots + a_{N-1}x^1y^{N-1} + a_Ny^N \quad (19.16)$$

式中，系数 a_i 的形式为：

$$a_i = \binom{N}{i} = \frac{N!}{i!(N-i)!} \quad (19.17)$$

如果我们令 $x=p, y=1-p$，那么展开项的和为 1，并且每项都是事件组合发生的概率：

$$1 = p^N + Np^{N-1}(1-p)^1 + \frac{N(N-1)}{2}p^{N-2}(1-p)^2 + \cdots + Np^1(1-p)^{N-1} + (1-p)^N \quad (19.18)$$

举个例子，当 $N=3$ 时，我们有：

$$1 = p^3 + 3p^2(1-p) + 3p(1-p)^2 + (1-p)^3 \quad (19.19)$$

第一项为三个违约事件同时发生的概率，第二项为只发生两个违约事件的概率。[①] 最后一项为没有违约事件发生的概率。这是一个很简洁方便的分解，但只适用于违约事件之间相互独立的情况。

例题 19.11　FRM 试题 2002——第 92 题

一个拥有五个债券的组合，债券之间违约的相关系数为零。第一年五个债券的违约概率分别为 1%、2%、5%、10%和 15%。那么一年内债券组合不发生违约的

① 这些事件是：(1) 债券 1 没有违约，债券 2 和 3 违约；(2) 债券 2 没有违约，其他债券违约；(3) 债券 3 没有违约，其他债券违约。

概率是多少？

(a) 71%。

(b) 67%。

(c) 85%。

(d) 99%。

例题 19.12　FRM 试题 2004——第 15 题

一个一揽子信用违约互换包含 10 个债券，每个债券的违约概率都是 5%。债券之间违约相互独立。那么只有一个债券违约的概率是多少？

(a) 5%。

(b) 50%。

(c) 32%。

(d) 3%。

19.5　重要公式

信用损失变量：$CL=\sum_{i=1}^{N} b_i \times CE_i \times (1-f_i)$

单个事件的信用损失，独立于 b 和 LGD，CE 固定为 1。

期望值：$E[CL]=E[n]E[LGD]=NpE[LGD]$

标准差：$SD[CL]=\sqrt{NpV[LGD]+Np(1-p)\{E[LGD]\}^2}$

独立事件的联合概率：$p(A\cup B)=p(A)\times p(B)$

联合概率：

$$p(A\cup B)=Corr(A,B)\sqrt{p(A)[1-p(A)]}\sqrt{p(B)[1-p(B)]}+p(A)p(B)$$

$$E[b_A\times b_B]=Cov[b_A,b_B]+E[b_A]E[b_B]$$

二项式展开：

$$1=p^N+Np^{N-1}(1-p)^1+\frac{N(N-1)}{2}p^{N-2}(1-p)^2+\cdots+NP^1(1-p)^{N-1}+(1-p)^N$$

19.6　例题解答

例题 19.1　FRM 试题——结算风险

(a) 结算风险是由名义本金总额在不同货币不同时刻进行兑换时产生的，这一风险使得一方在进行支付后容易发生违约，净额支付的风险要相对小一些。

例题 19.2 FRM 试题——多边净额结算系统

(b) 答案 (c) 和 (d) 都是正确的。答案 (a) 和 (b) 是相互矛盾的。一个多边净额结算系统将信用风险集中于某一个机构，如果这个机构倒闭将会产生巨大破坏。

例题 19.3 FRM 试题 2002——第 130 题

(a) 期望信用损失 (ECL) 为名义数量乘以违约概率再乘以违约损失，即 50 000 000×0.03(1−70%)=450 000 美元。

例题 19.4 FRM 试题 2009——第 6-7 题

(d) 首先，我们计算违约风险暴露。它是违约损失部分 80%×\$50 000=\$40 000加上额外损失部分 60%×\$10 000=\$6 000，总和为 $CE=\$46\ 000$。期望损失为它乘以 $p\times E[LGD]=0.02\times 50\%=1\%$，即 $EL=\$460$。接下来，我们根据公式 (19.7) 计算损失的标准差。方差为 $pV[LGD]+p(1-p)\{E[LGD]\}^2=0.02(0.40)^2+0.02(1-0.02)(0.50)^2=0.008\ 10$，开平方根得到 0.090。乘以\$46 000 得到\$4 140。忽略 $V[LGD]$ 会得到错误答案\$3 220。注意非期望损失远远大于期望损失。

例题 19.5 FRM 试题 2008——第 3-5 题

(c) 公式 (19.5) 表明 EL 随着 p 线性增加，因此说法Ⅰ是正确的。说法Ⅱ是不正确的，特别对于集中的投资组合。公式 (19.7) 表明 UL 比 EL 随着 p 增加得快，因此说法Ⅲ是正确的。最后，说法Ⅳ是不正确的，因为 LGD 越高 (而不是越低) 将导致越高的信用损失。

例题 19.6 FRM 试题 2003——第 17 题

(c) 期望信用损失为 $\sum_{i=1}^{N} p_i\times CE_i\times(1-f_i)=40\ 000\ 000\times 0.03(1-0.70)+60\ 000\ 000\times 0.05\ (1-0.45)\ =2\ 010\ 000$。

例题 19.7 FRM 试题 2007——第 73 题

(d) 第一种债券的期望信用损失为 1 000 000×3%×(1−60%)=12 000，另一种债券的期望信用损失为 600 000×5%×(1−40%)=18 000，它们加起来为 30 000。注意期望信用损失不依赖于违约事件之间的相关性。

例题 19.8 FRM 试题 2007——第 74 题

(d) 这道题需要考虑联合违约概率。如果这两种债券都违约，损失为 1 000 000×(1−40%)+600 000×(1−60%)=400 000+360 000=760 000。这种情况发生的概率为 1.27%。下一个较大的损失为 400 000，发生的概率为 3.00%−1.27%=1.73%。它们对应的累积概率为 1−1.27%=98.73%。这正好比 98%稍大，因此 400 000 美元就是对应于 98%置信水平的损失值，减去均值得到信用 VAR 为 370 000美元。

例题 19.9 FRM 试题 2007——第 102 题

(b) 联合违约概率对期望违约损失没有影响。期望违约损失为 $ECL=1\times 20\%\times 40\%+5\times 30\%\times 60\%=0.08+0.9=0.98$ 百万欧元。

例题 19.10 FRM 试题 2004——第 46 题

(b) 根据公式 (19.11)，违约相关系数为 $Corr(A,B)=[p(A\cup B)-p(A)p(B)]/\{\sqrt{p(A)[1-p(A)]}\sqrt{p(B)[1-p(B)]}\}=[0.001\ 5-0.02\times 0.04]/\{\sqrt{0.02[1-0.02]}$

$\sqrt{0.04[1-0.04]}\}=0.025\,516$。

例题 19.11　FRM 试题 2002——第 92 题

(a) 由于违约事件之间相互独立，那么不发生违约的联合概率为$(1-p_1)(1-p_2)(1-p_3)(1-p_4)(1-p_5)=(1-1\%)(1-2\%)(1-5\%)(1-10\%)(1-15\%)=70.51\%$。

例题 19.12　FRM 试题 2004——第 15 题

(c) 利用公式（19.18）中展开的第二项，我们有 $a_1=10$，那么概率为 $10p^1(1-p)^9=10\times0.05\times(1-0.05)^9=0.315$。

第 20 章 度量统计违约风险*

违约风险是信用风险的重要驱动因素. 它代表了**违约概率**（probability of default，PD）。当违约发生时，实际的损失包括了**违约暴露**（exposure at default，EAD）和**违约损失率**（loss given default，LGD）。

度量违约风险可以有两种方法：（1）**统计精算的方法**（actuarial methods），即通常利用违约的历史数据，提供违约概率的“客观”度量；（2）**市场价格的方法**（market-price methods），即通过债务、股票的交易价格或信用衍生产品的“风险中性”价格来推断出市场对于违约风险的估计。

风险中性定价在前面期权的部分已经介绍过。它提供了一个资产定价的捷径。风险中性定价的主要好处在于它可以根据最新的信息来进行预测，因为这种定价方法基于当前的市场价格。

然而从风险管理的目的来看，由于风险溢价的影响，它并不能准确地度量违约损失，因此它也就不能准确地直接度量违约概率。与之相反，统计客观的度量描述了“真实的”或“自然的”违约可能性。

统计精算方法对违约概率的度量由**信用评级机构**（credit rating agencies）提供，评级机构把借款人的信用等级进行分类，并以此来量化违约风险。这些是外部对公司的评级，也可以用类似的方法进行内部评级。

评级也可以通过**会计变量模型**（accounting variables models）推导。这种模型将违约的发生与一系列如会计变量所反映的公司特征相联系，然后用诸如鉴别

---

* FRM 考试第一部分和第二部分的主题。

分析的统计方法来检验这些变量与违约的发生与否是如何联系的。会计变量由金融市场和经济环境的信息来确定。评级机构采用的也是类似的程序进行信用风险度量，只不过它们利用的变量是关于公司的管理与信息。

本章主要讲述使用统计精算方法对违约风险进行度量。基于市场价格进行的违约风险的度量在下一章中进行阐述。20.1 节首先阐述了信用事件的定义。20.2 节接着讲述评级机构，描述它们如何利用违约的历史数据来推断违约概率。20.3 节将讨论违约的回收率。20.4 节介绍了公司和国家的信用风险。最后，20.5 节讨论了信用评级机构的原则。

20.1 信用事件

一个信用事件是一个离散的状态，它或者发生或者不发生，这取决于对违约事件的定义，下面给出了精确定义的框架。

债券违约的定义很狭窄，当债券的本息没有得到偿还时，就发生了债券的违约。违约由信用机构**标准普尔**（Standard & Poor's，S&P）给出如下定义：

> 无论评级与否，任何金融债务（正当的商业纠纷中的金融债务除外）第一次发生的支付违约；利息没有在到期日进行支付但在宽限期内进行了支付的，可以作为例外处理。

一个债券的违约，一般来说反映了债权人的财务困难，并且总伴随着其他责任的违约。这就是评级机构要对债券发行方进行信用评级的原因。对特殊债券的评级可以比发行方的评级高或低，这取决于它们之间的相关程度。

然而，该定义应用于信用衍生产品时需要做更精确的界定，因为衍生产品的收益直接与**信用事件**（credit event）相关。我们将在第 22 章讨论信用衍生产品。**国际互换与衍生品协会**（International Swaps and Derivatives Association，ISDA）作为行业协会，规范了信用事件的定义如下：

● **破产**（bankruptcy）涉及以下情形：（1）债权人（非兼并）进行清算；（2）不能偿付其债务；（3）求偿权的转让；（4）进入破产程序；（5）任命破产的清算管理人；（6）实际上由第三方查封了所有资产。

● **无力偿还债务**（failure to pay），即无力向债权人偿付到期债务。这通常发生在合同规定的宽限期之后并超过了一定的金额。

● **债务/交叉违约**（obligation/cross default），即发生在类似的其他债务上的违约（而不是无力支付款项）。

● **债务/交叉加速**（obligation/cross acceleration），就是说发生在类似的其他债券上的违约（而不是无力支付款项）导致该债务立即到期。

● **拒付/延期偿付债务**（repudiation/moratorium），即当事人拒绝支付，或对该债务的有效性提出异议。

● **债务重组**（restructuring），就是债务的弃权、延期或重新安排，使债务条件不如原来有利。

值得一提的是，在2008年发生的信用事件具有各自的特征：房地美和房利美（被接管），雷曼兄弟和华盛顿共同基金（破产），厄瓜多尔（无力偿还债务）。其他的信用事件类型如下：

- **评级下降**（downgrading），即信用等级比原来降低或退出评级。
- **货币不可自由兑换**（currency inconvertibility），即政府或相关管理机构强制进行外汇管制或其他货币方面的限制。
- **政府行为**（governmental action），就是说（1）政府或监管机构的公告或行为损害了该债务的有效性；（2）发生战争或其他武装冲突，致使政府和银行活动的运行受到干扰。

ISDA的定义统一了信用事件因子的集合，将争议和法律诉讼成本降到最低。同时ISDA对信用事件的精确定义使得法律风险最小化。

即使这样，有时候也会发生不可预见的情形。例如，很难判断银行债务重组是否构成一个信用事件，最近发生的康塞科、施乐和马可尼公司案例说明了这一点。

另一个著名的违约案例是阿根廷政府的外债违约事件，这是迄今为止最大的政府违约行为。2001年11月阿根廷政府宣布了一项对它自己很有利的地方债务重组。一些信用违约互换的持有者认为这是一个“信用事件”，因为外汇兑换是强制执行的，他们有权得到偿付。另一方面，互换的出售者并不同意。然而，阿根廷政府在12月宣布它将停止对1 350亿美元的外债支付利息，毋庸置疑，这明显是违约事件。然而，恰好在正式违约发生之前到期的信用违约互换的持有者的偿付问题还是没能得到解决。

例题20.1　FRM试题——信用事件的定义

下列事件中哪个不是“信用事件”？

(a) 破产。

(b) 赎回债券。

(c) 评级下降。

(d) 无力偿付债务。

20.2　违约率

20.2.1　信用评级

信用评级（credit rating）是一个由评级机构发布的“可信度的评估”。美国的主要债券评级机构是穆迪、标准普尔和惠誉。用专业术语来说，评级机构穆迪将信用评级定义为：

对债券发行人或其他债务人未来全额并按时向投资者偿付到期本息的能力、法律责任和意愿所进行的评价。

表 20.1 展示了两大评级机构穆迪和标准普尔对不同信用等级的解释。这些评级适用于长期债务，其他评级适用于短期债务。一般而言，这两大评级机构对同一债务发行人的评级是相同的。

表 20.1　　信用评级的分类

说明	标准普尔	穆迪
投资级别		
最高级	AAA	Aaa
高级	AA	Aa
中上级	A	A
中级	BBB	Baa
投机级别		
中下级	BB	Ba
投机级	B	B
差级	CCC	Caa
高度投机级	CC	Ca
最低质量级，没有利息	C	C
违约级	D	

调整：A+、A 和 A−，以及 A1、A2 和 A3。

评级大致分为：

● **投资级别**（investment grade），即标准普尔的 BBB 及其以上级别，穆迪的 Baa 及其以上级别。

● **投机级别**（speculative grade），或**投资以下级别**（below investment grade），即剩下的级别。

每一种字母代表不同的级别。另外，评级机构还采用**分类**（notches）的方法，例如，标准普尔把 BBB 级又细分为 BBB+、BBB 和 BBB−，对应穆迪的 Baa1、Baa2 和 Baa3。

这些评级代表客观（或统计）的违约概率。[①] 实际上，这些机构公布的研究报告是根据追踪美国债券违约的频率，按照不同时间范围进行初始评级。这些频率可用来将评级级别转换为违约概率。

这些机构选取了一些标准来确定信用评级，这包括许多会计财务指标。表 20.2 展示了美国工业类公司所选取的会计指标的中值。第一列（在“杠杆”下面）表明总负债对总资本（负债加上权益资本的账面价值）的比例随评级级别的

① 实际上，标准普尔的评级衡量了违约概率，而穆迪的评级估量了 $PD \times LBD$ 的综合影响，其中 LGD 表示违约造成的损失的比例。

不同而不同。评级较高的公司该比例较低，AAA 级的公司该比例的平均值为 12%，与此相比，BB 级（仅次于投资级别）的公司的比例为 53%，这意味着其资本对权益的杠杆比例为 2.1∶1。[①]

表 20.2　标准普尔不同评级的财务指标（2005—2007 年的平均水平）

	杠杆（%）	现金流覆盖（乘数）	
级别	总负债/总资本	EBITDA/利息	EBIT/利息
AAA	12	32.0	26.2
AA	35	19.5	16.4
A	37	13.5	11.2
BBB	45	7.8	5.8
BB	53	4.8	3.4
B	73	2.3	1.4
CCC	99	1.1	0.4

右边的一栏（在“现金流覆盖”下面）也表明自由现金流除以利息支付额的比例也是随评级级别呈系统性变化，该比例表示现金流可以保障利息支付额的倍数。如果我们关注的是息税前利润（EBIT），AAA 级别的公司利息保障倍数为 26.2，安全性较高，而 BB 级的公司只有 3.4 倍。

一个用于预测公司破产的模型叫做**多元判别分析**（multiple discriminant analysis，MDA），和奥尔特曼的 Z 得分模型一样。[②] 多元判别分析建立一个会计数据的多元线性模型来对样本公司违约与否进行识别。

在 Z 得分模型中的变量包括：(1) 基于总资产的运营资本；(2) 总资产的自留收益；(3) 总资产的 EBIT；(4) 股票总市值；(5) 总资产的净利润。得分越低说明公司违约的可能性越高。每一个变量都是正的，说明变量数值的增加会降低公司破产的可能性。

例题 20.2　FRM 试题 2003——第 100 题

在穆迪公司的投资级别中，最低的是哪一级？

(a) Baa1。

(b) Ba1。

(c) Baa3。

(d) Ba3。

例题 20.3　FRM 试题 2005——第 86 题

你要考虑一个向三个不同债券其中之一进行的投资。你的投资要求任何一个你投资的债券至少达到两大评级公司的投资级别。下面哪一个债券符合你的投资要求？

---

① D 和 E 定义为负债和权益，这样就可以得到 $(D+E)/E=D/E+1=53\%(1-53\%)+1=2.1$。

② E. Altman，“Financial Ratios，Discriminant Analysis and the Prediction of Corporate Bankruptcy，” *Journal of Finance* 23 (1968)：589-609.

(a) A 债券得到标准普尔的 BB 级和穆迪公司的 Baa 级。

(b) B 债券得到标准普尔的 BBB 级和穆迪公司的 Ba 级。

(c) C 债券得到标准普尔的 BBB 级和穆迪公司的 Baa 级。

(d) 以上均不符合要求。

例题 20.4　FRM 试题 2002——第 110 题

如果穆迪和标准普尔对债券的评级相同，那么标准普尔在 BB 级债券的平均违约率比下面穆迪的哪一种对该债券评级的平均违约率低？

(a) Baa3。

(b) Ba1。

(c) Ba。

(d) Ba3。

20.2.2　历史违约率

表 20.3 和表 20.4 分别展示了穆迪和标准普尔公司公布的历史违约率数据。这些数据描述了违约的公司所占的比重 $\bar{X}$，该数据是真实违约率的统计估计量：

$$E(\bar{X}) = p \tag{20.1}$$

例如，穆迪公司评级为 Baa 的公司在一年内发生违约的概率平均为 0.29%。而标准普尔公司相同的评级为 BB 的公司在一年内的平均违约率为 0.23%。另一方面，穆迪评级为 A 的公司在一年内的违约率为 0.07%，评级等于或低于 Caa 的公司在一年内的违约率为 13.73%。越高的评级伴随着越低的违约率。因此，可以利用该信息来为初始评级的违约率进行估计。

表 20.3　　1920—2007 年穆迪公司的累积违约率（%）

	年									
级别	1	2	3	4	5	6	7	8	9	10
Aaa	0.00	0.00	0.02	0.08	0.16	0.26	0.37	0.53	0.70	0.90
Aa	0.06	0.18	0.29	0.45	0.70	1.01	1.34	1.65	1.95	2.29
A	0.07	0.24	0.50	0.81	1.12	1.45	1.80	2.13	2.50	2.90
Baa	0.29	0.85	1.56	2.34	3.14	3.94	4.71	5.48	6.28	7.06
Ba	1.34	3.20	5.32	7.49	9.59	11.56	13.36	15.11	16.73	18.44
B	4.05	8.79	13.49	17.72	21.43	24.66	27.59	30.04	32.15	33.93
Caa - C	13.73	22.46	29.03	33.92	37.64	40.58	42.87	44.92	47.00	48.98
投资级	0.14	0.43	0.81	1.23	1.69	2.16	2.63	3.09	3.58	4.08
投机级	3.59	7.24	10.75	13.92	16.71	19.18	21.37	23.34	25.11	26.83
全部	1.41	2.88	4.32	5.63	6.80	7.85	8.80	9.67	10.48	11.28

续前表

级别	年									
	11	12	13	14	15	16	17	18	19	20
Aaa	1.07	1.21	1.36	1.41	1.45	1.53	1.62	1.68	1.77	1.83
Aa	2.68	3.10	3.51	3.93	4.25	4.49	4.68	4.88	5.09	5.27
A	3.34	3.77	4.15	4.50	4.92	5.28	5.56	5.81	6.08	6.33
Baa	7.80	8.54	9.24	9.89	10.44	11.01	11.53	12.00	12.44	12.91
Ba	20.00	21.52	23.04	24.34	25.51	26.64	27.81	28.91	29.85	30.78
B	35.64	37.26	38.69	40.08	41.40	42.68	43.73	44.52	45.07	45.38
Caa - C	50.99	53.07	55.05	57.11	59.12	60.98	62.63	64.20	65.68	67.13
投资级	4.58	5.09	5.57	6.00	6.42	6.79	7.12	7.41	7.71	8.00
投机级	28.44	30.00	31.50	32.87	34.13	35.35	36.52	37.57	38.46	39.28
全部	12.05	12.80	13.50	14.15	14.74	15.29	15.79	16.25	16.66	17.06

表 20.4　　1981—2007 年标准普尔的全球累积违约率（%）

级别	年														
	1	2	3	4	5	6	7	8	9	10	11	12	13	14	15
AAA	0.00	0.00	0.09	0.18	0.28	0.41	0.48	0.59	0.63	0.67	0.67	0.67	0.67	0.73	0.79
AA	0.01	0.05	0.09	0.19	0.29	0.40	0.52	0.62	0.71	0.81	0.91	0.99	1.09	1.17	1.21
A	0.06	0.16	0.29	0.45	0.64	0.85	1.11	1.32	1.53	1.76	1.95	2.11	2.26	2.39	2.61
BBB	0.23	0.65	1.13	1.75	2.38	2.98	3.47	3.96	4.42	4.89	5.37	5.75	6.22	6.68	7.20
BB	1.00	2.93	5.19	7.36	9.30	11.19	12.72	14.05	15.27	16.24	17.13	17.87	18.51	18.96	19.43
B	4.57	10.06	14.72	18.39	21.08	23.19	24.94	26.37	27.55	28.74	29.80	30.70	31.61	32.47	33.26
CCC	25.59	34.06	39.04	41.86	44.50	45.62	46.67	47.25	48.86	49.76	50.50	51.26	51.87	52.50	52.50
投资级	0.10	0.30	0.52	0.81	1.11	1.42	1.69	1.95	2.19	2.44	2.66	2.85	3.05	3.24	3.47
投机级	4.11	8.11	11.66	14.57	16.90	18.84	20.45	21.79	23.01	24.08	25.05	25.87	26.64	27.30	27.90
全部	1.45	2.91	4.21	5.33	6.26	7.06	7.73	8.30	8.81	9.29	9.72	10.08	10.44	10.76	11.09

另外，两张表还给出了违约概率在初始评级下随时间的累积概率。Baa 级的公司违约率从一年的 0.29%在接下来的十年里增加到十年的 7.06%，这也导致公司违约的数量随时间增加，对于投资级别的信用等级，增加的速度比时间的长度大。Baa 级的违约概率增加的比例为 7.06/0.20＝24，比 10 要大。而与之相

反，B级的违约概率增加的比例为33.93/4.05=8。对于投机级别的信用等级，增加的速度比时间长度小。

然而，这些历史信息存在的一个问题是数据相对较少。信用级别较高的公司在长期发生违约的例子并不多。例如，Aa级的公司在一年内的违约概率为0.06%，这说明几乎不发生违约。从1939年到2007年，只有两家初始评级为Aa的公司在评级的下一年内违约，都发生在1989年。这样的话，改变样本时期或发生又一次违约事件就可能对平均违约概率产生潜在的影响。

此外，样本空间随时间长度而减少。例如，标准普尔公布的违约概率最长为15年的历史信息，用的数据是从1981年到2007年的。一年期的违约概率代表了27年的平均数据，即1981年、1982年，直到2007年。然而，15年期的违约率只有13个阶段的数据，即1981—1995年，1982—1996年，直到1988—2007年。因此只能平均使用13个阶段的数据，样本空间就非常小。这些数据还是相互重叠的数据，并且不相互独立。因此，遗漏或添加一些公司的数量就可以彻底地改变所公布的违约率的数据。

这将导致表格的不一致性。例如，级别为CCC的债务人的违约率从第14年到第15年都是52.50%。这意味着14年之后就没有进一步的违约风险了，但这与实际是不符合的。此外，如果将级别进一步划分，违约率有时并不随信用级别单调递减，这就是小样本的影响。

我们可以通过计算其标准差来度量这些违约率的准确性。例如，考虑标准普尔公司的AA级公司第一年的违约率，其平均值$\overline{X}$为0.01%。假设这是通过对总的$N=10\,000$个独立样本的观察得到的，根据二项分布，我们得到其均值的方差为：

$$V(\overline{X})=\frac{p(1-p)}{N} \tag{20.2}$$

据此计算出其标准差约为0.01%。这与平均值基本相同，表明该平均违约率实际上并不精确。因此，我们并不能真正地据此将AA级和AAA级区分开来。

如果样本量更小，如非美国市场的情形，或者p随时间不断变化的话，问题会更加严重。例如，如果我们在100个样本中观察到5%的违约率，标准差为2.2%，这一标准差是非常大的。因此，信用风险的一个主要问题是对小概率事件的违约率的估计可能很不准确。

20.2.3 累积违约率和边际违约率

表20.3和表20.4中公布的违约率是初始信用评级的**累积违约率**（cumulative default rates），即它度量的是从初始日开始到第T年这段时间内发生违约的总频率。**边际违约率**（marginal default rate）也非常有用，该指标度量的是在T年内发生违约的频率。

违约的过程在图20.1中做了描述。这里，d_1表示第一年的边际违约率，d_2表示第二年的边际违约率。要在第二年内违约，该公司必须在第一年生存下来，然后在第二年违约。因此，第二年违约的概率为 $(1-d_1)d_2$ 。那么，到第二年的累积违约率为 $C_2=d_1+(1-d_1)d_2$ ，减去 1 再加上 1，得到 $C_2=1-(1-d_1)(1-d_2)$ ，该式的解释也许更直观一些，它表示 1 减去公司在整个两年期间内生存下来的概率。

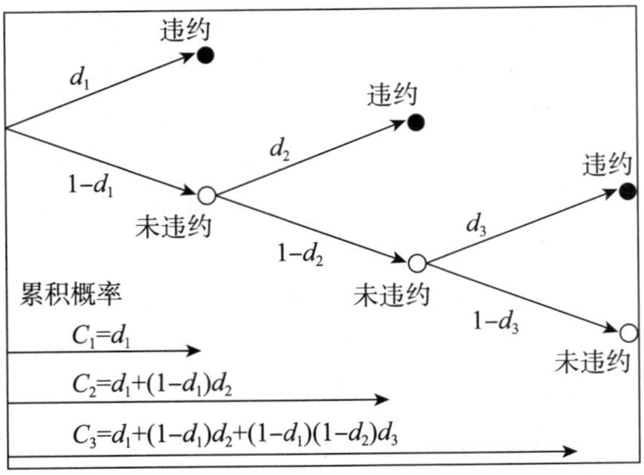

图 20.1　违约过程

我们定义：

● $m[t+N \mid R(t)]$ 为在 t 年末评级级别为 R 而在 $T=t+N$ 年违约的债务人的数量；

● $n[t+N \mid R(t)]$ 为在 t 年末评级级别为 R 而在 $T=t+N$ 年初未违约的债务人的数量。

T 年的边际违约率：即在时刻 t 初始评级为 R 而在 T 年违约的债务人的数量占 T 年年初所剩债务人数量的百分比：

$$d_N(R)=\frac{m[t+N \mid R(t)]}{n[t+N \mid R(t)]}$$

生存率：即初始评级为 R 而在 T 年并未违约的债务人所占的百分比：

$$S_N(R)=\prod_{i=1}^{N}(1-d_i(R)) \tag{20.3}$$

从开始到 T 年的边际违约率：即初始评级为 R 而在 T 年违约的债务人占 t 年总人数的百分比。要使该事件发生，债务人必须继续生存直到 $t+N-1$ ，然后在下一年违约。因此，该百分比为：

$$k_N(R)=S_{N-1}(R)d_N(R) \tag{20.4}$$

累积违约率：即初始评级为 R 而在 T 年之间任何时刻违约的债务人所占的百分比：

$$C_N(R)=k_1(R)+k_2(R)+\cdots+k_N(R)=1-S_N(R) \tag{20.5}$$

平均违约率：我们可以将总的累积违约率表达成平均违约率，其中 d 为每个时期的违约率：

$$C_N = 1 - \prod_{i=1}^{N}(1-d_i) = 1-(1-d)^N \tag{20.6}$$

当我们从年到半年，直到最终使用连续复利计算，平均违约率变为：

$$C_N = 1-(1-d^a)^N = 1-(1-d^s/2)^{2N} \rightarrow 1-e^{-d^c N} \tag{20.7}$$

式中，d^a、d^s、d^c 分别为利用年、半年和连续复利计算的违约率。这正好与各种利率计算方法的定义相同。

例　计算累积违约率

考虑一个评级为 B 级的公司，其违约率为 $d_1=5\%$，$d_2=7\%$，计算它的累积违约率。

在第一年里，$k_1=d_1=5\%$，一年之后生存率为 $S_1=0.95$。第二年的违约率为 $k_2=S_1\times d_2=0.95\times 0.07=6.65\%$。两年后，生存率为 $(1-d_1)(1-d_2)=0.95\times 0.93=0.8835$。因此，第一年和第二年的累积违约率为 $5\%+6.65\%=11.65\%$。■

根据上述信息，我们可以根据累积违约率画出不同信用级别的“向前的”边际违约率的图形。例如，图 20.2 根据表 20.3 画出了由穆迪公司公布的累积违约率的图形。图 20.3 就是据此画出的边际违约率的图形。

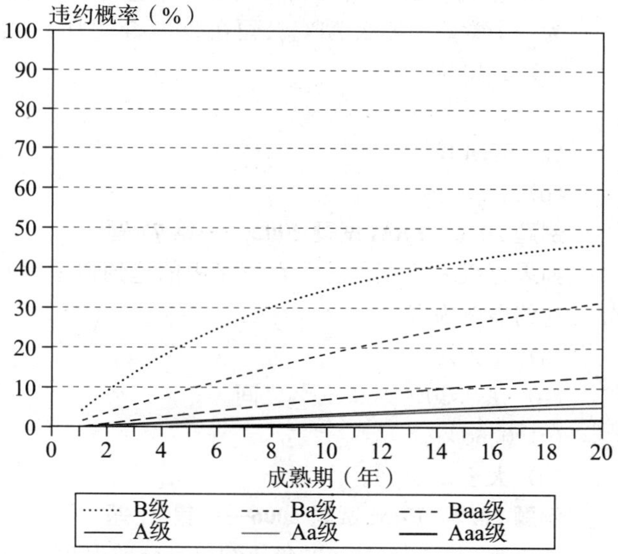

图 20.2　穆迪公司的累积违约率，1920—2007 年

我们看到一个很有趣的现象，开始时初始信用级别高的公司其边际违约率随到期时间而上升，但初始信用级别低的公司则随到期时间而下降。上升的原因在于均值回归效应。一个 Aaa 级别的公司在运气最好的情况下，也只能保持违约率不变，但常常都会随时间而情况变糟。相反，一个 B 级别的公司如果经过开始几年生存下来，其违约率会随时间而下降。这就是生存效应。

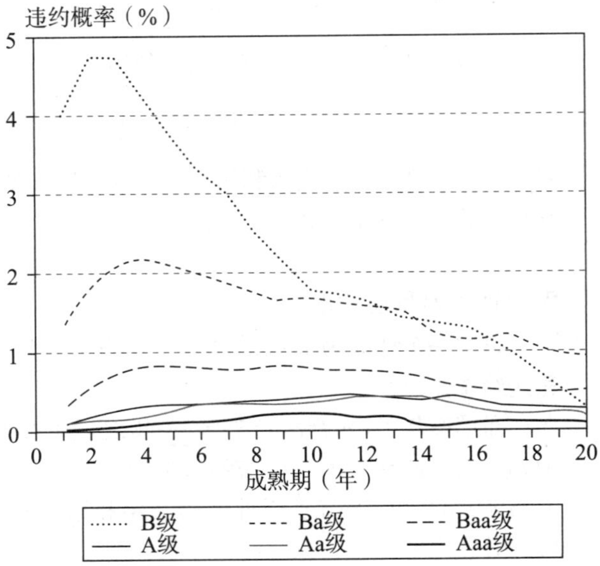

图 20.3　穆迪公司的边际违约率，1920—2007 年

例题 20.5　FRM 试题 2004——第 1 题

ABC 公司在 2004 年 1 月 1 日成立，它的期望年违约率为 10%。假设季度违约率为一个常数，那么 ABC 公司在 2004 年 4 月 1 日前不违约的概率是多少？

(a) 2.40%。

(b) 2.50%。

(c) 97.40%。

(d) 97.50%。

例题 20.6　FRM 试题 2002——第 77 题

如果评级为 A 级的公司在三年内的违约概率为 0.30%，那么该公司在六年内的违约概率为多少？

(a) 0.30%。

(b) 在 0.30%到 0.60%之间。

(c) 0.60%。

(d) 大于 0.60%。

例题 20.7　FRM 试题 2006——第 21 题

如果第一、二和三年的年违约概率分别为 8%、12%和 15%，那么三年后的生存率为多少？

(a) 68.8%。

(b) 39.1%。

(c) 99.9%。

(d) 65.0%。

例题 20.8　FRM 试题 2008——第 3－1 题

一个 A 级别债券在第 1、2、3 年的边际违约概率分别为 0.300%、0.450%和

0.550%。假设违约都发生在年末。计算未来 3 年每年年末的累积违约概率。

(a) 0.300%，0.750%，1.300%。

(b) 0.300%，0.150%，0.250%。

(c) 0.300%，0.749%，1.295%。

(d) 0.300%，0.449%，0.548%。

例题 20.9 FRM 试题——违约概率定义

边际违约概率和累积违约概率的区别是什么？

(a) 边际违约概率是一借款人在任意给定的年份内发生违约的可能性，而累积违约概率是在一个特定的多年期内违约的可能性。

(b) 边际违约概率是一借款人由于某一特定信用事件违约的可能性，而累积违约概率是对所有可能的信用事件违约的可能性。

(c) 边际违约概率是一借款人违约的最小概率，而累积违约概率是违约的最大概率。

(d) a 和 c 都是正确的。

20.2.4 转移概率

正如我们所看到的，长期违约率的度量在样本容量较小时存在很多问题。可以为信用级别的迁移假设一个马尔可夫过程，这通过一个转移矩阵来描述，从而简化这些违约率的计算。**迁移**（migration）是一个离散过程，是由从一个时期到下一个时期信用级别的变化构成。

转移矩阵（transition matrix）给出了从期初的信用级别转移到期末信用级别的概率。通常假设这些转移服从一个**马尔可夫过程**（Markov process），或者说从一个时期的状态到另一个时期的状态的迁移是相互独立的。[①] 这种运动没有记忆性。用更加专业的术语来说，**马尔可夫链**（Markov chain）描述了离散时间下的一个随机过程，如果给定今天的值，它的条件概率分布是不随时间变化的，而只与当前的值相关。表 20.5 给出了一个简化的转移矩阵的例子，其中只有四种状态 A、B、C、D，最后一种状态表示违约。考虑一个在 0 时刻 B 级的公司。该公司可能违约的情形为：

- 在第一年，概率是 $D[t_1 \mid B(t_0)] = P(D_1 \mid B_0) = 3\%$。
- 在第二年，经过第一年由 B 到 A，然后在第二年由 A 到 D，或者由 B 到 B，再到 D，或者由 B 到 C，再到 D。总概率为 $P(D_2|A_1)P(A_1) + P(D_2|B_1)P(B_1) + P(D_2|C_1)P(C_1) = 0.00\times0.02+0.03\times0.93+0.23\times0.02=3.25\%$。

两年内的累积违约概率为 3%+3.25%=6.25%，图 20.4 展示了在第 1、2、3 年不同的违约路径。

采用该方法的优点是结果所得的数据更加可靠、稳定。例如，通过该方法得到的 15 年期累积违约概率总会比 14 年期的违约概率要大。

---

① 然而，实证数据表明，信用级别下降并非独立的，而是显现出动量效应。

表 20.5　　信用级别的转移概率

状态 期初	期末 A	B	C	D	总概率
A	0.97	0.03	0.00	0.00	1.00
B	0.02	0.93	0.02	0.03	1.00
C	0.01	0.12	0.64	0.23	1.00
D	0	0	0	1.00	1.00

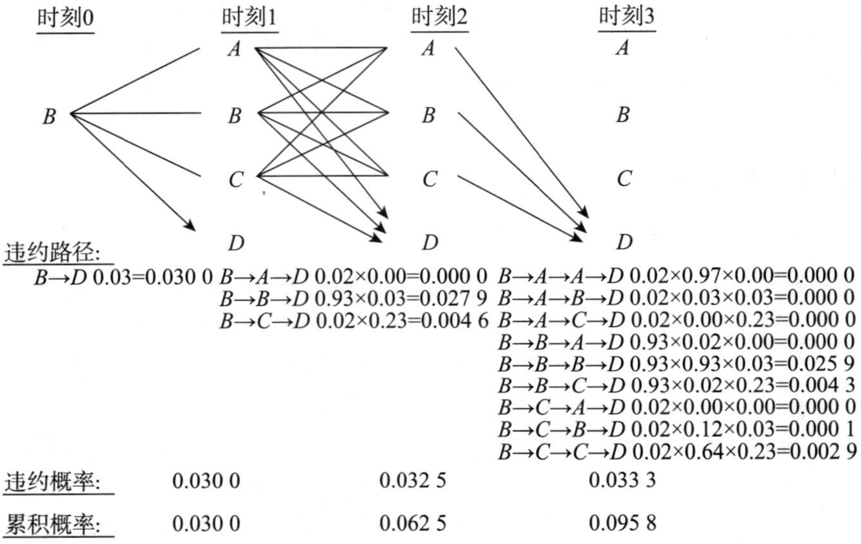

图 20.4　违约路径

例题 20.10　FRM 试题 2005——第 105 题

一个转移概率表包含充足的信息，除了

(a) AA 级的公司在五年内降为 B 级的可能性。

(b) 从 BB 级降为 BBB 级的债券价格。

(c) B 级债券的违约概率。

(d) 高收益债券上升为投资级别的可能性。

例题 20.11　FRM 试题 2007——第 51 题

惠誉公司提供了关于 A 级债务人的迁移数量表：(1) 迁移到 AAA 级的为 2 个；(2) 迁移到 AA 级的为 5 个；(3) 停留在 A 级的为 40 个；(4) 迁移到 BBB 级的为 2 个；(5) 发生违约的有 3 个。基于以上信息，年初级别为 A 的债务人在年末评级下调的概率为多少？

(a) 13.46%。

(b) 13.44%。

(c) 9.62%。

(d) 3.85%。

例题 20.12　FRM 试题 2009——第 4-18 题

一个 ABC 公司发行的两年期零息债券的当前市场评级为 A。市场预期一年后 ABC 公司债券评级保持为 A，下降到 BBB 或者上升到 AA 的概率分别为 80%、15%和 5%。假设无风险利率为 1%，与 AA、A 和 BBB 级别债券的信用价差分别为 80、150 和 280 个基点。所有的利率都以年复利计算。该零息债券在一年后的期望价值最接近多少？

(a) 97.41。

(b) 97.37。

(c) 94.89。

(d) 92.44。

例题 20.13　FRM 试题 2008——第 3-20 题

由于发生信用危机，一家小型零售银行希望建立更好的模型来预测其大型商业贷款发生违约的可能性。它建立了评估商业客户信用风险的内部评级方法。根据下面给出的一年期转移概率表，当前评级为 B 的贷款在两年内发生违约的概率为多大？

期初的评级	期末的评级			
	A	B	C	违约
A	0.90	0.10	0.00	0.00
B	0.00	0.75	0.15	0.10
C	0.00	0.05	0.55	0.40

(a) 17.5%。

(b) 20.0%。

(c) 21.1%。

(d) 23.5%。

20.2.5　违约概率的时间变化

违约也和经济活动有关。例如，穆迪公司比较了自 1920 年以来的年违约率和工业生产水平的关系。穆迪报告了在 20 世纪 30 年代大萧条时期，违约率有一个明显的上升趋势，最近的经济衰退时期也是一样。这些违约率并不能控制信用质量的结构性变化。近些年，市场上的许多债务人的初始评级比过去要低，即使经济环境很稳定，这也会导致更多违约情况的发生。

为了对这一效应进行控制，图 20.5 描述了 1981 年到 2009 年投资级别和投机级别债务的违约率。正如我们所预期的那样，投资级别的债券违约率很低。更有趣的是，该图表明它随时间的变化很小。可是，我们观察到投机级别的债券有重大的变化，在 1981 年、1990 年、2001 年和 2007 年的经济衰退中达到顶峰。因此，经济活动实际上影响了违约概率，而且这种效应对投机级别的债券最为显著。

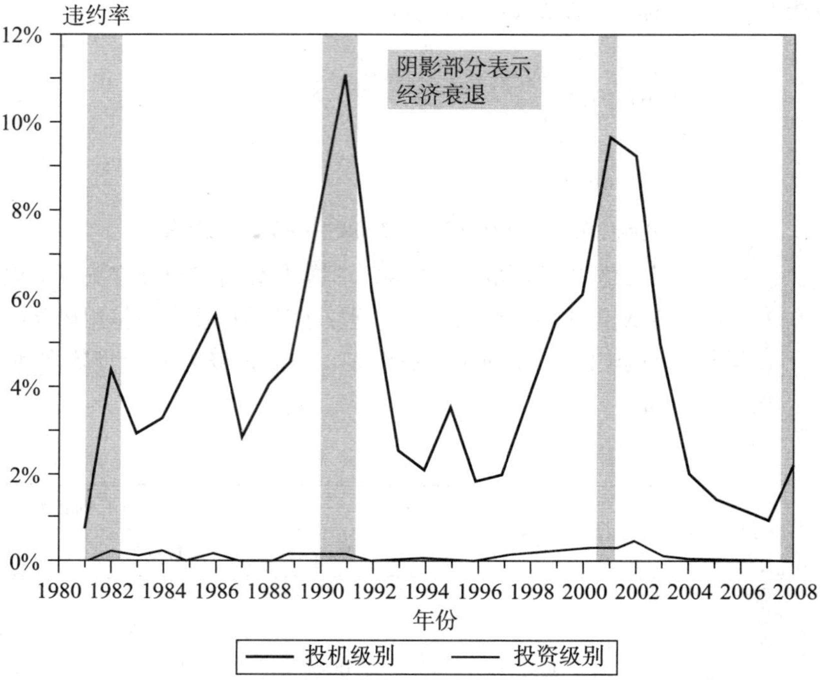

图 20.5　违约随时间的变化（来自标准普尔）

20.3　回收率

信用风险也取决于违约后损失。这可以用 1 减去**回收率**（recovery rate）或违约后回收的比例来衡量。

20.3.1　破产程序

通常，违约是一个对债务人所有责任都会产生同样影响的状态，尤其是当伴随有破产诉讼时。在大多数国家，为解决公司所涉及的所有求偿权，正式的破产程序提供了一个集中的法庭，并为公司的债权人安排了**啄食顺序**（pecking order）。它清楚地说明了支付债权人的顺序，因此造成了不同债权人回收率的不同。然而，属于同一级别的债权人都应受到同等对待。

在美国，不能对要求的金额进行支付的公司可以申请适用“第 7 章”破产法律，这将导致对公司资产的清算，或者申请适用“第 11 章”破产法律，这将会导致公司重组。在重组期间，公司在法院的监督下可以继续运营。

按照“第 7 章”破产法律，清算的收入要根据**绝对优先原则**（absolute priority rule）分配，该原则规定首先要对拥有最高优先权的债务人进行偿付。

表 20.6 描述了破产程序偿付的先后顺序，在表中位于最上面的是**担保债权人**（secured creditors），因为他们的财产权是由抵押证券的价值完全支付的。位于其后的是**优先债权人**（priority creditors），主要由破产后债权人组成。最后，如果资金分给其他人之后还有剩余，将支付给**一般债权人**（general creditors）。

表 20.6　　美国联邦破产法的清偿顺序

优先级别	债权人类型
最高（首先得到支付）	（1）担保债权人（有担保抵押的）
	（2）优先债权人 ● 在破产期间提供贷款的公司 ● 在破产期间商品和劳务的供应者（如员工、律师、经销商等） ● 税收
	（3）一般债权人 ● 破产前未担保的债权人
最低（最后得到支付）	● 股东

“第 11 章”破产法律也适用相同的规定。在这种情况下，公司必须提交一份**重组计划**（reorganization plan），具体阐明对公司资产新的财务求偿权。可是，在第 11 章法律的解决中，常常违反绝对优先原则。即使高级债务持有人没有得到全额支付，次级债务持有人和股东也能得到一定支付。允许这样做是为了促进破产的及时解决，并避免未来的法律纠纷。即使这样，在不同的优先级别之间，回收率依然存在明显差别。

20.3.2　回收率的估计

信用评级机构利用刚刚违约后债务的价值来估计回收率。这被认为是市场对未来回收率的最好估计，它考虑到了公司的资产价值、破产程序的估计成本和各种支付形式（例如用权益资本向债务持有人进行偿还），并把它们折现为现值。

回收率取决于下列因素：

● 债权人的偿付优先权。偿付优先权越高，回收率也就越高。一般来说，年金债券或者公司股份债券的回收率比较高。

● 经济状况。经济处于扩张（衰退）时，回收率可能比较高（低）。

● 债务人的情况。债务资产的评级越高，回收率也越高。**有形资产**（tangible assets），例如农作物，就比其他资产的回收率高。利润率高的公司，一般具有较高评级，它的回收率也较高。

● 破产的形式。严重的交易困境，和破产不同，通常会导致较高的回收率。不像公司破产导致所有债务违约，交易困境只是进行交易的金融工具发生违约。

信用评级也包括违约后损失。同一个债务人也许有不同种类的债务，这些债务由于受到的保护不同得到的评级也不同。如果这样，具有较低优先权的债务应该有一个较低的评级。

表 20.7 展示了公司债务的回收率。例如，穆迪公司估计，高级未担保债务的平均回收率为 $f=37\%$。衍生工具的级别和高级未担保债务相同，因此回收率是一样的。

银行贷款通常是有担保的，所以回收率较高，通常在 60%左右。正如所预期的那样，次级债务的回收率最低，一般在 20%到 30%之间。

表 20.7　　穆迪公司的全球公司债务回收率（%）

优先权	次数	均值	标准差	最小值	第 10 分位数	中位数	第 90 分位数	最大值
所有银行贷款	310	61.6	23.4	5.0	25.0	67.0	90.0	98.0
权益信托	86	40.2	29.9	1.5	10.6	31.0	90.0	103.0
高级担保债券	238	53.1	26.9	2.5	10.0	34.0	82.0	125.0
高级未担保债券	1 095	37.4	27.2	0.3	7.0	30.0	82.2	122.6
高级次级债券	450	32.0	24.0	0.5	5.0	27.0	66.5	123.0
次级债券	477	30.4	21.3	0.5	5.0	27.1	60.0	102.5
低级次级债券	22	23.6	19.0	1.5	3.8	16.4	48.5	74.0
所有债券	2 368	36.8	26.3	0.3	7.5	30.0	80.0	125.0

资料来源：穆迪公司，基于 1982—2002 年的违约债券价格。

可是，平均回收率也会有很大变动。如表 20.7 所示，该表不仅显示了平均值而且显示了其标准差、最小值、最大值，以及 10%和 90%分位数。回收率的变动范围很大。另外，回收率与违约率呈负相关关系。在债券违约较多的年份，违约后的债券价格比平常要低。这种相关性会导致更大的损失，扩展到信用损失分布的左尾。实际上，回收率一般被拟合为范围从 0 到 1 的贝塔分布。

另一个困难是法律所适用的环境。在国家法律方面的差异会导致回收率的差异。表 20.8 比较了欧洲和北美的平均回收率。显然，美国的回收率要比欧洲的高。

表 20.8　　穆迪公司的平均回收率：欧洲和北美（%）

投资工具	欧洲	北美
银行贷款	47.6	61.7
债券		
高级担保债券	52.2	52.7
高级未担保债券	25.6	37.5
高级次级债券	24.3	32.1
次级债券	13.9	31.3
低级次级债券	NA	24.5
所有债券	28.4	35.3
优先股	3.4	10.9
所有投资工具	27.6	35.9

资料来源：穆迪公司，基于 1982—2002 年的违约债券价格。

用刚刚违约后的债务交易价格来估计回收率是比较合适的，因为公司破产的程序一般比较慢，经常会拖好几年。计算支付给债务持有人的总的支付价值很复杂，要考虑货币的时间价值。

证据显示，债务的交易价格一般要比经折现的回收率低，如表 19.9 所示。平均的折现回收率比给定交易价格推导出来的回收率普遍要高。这可能是市场不同或是交易价格含有风险溢价的原因。换句话说，交易价格可以被人为降低，因为投资者都想将违约证券从他们的投资组合中剔除。购买违约债券然后进行回收会产生收益，进而升值。的确，对冲基金有一种叫做**困境债券基金**（distressed securities funds），这些基金选择困境中的证券进行投资，然后从它们的升值中获利。

表 20.9　　标准普尔的公司债务回收率（%）

投资工具	交易价格 15～45 天	折现回收率
银行贷款	58.0	81.6
高级担保债券	48.6	67.0
高级未担保债券	34.5	46.0
高级次级债券	28.4	32.4
次级债券	28.9	31.2

资料来源：标准普尔，基于 1988—2002 年的违约债务。

例题 20.14　FRM 试题 2005——第 74 题

穆迪关于高级未担保债务的平均回收率估计大致为：

(a) 20%。

(b) 40%。

(c) 60%。

(d) 80%。

例题 20.15　FRM 试题 2002——第 123 题

信用工具的回收率定义为 1 减去损失率。损失率受公司资产在违约前的波动率影响。在其他条件相同的情况下，对于一个违约事件，哪一种类型的公司预期具有最高的回收率？

(a) 一个在市场上交易活跃的公司。

(b) 潮流产品的网络销售商。

(c) 一个资产密集的制造类企业。

(d) 一个高杠杆的对冲基金。

20.4　评估公司和国家信用等级

20.4.1　公司评级

信用评级机构花费巨大努力和利用金融资源来做出普遍可行的信用评级。如表 20.2 所示，用于评级的初始输入量多为一些会计变量，如资产负债表的财务杠杆比率。这些变量的权重会随着它们信息的变化而变化（例如公司的盈利能力受到质疑时）。

然而，会计信息只能反映过去的情况。一些公司的经济前景对评估信用风险也非常重要。这主要包括发展潜力、市场竞争力和对金融风险的承受能力。信用评级公司对一些公司的特有信息也很关注，包括会见公司的管理层来观察他们的信心程度。

信用评级公司还需要考虑另外一些不同国家体制下的差异。以下因素将导致这些差异：

● 不同国家金融稳定性的差异。不同国家有不同的金融结构，如银行系统的实力和不同的政府政策。例如，本来只是较小幅度的货币贬值问题，但由于经济政策的操作不当，它可能变成一个会导致经济衰退的大问题。

● 法律体系的差异。不同国家对债权人的保护差别很大，有些国家甚至还没有建立破产程序。

理论上，信用评级机构提供的评级一般假设国家和产业具有一致性。换句话说，它们需要考虑这些变化，来确定相同的违约概率。

最后，信用评级通常假设评级需要经历一个经济周期，一个经济周期一般需要经历几年。这就意味着评级不能只依赖于公司目前的情况。给予一个因暂时繁荣业绩出色的公司高评级是不合理的，因为这有可能是来源于消费需求的旺盛，而这很快就会回归长期均值。图 20.6 描述了公司的业绩如何依赖于经济周期。在理论上，评级应该不随时间变化。

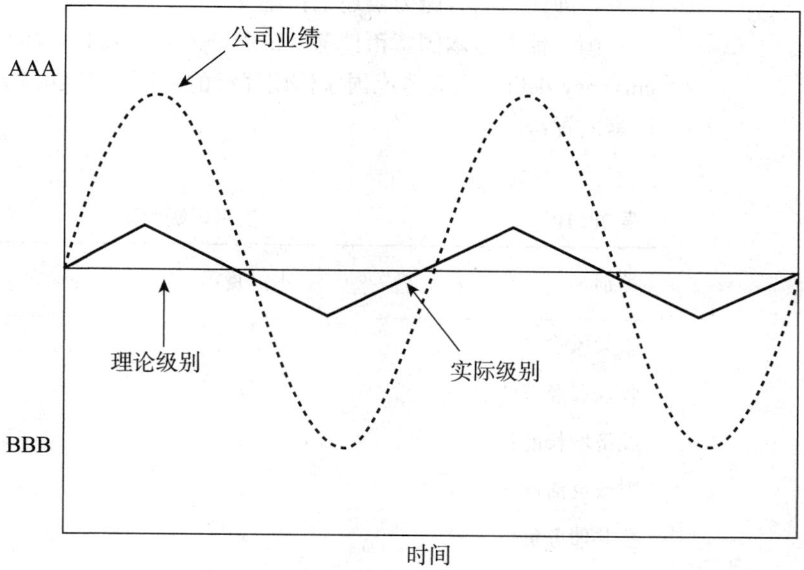

图 20.6　经济周期与信用评级

实际上，一个下滑的经济周期会对信用质量产生持续的冲击，极端的话则会导致违约。结果，真实评级可能会被经济周期影响，特别是投机级别的公司。

对经济周期较不敏感的公司的评级会随时间保持稳定。这种基于外部的评级会减少公司周期性的资金成本。低评级的公司在经济衰退时期会产生较高的资金成本，特别是银行遭遇信用损失之后，会迫使它们追加抵押资产以及减少对它们的贷款，而这将会进一步加剧衰退。这种情况会在第 28 章进行讨论。另一方面，在经济周期中的实际评级会在经济衰退时低估违约概率，而在经济扩张时期则恰恰相反。

20.4.2　国家评级

评级机构在最近才开始对国家债券进行评级。在 1975 年，标准普尔公司只对 7 个国家进行了评级，这 7 个国家都是投资级别的。到 1990 年，扩大到了 31 个国家，其中只有 9 个是新兴市场国家。目前，标准普尔对约 120 个国家进行了评级。历史上国家违约的情况很少，很难从如此小的样本中得出结论。

评估主权国家的信用风险比公司风险要困难得多。当一个公司违约时，其债权人可以采取法律行为。比如说，无担保的债权人可以起诉债务人，并根据“没收令”得到被告的资产。这使债权人得到了债务人资产的**留置权**（lien），或偿还债务资产的索求权。与此不同，国家违约了，却不可能没收一个主权国家的国内资产。这就意味着国家债券的回收率通常低于公司债券的回收率。因此，国家信用风险的评估不仅涉及**经济风险**（economic risk）（到期偿还债务的能力），而且涉及**政治风险**（political risk）（进行偿还的意愿）。一些国家单方面否认它们的债务，即使它们有能力偿还也拒绝支付。

国家债务是**本国货币债务**（local currency debt）还是**外国货币债务**（foreign currency debt）也会造成国家信用评级的不同。表 20.10 展示了考虑本币和外币因素的评级。

表 20.10　　信用评级因素

类别	本国货币	外国货币
政策风险	x	x
收入和经济结构	x	x
经济增长前景	x	x
财政灵活性	x	x
公共债务负担	x	x
或有债务	x	x
货币政策的灵活性	x	x
外债流动性		x
外债负担		x

政治风险因素（例如政治认同度，在国际贸易和金融体系中的融合性，以及内外安全风险）在国家信用风险中起到了重要的作用。政治环境越稳定的国家信用评级越高。

第二类国家信用风险因素包括收入和经济结构及经济增长前景。富有或者增长迅速的国家拥有较高的评级。

第三类国家信用风险因素包括财政政策、公共债务负担和或有债务。财政赤字低和债务占经济总量比率低的国家具有较高的评级。对国债的评估还包括政府对企业的财政补贴，以及为了保持金融系统稳定对金融机构的注资。

第四类国家信用风险因素包括货币政策。高的通货膨胀率通常反映了经济的管理不善，而且总伴有政治的不稳定性。高通胀的国家通常具有低评级。

所有上述风险因素对本币债务和外币债务均有影响。外币债务还受外部流动性和外部债务负担影响。外部流动性由收支平衡来评估。具有巨大赤字的国家，具有贸易逆差，特别容易受汇率波动影响，通常具有低评级。特别地，外债利息支付额与出口的比率也受到越来越多的关注。到期日的支付额也很重要。在 1997 年的亚洲金融危机中，评级机构似乎忽略了信用度的其他重要方面，如国债的货币汇率和期限结构。亚洲的很多债权人借了短期美元进行本币投资，当本币贬值时导致了严重的流动性问题。最终，国家外债通常由一国的国际投资地位（即公共和私人的外债）和该国的外汇储备来评估。

由于本币债务有政府的税收实力作保证，因此认为本币债务比外币债务的信用风险要低。表 20.11 展示了一些国家和地区的本币和外币债务的评级。外币债务的评级和本币债务的评级基本是相同的，或仅比本币债务低一个级别。类似地，同一个国家的国家债务评级通常要高于其国家的公司债务的评级。例如，政府可以通过控制资本流动或外汇储备来支付外币债务。

表 20.11　　标准普尔的主权信用评级，2010 年 9 月

发行方	本国（地区）货币	外国（地区）货币
阿根廷	B	B
澳大利亚	AAA	AAA
比利时	AA+	AA+
巴西	BBB+	BBB−
加拿大	AAA	AAA
中国大陆	A+	A+
法国	AAA	AAA
德国	AAA	AAA
中国香港	AA+	AA+
印度	BBB−	BBB−
意大利	A+	A+
日本	AA	AA
墨西哥	A	BBB
荷兰	AAA	AAA
俄罗斯	BBB+	BBB
南非	A+	BBB+
韩国	A+	A
西班牙	AA	AA
瑞士	AAA	AAA
中国台湾	AA−	AA−
泰国	A−	BBB+
土耳其	BB+	BB
英国	AAA	AAA
美国	AAA	AAA

总的来说，普遍认为国家债务评级可信度低于公司债务。实际上，国家发行的债券价差大于公司债券。不同的评级机构对国家信用的评级差异也大于对公司信用的评级。因此，国家信用风险的评估过程似乎比公司风险的评估更取决于主观判断。

例题 20.16　FRM 试题 2005——第 79 题

关于国家信用风险的内容，下列说法哪一项不正确？

(a) 破产法并不能保护投资者避免国家信用风险。

(b) 否认债务是所有现在和将来的外币债务的延长。

(c) 债券的重新设定发生在债务人宣布延长债务并重新设定时限时。

(d) 国家信用风险可以是一个高信用质量的非政府债务人违约的起因。

例题 20.17　FRM 试题 2009——第 4-19 题

评级机构通常给债务发行国两个评级。第一个是以本币发行债务的评级，第二个是以外币发行债务的评级。从历史上来看，通常以外币发行的债务比以本币发行的债务更容易违约。产生这种差别的主要原因是什么？

(a) 这是一个统计偏差，理论上两者的违约率应该相等。

(b) 以外币发行债务的抵押物比以本币发行债务的少。

(c) 以本币发行的债务可以通过货币扩张来偿还。

(d) 在糟糕的环境中，政府倾向出于政治原因对以外币发行的债务违约。

20.5　信用评级机构的规则

20.5.1　信用评级机构的功能

信用评级机构在金融市场上起到了重要的作用。它们提供有关大部分机构和债权人信用风险的全面实用的信息。它们有助于减少债权人和投资者的信息不对称性，特别是个体投资者，他们没有时间与资源去仔细分析信息。

投资者利用信用评级来评估信用风险并以此来指导和监管投资。卖方公司，例如经纪商和交易商，利用信用评级来决定用来抵御信用风险暴露所需要的抵押物。

信用评级的功能也被官方认可。的确，由美国证券交易委员会注册认证的信用评级机构称为**国家认证统计评级组织**（Nationally Recognized Statistical Rating Organizations，NRSRO）。一些联邦和州监管机构也使用 NRSRO 公布的评级。例如，《巴塞尔协议Ⅱ》对商业银行的监管规则也包括基于外部信用评级的资本要求。

20.5.2　利益冲突

然而信用评级机构也会受到利益冲突的困扰。尽管它们的评级是作为读者的"建议"，但是评级费用却是由被评级公司支付，这是因为依靠投资者支付费用的模型在经济上是不可行的。[1]

尽管这些模型是由债务发行人来支付，但是这仍然会产生目标冲突。一方面，评级机构通过提供给客户公司有利的评级可以扩大收益，另一方面，评级机构为了自身的声誉，作为一个中立的第三方，又要做出独立客观的评级建议。如果它们的评级可信度降低，它们会很快失去经营权。

信用评级机构声称，它们不会照顾和偏向债券发行人，因为单一发行人只占了它们收入的一小部分。从长期来看，评级系统会运行得很好。

20.5.3 结构化产品

然而，近些年信用评级机构开始对结构化信用产品进行评级。这是个新兴市场，这些具有复杂结构的信用产品会在后面的章节予以介绍。对结构化信用产品的评级业务具有非常高的利润，远远超过以前的业务，并且在发行人中广为流行。而信用评级机构自己也卷入了这些产品的设计中来，例如，为结构化信用产品达到评级提供建议。这就变成了给具有违约风险的债券发行人提供建议。设计结构化信用产品的银行成了三大评级机构的"座上客"，哪家评级机构给这些产品的评级最高，它们就把业务给哪家评级机构。这种业务上的压力使得信用评级标准大打折扣。因此那些制造了2007年次债危机的证券通通被评级机构评为高信用级别。

受到损失的投资者失去了他们对评级机构的信心并从信用市场迅速撤资。这些举动的后果就是引起了最近发生的信用危机。

20.5.4 相应的监管

由于信用评级机构被认为对这次信用危机负有重大责任，因此对它们的监管也在加强。

在2010年，**《多德-弗兰克华尔街改革和消费者保护法案》**（Dodd-Frank Wall Street Reform and Consumer Protection Act）赋予SEC更多的监管权力，加强了对信用评级机构的监管。现在评级机构不能从事结构化信用产品的建议和评级。同时它们还需要对每一项资产所做出的历史评级提供信息披露。该法案同时通过可以起诉评级机构的方式扩展了它们的潜在义务。该法案取消了评级机构通过**公开披露原则**（Regulation Fair Disclosure）得到的免责条款，这个条款允许它们得到公司的内部信息但可以不对公众披露。最后，该法案要求评级机构改进自己的内部控制和管理。这种方式不是通过由于债务发行人支付费用的不变核心模型而是通过更好的管理来避免造成的利益冲突。

另外，欧盟的监管者认为有必要建立欧洲监管体系，以对欧洲的评级机构进

---

① 只有一个CRA，Egan-Jones评级公司是向投资者收取费用的。然而，它的市值依然很低。

行监管。

20.6 重要公式

标准普尔信用评级（调整，+，-）：

AAA，AA，A，BBB（投资级别）；BB，B，CCC 及以下（投机级别）

穆迪信用评级（调整，1，2，3）：

Aaa，Aa，A，Baa（投资级别）；Ba，B，Caa 及以下（投机级别）

违约率 $\overline{X}$ 的均值和方差：$E(\overline{X})=p, V(\overline{X})=\frac{p(1-p)}{N}$

初始评级为 R 的企业第 $T=t+N$ 年的边际违约率：

$$d_N(R)=\frac{m[t+N]}{n[t+N]}$$

N 年的生存率：$S_N(R)=\prod_{i=1}^{N}(1-d_i(R))$

从开始一直到第 T 年的边际违约率：$k_N(R)=S_{N-1}(R)\ d_N(R)$

累积违约率：$C_N(R)=k_1(R)+k_2(R)+\cdots+k_N(R)=1-S_N(R)$

平均违约率，d：$C_N=1-\prod_{i=1}^{N}(1-d_i)=1-(1-d)^N$

20.7 例题解答

例题 20.1　FRM 试题——信用事件的定义

(b) 当借款人想要以更低的成本再融资时，就会赎回债券，这不是一个信用事件。

例题 20.2　FRM 试题 2003——第 100 题

(c) Baa3 是穆迪投资级别中最低的级别。

例题 20.3　FRM 试题 2005——第 86 题

(c) 两大评级公司的投资级别至少分别为 BBB 和 Baa。

例题 20.4　FRM 试题 2002——第 110 题

(d) 标准普尔的 BB 级对应于穆迪的 Ba 级。BB 级债券的违约率要比更低级别的债券的违约率低。因此答案就是在穆迪 Ba 级中低于对应 BB 的级别，为 Ba3。

例题 20.5　FRM 试题 2004——第 1 题

(c) 年生存率为 $S_1=(1-d)=(1-d^Q)^4$，那么季度生存率为 $(1-d^Q)=(1-0.10)^{1/4}=0.974$。

例题 20.6　FRM 试题 2002——第 77 题

(d) 边际违约率随时间增加。所以该公司六年期的违约概率要比 0.60%大。

例题 20.7　FRM 试题 2006——第 21 题

(a) 生存率为 $S_3=(1-d_1)(1-d_2)(1-d_3)=(1-0.08)(1-0.12)(1-0.15)=68.8\%$。

例题 20.8　FRM 试题 2008——第 3-1 题

(c) 第二年末的违约率是第一年的生存率乘以第二年的违约率，$(1-d_1)d_2=(1-0.003)0.0045=0.449\%$。因此两年的累积违约率为 $0.300\%+0.449\%=0.749\%$。第二年末的违约率为 $(1-d_1)(1-d_2)d_3=(1-0.003)(1-0.0045)0.0055=0.546\%$。因此三年的累积违约率为 $0.749+0.546=1.295\%$。

例题 20.9　FRM 试题——违约概率定义

(a) 边际违约概率是在年初未违约而在下一年内违约的概率。

例题 20.10　FRM 试题 2005——第 105 题

(b) 一个转移概率表包含了在一年内从一个级别变化到另一个级别的概率，这也可以推广到多年期的概率。因此 a 是正确的。转移概率表也包含违约概率，因此 c 是正确的。这些概率可以用于投资类别的评级，因此 d 是正确的。转移概率矩阵无法包含债券的价格信息，因此 b 是不正确的。

例题 20.11　FRM 试题 2007——第 51 题

(c) 这其实是评级为 BBB 到 D 的数量比例，即 2＋3 占整体 52 个数据的比例 0.096。

例题 20.12　FRM 试题 2009——第 4-18 题

(a) 一年之后，该债券变为一年期零息债券。级别为 AA、A 和 BBB 的相应债券价格为，$P_{AA}=100/(1+0.0180)=98.23$，$P_A=97.56$，$P_{BBB}=96.34$。注意到评级越低，债券价格越低。债券价格的期望值为 $P=\sum \pi_i P_i=5\%\times 98.23+80\%\times 97.56+15\%\times 96.34=97.41$。

例题 20.13　FRM 试题 2008——第 3-20 题

(d) B 级债务人在第一年违约的概率为 0.10。或者转移到 A 再到 D，概率为 $0.00\times 0.00=0$，或者转移到 B 再到 D，概率为 $0.75\times 0.10=0.075$，或者转移到 C 再到 D，概率为 $0.15\times 0.40=0.060$，总和为 0.235。

例题 20.14　FRM 试题 2005——第 74 题

(b) 由表 20.7 可知，高级未担保债券的平均回收率约为 40%。

例题 20.15　FRM 试题 2002——第 123 题

(c) 公司的可变现有形资产越多，回收率就越高。波动率越高意味着公司市值有很大的暴跌可能性。所以，有形资产最多的制造类企业具有最高的回收率。

例题 20.16　FRM 试题 2005——第 79 题

(b) 说法 a、c 和 d 都正确。否认债务是退出债务，而不是延期偿还债务，因此 b 不正确。

例题 20.17　FRM 试题 2009——第 4-19 题

(c) 以外币发行债务的违约率较高和它们的信用评级较低相一致。因此，这不是统计偏差。造成偏差的主要原因是政府可以迫使中央银行印发更多的货币，产生通货膨胀，降低本国货币的实际价值。这种做法在以外币发行的债务上是行不通的。

第21章 用市场价格度量违约风险*

前一章讨论了如何通过信用评级量化信用风险。根据这些外部评级，我们可以通过违约率和回收率的历史数据来预测信用风险的损失。

信用风险也可以用证券的市场价格来评估，这些证券的价格会受到违约的影响。这些证券包括公司债券、股票和信用衍生工具。理论上，由于金融市场拥有大量的信息，因此证券的市场价格能提供更新、更精确的度量信用风险的标准。机构也具有很强的意愿来将信息融合到交易价格中。本章将阐述如何使用市场价格来推导违约风险。

21.1节将说明如何利用信用敏感债券的市场价格信息来推测违约风险。在本章中，我们将可违约债券和信用敏感债券、公司债券及风险债券相互替换使用。此外，风险指信用风险而不是市场风险。我们将说明如何把公司债券的收益率分解为违约率、回收率及无风险收益率。

21.2节将转向股票价格。股票价格的优点在于它比公司债券价格更容易获取，其信息质量也更好。我们将阐明股票如何被看作是公司价值的看涨期权，又如何从该期权的价值推测出违约概率。这种方法也解释了为什么债权人地位相当于期权中的空头，并且其分布的特征是左偏的。在第23章将要讨论的信用衍生产品也可以用来推测违约风险。

* FRM考试第二部分的主题。

21.1　公司债券的价格

为了评估与交易对手进行的一项交易的信用风险，考虑该交易对手发行的信用敏感债券，这里我们假定，违约是会平等地影响到所有债务责任的一种状态。

21.1.1　价差和违约风险

为了简单起见，假设债券在一期内只一次性支付 100 美元。我们可以利用价格 P^* 来计算市场决定的收益率 y^*：

$$P^* = \frac{100}{1+y^*} \tag{21.1}$$

这可以与相同时期的无风险收益率 y 相比较。

债券的支付可以用一个简化的违约过程来描述，如图 21.1 所示。在到期时，债券可能违约也可能不违约。如果没有违约，其价值为 100 美元，如果发生了违约，其价值为 $f\times100$ 美元，其中 f 为回收率。我们定义 π 为该时期内的违约率。我们该如何评估该债券的价值呢？

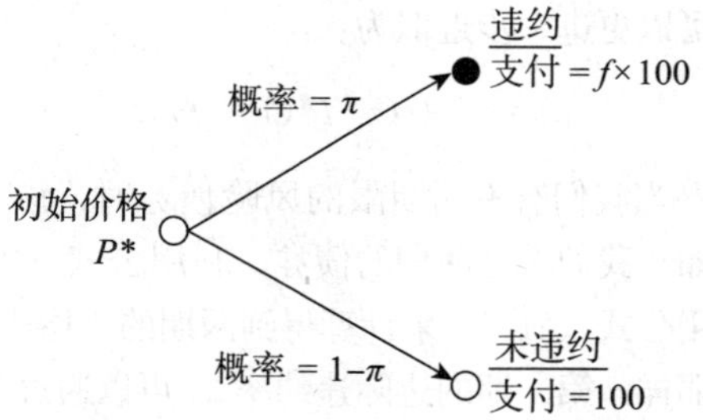

图 21.1　一个简化的债券违约过程

运用**风险中性定价**（risk-neutral pricing），将两种状态债券价值的数学期望用无风险收益率折现，就可以得到债券的当前价格。因此有：

$$P^* = \frac{\$100}{1+y^*} = \frac{\$100}{1+y}\times(1-\pi) + \frac{f\times\$100}{1+y}\times\pi \tag{21.2}$$

注意，折现用的是无风险收益率 y，因为在风险中性估价中没有风险溢价。重新整理后得到：

$$1+y = (1+y^*)[1-\pi(1-f)] \tag{21.3}$$

其中违约率为：

$$\pi = \frac{1}{1-f}\left(1-\frac{1+y}{1+y^*}\right) \tag{21.4}$$

假设收益率和违约概率很小，忽略二次项，可以简化为：

$$y^{*} \approx y+\pi(1-f) \tag{21.5}$$

这个公式说明信用价差 $y^{*}-y$ 度量了信用风险，具体而言，就是违约率 π 乘以违约造成的损失率 $1-f$。如果违约概率为 0 或违约损失率为 0，那么就不存在潜在的信用损失。

现在，让我们考虑多期的情形，设期限为 T。我们在每一期中都用复利计算利率和违约概率。换句话说，现在 π^{a} 是平均年违约率。假设只有一次性支付，现值为：

$$P^{*}=\frac{\$100}{(1+y^{*})^{T}}=\frac{\$100}{(1+y)^{T}}\times(1-\pi^{a})^{T}+\frac{f\times\$100}{(1+y)^{T}}\times[1-(1-\pi^{a})^{T}] \tag{21.6}$$

也可以写成：

$$(1+y)^{T}=(1+y^{*})^{T}\{(1-\pi^{a})^{T}+f[1-(1-\pi^{a})^{T}]\} \tag{21.7}$$

但该式并未进一步简化，我们应用累积违约概率：

$$\frac{1}{(1+y^{*})^{T}}=\frac{1}{(1+y)^{T}}\times(1-\pi)+\frac{f\times 1}{(1+y)^{T}}\times[1-(1-\pi)] \tag{21.8}$$

或者

$$\frac{1}{(1+y^{*})^{T}}=\frac{1}{(1+y)^{T}}\times[1-\pi(1-f)] \tag{21.9}$$

还可以更进一步近似为：

$$y^{*} \approx y+(\pi/T)(1-f) \tag{21.10}$$

当我们有不同期限的风险债券时，该式也可以用来计算不同期限的违约概率。例如，我们考虑两期的债券，利用公式（21.3）来计算得到第一期的违约概率 π_1，利用公式（21.7）来计算得到两期的年均违约概率 π_2。正如我们在前一章中所看到的那样，第二期的边际违约率 d_2 可以通过下式得出：

$$(1-\pi_2)^{2}=(1-\pi_1)(1-d_2) \tag{21.11}$$

这使我们可以从一系列零息债券中得出远期违约概率的期限结构。实际中，如果我们只考虑附息债券，计算将变得更加复杂，因为我们需要考虑在每一期中违约和没有违约的支付额。

21.1.2 风险溢价

有必要强调一下，该方法是基于风险中性的假定条件。正如在期权定价中那样，我们假定任何资产的价值都以无风险利率增长，并且以相同的无风险利率进行折现。因此，概率 π 是一个风险中性度量，而不一定与客观实际的违约概率相等。

定义客观违约概率为 π'，折现率为 y'，那么当前的价格也可以表示为以风

险利率 y' 折现的真实的期望值：

$$P^* = \frac{\$100}{1+y^*} = \frac{\$100}{1+y'} \times (1-\pi') + \frac{f \times \$100}{1+y'} \times \pi' \tag{21.12}$$

公式（21.4）只可以让我们得到一个风险中性的违约概率。通常情况下，如果投资者要求补偿其所承担的风险，债券价格中应该包括一个风险溢价 rp ：

$$y^* \approx y + \pi'(1-f) + rp \tag{21.13}$$

为了使之有意义，该风险溢价必须与某些债券的风险度量以及投资者的风险厌恶程度相联系。另外，风险溢价可能包括**流动性溢价**（liquidity premium）和税收效应。[①]

重要概念

公司债券和没有信用风险的相同债券之间的收益率差异反映了预期的损失，即年违约率乘以违约损失，再加上一个风险溢价。

例　违约率的推导

我们希望比较一个10年期的美国国债和一个IBM公司发行的10年期债券，标准普尔和穆迪公司将其评级为A级。二者按半年复利计算的收益率分别为6%和7%。假设IBM债券的回收率为面值的45%，那么信用价差反映的违约率是多少？

利用公式（21.9），我们可以得到 $\pi(1-f) = 1-(1+y/2)^{20}/(1+y^*/2)^{20} = 0.0923$ 。因此，$\pi = 9.23\%/(1-45\%) = 16.8\%$。所以，之后的10年内IBM公司债券的累积违约率（风险中性）为16.8%。该数字要高于相同信用级别历史记录的数据，在表20.3中，穆迪公司公布的A级债券10年内的历史违约率只有3%。

如果将这些历史违约率作为未来的违约率，那么信用价差的很大部分反映了风险溢价。例如，假定信用价差100个基点中的80个基点反映风险溢价。我们将收益率从7%改为6.2%时，计算得到的违约率为3.5%。这更符合该级别的债券发行人的真实违约率。 ■

例题 21.1　FRM 试题 2007——第 77 题

一年的无风险利率为5%，公司债券的一年期收益率为6%。假设公司债券的回收率为75%，那么该债券的市场价格反映的违约概率是多少？

(a) 1.33%。

(b) 4.00%。

(c) 8.00%。

(d) 1.60%。

例题 21.2　FRM 试题 2007——第 48 题

一年期的BBB级债券与一年期的国债之间的价差为2%。价差中的非信用因素

① 关于将收益率价差分解为不同的风险溢价，请参看 Eltion，E.，Gruber M.，Agrawal D.，Mann C.（2001），*Journal of Finance*，56（1），247－277，解释了公司债券收益率的差异。作者们找到了一个高的风险溢价，该风险溢价涉及了股市的风险因素。该风险溢价的一部分反映了税收效应，由于国债的利息在一些州是不用缴税的，如在纽约州，所以投资者愿意接受其较低的收益率，这人为造成了与公司债券收益率差异的扩大。

（例如流动性风险和税收）为0.8%。假设债券的损失率为60%，那么该债券的市场价格反映的违约概率是多少？

(a) 3.33%。

(b) 5.00%。

(c) 3.00%。

(d) 2.00%。

例题 21.3　FRM 试题 2008——第 3-12 题

一个风险分析师希望找到一个跨国石油公司发行的评级为BB的一年期附息债券的信用价差。如果当前的年无风险利率为3%，BB级别的债券违约率为7%，违约损失率为60%，那么该债券的到期收益率是多少？

(a) 2.57%。

(b) 5.90%。

(c) 7.45%。

(d) 7.52%。

21.1.3　收益率价差的截面分析

现在我们转向真实的市场数据。图21.2画出了1998年12月不同信用级别的债券的收益率曲线。价差参考的是表21.1。这些收益率曲线根据标准普尔的信用评级，从AAA级到B级进行划分。

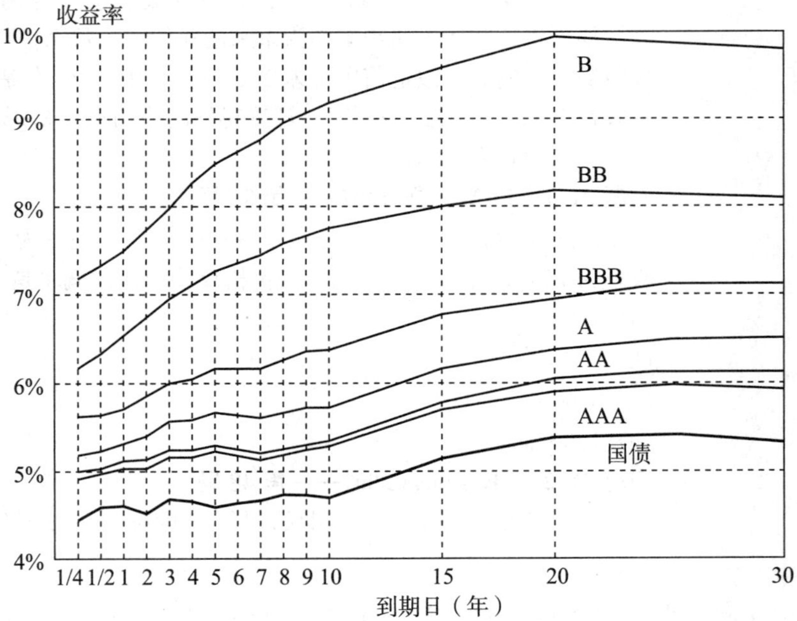

图 21.2　不同信用级别的收益率曲线

表 21.1　　　　　　　　　　　　　　信用价差

到期日	信用级别					
	AAA	AA	A	BBB	BB	B
3 个月	46	54	74	116	172	275
6 个月	40	46	67	106	177	275
1 年	45	53	74	112	191	289
2 年	51	62	88	133	220	321
3 年	47	55	87	130	225	328
4 年	50	57	92	138	241	358
5 年	61	68	108	157	266	387
6 年	53	61	102	154	270	397
7 年	45	53	95	150	274	407
8 年	45	50	94	152	282	420
9 年	51	56	98	161	291	435
10 年	59	66	104	169	306	450
15 年	55	61	99	161	285	445
20 年	52	66	99	156	278	455
30 年	60	78	117	179	278	447

这些收益率曲线有些类似于上一章的累积违约率曲线，它们随着到期时间的增加和信用级别的下降而上升。

国债的收益率曲线最低，代表了无风险债券的收益率。AAA 级的债券价差变动范围较小，从短期的 46 个基点到长期的 60 个基点。B 级债券价差变动范围大很多，增长也很快，从 275 个基点到 450 个基点。最后，注意尽管从 AAA 级到 AA 级债券的违约率上升了近 2 倍，但其收益率的变化范围非常接近。从国债到 AAA 级债券的转变不仅反映信用评级，还反映了其他因素，如流动性和税收效应等。

上述部分表明，我们可以利用公司债券收益率方面的信息来推断信用风险。实际上，债券价格是交易者所评估的信用风险的最好反映，或者说是对信用风险的真实“赌注”。同样地，我们可以认为，债券价格是信用风险的最好预测，其效果甚至胜过信用评级。评级机构利用公开信息进行信用评级时，债券的市场价格信息就包含其中。债券价格变动比信用评级要频繁，因此，公司债券的价格变动将先于其信用评级的变化。

例题 21.4　FRM 试题 2002——第 81 题

下列说法哪一个是正确的？

(a) 债券价差的变动将先于信用评级的变化。
(b) 债券价差的变动将滞后于信用评级的变化。
(c) 债券价差的变动与信用评级的变化同时发生。
(d) 两者在发生变化的时间上没有关系。

例题 21.5　FRM 试题——信用价差的期限结构

假设 XYZ 公司发行了两种债券，根据下表每半年进行支付：

剩余到期时间	息票（半年 30/360）	价格	国债利率（银行贴现率）
6 个月	8.0%	99	5.5%
1 年	9.0%	100	6.0%

发生违约时的回收率为 50%。为了简单起见，假定每个债券只会在每个付息期末时违约。市场默认的 XYZ 公司的风险中性违约概率为：
(a) 前 6 个月比后 6 个月大。
(b) 两个付息期都相同。
(c) 后 6 个月比前 6 个月大。
(d) 无法确定。

21.1.4　收益率价差的时变

信用价差的变动反映了违约风险导致的潜在损失或者风险溢价。有些违约风险是债务发行方特有的，需要对其各方面的财务状况进行详细的分析。但是，有些信用风险是由于共同的信用风险因子所造成的，这些风险因子非常重要，因为它们无法通过足够大的敏感性债券的投资组合将信用风险分散化。

这些风险因子中的第一个是总体经济状况。经济增长与信用价差的变动呈负相关的关系。当经济发展缓慢时，更多的公司将会出现现金流方面的问题，不能偿还其债券。

图 21.3 比较了穆迪公司评级为投机级别的债券违约率和该 Baa 债券与国债之间的信用价差。阴影区域表明该时期处于经济衰退期。该图表明债券的违约率和信用价差在经济衰退期都有上升的趋势。由于信用价差的前瞻性，因此它的变动先于违约率的变动，违约率总在经济衰退期后才达到顶峰。同样，2007—2008 年的信用危机也可以从信用价差的突然扩大看出来。这反映了较高的风险厌恶和对未来高违约率的预期。

波动性也是一个需要考虑的风险因子。在一个波动性较大的环境中，投资者会要求一个较高的风险溢价，这样就会扩大信用价差。发生了这种情形，流动性也会慢慢枯竭。然后投资者会为了持有流动性更差的债券，要求更高的价差。

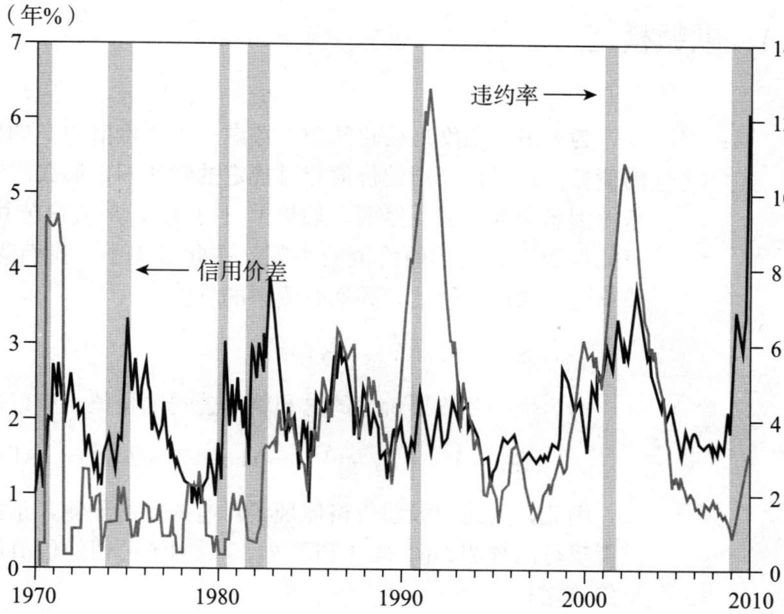

图 21.3　违约率与高信用价差

此外，波动性还有另外一个影响。与国债不同，公司债券中包括了很多可赎回债券，债券信用价差也反映了这个期权成分。由于该债券的价值随着波动性增加而增加，而较大的波动性会扩大信用价差，所以可赎回债券的购买者会要求一个较高的收益率。

21.2　股票价格

不幸的是，只有当债券市场数据比较可靠时，信用价差方法才有用。而由于下面的一些情况，实际的数据并不可靠：

1. 许多国家都没有一个发展完善的公司债券市场，如表 7.2 所显示的那样，美国的公司债券市场是目前为止最大的，这意味着其他国家流通在外的债券较少，而且债券市场不够活跃。

2. 交易对手可能没有流通在外公开交易的债券，或即使有，该债券也带有可赎回条款，很难解释它的收益率。

3. 债券的交易不够活跃，公布的价格可能仅仅是理论价格，即根据其他债券的当前收益率外推得到。

我们现在转向以股票价格为基础的违约风险模型，因为很多公司的股票价格都可以得到，而且股票交易比债券活跃。默顿（1974）将股票视为公司资产的一个看涨期权，债券的面值作为执行价格。

21.2.1 默顿模型

为了最大限度地简化问题，考虑一个总价值为V的公司发行了一期面值为K的债券。如果该公司的价值超过规定的偿还额，那么该债券将得到全额偿还，股东得到剩余的部分。然而，如果V小于K，那么该公司就会违约，债券持有人只能得到V，股票的价值变为零。在此过程中，我们假设没有交易成本并遵从清算优先顺序。因此，到期时股票的价值为：

$$S_T = \text{Max}(V_T - K, 0) \tag{21.14}$$

因为债券和股票价值的总和就是公司的价值，所以债券的价值为：

$$B_T = V_T - S_T = V_T - \text{Max}(V_T - K, 0) = \text{Min}(V_T, K) \tag{21.15}$$

因此，当前的股票价格体现了对违约率的预测，正如期权价格体现了对期权是否执行的预测。图 21.4 和图 21.5 说明了公司的价值可以划分为债券价值和股票价值之和。

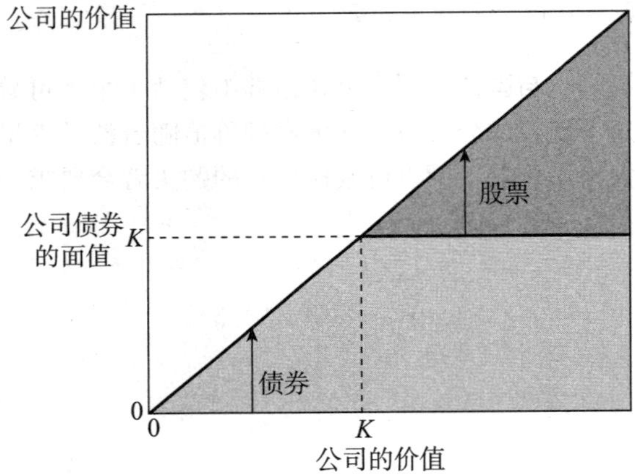

图 21.4　股票作为公司价值的期权

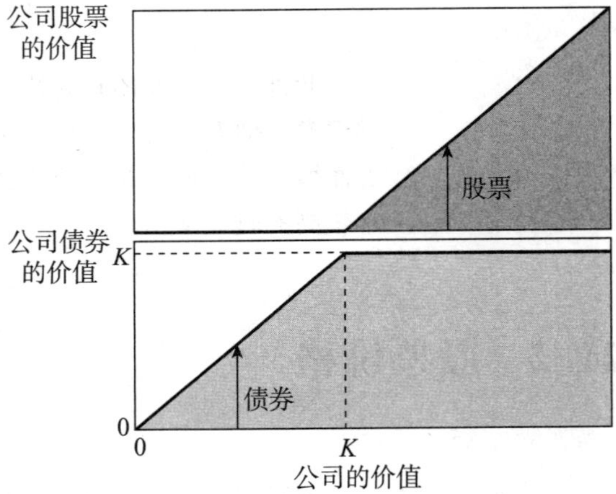

图 21.5　公司价值的构成

注意，债券的价值也可以表示为：

$$B_T = K - \text{Max}(K - V_T, 0) \tag{21.16}$$

换句话说，风险债券的多头头寸相当于无风险债券的多头头寸加上一个看跌期权的空头头寸，实际上是一个信用衍生品。

重要概念

可以把股票看作一个公司价值的看涨期权，其执行价格为债券的面值，同时可以把公司债券看作是无风险债券减去一个公司价值期权的看跌期权。

这种方法非常有用，因为它阐明了公司债券相当于一个期权的空头头寸，也解释了信用损失具有左偏的特征。相反，由于股票的有限责任的特征，因此股票相当于一个期权的多头头寸，即投资者的最大损失为其股票投资。

21.2.2 股票和债券的定价

我们继续使用布莱克-斯科尔斯（BS）通常的分析框架来进行阐述，假定公司价值服从几何布朗运动过程：

$$dV = \mu V dt + \sigma V dz \tag{21.17}$$

如果我们假设市场是无摩擦的，并且没有破产成本，那么公司价值就是公司股票价值和债券价值的简单相加：

$$V = B + S$$

为了给公司价值定价，我们必须解适当边际条件下的偏微分方程。公司债券的价格为：

$$B = F(V,t)\ ,\ F(V,T) = \text{Min}[V,B_F] \tag{21.18}$$

式中，$B_F = K$ 为到期时将要偿还的债券面值，即执行价格。

类似地，股票的价值为：

$$S = f(V,t)\ ,\ f(V,T) = \text{Max}[V - B_F,0] \tag{21.19}$$

股票定价

由布莱克-斯科尔斯（BS）公式可以得到无红利股票的价值：

$$S = \text{看涨期权} = VN(d_1) - Ke^{-r\tau}N(d_2) \tag{21.20}$$

式中，$N(d)$ 为标准正态分布的累积分布函数：

$$d_1 = \frac{\ln(V/Ke^{-r\tau})}{\sigma\sqrt{\tau}} + \frac{\sigma\sqrt{\tau}}{2}\ ,\ d_2 = d_1 - \sigma\sqrt{\tau}$$

式中，$\tau = T - t$ 表示距离到期日的时间，r 为无风险利率，σ 为资产价值的波动率。该期权的价值取决于两个因子，$x = Ke^{-r\tau}/V$ 和 $\sigma\sqrt{\tau}$ 。第一个因子是负债价值比，并与杠杆 $l = V/(V - Ke^{-r\tau})$ 反向相关。当 σ 增加和 x 降低（即杠杆增加）时，股票价值也随之增加。

公司价值波动率

注意，实际中的应用与 BS 模型有所不同，我们将 BS 模型中的波动率换为公司价值 V 的波动率，即 $\sigma = \sigma_V$ ，然后计算看涨期权的价值。这里，我们可以观察到公司的股票市值 S 和股票的波动率 σ_S ，然后必须推出公司价值 V 和其波动率才能代入公式（21.20）计算。这只能通过迭代计算。定义 $\Delta = N(d_1)$ 为对冲比率，我们可以得到：

$$dS = \frac{\partial S}{\partial V}dV = \Delta dV \tag{21.21}$$

定义 σ_S 为 dS/S 的波动率，我们得到 $\sigma_S S = \Delta(\sigma_V V)$ ，即：

$$\sigma_V = (1/\Delta)\sigma_S(S/V) \tag{21.22}$$

债券定价

下面根据 $B = V - S$ 可以得到债券的价值：

$$B = Ke^{-r\tau}N(d_2) + V[1 - N(d_1)] \tag{21.23}$$

$$B/Ke^{-r\tau} = N(d_2) + (V/Ke^{-r\tau})N(-d_1) \tag{21.24}$$

因此，债券价值与公司价值之间的关系为：

$$dB = \frac{\partial B}{\partial V}dV = N(-d_1)dV \tag{21.25}$$

公式（21.21）和公式（21.25）有时会被用作**资本套利**（capital arbitrage）交易，它包含了买卖不同类型公司的债券和股票，用对冲比率使得风险最小化，当然，这是建立在假设模型是正确的前提下。

债券价值可以用信用价差的形式来表达：

$$B = Ke^{-(r+s)\tau} \tag{21.26}$$

可以得到：

$$s = -(1/\tau)[N(d_2) + (1/x)N(-d_1)] \tag{21.27}$$

债券价值随着波动率增加和杠杆增加而降低，信用价差的方向正好相反。公式（21.27）可以表示信用价差的结构。对于低杠杆和低波动率的公司，信用价差在债券快到期时非常低，并且随着到期时间的增加而增加。高杠杆公司的债券具有高信用价差，它具有斜率向下的结构。

风险中性违约的动态研究

在布莱克-斯科尔斯模型中，$N(d_2)$ 是执行看涨期权的概率，否则债券就会违约。相反，$1-N(d_2)=N(-d_2)$ 是风险中性的违约概率。定义 $z=-d_2$，我们有：

$$z=\frac{\ln(K/V)-r\tau+0.5\sigma^2\tau}{\sigma\sqrt{\tau}} \tag{21.28}$$

为了得到物理违约概率，公式中的无风险利率可以被公司资产的期望收益率 δ 代替：

$$PD=N[z]=N\left[\frac{\ln(K/V)-\delta\tau+0.5\sigma^2\tau}{\sigma\sqrt{\tau}}\right] \tag{21.29}$$

信用风险定价

在到期日，信用损失为无风险债券的价值减去公司债券的价值，$CL = B_F - B_T$。另外，期望信用损失（ECL）为：

$$
\begin{aligned}
B_F e^{-r\tau} - B &= Ke^{-r\tau} - \{Ke^{-r\tau}N(d_2) + V[1-N(d_1)]\} \\
&= Ke^{-r\tau}[1-N(d_2)] - V[1-N(d_1)] \\
&= Ke^{-r\tau}N(-d_2) - VN(-d_1) \\
&= N(-d_2)[Ke^{-r\tau} - VN(-d_1)/N(-d_2)]
\end{aligned}
$$

该式的分解非常有用，乘以终值因子 $e^{r\tau}$，可以得到到期日的 ECL：

$$
\begin{aligned}
ECL_T &= N(-d_2)[K - Ve^{r\tau}N(-d_1)/N(-d_2)] \\
&= p \times [\text{风险暴露} \times LGD]
\end{aligned}
\qquad (21.30)
$$

该式包括两项，第一项是违约概率 $N(-d_2)$，第二项是发生违约的损失，该项可以用债券的面值 K 减去发生违约时可回收的价值 $Ve^{r\tau}N(-d_1)/N(-d_2)$ 得到，该项也是违约状态下公司的期望价值。注意，此处回收率是内生的，因为它取决于公司的价值、时间和负债率。

信用期权定价

该方法也可以用来为信用敏感债券的看跌期权部分定价。发生违约时，该期权支付 $K - B_T$。债券加上看跌期权的组合的价值等于无风险债券的价值，即 $Ke^{-r\tau} = B + \text{看跌期权}$。因此，利用公式（21.23），看跌期权的价值为：

$$
\begin{aligned}
\text{看跌期权} &= Ke^{-r\tau} - \{Ke^{-r\tau}N(d_2) + V[1-N(d_1)]\} \\
&= -V[N(-d_1)] + Ke^{-r\tau}[N(-d_2)]
\end{aligned}
\qquad (21.31)
$$

该公式将在信用衍生品一章中应用。

例题 21.6　FRM 试题 2001——第 14 题

交易对手资产的哪种期权可以较好地与当前信用风险头寸的暴露相比较？

（a）看涨期权空头。

（b）看跌期权空头。

（c）敲入看涨期权空头。

（d）两值期权。

21.2.3　默顿模型的应用

在给定当前股票和名义债务价值的条件下，可以用上述定价公式来评估公司的价值和违约概率。图 21.6 展示了公司价值的演变。如果公司价值低于负债水平，公司就会违约。我们用 $N(-d_2)$ 来度量风险中性的违约概率。

在实际中，违约比该图所显示的要复杂得多。我们必须收集关于公司的所有负债的信息，包括它们的期限。息票支付也可能发生违约。所以我们可以将违约概率看成一个函数，它的自变量是相对于代表债务移动的距离，而不是认为违约只在目标日期发生。该方法是 KMV 公司采用的主要方法，该公司将**估计违约概率**（estimated default frequencies，EDF）出售给全世界的公司。该方法在第 24 章还会进行介绍。默顿方法有很多优点。第一，它依赖于股票价格而不是债券价格。很多公司交易活跃的股票要多于债券。第二，股票价格的相关性可以推出违约的可能性，而用别的方法很难估计。该模型最大的优点是给出了 EDF 的变化，该变化领先于信用评级的变化。

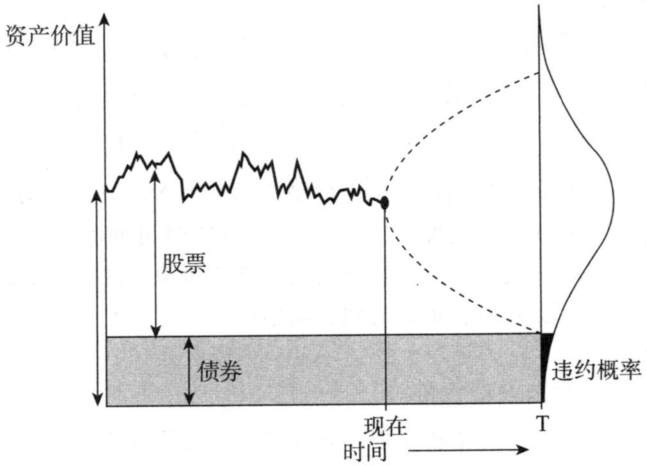

图 21.6　默顿模型中的违约

图 21.7 显示了世通公司 EDF 的变化和信用评级的变化。世通公司于 2002 年 7 月 21 日破产。该公司拥有 1 040 亿美元的资产，是美国迄今为止最大的破产案，直到 2008 年 9 月 15 日拥有资产 6 390 亿美元的雷曼兄弟宣布破产，这一记录才被打破。直到 2002 年 4 月，其机构评级都是 BBB 级，没有任何要发生破产的征兆。相反，从破产前一年开始，其 EDF 开始上升，在 4 月份达到了 20%，预示了破产的发生。

该模型也有缺点。该模型的第一个明显的局限就是不能对国家的信用风险定价，因为国家没有股票价格。这个问题对信用衍生品尤为突出，因为衍生品市场风险的很大部分是国家风险。

更致命的是，该模型依赖于公司资本和风险结构的静态模型。负债水平假定是不随时间变化的。同样地，该模型无法应对增发股票以保护债务持有者的情况。而且，实际中，债券可以在任何时刻到期，所以该模型需要扩展以符合实际情况，但这种扩展看起来不容易取得突破。

另一个问题是，管理层可能会实施一些新项目，这些举措不仅能增加股票价值而且能增加股票的波动性，因此会扩大信用价差。这与默顿模型的基本思想是背道而驰的，默顿模型认为，在其他条件相同的情况下，较高的股票价格反映了较低的违约率，因此信用价差应该较小。

最后，该模型没能解释我们观察到的信用敏感债券的信用价差幅度。最新的

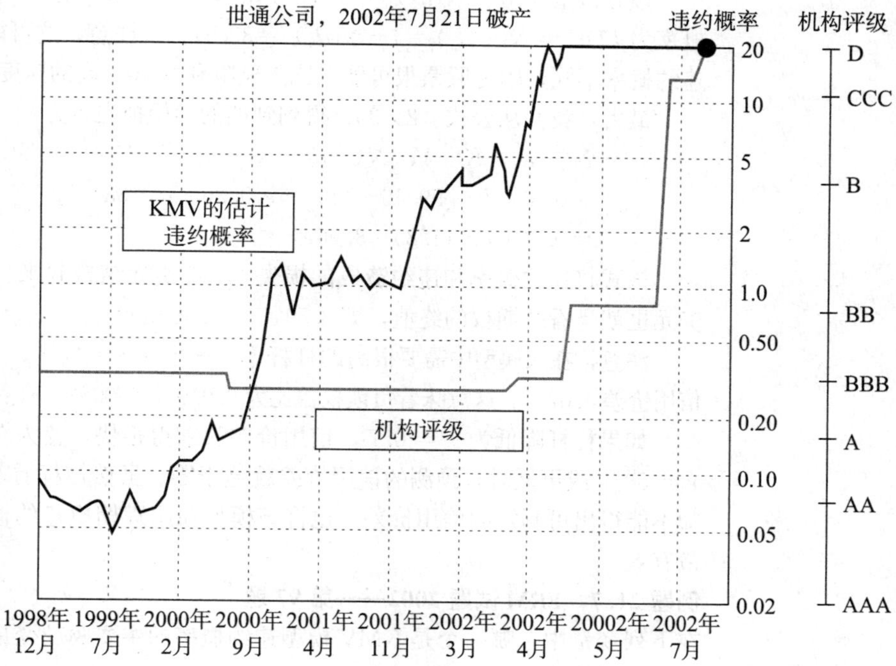

图 21.7　KMV 模型的 EDF 和信用评级

研究试图加进其他风险因子进行解释，例如利率风险，但都未能解释这些价差。因此，这些模型在跟踪 EDF 随时间变化方面最为有用。确实，KMV 模型根据实际违约数据对风险中性违约概率进行了校正。

21.2.4　例　子

通过一个简化的例子就能说明很多问题。考虑一个公司，资产价值为 $V=100$ 美元，波动率为 $\sigma_V=20\%$。实际中，必须通过观察到的股票价格和波动率迭代得到 σ_V。

时间 $\tau=1$ 年，无风险利率为 $r=10\%$，用连续复利计算。我们假定杠杆为 $x=0.9$，它意味着债券面值为 $K=99.46$ 美元，无风险利率下的现值为 $Ke^{-r\tau}=90$ 美元。

经过默顿模型的分析，可以得到当前股票价格应为 $S=13.59$ 美元，所以当前债券价格为：

$$B=V-S=100-13.59=86.41 \text{ 美元}$$

即收益率为 $\ln(K/B)/\tau=\ln(99.46/86.41)=14.07\%$，或者收益率价差为 4.07%。信用看跌期权的现值为：

$$P=Ke^{-r\tau}-B=90-86.41=3.59 \text{ 美元}$$

该分析也得出了 $N(d_2)=0.6653$ 和 $N(d_1)=0.7347$ 。因此，风险中性违约概率为 $EDF=N(-d_2)=1-N(d_2)=33.47\%$。注意，这可能与实际的或客观的违约概率不同，因为股票很可能以比无风险利率 10%高的速度增长。

最后，我们从公式（21.30）得到到期的期望损失，为：

$$N(-d_2)[K-Ve^{r\tau}N(-d_1)/N(-d_2)]$$
$$=0.3347\times[99.46-110.56\times0.2653/0.3347]$$
$$=0.3347\times11.85=3.96\text{ 美元}$$

该式将违约概率和违约造成的损失 11.85 美元结合起来。未来期望损失 3.96 美元也就是看跌期权的终值，即 $3.59e^{r\tau}=3.96$ 美元。

注意，在该模型中需要很高的杠杆率，这里为 $x=90\%$，才能得到比较合理的信用价差 4.07%。这意味着负债权益比为 0.9/0.1=900%，有点高得不切实际。

如果杠杆降低为 $x=0.7$，信用价差收缩得很快，变为 0.36%，当杠杆降为 $x=50\%$ 或更低时，预测的信用价差就趋于零。虽然杠杆看起来很正常，该模型却不能得出可测定的信用价差。也许该模型在跟踪期望违约概率的时间变动方面最有效。

例题 21.7　FRM 试题 2002——第 97 题

在下列变量中，哪一个是 KMV 模型违约概率的主要驱动变量？

(a) 股票价格。

(b) 债券价格。

(c) 债券收益率。

(d) 贷款价格。

例题 21.8　FRM 试题 2008——第 3－9 题

HighGear 公司的资本结构由两部分组成：面值为 100 百万美元的 5 年期零息债券和股票。当前公司的资产价值为 130 百万美元，公司价值的期望变化率为 25%。公司资产的年波动率为 30%。假设公司价值服从对数正态分布，波动率恒定。公司风险管理部门估计默顿模型的违约距离，即 $[\ln(K/V)-\delta\tau+0.5\sigma^2\tau]/\sigma\sqrt{\tau}$。在给定违约距离的前提下，估计的违约概率是多少？

(a) 2.74%。

(b) 12.78%。

(c) 12.79%。

(d) 30.56%。

例题 21.9　FRM 试题 2005——第 108 题

KMV 度量的结果称为期望违约概率，下列关于它的说法哪一个是正确的？

(a) 它随公司杠杆的下降而降低。

(b) 它随公司股票价格的上升而升高。

(c) 它是默顿模型的风险中性违约概率。

(d) 它可以告诉投资者一个债券的违约风险与投资组合中其他债券的违约风险之间的关系。

例题 21.10　FRM 试题 2007——第 82 题

在默顿模型中，在其他条件固定的情况下，以下哪些情况发生公司债务的价值会上升？

Ⅰ. 公司价值下降。

Ⅱ. 无风险利率下降。

Ⅲ. 到期时间增加。

Ⅳ. 公司价值的波动率下降。

(a) Ⅰ 和 Ⅱ。

(b) Ⅰ 和 Ⅳ。

(c) Ⅱ 和 Ⅲ。

(d) Ⅱ 和 Ⅳ。

例题 21.11　FRM 试题 2005——第 134 题

你持有一个 XYZ 公司债券的数额很大的头寸。你利用默顿模型以股票来对冲债券风险。当债券价值突然下跌，而股票价格却没有下跌，因此造成了你的损失。考虑以下说法：

Ⅰ. 利率上升。

Ⅱ. 波动率下降。

Ⅲ. 波动率上升。

Ⅳ. 流动性危机导致信用价差的增加。

哪些说法可以解释你对冲失效的原因？

(a) Ⅰ 和 Ⅱ。

(b) Ⅰ 和 Ⅲ。

(c) Ⅰ、Ⅲ 和 Ⅳ。

(d) Ⅲ 和 Ⅳ。

例题 21.12　FRM 试题 2008——第 3－24 题

默顿模型用来预测违约率。它拥有较强的假设条件，因此在应用中会遇到实际困难。下列说法哪一项不是该模型的假设局限或者实际应用困难？

(a) 该模型依赖于只有一项债务的简单资本结构。

(b) 资产价值的波动率无法估计，因为公司价值不能交易。

(c) 该模型假设债务不付息，而大多数公共债务是付息的。

(d) 该模型假设无风险利率为常数。

21.3　重要公式

隐含违约概率，1 期：$1+y=(1+y^{*})[1-\pi(1-f)]$

隐含违约概率的近似：$y^{*}\approx y+\pi(1-f)$

隐含违约概率，T 期：

$$(1+y)^{T}=(1+y^{*})^{T}\{(1-\pi)^{T}+f[1-(1-\pi)^{T}]\}$$

物理违约概率的近似：$y^{*}\approx y+\pi'(1-f)+rp$

股票价格的默顿模型：$S_T=\text{Max}(V_T-K, 0)$

债券价格的默顿模型：$B_T = V_T - S_T = \text{Min}(V_T, K)$
股票估值：S =看涨期权$= VN(d_1) - Ke^{-r\tau}N(d_2)$
公司价值和股票波动率：$\sigma_V = (1/\Delta)\sigma_S(S/V)$
债券估值：

B =无风险债券－看跌期权，$B/Ke^{-r\tau} = N(d_2) + (V/Ke^{-rt})N(-d_1)$

风险中性违约概率：$1 - N(d_2) = N(-d_2)$
物理违约概率：$PD = N[z] = N\{[\ln(K/V) - \delta_\tau + 0.5\sigma^2\tau]/[\sigma\sqrt{\tau}]\}$
信用违约互换或看跌期权：

$$\text{看跌期权} = Ke^{-r\tau} - \{Ke^{-r\tau}N(d_2) + V[1 - N(d_1)]\}$$
$$= -V[N(-d_1)] + Ke^{-r\tau}[N(-d_2)]$$

21.4 例题解答

例题 21.1　FRM 试题 2007——第 77 题

(b) 价差为 7%－6%＝1%。除以违约损失率 $(1-f)=0.25$，我们得到违约概率 $\pi=(y^*-y)/(1-f)=4\%$。

例题 21.2　FRM 试题 2007——第 48 题

(d) 价差中信用风险的部分为 2%－0.80%＝1.20%，除以违约损失率 60%，我们得到违约概率为 2%。

例题 21.3　FRM 试题 2008——第 3～12 题

(d) 根据公式 (21.3)，$(1+y)=(1+y^*)[1-\pi\times LGD]$，得到 $(1+y^*)=(1+y)/[1-\pi\times LGD]=1.03/[1-0.07\times 60\%]=1.075\ 2$，即 $y^*=7.52\%$。

例题 21.4　FRM 试题 2002——第 81 题

(a) 债券市场价格的变动包括价差的变动，它将先于信用评级的变化。这是因为市场价格反映了公众能获得的所有有关公司的信息。

例题 21.5　FRM 试题——信用价差的期限结构

(a) 首先，我们计算 6 个月债券的当前收益率，该债券折价出售，我们根据 $99=104/(1+y^*/2)$ 解出 $y^*=10.10\%$。因此第一个债券的收益率价差为 10.1%－5.5%＝4.6%。第二个债券以面值出售，所以收益率为 $y^*=9\%$，其收益率价差为 9%－6%＝3%。因此该债券第一期的违约率更高。两个时期的回收率是相同的，所以对该问题没有影响。

例题 21.6　FRM 试题 2001——第 14 题

(b) 债权人卖空一个看跌期权，因为只有资产价值低于借出款项时才有风险。

例题 21.7　FRM 试题 2002——第 97 题

(a) 股票价格是 KMV 模型中的 EDF 的主要驱动变量，因为它可以导出公司价值。该模型也用到资产价值的波动率和债务的价值。

例题 21.8　FRM 试题 2008——第 3－9 题

(a) 我们计算 $z=[\ln(K/V)-\delta\tau+0.5\sigma^2\tau]/\sigma\sqrt{\tau}=[\ln(100/130)-(25\%)\times 5+$

$0.5\times(30\%)^2\times5]/[30\%\sqrt{5}]=-1.919$。违约概率为 $N(z)=N(-1.919)=2.749\%$。

例题 21.9　FRM 试题 2005——第 108 题

(a) EDF 和风险中性 PD 相似，随着公司股票价格的上升、公司杠杆的下降以及公司价值波动率的下降而降低。它是默顿模型中 PD 的变形。KMV 模型可以扩展得到违约风险之间的相关性，但是 EDF 却不能反映相关性。

例题 21.10　FRM 试题 2007——第 82 题

(d) 信用敏感债务的价值为 $B=Ke^{-(r+s)\tau}$。当无风险利率下降、信用价差下降和到期时间减少时，债务的价值会上升。当公司价值上升、公司杠杆下降和公司价值波动率下降时，信用价差会下降。因此，当无风险利率下降或公司价值波动率下降时，公司债务的价值会上升。

例题 21.11　FRM 试题 2005——第 134 题

(b) 我们需要分析债券价值下跌而股票价格没有下跌的情况。无风险利率的上升会降低债券的价值但不会降低股票的价格（因为这会降低杠杆）。波动率的增加对债券和股票产生的效果截然相反。最后，流动性危机不能解释信用价差扩大的原因，因为正如我们在 2008 年所看到的，它会对公司债券和股票均产生不利影响。

例题 21.12　FRM 试题 2008——第 3－24 题

(b) 该选项是错误的，因为资产价值的波动率可以利用股票的波动率和模型价格反解出来。其他选项是正确的，都是该模型的缺陷。

第 22 章　信用风险暴露

信用风险暴露是金融工具在有效期内处于风险之中的金额数量。在违约的情况下，称为**违约暴露**（exposure at default）。在银行业务只包括贷款的时候，风险暴露实际上就是贷款的面值。在这种情况下，风险暴露可以认为是贷款的名义金额而且保持不变。

随着互换市场的发展，信用风险暴露的度量也变得越来越复杂。这是由于互换和其他衍生工具一样，它的价值远小于其名义金额。实际上，互换的初始价值一般为零，这意味着在一开始没有信用风险，因为没有什么可损失的。

但是，当互换合约到期时，它会变成一个正值或负值。违约处理的不对称性是指信用损失只可能发生在金融工具的价值为正值的情况下。所以，信用风险暴露是资产为正时的数值，就像期权一样。

本章着重介绍信用风险暴露的定量度量方法。22.1 节描述了各种金融工具的信用风险暴露的一般特征，这些金融工具包括贷款、债券、担保、信用承诺、回购协议和衍生工具。22.2 节说明了如何计算信用风险暴露的分布，并给出了利率互换和外汇互换的详细例子。22.3 节讨论了风险暴露修正因子，或者说用来进一步减少信用风险暴露的方法。它显示了如何利用盯市、保证金制度、头寸限制、息票再调整和净额结算协议来控制信用风险。为了内容的完整性，22.4 节包括了信用风险修正因子的其他类型，比如信用触发和时间卖权，也可以用来控制违约风险。

22.1 信用风险暴露工具

信用风险暴露是资产在其有效期价值大于零的部分。特别地，**当前风险暴露**（current exposure）等于资产在当前的价值（如果其为正值的话）：

$$CE_t = \text{Max}(V_t, 0) \tag{22.1}$$

潜在风险暴露（potential exposure）表示了在未来某时刻或者某个时间集合的风险暴露。基于这个定义，我们可以刻画不同种类的金融工具的风险暴露。当前风险暴露和未来风险暴露的度量也催生了信用风险的监管资本计提要求，这将在第 28 章进行详细解释。

22.1.1 贷款或债券

贷款或债券是资产负债表中的资产，它的当前和潜在风险暴露都是名义金额，也就是贷款和投资的数额。更准确地说，如果给出当前利率，这应该是资产的市场价值。但是，我们知道，这个数值与面值相差不大。对于**应收账款**（receivables）和**贸易信贷**（trade credits）来说，风险暴露也是名义金额，因为其潜在的损失就是到期金额。

22.1.2 担 保

这是一种表外协议，银行承保或者同意承担第三方的责任。风险暴露是名义金额，因为当发生违约时，这些金额将全部损失。担保是**不可撤销的**（irrevocable），即在任何情况下，都具有无条件的约束力。

举个关于**担保**（guarantee）的例子，A 银行在 B 银行给予担保的情况下才给客户 C 贷款。如果 C 违约，那么 B 的风险暴露就是整个贷款的金额。另一个关于担保的例子是**承兑汇票**（acceptance），即一家银行同意到期支付债务的面值。另外，**信用担保凭证**（standby facilities or financial letters of credit）也是一种担保，指当债务人违约时第三方需要支付债务金额。

22.1.3 承 诺

这也是一种表外协议，银行对一项未来交易做出**承诺**（commitments），而该交易在未来某个时刻可能造成信用风险暴露。例如，一家银行可以提供**票据发行**

的融资便利（note issuance facility），即对某个借款人定期发行的票据保证一个最低的价格。如果票据无法以这个最低价格在市场上发行，银行承诺用固定的价格买回。这种承诺比担保的风险要小，因为银行不一定需要对借款人提供支持。

这同样有利于区分**不可撤销承诺**（irrevocable commitment）（它是无条件的并且和银行绑定）和**可撤销承诺**（revocable commitment）（此时银行在交易对手信用质量下降时具有撤销合约的权利）。这个权利相当大地降低了银行的信用风险暴露。

22.1.4 互换或远期担保

这些表外项目可以被看作不可撤销的承诺，要求根据事先安排的条款购买或出售一些资产。根据风险因子的变化，这些金融工具的当前和潜在风险暴露会从零变到一个很大的值。类似的协议是**销售回购协议**（sale-repurchase agreements, repos），这是指一家机构先出售给另一家机构资产然后承诺在将来的某个时刻买回。

22.1.5 期权多头

期权（options）也是一种可能产生信用风险暴露的表外项目。当前风险暴露和潜在的风险暴露也都是根据风险因子的变化而变化。这里不会出现负值，因为期权总是具有正的价值或至少价值为零，即 $V_t \geqslant 0$ 。

22.1.6 期权空头

和期权多头不同，期权空头的当前风险暴露和潜在的风险暴露都是零。这是因为银行出售期权只能产生一个负的现金流，假设全部期权费已被支付。

风险暴露还与内嵌期权的特征有关。比如，内嵌美式期权的实值互换的持有者会在对方的信用评级开始恶化的时候执行期权。这比对等的欧式期权的风险暴露小。

例题 22.1　FRM 试题 2006——第 95 题

一个类似互换和远期的金融工具在哪种情况下会产生信用损失？

(a) 市场利率朝有利于你的方向变动。

(b) 市场利率朝不利于你的方向变动。

(c) 市场利率朝不利于你的方向变动并且对手违约。

(d) 市场利率朝有利于你的方向变动并且对手违约。

例题 22.2　FRM 试题 2009——第 6－2 题

资本银行考虑它对城市银行的信用风险暴露。下列哪些交易会增加它对城市银行的信用风险暴露？

Ⅰ. 从城市银行处购买看跌期权。

Ⅱ. 出售给城市银行看涨期权。

Ⅲ. 出售给城市银行远期合约。

Ⅳ. 从城市银行处购买 Sunny 公司的次级贷款。

(a) Ⅰ和Ⅱ。

(b) Ⅰ和Ⅲ。

(c) Ⅱ和Ⅲ。

(d) Ⅰ、Ⅲ和Ⅳ。

例题 22.3　FRM 试题 2006——第 117 题

下列哪种头寸会产生最大的潜在信用风险暴露？

(a) 一年后交易 3 000 盎司黄金的多头。

(b) 两年后交易 3 000 盎司黄金的多头。

(c) 两年后交易 3 000 盎司黄金的空头。

(d) 出售一个两年后交易 10 000 盎司黄金的平值期权。

例题 22.4　FRM 试题 2004——第 8 题

你的公司已经达到了与福特公司交易的信用风险上界。忽略清算风险并且假设期权费会在交易开始立即支付，那么下列哪种策略不会增加和福特公司的信用风险暴露？

(a) 出售给福特公司衣领期权。

(b) 从福特公司购买期权。

(c) 出售给福特公司期权。

(d) 以上均不是。

例题 22.5　FRM 试题 2001——第 84 题

如果对手在到期之前违约，下列哪种情况会产生信用损失？

(a) 你持有一年期欧元/美元远期合约的欧元空头，并且欧元升值。

(b) 你持有一年期欧元/美元远期合约的欧元空头，并且欧元贬值。

(c) 你卖出一个一年期 OTC 欧元看涨期权，并且欧元升值。

(d) 你卖出一个一年期 OTC 欧元看涨期权，并且欧元贬值。

22.2　信用风险暴露的分布

信用风险暴露包括可以观察到的当前风险暴露和未来随机的潜在风险暴露。定义 x 为资产在目标日的潜在价值，我们用概率密度函数 $f(x)$ 来描述这个变量，它综合反映了市场风险和信用风险。

22.2.1 期望风险暴露和最差风险暴露

期望信用风险暴露（expected credit exposure，ECE）是指当 x 为正值时，资产重置价值 x 的期望价值，在目标日：

$$ECE = \int_{-\infty}^{+\infty} \mathrm{Max}(x, 0) f(x) \mathrm{d}x \tag{22.2}$$

最差信用风险暴露（worst credit exposure，WCE）是指在某个置信度下最大（最差）的信用风险暴露。它的含义是在某一置信度 p 下不会超过的损失值：

$$1 - p = \int_{WCE}^{+\infty} f(x) \mathrm{d}x \tag{22.3}$$

为了给潜在信用风险暴露建模，我们需要：（1）对风险因子的分布进行建模；（2）在给定风险因子的情况下对金融工具进行估值。这个过程与风险价值（VAR）的计算过程极为相似，除了在计算总值时要考虑交易对手合约的净值。

在最简化的情况下，假设资产收益 x 服从均值为零、方差为 σ 的正态分布。期望信用风险暴露为：

$$ECE = \frac{1}{2} E(x \mid x > 0) = \frac{1}{2} \sigma \sqrt{\frac{2}{\pi}} = \frac{\sigma}{\sqrt{2\pi}} \tag{22.4}$$

注意到我们除以 2 是因为数值为正的概率为 50%。最差信用风险暴露在置信度为 95%的情况下为：

$$WCE = 1.645\sigma \tag{22.5}$$

图 22.1 描述了对于正态分布，如何度量 ECE 和 WCE，注意不考虑 x 为负值的情况。

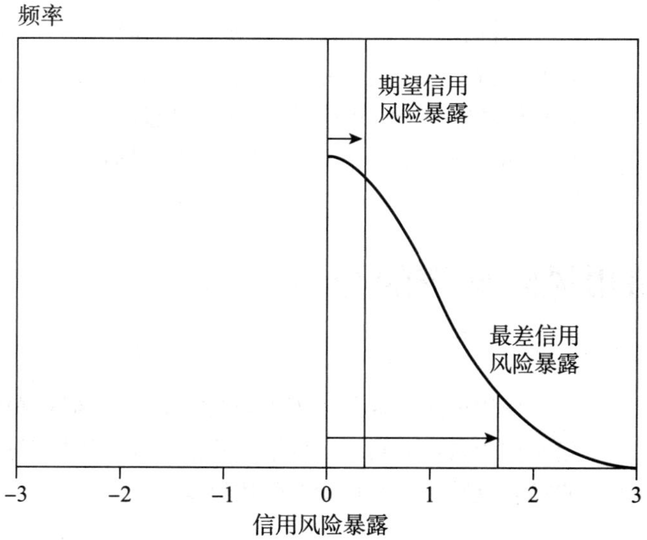

图 22.1 期望风险暴露和最差风险暴露——正态分布

22.2.2 时间曲线

可以通过每个时点的期望信用风险暴露和最差信用风险暴露来得到风险暴露的分布。甚至，我们还可以利用金融工具的整个期限内的简单算术平均来表示平均信用风险暴露。

平均期望信用风险暴露（average expected credit exposure，AECE）是期望信用风险暴露从现在至到期日 T 这段时间内的平均值：

$$AECE = (1/T)\int_{t=0}^{T} ECE_t \mathrm{d}t \tag{22.6}$$

平均最差信用风险暴露（average worst credit exposure，AWCE）的定义为：

$$AWCE = (1/T)\int_{t=0}^{T} WCE_t \mathrm{d}t \tag{22.7}$$

22.2.3 利率互换的风险暴露

现在我们考虑如何计算利率互换中的风险暴露。一般来说，我们需要定义：(1) 市场风险因子；(2) 复合随机过程中的函数和参数；(3) 互换的定价模型。下面介绍一个被广泛应用的计算利率互换风险暴露的例子。

我们首先从单因子的利率的随机过程入手，定义 t 时刻利率 r_t 的运动为：

$$\mathrm{d}r_t = \kappa(\theta - r_t)\mathrm{d}t + \sigma {r_t}^{\gamma}\mathrm{d}z_t \tag{22.8}$$

正如在第 4 章中一样，第一项意味着**均值回归**（mean reversion）。当 r_t 的当前值比长期趋势值高时，括号里的数值为负，会产生一种下降的趋势。一般来说，均值项可以反映远期利率的趋势路径。

第二项定义了波动，分布为正态分布。一个很重要的观点是扰动的波动率必须是不变的或者与利率 r_t 的当前值的 γ 次方成比例。如果时间长度比较短，这点并不重要，因为当前利率与初始利率非常接近。

当 $\gamma = 0$ 时，利率 r_t 的变化的分布就变成了正态分布，也就是瓦西塞克模型（1977）。正如前面的章节所说，利率的绝对变动一般为每年 1%。但这又有个问题，无论利率是以 20%开始还是以 1%开始，波动率都是一样的。这样，由初始点和均值回归的强度所决定的收益率可能会导致利率出现负值。

当 $\gamma = 1$ 时，则是另一种模型，即对数正态模型。此时模型可以重新写成 $\mathrm{d}r_t/r_t = \mathrm{d}\ln(r_t)$。这种形式保证了波动率会随着 r_t 接近零时而减弱，避免了出现负值的情况。利率的相对变动一般为每年 15%，也就是用利率的变动率 1%除以初始利率 6.7%。

为了说明，我们以正态过程（$\gamma=0$）为例，其中均值回归参数 $\kappa=0.02$，每月波动率 $\sigma=0.25\%$，这些参数都是以美国近期数据为基础的。利率 r 的初始值和长期趋势值都为 6%。图 22.2 显示了模拟的数据曲线。我们注意到利率是如何偏离初始值又如何被拉回到长期趋势值 6%上的。

这个模型非常实用，因为它具有解析解。图 22.3 总结出了利率 r 未来值的分布，并给出了它的均值和置信度为 90%的双尾置信区间（称为最大值和最小值）。图中，均值为 6%，也是长期趋势值。置信区间开始由于时间的增加而变宽，而后又由于均值回归效应而收敛到一个固定的值。

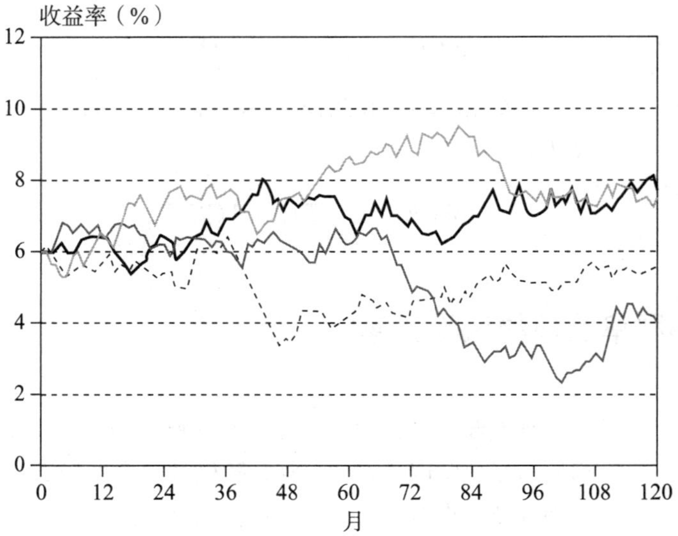

图 22.2 利率的模拟路径

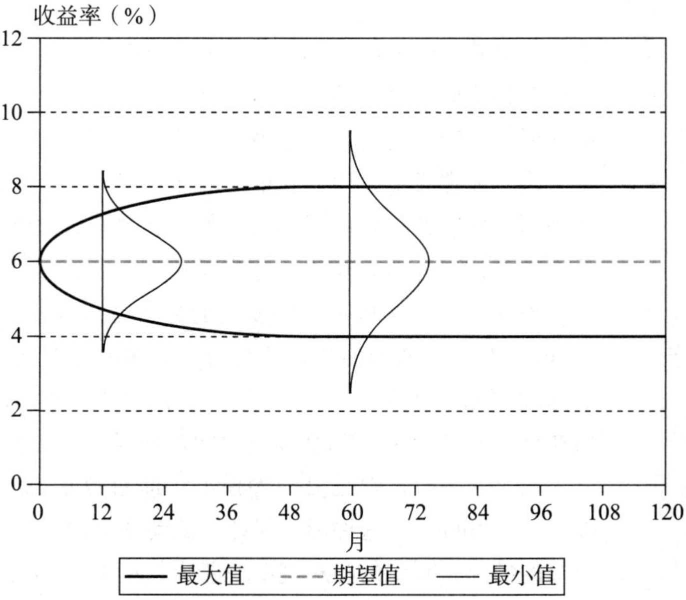

图 22.3 利率的分布曲线

下一步是为互换估值。在每个时点，互换的当前市场价值都等于固定利率债券和浮动利率债券的差值，可参考第 8 章：

$$V_t = B(F,t,T,c,r_t) - B(F,FRN) \tag{22.9}$$

式中，F 为债券的名义价值或面值，c 为年固定息票率，T 为到期日。互换的风险来自固定的息票率 c 与现行的市场利率的差值。本金不进行交换。

图 22.4 表示了由于 5 年后利率从 6%下降到 4%而产生的现金流的变化。假设互换的名义金额为 $N=1$ 亿美元，每半年支付一次。收取固定利息的一方每 6 个月被对方欠下一笔金额 1 亿美元×(6−4)%×0.5=100 万美元，直到互换的到期日。如果还有 10 笔金额需要支付，那么加总之后就是 1 000 万美元的正信用风险暴露。更准确地，在剩余的支付期内折现，在评估日的价值为 810 万美元。

接下来，我们假设互换收取的固定利息采用连续的支付方式而不再是半年一次，这是为了简化模型。不然，由于现金流结构不连续，我们不得不考虑浮动利率的风险。同时，我们使用连续复利。定义 N 为剩余的年数，附息债券的价值为：

$$B(1\text{ 亿美元},N,c,r) = 1\text{ 亿美元} \times \frac{c}{r}[1-e^{-rN}] + 1\text{ 亿美元} \times e^{-rN} \tag{22.10}$$

式中第一项是固定息票债券现金流以现行利率 r 折现的现值，第二项是本金的偿还。特别地，当息票利率与现行市场利率相等时（$c=r$），这种平价债券的市场价值是 100 美元。浮动息票债券也可以用同样的方法定价，但是它的息票率始终与现行利率相等。因此，它总是平价的。

为了更好地理解附息债券的风险暴露曲线，我们需要考虑两个随时间变化的相反的效应：

（1）**扩散效应**（diffusion effect），随着时间的推移，利率的不确定性增加。

（2）**摊销效应**（amortization effect），随着到期日的临近，债券的久期降低为零。

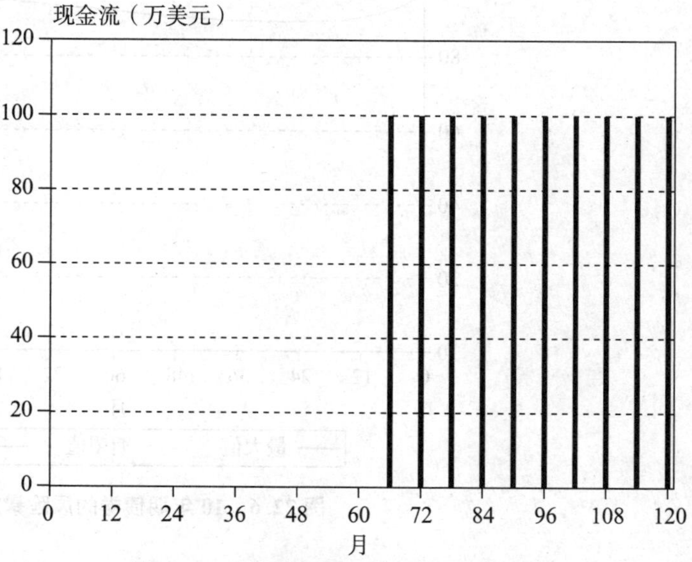

图 22.4　5 年后利率降到 4%的净现金流

图 22.5 描述了第（2）种效应，表现出债券的久期收敛于零。这也解释了为什么无论到期日时的现行利率如何，债券市场的价值都将收敛于票面价值。

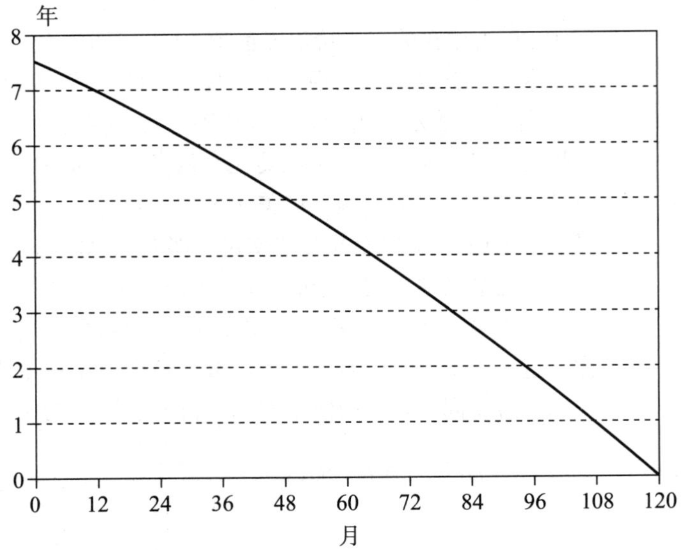

图 22.5　10 年期债券的久期曲线

因为债券是关于当前收益率的严格单调函数，我们可以在 90％的置信水平下用每个时点的极值利率范围来为债券估值。我们对图 22.3 中的每个时点使用公式（22.10）。图 22.6 展示了这种风险暴露曲线。

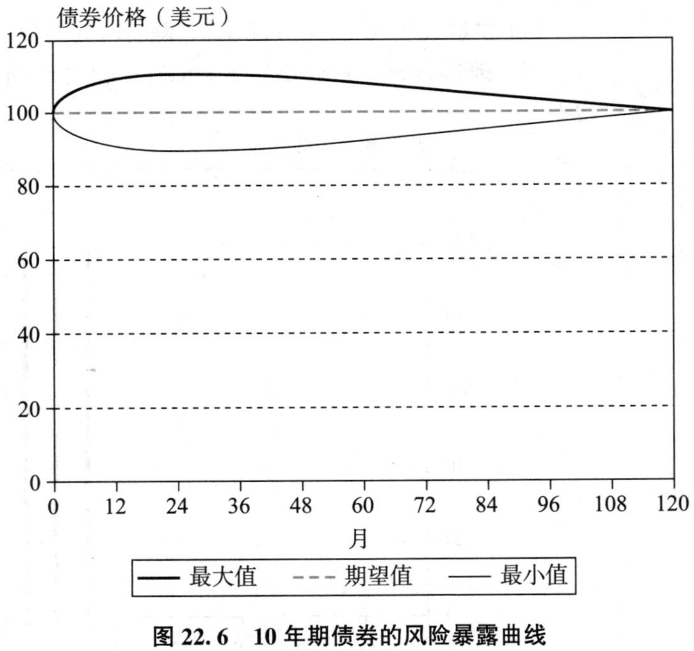

图 22.6　10 年期债券的风险暴露曲线

一开始，债券的市场价值为100美元，在2年到3年后，债券价值的范围将达到最大，从87美元到115美元。然后，范围收敛到面值100美元。但是整体来看，波动相对于面值的比例还是很小。考虑在度量信用风险时的其他近似方法，比如违约率和回收率的不确定性，假设债券有一个稳定的风险暴露并不是一个不好的近似。

但是，对于利率互换来说，这并不成立，它的价值可以由附息债券减去100美元（浮动息票债券的价值）得到。一开始，它的价值为零。然后，它可能出现正值或负值。信用风险暴露只可能是正值。图22.7展示了置信水平为95%时的期望风险暴露和最大风险暴露的曲线。数值刻度都是相对于面值100美元。它也展示了在整个互换过程中平均最差风险暴露的曲线。

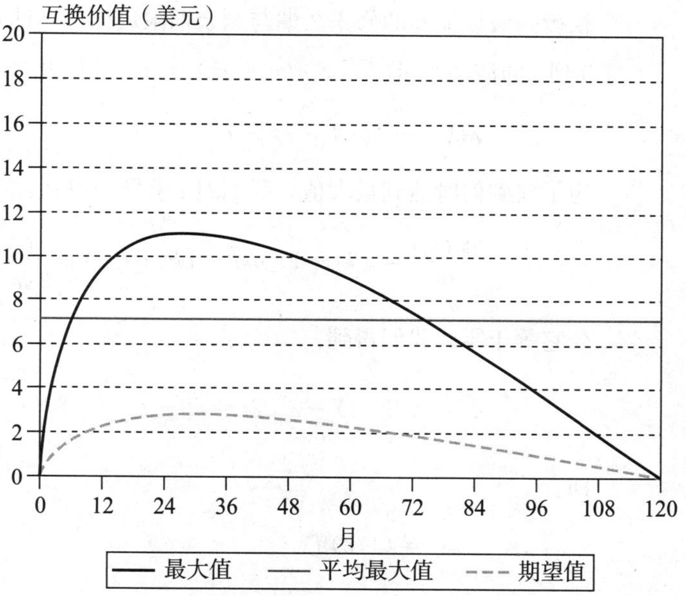

图22.7　10年期利率互换的风险暴露曲线

直觉上，互换的价值来自于固定息票债券和浮动息票债券的现金流之差。考虑一笔还剩下两次利息支付且名义金额为100美元的互换。它的价值为：

$$V_t = \$100\left[\frac{c}{(1+r)} + \frac{c}{(1+r)^2} + \frac{1}{(1+r)^2}\right] - \$100\left[\frac{r}{(1+r)} + \frac{r}{(1+r)^2} + \frac{1}{(1+r)^2}\right] = \$100\left[\frac{(c-r)}{(1+r)} + \frac{(c-r)}{(1+r)^2}\right] \quad (22.11)$$

注意本金支付是如何抵消的，我们只需要支付固定利率和现行利率的差额 $(c-r)$ 。

这些信息可以用来评价在目标日的期望风险暴露和最差风险暴露。最差风险暴露常出现在互换的第2年，或者互换期间的1/4处。在那个时点，期望风险暴露是名义金额的3%～4%，这相对于债券的期望风险暴露要小得多。最差风险暴露达到峰值时是名义金额的10%～15%。实际上，这些数值依赖所使用的随机过程，风险暴露曲线的性质也相似。

为了评估互换价值中的潜在波动，我们基于久期做出近似。首先考虑短期风险暴露，它的均值回归和久期的变动都不太重要。利率变动的波动率随着时间的平方根增加。给定每月波动率为0.25%，初始久期为7.5年，我们可以将下一年的互换价值的波动率近似为：

$$\sigma(V)=1\text{ 亿美元}\times 7.5\times 0.25\%\sqrt{12}=650\text{ 万美元}$$

再乘以1.645，我们得到1 070万美元，与图22.7中1年后95%置信水平下的最差风险暴露940万美元非常接近。

我们可以根据一个简单的例子来看如何在下降的久期和增加的风险之间做出权衡。假设债券的修正久期与剩余期限成比例，即在t时刻$D=k(T-t)$。时刻0到t的波动率可以写成$\sigma(r_t-r_0)=\sigma\sqrt{t}$。因此，互换的波动率为：

$$\sigma(V)=[k(T-t)]\sigma\sqrt{t} \tag{22.12}$$

为了找到何时达到最大值，我们对t求导，得到：

$$\frac{\mathrm{d}\sigma(V)}{\mathrm{d}t}=[k(-1)]\sigma\sqrt{t}+[k(T-t)]\sigma\frac{1}{2\sqrt{t}}$$

令它等于零，我们得到：

$$\sqrt{t}=(T-t)\frac{1}{2\sqrt{t}},\ 2t=T-t$$

即：

$$t_{\mathrm{MAX}}=(1/3)T \tag{22.13}$$

最大风险暴露出现在互换期限的$\frac{1}{3}$处。这比我们前面提到的$\frac{1}{4}$要晚一些，因为我们假设没有均值回归。

进一步，我们可以考察风险随合约期限如何变化。在那个时点，最差信用风险暴露为：

$$\begin{aligned}1.645\sigma(V_{\mathrm{MAX}})&=1.645[k(2/3)T\sigma\sqrt{T/3}]\\&=[1.645k(2/3)\sigma\sqrt{1/3}]T^{3/2}\end{aligned} \tag{22.14}$$

可以看出最差信用风险随$T^{3/2}$增加，这个速度比到期的速度更快。

图22.8展示了5年期互换的风险暴露曲线。这里，风险暴露的峰值出现在互换期限的$\frac{1}{3}$处。正如预期的那样，幅度减少，风险暴露的峰值只占名义金额的1%左右。

最后，图22.9展示了初始利率为5%、息票率为6%的互换风险暴露曲线。这时，互换处于实值状态，市值为790万美元。如果我们假设长期利率为6%，总风险暴露曲线将从一个正值开始，在两年后达到最大，然后收敛于零。

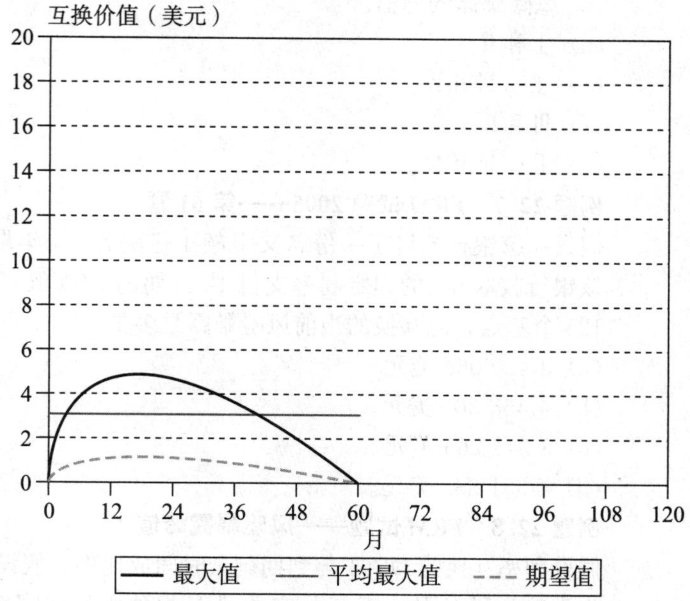

图 22.8　5 年期利率互换的风险暴露曲线

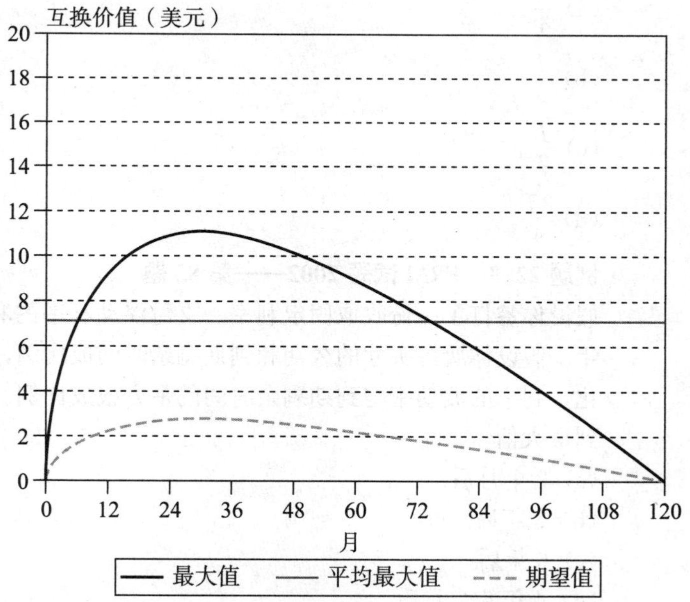

图 22.9　10 年期实值互换的风险暴露曲线

例题 22.6　FRM 试题 2004——第 43 题

下列哪些因子被用于决定衍生品交易中的信用风险？

Ⅰ. 名义金额。

Ⅱ. 当前风险暴露。

Ⅲ. 潜在风险暴露。

Ⅳ. 风险暴露的峰值。

(a) Ⅰ和Ⅱ。

(b) Ⅰ、Ⅲ和Ⅳ。

(c) Ⅲ和Ⅳ。

(d) Ⅱ、Ⅲ和Ⅳ。

例题 22.7　FRM 试题 2005——第 61 题

假设一家银行签订了一份名义金额 1 亿美元、4 年期每年支付一次的互换合约，该银行收取 6%的固定利率支付 12 月期的 LIBOR。在第 1 年末互换利率下降了 125 个基点，此互换的当前风险暴露是多少?

(a) 3 420 069 美元。

(b) 4 458 300 美元。

(c) 3 341 265 美元。

(d) 4 331 382 美元。

例题 22.8　FRM 试题——风险暴露峰值

假设利率互换的 DV01 与到期剩余时间成比例。假设利率曲线平缓变化，波动率为常数，利率服从正态分布并且互相独立。在哪个时点潜在风险暴露达到最大值?

(a) $\frac{T}{4}$。

(b) $\frac{T}{3}$。

(c) $\frac{T}{2}$。

(d) $\frac{3T}{4}$。

例题 22.9　FRM 试题 2002——第 83 题

假设你签订了一份收取固定利率、支付浮动利率的利率互换，距离到期日还有 6 年。假设你所持头寸的久期和到期剩余时间成比例，同时假设收益率曲线平缓变化，利率的波动率与到期剩余时间的平方根成比例。在哪个时点潜在风险暴露达到最大值?

(a) 2 个月后。

(b) 2 年后。

(c) 6 年后。

(d) 4 年 5 个月后。

21.2.4　外汇互换的风险暴露

其他互换的风险暴露有很大不同。例如，一份面值为 1 亿美元兑换 5 000 万英镑的外汇互换，其初始汇率为 $S(\$/GBP)=2$。

收取外国货币的外汇互换的市场价值为：

$$V_t = S_t(\$/\text{GBP})B^*(5\ 000\text{ 万英镑},t,T,c^*,r^*) - B(1\text{ 亿美元},t,T,c,r) \tag{22.15}$$

按照惯例，星号表示外国货币的价值。

一般来说，这种互换暴露于本国和外国的利率风险。当我们还剩两次息票支付时，互换的价值可以表示为：

$$V = S \times 5\ 000\text{ 万英镑}\left[\frac{c^*}{(1+r^*)} + \frac{c^*}{(1+r^*)^2} + \frac{1}{(1+r^*)^2}\right] - 1\text{ 亿美元}\left[\frac{c}{(1+r)} + \frac{c}{(1+r)^2} + \frac{1}{(1+r)^2}\right] \tag{22.16}$$

注意本金不能相互抵消，这和利率互换不一样。相反，本金以不同的货币在到期日进行支付，这是主要的信用风险暴露。

接下来，我们简单地假设没有利率风险，或者说互换的价值只需要承担外汇风险。此外，我们假设两种货币的息票是相同的，否则，就会产生支付金额的不对称积累。和以前一样，我们为即期汇率选择一个随机过程，即一个方差不变且没有趋势的对数正态过程：

$$dS_t = \sigma S_t dz_t \tag{22.17}$$

我们取每年波动率 $\sigma=12\%$，这比较符合实际，和在讨论市场风险因子的那一章中一样。这个过程可以保证汇率不会变成负值。

图 22.10 给出了一个 10 年期外汇互换的风险暴露。这里没有摊销效应，风险暴露随着时间而不断增加。风险暴露的峰值出现在互换期限的最后时刻。在那个时点，期望风险暴露为名义金额的 10%左右，比利率互换高得多。

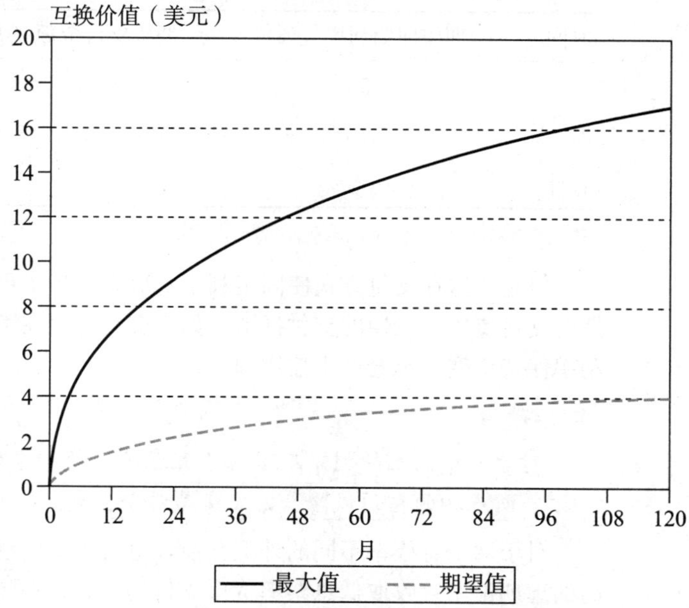

图 22.10　10 年期外汇互换的风险暴露曲线

尽管这些互换价值基于所使用的随机过程及其参数，这个例子还是说明外汇互换的信用风险暴露比利率互换的信用风险暴露要高得多，即使具有相同的期限。

22.2.5 不同息票的风险暴露

到目前为止，我们一直假设利率期限结构是水平的，并且不同的货币支付相同的息票，这使多头和空头的风险暴露是对称的。但是在现实中，这些条件是不成立的，从而造成了不对称的风险暴露情形。

例如，考虑公式（22.11）中的利率互换。如果利率期限结构是向上的，息票率比浮动利率大，$c>r$，并且固定利率收取方会收到净支付。互换的价值可以用远期利率预测浮动支付进行分析：

$$V_t=\frac{(c-s_1)}{(1+s_1)}+\frac{(c-f_{12})}{(1+s_2)^2}$$

式中，s_1、s_2 为一年期和两年期的即期利率，f_{12} 为第一年到第二年的远期利率。

例

假设名义金额为 1 亿美元只有剩余两次息票支付的利率互换。我们有 $s_1=5\%$，$s_2=6.03\%$，然后用 $(1+s_2)^2=(1+s_1)(1+f_{12})$ 得到 $f_{12}=7.07\%$。为了使互换的初始价值为零，息票率定为 $c=6\%$。下表显示了第一次支付金额的现值（对收取固定利率的一方来说）是正值，为 0.952 4 美元。第二次支付金额的现值为负值，为－0.952 4 美元。两次支付金额相互抵消，因为互换的价值为零。

时间	期望即期利率（%）	期望支付金额（美元）	折现（美元）
1	5	6.00－5.00＝＋1.00	＋0.952 4
2	7.07	6.00－7.07＝－1.07	－0.952 4
合计			－0.0000

但是，这种支付方式使固定利率收取方承担了更大的信用风险，因为它第一期的支付要用第二期的支付抵消。如果交易对手在第一次支付后就违约了，即使利率保持不变，也会产生信用损失。 ■

重要概念

对于一个向上的利率期限结构来说，浮动利率的收取方（支付固定利率的一方）所承担的信用风险暴露比交易对手要大。

对于两个息票率不同的外汇互换，也有类似问题。较低的名义利率意味着较高的远期汇率。收取低息票率货币支付的一方将在随后交换本金的时候获得更高的支付金额。如果交易对手违约，即使汇率保持不变，也会产生信用损失。

重要概念

低息票率货币收取方所承担的信用风险暴露比交易对手大。

例题 22.10　FRM 试题 2000——第 47 题

下列哪一种交易的信用风险暴露最大？交易规模都是 100 万美元，假设交易对手是一家 AAA 级银行，且没有结算风险。

(a) 一年期支付固定 AUD 的利率互换。

(b) 卖出一年后美元兑换 AUD 的远期汇率合约。

(c) 卖出一年期 AUD 利率上限。

(d) 购买一年期 CD。

例题 22.11　FRM 试题 2001——第 8 题

下列哪种 10 年期互换所承担的潜在信用风险暴露最高？

(a) 2 年后的交叉外汇互换。

(b) 9 年后的交叉外汇互换。

(c) 2 年后的利率互换。

(d) 9 年后的利率互换。

例题 22.12　FRM 试题 2004——第 14 题

BNP Paribas 刚刚签订了一份普通利率互换，其作为固定利率支付方。Credit Agricole 是同一份互换的固定利率收取方。远期利率曲线是向上的。如果 LIBOR 开始出现下降趋势并且远期利率曲线保持水平，那么该互换的信用风险会：

(a) 只对 BNP Paribas 增加。

(b) 只对 Credit Agricole 增加。

(c) 同时对 BNP Paribas 和 Credit Agricole 减少。

(d) 同时对 BNP Paribas 和 Credit Agricole 增加。

22.3　风险暴露修正因子

为了不断降低信用风险暴露，金融业发展了多种方法来对其进行限制。本节分析了盯市、保证金、抵押、头寸限制、息票调整和净额结算协议等方法。

其他调整方法包括**第三方担保**（third-party guarantees）以及购买**信用衍生产品**（credit derivative）。前者包括了从银行处获得对未来交易对手违约的支付担保。信用衍生产品将在下一章进行介绍。

22.3.1 盯　市

降低信用风险暴露的最基本形式是盯市（MTM）。**盯市**（marking-to-market）需要定期对合约价值的变化进行结算（例如每日）。对于 OTC 合约，交易双方可能约定以更长的周期进行结算（例如月度或者季度）。如果盯市条款对交易双方是对称的，则称为**双向盯市**（two-way marking to market）。否则，如果只设定单方损失，则称为**单向盯市**（one-way marking to market）。

盯市已经被交易所用于应对信用风险。这是因为各种各样的投资者都可以参加交易所的交易，包括散户，其更有可能违约。而在 OTC 市场中恰恰相反，企业间相互影响，而且保持长期合作关系。正如观察家所评论的：

> 期货市场需要被设计成允许陌生人之间进行交易，而其他的市场只允许熟人之间进行交易。

在每日盯市的体系下，当前风险暴露降为零。但是，由于合约价值可能在下一次结算前改变，潜在风险暴露仍然存在。潜在风险暴露产生于：(1) 盯市期之间的时间间隔；(2) 当交易对手违约时进行清算所需的时间。

对于散户，经纪人通常可以在一天之内很快对头寸进行结算。当头寸很大时，例如当经纪人处理和长期资本管理公司（LTCM）之间的交易时，清算周期可能会长得多。的确，之所以对 LTCM 进行救援，就是担心当所有的经纪商都同时清算与 LTCM 的合约时，可能会造成金融市场的崩溃。

关于盯市的另一个问题是它引入了其他类型的风险，特别是：

- **操作风险**（operational risk）：这是由于需要追踪合约的价值，并进行每日收支。
- **流动性风险**（liquidity risk）：这是由于机构需要保持充足的现金以吸收合约价值的波动。

22.3.2 保证金制度

潜在风险暴露可以通过保证金制度来保护。**保证金**（margins）是指为了建立头寸而需要提前预付的现金或者证券。保证金的目的是为潜在风险暴露提供一个缓冲。

例如，交易所需要客户在建立一个新的头寸时预先支付**初始保证金**（initial margin）。这些保证金被当做绩效债券以抵消由于客户违约而可能导致的未来损失。合约的收益和损失会记入**权益账户**（equity account）的保证金中。一旦权益账户的价值低于一个临界值，即**维持保证金**（maintenance margin），就应当提供新的资金。

保证金的设定与价格波动和头寸类型有关，后者分为投机和对冲。合约价值变化越大，保证金越大。对于对冲者，保证金通常低一些。假设没有基差风险，期货头寸的损失可以用现货的盈余进行补偿。某些交易所设置的保证金可以覆盖99%的最差每日价格变动，这就是信用风险的每日 VAR 系统。

22.3.3 抵 押

OTC市场允许使用证券代替现金作为**抵押**（collateral）。这种抵押保护了当前风险暴露和潜在风险暴露。抵押的价值超过所欠资金的那部分金额称为**扣减**（haircut）。抵押通常根据ISDA**信用支持附件**（credit support annex，CSA）进行管理。

扣减反映了违约风险和市场风险。安全的交易对手一般具有较低的扣减。但是它也取决于资产的下行风险。例如，现金的扣减可以为零，这意味着对当前风险暴露给予了完全保护。政府债券针对短期、中期和长期各种不同期限可以要求1%、3%和8%的扣减。在价格波动加剧的情况下，交易对手违约和抵押物损失价值的可能性会增加，因此也就要求更高的扣减。

举个例子，假设对冲基金A和银行B签订了一份互换。为了转移A的信用风险，交易双方签订了抵押协议，明确规定了银行B可以要求抵押的情形。现在假设合约对于银行B处于实值状态，它可以要求A提供100美元的抵押。对冲基金A必须接受银行B的要求。如果A违约，银行B可以出售抵押物并终止合约。任何超出所欠金额的抵押物价值将返还给A。反过来，如果抵押物价值不足以弥补所欠金额，银行B将对A提起诉讼。

22.3.4 头寸限制

信用风险暴露可以通过设定交易对手的**头寸限制**（position limits）进行管理。理想的情况是，应该根据投资组合对此估值，同时要考虑到一个机构和一个交易对手之间的所有合约。

为了加强限制，交易信息应该集中在中间办公系统，它为每一个交易对手生成一个风险暴露曲线。这些风险暴露曲线可以用于对几个任意设定期限内的信用状况进行管理。每次与同一个交易对手进行新的交易时，应该考虑对总风险暴露产生的增量效应。

这些限制也可以在金融工具的层面上设定。例如，对于互换来说，风险暴露上限要求一旦合约价值超过某一数值，就要进行支付。图22.11描述了500万美元风险暴露上限对10年期互换所产生的效果。假如，两年后合约价值突然上升到了1 100万美元，交易对手就需要支付600万美元，以使交易的未结算价值降到500万美元。这样就把最差风险暴露限制为500万美元，并降低了平均风险暴露。

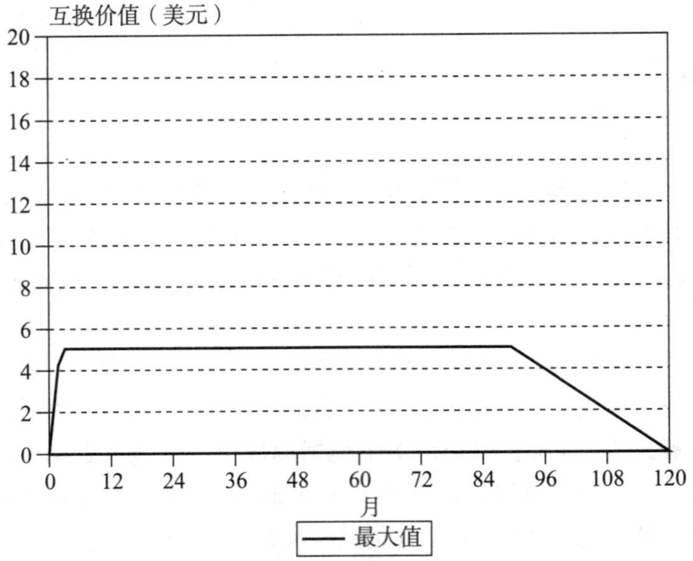

图 22.11　风险暴露上限产生的效果

22.3.5　息票调整

控制风险暴露的另一种方法是息票调整。**息票调整**（recouponing）是合约中的一项条款。要求合约在某些固定的日期盯市。这包括：(1) 通过现金交易使得盯市价值回到零；(2) 根据当时的市场价值重新设定息票利率或者汇率。

例如一个 10 年期互换风险暴露在 5 年后截断为零。此后，它就是一个剩余期限为 5 年的互换的风险暴露曲线。

22.3.6　净额结算协议

净额结算协议（netting agreements）可能是最强有力的控制风险暴露的方法。这是迄今为止标准化的**主互换协议**（master swap agreements）的共同特征，这是由**国际互换与衍生品协会**（International Swaps and Derivatives，ISDA）于 1992 年提出来的。

这些协议的目的是为一组合约的支付提供净额结算。在发生违约前，交易对手不能在具有负价值合约停止支付的同时却要求收取具有正价值合约的支付。因此，该系统将风险暴露降低到净额结算协议所覆盖的所有合约的净支付。这防止违约交易对手的选择性支付。

净额结算可以分为三种类型：

1. 支付净额。它涉及以同一种货币进行每日结算。一个例子是只进行净额支付的利率互换，即用浮动利率减去固定利率。

2. 合约替代净额。它涉及交易双方之间一些合约的取消，用新的净额支付来代替合约。考虑一个例子，在一个远期交易中，A 必须支付 1 000 万欧元给 B 以此交换收取 1 500 万美元。在另一个远期交易中，A 必须从 B 处收取 500 万欧元以此交换支付 700 万美元。在合约替代净额中，这两个合约简化成 A 支付 500 万欧元给 B 以此交换收取 800 万美元。

3. 清算净额。它涉及在发生破产或者特定违约事件时根据主协议退出所有的交易，这些交易根据市值进行净额清算。违约事件发生时终止金融合约的权利是金融风险有效管理的核心。没有走开或者终止条款，交易对手将无助地看着他们的合约价值在破产过程中波动，而这个过程可能要持续数年。

表 22.1 给出了一个包含 4 个合约的例子。如果没有净额结算协议，前两个协议的风险暴露是每个正值部分之和，即 1 亿美元。相反地，如果前两个合约处于净额结算协议中，它们的价值将互相抵消，得到净风险暴露为 100－60＝40（百万美元）。假如合约 3 和合约 4 不处于净额结算协议中，风险暴露将增加 40＋25＝65（百万美元）。

表 22.1　使用和不使用净额结算的风险暴露比较　单位：百万美元

合约	合约价值	风险暴露	
		没有净额结算	有净额结算 1 和 2
	净额结算协议之下		
1	＋100	＋100	
2	－60	＋0	
总计，1 和 2	＋40	＋100	＋40
	没有净额结算协议		
3	＋25	＋25	
4	－15	＋0	
总计，1 到 4	＋50	＋125	＋65

在净额结算下，**净风险暴露**（net exposure）为：

$$\text{净风险暴露} = \mathrm{Max}(V,0) = \mathrm{Max}(\sum_{i=1}^{N} V_i, 0) \tag{22.18}$$

如果没有净额结算协议，**总风险暴露**（gross exposure）是所有正值合约之和：

$$\text{总风险暴露} = \sum_{i=1}^{N} \mathrm{Max}(V_i, 0) \tag{22.19}$$

该值通常大于等于在净额结算协议下的风险暴露。

净额结算的好处取决于合约的数目 N 和合约之间的相关性。N 越大，相关性越小，净额结算的好处就越大。这可以从表 22.1 中得到简单的验证：如果所有的合约同时变为正值，或者具有较高的相关性，则不能从净额结算获得好处。

图 22.12 和图 22.13 展示了银行与同一个交易对手签订的包含两个互换的投资组合的净额结算效果。在每一种情况下，利率升高或者下降的概率都是相同的。

在图 22.12 中，银行买入 10 年期和 5 年期的互换。图的上半部分表示利率下降时的最差风险暴露。在这种情况下，对于每一个合约都存在正的风险暴露，将两者相加就可以得到总的组合风险暴露。是否存在净额结算没有差别，因为这两个头寸都同时为正。图的下半部分表示的是当利率上升时的最差风险暴露。两个头寸以及它们的组合的风险暴露都为零。

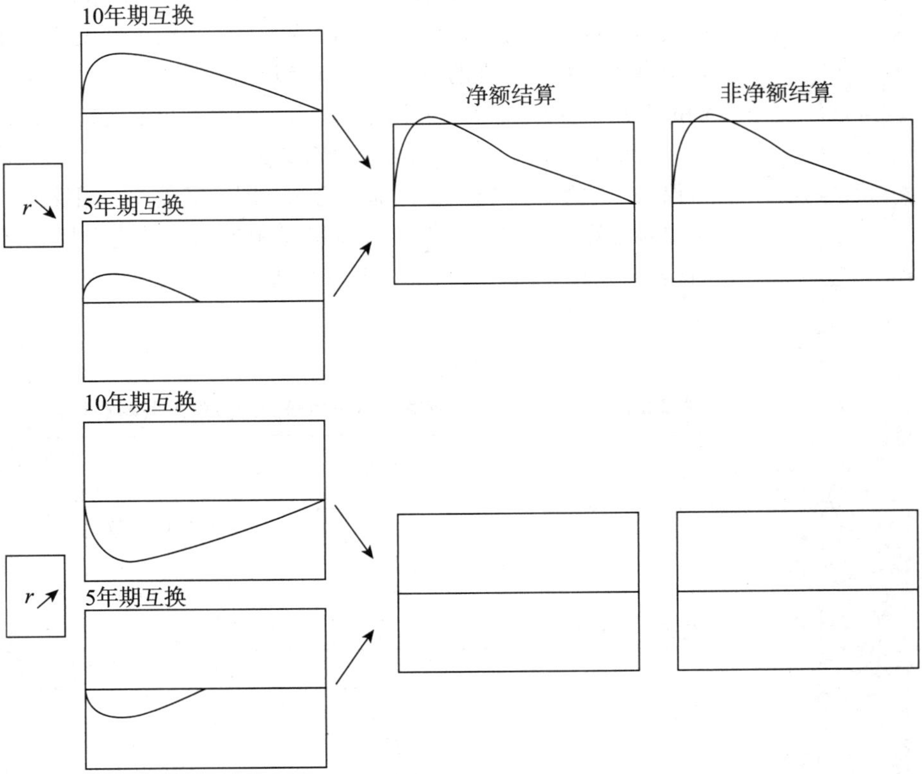

图 22.12　两个多头头寸的净额结算

在图 22.13 中，银行买入 10 年期互换，卖出 5 年期互换。当利率下降时，第一个互换是正值，第二个互换是负值。在净额结算下，最差风险暴露会降低。相反地，如果没有净额结算，那么风险暴露与 10 年期互换的风险暴露相同。当利率上升时，第一个互换的价值为负而第二个互换的价值为正。在净额结算下，风险暴露为零。如果没有净额结算，那么风险暴露与 5 年期互换的风险暴露相同。

银行会在它们的年报中提供这一信息，说明净额结算给它们的当前风险暴露带来的好处。如果没有净额结算协议或者抵押，一旦所有的交易对手（K 个）同时违约，**总替代价值**（gross replacement value，GRV）是最差情形下的风险暴露之和：

$$GRV = \sum_{k=1}^{K}(\text{总风险暴露}) = \sum_{k=1}^{K}\left[\sum_{i=1}^{N_k}\text{Max}(V_i, 0)\right] \tag{22.20}$$

在净额结算协议和抵押下，风险暴露可以定义为**净替代价值**（net replace-

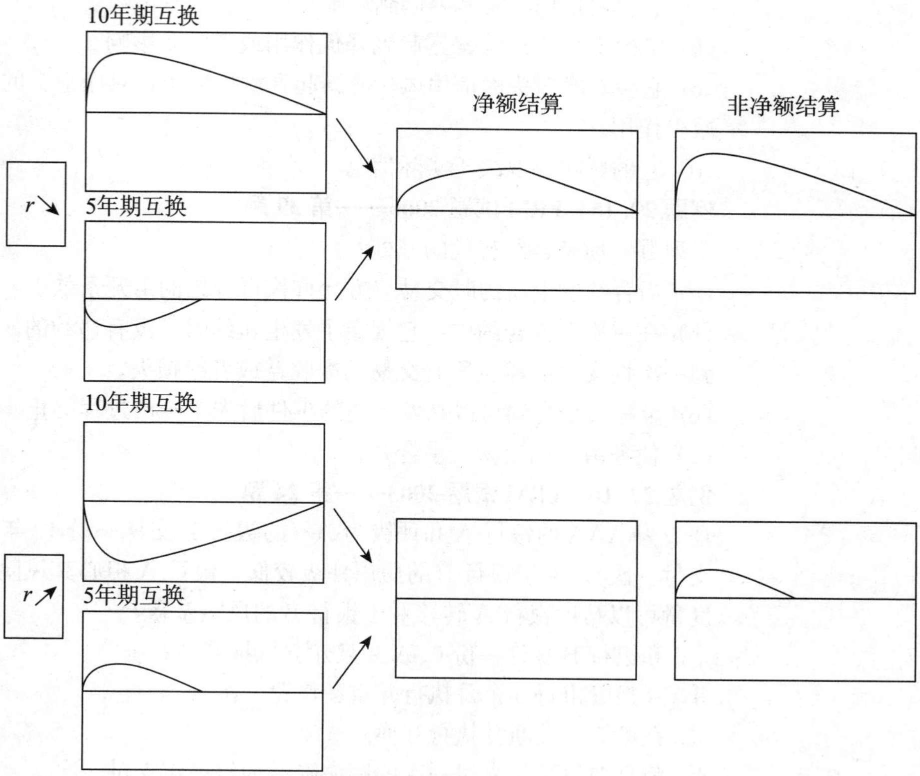

图 22.13　一个多头头寸和一个空头头寸的净额结算

ment value，NRV)，它是所有交易对手之间的正风险暴露之和：

$$NRV = \sum_{k=1}^{K}(\text{净风险暴露}) = \sum_{k=1}^{K}[\text{Max}\sum_{i=1}^{N_k}(V_i, 0)] \tag{22.21}$$

如果持有抵押物，应该从净风险暴露中减去抵押物的价值。

净额结算的效用可以根据 BIS 统计方法对 OTC 衍生品市场进行评估。正如第 7 章所描述的那样，截止到 2009 年 12 月，OTC 市场的总名义价值加起来达到了 688 万亿美元。这么庞大的总市值，如果按照所有正值合约的加总计算，只有 22 万亿美元。净信用风险暴露更是降低到了 3.5 万亿美元。因此，净额结算把风险暴露降低了 80%。

例题 22.13　FRM 试题 2002——第 89 题

如果我们假设和一个给定的交易对手之间交易的投资组合 VAR 可以用来度量潜在信用风险暴露，下列哪一项不能用来降低信用风险暴露？

(a) 净额结算协议。

(b) 抵押。

(c) 信用衍生产品。

(d) 和不同交易对手进行的抵消交易。

例题 22.14　FRM 试题 2005——第 96 题

下列关于和交易对手签订净额结算协议的影响的说法，哪一项是正确的？

(a) 它会对信用风险暴露起到增加作用或者没有影响。

(b) 它会对信用风险暴露起到降低作用或者没有影响。

(c) 它会对净多头的信用风险暴露起到增加作用，对净空头的信用风险暴露起到减少作用。

(d) 它的影响要取决于实际信息。

例题 22.15　FRM 试题 2006——第 39 题

下列哪一项是合约替代的好处？

(a) 当合约发生违约时交易双方允许执行合约的走开条款。

(b) 在一份双方合约中，它规定了发生违约时，没有违约的一方可以从违约方得到一次性支付的覆盖所有交易的净收益或者净损失。

(c) 金融市场合约可以在发生违约事件后先于破产过程终止。

(d) 债务由其他交易对手合并。

例题 22.16　FRM 试题 2003——第 24 题

评级为 AAA 的银行 A 和评级为 A－的银行 B 交易一份 10 年期利率互换（半年支付一次）。由于银行 B 的信用评级较低，银行 A 担心其风险暴露。下列哪一种度量可以帮助银行 A 转移对于银行 B 的风险暴露？

Ⅰ. 和银行 B 签订一份 CSA 并且建立抵押管理系统。

Ⅱ. 互换盯市每 6 个月执行并重新设置一次。

Ⅲ. 在第 5 年截断并执行互换。

Ⅳ. 将息票每半年支付一次的频率降低为每一年支付一次。

(a) 只有Ⅰ。

(b) 只有Ⅳ。

(c) Ⅰ、Ⅱ、Ⅲ和Ⅳ。

(d) Ⅰ、Ⅱ和Ⅲ。

例题 22.17　FRM 试题 2002——第 73 题

考虑以下信息。你需要在一年后以每桶 25 美元的价格购买 10 000 桶原油。原油价格的变动率假设服从均值为 0、年波动率为 30%的正态分布。保证金会在信用风险暴露超过 50 000 美元后的 2 天内交付。一天有 252 个交易日。假设保证金协议是强制执行的，下列哪个选项最接近在保证金协议下 95%置信水平的一年期信用风险暴露？

(a) 50 000 美元。

(b) 58 000 美元。

(c) 61 000 美元。

(d) 123 000 美元。

例题 22.18　FRM 试题 2008——第 3-35 题

假设 BSM，一个大型衍生品市场交易商，持有和一个交易对手的 6 份合约，都在纽约进行交易（同样的法律环境）。这些合约的当前市值为 125、75、25、－10、－65 和－140。假设 BSM 当前没有和交易对手之间签订法律强制执行的净额结算协议。到目前为止，如果它和交易对手之间签订法律强制执行的净额结算协议，BSM 暴露于其交易对手的信用风险暴露将改进多少？

(a) 0。
(b) 10。
(c) 215。
(d) 225。

22.4 信用风险修正因子

信用风险修正因子用于处理信用风险暴露或违约风险以及它们的组合。本节讨论影响违约风险的修正因子作为补充。

22.4.1 信用触发因子

信用触发因子（credit triggers）是指当合约任意一方的信用评级低于某一水平时，另外一方有权将互换结算为现金。这些不是风险暴露修正因子，目的在于降低违约概率。例如，如果当交易对手的信用评级低于A时，所有未结算互换都可以终止，则违约概率将会降低至当交易对手的评级为A或是高于A时违约的概率。

当一个公司的信用评级逐渐恶化时，这些触发因子非常有用。这是因为很少有公司会从投资级别突然变为破产。如前面的章节所讨论的，通过分析转移概率可以估计出增加的保护。例如，一个信用评级为AA的借款人在过去10年中的累积违约概率为0.81%。信用评级一旦下降到BB或者更低级别就可以终止合约，那么概率将降为0.23%.

22.4.2 时间看跌期权

时间看跌期权（time put），或者称为**共同终止期权**（mutual termination option），指合约的任意一方都可以无条件地在合约中规定的未来一个或多个交易日期终止交易。这一特性降低了双方的违约风险和风险暴露。如果风险暴露较大，而一方的信用评级开始下降，它是允许另一方终止合约的。

但是，触发因子和时间看跌期权属于一种**或有要求**（contingent requirement），可能会造成严重的后果。它们恰恰在公司处于困境之时要求更强的流动性，这对公司的流动性造成进一步的压力。确实，安然公司某些证券中的触发因子迫使公司支付大量的现金，加速了公司的破产。这些条款与其说是保护，不如说是触发了破产，对所有债权人造成了不利影响。

例题22.19 FRM试题2009——第6-1题

下列关于交易对手风险暴露的说法哪一项是正确的？

(a) 潜在的未来风险暴露是在一个高置信水平下期望风险暴露在未来某天的最小值。

(b) 净额结算、担保协议和提前结算条款都是信用风险转移的例子。
(c) 当前的风险暴露是指暴露于附属公司的风险暴露。
(d) 错误的风险暴露是与信用质量高度相关时的风险暴露。

22.5 重要公式

信用风险暴露：$CE_t = \text{Max}(V_t, 0)$

期权多头：$CE_t = V_t$；期权空头：$CE_t = 0$

期望信用风险暴露（ECE）：$ECE = \int_{-\infty}^{+\infty} \text{Max}(x,0) f(x) \mathrm{d}x$

最差信用风险暴露（WCE）：$1 - p = \int_{WCE}^{+\infty} f(x) \mathrm{d}x$

利率互换的信用风险暴露：

$$V_t = B(F,t,T,c,r_t) - B(F,FRN)$$

利率互换信用风险暴露的波动率：$\sigma(V_t) = [k(T-t)] \times \sigma\sqrt{t}$

外汇互换的信用风险暴露：

$$V_t = S_t(\$/FC)B^*(F^*,t,T,c^*,r^*) - B(F,t,T,c,r)$$

总信用风险暴露：$\sum_{i=1}^{N} \text{Max}(V_i, 0)$

使用净额结算的净信用风险暴露：$\text{Max}(V,0) = \text{Max}(\sum_{i=1}^{N} V_i, 0)$

总替代价值（GRV）：

$$GRV = \sum_{k=1}^{K}(\text{总风险暴露})_k = \sum_{k=1}^{K}\left[\sum_{i=1}^{N_k} \text{Max}(V_i, 0)\right]$$

净替代价值（NRV）：

$$NRV = \sum_{k=1}^{K}(\text{净风险暴露})_k$$
$$= \sum_{k=1}^{K}\left[\text{Max}(\sum_{i=1}^{N} V_i, 0)\right] - \text{持有的抵押物的价值}$$

22.6 例题解答

例题 22.1　FRM 试题 2006——第 95 题

(d) 当损失发生时，风险暴露一定为正值，这意味着市场利率朝对你有利的方向变动，而且对手必须违约。

例题 22.2　FRM 试题 2009——第 6-2 题

(b) 购买期权或者签订远期合约将产生信用风险暴露，因为这些合约都有可能变成实值合约。相反，出售期权不会产生信用风险暴露。购买贷款产生暴露于 Sunny 公司的信用风险暴露，而不是城市银行。

例题 22.3　FRM 试题 2006——第 117 题

(b) 出售期权不会产生风险暴露，因此 d 是错误的。期限越长，价格较大变动的可能性也就越大，因此 a 是错误的。多头的潜在收益要比空头大。对于多头头寸，价格可能会涨到初始价格的几倍。对于空头头寸，最大的收益发生在价格跌到零的时候。

例题 22.4　FRM 试题 2004——第 8 题

(c) 出售期权是唯一不能产生信用风险暴露的策略选项。而衣领期权涉及期权的买和卖。

例题 22.5　FRM 试题 2001——第 84 题

(b) 期权空头没有信用暴露，因此答案 c 和 d 是错的。卖空远期合约，当欧元贬值时，将会获得收益。

例题 22.6　FRM 试题 2004——第 43 题

(d) 风险暴露的所有度量都非常重要，当前值、潜在值和峰值。但是名义金额并不处于风险之中。

例题 22.7　FRM 试题 2005——第 61 题

(a) 固定利率债券的现值为 $6/(1+4.75\%)^1+6/(1+4.75\%)^2+106/(1+4.75\%)^3=103.420$，减去支付浮动利率的 \$100 得到风险暴露为 \$340 万。更直观地，可以用息票之差乘以 3，即 $(6\%-4.75\%)\$100=\$1.25$，乘以 3 大约为 \$375 万，这里没有进行折现。

例题 22.8　FRM 试题——风险暴露峰值

(b) 见公式 (22.14)。

例题 22.9　FRM 试题 2002——第 83 题

(b) 风险暴露是久期的函数，随利率波动率降低而降低，随时间的平方根增加而增加。令 T 为初始到期时间，k 为常数。可以得到 $\sigma(V_t)=k(T-t)\sqrt{t}$。对 t 求导数，得到最大风险暴露的达到时刻为 $t=(T/3)$，即 $t=(6/3)=2$ 年。

例题 22.10　FRM 试题 2000——第 47 题

(d) CD 的整个名义金额都处于风险之中。另外，第二大的风险暴露是外汇远期合约和利率互换。利率上限的空头头寸在期权费收取后就没有风险暴露。注意题目排除了远期合约的结算风险。

例题 22.11　FRM 试题 2001——第 8 题

(a) 该题目问的是不同种类的互换在其期限内的潜在风险暴露。利率互换比外汇互换具有更低的风险暴露，因为本金没有市场风险。距离到期日时间较长的外汇互换具有更大的潜在风险暴露。对于 10 年期的外汇互换来说，2 年之后，距离到期日还有 8 年。

例题 22.12　FRM 试题 2004——第 14 题

(b) 在利率期限结构向上的情况下，固定利率支付方具有更高的信用风险。它开始收取的少，但是后期收取的多。这种反向负荷的支付会增加信用风险暴露。反过来，如果远期利率曲线是水平的，固定利率支付方 BNP Paribas 就具有较低的信用风险暴露，Credit Agricole 就具有更高的信用风险暴露。另外，如果 LIBOR 下降，BNP Paribas 需要支付更多，并且它的交易对手具有更高的信用风险暴露。

例题 22.13　FRM 试题 2002——第 89 题

(d) 和不同交易对手进行的抵消交易不会提供信用保护。如果第一个交易对手在合约处于实值状态时违约，那将会发生信用损失。

例题 22.14　FRM 试题 2005——第 96 题

(b) 净额结算会在和同一个交易对手交易的合约中既有正值又有负值时起到降低信用风险暴露的作用。在最坏的情形下，即合约价值为正时，不产生影响。

例题 22.15　FRM 试题 2006——第 39 题

(d) 选项 a 是不正确的，因为这是走开条款。选项 b 是不正确的，因为这是清算净额条款。选项 c 是不正确的，因为这是终止条款。

例题 22.16　FRM 试题 2003——第 24 题

(d) 抵押管理系统会降低信用风险暴露，因此 I 是正确的。互换重置或息票调整也会降低风险暴露。第五年的截断实行盯市，也会降低风险暴露。另一方面，降低息票的支付频率不会改变风险暴露。事实上，扩展期限会增加风险暴露，因为增加了等待下一次支付的时间，也增加了市场向对自己一方有利变动的机会。

例题 22.17　FRM 试题 2002——第 73 题

(c) 最差信用风险暴露是 50 000 美元加上在 95%置信水平下的两天最坏价格变动。最差潜在风险暴露为 $\alpha\sigma\sqrt{T}=1.645\times30\%\times\sqrt{(2/252)}=4.40\%$。乘以头寸价值 250 000 美元，得到最坏价格变动为 10 991 美元。加上 50 000 美元得到 60 991美元。

例题 22.18　FRM 试题 2008——第 3－35 题

(c) 正的风险暴露的总和为 225。这是没有签订净额结算协议的信用风险暴露。净风险暴露的总和为 215。在签订净额结算协议下，风险暴露变为 10，即下降了 215。

例题 22.19　FRM 试题 2009——第 6－1 题

(b) 选项 a 是不正确的，因为风险暴露是最大值，而不是最小值，最小值是零。选项 c 是不正确的，因为信用风险是和交易对手之间发生的，而不是和附属公司之间发生的。选项 d 是不正确的，因为错误的风险暴露是与信用质量负相关时的风险暴露。这个问题在风险暴露很高而信用质量下降时发生。

附录　ISDA 主净额结算协议

在 20 世纪 80 年代初，互换是以量体裁衣的方式定制金融合约的。这种合约要求逐一草拟文件，这是非常费时的，其成本高昂，同时在草签贸易协议和签订具有法律约束力的合约之间产生了时滞。

为应对这种情况，金融业开始为互换开发标准化条款。就像期货那样，这使得抵消合约更加容易，增加了合约的流动性并减少了法律的不确定性。由于这种努力，ISDA 在 1987 年建立并在 1992 年修订了**主净额结算协议**（master netting agreement）。主净额结算协议的格式为标准化合约建立了模板，**主协议时间表**（schedule to the master agreement）和实际的**合约确认**（confirmation of contract）补充了标准化合约。交易方有了部分选择协议或者是通过时间表来修改基础文件的灵活性。更为明细的条款（例如确认条款）使更一般的条款失效。

因此，在有争议的情况下步骤的顺序首先是确认，然后是时间表，最后是主协议。另外，**信用支持附件**（credit support annex，CSA）管理双方抵押品的交易。

ISDA 的主协议包括如下规定，正如在任何合约中对支付的规定那样。

1. 债务明细表，详述了支付条件的机制（在 ISDA 协议的第 2 部分），包括债务净额结算。

2. 信用规定明细表，这些规定描述了违约和终止事项（第 5 部分）、早期终止（第 6 部分）和信用支持规定（例如抵押支付系统）。违约事项包括：

（ⅰ）无法支付。

（ⅱ）违背协议。

（ⅲ）信用支持违约（如到期时无法提供抵押品）。

（ⅳ）虚假陈述。

（ⅴ）对指定的交易违约。

（ⅵ）交叉违约，这是可选的。

（ⅶ）与破产或清算有关的行为。

（ⅷ）在没有后者承担互换协议中规定义务的情况下兼并。

终止事项包括：

（ⅰ）由于法律法规的改变，交易方已无法履约而合约不再具备合法性。

（ⅱ）税收事项，例如税法的改变使得一方进行额外的支付（称做 gross-up）。

（ⅲ）关于兼并的税收事项。

（ⅳ）关于兼并的信用事项，在兼并中，合约接手者的信誉明显弱于原合约方。

3. 合约的样板文件陈述明细表，包括陈述（第 3 部分）、协议（第 4 部分）、转让规定（第 7 部分）、主管法律（第 13 部分），等等。

虽然 ISDA 的表格试图提供广泛而标准化的互换事项范围，它们依然无法预测所有的可能性。当俄罗斯在 1998 年 8 月 17 日对本市债务违约时，它延期偿付外币债务，并且对远期外汇合约冻结交易 90 天。然而它还是保持了对外债的支付。已有的互换合约没有适当而清楚地定义俄罗斯的这一行为是否构成外债信用事项 。这引起了相当大的对标准化合约的解释上的争论。

到 1999 年，ISDA 出版了一套对信用衍生品的修正性定义，这些定义同时考虑了主权和非主权实体。该明细表在第 19 章中提供。

最后，2009 年 4 月 8 日，ISDA 进行了修正，引入了**大变革协议**（Big Bang Protocol），应用到 CDS 合约上，将在后面的信用衍生品章节进行介绍。

第 23 章　信用衍生品和结构化产品

信用衍生品是投资组合信用风险管理的最新工具。**信用衍生品**（credit derivatives）的价值衍生于标的债务人、公司、国家，这种合约将信用风险从交易的一方转移到另一方。信用衍生品起源于商业银行希望调整它们的风险暴露的需要，但自此以后逐渐变成投资组合的重要管理工具。

和其他衍生品一样，信用衍生品既可以单独交易，又可以内嵌于其他金融工具，例如信用票据。这个市场导致了**结构化信用产品**（structured credit products）的发展，它们通过将投资组合的信用风险暴露重新打包以更好地满足投资者的需求。这依赖于证券化过程，我们在第 18 章将其应用于抵押贷款池。

23.1 节介绍了信用衍生品市场的规模和理论基础。23.2 节描述了信用违约互换及其定价。其他的合约，例如总收益互换、信用价差远期和期权合约在 23.3 节进行介绍。23.4 节接着介绍了信用结构化产品，包括信用票据和债务抵押债券（CDO）。由于它的重要性，23.5 节详细地描述了 CDO 市场。最后，23.6 节讨论了信用衍生品和结构化产品的积极意义和负面影响以及最新的监管改革。

23.1　介　绍

23.1.1　市场规模

从 1996 年到 2007 年，信用衍生品市场的总名义价值从 400 亿美元增长到 62

万亿美元，所有这些产品都在**场外市场**［over-the-counter（OTC）markets］进行交易。第 9 章显示全球国内公司债券市场的规模仅有 7 万亿美元，而政府和金融机构的债券市场规模加在一起也不过 90 万亿美元。

然而，像场外市场一样，信用衍生品市场增长中只有一部分能代表信用风险的净交换。惠誉评级最新的调查表明，总的净风险暴露所占的比例只有$\frac{1}{50}$，这意味着净风险暴露的规模大约在 1.2 万亿美元左右。

总的信用风险暴露很高的原因是交易商在实际中没有取消执行交易而是增加新的交易用来抵消。然而这种做法实际上增加了操作风险和交易对手风险。

因此，信用衍生品市场开始作为投资组合管理的工具，用来降低信用投资组合的合约总数量，但不改变投资组合中的风险参数。仅 2008 年一年，就有价值 30 万亿美元的合约被取消，导致信用衍生品的名义价值第一次出现下降。到 2009 年底，信用衍生品市场的价值又回到 30 万亿美元。

23.1.2 交换风险的市场

信用衍生品提供了一种有效的信用风险交易机制，因而得以蓬勃发展。尽管现代银行业已经敏锐地认识到贷款组合的风险小于单笔贷款的风险，但是银行业的贷款仍然常常过于集中于某些地理区域或某些业务部门。这是因为银行的相对优势就是体现在仅局限于最熟悉客户的“关系银行业务”上。由于只存在非常有限的二级贷款市场，银行要剥离其所承担的信用风险暴露也是很困难的。另外，借款人也不愿意看到他们的银行把他们的贷款卖给其他人，即使是为了分散风险。信用衍生品可以解决这个难题，银行可以通过购买信用衍生品来保护保留在它们资产负债表上的贷款。

事实上，信用衍生品并不是什么全新的产品。**债券保险**（bond insurance）就是一种由债券发行者和担保者（银行或保险公司）签订的合约，目的在于当发行者不能按时全额偿还时，由担保者为其偿还剩余的部分。**信用凭证**（letter of credit）是银行提供的，在原始贷款者无法偿还时由银行向第三方进行偿付的担保。公司债券中的**回购特征**（call feature）包含了一份对无风险利率和信用价差的期权，当债券的信用价差上升时借款者可以将债券回购。在更基本的水平上，一个**公司债券**（corporate bond）的多头等价于一个无风险债券（意味着不会发生违约）的多头加上一个信用违约互换（CDS）的空头。

因此，许多金融工具都内嵌有信用衍生品的形式。信用衍生品的创新之处在于它的透明性，并且它让信用风险的交易成为可能。一般来说公司债券很难卖空，但是这种头寸可以用购买 CDS 合约进行简单的复制。因此，信用衍生品对投资者、对冲者和投机者都提供了机会。

23.1.3 信用衍生品的种类

信用衍生品是允许信用风险在各方之间进行交易的场外交易合约。它们可以按照以下因素进行分类：

- 标的信用，可以是一组经济实体或是任一经济实体的信用。
- 执行条件，可以以某种与信用有关的事件发生为支付条件（例如违约、信用级别降低或者信用价差上升）。
- 收益函数，可以为某个固定值，也可以是由一个线性或非线性收益产生的变量。

信用衍生品市场包括普通信用违约互换、总收益互换、信用价差远期和期权。这些工具都是场外交易合约。它们也会出现在信用结构化产品中，我们会在本章的后面进行讨论。最新的调查表明信用衍生品市场中的33%是CDS，30%是指数CDS，16%是合成CDO，8%是分层交易指数，3%是信用票据，1%是信用价差期权。[①] 因此最常见的工具是CDS合约。

23.2 信用违约互换

23.2.1 定 义

在**信用违约互换**（credit default swap）合约中，合约的购买者A向出售者B支付一笔费用，得到在信用事件发生时获得偿付的权利。**费用支付**（premium payment）可以是一次性的，也可以分期进行。而**或有支付**（contingent payment）则是以标的信用事件为触发条件的。信用违约互换的结构如图23.1所示。因此，这些信用衍生品合约只在发生违约模式（DM）时才进行结算支付。

注意，这些合约实际上是期权而不是互换。它与一般期权的不同之处主要在于期权费是分期支付而不是事先支付的。当费用为事先支付时，这些合约被称为违约卖权。[②] 每年的支付参考**CDS价差**（CDS spread）。[③]

---

① British Bankers' Association, *BBA Credit Derivatives Report 2006* (London: BBA, 2006).

② 然而违约互换和违约期权并非同样的衍生工具，因为违约互换只有在违约事件发生时才要求支付费用。

③ 这不能与买卖价差相混淆，买卖价差是买入利率与卖出利率之间的差价。例如，买入利率可能是45个基点，卖出利率为55个基点。因此，买方需要支付0.55%的年利率才能获得保护。受保护的卖方将只收到0.45%的年利率。

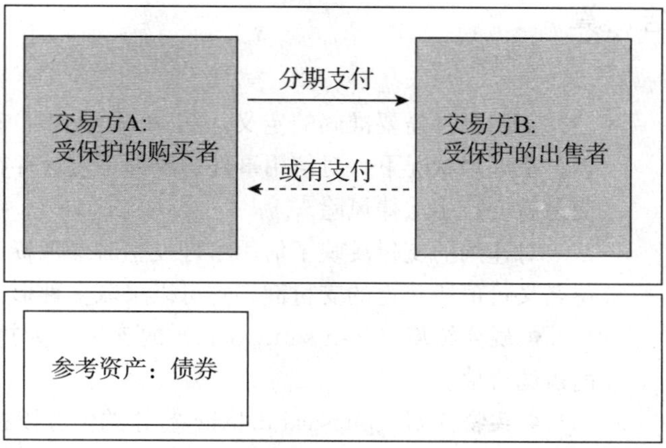

图 23.1　信用违约互换

许多CDS都以年度价差的形式进行报价，但也可以以事先确定的方式报价。例如，2008 年 9 月 17 日，华盛顿共同基金的CDS报价为事先确定的 44 个点。这意味着合约的购买者需要在一开始支付 4 400 万美元并每年支付 500 个基点的价差。华盛顿共同基金在 9 月 27 日发生了信用事件，触发了对 CDS 合约的支付。

信用违约互换可以内嵌于许多金融产品。投资于一种风险（对信用风险敏感）债券相当于投资于一种无风险债券同时卖出一份信用违约互换。例如，假设这种风险债券的售价为 90 美元并且承诺在一年后支付 100 美元。无风险债券售价为 95 美元。因此购买风险债券相当于以 95 美元买入无风险债券并出售一份当前价值为 5 美元的信用违约互换。这两种投资事先支付的成本是相同的，都是 90 美元。一旦公司发生违约，最终的支付也是一样的。

重要概念

一个可违约债券的多头头寸等价于一个无风险债券的多头头寸加上一个标的于相同信用事件的 CDS 的空头头寸。

例

购买者 A 签订了一份 1 年期的信用违约互换合约，其互换标的资产为 XYZ 公司发行的价值 1 亿美元的 10 年期债券。该互换合约每年要求支付 50 个基点的费用。XYZ 公司的债券被称为信用参考资产。

每年年初，合约的出售者获得 50 万美元的支付。如果年末时 XYZ 公司对这一债券违约导致其市场价格每美元跌至 40 美分，那么出售者就必须向 A 支付 6 000万美元。如果 A 持有这种债券作为其投资组合的一部分，信用违约互换就可以保护其不受债务人违约导致的损失。■

23.2.2 结　算

信用事件需要准确的定义。第 20 章给出了来自 ISDA 主净额结算协议的列表。在理想状况下，对信用事件的解释不应该存在不确定性，否则，信用衍生品交易就会产生法律风险。

对违约的支付反映了信用事件发生时参考资产持有者的损失。定义 Q 为每单位名义价值所获得的支付额。它可以采取多种形式。

- **现金结算**（cash settlement）的支付额为执行价格减去合约标的债券的当前市场价值。
- **实物交割**（physical delivery）违约债务以换取固定支付额。
- **总量**（lump sum）是以事先确定的回收率为基础的固定数额。例如，当发生信用事件时，若回收率为 40%，则得到的支付额为债务名义价值的 60%。

因此，信用违约互换的支付额为：

$$\text{支付额} = \text{名义价值} \times Q \times I(CE) \tag{23.1}$$

式中，当信用事件发生时，指示函数 $I(CE)$ 的值为 1，否则为 0。

互换的价差反映了违约概率和违约发生的损失，这些都是未知的。一个普通 CDS 合约的简单变形是**两值信用违约互换**（binary credit default swap），当信用事件发生时支付固定的金额 $Q=1$ 。这两份合约的组合可以得到回收率的市场隐含估计。

如果采用实物交割，合约通常规定可交割的债券清单。这些债券可以以不同的价格进行交易，但是必须以面值进行交割。显然合约的购买者会选择最便宜的债券进行交割，这就产生了一个**交割选择权**（delivery option）。

但是 CDS 市场的增长已经导致了未结算的 CDS 名义价值远远超过可交易的债券名义价值。现金结算可以通过**拍卖**（auction）的方式进行，该方式规定了回收率。例如，雷曼兄弟的债券在 2008 年 10 月 10 日的最终回收率为每美元 8.625 美分。[①] 这意味着标的于雷曼兄弟债券的 CDS 合约的出售者需要向购买者支付债券面值的 91.375%，这已经是很高的比例了。由于雷曼兄弟存在 4 000 亿美元的未结算 CDS 合约，一些人担心结算过程会导致金融市场的崩溃。但事实上，参与大部分结算过程的**存款信托与清算公司**（Depository Trust & Clearing Corporation，DTCC）报告只有 52 亿美元需要换手交割。这是因为净额结算大大降低了总的风险暴露 4 000 亿美元。的确，除以总额净额比率 50 得到的净风险暴露也只有 80 亿美元。另外，信用违约互换的出售者已经放置了抵押物。因此，CDS 市场已经成功地处理了这次雷曼兄弟的主体违约事件。

① 其他著名的拍卖是房利美（每一个高级债券获得 91.95 美分）和华盛顿共同基金（57 美分）。

23.2.3 大变革协议

国际互换与衍生品协会（International Swaps and Derivatives Association, ISDA），一个交易组织，引入了标准北美公司 CDS 合约的主要变革，简称为 SNAC，在 2009 年 4 月 8 日开始实行。这些变革被称为**大变革协议**（Big Bang Protocol）。[①]

它的目的是使得新合约更加标准化，因此更具有替代性（例如更容易重新销售）、透明性和流动性。标准化可以用固定每年的息票支付来达到。这允许基于相同标的信用主体和具有相同期限的多头空头头寸进行完美的冲销，使得净额结算更加容易。更进一步，所有以 100bp 和 500bp 固定价差的交易分别对应投资级别和投机级别的合约。同时，合约以最近的价差进行交易。这些最新的价差和息票的组合可以转换为一个等价的 CDS 价差，使得合约的初始价格为零。另外，SNAC 合约的交易与类似于一个生效的信用事件重组无关。

大变革协议同样也引入了以下变革：

1. 它接受**审计模型**（auction model）作为违约结算的机制。
2. 它建立了**信用衍生品决策委员会**（Credit Derivatives Determination Committees），目的是确定信用事件是否发生。
3. 它将统一的回望期限应用到具有相同期限的合约未来的信用主体上。

在 2009 年 6 月，ISDA 宣布了欧洲和新兴市场的 CDS 的市场实务变革，必须具有四种息票（25、100、500 和 1 000 个基点）。欧洲 CDS 继续包括类似于一个潜在信用事件的重组。

23.2.4 定　价

CDS 合约可以根据考虑合约各方的现金流现值进行定价。

定义 PV_t 为在时刻 t 支付的现值。为了简化，假设违约发生在年末。正如在第 20 章所看到的那样，从现在到 t 年的边际违约率为 $k_t = S_{t-1}d_t$，式中 S_t 是第 t 年的生存概率，d_t 是第 t 年的违约概率。生存概率和累积违约率的关系为：

$$C_t = k_1 + k_2 + \cdots + k_t = 1 - S_t$$

表 23.1 的左半边描述了年度违约概率。这是信用评级为 BBB 的资产的市场普遍报价。5 年期的市场隐含累积违约率为 15.43%。利用 $C_T = 1-(1-d)^T$，可以得到年度平均违约率 d 为 3.30%。中间部分在假设无风险利率为 6%的条件下给出了折现因子。

① For more detail, see Markit, "The CDS Big Bang," 2009, available at www.markit.com.

表 23.1 **信用违约互换的收益**

年	概率（%）				折现因子	收益支付		价差支付	
	累积违约率	年度违约率	边际违约率	生存概率		期望支付		期望支付	
t	C_t	d_t	k_t	S_t	PV_t	$k_t(1-f)$	PV	sS_{t-1}	PV
1	2.64	2.640	2.640	0.973 6	0.943 4	1.584	1.494	s1.000	s0.943
2	5.48	2.917	2.840	0.945 2	0.890 0	1.704	1.517	s0.974	s0.867
3	8.57	3.269	3.090	0.914 3	0.839 6	1.854	1.557	s0.945	s0.794
4	11.89	3.631	3.320	0.881 1	0.792 1	1.992	1.578	s0.914	s0.724
5	15.43	4.018	3.540	0.845 7	0.747 3	2.124	1.587	s0.881	s0.658
总计			15.430		4.212 4		7.733		s3.986

让我们来计算第一次支付。在违约的情况下，合约的购买者收到债券的面值除去回收率 f 的部分，这里假设回收率为 40%。每年发生这种情况的概率为 k_t 。表 23.1 的右半部分展示了计算过程。假设面值为 100 美元，第一年的期望支付的现值为 $k_1(1-f)\times \$100\times PV_1 = 2.640\%\times(1-0.40)\times\$100\times 0.9434 = 1.494$。将 5 年的现值加总得到合约期望支付的现值为 7.733 美元。

作为交换，合约的购买者必须支付年度价差 s，以面值的百分比定义。在违约的情况下，价差将一直支付到违约结束。在第一年，期望支付的现值为 $s\$100\times S_0\times PV_1 = (\frac{s}{100})\$100\times 1.000\times 0.9434 = s0.943$ 。这里，$S_0=1.000$，因为我们确定在第一年年末违约时该支付一定发生。在第 2 年，期望支付的现值为 $s\$100\times S_1\times PV_2 = (\frac{s}{100})\$100\times 0.9736\times 0.8900 = s0.867$ 。将 5 年的现值加总得到 $s3.986$ 。

价差的公平价值为使得 CDS 合约的初始价值为零的价值，即：

$$V = (\text{合约支付的现值}) - s(\text{价差的现值})$$
$$= (\sum_{t=1}^{T} k_t(1-f)PV_t) - s(\sum_{t=1}^{T} S_{t-1}PV_t) \tag{23.2}$$

在本例中，公平的 CDS 价差为 $0=7.733-s3.986$，即 $s=1.94\%$。注意，这非常接近年度平均违约率与违约损失率的乘积，$3.30\%\times(1-0.40)=1.98\%$。

公式（23.2）也可以用来给未结算的 CDS 合约定价。例如假设合约签订时的价差为 1.50%，表 23.1 代表了当前市场条件下的违约概率和利率。CDS 合约的价值为 $V=7.733-1.50\times 3.986=1.753$ 美元。CDS 的购买者可以从中获利，因为当前的价差比签订时锁定的价差要高。

同时，公式（23.2）也可以用来计算合约的价差久期。我们可以近似地把市场价差 $k_t(1-f)$ 提高 1 个基点，这可以获得收益 $\sum PV_t = 4.21\text{bp}$。这意味着价差久期为 -4.21 年，比合约的期限 5 年略小。

注意，CDS 定价中使用的违约概率必须是风险中性违约概率，不是实际违约概率。风险中性违约概率 π 可以从债券价格和 CDS 价格中推导出来。例如，假设我们观察到 5 年期的 CDS 价差报价为 1.50%。使用简化的方法，可以得到 $\pi = 1.50\%/(1-0.40) = 2.50\%$。如果要更精确地计算，我们可以将表 23.1 的计算过程反过来，使用市场 1 年、2 年、3 年、4 年和 5 年期的 CDS 合约报价推导出所有期限的风险中性违约概率。

考虑交易对手风险，CDS 价差应该近似地等于公司债券的收益率与相同期限的无风险收益率之间的差额。如果 CDS 价差比这个差额低，投资者可以通过购买公司债券同时卖空国债来对冲利率风险，再购买 CDS 合约进行套利。

重要概念

CDS 价差应该近似地等于公司债券的收益率与相同期限的无风险收益率之间的差额。

然而在一般情况下，CDS 价差和现金收益率价差之间的**基差**（basis）略微为正。在一定程度上，这是受到供求关系（包括套利资本的使用）的影响。否则，在其他条件都相同的情况下，基差应该大一些，因为合约的购买者相当于转换期权的多头。相反，信用风险的交易对手应该降低基差，因为可能发生信用事件被触发时购买者却没有进行支付的风险。

23.2.5 交易对手风险

需要意识到签订信用违约互换并不能完全消除信用风险。相反，合约的购买者降低了暴露于参考标的 Y 的信用风险，但是增加了暴露于 CDS 出售者的信用风险。合约在标的资产与交易对手的违约风险相关性很低的时候才能发挥效用。需要确定的是，合约可能会涉及合约出售者的抵押物。

和期权一样，CDS 也是**无备资的**（unfunded）金融工具，这意味着交易各方只需对各自的支付负责，而不需要投资标的资产。相反地，对于一个**备资的**（funded）金融工具，合约的出售者需要支付任何潜在信用事件结算的费用。在这种情况下，合约的购买者不会暴露于交易对手风险。

表 23.2 描述了交易对手风险对 CDS 定价的影响。如果交易对手不会发生违约，那么基于 BBB 级资产的 CDS 价差为 194bp。价差依赖于交易对手的违约风险以及和参考资产违约风险之间的相关性。在该表中的最坏情形，是交易对手的评级为 BBB 并且相关系数为 0.8，这时合约的效用就大大降低，其 CDS 价差也只有 134bp。

表 23.2　不同交易对手的 CDS 价差（参考债务是评级为 BBB 的 5 年期债券）

相关系数	互换交易对手的信用级别			
	AAA	AA	A	BBB
0.0	194	194	194	194
0.2	191	190	189	186
0.4	187	185	181	175
0.6	182	178	171	159
0.8	177	171	157	134

资料来源：摘自 J. Hull and A. White（2001），"Valuing Credit Default Swaps II：Modeling Default Correlations，" *Journal of Derivatives* 8，12－21。

例题 23.1　FRM 试题 2004——第 9 题

如果一个投资者持有 IBM 的 5 年期债券，那么这给他带来的收益会接近于下列哪种头寸的收益？

(a) 一个 5 年期 IBM 信用违约互换，他支付固定费用，当违约时收取费用。

(b) 一个 5 年期 IBM 信用违约互换，他收取固定费用，当违约时支付费用。

(c) 一个 5 年期美国国债加上一个 5 年期 IBM 信用违约互换，他支付固定费用，当违约时收取费用。

(d) 一个 5 年期美国国债加上一个 5 年期 IBM 信用违约互换，他收取固定费用，当违约时支付费用。

例题 23.2　FRM 试题 2009——第 6－3 题

一个 6 年期基于 AA 信用等级发行人的 CDS 每半年支付 150bp，该发行人发行的每年支付一次息票的 6 年期债券的收益率是 8%。该 CDS 没有交易对手风险。对于任何成熟期，每半年支付一次的 LIBOR 年利率为 4.6%。哪一个策略将发掘套利机会？你超过 LIBOR 的收益率是多少？

(a) 购买债券和 CDS，无风险收益率为 1.9%。

(b) 购买债券和 CDS，无风险收益率为 0.32%。

(c) 卖空债券并出售 CDS 保护，无风险收益率为 4.97%。

(d) 没有套利机会，任何风险收益率都是对暴露于发行人信用风险的补偿。

例题 23.3　FRM 试题 2007——第 120 题

银行 A 拥有一个 1 000 万美元的 5 年期贷款并希望抵消暴露于债务人的信用风险。一个参考资产为这笔贷款的 5 年期 CDS 的市场交易价差为每季度支付 50bp。为了对冲它的信用风险暴露，银行 A 应该：

(a) 出售 5 年期 CDS 并收取每季度 50 000 美元。

(b) 购买 5 年期 CDS 并支付每季度 12 500 美元。

(c) 购买 5 年期 CDS 并收取每季度 12 500 美元。

(d) 出售 5 年期 CDS 并支付每季度 50 000 美元。

例题 23.4　FRM 试题 2004——第 50 题

下表展示了瑞银对公司 A、B、C 的 CDS 价差买卖报价。CSFB 拥有公司 C 过多的信用风险暴露并想利用 CDS 市场进行对冲。

	1 年	3 年	5 年
A	15/25	21/32	27/36
B	43/60	72/101	112/152
C	71/84	93/113	141/170

由于对于公司 C 的风险暴露期限最长为 3 年，因此 CSFB 向瑞银购买了 2 亿美元的 3 年期基于公司 C 的 CDS 合约。为了使购买价格最便宜，基于其对公司 A 和公司 B 的观点，CSFB 决定出售 3 亿美元的 5 年期基于公司 A 的 CDS 合约和 1 亿美元的 1 年期基于公司 B 的 CDS 合约。那么 CSFB 在第一年向瑞银支付的净价差为多少？

(a) 102 万美元。

(b) 18 万美元。

(c) 58 万美元。

(d) 62 万美元。

例题 23.5　FRM 试题 2004——第 65 题

当一个机构通过购买 CDS 的形式将风险暴露出售给另一个机构时，它用标的资产的违约风险交换了下列哪一种风险？

(a) 交易对手的违约风险。

(b) 交易对手持有的信用风险暴露的违约风险。

(c) 交易对手和其持有的信用风险暴露的联合违约风险。

(d) 交易对手和标的资产的联合违约风险。

例题 23.6　FRM 试题 2007——第 85 题

银行 A 拥有一个公司 R 的 1 000 万美元债务的风险暴露。银行 A 与银行 B 签订了一份信用违约互换来对冲暴露于公司 R 的风险。当公司 R 违约时银行 B 需要完全偿付银行 A 并以此来收取合约价差。假设银行 A、银行 B 和公司 R 的违约相互独立并且它们的违约概率分别为 0.3%、0.5%和 3.6%。那么银行 A 的基于公司 R 的风险暴露会发生信用损失的概率是多少？

(a) 4.1%。

(b) 3.6%。

(c) 0.010 8%。

(d) 0.018 0%。

例题 23.7　FRM 试题 2005——第 111 题

你和银行 B 签订了一份基于公司 C 的信用违约互换。假设银行 B 和公司 C 具有相同的信用等级并且其他条件均相同，如果银行 B 收购了公司 C，这会对你的信用违约互换的价值产生什么影响?

(a) 信用违约互换的价值将上升。

(b) 信用违约互换的价值将保持不变。

(c) 信用违约互换的价值将下降。

(d) 基于这个信息无法进行判断。

23.3 其他合约

23.3.1 CDS 变形

信用违约互换也可以用于其他产品。例如，**一揽子首次违约互换**（first-of-basket-to-default swap）给予合约的购买者交割一揽子选定证券中唯一一个违约证券的权利。由于合约的购买者拥有多种选择，即违约事件会产生于一揽子证券中而不是一个参考证券，因此在其他条件相同的情况下，这种类型合约的价格要比单一信用违约互换的价格高。合约的价格也取决于信用事件之间的相关性。相关性越低，互换价格越高。反过来，相关性越高，互换价格越低。为了说明这一点，可以考虑完全相关的极端情况。在这种情况下，所有标的证券同时发生信用违约，此时一揽子互换就等价于一个普通的单一 CDS。

在一个**第 *N* 次违约互换**（*N*th-to-default swap）中，在标的组合的 *N* 个违约事件发生后才触发支付。当 *N* 很大时，在违约相关性很高的情况下合约的结构会很高，因为有可能 *N* 个违约事件同时发生。

CDS 指数（CDS indices）被广泛应用于追踪 CDS 市场的表现。iTraxx 指数覆盖了欧洲和亚洲信用市场的大部分流动性 CDS 产品。北美和新兴市场的 CDS 产品由 CDX 指数覆盖。例如，CDX. NA. IG 指数由 125 个投资级别的在北美股票交易所交易的产品构成。CDX. NA. HY 指数覆盖了非投资级别（高收益）的产品。CDX. EM 指数覆盖了新兴市场的产品。这些指数每 6 个月后进行重新计算。由于这些合约具有高度流动性，并且买卖价差很小，因此它们可以轻易地在各个市场或信用风险部门之间买卖。这些指数也具有可交易的分层，使用的 CDO 技术将在本章后面的部分进行介绍。

CDS 指数交易的买卖价差很小，甚至比单一合约的还小。例如假设一个交易商关于 5 年期的 CDX. NA. IG 的报价为 201/203，一个交易者希望购买 8 万美元的指数中覆盖的 125 家公司的 CDS 合约，总名义金额为 1 000 万美元。那么，总的成本为 $0.020\,3\times 10\,000\,000=203\,000$ 美元 。[①] 如果一家公司发生违约，合约的购买者就可以收到 CDS 的支付，然后名义金额减少 8 万美元。

---

① 实际中，支付的路径可能更加复杂，具有固定息票的初始价格取决于报价价差。

23.3.2 总收益互换

在**总收益互换**（total return swaps，TRS）中，合约的购买者进行一系列与参考资产总收益相关的支付，作为交换，合约的出售者进行一系列由等价国债收益率（或 LIBOR）加上价差的支付。如果资产价格下降，合约购买者从交易对手处获得支付，如果价格上升，则进行反向的支付。这种互换的结构如图 23.2 所示。

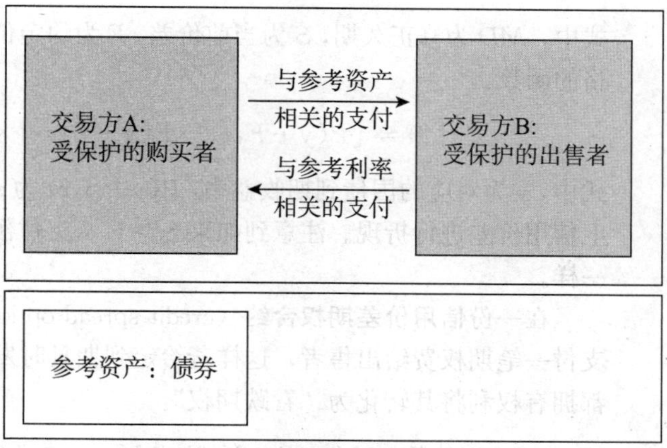

图 23.2　总收益互换

这种互换与合约标的资产市场价值的变动紧密相关，并且在市场对市场（MTM）的框架下提供了信用风险的保护。对于合约的购买者，TRS 能达到在不出售标的资产的情况下消除它所有经济风险的效果。和 CDS 不同，这种互换同时涉及信用风险和市场风险的保护，这里市场风险是指利率风险。

例

假设一家银行 A 以 10%的固定利率向 XYZ 公司贷款 1 亿美元，该银行可以通过与交易对手 B 签订一份 TRS 来对冲。在这份 TRS 中，银行承诺交换这笔贷款的利息加上贷款市场价值的变动，来获得相当于 LIBOR+50bp 的收益。如果这笔贷款的市场价值下降了，基于参考资产的支付也下降，这对银行提供了对冲。

假设现在的 LIBOR 为 9%，并且一年后贷款的价值从 1 亿美元跌至 9 500 万美元。银行 A 的净支付为：

- 现金流出 10%×1 亿=1 000 万美元，为贷款的利息支付；
- 现金流入 9.5%×1 亿=950 万美元，为参考资产的支付；
- 现金流出 [(95−100)/100]%×1 亿=−500 万美元，为贷款价值的变动。

以上加总可得净收入为−1 000 万+950 万−(−500 万)=450 万美元。银行 A 就可以用在 TRS 上的收益来抵消贷款经济价值上的变动。■

22.3.3 信用价差远期和期权

这些衍生工具的价值是由风险债券与无风险债券之间的信用价差决定的。

在一份**信用价差远期合约**（credit spread forward contract）中，如果到期日的信用价差大于合约规定的价差水平，合约的购买者就可收到相当于两者差额部分的支付。反之，则由购买者向出售者支付相应数额的金额。支付额的公式为：

$$\text{支付额} = (S-F)\times MD\times\text{名义价值} \tag{23.3}$$

式中，MD 为修正久期，S 为当前价差，F 为约定价差。此外，这也可以表示为价格的函数：

$$\text{支付额} = [P(y+F,\tau)-P(y+S,\tau)]\times\text{名义价值} \tag{23.4}$$

式中，y 为对应的国债到期收益率，$P(y+S,\tau)$ 为 τ 年后到期的证券现值，用 y 加上信用价差进行折现。注意到如果 $S>F$，支付额将会变为正值，和前面的式子一样。

在一份**信用价差期权合约**（credit spread option contract）中，期权的购买者支付一笔期权费给出售者，这样若给定到期日时发生了任何价差的增加，购买者都拥有权利将其转化为“看跌期权”：

$$\text{支付额} = \text{Max}(S-K,0)\times MD\times\text{名义价值} \tag{23.5}$$

式中，K 为约定价差。期权的购买者购买了信用保护，或者说拥有了当债券价值下降时按其约定的价格归还给期权出售者的权利。支付额公式也可以像公式(23.4）一样直接表示为价格的函数。

例

某一信用价差期权期限为 1 年，名义金额为 1 亿美元。其标的证券为 XYZ 公司发行的票面利率为 8%的 10 年期债券。这种债券当前对 10 年期国债的价差为 150bp。期权为执行价差为 160bp 的欧式期权。

假设在到期日国债收益率从 6.5%下降到 6%，并且信用价差增加到 180bp。标的债券未来 9 年内每半年按 8%的年利率付息，按其 $y+S=6\%+1.8\%=7.8\%$的折现率进行折现后所得价格为 101.276 美元。同样的债券以 $y+K=6\%+1.6\%=7.6\%$进行折现后所得价格为 102.574 美元。再乘以名义金额，最终的支付额为（102.574－101.276)/100×＄100 000 000＝＄1 297 237。 ■

例题 23.8 FRM 试题 2005——第 14 题

投资组合经理西尔维娅持有扬基债券组合。然而，她希望对冲投资组合的信用风险和利率风险。下列哪一种衍生工具最符合西尔维娅的需要？

(a) 总收益互换。

(b) 信用违约互换。

(c) 信用价差期权。

(d) 外汇互换。

例题 23.9 FRM 试题 2008——第 3-31 题

赫尔曼银行持有一个面值为 300 百万美元年利率为 6.5%的贷款。赫尔曼银行签订了一个总收益互换，它支付贷款利息加贷款市场价值的变化，收取 LIBOR+50bp 的利息。支付每半年结算一次。当贷款的市场价值下降 2%并且 LIBOR 为 4%时赫尔曼银行第一次结算的现金流是多少?

(a) 净收入 9 百万美元。

(b) 净收入 12 百万美元。

(c) 净支付 9 百万美元。

(d) 净支付 12 百万美元。

23.4 结构化产品

23.4.1 构造结构化产品

结构化产品（structured products）可以定义为满足投资者或融资者特殊需求的金融工具，而传统的金融工具无法满足这些需求。

一个典型的例子是以零售方式参与既能从股票市场升值中获益又能使资产保值的投资。这种产品的收益可以用已存在或新的金融工具组合进行复制。例如，在这种情况下的收益可以用一个面值等于保证资本的无风险债券和一个看涨期权的多头头寸进行复制，既可以通过直接投资于期权组合，也可以通过动态交易进行间接复制。这种金融工具称为**保本票据**（principal-protected note），它可以和不同的市场联系在一起，包括股票、外汇和商品市场。

23.4.2 信用联系票据

信用联系票据（credit-linked notes，CLN）是将信用衍生品和普通债券结合在一起的结构化产品。在一份 CLN 中，合约的购买者通过一个债券发行实体将信用风险转移到投资者那里，这个发行实体可以是购买者自己或者一个特殊目的机构。

例如，一家银行拥有新兴市场（例如墨西哥）的风险暴露。该银行发行内嵌了关于墨西哥的信用违约互换空头头寸的票据。这种票据是该银行资产负债表上的负债。投资者会收到很高的息票但是会在墨西哥对债务违约时损失本金。这种结构化产品的目的是降低银行在墨西哥违约时的风险暴露。在这种情况下，由于票据是银行的负债，因此投资者暴露于墨西哥和银行的违约风险。

一个 SPV 结构化产品如图 23.3 所示。在这种情况下，投资者的初始资金被投入最高信用级别的投资中，支付的收益为 LIBOR＋*Y*bp 的价差。SPV 持有信用违约互换的空头头寸，获得 *X* bp 的额外收益。那么支付给投资者的总收益为 LIBOR＋*Y*＋*X*。为了获取这种较高的收益，投资者必须愿意在违约事件发生时承担一些本金的损失。

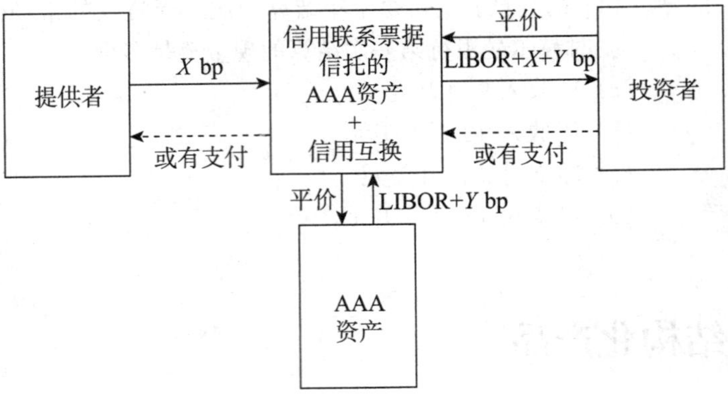

图 23.3　信用联系票据

相对于普通投资工具，例如墨西哥政府发行的政府债券，这种结构化产品会在 CDS 价差高于债券收益率价差时获得更高的收益。这种结构化产品也会吸引那些无法直接投资于衍生产品的投资者。

23.4.3　债务担保债券

许多金融工程将金融工具重新打包以满足投资者的不同需求，以此过程来产生价值。在 20 世纪 80 年代，**抵押担保债券**（collateralized mortgage obligations，CMO）将抵押债券的现金流重新打包，使它们流向不同的部分。

类似的魔力也体现于**债务担保证券**（collateralized debt obligations，CDO），它是由债务资产池支撑的证券。**债券担保证券**（collateralized bond obligations，CBO）和**贷款担保证券**（collateralized loan obligations，CLO）分别是由债券和贷款支撑。图 23.4 描述了一个典型的 CDO 结构。①

第一步是将一些公司债券放入**特殊目的机构**（special-purpose vehicle，SPV）。假设我们总共拥有 10 亿美元，代表了暴露于 100 个实体的 1 000 万美元。SPV 接着开始分层，每个层次具有不同的偿还优先级。层次分为高级、中级、次级或股权级。在最简单的结构中，SPV 就是一个股权机构。它将现金流根据制定好的规则重新分配。这不需要其他管理行为。

在这个例子中，80％的资本结构被注入层次 A 中，其具有最高的信用评级 Aaa 或 AAA。它支付 LIBOR＋45bp。其他层次具有较低的优先级和信用评级。

① 这种结构类似于 CLN 的结构。不同之处在于 CDO 通常是由 SPV 发行的，包括一个数量庞大并且通常分层的标的资产池。

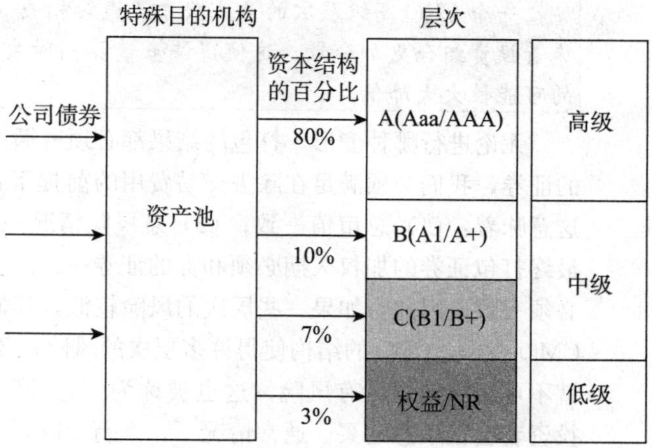

图 23.4　债务担保证券的结构

中间层次一般评级为 A、Baa、Ba 或 B（A、BBB、BB 和 B）。例如，层次 C 将吸收 3%～10%的损失。这些数值分别称为**进入值**（attachment point）和**离开值**（detachment point）。

底层为股权层次，没有信用评级。由于杠杆的因素，股权层次的收益在没有违约的情况下非常高。作为交换，它暴露于投资组合最先的损失。投资股权层次具有一些特殊的规则。投资者首先支付名义金额，在本例中为 3 000 万美元。作为交换，合约的出售者获得变动价差和费用。这个费用用百分比进行报价，一般为投资级别 CDO 的 40%左右。在这个例子中，投资者获得的费用为 40%×3 000 万=1 200 万美元，以及变动价差，为 500bp。

2 000 万美元的累计损失会减少股权层次的名义金额至 3 000 万－2 000 万＝1 000 万美元。接着变动价差就应用于这 1 000 万美元的名义金额。

对于 4 500 万美元的损失，股权层次全部损失，超额损失为 4 500 万－3 000 万＝1 500万美元，层次 C 的投资者只能得到 7 000 万－1 500 万＝5 500 万美元。因此，高级层次由于信用评级高而具有现金流的优先权。信用评级机构已经开发了以违约概率为基础的内部评级模型来对高级层次进行评级。

实质上，这些和第 19 章以及第 24 章介绍的投资组合信用风险类似。风险经理基于标的信用主体的违约概率、它们的违约损失率以及它们的违约相关性建立了投资组合总损失的分布。然后较低层次的宽度定义了高级层次的违约概率。在这些参数中，违约相关系数是非常重要的。较低的违约相关系数导致更为分散的分布。对于一个初级层次的固定宽度，这使得投资组合的损失不太可能超出初级层次，因此使得高级层次更为安全。相反，如果所有的标的债券同时发生违约，损失将会非常大并且会更容易影响到高级层次。确实，在信用危机期间，许多基于抵押债务的高级层次结构都遭受了非期望损失，原因是债务高度同时发生违约。

重要概念

一个 CDO 高级层次的多头头寸是违约相关性的空头头寸。较低的相关性意味着投资组合更加分散，这使得许多债券同时发生违约并且损失触及高级层次的可能性大大降低。

无论进行哪种变形，打包的结果都必须遵循一些基本的规则。对于打包前后的证券，我们必须满足在除去交易费用的前提下每个时点的现金流一致。因此，这意味着：(1) 总市值一致；(2) 总风险情况一致，包括利率风险和违约风险。最终打包证券的加权久期必须和标的证券一致。基于平均市值的期望违约概率也必须一致。因此，如果一些层次的风险较低，其他的层次就含有较高的风险。和 CMO 一样，CDO 的结构使得许多层次的风险低于抵押物的风险。那么剩余层次就不可避免地更具有风险。这也被称为"毒药"。但是如果剩余层次足够便宜，投资者会很乐意购买。通常情况下，发行 CDO 的机构会保留最次级的股权层次来使投资者相信资产池的质量。熟练的信用投资者可以通过买多卖空不同的资本结构层次的策略进行交易。

例 相关性交易

一个含有 100 个每个 1 000 万美元债务的总价值 10 亿美元的 CDO，其股权层次为 3 000 万美元，代表了最先 3%的损失。简单地，假设所有支付都以净现值度量并且没有回收率。假设股权层次的投资者获得 1 500 万美元的费用支付，因此他的最大净损失为 1 500 万美元。接着他通过购买基于相同 100 个债务的 CDS 进行对冲，每个名义金额为 300 万美元。当前现值的价差为 2%，这需要支付 3 亿×2%＝600 万美元。如果没有发生违约，本金被偿还，并获得净收益 1 500 万－600 万＝900 万美元。如果所有 100 个债务都发生违约，股权层次头寸的本金全部损失，但从 CDS 处获得收益，为 (1 500 万－3 000 万)－600 万＋30 000 万＝27 900 万美元。当然，这不太可能发生。

我们需要探索其他的损失情景。如果只有 3 个债务发生违约，股权层次本金全部损失。该投资者会执行 3 份 CDS 合约并终止剩余 97 份 CDS 合约，因为剩余合约已经没有存在的必要了。在最坏的情形下，假设 CDS 价差很小导致合约只以 480 万美元出售。该股权层次的净损失为 (1 500 万－3 000 万)－600 万＋(3×300 万)＋480 万＝－720 万美元。 ■

例题 23.10 FRM 试题 2004——第 63 题

一个 CDO，包含 3 个层次，标的组合为名义金额为 N 万美元的 n 个公司债券。层次 1 具有 10%的名义金额和最开始 10%的违约损失。层次 2 具有 20%的名义金额和接下来的 20%的违约损失。层次 3 具有 70%的名义金额和剩余的违约损失。下列说法哪些是正确的？

Ⅰ. 层次 2 具有最高的收益率。

Ⅱ. 层次 1 通常称为"有毒资产"。

Ⅲ. 层次 3 通常被标准普尔给出 AAA 评级。

Ⅳ. 层次 3 具有最低的收益率。

(a) 只有Ⅰ。

(b) 只有Ⅳ。

(c) Ⅱ、Ⅲ和Ⅳ。

(d) Ⅱ和Ⅳ。

例题 23.11　FRM 试题 2002——第 32 题

一个 CBO 由数个重新打包的公司债券的票据层次构成，范围从股权层次一直到高级层次。下列关于这种结构的说法哪一个是正确的？

(a) CBO 层次的总收益率比标的重新打包债券的收益率略低，这允许发行人收取费用。

(b) 高级层次的期望损失率比初级层次的高。

(c) 高级层次通常评级低于 AAA，并且向债券投资者出售。

(d) 股权层次不吸收这种结构最开始的损失。

例题 23.12　FRM 试题 2009——第 6-6 题

一个投资者出售了基于 CDO 高级层次的违约保护。如果违约相关性意外降低，假设其他所有条件都没有变化，该投资者的头寸将

(a) 由于保护执行的概率降低而增加价值。

(b) 由于投资者的保护将获得盈利而损失价值。

(c) 由于只考虑期望违约损失，而违约相关性不会影响期望违约损失，因此既不会增加价值也不会损失价值。

(d) 它取决于用来定价的模型和市场环境。

例题 23.13　FRM 试题 2007——第 130 题

一个 3 年期基于公司 Z 的信用联系票据（CLN）的半年支付息票率为 LIBOR＋60bp。CLN 的面值为 100 美元，LIBOR 为 5%。当前基于公司 Z 的 3 年期 CDS 价差为 90bp。那么该 CLN 的公允价值最接近于

(a) 100 美元。

(b) 111.05 美元。

(c) 101.65 美元。

(d) 99.19 美元。

例题 23.14　FRM 试题 2009——第 6-5 题

一个固定收益投资者考虑投资于一个资产抵押证券（ABS），具有如下结构：

单位：百万美元

高级层次	250
初级层次	100
次级层次 A	60
次级层次 B	30
总计	440

如果资产池价值450百万美元，如果该投资者投资于高级层次，多大的损失将使得他产生损失？

(a) 200百万美元。

(b) 190百万美元。

(c) 100百万美元。

(d) 90百万美元。

23.5 CDO市场

23.5.1 资产负债表和套利CDO

表23.3表述了CDO市场从2004年到2009年的发展。从2004年到2006年，市场每年翻倍增长，在2006年达到了5 200亿美元。但是，由于信用危机，市场又呈螺旋式下降。

表23.3 **CDO市场的年度发展** 单位：百万美元

说明	2004	2006	2009
按类型分类			
现金流	119 531	410 504	43 458
合成	37 237	66 503	1 346
市值	650	43 638	16 392
按交易目的分类			
套利	146 998	454 971	47 938
资产负债表	10 420	65 674	12 949
总计	157 418	520 645	61 197

资料来源：债券市场协会。

CDO交易通常按照交易目的分类，分为资产负债表和套利。**资产负债表CDO**（balance sheet CDO）的主要目的是将商业银行的贷款从表内移除以降低监管资本要求。

相反，**套利CDO**（arbitrage CDO）是设计用来捕捉标的证券投资组合与高评级上层打包证券之间的价差。因为CDO的高级层次由于分散化效应而相对安全，因此它们与LIBOR之间的价差很小。套利利润流入股权层次（也流入资产管理费和投资银行承销费）。

高级层次也非常吸引投资者。一般来说，AA级别的公司借款者支付利息为

LIBOR。高信用评级支付的利息低于 LIBOR。但是，一个传统的 AAA 级别的高级 CDO 层次支付的利息高于 LIBOR。这解释了为什么投资者被吸引到这个市场中来，对信用评级怀有盲目信心。一些批评家提出怀疑“是否存在真实的套利，或者说是否涉及模型风险”。到目前为止，可以很明确信用评级机构所使用的模型是错误的（见第 20 章）。

23.5.2 现金流和合成 CDO

信用风险可以通过现金流或合成 CDO 来转移。图 23.4 的例子就是一个传统的**现金流 CDO**（cash flow CDO）。实物资产被出售给 SPV，标的现金流被用来支持发行票据的支付。

相反，**合成 CDO**（synthetic CDO）的风险暴露来自于信用违约互换。我们知道可违约债券的多头头寸等价于无风险债券的多头头寸加上 CDS 的空头头寸。合成 CDO 通过投资于无风险债券或者国债同时出售一组 CDS 来复制 CDO 的现金流，以此产生高收益。

合成 CDO 具有一些优势。首先，它们比现金流 CDO 更容易管理。在其中一个标的信用主体破产的情况下，管理现金流 CDO 的 SPV 需要参与破产程序。而 CDS 空头头寸是用现金结算的，因此管理合成 CDO 的 SPV 不需要参与破产程序。其次，发行方不需要全资投入。在一个**全资结构 CDO**（full capital CDO）中，发行票据的总名义金额等于标的投资组合的名义金额。因此这是全资投入的。相反，一个**单层 CDO**（single tranche CDO）是一个**预定**（bespoke）交易，银行和投资者在交易的规模、信用评级和标的信用主体等项目上达成一致。[①] 这样更为有效，银行持有资本结构的剩余部分并且不需要向其投资。

以一个 1 000 万美元的 A+层次为例，其支付的息票率为 6 个月期的 LIBOR 加上 111bp，参考资产为 10 亿美元的 100 个北美投资级别公司的投资组合。层次进入值为 5%，离开值为 6%。投资者在参考投资组合的累积损失低于 5%时将收到承诺的支付。如果损失超过 6%，投资者将会发生损失。例如，如果投资组合的累积损失为 5 200 万美元，即总金额的 5.2%，投资者将损失其资本的 (5.2－5.0)/(6.0－5.0)＝20%，在本例中为 200 万美元。然后息票支付应用于剩余名义金额。银行可以向投资者出售这样的结构而其不用全资投入。

23.5.3 现金流和市值 CDO

在现金流 CDO 的情况中，给投资者的支付仅仅来自于抵押物现金流。相反，在**市值 CDO**（market value CDO）中，支付来自于抵押物的现金流和抵押物的出

① 预定的形式起源于消费者衣服的定制。它来源于词语 bespeak，意思是要求或者命令。

售收入。如果抵押物的市值低于某一水平，股权层次的支付就被暂停。这为投资组合经理提供了灵活性。

信用评级机构使用**抵押覆盖比率**（overcollateralization ratios，OC）来分析信用结构的质量。该比率度量了抵押物覆盖 SPV 负债的倍数。对于一个市值 CDO，定义 V 为资产的市值，D 为负债的面值。抵押覆盖比率定义为：

$$OC = \frac{V}{D} \tag{23.6}$$

这个比率必须足够高以满足对负债的充分覆盖。

另外，从顶层开始的累积层次面值必须保持低于资产市值乘以**抵押率**（advance rate）。在我们的 CDO 例子中，第一层的名义金额为 8 亿美元。这必须低于资产价值 10 亿美元乘以抵押率 85%。由于 8 亿美元<8.5 亿美元，结构的第一层通过了检验。对于第二层，抵押率为 95%，检验结果为 8 亿美元+1 亿美元<9.5 亿美元，也通过了检验。没有通过抵押覆盖比率检验的结构会被降低信用评级。可以通过出售一些资产和重新支付一些层次或者发行更多股权来通过检验。

对于一个现金流 CDO，该比率在分母上使用总资产的面值。另一个比率，**利率覆盖比率**（interest rate coverage ratio，IC）也被用于评估信用结构的质量。它是用抵押物的总利息支付除以各个及以上层次负债的利息收入。

23.5.4 静态和可管理 CDO

最后，CDO 和其他资产池的管理不同。在**静态 CDO**（static CDO）中，资产池是基本固定的。相反，在**可管理 CDO**（managed CDO）中，投资组合经理可以积极交易标的资产。

这种积极的管理具有通常的优点和缺点。优点之一是可以放弃信用质量下降的资产，购买被低估的证券，出售被高估的证券。但是在可管理 CDO 中，投资者也可能面对较差的管理风险。另外，他们还需要支付管理费。

23.5.5 其他产品

随着 CDO 市场的扩展，市场出现了一些新的产品。例如，一个 CDO 可以投资于 CDO 层次而不是单独信用主体。这称为 **CDO 平方**（CDO squared）结构。这种结构的主要好处是具有更强的分散性。一个传统的单层 CDO 参考 50～100 个信用主体。一个 CDO 平方基于 5～10 个单层 CDO，因此参考 250～1 000 个信用主体。还有更进一步的结构，称为 CDO 立方。

目前市场也可以交易基于资产抵押债券（ABS）的信用违约互换，称为 ABCDS。一般来说，该资产由住房和商业贷款所抵押。过去，很难卖空 ABS。购买一个 ABCDS 等价于获得一个保护，或者卖空该资产。这提供了实施相对价值交易或对冲此类风险的新机会。市场的快速发展要归功于标准化 ISDA 确认文本和基准指数 ABX 指数的建立，该指数包含了 20 种住房抵押证券。

ABCDS 是复杂的金融工具。一个公司 CDS 在标的公司发生信用事件时要进行支付。相反，对于一个 ABS，发行方 SPV 不会破产，但是资产池中的单个贷款可能会发生违约。另外，名义金额并不是固定的，它会根据贷款偿还的本金随时间变化。

这些 ABCDS 和基于 CDO 的 CDS 非常相似，这种信用违约互换通常基于 CDO 高级层次。这些金融工具为市场卖空提供了有效的途径。例如，投资于现金流 CDO 的交易商可以通过购买这种 CDS 来对冲他们的风险暴露。

另一个最近的金融创新是**固定比例债务**（constant proportional debt obligation，CPDO）。CPDO 提供信用主体组合的保护，例如 iTraxx 欧洲 CDS 指数。这种交易具有高杠杆并且需要动态调整，将随时间评级下降的信用主体剔除并且根据价差的变化调整杠杆。这会产生一种支付利率为 LIBOR 加上 200bp 的 AAA 级别的结构。这种新型金融工具在稳定的金融环境中或信用价差下降的情况下非常吸引人。但是，对于风险经理，由于它们的动态特征，风险状况很难评估。这次信用危机导致了许多 CPDO 的大量损失，其中的一些已经发生违约。

例题 23.15　FRM 试题 2008——第 3 - 29 题

在一个合成 CDO 中，

(a) SPV 通过购买证券获取信用风险暴露的收益。

(b) SPV 通过出售信用违约互换获取信用风险暴露的收益。

(c) SPV 通过购买信用违约互换获取信用风险暴露的收益。

(d) SPV 通过出售无风险债券获取信用风险暴露的收益。

例题 23.16　FRM 试题 2003——第 7 题

一个标准化合成 CDO 的参考资产为 10 家公司的组合。假设如下。总参考资产的名义金额为 X，期限为 Y 年。每个参考资产的面值为 $X/10$。各个信用主体之间的违约相关系数都等于 1。每个信用主体的 CDS 价差为 100bp，期限为 Y 年。假设在所有违约情况下的回收率都为 0。合成 CDO 具有 2 个层次，50%的初级层次的价差为 J，50%的高级层次的价差为 S。所有其他情况不变，如果各个信用主体之间的违约相关系数从 1.0 下降至 0.7，那么初级层次价差 J 和高级层次价差 S 之间的关系将如何变化？

(a) 关系和以前一样。

(b) S 相对于 J 增加。

(c) J 相对于 S 增加。

(d) 依据信息无法确定。

例题 23.17　FRM 试题 2007——第 81 题

一家银行正在考虑是否购买 AAA 级别高级层次［10%～11%］的基于投资级别组合的合成债务担保债券（CDO）。该层次的固定回收率为 40%。在其他条件相同的情况下，下列哪一个变化会使得本金投资更具风险？

(a) 区间上下限增加 1%，投资于［11%～12%］的层次。

(b) 区间厚度从1%增加到3%，投资于［10%～13%］的层次。
(c) 使用回收率为50%的假设。
(d) 投资组合内违约相关性的增加。

例题 23.18　FRM 试题 2007——第 10 题

考虑下列合成 CDO 基于的参考资产组合：参考公司数目 100；CDS 价差 $s=150\text{bp}$；回收率 $f=50\%$。假设违约事件之间相互独立。每个参考公司的年违约概率在5年中为常数并满足：$s=(1-f)PD$。接下来5年中的期望违约公司数目是多少？下列哪一个层次完全被期望违约损失所涵盖（也就是说损失100%的投资本金）？

(a) 14个违约，层次［3%～14%］会被覆盖。
(b) 3个违约，层次［0%～1%］会被覆盖。
(c) 7个违约，层次［2%～3%］会被覆盖。
(d) 14个违约，层次［6%～7%］会被覆盖。

23.6　讨　论

信用产品是到目前为止金融衍生品中增长最快的部分。信用违约互换是其中最主要的产品，目前被积极广泛地交易。

23.6.1　风险管理工具

信用衍生品市场的快速增长是对它们实用性的最好反映。这些金融工具都是高级风险管理工具，允许转移风险。表23.4列出了市场参与者，这是根据英国银行家协会（BBA）的研究得到的。

表 23.4　　信用保护的购买方和出售方

机构类型	百分比（%）		
	购买方	出售方	净值
银行	59	44	+15
保险公司	6	17	−11
对冲基金	28	32	−4
其他	7	7	0
合计	100	100	0

资料来源：*BBA Credit Derivatives Report 2006.*

银行是信用衍生品的净购买方，以此来对冲它们的借贷业务风险。这解释了为什么银行经受住了2001年的经济衰退，尽管这一期间发生了大公司破产事件（世通公司和安然公司）和主权国家违约（阿根廷）。许多银行的风险暴露都已经被出售。另一方是保险公司，它们是信用衍生品的净出售方。这类似于出售保险。

23.6.2 总　结

结构化产品将风险扩散到全世界，这在次级抵押债券变坏时产生了风险传染效应。此外，诸如AIG的保险公司出售了过多的信用衍生品。由于它的规模庞大，AIG的危机很可能产生系统风险（第26章将讨论AIG的案例）。

但是，诸如信用违约互换的标准化信用衍生品会带来很多好处。在2007年到2008年间，该市场保持了相当的流动性，这和货币债券市场不同。CDS市场的交易价格可以给市场观察者提供信用成本的有用信息，换句话说，它们提供了价格发现功能。由于信用衍生品的交易成本低于货币市场，因此它们也使得市场交易更有效率。

从不利的方面来看，信用衍生品市场的增长产生了操作风险，这是因为交易过程中存在大量的未结算合约。监管者已经推动了对操作流程的监管，包括更多的自动化交易流程。

另外，交易对手风险从雷曼兄弟的倒闭中也显现出来。雷曼兄弟是CDS市场的主要玩家。这解释了交易所集中清算的压力。和第19章讨论的CLS银行的例子一样，这允许采用多方净额结算协议来降低交易对手风险。这也需要使得交易更加透明，使得合约更具有流动性。

信用衍生品还引入了一种新型风险——法律风险。交易各方对违约情况下交易的形式没有达成一致。即使在交易确认的情况下，交易各方也会对信用事件的定义争论不休。这种争论在俄罗斯违约事件和著名的债务重组和拆分事件中都曾经发生过。ISDA合约确认函的广泛使用帮助解决了这些不确定性。

总之，信用违约互换将持续繁荣，因为它们为金融市场的参与者提供了许多好处。相反，复杂信用衍生品的前景却不容乐观。这个市场涉及了监管套利，它是指通过证券化剥离贷款的信用风险，以此来试图规避监管资本要求。正如第18章讨论的那样，最近的信用危机凸显了证券化过程中的缺陷，尤其是复杂的金融工具。评估这些复杂的结构需要成熟的组合信用风险模型，这将在下一章进行介绍。的确，正是许多这些信用结构产生的损失导致了从2007年开始的信用危机。

23.6.3 监管变革

信用危机导致了监管变革。在美国，《多德-弗兰克华尔街改革和消费者保护

法案》（Dodd-Frank Wall Street Reform and Consumer Protection Act）于 2010 年开始实行，它将对衍生品市场产生根本的变革。

《多德-弗兰克华尔街改革和消费者保护法案》将基于证券互换的监管权赋予**证券交易委员会**（Securities and Exchange Commission，SEC）。这些互换基于股票、债券或者证券指数，例如包括单独 CDS 和 CDX 合约。其他互换目前处于**商品期货交易委员会**（Commodity Futures Trading Commission，CFTC）的监管之下。外汇互换则可以免于监管。

该法案对最活跃的 OTC 衍生品市场参与者强加了新的要求，它们是**互换交易商**（swap dealers，SD）和**主要互换参与者**（major swap participants，MSP）。对于非金融交易商只有很小的免责。

CFTC 和 SEC 具有决定哪些 OTC 交易符合这些新规则的权力，在这种情况下，SD 和 MSP 需要：（1）通过交易所执行互换交易，（2）通过清算所进行清算。[①] 这产生了新的报告、资本和保证金要求。

通过**中央交易对手**（central counterparties，CCP）进行清算已经成为监管效用的一部分以及降低 OTC 衍生品市场系统风险的关键。它可以降低交易对手风险和增加透明性，加强标准化水平，并且鼓励保证金的广泛使用。作为附加的激励，商业银行的监管者同意降低通过 CCP 进行交易的银行的资本要求。

事实上，该行业已经取得了显著的成就。例如，互换清算，由伦敦 LCH 操作的清算服务，已经广泛地使用在利率互换的清算上。另外，国际交易所（ICE）和 CME 集团目前提供了客户清算信用衍生品的服务。当然，对于很多品种目前还没有清算服务，它们包括利率互换期权、股票互换和结构化信用产品。

CCP 允许相同合约的自动净额结算，提供头寸的每日评估，并且需要保证金。另外，它们更容易提供报告，这使得监管者能够更加系统全面地了解重要金融机构持有的大型头寸。

然而，将所有 OTC 合约转移到 CCP 会产生其他的困难。交易对手风险并没有完全消除，只是集中到 CCP。因此对于 CCP 来说，它们需要谨慎地管理风险。CCP 需要以交易商的保证金和清算所的保证基金作为交易商违约退出头寸的代价。这需要合适的估值模型、充足的保证金，以及流动性市场。希望这些交易平衡将会被监管者认知并最终制定新金融秩序的规则。

23.7 重要公式

信用违约互换的收益：

$$收益=名义价值\times Q\times I(CE)$$

① 交易所定义为传统的合约市场，例如有组织的期货和期权交易所，或者互换签订执行场所，例如非交易所的电子交易场所。

信用价差远期合约的收益：

收益＝（$S-F$）×MD×名义价值

收益＝[$P(y+F,\tau)-P(y+S,\tau)$]×名义价值

CDS合约的估值：

$V=$（合约支付的现值）$-s$（价差的现值）

$=(\sum_{t=1}^{T}k_t(1-f)PV_t)-s(\sum_{t=1}^{T}S_{t-1}PV_t)$

23.8　例题解答

例题 23.1　FRM 试题 2004——第 9 题

(d) 公司债券的多头头寸等价于国债的多头头寸加上 CDS 的空头头寸。

例题 23.2　FRM 试题 2009——第 6-3 题

(a) 由于 LIBOR 平缓，息票率也固定为 4.6%，产生了债券的价差 800－460＝340bp。通过购买债券和通过购买 CDS 做空信用违约的年度收益率为 340－150＝190bp。

例题 23.3　FRM 试题 2007——第 120 题

(b) 银行应该购买合约来避免违约风险。每季度的支付为 1 000 万美元×0.50%/4＝12 500 美元。

例题 23.4　FRM 试题 2004——第 50 题

(a) 支付为 2×113－300×27－100×43＝102 万美元。

例题 23.5　FRM 试题 2004——第 65 题

(d) 合约的购买者暴露于交易对手和标的资产的联合违约风险。如果只有其中一个违约，将不会有信用风险。

例题 23.6　FRM 试题 2007——第 85 题

(d) 当银行 B 和公司 R 同时违约时会发生损失。银行 B 和公司 R 的联合违约概率是 0.5%乘以 3.6%，等于 0.018%。

例题 23.7　FRM 试题 2005——第 111 题

(c) 如果银行 B 收购了公司 C，那么银行 B 和公司 C 会发生同时违约。这增加了违约之间的相关性，从而降低了 CDS 合约的价值。在表 23.2 中，公平的 CDS 价差会随着违约相关性的增加而下降。在已存在的 CDS 合约价差固定的情况下，这个收购事件会降低未结算 CDS 合约的价值。

例题 23.8　FRM 试题 2005——第 14 题

(a) TRS 可以提供利率风险和信用风险的保护，因为它相对于债券组合价值进行定价。CDS 和 CS 期权只能提供信用风险的保护。在扬基债券中没有外汇风险，因为它是以美元计价的。

例题 23.9　FRM 试题 2008——第 3-31 题

(c) 注意到这是一个半年的支付，因此所有的年度息票率都必须除以 2。赫尔曼

银行支付 300(6.5%/2+2%)。作为回报，它收取 300(4.5%/2)。净收益为 300(5.25%−2.25%)=300(3%)=9.0。

例题 23.10 FRM 试题 2004——第 63 题

(c) 股权层次，也就是层次 1，具有最高的收益率，由于它的风险最高，因此常常被称为“有毒资产”。相反，层次 3 具有最高的信用评级和最低的收益率。

例题 23.11 FRM 试题 2002——第 32 题

(a) 除去交易成本或费用，标的投资组合的收益率应该等于不同层次之间的加权收益率。但是，在考虑成本的情况下，CBO 的收益率要略微低一些。高级层次通常评级为 AAA，具有最低的损失率，并且吸收这种结构的最后损失。

例题 23.12 FRM 试题 2009——第 6-6 题

(a) 高级层次的价值取决于违约相关性。如果它下降，损失的分布将更为分散，这使得损失不太可能超出初级层次。因此，高级层次的价值将上升。出售违约保护等价于购买高级层次，它将在这些条件下产生收益。

例题 23.13 FRM 试题 2007——第 130 题

(d) 由于当前的 CDS 价差比息票率高，因此 CLN 必须折价出售。答案为 d。更精确地，我们可以使用公式（23.2）的价差久期，它是 3 年的现值因子的总和。假设利率期限结构是水平的，价差久期为 $\sum PV_t = 0.952 + 0.907 + 0.864 = 2.72$ 年。乘以（90−60)=30bp 得到价格下降 0.81%，即价格为 99.19 美元。

例题 23.14 FRM 试题 2009——第 6-5 题

(a) 这是较低层次价值的总和，即 190 百万美元加上 10 百万美元的附加部分。

例题 23.15 FRM 试题 2008——第 3-29 题

(b) SPV 可以通过购买信用敏感债券或者出售信用违约互换来获取收益。

例题 23.16 FRM 试题 2003——第 7 题

(c) 如果相关系数为 1，所有信用主体会同时发生违约，初级层次和高级层次受到的影响相同。因此它们的价差应该为 100bp，和抵押资产的价差一致。当相关系数降低，损失会首先被初级层次吸收。因此，初级层次的价差应该高一些，而相应的高级层次的价差将下降。

例题 23.17 FRM 试题 2007——第 81 题

(d) 增加区间上下限会使得高级层次风险更低，因为吸收损失的层次变厚。增加层次的厚度会使得风险更低。违约相关性的增加会增大风险。在极限情况下，如果所有的资产同时违约，那么所有的层次都会遭受损失。

例题 23.18 FRM 试题 2007——第 10 题

(d) 年边际违约率 PD 为 $d=1.5\%/(1-0.50)=3.00\%$。因此，5 年的累积违约率 PD 为 $d+S_1d+S_2d+S_3d+S_4d=3\%(1+0.970+0.941+0.913+0.885)=14.1\%$，生存率为 $S_1=(1-3\%)=0.970$，$S_2=S_1(1-3\%)=0.941$，等等。期望违约公司数目为 100×14.1%，即 14 个。在回收率为 50%的情况下，期望损失为名义金额的 7%。因此，低于 7%的层次将被期望违约损失覆盖。

第 24 章　信用风险管理

在前面的章节里我们已经说明了如何估计单个信用事件的违约概率、信用风险暴露和回收率。现在我们开始介绍如何对整个投资组合的信用风险进行度量和管理。

过去，信用风险是孤立度量的，反映为信用评审人员的一句“是”或“否”的决定，仅仅通过在整体水平上非常粗略的信用限制来考虑对投资组合的影响。然而资产组合理论告诉我们，应该从某种资产对组合整体风险水平的贡献角度来考虑其风险，而不是单独地看待。新的信用风险模型就是建立在组合的基础上来度量风险的。

这种基于组合分散化的理论基础同样存在于市场风险的管理中，但信用风险相对更加复杂。特别地，很难估计违约概率和违约事件之间的相关性。然而这些相关性正是组合分散化好处的关键驱动力。和我们在第 19 章看到的一样。

24.1 节介绍了信用损失的分布。它由两个主要部分构成。第一个部分是期望信用损失，就像 24.2 节将要介绍的，它是定价和计算准备金所需要的基本信息。第二个部分是非期望信用损失，或者说在某种置信水平下对期望信用损失大小偏离的最坏程度。24.3 节说明信用风险价值（CVAR）是如何像市场风险价值一样用于决定支持某一头寸所需要的资本金数量的。24.4 节概述了近来发展的信用风险模型，包括 CreditMetrics 模型、CreditRisk＋模型、KMV 模型，以及 Credit Portfolio View 模型。最后，24.5 节给出了一些总结评论。由于这些模型的复杂性，因此对于风险经理来说，了解它们的缺陷非常重要。

24.1 度量信用损失的分布

24.1.1 步 骤

前面的章节提供了关于信用风险模型众多成分的详细分析，我们现在可以将违约概率、信用风险暴露和回收率等信息放在一起来度量由于信用风险造成的损失的分布。为了简单起见，我们只考虑**违约模式**（default mode，DM）中的损失，也就是仅仅由于违约而不是由于市场价值改变所导致的损失。

对于一种金融工具，其潜在的信用损失为：

$$\text{信用损失} = b \times CE \times LGD \tag{24.1}$$

这个式子中包括随机变量 b，当离散状态的违约事件发生时，以违约概率（PD）p 取值为 1；信用风险暴露（CE），也称为违约暴露（EAD）；以及违约损失率（LGD）。根据这些定义，信用损失为正值。

对于一个包含 N 个交易对手的组合，其信用损失（CL）为：

$$CL = \sum_{i=1}^{N} b_i \times CE_i \times LGD_i \tag{24.2}$$

其中，CE_i 为考虑到所有合约的净额结算协议后对交易对手 i 的信用风险暴露。

信用损失的分布非常复杂。典型的关于信用风险的信息是用**净重置价值**（net replacement value，NRV）来描述的，即：

$$NRV = \sum_{i=1}^{N} CE_i \tag{24.3}$$

上式以当前价值计算。这是在所有交易对手都同时发生违约（$b_i = 1$）并且回收率为零（$LGD_i = 1$）的条件下发生的最大损失。但是这不能提供很有用的信息。通常，年报里会披露企业的净重置价值，使用它和使用名义金额来描述衍生品组合的风险是一样的。它既没有考虑违约概率，也没有考虑违约率和信用风险暴露之间的相关性。

第 19 章给出了一个只含有 3 个交易对手的简单组合的损失分布的例子。这个例子相对容易处理一些，因为我们可以列举出所有可能发生的状况。但实际中，我们一般需要考虑更多的信用事件。我们还需要解释风险因子各自的变动和其协同变动，这些风险因子决定了组合的风险暴露、不确定的回收率和违约事件之间的相关性。这必须借助蒙特卡洛模拟过程才能实现。一旦我们对整个组合完成这种计算，我们就获得了信用损失在目标时期的分布情况。图 24.1 描述了一个典型的信用风险损失分布。后面的章节会介绍如何构建这种分布。

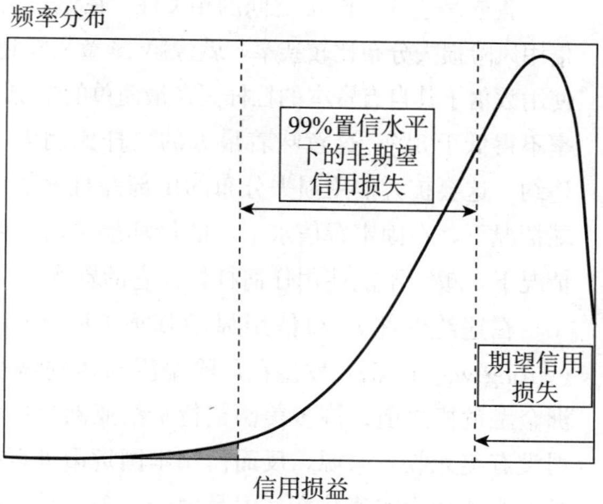

图 24.1　信用损失的分布

我们注意到信用风险损失分布高度左偏，相比之下与市场风险因子的分布有很大区别，后者的分布一般大致对称。信用风险损失分布和期权空头头寸的分布十分相似。默顿模型将这种特征表达出来了，持有一个风险债券相当于持有一个无风险债券和一个期权空头头寸。

24.1.2　主要特征

信用风险损失分布可以如下描述：

● **期望信用损失**（expected credit loss，ECL）。期望信用损失代表信用损失的平均水平。组合的定价应保证其至少能够涵盖期望信用损失。换句话说，组合的定价应该保证至少能够抵消平均的信用损失。对于债券而言，就意味着债券的价格应该足够低，或者其收益率应该足够高，从而能够弥补期望信用风险。对于衍生品而言，承担信用风险的银行就应该将期望信用风险作为其持有的金融产品的定价的影响因素来考虑。贷款损失准备金的计算也应该作为对期望信用风险的**信用条款**（credit provision）来度量。期望信用损失只取决于违约概率。

● **非期望信用损失**（unexpected credit loss，UCL）。最大信用损失代表在某一置信水平上（通常为99.9%）不会被超过的损失额。这相当于分布的分位数。非期望信用损失是对期望信用损失的偏离。机构应有足够的资本金来保证不受非期望信用风险的影响。非期望信用损失取决于违约概率和违约事件之间的相关性。

24.1.3　相关性的影响

这种方法的关键是在组合水平上度量风险。这种方法也揭示了不同风险类型之间相关性的影响。

首先是违约事件 b_i 之间的相关性。在债务人数量很多并且相关性很低的情况下，信用风险损失分布比较狭窄，就像第 19 章所描述的那样。在这种情况下，银行可以使用数倍于其自有资本的杠杆。在最简单的情况下，《巴塞尔协议Ⅰ》要求资本充足率不得低于 8%，这意味着最大的杠杆比例为 12.5。相反，高相关性会导致同时违约，这会扩大信用损失分布的尾部并且增加非期望信用损失。在完全相关的极端情况下，在固定置信水平下的最坏损失就是组合的全部名义金额之和。在这种情况下，银行不能使用任何杠杆。它的资产必须由同样数量的自有资本覆盖。

在违约事件 b_i 和信用风险暴露 CE 之间也有相关性。例如，**错误的交易**（wrong-way trade）发生在风险暴露与违约概率之间正相关的情况。例如，在亚洲金融危机之前，许多美国银行贷给亚洲公司美元或者签订了互换。许多亚洲公司没有美元收入来源，反而使用本国货币进行投机。当本国货币贬值时，美国银行的头寸变为实值状态，但是由于许多交易对手违约而无法收回。相反，**正确的交易**（right-way trade）发生在交易对手可以进行对冲的情况。例如，交易的单边损失可以由对冲操作的收益来抵消。

重要概念

信用风险在正确的交易中可以被降低，此时交易对手可以进行对冲。相反，错误的交易会产生信用风险暴露和违约概率之间的正相关性。

另一个相关性存在于违约事件 b_i 和违约损失率 LGD_i 之间。图 24.2 画出了 1982 年到 2009 年间投机级别债券的回收率和违约概率之间的散点图。在经济衰退期，例如 1990 年、1991 年，2001 年和 2009 年，债券的回收率明显比其他年份低。在这几年违约概率也非常高。这会扩大信用损失分布的尾部。如果忽略了这一点，信用 VAR 会低估风险。

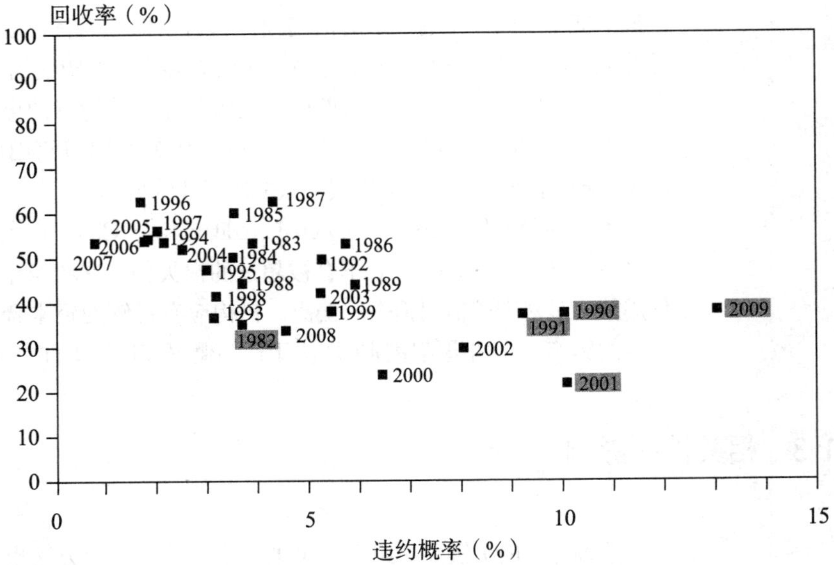

图 24.2　回收率和违约概率

例题 24.1　FRM 试题——信用条款

信用条款应涵盖以下方面，除了

(a) 未履约贷款。

(b) 贷款组合的期望损失。

(c) 相当于贷款组合的 VAR 的数额。

(d) 实际发生损失低于平均损失时所得到的超额信用收益。

例题 24.2　FRM 试题 2002——第 74 题

在下列交易中，假设每个交易对手都具有相同的信用评级，哪一个交易执行起来更优？

(a) 从交易公司处购买天然气。

(b) 从生产商处购买天然气。

(c) 从经销商处购买天然气。

(d) 以上交易无差别。

24.2　度量期望信用损失

24.2.1　目标范围上的期望损失

出于定价的目的，我们需要计算期望信用损失，它可以表示为：

$$E[CL]=\int f(b,CE,LGD)(b\times CE\times LGD)\,\mathrm{d}b\,\mathrm{d}CE\,\mathrm{d}LGD \tag{24.4}$$

如果随机变量相互独立，联合密度函数可以写成密度函数的乘积，我们有：

$$E[CL]=\left[\int f(b)(b)\mathrm{d}b\right]\left[\int f(CE)(CE)\mathrm{d}CE\right]\left[\int f(LGD)(LGD)\mathrm{d}LGD\right] \tag{24.5}$$

这是期望值的乘积。换句话说，

$$\text{期望信用损失}=\text{违约概率}\times\text{期望信用风险暴露}\times\text{期望违约损失率} \tag{24.6}$$

举例来说，对于面值 1 亿美元的 5 年期 BBB 级债券，回收率为 47%，则其期望信用损失为 $E[CL]=2.28\%\times\$100\,000\,000\times(1-47\%)=\$1\,200\,000$。需要注意的是，不管银行持有的是价值 1 亿美元的风险暴露还是 100 份每份价值 100 万美元的风险暴露，期望损失都是一样的。但是，损失分布不一样。

24.2.2 期望损失的时间曲线

到目前为止，我们所关注的都集中于固定时间范围内，例如1年。然而，为了给资产组合定价，我们需要考虑的是资产整个期限内的总信用损失大小。这应该包括风险暴露、违约概率以及折现因子的时间曲线。定义 PV_t 代表 t 时刻支付1美元的现值。

期望信用损失现值（present value of expected credit losses，PVECL）由在每个时点的期望信用损失的折现值加总所得：

$$PVECL = \sum_t E[CL_t] \times PV_t = \sum_t [k_t \times ECE_t \times (1-f)] \times PV_t \tag{24.7}$$

式中，违约概率为 $k_t = S_{t-1} d_t$ ，或者说之前没有发生违约的资产在 t 时刻发生违约的概率。

另外，我们可以利用资产在整个期限内的平均违约概率和平均风险暴露大小来简化计算：

$$PVECL_A = Ave[k_t] \times Ave[ECE_t] \times (1-f) \times [\sum_t PV_t] \tag{24.8}$$

但是如果违约风险和风险暴露曲线随时间变化相互影响，这种方法就只能得到一个近似的结果。例如，与一个有较高信用评级的交易对手签订的外汇互换协议，其风险暴露大小和违约概率都会随时间而增大。由于这种相关性，取平均值计算的方法就会低估信用风险。在其他情况下，它可能会高估信用风险。

在一个更为简化的方法中，ECE 为常数，只考虑最终的到期日 T ，使用累积违约率 c_T 和折现因子 PV_T ，得到：

$$PVECL_F = c_T \times ECE \times (1-f) \times PV_T \tag{24.9}$$

24.2.3 例　子

表24.1说明了如何计算PVECL。我们考虑一份5年期的利率互换，其互换的交易对手在签订协议时的信用评级为BBB级，互换的本金为1亿美元，折现因子为6%，回收率为45%，我们还假设违约只发生在每年年末。这种分析和第23章的信用违约互换类似。为了简化，我们这里使用真实世界的违约概率。

表 24.1 计算互换的期望信用损失

年	违约概率（%）			风险暴露头寸在 t 时刻的期望信用损失（美元）	发生违约时的损失率	用 t 时刻支付的现值因子来折现	总额（美元）
t	c_t	d_t	k_t	ECE_t	$(1-f)$	PV_t	$PVECL_t$
1	0.22	0.220	0.220	1 660 000	0.55	0.943 4	1 895
2	0.54	0.321	0.320	1 497 000	0.55	0.890 0	2 345
3	0.88	0.342	0.340	1 069 000	0.55	0.839 6	1 678
4	1.55	0.676	0.670	554 000	0.55	0.792 1	1 617
5	2.28	0.741	0.730	0	0.55	0.747 3	0
合计			2.280			4.212 4	7 535
平均值			0.456	956 000			
$PVECL_A$			0.456	956 000	0.55	4.212 4	=10 100

从表中的第一列我们可以得到 BBB 级资产从第 1 年到第 5 年的累积违约率 c_t，用百分比来表示。第二列显示了每年的边际违约概率 d_t ，第三列显示了在以前没有发生违约的情况下每年发生违约的条件概率 $k_t = S_{t-1}d_t$ 。第四列显示了每年年末的期望信用风险暴露 ECE_t 。第五列显示了为常数的违约损失率 LGD 。第六列显示了折现因子 PV_t 。

最后一列给出了 $k_tECE_t(1-f)PV_t$ 的结果。例如，最后一列的第一项为 0.220%×$1 660 000×0.55×0.943 4=1 895 美元。本金为 1 亿美元的互换各年期望损失的现值加总结果为 7 535 美元，占本金的 0.007%。这个数值非常小，还不到 1 个基点。基本上，由于风险暴露较小，期望信用损失会非常低。对于普通债券或外汇互换而言，期望损失则要大得多。

最后一行给出了使用公式（24.8）以平均值为基础计算期望信用损失的结果。平均年违约概率为 0.456。将其乘以平均风险暴露 956 000 美元以及 LGD，现值加总结果为 10 100 美元。这个结果与精确计算的结果具有相同的数量级。

表 24.2 详细展示了对一种具有不变风险暴露（1 亿美元）的债券的期望信用损失的计算过程。其期望信用损失为 119.7 万美元，大约为上例中互换的 100 倍。这是因为其风险暴露也大约为互换的 100 倍。

就像前一张表一样，最后一行也给出了以平均值为基础的计算结果。这里期望信用损失为 105.6 万美元，由于信用风险暴露并不随时间发生变动，这一值就非常接近精确计算的结果。

我们也可以使用通常的简化方法，直接用 5 年期的累积违约率乘以 1 亿美元和违约损失率，结果为 125.4 万美元。经过折现，我们就可以得到其期望信用损失为 93.7 万美元，与前面的结果非常接近。

表 24.2　　计算债券的期望信用损失

年	违约概率（%）			风险暴露头寸在 t 时刻的期望信用损失（美元）	发生违约时的损失率	用 t 时刻支付的现值因子来折现	总额（美元）
t	c_t	d_t	k_t	ECE_t	$(1-f)$	PV_t	$PVECL_t$
1	0.22	0.220	0.220	100 000 000	0.55	0.943 4	114 151
2	0.54	0.321	0.320	100 000 000	0.55	0.890 0	156 639
3	0.88	0.342	0.340	100 000 000	0.55	0.839 6	157 009
4	1.55	0.676	0.670	100 000 000	0.55	0.792 1	291 887
5	2.28	0.741	0.730	100 000 000	0.55	0.747 3	300 024
合计			2.280			4.212 4	1 019 710
平均值			0.456	100 000 000			
$PVECL_A$			0.456	×100 000 000	×0.55	×4.212 4	=1 056 461
$PVECL_F$	2.280			×100 000 000	×0.55	×0.747 3	=937 062

例题 24.3　FRM 试题 2003——第 26 题

下列哪一个贷款的信用风险最低？

贷款	1 年期违约概率（%）	违约概率损失（%）	剩余期限（月）
a.	1.99	60	3
b.	0.90	70	9
c.	1.00	75	6
d.	0.75	50	12

例题 24.4　FRM 试题 2007——第 38 题

罗森奎斯特先生是一个资产经理，持有价值 2 亿瑞典克朗的 BBB 级的债券组合。假设 1 年期的违约概率是 4%，回收率是 60%，并且各年之间的违约不相关。那么罗森奎斯特先生资产组合的 2 年期累积期望信用损失是多少？

(a) 640 万瑞典克朗。

(b) 627 万瑞典克朗。

(c) 960 万瑞典克朗。

(d) 948 万瑞典克朗。

24.3 度量信用 VAR

24.3.1 目标时间范围内的信用 VAR

信用 VAR（credit VAR）指的是在某一置信水平下的非期望信用损失。利用公式（24.1）对信用损失的度量方法，我们在目标时间范围内可以构造一个信用损失的分布函数 $f(CL)$。对于给定的置信水平 c，最差信用损失（WCL）可以定义为：

$$1-c=\int_{WCL}^{\infty} f(x)\mathrm{d}x \tag{24.10}$$

信用 VAR 就可以用对 ECL 的偏离程度来度量：

$$CVAR = UCL = WCL - ECL \tag{24.11}$$

式中所有的损失都定义为正值。

CVAR 的大小应被视作为防止非期望损失造成的不利影响而应该持有的经济资本的数额。其应用在本质上不同于期望信用损失，后者是加总不同时间上不同债务人的期望损失的结果。

实际上，CAVR 是对某个目标时间范围（例如一年）内的非期望信用损失的度量，这一期间将足够银行采取相应的纠正措施。这些纠正措施包括减少风险暴露头寸和调整经济资本金数额，而所有这些措施需要的时间都比应对市场风险所需要的时间范围长得多。

24.3.2 使用 CVAR 管理投资组合

一旦计算出信用 VAR，就可以对其进行管理了。投资组合经理可以检查出对于 CVAR 影响最大的交易。如果这些交易盈利性并不是很好，就应该将其从投资组合中移除。

风险的边际贡献（marginal contribution to risk）可以用来分析单个交易对总体组合风险的增量作用。和市场风险的情形一样，单一信用资产不能只基于它们的单一风险基础进行估值，还要考虑它们对组合风险的贡献。对于相同的期望收益率，一个能降低组合风险的交易更受青睐，但是这些交易只能在度量组合信用风险时进行。

边际风险分析还有助于建立用于支持头寸的**资本补偿**（remuneration of capital）。例如一个信用损失分布的 ECL 为 10 亿美元，UCL 为 50 亿美元。银行需要提取 50 亿美元去覆盖偏离期望信用损失的风险暴露，但是股权资本也需要资本补偿，因此贷款的价格不能仅仅覆盖期望损失，还要覆盖经济资本的补偿。我们称之为风险溢价，这也解释了为什么观察到的信用价差要比只覆盖实际损失的信用价差大。

例题 24.5　FRM 试题——一个债券的信用 VAR

风险分析师试图预测一种风险债券的信用 VAR（CVAR）。该信用 VAR 定义为 99.9%置信水平下一个月内发生的最大非期望损失的数额。假定该债券的一个月远期价格为 1 000 000 美元，一年内的累积违约率为 2%。如果其回收率为 0，那么对这种债券的信用 VAR 的最佳估计值为多少？

(a) 20 000 美元。

(b) 1 682 美元。

(c) 998 318 美元。

(d) 0 美元。

例题 24.6　FRM 试题——两个债券的信用 VAR

风险分析师试图设计一个含有两种风险债券的组合信用 VAR。该信用 VAR 定义为 99.9%置信水平下一个月内发生的最大非期望损失的数额。假定每种债券的一个月远期价格为 500 000 美元，一年内的累积违约率为 2%。如果违约事件之间不相关，其回收率为 0，那么对这个债券组合信用 VAR 的最佳估计值为多少？

(a) 841 美元。

(b) 1 682 美元。

(c) 998 318 美元。

(d) 498 318 美元。

例题 24.7　FRM 试题 2005——第 122 题

你是 Happy 银行的信用风险经理。Happy 银行持有 5 亿美元的美国国债、一个具有正违约概率的 4 亿美元的贷款和另一个具有正违约概率的 1 亿美元的贷款。违约之间不相关。该银行用 CreditRisk＋模型计算 1%置信水平下的信用 VAR。下列哪一种关于 VAR 的说法是错误的？

(a) VAR 或者 WCL 可以等于零。

(b) 信用组合的期望损失超过 VAR。

(c) 信用组合的期望损失一定比 VAR 小。

(d) 以上说法均错误。

24.4　组合信用风险模型

组合信用风险模型可以根据其所使用的方法进行分类。本节介绍了四种主要的组合信用风险模型。

24.4.1 组合信用风险模型的方法

表 24.3 总结了行业内组合信用风险模型的基本特征。

表 24.3　　　　信用风险模型的比较

	CreditMetrics	CreditRisk+	KMV	Credit Portfolio View
创始者	J. P. 摩根	瑞士信贷	KMV	麦肯锡
模型类型	从上至下	从下至上	从下至上	从上至下
风险定义	市场价值（MTM）	违约损失（DM）	违约损失（MTM/DM）	市场价值（MTM）
风险驱动因子	资产价值	违约率	资产价值	宏观因素
信用事件	信用级别变化/违约	违约	连续违约概率	信用级别变化/违约
概率	无条件概率	无条件概率	条件概率	条件概率
波动性	常量	变量	变量	变量
相关性	来自股权（结构的）	违约过程（简化的）	来自股权（结构的）	来自宏观因素
回收率	随机	层次内为常量	随机	随机
求解方法	模拟过程/分析	分析	分析	模拟过程

模型类别

从上至下模型（top-down model）用单个统计数据对信用风险进行分组，即将许多不同来源的风险都视为同质风险加总到组合的整体风险中，而不考虑个别交易的细节。这种方法对于所含数量很多的零售信用组合比较适用，但对于公司贷款或国家贷款而言，就不太合适了。即使是在零售组合里，从上至下模型也可能隐含着来自于行业或地理位置的特殊风险。

从下至上模型（bottom-up model）解释了每一种资产的特征。这一方法非常类似于对具有市场 VAR 系统特征的头寸进行结构分解。它适用于公司和资本市场组合。从下至上模型对于采取修正措施也是最有用的，因为可以按照其风险结构进行反向操作来修正风险情况。

风险定义

违约模式模型（default-mode model）只把完全的违约视为信用事件。因此，债券的市场价值的任何变动或信用评级的任何变动都是无关的。

盯市模型（mark-to-market model）考虑市场价值的变化和包括违约在内的信用评级的变化，这些公允市值模型提供了对风险的更好估计。这一估计结果与用清算期定义的持有期一致。

违约概率模型

条件违约概率模型（conditional model）中包括了宏观经济因素变动通过函数关系对违约概率的影响。显然，在经济衰退期间违约率会上升。

无条件违约概率模型（unconditional model）具有固定违约概率，并且往往关注的是借款者或者特殊因素信息。然而某些环境因素的改变可以通过改变模型参数的方法来实现。

违约相关性模型

由于违约相关性不能直接从组合中的债务人观测到，因此它们必须从模型中推导。

结构模型（structural model）通过资产的联合变动来解释相关性，例如股票价格。对于每一个债务人，这一价格为代表违约概率变动的随机变量。

简化模型（reduced-form model）通过假设特定违约事件和“背景因素”间具有某一特定函数关系来解释相关性。例如，不同债务人的违约事件之间的相关性可以通过一般风险因子例如行业和国家风险的负荷来模型化。

24.4.2 CreditMetrics 模型

1997 年 4 月由 J. P. 摩根银行提出的 CreditMetrics，是第一个用于度量组合信用风险的模型。这一系统属于“从下至上”方法，其中信用风险是由债券信用级别的变化通过信用转移矩阵引起的。

在这个模型中，信用质量用一个隐变量进行度量，这个隐变量无法观测，可以解释为债务人的资产价值。这个价值和股票价格紧密联系，它是债务人之间相关性的来源，因为股票价格可以观测得到。当资产价值下降到一定程度时，债务人就被假设处于违约状态。因此，该模型包含 3 个随机变量：（1）股票价格，（2）资产价值，以及（3）违约指标。

这个系统的组成如图 24.3 所描述。

金融工具风险暴露的度量

这一步从使用的组合出发，按照其风险暴露来分解所有金融工具，并且评估在目标日期市场波动对期望风险暴露的影响。所涵盖的金融工具范围包括债券、贷款、互换、应收票据、商业承诺和信用凭证。

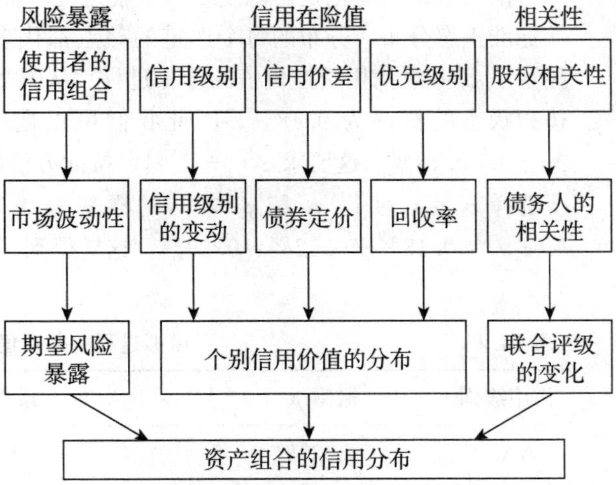

图 24.3　CreditMetrics 的结构

单个违约风险的分布

这一步首先给每种金融工具指定某一特定信用级别。由此按照信用级别的变动来定义信用事件（包括违约），由信用级别转移矩阵得到。因此违约概率的变动是离散的。发生信用事件以后，金融工具根据每一信用级别间的价差来定价。在发生违约的情况下，回收率的分布根据不同历史水平的历史数据得到。

以上步骤如图 24.4 所示。我们从一种初始评级为 BBB 的债券或其他信用工具出发。在给定的时间范围内，其信用级别可能在 8 种新的取值中变化，其中包括违约。对于每一种信用级别来说，这种信用工具的价值都需要重新计算，例如当其信用级别上升至 AAA 时，价值变为 109.37 美元。如果发生违约，其价值则变为回收值 51.13 美元。给定概率分布情况和相关价值，我们就可以计算出此债券的期望价值为 107.09 美元，标准差为 2.99 美元。

BBB →	概率 (p_i)	价值(\$) (V_i)	期望 $\sum(p_iV_i)$	方差 $\sum p_i(V_i-m)^2$
AAA	0.02%	109.37	0.02	0.00
AA	0.33%	109.19	0.36	0.01
A	5.95%	108.66	6.47	0.15
BBB	86.93%	107.55	93.49	0.19
BB	5.30%	102.02	5.41	1.36
B	1.17%	98.10	1.15	0.95
CCC	0.12%	83.64	0.10	0.66
违约	0.18%	51.13	0.09	5.64
	合计=100.00%		m=\$107.09	σ^2=8.95 SD=\$2.99

图 24.4　构造债券价值的分布

信用级别的变化是由隐变量，也就是资产价值所驱动的。每个资产价值都服从标准正态分布，分布的每个选定的截点都代表信用级别变化的概率。表 23.4 显示了 BBB 级信用资产价值的计算过程。从图 24.4 中可以看到，从 BBB 级变为违约状态的概率为 0.18%。因此我们可以选择 z_1 点，使得其左侧区域满足 $N(z_1)=0.18\%$。这要求 $z_1=-2.91$。按此方法依次进行处理。接下来我们就需要选择 z_2 点，使得 z_1 和 z_2 之间的概率为 0.12%，或者说 z_2 的左尾概率为 $N(z_2)=0.18\%+0.12\%=0.30\%$。这样得到 $z_2=-2.75$，依此类推。

表 24.4　　模拟过程的截点值

信用级别 i	概率 p_i	累积概率 $N(z_i)$	截点 z_i
AAA	0.02%	100.00%	
AA	0.33%	99.98%	3.54
A	5.95%	99.65%	2.70
BBB	86.93%	93.70%	1.53
BB	5.30%	6.77%	−1.49
B	1.17%	1.47%	−2.18
CCC	0.12%	0.30%	−2.75
违约	0.18%	0.18%	−2.91

违约事件之间的相关性

违约事件之间的相关性可以由资产价值之间的相关性推出，这又可以转化成指数之间的相关性。将每个债务人映射到某个行业或地理区域，使用事先确定的权重。利用包含 152 个国家—行业指数、28 个国家指数和 19 个世界行业指数的数据库来计算共同因子的协同变化，由此推出相关性。

举个例子，公司 1 资产价格的 90%的波动来自于美国化学行业的影响。使用标准化的收益率，我们可以写成：

$$r_1 = 0.90 r_{US,Ch} + k_1 \varepsilon_1$$

式中，残差 ε 与其他变量是不相关的。因为总方差为 1，因此 $k_1=\sqrt{1-0.9^2}=0.44$。

接下来，公司 2 资产价格对德国保险行业指数具有 74%的权重，对德国银行业指数具有 15%的权重，即：

$$r_2 = 0.74 r_{GE,In} + 0.15 r_{GE,Ba} + k_2 \varepsilon_2$$

这两个公司资产价格之间的相关性为：

$$\rho(r_1, r_2) = (0.90 \times 0.74)\rho(r_{US,Ch}, r_{GE,In}) + (0.90 \times 0.15)\rho(r_{US,Ch}, r_{GE,Ba})$$

$$= (0.90 \times 0.74)0.15 + (0.90 \times 0.15)0.08 = 0.11$$

接下来 CreditMetrics 系统假设组合的资产价值服从多元正态分布，相关系数都是事先确定的结果，对资产价格的联合分布进行模拟。这种方法以正态 copula 为基础。这样通过计算就得到了这一信用组合的总体价值和一年时间范围内的信用损失分布。

这些模拟过程也可以用于计算违约事件之间的相关系数。因为相对信用级别的变化来说，违约发生的频率要低得多，因此违约的相关性一般比资产价值的相关性弱得多。CreditMetrics 系统显示，40%～60%的资产价值相关性一般会转化为 2%～4%的违约相关性。①

这种方法的另一个缺点就是没有将信用风险和市场风险结合起来考虑。其损失仅仅是由信用状态的变化引起的，而不是由市场变动引起的。市场风险暴露上并不存在不确定性。例如，就互换而言，目标日期的风险暴露就为期望风险暴露。对债券的定价进行调整，是将今天的远期利率水平和当前信用价差应用到该债券在这一时间范围上的信用级别来进行的。因此，不存在利率风险。

24.4.3 CreditRisk＋模型

CreditRisk＋是瑞士信贷集团 1997 年 10 月公布的。这种方法与 CreditMetrics模型有很大差别。它是在纯粹的精算统计方法的基础上建立起来的，而这种精算方法来自于财产保险文献。

CreditRisk＋属于违约模式（DM）模型，而非盯市（MTM）模型。模型中只考虑两种事件状态——违约或者不违约。

该模型假设大量数目的 n 个贷款独立同分布，违约概率为 p。总损失 $x = \sum_{i=1}^{n} b_i$ 服从二项分布，可以用强度 $\lambda = np$ 的泊松分布近似：

$$f(x) = e^{-\lambda}\frac{\lambda^x}{x!} \tag{24.12}$$

通过假设强度是随机变量引入违约相关性。高 λ 值会增加每个债务人的违约概率。违约强度也可以是随时间变化的，在这种情况下所建立的模式是一个变量随时间变化的函数。CreditRisk＋将信用组合分为一些同质部分，在每一个同质部分内的债务人都具有相同的系统风险，CreditRisk＋以此来考虑违约率的变动。

这种方法需要考虑的另一个部分为损失的严重程度。这个因素在模型中通过将资产按严重程度分层来处理。例如大约 2 万美元的贷款属于第一层，4 万美元左右的贷款则属于第二层，诸如此类。这样每一层次都有其损失分布。再将这些分布合并起来，就可以得到所有违约损失的总体分布。

---

① 然而，这个在联合正态分布假设下的结果并不完全真实。其他的分布可以生成更可能发生的违约模拟结果。这显然是信用投资者组合主要的重点。

这种方法提供了一种只需要最少的数据资料就可以迅速确定信用损失分布的分析方法。然而像 CreditMetrics 一样，这种方法也没有考虑市场风险暴露的不确定性。

24.4.4 KMV 模型

KMV 模型提供了对将近 30 000 个全球上市公司的估计违约概率（EDF）的预测。① 其所使用的许多技术被视为私有资产并且不进行公开。

该模型的基本思想就是默顿模型在信用风险上的应用，将公司的股权价值 E 视为对该公司资产价值的一个看涨期权：

$$E = c(A, K, r, \sigma_A, \tau) \tag{24.13}$$

实际上，KMV 定义 K 为公司短期负债的价值（一年或一年以下）加上所有长期债务账面价值的一半。资产价值为股票市值加上所有债务的价值 $A = nS + D$ 。

就像在第 21 章看到的那样，这个公式要求根据可观测变量，特别是股票的市场价格 S 和其波动率 σ_S 来反复进行预测。KMV 计算一个标准正态化的**违约距离**（distance to default，DD），即资产的当前价值与其边界点的差额。例如，假设A=1 亿美元，K = 8 000 万美元，σ_A =1 000 万美元，我们可以得到：

$$DD = z = \frac{A-K}{\sigma_A} = \frac{1\text{亿}-8\ 000\text{万}}{1\ 000\text{万}} = 2 \tag{24.14}$$

违约距离的主要驱动因子是：（1）股票价格水平；（2）杠杆水平；（3）资产价值的波动率。股票价格越低，杠杆水平越高并且资产波动率越高都会降低违约距离的度量。

最后，KMV 用这些信息报告出估计违约概率（EDF），或者违约概率。如果我们假设收益率服从正态分布，标准正态变量 z 取值低于−2 的概率约为 2.3%。因此估计违约概率为 2.3%。实际上，估计违约概率是以实际违约数据为基础的，因此对违约概率的估计结果比较客观。

KMV 模型通过债务人的股票价格生成违约相关性，这和 CreditMetrics 不一样。首先，资产价值的收益率是根据债务人股权和负债的价值计算得到的。其次，这些收益率根据宏观经济因子、国家和行业指数进行回归。最后，该因子模型用来生成代表债务人资产价值的联合分布随机变量，同样使用标准正态 copula。

这一方法的优势在于它所依赖的股票价格对于公司而言也许是最好的市场数据。因此它对上市公司更为有用。KMV 也提供了一个针对合伙人公司的模型，考虑的基础是公司和行业数据，股票信息只能应用于上市公司。和预期中的一样，合伙人公司估计违约概率的预测就不那么精确了。

---

① KMV 公司由 S. Kealhofer，J. McQuown 和 O. Vasicek（这也是简写为 KMV 的原因）创建，用于提供信用风险服务。KMV 本来是一个 1989 年在旧金山成立的私有企业，后来 2002 年 4 月被穆迪公司收购。

24.4.5 信用组合观点

我们要介绍的最后一个模型为**信用组合观点**（Credit Portfolio View，CPV），这个模型由麦肯锡咨询公司 1997 年公布。这一从上至下模型主要关注的是宏观经济因素对组合信用风险的影响。

这种方法按照组合子集中所有信用资产的数目和规模将损失分布模型化，这些组合子集往往是由客户部门构成。这个模型并不考虑固定的转换概率，而是在各个经济状态下计算违约概率，因此假设违约概率在经济衰退期内会上升。t 时刻的违约概率 p_t 是由一系列反映不同国家和行业的宏观经济变量 x^k 加总的线性函数 y_t 来决定的。违约概率和 y_t 的函数关系，称为 logit 模型，保证了这一概率总是处于 0 到 1 之间：

$$p_t = 1/[1 + \exp(y_t)]\ ,\ y_t = \alpha + \sum \beta^k x_t^k \qquad (24.15)$$

这种方法使用多因素模型，每一个债务人都被划分到某一国家、行业和信用等级部分。回收率的不确定性也被作为模型考虑的因素。模型使用了多次模拟过程来构建信用组合的违约风险分布。尽管对于给定经济状态条件下建立违约概率模型非常有用，但是这种方法主要是从上至下的方法，因而不能提供关于公司组合信用风险的足够细节信息。

24.4.6 比　较

国际互换与衍生品协会（ISDA）进行了一项比较各种信用风险模型的调查。[①] 这项实证研究由 3 个 1 年期贷款的信用组合构成，每一个组合的风险暴露总额为 663 亿美元：

投资组合 A：信用质量高，进行分散化投资的组合（含 500 个贷款）。

投资组合 B：信用质量高，进行集中投资的组合（含 100 个贷款）。

投资组合 C：信用质量低，进行分散化投资的组合（含 500 个贷款）。

如表 24.5 所示，所研究的模型包括 CreditMetrics、CreditRisk＋以及两种内部模型，每种模型所考察的时间范围都是 1 年，置信水平都是 99%。表中还列示了《巴塞尔协议Ⅰ》“标准化”规定的资本要求，这一内容我们将在第 28 章中详细讨论。可以说这些规定的要求不允许存在信用质量的变化或由分散化带来的影响。实际上，所需要的资本是以贷款名义本金的 8%为基础的。

---

① ISDA，*Credit Risk and Regulatory Capital*（New York：ISDA，1998）.

表 24.5 **不同信用风险模型计算得到的资本要求** 单位：亿美元

	假设相关系数为零		
	组合 A	组合 B	组合 C
CreditMetrics	7.77	20.93	19.89
CreditRisk+	7.89	20.20	20.74
内部模型 1	7.67	19.67	19.07
内部模型 2	7.24	19.06	17.56
《巴塞尔协议Ⅰ》的规定	53.04	53.04	53.04
	评估相关系数		
	组合 A	组合 B	组合 C
CreditMetrics	22.64	29.41	114.36
CreditRisk+	16.38	25.74	100.00
内部模型 1	13.73	23.66	96.54
《巴塞尔协议Ⅰ》的规定	53.04	53.04	53.04

在表的上半部分首先检验了相关系数为零的情况。不管组合信用质量如何或其是否受到分散化的影响，《巴塞尔协议Ⅰ》规则产生的是相同的资本要求。其结果也全部高于其他模型，为 53.04 亿美元，这个值大致相当于贷款名义本金的 8%。

一般而言，其他四种信用组合模型在资本金计提上显示出明显的一致性。组合 A 和组合 B 具有同样的信用质量，但 B 的投资更集中一些。A 实际上具有较低的 CVAR，大约为 8 亿美元，而 B 则为 20 亿美元。组合 A 和组合 C 的贷款数量相等，但是 C 的信用质量较低，这使得 C 的 CVAR 从 8 亿美元上升到 20 亿美元。

在表的下半部分评估了具有相关性的实证结果，一般相关系数为正。《巴塞尔协议Ⅰ》的资本要求保持不变，因为它们不考虑相关性。内部模型的资本金与前面的情况相比提高了。然而不同模型的结果的偏离程度也增大了。有趣的是，可以看到，特别是对于组合 C 而言，其信用质量较低，对于组合 C 的经济资本要求基本上达到了《巴塞尔协议Ⅰ》要求的两倍。这个结果说明《巴塞尔协议Ⅰ》可能导致不恰当的信用风险资本要求。因此，受到这些资本要求约束的银行可能会移动其风险曲线直到它们的经济资本达到监管要求的资本水平。这种向较低信用质量的转移当然不是《巴塞尔协议Ⅰ》规则的目的。敏感性的缺失导致了《巴塞尔协议Ⅱ》的产生，这会在第 28 章进行讨论。

最近，一篇研究报告比较了《巴塞尔协议Ⅱ》规则和三种商业银行信用模型的资本要求，并谨慎地使用参数。[①] 基本组合由 3 000 个不同行业和国家的债务人的1 000亿美元组成，平均信用评级为 BBB。

表 24.6 展示了违约模型的评估结果。根据《巴塞尔协议Ⅱ》规则，资本要

① ACPM and ISDA，*Convergence of Economic Capital Models*（New York：ISDA，2006）.

求为33亿美元，接近于贷款名义本金的4%。三个商业银行信用模型给出的结果与《巴塞尔协议Ⅱ》规则的结果较为接近。该研究报告得出结论："如果假设一致，那么PM和CM模型给出的评估结果没有太大差别。"当然，这也是因为这些模型都基于相同的联合密度函数，都使用正态copula，并且使用相同的历史数据。

表24.6　信用风险模型的比较　单位：百万美元

	期望损失	99.9%置信水平下的资本
KMV（PM）	563	3 791
CreditMetrics（CM）	562	3 533
CreditRisk＋	564	3 662
《巴塞尔协议Ⅱ》	607	3 345

24.5　总　结

组合信用风险模型将市场风险模型又向前推进了一步。这里，直观上还是分散化（不同债务人、地区以及行业）会降低组合的风险。

但是，内部组合信用风险模型的问题在于它们的复杂性。和市场风险不同，风险经理可以观测到市场风险因子的历史变动，但对于一个特定的债务人却并没有违约历史记录。因此，违约概率都是进行间接建模的。而估计违约相关性和违约联合密度函数的问题就更为复杂。2007年以前，这些模型都没有经过整个市场周期的检验，市场周期应包括经济衰退期。这点非常重要，因为经济衰退会导致违约率的升高、违约相关性的上升，以及回收率的下降。①

最后，很难计算得到这些模型度量的99.9%置信水平下一年期的经济资本。相反，市场风险模型可以计算得到99%置信水平下的每日VAR，其在一年内平均只有两三个异常值。因此和市场风险不同，信用风险VAR的估计很难进行事后测试。

这解释了为什么监管者对这些模型的精确度产生质疑，结果是他们不允许商业银行使用其内部组合模型作为基础来计算信用风险资本要求。的确，2007年开始的经济衰退导致的损失比以前任何一次最坏情形都大。尽管模型根据我们对信用风险的理解取得了很大的进展，但是这些简单粗略的模型仍然需要我们进行更多的改进。

① 有学术论文讨论了信用风险模型对于违约相关性的敏感性。参见S. Das，D. Duffie，N. Kapadia，and L. Saita，"Common Failings：How Corporate Defaults are Correlated，" *Journal of Finance*，2007；P. Jorion and G. Zhang，"Credit Contagion from Counterparty Risk，" *Journal of Finance*，2009。

例题 24.8　FRM 试题 2004——第 11 题

当确定风险暴露由于信用质量变动产生的资产价值标准差时，CreditMetrics 模型使用了 3 个主要因子。下列哪一个不是该模型使用的因子？

(a) 信用评级。

(b) 优先级别。

(c) 股票价格。

(d) 信用价差。

例题 24.9　FRM 试题 2002——第 129 题

一家银行使用 CreditMetrics 方法得出的信用评级转换的结论来计算 1 年后贷款组合盯市价值的分布，包括使用 (1) 信用评级转移矩阵，(2) 当前的远期利率曲线，以及 (3) 通过债务人股票收益率推导出的信用评级转移结果之间的相关性。用贷款组合的分布来计算银行的全面风险，该银行通常会低估它的风险，原因是它忽略了：

(a) 利率的期限结构。

(b) 信用评级的转移。

(c) 价差风险。

(d) 国债利率和信用价差之间的负相关性。

例题 24.10　FRM 试题 2003——第 92 题

KMV 度量了标准正态化的违约距离。违约距离是如何定义的？

(a) (资产的期望价值－加权的债务价值)/(资产的波动率)。

(b) 股票价格/(股票价格的波动率)。

(c) 股票价格低于某一截点的概率。

(d) 杠杆乘以股票价格的波动率。

例题 24.11　FRM 试题 2004——第 20 题

一家公司资产的当前价值为 5 亿美元，其负债的当前价值为 3 亿美元。资产价值的标准差为 8 000 万美元。公司没有其他债务。那么使用 KMV 计算得到的违约距离近似为多少？

(a) 2 个标准差。

(b) 2.5 个标准差。

(c) 6.25 个标准差。

(d) 无法确定。

例题 24.12　FRM 试题 2007——第 59 题

一家公司的相关信息如下。时刻 0 的公司市值为 1 000，时刻 1 的公司市值为 1 200，短期债务为 500，长期债务为 300，资产的年波动率为 10%。根据 KMV 模型，在时刻 1 的违约点和违约距离是多少？

(a) 800 和 3.33。

(b) 650 和 7.50。

(c) 650 和 4.58。

(d) 500 和 5.83。

例题 24.13 FRM 试题 2005——第 36 题

下列哪一个模型是使用期权定价方法来对信用风险资产之间的相关性进行建模的?

(a) CreditRisk+。

(b) CreditMetrics。

(c) 针对上市公司的 KMV。

(d) b 和 c 都是。

例题 24.14 FRM 试题 2009——第 6-10 题

下列哪一个关于 KMV、CreditMetrics 和 CreditRisk+模型应用的说法是正确的?

(a) 这些模型的本意都没有考虑利率或者信用价差的变动。

(b) 这些模型仅当信用评级变动时才允许违约概率变动,而不是连续变动。

(c) 使用这些模型计算 VAR 度量是不可行的。

(d) 这些模型忽视了从一个评级到另一个评级的信用转移。

24.6 重要公式

信用损失:$\sum_{i=1}^{N} b_i \times CE_i \times LGD_i$

期望信用损失:ECL=违约概率×期望信用风险暴露×期望违约损失

期望信用损失现值(PVECL):

$$PVECL = \sum_t E[CL_t] \times PV_t = \sum_t [k_t \times ECE_t \times (1-f)] \times PV_t$$

PVECL 的近似:$PVECL_F = c_T \times ECE \times (1-f) \times PV_T$

信用 VAR:$CVAR = WCL - ECL$

KMV 的正态化违约距离:$z = (A-K)/\sigma_A$

信用组合的违约概率:$p_t = 1/[1+\exp(y_t)], y_t = \alpha + \sum \beta^k x_t^k$

24.7 例题解答

例题 24.1 FRM 试题——信用条款

(c) 所制定的信用条款应该涵盖实际损失和期望损失。然而持有资本金的目的是用来对在 CVAR 基础上计算的非期望损失提供一个缓冲作用。

例题 24.2 FRM 试题 2002——第 74 题

(b) 这是一个有关正确交易的例子。为了把信用风险降低,应该和一个违约概率低的交易对手进行交易，特别是当合约处于实值状态时。这会发生在交易对手可以对冲风险的交易中。例如，天然气生产商可以对天然气的风险暴露进行对冲。如果生产商以固定的价格出售天然气，互换会在天然气价格上升时发生损失。然而在这种情况下，几乎不会有违约风险，因为生产商可以生产天然气。交易公司或经销商当交易发生损失时有可能会破产。

例题 24.3　FRM 试题 2003——第 26 题

(a) 1 年期违约概率需要根据贷款的期限 $(1-d^m)^T$ 进行调整，使用 $(1-d^m)^{12}=(1-d)$ 计算 d^m 。

贷款	到期前的违约概率（%）	违约损失率（%）	期望损失（%）
a.	0.50	60	0.301
b.	0.68	70	0.473
c.	0.50	75	0.376
d.	0.75	50	0.375

例题 24.4　FRM 试题 2007——第 38 题

(b) 2 年期的生存率为 $S_2=(1-4\%)^2=92.16\%$，这意味着 2 年期的累积违约率为 7.84%。分开计算，第 1 年的违约概率是 4%，第 2 年的条件违约概率是 $(1-4\%)4\%=3.84\%$。乘以 2 亿瑞典克朗和 40%得到 627 万瑞典克朗。

例题 24.5　FRM 试题——一个债券的信用 VAR

(c) 首先，我们必须将年违约概率转化为月违约概率。利用 $(1-2\%)=(1-d)^{12}$，我们得到 $d=0.001\ 68$ ，假定违约概率在一年内不会发生变化。接下来，我们计算期望信用损失，为 $d\times\$1\ 000\ 000=\$1\ 682$。最后，我们在 99.9%的置信水平下计算 WCL，其值为满足 $P(CL\leqslant CL_i)\geqslant 99.9\%$ 的最小的 CL。我们有 $P(CL=0)=99.83\%$，$P(CL\leqslant 1\ 000\ 000)=100.00\%$，因此，WCL 为 \$1 000 000，而 CVAR 为 \$1 000 000－\$1 682＝\$998 318。

例题 24.6　FRM 试题——两个债券的信用 VAR

(d) 和前一道题目一样，月违约率为 0.001 68。下表显示了信用损失的分布。

违约	概率（p_i）	损失（L_i）	p_iL_i	$1-\sum p_i$
2 个债券	$d^2=0.000\ 002\ 82$	\$1 000 000	\$2.8	100.000 00%
1 个债券	$2d(1-d)=0.003\ 358\ 62$	\$500 000	\$1 679.3	99.999 72%
0 个债券	$(1-d)^2=0.996\ 638\ 54$	\$0	\$0.0	99.663 85%
总共	1.000 000 00		\$1 682.1	

以上计算得到的期望损失为 1 682 美元，与前一道题目的计算结果一样。接下

来，在最小置信水平为 99.9%时的 WCL 为 500 000 美元，因为观察到小于等于这个数值的总概率大于 99.9%。于是 CVAR 为 500 000－1 682＝498 318 美元。

例题 24.7　FRM 试题 2005——第 122 题

(c) 信用 VAR 可以为零。例如，假设违约概率为 0.003。不违约的联合概率为 (1－0.003)(1－0.003)＝99.4%。因为这比 99%置信水平下的分位数大，因此最差损失为零。但是期望损失在假设回收率为零的情况下为 0.3%，这比 VAR 要大。

例题 24.8　FRM 试题 2004——第 11 题

(c) CreditMetrics 使用信用评级、转移矩阵、回收率和不同标准下的优先级别，但是没有债务人的股票价格。

例题 24.9　FRM 试题 2002——第 129 题

(c) CreditMetrics 忽略了价差风险，它考虑了信用评级的转移和利率的期限结构，尽管没有考虑它们的波动率。

例题 24.10　FRM 试题 2003——第 92 题

(a) 违约距离是一个标准正态变量，它是公司资产超过负债多少的度量。

例题 24.11　FRM 试题 2004——第 20 题

(b) 使用公式 (24.14)，违约距离为 (500－300)/80＝2.5 个标准差。

例题 24.12　FRM 试题 2007——第 59 题

(c) 违约点是短期负债加上长期负债的一半，即 500＋300/2＝650。时刻 1 的违约距离为 $(V-K)/\sigma_V = (1\ 200 - 650)/(1\ 200 \times 0.10) = 4.58$。

例题 24.13　FRM 试题 2005——第 36 题

(c) KMV 是根据默顿模型基于公司股票价格来估计违约概率的。

例题 24.14　FRM 试题 2009——第 6-10 题

(a) 这些模型都没有考虑无风险利率和信用价差的变动，因此选项 a 是正确的。选项 b 是不正确的，因为 KMV 模型基于股票价格对 PD 的估计，这表明了连续性。选项 c 是不正确的，因为这些模型的主要目的就是估计信用 VAR。选项 d 是不正确的，例如，CreditMetrics 是基于信用评级的转移。

译库·金融风险管理师考试手册(第六版)经济科学译库·金融风险管理师考试手册(第六版)经济科学译

第7部分 操作风险和全面风险管理

第 25 章 操作风险*

金融业已经发展了度量和管理市场风险和信用风险的标准化方法。由于认识到操作风险是导致金融损失的重要原因，金融业正将注意力转向操作风险。其实，大部分金融事故都可以归因于市场风险和信用风险以及某种失控，而这种失控恰恰就是操作风险的体现。

与市场风险和信用风险的情况一样，金融业在银行监管者的推动下对操作风险取得了较好的控制。巴塞尔委员会首次为银行监管的操作风险确定了资本充足要求，同时，还提出了可以降低市场和信用风险的资本充足要求。新的协议提出的银行总资本充足要求比率将是12%左右。[①] 这项指标将引起银行业对操作风险的重视。

就像市场风险和信用风险一样，操作风险管理的一般步骤依次为：（1）识别；（2）度量；（3）监管；（4）控制。

以前的操作风险管理是通过商业领域的内部控制进行的，并辅以审计程序。而今，金融业开始使用专门管理操作风险的特殊机构和控制程序。

为了帮助读者了解操作风险，25.1 节总结了几起广为人知的金融灾难的教训。在此基础上，25.2 节给出操作风险的定义。25.3 节将讨论操作风险的各种

* FRM 考试第二部分的主题。

① See Basel Committee on Banking Supervision, *Sound Practices for the Management and Supervision of Operational Risk* (Basel: BIS, 2003).

度量方法。25.4节给出了如何利用操作风险损失分布来更好地管理操作风险，并针对一些概念问题提出一些结论性的意见。最后，25.5节介绍了巴塞尔委员会在2004年建立的操作风险资本要求。

25.1 操作风险的重要性

巴塞尔委员会近期的报告中提到："据非正式调查……着重反映了人们越来越强烈地意识到除信用风险和市场风险以外的其他风险的重要性，例如操作风险。近年来操作风险已经成为银行的重要问题的核心。"接下来，我们用真实的案例来阐释上述问题。

25.1.1 历史案例

● 2008年1月，法国兴业银行（损失49亿欧元）：一个无赖交易员热罗姆·凯维埃尔，欺骗银行系统，并在不受监管的情况下秘密建立了一个价值490亿欧元的股指期货头寸。尽管兴业银行有足够的资金来弥补损失，但是它的名誉受到严重的损害。

● 2002年2月，爱尔兰联合银行（损失6.91亿美元）：银行的一个名叫约翰·鲁斯南克的无赖交易员，把3年中他在日元—美元外汇市场上的损失一直隐藏在公司在美国的一个分支机构，该事件使银行的名誉扫地。

● 1997年3月，国民西敏斯银行（损失1.27亿美元）：利率互换期权交易员奇瑞埃克·派伯斯通过谎报价格和夸大期权合约价值的手段掩盖亏损，银行信誉坍塌，最终被苏格兰皇家银行所接管。

● 1996年9月，摩根格伦菲尔资产管理公司（损失7.2亿美元）：基金经理彼得·扬的越权违规操作导致了巨大的损失。银行的德国股东德意志银行同意对基金的投资者给予补偿。

● 1996年6月，住友银行（损失26亿美元）：铜交易商滨中泰南将其秘密账户累积的亏损掩盖达3年多的时间，最后以伪造及欺诈的罪名被判入狱。由于他控制着5%的铜市场份额，因此被人称为"百分之五先生"。这家银行的信誉也受到了严重的影响。

● 1995年9月，大和银行（损失11亿美元）：银行设在美国的附属机构中的一名债券交易员井口俊英，隐瞒秘密账户的亏损长达11年之久。事后，这家银行破产。

● 1995年2月，巴林银行（损失13亿美元）：衍生证券交易员尼克·里森将秘密账户累积的亏损隐瞒了2年之久，巴林银行因此事而破产。

● 1994年10月，纽约银行家信托公司（损失1.5亿美元）：公司陷入了一场沸沸扬扬的纠纷，一位客户指控其有违规出售资产的行为。银行家信托公司最后解决了官司，但是名誉受到极坏的影响，后来被德意志银行收购。

这些轰动一时的投机损失事故主要归因于某一个**无赖交易员**（rogue trader），或者一次内部欺诈案。这些事故中既存在市场风险，也存在操作风险（例如监管不力）。

应该注意到，这些事故的代价是巨大的，除了直接导致巨额的货币损失，银行往往还会因名誉扫地而造成间接的损失，有时甚至导致破产。例如，Perry 和 de Fontnouvelle（2005）得出结论，在操作风险造成的损失中，外部欺诈的损失将完全反映在股票市场价值的下跌中。[①] 然而内部欺诈的损失将使股票价格下跌更多，因为这种糟糕的内部控制系统以后将造成更多的损失。

25.1.2 引 申

各种商业领域中都曾有过上述失败的经验。某些领域面临的市场风险和信用风险更大一些。但所有的商业领域都或多或少地存在操作风险。

商业银行（commercial bank）面临的风险主要是信用风险，其次是操作风险，最后是市场风险。而**投资银行**（investment banks）、交易公司和财产管理公司则面临更高的市场风险。另一方面，零售经纪商和资产管理公司这样的商业领域主要面临的是操作风险。作为投资经纪人的**资产经理**（asset managers）不承担任何市场风险，但是如果他们进行违规操作，就有可能要赔偿客户遭受的损失，这就体现了操作风险。

因此，金融机构现在建立了一套程式化结构来评估和度量操作风险。特别地，它们现在试图度量覆盖操作风险的经济资本。经济资本的数量不会很小，它反映了这个风险类别的重要性。例如，在 2009 年，摩根大通估计其需要 85 亿美元来覆盖操作风险，是其总风险的 11%。德意志银行的估计为 35 亿欧元，是其总风险的 17%。就像我们将要在第 28 章所看到的那样，这个度量也被巴塞尔委员会所积极推动，同时也建立了应对操作风险的资本要求。这个资本要求占总资本的 12%，和我们提到的例子相一致。

25.2 操作风险的识别

与市场风险和信用风险不同，操作风险没有十分明确的定义。人们经过了很长的探讨来试图对操作风险做出适当的定义，使得通过该定义可以度量操作风险。

经过多次协商，巴塞尔委员会给出了操作风险的定义，使之成为行业标准。

① Perry and P. de Fontnouvelle, *Measuring Operational Risk: The Market Reaction on Operational Loss Announcements* (Boston: Federal Reserve Bank of Boston, 2005).

操作风险定义如下：

由于内部流程的不完善或者失效、人力和系统以及外部事件所导致的风险。

这个定义涵盖了内部经营事件、外部欺诈、安全漏洞、监管影响以及自然灾害。它也包括了由交易具有法律上的不可执行性所带来的法律风险。但它不包括战略和信誉风险，这些风险很难去度量。

英国银行家协会为这个定义提供了更深入的细节阐释。表 25.1 将操作风险分为**人力风险**（people risk）、**流程风险**（process risk）、**系统风险**（systems risk）和**外部风险**（external risk）四个种类。在这些风险之中，由复杂产品带来的风险称为**模型风险**（model risk），是由于使用了错误的模型来评估和对冲资产造成的。模型风险属于一种内部风险，包含知识的缺乏（人力）、对产品复杂性和定价估计的失误（过程）以及可能出现的程序错误（系统）。

表 25.1　操作风险分类

内部风险		
人力风险	流程风险	系统风险
雇员冲突/欺诈	会计错误	数据质量
雇员失误	能力风险	程序错误
雇员违法行为	合同风险	安全漏洞
雇主义务	不适当出售/合理性风险	战略风险（平台/供应者）
就业法	产品复杂性	系统容量
健康和安全	项目风险	系统兼容性
罢工	报告错误	系统支付
知识/技能的缺乏	结算/支付错误	系统失败
关键职员流失	交易错误	系统不合理性
	估价错误	
外部风险		
法律	火灾	
洗钱	自然灾难	
外部采购	物理安全	
政治	恐怖主义	
监管	盗窃	
供应商风险		
缴税		

资料来源：英国银行家协会的统计。

巴塞尔委员会将操作风险事件分为七种事件类型：

1. 内部欺诈（internal fraud，IF）：损失来自于蓄意欺诈、资产误用或者规避监管、法律或者公司政策，至少涉及内部一方，类型有未被授权的活动、内部偷盗与欺诈。

2. 外部欺诈（external fraud，EF）：损失来自于第三方的蓄意欺诈、资产误用或者逃避法律，类型有偷盗与欺诈、系统安全的破坏。

3. 雇佣政策和工作场所安全（employment practices and workplace safety，EPWS）：由于违反雇佣、健康以及安全法律或者协议而造成的损失，类型有雇员关系、安全环境以及多元化与特殊事件。

4. 客户、产品与业务操守（clients，products，and business practices，CPBP）：损失来自于对特定客户不能提供专业服务，或者来自于产品特性或者设计，包括披露与托管、不正当业务和市场活动、产品缺陷以及咨询活动。

5. 实体资产破坏（damage to physical assets，DPA）：损失来自于自然或者其他事件的实体资产破坏。

6. 业务中断和系统失败（business disruption and system failures，BDSF）：损失来自于业务异常或者系统失误。

7. 执行、交割和流程管理（execution，delivery，and process management，EDPM）：损失来自于交易处理或者流程管理的失误以及与交易对手的关系破裂，类型有交易实施和维护、客户的吸纳与记录以及报告管理。

《巴塞尔协议Ⅱ》也将操作风险损失事件按照八种业务类型进行分类：（1）公司金融，（2）交易与销售，（3）零售银行，（4）商业银行，（5）支付与结算，（6）机构服务与托管，（7）资产管理，以及（8）零售经纪。

这些定义建立了划分操作风险事件的行业标准。这些内部的和外部的风险事件都根据**矩阵分类**（matrix classification）（按照事件类型和行业标准）进行收集。这方便了操作风险公共数据库的收集。一个例子是操作风险数据交换协会（ORX），它提供了一个匿名的操作风险数据交换平台，数据存放在 ORX 全球风险数据库里。

例题 25.1　FRM 试题 2004——第 39 题

下列说法哪一个不是《巴塞尔协议Ⅱ》定义的操作风险类别？

（a）人为失误和内部欺诈。

（b）火灾或其他外部灾难造成的破坏。

（c）由失败的合并所导致的名誉扫地。

（d）内部控制流程的失效或破坏。

例题 25.2　FRM 试题 2003——第 65 题

下列哪种行为与操作风险无关？

（a）看涨期权的出售被误记为购买。

（b）应该输入模型日波动率却误输入月波动率。

（c）由于波动率超出预期导致期权投资组合发生损失。

（d）基于时间序列的波动率估计包含了一个超出其他价格 100 倍的价格数据。

例题 25.3　FRM 试题 2007——第 56 题

下列哪一项不是操作风险事件？

（a）银行人员检验发现客户的账户低于平衡状态，当银行向该客户致电索要资金时，电话无法接通导致银行未能收到这笔资金。

（b）银行的贷款池由于贷款的延期偿付导致收到的还款低于计划。

(c) 在市场产生不利变化的情况下，计算机网络系统的中断使得银行交易账户无法进行操作，交易者无法改变对冲策略来应对价格下跌，导致大量损失的发生。

(d) 一个银行的贷款官员向银行的信用风险模型输入了错误的客户金融信息。

例题 25.4　FRM 试题 2007——第 139 题

复杂或非流动性工具的模型价格与市场价格之间产生显著性差异的风险属于下列哪种风险？

(a) 流动性风险。

(b) 动态风险。

(c) 模型风险。

(d) 盯市风险。

25.3　操作风险的评估

识别了操作风险之后，就需要对操作风险进行度量，如果它不像市场风险和信用风险那样易于精确度量，就需要对它进行评估。各种评估方法可以大致地归纳为从上至下模型和从下至上模型两种。

25.3.1　各种评估方法的比较

从上至下模型（top-down models）：这类方法试图在最广泛的层面上，即用公司范围或行业范围的数据来度量操作风险。度量的结果将用来决定缓冲风险所需保留的资本数额。这些资本将在各行业部门中进行分配。

从下至上模型（bottom-up models）：是从单个业务部门或者从过程的层面入手，然后将度量结果汇总，来判断机构面临的风险情况。这类方法最大的优点是有利于更好地理解操作风险的成因，和基于 VAR 的市场模型一样。

操作风险的管理工具可以分为以下六种：

1. 审计监督（audit oversight）：是指外部审计部门对业务过程的再审查。

2. 关键问题的自我评估（critical self-assessment）：每一个业务部门要定义其操作风险的种类及其程度。这种主观评估包括预测损失发生的频率和严重程度，以及如何控制风险。过程中需要用到的工具有选择清单、调查问卷和探讨会。把评估结果进行加总，这属于从下至上模型。

3. 关键风险指标（key risk indicators）：指的是一些能够暗示风险是否发生变化的简单指标，其早期的预警信号包括审计分数、人事变动率、交易数量等等。前提是这些指标值越高，操作风险事件发生的可能性就越大。举个例子来说，通过这种客观的方法，风险经理可以用回归等技术来预测可能出现的损失。

4. 收入波动性（earnings volatility）：除去市场风险和信用风险的影响之后，收入波动性可以用来评估操作风险。这种方法使用起来很简单，但是却存在很多问题。这种风险评估方法将商业风险和宏观经济风险所导致的波动性也考虑进去了，而这两种风险并不属于操作风险，而且，这种事后评估方法也无法解释控制风险水平提高或降低的原因。

5. 因果网络（causal network）：因果网络解释了各种不同的原因如何导致损失。原因和结果通过条件概率被联系起来。接下来，对因果网络进行模拟，进行损失的分配。这种从下至上的模型注重风险的驱动因子，有助于更好地理解损失。该过程在本章后的附录中进行介绍。因果模型适合用于分析涉及多种活动的复杂**工作流程**（work flows）的流程。

6. 精算模型（actuarial models）：该模型能够估计损失发生的频率和严重性的分布，从而客观地估计出操作风险所造成的损失的分布。该方法可以属于从下至上模型，也可以属于从上至下模型。

25.3.2 精算模型：损失分布方法

精算模型（actuarial models）以历史数据为依据来估计损失的客观分布情况，并广泛地应用于保险业。这类模型能够得到两种分布：损失发生的频率和损失的严重程度。**损失频率分布**（loss frequency distribution）描述了一定时间内损失发生的次数。**损失严重性分布**（loss severity distribution）描述了所发生的损失大小。这种方法称为**损失分布方法**（loss distribution approach，LDA）。

可以根据历史数据将损失的严重程度列表，如设 y_k 为时刻 k 的损失严重程度，这个值可以随通货膨胀和当前行业情况进行调整。设 P_k 为时刻 k 的消费者价格指数，V_k 为时刻 k 的行业情况，例如交易量。我们可以假定损失的严重程度与行业情况 V 和价格水平成比例，则 t 时刻的损失为：

$$x_t = y_k \times \frac{P_t}{P_k} \times \frac{V_t}{V_k} \tag{25.1}$$

损失严重程度的分布呈长尾形，说明了发生巨大损失的可能性。它必须包含内部和外部数据。

内部数据（internal data）反映了机构的真实控制环境。然而，数据量可能不够。这些数据也会遇到**生存者偏差**（survivorship bias），因为银行依然经营。因此，数据没有足够的尾部事件，这些尾部事件对极值损失的建模非常关键。

为了解决这个问题，监管者需要使用**外部数据**（external data）。这些数据同样具有缺陷。其他银行的标准和控制系统可能无法同使用数据的银行相匹配。另外，报告数据的银行可能不愿揭露它们的弱点。大的损失又很难去掩藏。这就造成了**数据收集偏差**（data capture bias）。另一个缺陷是数据库只记录损失超过最低水平的数据，这个水平为 100 万美元。这就产生了损失频率和损失严重程度分布的**截尾偏差**（truncation bias）。

最后，这些数据源可以由各种情景进行补充，这些情景通常代表了可能发生的大损失，而这些大损失可能不会出现在内部或外部数据中。

接下来，将损失的频率定义为在一定时间内损失发生的次数，用变量 n 表示，它的密度函数为：

$$损失频率的概率密度函数=f(n),n=0,1,2,\cdots \tag{25.2}$$

这可以由一些密度函数来描述，例如二项分布、泊松分布、负二项分布或者几何分布，所有分布都要求 n 为正整数。

若将一次损失的严重程度设为 x（或 X），其密度函数为：

$$损失严重程度的概率密度函数=g(x|n=1),x\geqslant 0 \tag{25.3}$$

这可以由一些密度函数来描述，例如对数正态分布、韦伯分布、Gamma 分布或者指数分布，所有分布都要求 x 为正数。最常见的组合是泊松分布和对数正态分布。

最后，一定时间内的总损失即为以随机次数发生的所有损失的总额：

$$S_n=\sum_{i=1}^{n}X_i \tag{25.4}$$

表 25.2 给出了一个关于这两个分布的简单例子。现在，我们要将这两个分布合并成一个分布，即一定时间内总损失的分布。

表 25.2　　损失频率和损失严重程度的分布

频率分布		严重程度分布	
概率	频率	概率	严重程度（美元）
0.6	0	0.5	1 000
0.3	1	0.3	10 000
0.1	2	0.2	100 000
期望	0.5	期望	23 500

假设损失的频率和损失的严重程度相互独立，这两个分布可以通过卷积过程合并成总损失的分布。**卷积**（convolution）可以通过列表等方式实现。**列表法**（tabulation）是指将所有可能的合并情况及其概率系统地记录下来，如表 25.3 所示。一般来说，卷积要通过数值方法来实现，特别是在列表法中的变量很多的情况下。

表 25.3　损失分布的列表

损失发生次数	第一次损失（美元）	第二次损失（美元）	总损失（美元）	概率
0	0	0	0	0.600
1	1 000	0	1 000	0.150
1	10 000	0	10 000	0.090
1	100 000	0	100 000	0.060
2	1 000	1 000	2 000	0.025
2	1 000	10 000	11 000	0.015
2	1 000	100 000	101 000	0.010
2	10 000	1 000	11 000	0.015
2	10 000	10 000	20 000	0.009
2	10 000	100 000	110 000	0.006
2	100 000	1 000	101 000	0.010
2	100 000	10 000	110 000	0.006
2	100 000	100 000	200 000	0.004

分类损失（美元）	累计损失（美元）
0	60.0
1 000	75.0
2 000	77.5
10 000	86.5
11 000	89.5
20 000	90.4
100 000	96.4
101 000	98.4
110 000	99.6
200 000	100.0

我们从无损失情况入手，很明显其概率为 0.6。然后，考察所有只发生一次损失的情况。从表 25.3 可知，一次 1 000 美元的损失发生的总概率为 $P(n=1)\times P(x=\$1\ 000)=0.3\times 0.5=0.15$。同理，一次 10 000 美元和 100 000 美元的损失发生的概率分别为 0.09 和 0.06。接着考察所有发生两次损失的情况，这时有

很多不同的组合。例如，发生两次 1 000 美元的损失，总损失为 2 000 美元，概率为 0.1×0.5×0.5=0.025；发生一次 1 000 美元和一次 10 000 美元的损失，总损失为 11 000 美元，其概率为 0.1×0.5×0.3=0.015。如此进行下去，直到遍及所有的组合。

分布的结果如图 25.1 所示，最下面的图是表 25.3 的分布情况。操作风险的损失一般记为正数。有趣的是，表 25.2 中简单的分布（只有三种情况）却生成了一个复杂的总损失分布。我们可以简单地用两种分布的期望值的乘积来估计总损失的期望值，即 $E[S]=E[N]\times E[X]=0.5\times 23\,500=11\,750$ 美元。而风险管理的目标是非期望的损失。所以风险经理也可以报告概率大于 95%的损失的最低值。这里大约为 100 000 美元，它的概率为 96.4%。因此，非期望损失为 100 000−11 750=88 250 美元。如果**操作风险 VAR**（operational VAR）包括期望损失，那么它就是 100 000 美元。在《巴塞尔协议Ⅱ》中，VAR 为一年中置信水平为 99.9%的损失。

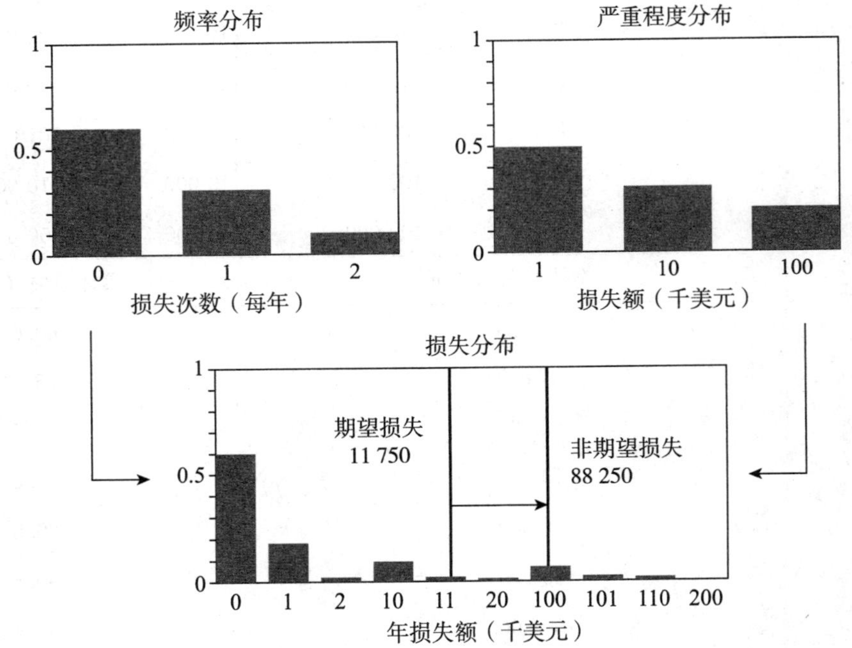

图 25.1　损失分布的构造

25.3.3　LDA 的实施

这个部分解释德意志银行 LDA 的实施。[①] 表 25.4 展示了由该银行定义的事件类型/业务矩阵中的单元。该银行将估计出损失分类相同的《巴塞尔协议》事

① F. Aue and M. Kalkbrener, *LDA at Work* (London: Deutsche Bank, 2007).

件类别放在一起。例如，在基础设施事件类别中只有一个分类。总共有 23 个单元。

表 25.4　　事件类型/业务线矩阵

事件类型		业务线						
巴塞尔	德意志银行	1	2	3	4	5	6	组
内部欺诈								
外部欺诈	欺诈	1	2	3	4	5	6	7
实物资产破坏								
业务中断	基础设施				8			
客户，产品，……	CPBP	9	10	11	12	13	14	15
执行，交割，……	EDPM	16	17	18	19	20	21	22
雇佣政策，……	EPWS				23			

下一步是对每个单元的损失频率和损失严重程度分布进行建模。该银行使用泊松分布去拟合各个单元内部数据的损失频率分布。显然，最终的损失分布对分布类型的选择并不敏感。损失严重程度的分布建模就要更复杂一些。它使用了经验数据来处理主体并使用了极值理论来处理尾部（超过 5 000 万欧元）的组合。这个损失分布是对内部数据、外部数据和情景的组合的拟合。

该银行然后需要确定事件中的相关性。在单元内，损失频率之间和损失严重程度之间的相关性可能上升。在单元与单元之间，损失频率和损失严重程度之间的相关性也可能上升。在单元内，该银行忽略了相关性，这看起来是个很好的近似。而在单元之间建立了损失频率的相关性。这简化了计算并且看起来和数据保持一致。损失频率之间的相关性用正态 copula 进行建模。实际中，相关性为正，但不是很高。最高的相关性发生在 EDPM 的单元之间（16 单元到 22 单元）。

分布的损失接着由蒙特卡洛模拟方法生成，产生了下一年损失的分布。分布可以用 VAR 度量来总结，2009 年在 99.98%的置信水平下的 VAR 为 35 亿欧元。

这个风险度量可以分成 VAR 对各个业务线的贡献，这可以用来做资金分配。最后，业务和控制环境的变化可以通过直接修改模型来实现。该银行出于简单和透明的原因选择了这个方法。

例题 25.5　FRM 试题 2009——第 7-2 题

杰拉德·库珀对 ABC 银行在 2010 年的操作风险损失事件数目进行建模。他预期该年的操作风险损失事件数目相对较小。哪一种分布他最不可能使用？

(a) 正态分布。

(b) 二项分布。

(c) 负二项分布。

(d) 泊松分布。

例题 25.6　FRM 试题 2007——第 138 题

操作风险损失严重程度的分布的形状通常为：

(a) 对称并且短尾。

(b) 右边长尾。

(c) 均匀分布。

(d) 对称并且长尾。

例题 25.7　FRM 试题 2008——第 4 - 10 题

兰迪·巴特尔收集了操作风险的数据来对损失频率和损失严重程度分布进行度量计算。一般地，他将所有的数据点认为是标的分布的抽样，因此赋予每个数据点相同的权重或者统计分析上相同的概率。然而，外部数据具有偏差。下列哪一项不是外部数据通常产生的偏差?

(a) 数据收集偏差。

(b) 标度偏差。

(c) 截尾偏差。

(d) 生存者偏差。

例题 25.8　FRM 试题 2007——第 33 题

假设某银行操作风险损失的信息如下。那么在置信水平为 95%的情况下，操作风险 VAR 的估计值是多少（包括期望损失）?

频率分布	
概率	次数
0.5	0
0.3	1
0.2	2
频率分布	
概率	损失（美元）
0.6	1 000
0.3	10 000
0.1	100 000

(a) 100 000 美元。

(b) 101 000 美元。

(c) 200 000 美元。

(d) 110 000 美元。

25.4 操作风险的管理

25.4.1 资本分配和保险

和市场风险 VAR 一样，操作风险的分布可以用来估计损失期望值和抵御这种金融风险所需的资本总额。图 25.2 着重反映了操作风险损失分布的重要性质。

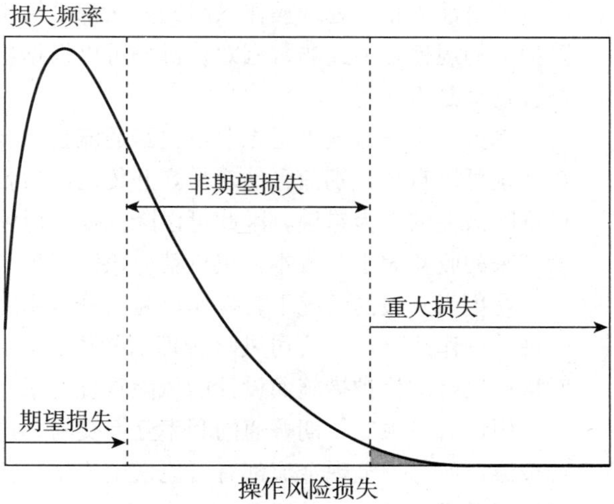

图 25.2 操作风险损失的分布

期望损失（expected loss）：是指应该预期到的操作风险的损失规模。它通常能够反映频率高、程度低的损失事件。一般将这种损失视为过程成本，并通过内部控制来管理。这种损失几乎不对外界公布。

非期望损失（unexpected loss）：是指一定的置信水平下的概率分位点损失和期望损失之间的偏差。它通常能够反映频率低、程度高的损失事件。一般用资本储备来冲销非期望损失，或者在可行的情况下将这种损失转嫁到外部的保险公司。这种损失有时也会对外界公布，但通常不会公布细节。

重大损失（stress loss）：是指超出非期望损失的损失。由定义可以看出，这种损失发生的概率极低，但是对机构具有极强的破坏力。例如，巴林银行破产案很大程度上要归因于操作风险。由于所需的资本量过于庞大，所以不太可能通过资本分配来冲销重大损失。最理想的途径是由保险公司来承担这种损失。由于其严重性，重大损失要对外界公布。

然而，购买保险也并非万无一失。保险的偿付必须要保证绝对及时和全额。一旦拖延赔付，银行就有可能倒闭或者在赔偿额度上产生争议。这是因为，投保之后，投保人控制损失的动机将减弱，这就是**道德风险**（moral hazard）。承保人清楚这点，而且会相应地提高保费。同样，**逆向选择**（adverse selection）也会导致保费的提高。逆向选择描述了银行控制水平有差别的情况，控制水平低的银行比控制水平高的银行更倾向于购买保险。保险公司无法了解所面对的银行属于哪类，所以保险公司将会提高平均保费。同时，保险公司设有**免赔额**（deductible amount），即银行必须承担第一层的损失。这些举措也只能解决部分问题。

25.4.2 降低操作风险

到目前为止，处理操作风险的方法都已给出。由于这些方法着重反映操作风险损失的规模，因此非常有效。机构可以根据这些信息来决定为降低操作风险而配置资金是否值得。

例如一家银行考虑是否要设置**直通流程**（straight-through processing）系统，该系统可以自动识别前台的交易，并传送给后台。这种系统不需要手工操作，可以排除潜在的人为错误，因此可以降低操作风险的损失。如果系统避免操作风险所带来的收益大于其成本，银行就应该购置该系统。

在更为一般的情况下，操作风险的降低由降低损失发生的频率和损失的规模体现。操作风险也是公司风险管理框架中的一部分，在第 27 章，我们将讨论针对操作风险的保护措施而设计的风险管理的最佳范例。

假设有一项 5 年期普通的利率互换交易，这种简单的金融工具会产生大量的现金流，而每一笔现金流都有可能发生错误。首先，要对这笔交易进行登记，由交易对手进行确认，并且要对交易进行评估以便利润/损失能够归因于交易中。利率互换每年支付两次，这样，利率的重新设定和支付净额的计算就有 10 次，从而将产生 10 次现金流。这些支付需要绝对精确的计算，也就是说，要精确到每一分钱。错误可以是一些不起眼的小问题，例如支付延迟了一天，也可能是一些重大的问题，例如交易员对冲失败或者进行欺诈性的估值。

互换还会产生一些市场风险，这些风险可能是需要对冲的。应该将交易头寸放到市场风险管理系统中，通过该系统将总体情况、交易员风险和机构风险作为一个整体进行监控。另外，应该定期度量当前的以及潜在的信用风险，并把与同一个交易对手的所有交易进行加总。这种风险度量过程中的错误会导致更高的市场风险或信用风险，甚至两者都有。

操作风险最小化有很多种进行内部控制和外部控制的方法。[①] 内部控制方法包括：

① See W. Brewer, "Minimizing Operations Risk," in *Derivatives Handbook*, ed. R. Schwartz and C. Smith. (New York: John Wiley & Sons, 1997).

● 职责分离：负责进行交易的人不可以同时担任结算和会计的职责。

● 双重记录：将两种不同来源的记录（输入）进行核对，即交易票据和后台的确认。

● 再次调整：将不同来源的结果（输出）进行核对。例如，由交易员估计的利润和由中层管理者估计的利润。

● 定时系统：将重要的交易日期（例如结算日期、执行日期）输入日历系统，在发生日之前自动产生信息。

● 修正控制：对原始交易单据的任何修改的控制和对原始交易单据的控制同样严格。

外部控制方法包括：

● 确认：应该由交易对手对交易进行独立的审查，并确认交易票据。

● 确认价格：为了便于对头寸进行评估，价格应该从外部获得，这也意味着，机构应该具备在开始交易之前对交易进行估值的能力。

● 授权：应该向交易对手提供授权的交易人员列表，以及允许进行的交易列表。

● 清算：支付过程本身能够识别某些记录错误的交易。例如，互换中的第一笔现金支付在不同的交易对手之间不匹配。

● 内部和外部审计：这些检查为组织结构和业务过程中潜在的薄弱环节提供有用的信息。

25.4.3 模型风险

模型风险是操作风险的一种，特别被风险经理所关注。**模型风险**（model risk）定义为由于不恰当的定价或者不恰当的风险度量模型造成损失的风险。

在一些情况下，所有的模型都是错误的。模型只是真实情况的抽象。Derman（1996）解释到：

即使是最新的模型也只不过是现象的模型，而不是真实情况。一个模型只是一个工具，尽管有时表现很好，在这种情况下人们称它为理论。

因此，模型只是近似。风险经理关键要了解在哪些情况下这些近似会产生不能接受的结果。

图 25.3 展示了模型风险的分类。第一，输入数据可能是错误的。风险模型依赖于金融时间序列和其他市场数据。价格可能有观测误差或者没有意义。或者类似于隐含波动率的期权输入可能是有偏差的。

第二，模型的参数可能被错误地估计。风险模型需要对风险因子的分布进行统计描述。这些参数永远不可能完全精确地估计。因此，类似 VAR 的输出结果一定会存在某些误差。例如，它们报告的置信区间可能永远不会发生。这些置信区间随着数据序列的增加和 VAR 置信水平的降低而缩短。然而，在一些情况下，使用较长的数据序列不太可行，原因是数据的缺失和结构性的变化。

第三，模型的选择可能是错误的。例如，对于固定收益期权，简单的布莱

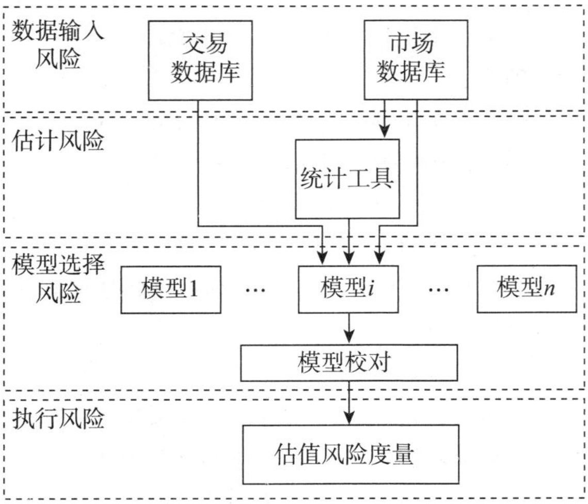

图 25.3　模型风险

克-斯科尔斯模型可能不太合适。另外，映射过程涉及简化处理，这可以被证明在一些环境中是致命错误的。一个例子是银行用信用评级为 AAA 的公司债券收益率映射债务担保证券（CDO）的高级层次。这主要是因为 CDO 收益率历史数据的缺乏。然而，结果该银行认为这些证券没有风险并将其打包，但后来发生了数十亿美元的损失。另一个例子是将公司债券和信用违约互换映射到相同的信用曲线上。这忽略了基差风险，在 2008 年产生了严重的损失。

第四，模型可能被错误地执行。这可能是由于计划误差，导致错误参数的选择等等。

模型风险很难确定甚至很难度量。它只能寄希望于误差在第一步被改正。风险经理依赖于特殊方法来抵御模型风险。其一，他们需要了解不同模型的相对优势和缺陷。换句话说，直觉和经验是很重要的。其二，他们需要持续地评估模型的关键假设是否有效。其三，模型需要用已知结果的简单问题去检验。例如，一个模型可以扩展到解释将金融工具及它们的衍生品映射到不同曲线上的基差风险。风险经理将检验该模型在一个只有两个头寸的投资组合中产生的风险度量是否和已知的损益情况相一致。

第四，模型使用者应当对他们的模型进行压力测试，改变输入数据来检查是否对输出结果有显著的影响。

第五，风险模型应当用真实数据进行事后测试。这为模型哪些部分需要改进提供了指导。

对于高级经理，前面章节给出的最小化操作风险的建议同样可以应用于模型风险。另外，他们必须意识到新的产品和市场可能会产生模型风险的事实。在这些环境中风险模型没有全面改进是由于时间的限制或者数据的缺乏。同样，交易者可能会有目的地使用风险系统以使得他们的投资组合看起来盈利更高而风险更低。这是为什么作用之间的独立性会成为有效风险管理的绊脚石的原因。

25.4.4 概念性问题

即使有这么多优点，操作风险的管理仍然存在着一些概念性问题。

第一，与市场和信用风险不同，操作风险对于机构来说很大程度上属于内部风险。机构显然不愿意公布自己的错误，因此关于操作风险的数据收集起来比较困难。就像我们所看到的，内部数据可以用外部数据来补充，但同样会产生问题。

第二，市场和信用风险可以在概念上分为风险暴露和风险因子。风险暴露易于度量和控制。相比之下，风险因子与操作风险损失发生的概率及程度之间的界限却很难划分。在这里，因果关系贯穿着内部控制。为了实用，风险度量必须考虑风险曲线或者控制过程的质量。

第三，能够威胁到机构稳定性的重大操作风险损失非常少见（幸亏如此）。这就导致了观测到的数据量极少，或者说处于概率分布的尾部。像这样的薄尾问题很难在较高的置信水平上提出有力的操作风险估值。另外，事后测试不能作为一个可行的方法。对于市场风险，VAR 是一段时间范围内每日损益情况的经典度量，有很多观测值可以用在风险模型的事后测试上。相反，操作风险的时间范围更长，这将产生非常少的数据来进行事后测试。

所以，直到现在，关于操作风险是否可以用与市场和信用风险相同的量化方法进行度量这个问题仍存在争论。

例题 25.9　FRM 试题 2002——第 102 题

资本是用来保护银行应对下列哪种风险的？

(a) 极端金融冲击风险。

(b) 高频率低损失的事件。

(c) 低频率但冲击巨大的风险。

(d) 高频率且彼此不相关的事件。

例题 25.10　FRM 试题 2001——第 49 题

下列哪项被保险业用来描述投保人因为保险带来的保护而减少对损失的控制所造成的影响？

(a) 控制困境。

(b) 道德风险。

(c) 逆向选择。

(d) 控制风险。

例题 25.11　FRM 试题 2003——第 48 题

下列选项哪一个不是银行在购买保险来对冲操作风险时所面对的问题？

(a) 损失赔偿期可能会持续数年。

(b) 保险公司的信用评级。

(c) 银行和保险公司之间操作风险的不同之处。

(d) 无法提供操作风险 VAR。

例题 25.12　FRM 试题 2005——第 48 题

保险是转移下列哪一种类型操作风险的有效工具?

(a) 高频率，低严重程度。

(b) 低频率，高严重程度。

(c) 受公司行为影响的操作风险损失。

(d) 保险公司出售低免赔限额保单承保的操作风险损失。

例题 25.13　FRM 试题 2005——第 52 题

下列关于对冲操作风险的说法哪一个是可行的?

Ⅰ. 保险作为操作风险管理工具的缺点是保险责任的局限性。

Ⅱ. 如果操作风险得到适当的对冲，公司可以避免由于损失程度高的操作风险事件所造成的名誉损失。

Ⅲ. 当保险合约面临道德风险的问题时，免赔条款可以降低这种问题的影响。

Ⅳ. 巨灾债券可以帮助公司对冲和自然灾害相关的操作风险。

(a) Ⅰ、Ⅱ和Ⅳ。

(b) Ⅰ、Ⅱ和Ⅳ。

(c) Ⅱ和Ⅲ。

(d) Ⅲ和Ⅳ。

例题 25.14　FRM 试题 2008——第 4-33 题

下列说法考虑了市场风险和操作风险 VAR 模型的不同。哪一个说法是错误的?

(a) 市场风险模型主要是由历史数据驱动，而操作风险模型则更为灵活。

(b) 市场风险模型通常定义 VAR 为损失分布的特定分位数，而操作风险则更为灵活。

(c) 相对于操作风险模型，事后测试是评估市场风险模型更为有用的形式。

(d) 市场风险模型和操作风险模型的 VAR 评估时间范围不同。

25.5　巴塞尔操作风险资本要求

2004 年的《巴塞尔协议Ⅱ》新增部分中最显著的增加就是操作风险资本要求 (ORC)。它建立了银行需要持有用来覆盖操作风险的最低资本数量。这项新的资本要求可以通过三种方法计算。

25.5.1　基本指标法

最简单的方法称为**基本指标法** (basic indicator approach，BIA)。它是建立在业务活动的总度量基础上的。资本要求等于一个固定的比率 (**α 因子**，alpha factor）乘以一个风险暴露指标，一般定义为总收入（GI）[①]：

$$ORC^{BIA}=\alpha\times GI \tag{25.5}$$

α 因子大约被设定为 15%。这种方法的优势在于简单、透明以及数据易得。这种方法的问题在于它没有考虑风险控制的质量。因此这种方法一般主要应用于那些管理比较简单的银行。

25.5.2 标准化方法

第二种方法是**标准化方法**（standardized approach，TSA）。[②] 这种方法把银行的业务分解成八种标准化业务流程。每一个业务流程用一个风险暴露指标描述，为了简单起见一般采取总收入。资本要求就等于每一个风险暴露指标乘以一个固定的比率（**β 因子**，beta factor），然后再加总所有的业务流程：

$$ORC^{TSA}=\sum_{i=1}^{8}\beta_i\times GI_i \tag{25.6}$$

β 因子如表 25.5 所示。这种方法仍然是一种简单的方法，但是它能够更好地区分不同业务流程的风险特征。[③] 例如，交易和出售的权重就比较高，这反映了由于交易者欺诈而导致发生严重损失的概率。

表 25.5　ORC 的 β 因子

业务部门	β 因子（%）
公司金融	18
交易销售	18
零售银行	12
商业银行	15
支付结算	18
机构业务	15
资产管理	12
零售经纪	12

① 这是过去三年正的总收入的平均值。负的数值被排除。

② 银行也被允许使用其他的标准化方法，此时总收入被贷款和零售及商业银行的预付款乘以标度因子 $m=0.035$ 所代替。

③ 这个公式实际上更为复杂，它允许使用其他业务线的正的数值来冲销一年内一些负 GI 值，上限为零。准确的公式为 $ORC^{TSA}=\{\sum_{t=1}^{3}\mathrm{Max}[\sum_{i=1}^{8}(\beta_i\times GI_i),0]\}/3$。

25.5.3 高级计量法

第三种方法是**高级计量法**（advanced measurement approach，AMA）。这种方法允许银行利用自己的内部模型来估计资本要求，以满足新资本协议的质量和数量标准。只有银行证明自身能够有效地管理和控制操作风险的时候才能使用高级计量法。

新资本协议的质量标准与内部市场 VAR 系统相类似。[①] 风险资本要求可以由非期望损失（UL）或者一年期 99.9%置信水平的 VAR 得到：

$$ORC^{AMA}=UL(1\text{年},99.9\%\text{置信水平}) \tag{25.7}$$

通常情况下，期望损失（EL）必须包括在资本要求内，除非银行证明其在内部业务中可以完全地控制期望损失的发生。

新资本协议的其他数量标准如下：(1) 银行必须追踪保留最小不低于 5 年的内部损失数据；(2) 银行必须使用外部数据；(3) 银行必须使用情景分析来评估它的高损失强度的风险暴露；(4) 银行必须考虑其业务环境和内部控制因子。最后，存款保险可以用来抵消 20%的操作风险资本要求。高级计量法提供了最精确的度量操作风险的方法，一般应用于管理成熟的金融机构。

25.5.4 2008 年损失数据收集

巴塞尔委员会在 2008 年从 121 家银行进行了操作风险损失数据和模型信息的收集。在这些样本中，20 家银行使用了 BIA，51 家使用了 TSA，42 家使用了 AMA。

使用 AMA 的银行发生内部损失的频率很高，即使调整了度量。这反映了这些银行更为复杂或者它们具有一个更好的数据收集过程的事实。对使用 AMA 的银行的操作风险资本要求较低，是总收入的 10.8%，而非 AMA 银行的比例是 12.8%。总的来说，这些结果表明银行在收集和使用操作损失风险数据上取得了相当大的进步。

例题 25.15　FRM 试题 2007——第 117 题

下列哪一个关于操作风险资本要求的计算方法当收入给定并且风险增加时会导致更高的资本要求？

(a) 基本指标法。

(b) 标准化方法。

(c) 高级计量法。

---

① 特别地，(1) 银行必须拥有独立的操作风险度量函数，(2) 风险系统必须整合到每日管理中，(3) 必须有日常报告，(4) 记录文件必须保存，(5) 审计师必须经常检查，以及 (6) 必须有外部评估。

(d) 以上均是。

例题 25.16　FRM 试题 2004——第 53 题

下列关于《巴塞尔协议Ⅱ》计算操作风险资本要求方法的说法哪一个是正确的？

(a) 基本指标法适用于操作风险情况成熟的机构。

(b) 在标准化方法下，对每个业务流程都要度量资本要求。

(c) 高级计量法不允许机构采用自己的方法来评估操作风险。

(d) 高级计量法比标准化方法对于风险更不敏感。

例题 25.17　FRM 试题 2007——第 6 题

下列关于《巴塞尔协议Ⅱ》中非高级计量法的说法哪一个是不正确的？

(a) 标准化方法使银行能够对于足以使得年度总收入为负值的损失进行及时记录，从而对银行有利。

(b) 银行的金融、交易和销售以及支付和清算是监管资本要求最高的业务流程。

(c) 标准化方法将银行分为不同的业务流程并使用最近三年的业务部门总收入的数据和 β 因子来得到业务流程的监管资本。

(d) 标准化方法使用最近三年的总收入数据来得到银行的操作风险资本要求。

25.6　重要公式

损失频率的密度函数：$f(n)$，$n=0$，1，2，…

损失严重程度的密度函数：$g(x \mid n=1)$，$x\geqslant 0$

卷积：将损失频率和损失严重程度结合在总损失的分布中：$S_n = \sum_{i=1}^{n} X_i$

操作 VAR：S_n 的分位数，尤其是在 99.9%置信水平下的一年期

《巴塞尔协议Ⅱ》操作风险要求：

基本指标方法：$ORC^{BIA}=\alpha\times GI$

标准化方法：$ORC^{TSA}=\sum_{i=1}^{8}\beta_i\times GI_i$

高级计量法：$ORC^{AMA}=UL$（1 年，99.9%置信水平）

25.7　例题解答

例题 25.1　FRM 试题 2004——第 39 题

(c) 失败的合并导致的名誉扫地是商业风险，名誉风险不属于操作风险的类别。

例题 25.2　FRM 试题 2003——第 65 题

(c) 选项 a、b 和 d 都属于操作风险导致的损失。选项 c 是波动率变化造成的损

失，属于市场风险范畴。

例题 25.3　FRM 试题 2007——第 56 题

(b) 选项 a 为外部欺诈，选项 c 为系统失效，选项 d 为内部流程失效，都在操作风险的范围内。

例题 25.4　FRM 试题 2007——第 139 题

(c) 模型价格与市场价格之间产生显著性差异的风险属于模型风险。流动性风险也能解释其中的一部分原因，但是无法解释由于工具的复杂性所带来的风险。

例题 25.5　FRM 试题 2009——第 7-2 题

(a) 后三个分布需要 n 为正，这不是正态分布的情形。

例题 25.6　FRM 试题 2007——第 138 题

(b) 损失严重程度的分布以零为下界，但包含巨大损失的情况。因此它的分布形状应该是右边长尾的。

例题 25.7　FRM 试题 2008——第 4-10 题

(d) 内部数据会产生生存者偏差的问题，因为一家银行在雇员计算操作风险分布的时候依然生存。这排除了历史上大的、致命的损失。

例题 25.8　FRM 试题 2007——第 33 题

(a) 因为 VAR 包括 EL，因此无需单独计算 EL。下表给出了在置信水平 95%的情况下损失的最低值，为 100 000 美元。

损失（美元）	概率		累积概率（%）
0	0.5	=0.500	50.0
1 000	0.3×0.6	=0.180	68.0
2 000	0.2×0.6×0.6	=0.072	75.2
10 000	0.3×0.3	=0.090	84.2
11 000	0.2×0.6×0.3×2	=0.072	91.4
20 000	0.2×0.3×0.3	=0.018	93.2
100 000	0.3×0.1	=0.030	96.2
101 000	0.2×0.1×0.6×2	=0.024	98.6
110 000	0.2×0.1×0.3×2	=0.012	99.8
200 000	0.2×0.1×0.1	=0.002	100.0

例题 25.9　FRM 试题 2002——第 102 题

(c) 资本是用来吸收对银行造成显著金融冲击的风险。极端金融冲击风险，例如系统风险，不能只依靠资本来吸收，所以选项 a 是错误的。低损失的事件不是重要事件，所以选项 b 是错误的。不相关事件可以进行分散化处理，所以选项 d 是错误的。

例题 25.10　FRM 试题 2001——第 49 题

(b) 投保人在投保之后失去控制损失的动机，这就产生了道德风险。

例题 25.11　FRM 试题 2003——第 48 题

(d) 选项 a、b 和 c 都是银行在购买保险来应对操作风险时所面对的问题。它与银行是否具有操作风险 VAR 模型没有关系。

例题 25.12　FRM 试题 2005——第 48 题

(b) 保险的目的是赔付大损失或严重程度高的操作风险事件。选项 c 是不正确的，因为道德风险会导致更高的保费。

例题 25.13　FRM 试题 2005——第 52 题

(a) 除了说法Ⅱ，其他说法都是可行的。即使公司对冲了操作风险或购买了保险，操作风险造成损失的新闻仍然会毁坏它的名誉。

例题 25.14　FRM 试题 2008——第 4-33 题

(b) 选项 a 是正确的，因为操作风险通常在很大程度上依赖于情景分析。事后测试对于操作风险更加困难，因此选项 c 是正确的。VAR 的评估时间范围通常较短，因此选项 d 是正确的。选项 b 是错误的，因为市场风险和操作风险都使用分布的分位数。

例题 25.15　FRM 试题 2007——第 117 题

(c) 基本指标法使用的因子为 $\alpha=15\%$。标准化方法使用的因子范围为从 12%到 18%。对于相同的收入水平，当风险增加时，例如交易的风险暴露增加，用第二种方法计算的风险资本要求会随着风险的增加而增加。对高级计量法进行同样的分析可知，它对于风险更加敏感。

例题 25.16　FRM 试题 2004——第 53 题

(b) 基本指标法适用于风险状况简单的银行，所以选项 a 是不正确的。高级计量法是一个内部模型，所以选项 c 是不正确的。高级计量法比标准化方法对风险更加敏感，所以选项 d 是不正确的。

例题 25.17　FRM 试题 2007——第 6 题

(a) 选项 b 是正确的，见表 25.5。选项 a 是不正确的，只有收入为正值的时候才能考虑使用这种方法。

附录　因果网络

因果网络解释了以一系列连续的随机变量形式出现的损失。每一个变量本身是其他变量共同作用的结果。比如，清算损失可以视为由如下因素共同导致的：(1) 风险暴露；(2) 时间延迟。反过来，风险暴露取决于：(a) 交易的价格；(2) 是出售还是购入。接下来，时间延迟的引发因素可能是：(a) 交易场所；(b) 支付场所；(c) 交易对手；(d) 产品；(e) 日交易量。

基于工作流程的图形模型可以反映这些联系。贝叶斯网络就是方法之一，在该模型中，每一个节点代表一个随机变量，每一个箭头代表一个因果关系。

原因和结果通过条件概率联系起来，这个结论应用了贝叶斯理论。举个例子来说，假设我们想预测清算失败的概率。如果失败，则设 $y=1$，否则 $y=0$。其引发因素为机构中团队成员的素质，素质有高和低两种可能性。如果团队的素质低，则设 $x=1$。假设团队低素质的概率为 20%。如果团队素质高，发生失败的

条件概率为 $P(y=1 \mid x=0)=0.1$。如果团队素质低，这个概率会大一些，$P(y=1 \mid x=0)=0.7$。现在可以构建出发生失败的无条件概率如下式：

$$P(y=1)=P(y=1|x=0)P(x=0)+P(y=1,x=1)P(x=1) \tag{25.8}$$

式中，$P(y=1)=0.1\times(1-0.20)+0.7\times0.20=0.22$。基于上述信息，我们现在可以评估通过培训或重新聘用来提高团队素质的收益。或者，如果已知发生失败，我们可以计算出团队低素质的概率。应用贝叶斯法则，即

$$P(x=1|y=1)=\frac{P(y=1|x=1)}{P(y=1)}=\frac{P(y=1|x=1)P(x=1)}{P(y=1)} \tag{25.9}$$

式中，$P(x=1 \mid y=1)=\frac{0.7\times0.20}{0.22}=0.64$。也就是说，如果观察到失败，团队低素质的概率就会从20%增加到64%。这种观察对于过程诊断来说是很有用的。

所有的最初节点的概率都分配完后，就完成了贝叶斯网络。接下来银行可以在此网络上进行蒙特卡洛模拟，从最初的变量开始，到经营性损失，最后得到损失的分布。

第 26 章　流动性风险*

正如我们在最近发生的信用危机中所看到的，流动性风险是金融风险中重要的一类风险。信心危机起源于雷曼兄弟破产后次级债务所突然积聚的大规模损失。许多债务持有人拒绝继续他们的投资，导致金融机构陷入了巨大的融资困境。这些问题随着金融机构出售资产以解决资金问题遭遇困难而加剧。

不幸的是，流动性风险不像市场风险、信用风险和操作风险那样具有规范的风险管理方法。这就是为什么巴塞尔委员会不对流动性风险设定规范的资本要求的原因。但是，它声明"流动性对于任何银行组织的运行都是非常关键的。银行的资本头寸需要具有获得流动性的能力，特别是在金融危机中"。[①] 因此，对于金融机构来说，评估、监督和管理流动性风险十分重要。

26.1 节描述了流动性风险的种类，包括资产流动性风险和融资流动性风险。26.2 节分析了资产流动性风险。资产变现的能力取决于市场条件，包括买卖价差和市场冲击，以及变现时间范围。在一定程度上，VAR 可以扩展为流动性调整 VAR。26.3 节接着分析了融资流动性风险。这一节运用了英国北岩银行失败的例子来阐述这一问题。融资流动性问题可以根据资产负债表中的负债

* FRM 考试第二部分的主题。

① Paragraph 741 in BCBS, *International Convergence of Capital Measurement and Capital Standards* (Basel: BIS, 2006).

情况进行评估。最后，26.4 节讨论了银行应该如何评估资产以及控制流动性资产，主要采用了缺口分析法。它强调了融资计划的重要性以及流动性风险管理的公开性。

26.1 流动性风险的种类

缺乏流动性可以造成一家机构的倒闭，即使是通常意义上资产充足的机构（它的资产价值超过负债）。商业银行的资产（长期贷款）和负债（储户存款和资本债务）之间存在天生的流动性不平衡。其结果就是，信心危机会导致储户要求提款。尽管银行拥有充足的资产来覆盖存款，但它们可能无法完全将资产及时变现来应对储户的提款要求。同样地，对冲基金也需要谨慎地管理其资产负债表上的流动性风险。

流动性风险（liquidity risk）由资产流动性风险和融资流动性风险组成。**欧洲银行监管委员会**（Committee of European Banking Supervisors，CEBS）给出了如下定义[①]：

- **资产流动性风险**（asset liquidity risk），也被称为**市场/产品流动性风险**（market/product liquidity risk），它是资产头寸无法轻易变现的风险，由于市场的流动性程度加深或市场崩溃而受市场价格剧烈影响。
- **融资流动性风险**（funding liquidity risk），它是金融机构在没有遭受意外损失的情况下无法融资来偿还债务的风险。

如果投资组合包含流动性较差的资产而又必须以不利价格出售来应对融资问题，这两种风险会相互作用。

26.2 资产流动性风险

26.2.1 评估资产流动性风险

为了评估资产流动性风险，我们首先对资产交易的市场条件进行描述。**买卖价差**（bid-ask spread）度量了买卖**正常市场容量**（normal market size，NMS）交易成本。如果记 P_a 为买入价格，P_b 为卖出价格，$P_m=(P_a+P_b)/2$ 为中间价格，买卖价差如下定义：

$$S=\frac{P_a-P_b}{P_m} \tag{26.1}$$

---

① Committee of European Banking Supervisors，*Second Part of CEBS's Technical Advice to the European Commission on Liquidity Risk Management*（London：CEBS，2008）. Available at www. c-ebs. org.

流动性好的资产具有较紧的买卖价差。**紧性**（tightness）用来度量实际交易价和市场报价之间的偏差。流动性好的资产也可以用好的**深度**（depth）来描述，它是不会对价格产生影响的交易量的度量。这和**浅度**（thinness）正好相反。

对于大的交易，资产流动性可以用价格—交易量函数来评估，称为**市场冲击**（market impact），它描述了价格如何受交易量所影响。有时这也称为**内生流动性**（endogenous liquidity），意思是价格的下跌取决于头寸规模的扩大。相反，在正常市场容量以内的头寸由**外生流动性**（exogenous liquidity）所描述。

在一个流动性很好的市场出售一大笔资产，价格会暂时下跌但是会很快恢复。**反弹性**（resiliency）是关于交易后价格波动速度的度量。

对于流动性资产市场，例如美国国债市场，这种价格的波动就非常平缓，这意味着大量的交易对价格不会产生多大影响。例如，一个交易员可以交易 1 000 万美元的国债，交易成本为买卖价差 0.10%的一半，即10 000 000×0.10%/2＝5 000 美元，这相当低。

相反，流动性较差的资产的买卖价差非常高并且交易可以很快地影响价格。例如，在场外市场交易的银行贷款的买卖价差为 10%。一个 1 000 万美元的银行贷款的出售就可以使价格下跌 5%，交易成本为 10 000 000×10%/2＝500 000 美元，这比前面的例子要高很多。两倍的交易量则会带来更大的价格下跌，例如 8%，这足以使市场出清。因此，流动性较差的市场价格受供求情况的影响非常大。在交易发生时，它们也比流动性资产价格的波动更大。

后一个例子同时也说明了流动性是时间的函数。如果价格—交易量函数陡峭，那么一个突然的卖出交易就会使价格下降很多。另一方面，一个有耐心的交易员会将交易指令分开在几天内完成以获得一个较好的出售价格，这样产生的市场冲击就会很小。

图 26.1 比较了流动性较好和流动性较差的市场的价格—交易量函数。对于流动性资产，买卖价差比较小，市场深度比较大，这意味着较大的正常市场容量，图中的直线表明市场冲击具有较小的斜率。

一般来说，交易量较大的资产流动性较强。交易量反映了投资者的不同选择，但是也依赖于活跃投资者的表现。特别是对冲基金，它在很多市场上都交易活跃，增加了市场的流动性。

容易定价的资产流动性也很强。一个极端的例子就是固定息票的美国国债，它是一个简单的金融工具，因此非常容易估值。另一个极端的例子就是具有复杂支付的结构性票据，它很难进行预测估值和对冲。因此，这些票据的买卖价差要比国债大得多。

流动性根据资产类别不同而不同，具有证券特性。未结算量较大的证券或者最近发行的证券具有较强的流动性。热门证券是最近发行的证券因此较为活跃，流动性也较强。其他的证券称为非热门证券。例如，考虑最近发行的 30 年期美国国债。它在另一个 30 年期美国国债发行前是热门证券，发行后就是非热门证券。然而和最近的热门证券相比，这两种证券都具有相同的信用风险（美国政府的违约）和市场风险（两种证券都具有接近 30 年的期限）。由于它们如此相似，

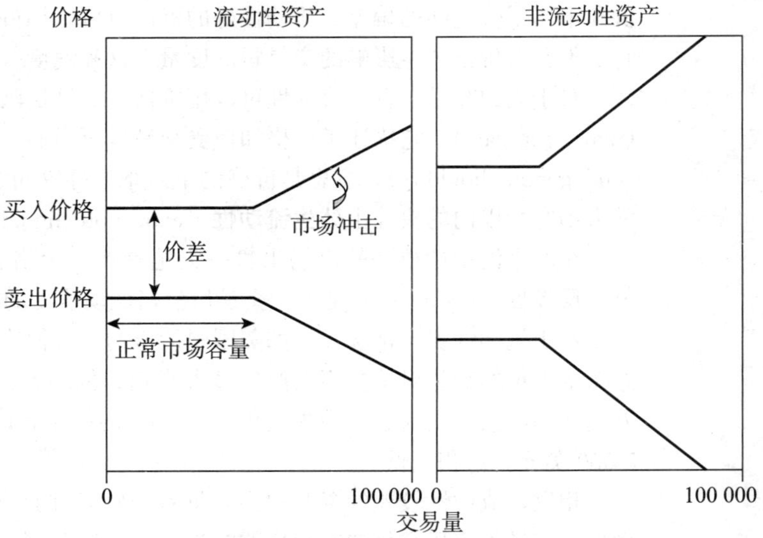

图 26.1　流动性和非流动性资产的比较

它们的收益率应该就是**流动性溢价**（liquidity premium）。

资产流动性成本也依赖于**资产可替代性**（asset fungibility）。基于集中性交易的合约，例如期货或普通股，可以轻易地重新出售给报价更高的买家，因此它们是可替代的。另一方面，私下达成协议的衍生品需要和初始交易对手达成协议后才能解约。在这种情况下，交易对手可能要折价来退出头寸。

总体来说，资产流动性取决于以下因素：(1) 市场条件（买卖价差和市场冲击）；(2) 变现时间范围；(3) 资产和证券类型；(4) 资产的可替代性。

非流动性也是随市场和时间变化的。巨大的市场流动性变动似乎会产生标准偏差，包括 1994 年的债券市场危机，1998 年的俄罗斯/LTCM 危机，以及开始于 2007 年的信用危机。这些危机的特征是**安全投资转移**（flight to quality），即投资需求从低信用等级的证券转向高信用等级的证券，特别是政府债券。低信用等级市场的流动性随着价格的下跌而降低。这反映在公司债券和政府债券的收益率价差的扩大上。

26.2.2　流动性调整 VAR

资产流动性风险比传统市场风险更不容易进行调整度量。非流动性可以通过增加时间范围或选择性地增加流动性和 VAR 联系在一起，但是这种调整非常特殊。

我们可以试图将买卖价差的效用结合在风险度量上。当价差 S 固定时，**流动性调整 VAR**（liquidity-adjusted VAR，LVAR）可以定义为：

$$LVAR=VAR+L_1=W(\alpha\sigma+\frac{1}{2}S) \tag{26.2}$$

式中，W 是初始投资组合价值。如果 VAR 是从 0 开始度量（相对于初始投资组合价值），而不是从均值开始度量，我们需要从 $\alpha\sigma$ 中减去 μ。

例如，假设我们用 1 000 万美元投资于 30 年期的美国国债，每日波动率为 $\sigma=1\%$，并且买卖价差为 $S=0.10\%$。在 95%置信水平下的每日 LVAR 为：

$$\$10\,000\,000[(1.645\times0.01)+\frac{1}{2}(0.001\,0)]$$
$$=\$164\,500+\$5\,000=\$169\,500$$

这里，相关项很小。但是在前面的银行贷款中相关项为 500 000 美元。

如果买卖价差发生变化，公式（26.2）可以根据在一定置信水平下的最坏价差的增加进行调整。价差的分布可以描述为均值为 $\overline{S}$ 和标准差为 σ_S。那么最坏情形的 LVAR 为：

$$LVAR=VAR+L_2=W[\alpha\sigma+\frac{1}{2}(\overline{S}+\alpha'\sigma_S)] \tag{26.3}$$

加上市场和流动性风险的最坏情形损失，这假设了两种风险之间高度相关。

实际上，估计买卖价差的分布是一个挑战。价差在长期趋于稳定，但是在危机时期会发生突变。因此，价差的分布是高度的非正态。为了在总体水平上度量风险，风险经理还需要估计不同价差之间的相关性。另外，这个分析假设交易量在市场正常容量范围内。否则，一个突然的大量出售就会产生市场冲击。

26.2.3 非流动性和风险度量

资产非流动性对风险度量提出了特殊问题。在流动性较差的市场，较小的交易量意味着价格不会代表市场的出清价格，并且会由于常规交易的缺乏而变得迟缓。这会产生波动率度量以及其他资产类别之间相关性的下降偏差。

另外，信息对价格的冲击也非常缓慢，产生了收益率的正自相关，这使得在外推长时间范围的 VAR 时使用时间平方根法则失效。这些影响在对冲基金一章中 30.4.2 节有详细介绍。

例题 26.1 FRM 试题 2003——第 15 题

下列关于流动性风险的说法哪一项是正确的？

(a) 当金融机构无法履行支付义务时会产生资产流动性风险。

(b) 安全投资转移通常反映在公司债券和政府债券收益率价差的减小上。

(c) 热门证券和非热门证券之间的收益率价差主要反映了流动性溢价，并不反映市场和信用风险。

(d) 融资流动性风险可以通过设定资产限额以及分散化投资的方式进行管理。

例题 26.2　FRM 试题 2002——第 36 题

下列关于流动性较强资产和流动性较差资产（其他条件一样）的说法哪一项是错误的？

(a) 大量交易流动性资产而不对价格产生影响是可能的。

(b) 流动性较强资产的买卖价差很小。

(c) 流动性较强资产的价格波动率很高，因为它们交易频繁。

(d) 流动性较强资产的交易量很大。

例题 26.3　FRM 试题 2007——第 78 题

一个共同基金投资于普通股，其采纳了流动性风险度量，把它的每个持有头寸都限制在 30 日平均交易价值最大值的 30%。如果该基金的规模是 30 亿美元，那么该基金持有的 240 万美元在股票的 30 日平均交易价值上的最大权重是多少？

(a) 24.00%。

(b) 0.08%。

(c) 0.024%。

(d) 80.0%。

例题 26.4　FRM 试题 2000——第 74 题

在市场崩溃中下列哪个说法是正确的？

Ⅰ. 通过卖空国债和期货进行对冲的固定收益投资组合比用利率互换对冲的相同久期的固定收益投资组合损失得少。

Ⅱ. 买卖价差由于缺乏流动性而变大。

Ⅲ. 非热门债券和基准债券之间的价差变大。

(a) Ⅰ、Ⅱ和Ⅲ。

(b) Ⅱ和Ⅲ。

(c) Ⅰ和Ⅲ。

(d) 以上均不对。

例题 26.5　FRM 试题 2007——第 116 题

你持有 100 股 Wheelbarrow 公司的股票，当前价格为 50 美元。股票每日收益率的均值和波动率分别为 1%和 2%。VAR 需要相对初始价值进行度量。股票的买卖价差随时间变化。每日价差的均值和波动率分别为 0.5%和 1%。收益率和价差都服从正态分布。计算在 99%置信水平下的每日流动性调整 VAR。

(a) 254 美元。

(b) 229 美元。

(c) 325 美元。

(d) 275 美元。

例题 26.6　FRM 试题 2009——第 7－7 题

你是一个著名对冲基金的经理，分析一个 1 000 股的非流动性股票 BNA 的价值，当前股价为 72 美元（以买卖价差中间值的形式）。BNA 的每日收益率的波动率估计为 1.24%。平均买卖价差为 0.16 美元。假设 BNA 的收益率服从正态分布，那么使用固定价差方法估计的 95%置信水平的每日流动性调整 VAR 是多少？

(a) 1 389 美元。

(b) 1 469 美元。

(c) 1 549 美元。

(d) 1 629 美元。

26.3 融资流动性风险

26.3.1 流动性风险指标

流动性风险是 2007 年开始的信用危机中的主要风险。随着商业银行和投资银行在次级资产抵押债券上的损失不断累积，银行开始出于担心交易对手违约而不愿进行借贷。

例如，货币市场的情况可以通过比较 3 个月期的国债利率、3 个月期的 LIBOR 以及隔夜**联邦基金利率**（federal funds rate）进行度量。[①] 为了进行比较，所有的利率都以美元计价。美国国债没有信用风险。相反，贷款的 LIBOR 和联邦基金利率都有信用风险。

LIBOR 和联邦基金利率之间的差额是一种期限价差。它可以视为基于贷款的看涨期权的价格。一家进行隔夜拆借的银行可以在发生坏消息冲击时选择不进行重新贷款。相反地，一家承诺 3 个月期贷款的银行就没有这种选择。通常情况下，期权的价值会随着时间的不确定性而增加，这也解释了为什么期限价差会突然增加。

欧洲美元的 LIBOR 和国债利率之间的信用价差称为 TED 价差。它反映了期望信用损失，也就是流动性风险溢价。

图 26.2 描述了 2007 年至 2008 年之间这些利率的特征。联邦基金利率的急剧下降反映了美联储极度宽松的货币政策。国债利率也相应地下降。然而，LIBOR 却维持在高位，反映了信用市场的紧缩情况。特别地，TED 价差，通常在 25 个基点左右，在 2008 年 9 月 15 日雷曼兄弟破产之后急剧扩大到超过 500 个基点。低信用评级的公司在融资时不得不面对更高的利率。

---

① 联邦基金是美联储资产负债表上供商业银行相互拆借（通常是隔夜）的未担保贷款。这些拆借利率称为联邦基金利率。中央银行设定联邦基金的目标水平，这是它主要的货币政策工具。

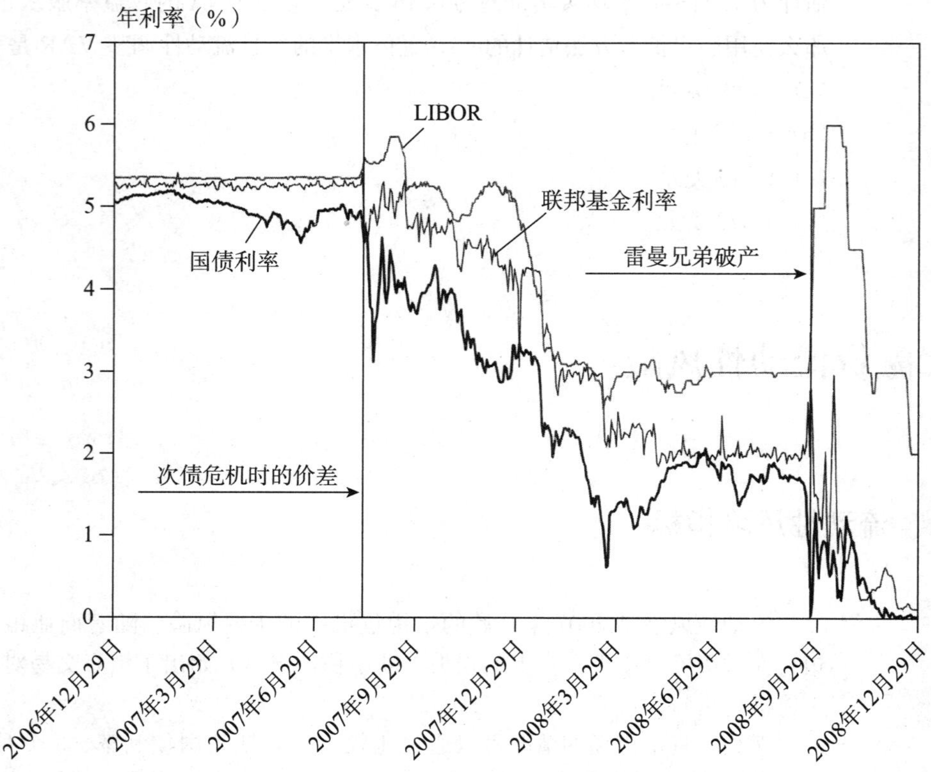

图 26.2 短期美元利率的比较

26.3.2 资产融资流动性风险

巴塞尔委员会给出了融资流动性风险的定义[①]：

融资流动性风险是指公司无法获得有效的期望和非期望的当前和未来的现金流以及抵押物，来改变公司的日常运营或金融情况的风险。

下面是英国北岩银行的流动性风险的例子。

例 北岩银行的流动性风险

北岩银行（NR）是英国住房抵押贷款的前 5 大银行之一。如下表所示，

① Basel Committee on Banking Supervision，*Principles for Sound Liquidity Risk Management and Supervision* (Basel: BIS，2008).

该银行在 2007 年 6 月的总资产为 1 135 亿英镑，其中有 810 亿英镑通过资本市场融资得到，仅有 300 亿英镑是通过储户存款得到。北岩银行的商业模式主要依赖于非常规的资本市场的融资而不是零售存款。然而资本市场融资比零售存款波动性更大。该银行使用这种非常规的商业结构来维持它的快速增长。

北岩银行的资产负债表　　单位：十亿英镑

资产		负债	
贷款	96.7	零售存款	30.1
现金	0.8	债务证券	71.0
证券	8.0	其他	10.1
合计	113.5	合计	111.2

北岩银行接受了 FSA 的流动性规则，该规则需要至少 5 个交易日的充足流动性资金。但是该银行并没有预料到这次信用危机会持续这么久，波及面这么大。

在 2007 年 8 月间，北岩银行用滚动短期债务来发行证券化贷款的商业行为开始遇到麻烦。新资本的利率上升开始挤压收益，导致该银行的股价呈自由落体下降，但是监管者仍然相信该银行流动性充足。在 9 月 13 日，英格兰银行宣布对北岩银行提供紧急金融援助。这条消息引发了银行的危机。由于在英国存款只是部分保险的，因此储户开始发生恐慌并在接下来的几天去银行取回了数十亿英镑的存款。在 9 月 17 日，星期一，英国财政大臣宣布政府对所有存款提供担保。

截止到年末，该银行已经无法滚动 80 亿英镑的短期债务进行融资，并且造成了客户账户上 150 亿英镑的损失。英格兰银行提供的贷款已经增长到 270 亿英镑。在北岩银行两次出售失败之后，它在 2008 年 2 月 22 日被国有化。

北岩银行是融资流动性风险中的受害者，它用短期债务来投资长期贷款，但最终以无法滚动短期债务进行融资而宣告失败。 ■

表 26.1 提供了一个评估流动性风险的一般框架。融资流动性风险产生于表内或表外的负债项目。负债可以分为稳定负债或浮动负债，这主要是根据现金流的可预测性进行分类的。

表 26.1 管理银行流动性风险

资产负债表	
资产	**负债**
高流动性资产（现金）	无担保融资
其他无负担资产（有抵押物）	● 零售存款
	● 资本市场融资
其他有负担资产	有担保融资权益
	新股发行
表外项目	
资产	**负债**
衍生品	衍生品
信用票据	金融担保
	贷款承诺
	特殊目的工具

对于一个上市公司，股权是稳定的。[①] 金融机构可以用分红、股本回购以及发行新股来管理它们的股权流动性。

接下来，我们转向债务，它可以分为非担保债务和担保债务。例如，北岩银行发行了457亿英镑的证券化票据和81亿英镑的抵押债券。投资者在有资产担保的情况下会乐意提供资金。相反，向非担保债务投资就会面临债务发行人的违约风险。

在非担保债务分类中，零售存款比资本市场工具更加稳定。[②] 例如，在发生危机的情况下，投资于货币市场工具的投资者会要求更高的风险补偿，或者要求将他们的投资期限缩短，甚至拒绝继续提供融资。

在表外的负债项目中，银行提供的贷款承诺、信用票据以及金融担保在价值下降时会产生或有的流动性危机。随着头寸变为虚值状态，或者触发合约包含的类似信用评级下降的信用事件时，衍生产品也可能会在交易对手要求追加抵押物时产生现金流危机。**特殊目的工具**（special-purpose vehicles，SPV）也可能会产

① 然而，对冲基金需要担心股权投资者的赎回。

② 然而，随着网络银行的发展，存款将在银行间更快地流动。

生或有的流动性风险暴露。一些结构，例如银行资助成立的**分支机构**（conduits），当SPV无法滚动其债务时银行就会主动把它收回，这样就产生了流动性风险。其他机构，例如**结构化投资工具**（structured investment vehicles，SIV），可能不会被主动收回，但是银行可能会因为商业或声誉原因选择对其提供流动性支持。

现在我们考虑资产负债表中的资产，**融资缺口**（funding gaps）可能在资产出售时产生。现金或流动性资产可以立刻提供缓冲。无负担证券可以折价出售，折价反映了资产流动性风险。或者，它们可以在允许的情况下，通过和私人交易对手或中央银行签订的抵押回购协议以现金形式进行出售。

另外，现金可以来自于衍生产品变为实值状态时。机构还可以建立银行信用业务，这样可以在需要流动性时变现资产。

最后，表内和表外的信息应当将现金流整合在一起。特别地，银行系统已经扩展了证券化业务以减少表内的资产。然而在最近的信用危机中，银行被迫停止了一些证券化，导致了需要金融支持的大量贷款投资上升。

例　AIG的流动性风险

美国国际集团（AIG）是一家全球保险公司，曾经是世界上最大的上市公司。由于其强大的收入和资本基础，AIG长期被评级为最高的信用等级AAA。结果，它允许其金融产品部门不断增大头寸。它出售CDO高级层次的信用违约互换，由于其信用评级很高，并没有被要求放置抵押物。

在2005年3月14日，AIG的CEO被要求下台并接受商业质询。第二天，它的信用评级被降为AA+。信用评级下降的触发需要对其互换产品追加12亿美元的抵押物。在那时，这仍然是可操作的，因为AIG拥有800亿美元的股权资本。

然而它的CDS投资组合却继续增长，达到了5 000亿美元。当次贷危机爆发时，CDO层次价值急剧损失。AIG宣布其在2008年上半年亏损130亿美元。

在2008年9月15日，标准普尔降低了AIG的信用评级，从AA−降为A−。结果，AIG被要求追加200亿美元的抵押物，而其已经无力承担。因为AIG的崩溃会产生系统风险，美国政府介入AIG并提供了850亿美元的贷款。10月，又增加了380亿美元的贷款。在11月，美国财政部在**紧急资产援助计划**（Troubled Asset Relief Program，TARP）下又追加投资了400亿美元的新发行的AIG高级优先股。这是对私有公司的最大援助。显然，金融产品部门的领导没有对AIG信用评级的下降做好准备。 ■

例题26.7　FRM试题2008——第2-20题

你是一家对冲基金的经理。你被告知TED价差急剧增加。下列哪一项最好地描述了你所处环境的变化？

(a) TED价差的增加表明美联储将提高利率，因此投资组合的久期应当降低。

(b) TED价差的增加表明联邦基金和国债收益率之间具有巨大价差，因此美联储将选择向市场注入流动性，这将会使债券价格随着需求的增长而上升。

(c) TED价差的增加表明对银行资本充足率的担忧，因此你应当重新检查你的交易对手的风险暴露并且尽可能地对冲一些暴露于银行的风险。

(d) TED价差的增加表明银行的借贷意愿增强，因为它们可以通过借贷获取更多收益，因此我们应当利用这个机会重新开展信用业务。

26.4 管理流动性风险

26.4.1 流动性风险管理的步骤

流动性风险管理需要粗略的内部管理，使用全面的工具去识别、度量、监督和管理流动性风险。董事会是为机构的流动性策略负责的最终环节。

尽管没有单一的流动性风险度量，但是可以用一定范围的度量方法去评估资产流动性风险。流动性风险管理从**操作流动性**（operational liquidity）开始，它展示每日的支付序列，预测所有的现金流流入和流出。然而这不是一项简单的事情。近年来，在设计支付和结算系统上的改进，例如实时总结算系统和用于净外汇支付的**CLS银行**（CLS Bank），都为支付压缩了时间，尽管它们降低了信用风险和操作风险，但是它们也给流动性风险管理带来了更多障碍。

下一步是策略管理，它评估非担保融资的准入标准和投资性资产的流动性特征。这涉及了对资产流动性风险的评估。

最后，这个信息需要和战略方面结合起来，从当前的资产和负债以及表外项目开始。这个信息可用来建立**融资矩阵**（funding matrix），它展示了不同期限的融资需求细节。任何**融资缺口**（funding gap）应当由发起附加融资计划所覆盖，可以通过借贷或出售资产。

26.4.2 融资缺口

表26.2给出了一个假设的**现金流量模式**（run-off mode）的例子，假设没有新业务并且没有滚动融资。这里，融资矩阵从表内项目开始，包括贷款、零售存款、其他短期债务和长期债务。

表 26.2 **融资缺口分析的例子**

	平衡	时间情况 隔夜	7天	14天	1个月	3个月	1年	累计
融资矩阵								
贷款	100	5	5	3	15	5	5	38
零售存款	−50	−5	−5	−5	−8	−5	−5	−33
短期债务	−30	−10	−5	−5	−5	−5	0	−30
长期债务	−30	0	0	0	−5	0	0	−5
合计：融资缺口		−10	−5	−7	−3	−5	0	−30
缺口闭合								
现金	5	5	0	0	0	0	0	5
无负担证券	20	10	8	2	0	0	0	20
合计		15	8	2	0	0	0	25
净融资缺口		5	3	−5	−3	−5	0	−5
累计		5	8	3	0	−5	−5	

这些项目的现金流和期限可以是固定的也可以是随机的。例如，固定利率债务的分期息票支付具有固定的现金流和期限。第二类是浮动贷款和债券项目，它们的现金流是随机的但是期限是固定的。第三类是类似可赎回债券或者具有灵活重置日期的贷款项目，它们的期限是随机的但是现金流是固定的。最后一类是现金流和期限都是随机的项目，例如零售存款、承诺的信用业务和滚动贷款。随机的现金流或期限需要基于市场经验和产品内容的模型。

在表 26.2 中，初始资产负债表中含有贷款 100。该表展示了来自不同期限贷款的现金流。这些贷款的一部分会在下一年偿还。接下来是零售存款、短期和长期债务，它们用于预测在期限内的现金流流出。注意到所有的短期债务预期在一年内偿还。加总起来就产生了一个时间的**融资缺口**（funding gap）。在本例中，一年的累计融资缺口为−30。

表中接下来的部分展示了**缺口闭合**（gap closure）项目。例如，现金可以用来即刻覆盖现金流流出。无负担证券可以作为资产流动性风险的函数随时出售。融资缺口和缺口闭合项目的总和产生了预期净融资缺口。正现金流的时期越长，银行越安全。在本例中，**存活时期**（survival period）是直到累计净融资缺口变为负值的时间，为 1 个月。

26.4.3 压力测试

进行风险管理是为了应对非期望损失。因此，机构应当评估现金流偏离预期路径和融资来源突然被切断的压力情景。[①] 机构应当考虑一个宽泛的情景范围，包括机构特殊情况、国家特殊情况和市场范围特殊情况。国家特殊情况的一个例子是货币兑换的限制。

此外，在极端压力的情况下，融资流动性风险可能与资产流动性风险相互反作用，因为在这些情况下很难出售资产。由于声誉风险的自我修复特点，出现流动性问题的机构可能会低估其以合理价格出售资产的能力。

26.4.4 控制流动性风险

流动性风险可以用不同的途径来控制，包括更多依赖稳定的融资来源，融资来源、地域和债务期限的分散化。同样地，资产流动性风险可以通过设立特定市场或产品的限额和分散化来控制。融资缺口还与不同时间范围的限制有关。一些监管者设定了流动性资产的最低水平、期限错配的限制或依赖于某一特定融资来源的限制。

另一个控制流动性风险的工具是惩罚出现流动性问题的业务或金融工具。根据高级监管集团（2008）的报告，在危机中表现出色的机构都采纳了一个明确考虑流动性风险的公司范围系统。[②] 这些公司准确地检查各项业务以建立或有的流动性风险暴露来反映在较不利的市场环境中获得流动性的成本。表现出色的机构同时也具有融资流动性、资本和其资产负债表的有效的管理系统。

26.4.5 或有融资计划

或有融资计划（contingency funding plans，CFP）的目标是建立一个关于流动性压力情景的行动计划。在危机情况下，管理系统通常没有很多时间去做出反应，这就是预先建立好计划的有用之处。CFP 应当定义触发事件、业务的明确责任，以及更换融资来源的计划。它也应当考虑声誉效应对执行融资计划的影响。

---

① 理论上，应该用现金流整体分布的估计来代替压力测试，因为压力测试只是个特殊的实现过程。这导致产生了在险流动性模型。然而，问题是流动性的特点很难进行建模并且近期的历史数据可能不相关。

② See Senior Supervisor Group，*Observations on Risk Management Practices during the Recent Market Turbulence*（Basel：BIS，2008）.

一般地，对公众公开流动性风险管理系统可以帮助投资者确定机构已经开发了应对流动性危机的系统。具有流动性管理系统的银行不太可能会使资金提供者失去信心。下面的例子来自于德意志银行公开的流动性风险管理系统。

例　德意志银行的流动性管理

德意志银行（Deutsche Bank，DB）是一家著名的德国商业银行。在 2007 年 12 月，它拥有 20 200 亿欧元的资产和 3 290 亿欧元的风险加权资产。它的股本为 370 亿欧元，一级资本充足率为 8.6%。

德意志银行的流动性风险管理在交易一开始就预测每日现金流以及和中央银行的结算。接着是应对未担保融资来源和其资产的流动性特征的策略流动性风险管理。例如，该银行 25%的未担保融资来自于零售存款，20%来自于资本市场。对于资产流动性项目，该银行给不同的资产分配不同的流动性价值，它同时还持有 250 亿欧元的高度流动性证券投资组合来抵御短期的流动性挤压。最后，在战略方面将所有表内资产和负债的期限情况和它们的保险战略结合起来。

该银行采用了压力测试和情景分析来评估其流动性头寸受到突然压力事件的冲击影响。假设的事件包括外部冲击事件，例如市场风险事件、新兴市场危机和系统风险，以及内部冲击事件，例如操作风险事件、评级下调（例如从 AA 下调至 AA－）。在每一种情景下，该银行都假设所有客户的到期贷款需要滚动并需要融资，而债务滚动会部分导致融资缺口。然后该银行对净短缺融资的平衡进行建模，这包括出售资产和从未担保融资转向担保融资。对每一种情景，下表显示了 8 周范围内的累计融资缺口，以十亿欧元为单位，并且显示了使流动性恢复平衡所需要的融资数量。

情景	融资缺口	缺口闭合
市场风险	5.5	98.9
新兴市场	27.7	117.1
系统性冲击	20.4	70.9
操作风险	13.9	106.7
信用评级下降一个等级	28.1	129.3
信用评级下降三个等级	108.6	129.3

■

例题 26.8　FRM 试题 2007——第 57 题

你被要求回顾一个市场流动性风险如何被金融系统的冲击所影响的备忘录。下列在备忘录中的观测哪一个是错误的？

(a) 在实际市场压力时期，市场流动性通常在流动性最强的市场增加，产生一个自我修正循环并最终除去资产价格下跌的压力。
(b) 市场流动性的消失是一个确定金融困境是否变为以及以何种速度变为产生潜在系统性冲击威胁的金融震荡的重要因素。
(c) 市场冲击可能不会立即以盯市的投资组合价反映非流动性资产组合。因此，市场冲击可能对金融机构具有滞后效应。
(d) 市场冲击对特殊资产流动性的冲击依赖于拥有这项资产的投资者的特征。

例题 26.9　FRM 试题 2009——第 7－12 题

你的 CRO 让你准备一个预警你的银行流动性问题的指标表单。下列哪些指标是预警潜在流动性问题的指标?

Ⅰ. 快速的资产增长率，特别是购买具有潜在波动性的负债。
Ⅱ. 资产或负债的集中增长。
Ⅲ. 负债平均加权久期的增加。
Ⅳ. 头寸符合或违反内部或监管限制的频率下降。
Ⅴ. 债务或信用违约互换价差缩小。
Ⅵ. 交易对手需要提高信用风险暴露的保证金。
Ⅶ. 到期前 CD 的赎回增加。
(a) Ⅰ、Ⅱ、Ⅵ和Ⅶ。
(b) Ⅰ、Ⅲ、Ⅴ和Ⅵ。
(c) Ⅱ、Ⅳ、Ⅴ和Ⅶ。
(d) Ⅰ、Ⅴ、Ⅵ和Ⅶ。

26.5　重要公式

相对买卖价差：$S=\frac{P_a-P_b}{P_m}$

流动性调整 VAR(LVAR)相对于均值：

$$LVAR=VAR+L_1=W(\alpha\sigma+\frac{1}{2}S)$$

最坏情形下的流动性调整 VAR(LVAR)相对于均值：

$$LVAR=VAR+L_2=W[\alpha\sigma+\frac{1}{2}(\bar{S}+\alpha'\sigma_S)]$$

26.6　例题解答

例题 26.1　FRM 试题 2003——第 15 题

(c) 热门证券和非热门证券之间的收益率价差反映了流动性溢价，因为债券的其他方面均相同。在选项 a 和 d 中，资产和融资流动性风险应该互相交换。最后，对于选项 b，安全投资转移增加了收益率价差。

例题 26.2　FRM 试题 2002——第 36 题

(c) 比较两种股票。流动性较好的股票具有较大的交易量和较小的买卖价差，因此选项 b 和 d 是正确的。它还具有很大的市场深度，这意味着大量的交易不会对价格产生影响，因此选项 a 是正确的。剩下的选项 c 一定是错误的。交易活跃和波动率之间没有必然联系。

例题 26.3　FRM 试题 2007——第 78 题

(c) 最大权重 w 为 $\$3\ 000\times w=30\%\times\$2.4$，即 $w=0.024\%$。

例题 26.4　FRM 试题 2000——第 74 题

(b) 在市场崩溃中，买卖价差会变大，流动性价差也会变大。说法Ⅰ是不正确的，因为国债比互换更容易反弹，这将导致卖空国债比互换给投资组合造成的损失更大。

例题 26.5　FRM 试题 2007——第 116 题

(a) 相对于初始价值的传统 VAR 为 $VAR=W(\alpha\sigma-\mu)=\$5\ 000(2.33\times 2\%-1\%)=\$183$（注意均值的估计非常高）。还必须加上 $L_2=\frac{1}{2}W(\bar{S}+\alpha'\sigma_S)=\frac{1}{2}\$5\ 000(0.5\%+2.33\times 1\%)=\$70.75$，总和为 254 美元。

例题 26.6　FRM 试题 2009——第 7－7 题

(c) 传统 VAR 为 $\$72\times 1\ 000\times 1.24\%\times 1.645=\$1\ 469$。价差效应为 $\$0.16\times 1\ 000=\$80$，总共为 $1 549。和通常一样，我们看到流动性价差的部分很小。

例题 26.7　FRM 试题 2008——第 2－20 题

(c) 选项 a 是不正确的，因为较大的 TED 价差和美联储降低利率相一致。选项 b 是不正确的，因为联邦基金利率是针对集中的贷款，而欧洲美元利率是针对非集中的存款。选项 d 是不正确的，因为较大的 TED 价差意味着银行借贷的成本上升，而不是下降。

例题 26.8　FRM 试题 2007——第 57 题

(a) 选项 b 是正确的，2007 年的事件已经证明。选项 c 正确地描述了事件非流动性资产价格的滞后反应。选项 d 说明了资产流动性依赖于头寸的投资者，是正确的。主要由杠杆投资者持有的资产在投资者被强制出售资产时会经历价格的急剧下跌。

例题 26.9　FRM 试题 2009——第 7－12 题

(a) 说法Ⅰ是正确的，这就是北岩银行的案例。说法Ⅱ也是一个问题，因为它意味着资产风险或融资风险发生的概率上升。说法Ⅲ是不正确的，因为较长期限的负债降低了近期融资问题发生的概率。说法Ⅳ是不正确的，因为这是市场风险。说法Ⅴ是不正确的，因为问题产生于价差的扩大，而不是缩小。说法Ⅵ是正确的，因为保证金的要求将产生流动性问题。说法Ⅶ是正确的，因为这需要现金进行重新支付。

第 27 章　全面风险管理*

本章开始转向讨论金融风险全面管理的最佳实务。金融业认识到由于一系列因素的影响，风险管理应该在全公司范围内不同业务和不同类型风险之间同时进行。这些因素包括：(1)随着各种机构的全球化过程，风险暴露越来越多；(2)各种风险因子的相互作用；(3)不同产品市场的风险和不同金融市场的风险一样开始发生相互联系。这些联系使得考虑风险和产品之间的相关性显得非常重要。

还有一个在更广泛的基础上尝试风险度量的更务实的理由。近年来金融业在度量市场和信用风险甚至是操作风险上有了长足的进步。风险可以通过使用**资本已调整风险收益率**（risk-adjusted return on capital，RAROC）的度量被惩罚。然而，这样做的一个危害是可能会促使公司把风险转换成那些不容易被度量和控制的风险。

所有这些原因解释了风险管理整体化或全面化的趋势。**全面风险管理**（integrated risk management）提供了一个整个机构风险一致性和全面性的情况。这需要使用一致的方法、系统和数据来度量所有业务部门和所有风险因子的风险。

27.1 节首先介绍了全面风险管理的框架和不同类别的金融风险。27.2 节总结了最佳实务准则的形成和基础构造。27.3 节对与最佳实务相一致的组织结构进行了描述。27.4 节介绍了如何通过补偿调整和限额设定来控制交易员的行为。最后，27.5 节介绍了如何将风险度量和交易员业绩的度量以及通过 RAROC 类

* FRM 考试第二部分的主题。

型度量的业务部门结合在一起。

27.1　全面风险管理导论

全面风险管理是建立在**经济资本**（economic capital，EC）框架上的，它可以定义为允许机构评估相关风险并准备资本来覆盖风险行为产生的经济效应的方法和实务。

27.1.1　风险类型

风险加总从风险根据它们的经济特征进行分类开始。

- **市场风险**（market risk）是由市场价格水平和波动性的变动造成的。这在第 12 章到第 18 章中有所介绍。
- **信用风险**（credit risk）是由于交易对手可能不愿意或者没有能力履行合约义务造成的。这在第 19 章到第 24 章中有所介绍。
- **操作风险**（operational risk）通常是指由于错误或者不充分的内部控制过程、系统和人员，或者外部事件造成的发生损失的风险。这在第 25 章中有所介绍。
- **业务风险**（business risk）是公司收入损失的风险，它是由于公司收入的下降无法用降低成本来抵消造成的。

一些银行还单独度量其他风险，例如流动性风险，这在第 26 章有所介绍，或者私募股权风险。

机构需要对整个公司范围的所有上述风险进行一致性度量。否则，风险就会流向惩罚最轻或者度量最弱的部分。

上一章利用最近的信用危机中的流动性风险来解释了这种观点。由于银行既没有恰当地评估风险也没有惩罚发生流动性风险的部门，因此这导致集聚了越来越多的流动性风险。另一个例子是银行用来度量次级抵押债务高级层次的风险的系统十分薄弱。由于系统显示几乎没有风险，这些机构就没有对这些大量集聚的证券进行监管，而这些证券充斥在 CDO 账户上，在交易账户上、在流动性国债的账户上以及在对冲基金的账户上。[①] 显然，从公司范围来看，这些资产种类无论净头寸还是总头寸都没有得到有效的监管。

27.1.2　风险相互作用

风险类型并不独立。操作风险可以产生市场风险和信用风险，反之亦然。例

① USB，*Shareholder Report on UBS's Write-Downs*（Zurich：UBS，2008）.

如，互换中的抵押物支付可以在盯市的基础上降低信用风险，但是在对现金流的管理中又会增加操作风险和流动性风险。反过来也会产生操作风险，例如交易的错误确认可以导致不正确的对冲或更大的市场风险。互换中不正确的数据输入又会导致不正确的市场风险度量以及不正确的信用风险暴露。

另一个重要的例子就是市场风险和信用风险之间的相互作用。错误的交易通常使市场风险扩大了信用风险。例如，考虑一个在一家银行和一个投机者之间的互换交易，如果银行在互换上产生损失，信用风险不是问题，因为银行没有信用风险暴露。然而，如果银行在互换上产生一大笔收益，这是投机者的风险暴露。如果投机者的损失过大，他可能会对这个互换直接违约。因此，这样的交易比和对冲者之间的交易危险得多。这是因为对冲者在互换上的损失可以被对冲头寸的收益抵消。因此，对冲交易对银行比较安全。因此，不同类型风险之间具有复杂的相互作用。

27.1.3 风险加总

一旦风险类别被合适地确定和度量，风险加总的下一步涉及将风险分布转化为同一货币计量下以及同一时期内，通常为一年。然而，通常情况下，市场风险的管理和度量期都较短，一般为一天。通常使用的转换方法是刻度增加，例如时间的平方根法则。这假设一年内风险状况恒定。然后风险分布可以在相同置信水平下以在险值（VAR）的形式进行总结。

下一步是将风险分布或者风险度量在不同风险因子间进行组合。理论上，不同类型风险之间的相互作用需要考虑。

实际上，现在许多银行都报告市场风险、信用风险和操作风险的 VAR 估计，并且简单地将这三个风险度量进行加总来得到银行总风险的估计。例如，J. P. 摩根估计它对市场风险、信用风险和操作风险所需的经济资本分别为 500 亿美元、150 亿美元和 90 亿美元，加总得 740 亿美元。然而，这个简单求和一般情况下高估了风险，因为它假设最坏的损失将在三种类型的风险中同时发生。①

另一种方法是使用固定的分散比例。这是一个对求和方法的简单延伸，但却可以受益。在前面的例子中，一个 20%的固定分散比例将经济资本从 740 亿美元降低到 590 亿美元。这个方法是简单粗略的，但是对各部分之间的真实相互作用并不敏感。

第三种方法是用**方差—协方差矩阵**（variance-covariance matrix）对风险度量赋予权重。这个方法相对简单和直观并且考虑了实际相互作用的变化。然而使用相关系数意味着是线性相关。通常情况下，银行假设市场风险和信用风险之间存

---

① 然而，并不总是这种情况。VAR 不是次可加的，如第 15 章所示。实际上，其他类型的风险更难度量，可能会产生总体的风险大于个体风险之和的情况。对于非常大的金融机构，流动性是个问题。正如长期资本管理公司那样，1 000 亿美元头寸变现的潜在损失要大于变现 10 个 100 亿美元头寸的损失之和。另外，声誉风险可能会从个体扩散并会影响整个公司的融资成本。

在高相关性，业务风险和其他风险之间存在较低的相关性，操作风险和其他风险之间存在非常低的相关性。为了保留精度，相关系数通常四舍五入。

很少有银行尝试用技术更加复杂的方法，例如使用 copula 反映风险因子分布之间的相关性。这种方法更加灵活并且可以刻画非线性相关性，但是很难应用。这和**完全模拟法**（full simulation approach）相关，它可能是最灵活和最准确的方法，但是同样也需要最大的计算量。

27.1.4 资本的定义

这个加总提供了风险度量的框架。**经济资本**（economic capital，EC）定义为公司在一个特定时期和一个特定置信水平下能承受的最大损失。换句话说，EC 是一个代表公司分配用来自我保险的资本数量的 VAR 型度量。这应当反映了董事会和高级管理层的风险厌恶程度。

经济资本要和**准备金**（reserve）区分开。公司设立准备金的目的是预防期望损失。相反，资本是用来提供抵御非期望风险的缓冲。

在正常情况下，公司资产负债表上实际**股权资本**（equity capital）的数量应当超过经济资本。它同样也应当超过**监管资本**（regulatory capital），这是机构监管者所要求的，如果不满足要求公司可能会被关闭。

经济资本可以超过或者不超过监管资本。在前者的情况下，监管者不会绑定相关监管。然而在后者的情况下，公司被迫保留大量资本，这也要记入税收。由于资本监管者在全球范围内的不一致性，在其他国家具有较宽松的资本要求情形下，这将产生严重的竞争劣势。

27.1.5 单独和整体方法

金融集团的资本框架可以使用单独方法或者总体方法进行计算。在**单独方法**（silo approach）中，资本要求对每个风险或业务类别分别进行计算然后进行加总。单独方法应用到监管资本的计算。例如，考虑一个控股公司拥有一个银行和保险分公司。总体水平下的资本要求就是每个分公司的资本要求的和。

这有三个缺陷。第一，资本要求没有考虑分散化效应，在某些情况下可能过高或者过低。

第二，不同的监管者对相同的经济风险强加不一致的资本要求，这是低效率的并且可能导致监管套利。就像我们将要在第 28 章所看到的那样，《巴塞尔协议Ⅱ》对商业银行的交易和银行账户上的信用违约互换（CDS）强加了不同的资本要求。因为在交易账户上的资本要求较低，这就导致大量的 CDS 从银行账户转移到交易账户上，这并不意外。同样地，资本要求可能对于商业银行或保险公司的相同风险不一样。

第三个问题是一些分公司可能会受制于较低或不一致的资本要求。最好的例子就是美国国际集团（AIG），获取政府 1 600 亿美元救助的美国保险公司。AIG 发现了监管系统的巨大漏洞，它的金融产品部（FP）出售 CDS 来担保价值 4 410 亿美元的证券，这导致了巨大损失。该部门的运营没有进行有效的监管但却依附于一个大型稳定的保险公司。[①] 这个监管漏洞被近期签订的《多德-弗兰克华尔街改革和消费者保护法案》所弥补，该法案建立了一个**金融稳定监管委员会**（Financial Stability Oversight Council），对可能造成金融系统风险的机构进行监管，并遵从了美联储关于监管缺失将产生系统性风险的假设。

相反，全面经济资本可以用**整体方法**（integrated approach）进行计算。这需要在三个水平上进行加总。

1. 投资组合水平。例如这包括商业贷款是银行信用账户上的一部分（这就是投资组合）。

2. 业务单元水平。例如这包括一个银行部门的市场风险、信用风险和业务风险（这就是业务单元）。

3. 控股公司。例如这包括一家控股公司的银行和保险部门。

这个**建立模块**（building block）的方法在这三个连续的水平下加总风险。在一般情况下，最大的分散化收益在具有头寸数目最多并且相关性最低的投资组合水平中达到。分散化收益通常为 50%或者更多。分散化效应在下一个水平中就是很少的风险因子。银行的分散化收益通常在 20%左右，但保险公司更高一些，在 40%左右。最后，分散化在控股公司的水平中最低，在 5%到 10%之间。

27.1.6 一些说明

表 27.1 描述了德意志银行的全面风险管理经济资本的分析报告。该银行独立地估计一年内在 99.98%的置信水平下三种风险类型（市场风险、信用风险和操作风险）的最坏损失。市场风险包括交易风险以及银行账户上的风险，例如贷款和存款的利率风险。非交易市场风险通常是资产负债管理风险或者错误匹配风险。对于交易风险，通常用一天的 99%VAR 度量来推导经济资本的参数。

除了不同寻常的 2009 年，信用风险是德意志银行经济资本中最大的考虑部分，因为它是商业银行或国际银行潜在借贷能力的标志。市场风险通常是第二重要的风险。[②] 操作风险同样很重要，但由于近年来保险覆盖的增加其重要性已经减弱。

最近的调查证实这种风险排序在全球银行中被广泛使用。按照重要性的程度，首先是信用风险，然后是操作风险，最后是市场风险。[③] 相反，市场风险对于投资银行和人寿保险公司却是相对更为重要的。

---

① 事实上，AIGFP 由储蓄监督办公室（OTS）监管。OTS 已经证明监管这样大量并且复杂的行为是不起作用的。

② 在这种情况下，2009 年的增加值归因于对德意志邮储银行的收购，这花费了 43 亿欧元，增加了无法交易的市场风险。

③ A. Kuritzkes，T. Schuermann，and S. Weiner，“Risk Measurement，Risk Management，and Capital Adequacy in Financial Institutions”（working paper，Wharton，2003）.

该表同时表明，在 2000 年，该银行对风险类型的分散化效应没有进行估计。这假设了风险类型之间是完全相关的。随着时间的推移，该银行已经更新了它的风险模型。在 2009 年，总的经济资本的估计结果为 200 亿欧元。该银行拥有核心资本 340 亿欧元，远远超过了经济资本的估计值。①

然而，尽管这些模型表面上精致，但是仍然有很多局限。这些复杂的模型需要许多假设和简化处理，以及拟合分布和参数。这会产生模型风险。另外，由于置信水平很高，经济资本的估计必然不精确。有五个显著错误的经济资本报告更为荒唐，并且以它们隐含的精确性进行误导。金融报告从来没有提供任何有关风险数值精确性的信息。最后，这些度量假设所有的风险都已经被识别并恰当地度量。和第 1 章所讨论的一样，通常不是这种情况。总之，基于“未知的未知变量”的风险和定义一样，很难去度量。

表 27.1　　全面经济资本——德意志银行　　单位：百万欧元

分类	2009	2008	2007	2006	2005	2004	2000
(1) 信用风险	7 453	8 986	8 506	7 351	7 125	5 971	8 200
(2) 市场风险	2 515	8 794	3 481	2 994	3 042	5 476	3 700
交易	4 613	5 547	1 763	1 605	1 595	1 581	
非交易	7 902	3 247	1 718	1 389	1 447	3 895	
(3) 操作风险	3 493	4 147	3 974	3 323	2 270	2 243	2 800
分散化	(3 166)	(3 134)	(2 651)	(2 158)	(563)	(870)	
合计	20 295	18 793	13 310	11 509	11 874	12 820	14 700
实际核心资本	34 406	31 094	28 320	23 539	21 898	18 727	23 504

27.1.7　全面风险管理和价值增加

一般来说，**全面风险管理**（integrated risk management）是在一个整体框架内管理所有公司风险。它开始于确定所有主要风险并在加总的基础上对它们进行度量。

当然，公司的目标不应当是避免所有风险的发生而是在具有相对竞争优势的地方承担风险。其余的风险可以被对冲，特别是如果在外部资本市场进行对冲成本不高的话。这将会降低公司价值的波动率以及公司陷入金融困境的概率。另外，更加稳定的收入使公司可以经营更具价值的项目，这避免了当公司现金流紧张时无法融资问题的产生。

① 核心资本主要是股权资本，如第 28 章所述。

同时，单个的项目和业务应当结合它们对公司总风险的贡献进行评估。对公司风险贡献较大的项目应当用较高的可接受收益率进行惩罚。

因此，全面风险管理帮助引导公司承担核心风险，这些是可以增加公司价值的策略和业务风险，因为它比其他公司更为了解。相反，非核心风险需要释放到金融市场上。

例题 27.1　FRM 试题 2008——第 4－24 题

下列哪些关于经济资本和监管资本的说法是正确的？

Ⅰ. 监管资本通过确保银行系统中存有足够的资本来追求银行系统的健康和稳定。

Ⅱ. 经济资本是设计用来保持金融机构在特定置信水平下资金充足。

Ⅲ. 对于单个银行，经济资本总是低于监管资本。

Ⅳ. 经济资本的决定以及对不同业务单元的分配是一个策略决定过程，它会影响业务单元和银行整体的风险/收益表现。

(a) Ⅱ和Ⅳ。

(b) Ⅰ、Ⅱ、Ⅲ和Ⅳ。

(c) Ⅰ、Ⅱ和Ⅳ。

(d) Ⅰ和Ⅳ。

例题 27.2　FRM 试题 2009——第 7－9 题

Tower 银行计算经济资本和风险加总的方法的第一步是对单个风险因子估计单独的经济资本。在第二步中，银行基于各个风险因子所分配的经济资本数量加总风险，其中考虑了风险因子之间的相关性。下列变量哪一个不是加总风险中分散化效应的主要驱动因子？

(a) 风险头寸的数目。

(b) 投资组合的规模。

(c) 风险头寸的集中程度，或者它们在投资组合中的相关权重。

(d) 头寸之间的相关性。

例题 27.3　FRM 试题 2002——第 103 题

考虑一家银行，它希望拥有一笔资本来吸收基于 1%置信水平下全面 VAR 的非期望损失。它通过加总市场风险、操作风险和信用风险的 VAR 来度量总体 VAR。这个风险度量使得该银行拥有过低的资本是因为：

(a) 它没有考虑风险之间的相关性。

(b) 它忽略了市场风险、操作风险和信用风险以外的风险。

(c) 它错误地使用 VAR 来度量操作风险，因为操作风险事件是稀有事件。

(d) 加总 VAR 没有意义。

例题 27.4　FRM 试题 2006——第 109 题

大银行通常会将风险资本分配给信用风险、操作风险和市场风险。下列关于不同风险类型风险资本分配量的排序哪一个是正确的？

(a) 市场风险比信用风险需要更多的风险资本。

(b) 信用风险比市场风险需要更多的风险资本，市场风险比操作风险需要更多的风险资本。

(c) 市场风险比操作风险需要更多的风险资本，但比信用风险需要更少的风险资本。

(d) 信用风险比操作风险需要更多的风险资本，操作风险比市场风险需要更多的风险资本。

例题 27.5　FRM 试题 2005——第 33 题

交易对手 A 是一家美国在印度尼西亚的制造业公司，它的主要客户在美国，而交易对手 B 是一家美国国内制造业公司，它的产品只出口印度尼西亚。下列哪一个交易对手的交易会产生对于银行的错误交易风险暴露？

(a) 一个在交易对手 A 和银行之间的 5 年期 IDR/USD 外汇互换交易，银行是 USD 利率的收取者。

(b) 一个银行出售给交易对手 A 的 5 年期 IDR/USD 外汇期权，交易对手 A 拥有以确定汇率购买 IDR 的权利。

(c) 一个在交易对手 B 和银行之间的 5 年期 IDR/USD 外汇互换交易，银行是 USD 利率的收取者。

(d) 一个银行从交易对手 B 处购买的 5 年期 IDR/USD 外汇期权，银行拥有以确定汇率购买 IDR 的权利。

例题 27.6　FRM 试题 2008——第 4 - 29 题

你的银行计算市场风险的一天 95%置信水平的 VAR，计算操作风险一年 99%置信水平的 VAR，计算信用风险一年 99%置信水平的 VAR。度量结果分别为 1 亿美元、5 亿美元和 10 亿美元。操作风险定义为包括除市场风险和信用风险外所有的风险，这三个风险类别彼此不相关。市场风险假设收益率服从正态分布，并且银行希望在一年内成功保持它的市场风险 VAR。你的老板希望你得出公司整体 VAR 在 1%水平下的最优估计。在以下选择中，你的最优估计为：

(a) 17 亿美元。

(b) 19.4 亿美元。

(c) 2.5 亿美元。

(d) 在已知信息中无法对不同分布的风险进行加总。

27.2 最佳实务报告

金融危机的教训促使这个行业的最佳实务不断完善。20 世纪 90 年代前期，一些比较大的金融损失导致了监管当局对金融衍生品的监管威胁。

金融机构随后意识到，建立一套最佳实务体系以预防金融监管行为最符合其自身的利益。这就导致了 1993 年 7 月 G-30 报告的发表。1995 年巴林银行破产后的 7 月，英格兰银行发表了一个深度研究报告。与此相似，1999 年 6 月，交易对手风险管理政策小组（CRMPG）发表了一个报告，详细分析了 1998 年美国长期资本管理公司（LTCM）事件，该报告在 2005 年和 2008 年进行了更新。这些报告体现了建立最佳实务所需要的集体智慧的力量。

27.2.1 G-30 报告

G-30 组织是一个私立的非营利性组织，由来自私立或公共部门以及学术部门的高层代表组成。在 20 世纪 90 年代前期的金融衍生品危机之后，G-30 组织在 1993 年发表了一个报告，这个报告后来成为风险管理领域的里程碑文件。①该报告提出了 24 条行之有效的管理实践，我们将最重要的部分概括如下。

1. 高级管理人员的作用。交易商和最终用户在使用金融衍生品时，应该与董事会同意的整体风险管理方法和所采用的资本策略相一致。衍生品使用的策略应该界定清晰，并包括交易目的等内容。高级管理层应批准执行这些策略的程序和控制措施。任何管理层都要执行它们。

2. 度量市场风险。交易商应该使用一个稳定的测量手段，每日计算其衍生品头寸的市场风险，并与市场风险的限额进行比较。市场风险的最佳度量方式是"在险值"，利用基于通用的置信区间和时期的概率分析。

3. 压力模拟。交易商应该定期进行模拟，以决定在压力条件下其投资组合会如何表现。

4. 独立的市场风险管理。交易商应该有一套独立权威的市场风险管理程序，以确保下列职责被有效执行：风险限额、压力测试、收入报告、VAR 事后测试、定价模型的评价和调试过程。

5. 独立的信用风险管理。交易商和最终用户应该有一套明确独立性和权威性的信用风险管理程序，能对衍生品进行分析，以实现：批准信用风险暴露的度量标准，制定和使用信用限额，评价信用体系和信用风险的集中程度，评价和监管降低风险的过程。

这些建议强调需要建立一个"明确独立性和权威性"的风险管理程序。

27.2.2 英格兰银行关于巴林银行的报告

事实上，巴林银行倒闭的主要原因就是对这些基本原则或者职能分离原则的背离。尼克·里森控制着前台交易和后台系统，这样的组织结构使他能伪造交易账户，并将其损失隐藏在一个特定的账户里。

但是，英格兰银行发表的报告已经阐述了巴林银行的新教训。② 在这个报告中第一次提到了**"声誉风险"**（reputational risk）这一概念。声誉风险是指，由于公众负面观点而造成收益间接损失的风险。这种风险与整个事件造成直接财富损失是截然不同的。

① Group of Thirty，*Derivatives：Practices and Principles*（New York：Group of Thirty，1993）.

② Bank of England，*Report of the Board of Banking Supervision Inquiry into the Circumstances of the Collapse of Barings*（London：HMSO Publications，1995）.

英格兰银行的报告从这些危机中总结了一些教训：

1. 理解的职责。管理团队有责任去充分了解其管理的事务。后来，巴林银行的高级管理人员宣称，他们并没有完全了解自己业务的本质（这就相当于他们用金融精神分裂症这一概念来逃避责任，或者说，由于缺乏了解，他们就无须对金融损失负责）。

2. 权责清晰。必须清楚地确定每一种商业活动的责任。巴林银行具有矩阵型的组织结构，是根据产品和区域进行责任划分的，这就使得明确一个人的责任比较困难。

3. 相关的内部控制。内部控制包括清晰的责任分离，是任何一个有效的风险控制系统的基础。

4. 快速纠正缺陷。通过内部控制或者外部审计所发现的任何缺陷都应该得到迅速纠正。在巴林银行事件中，1994 年夏天的一份内部审计报告曾提到，缺少职责分离是巴林银行的一个突出缺陷，但是这些并没有引起巴林银行高层管理人员的注意。

27.2.3 关于 LTCM 的 CRMPG 报告

美国长期资本管理公司（LTCM）濒临破产的事件也给整个行业上了重要的一课。在这一事件之后，成立了交易对手风险管理政策小组（CRMPG），以加强涉及金融风险管理的实践。

CRMPG 由一些金融行业的高级从业人员组成，包括提供资金给 LTCM 的一些银行。整个行业因为允许 LTCM 建立高杠杆而受到批评。很显然的是，对于当前的风险暴露，LTCM 的贷款有完全的抵押，但对于潜在的风险暴露，就并非如此。事实上，正是出于对市场崩溃以及对潜在巨额损失的担心，促使纽约联邦储备银行组织了对 LTCM 的救援。

CRMPG 报告就此列出了一些建议，如下所示①：

1. 信息共享。金融机构应该从其交易对手那里获得更多的信息，特别是在涉及巨大的信用风险暴露时。这包括资本状况以及交易对手的市场风险。这些信息必须保密。

2. 杠杆、市场风险和流动性。金融风险经理应该对大的交易对手的风险监督得更好，主要关注杠杆、流动性和市场风险之间的相互作用。

3. 基于清算的风险暴露估计。当风险暴露很大时，基于市值得到的风险暴露信息，应该通过基于清算的定价来予以补充。这包括当前的以及潜在的风险暴露。

4. 压力测试。考虑到各个交易对手的风险集中以及清算头寸对市场影响的风险，金融机构应该对其市场和信用风险暴露进行压力测试。

① Counterparty Risk Management Policy Group, *Improving Counterparty Risk Management Practices* (New York: CRMPG, 1999).

5. 抵押。高杠杆机构的贷款需要抵押，同时需要考虑清算的成本。

6. 管理人员的责任。高级管理人员应该清楚地表示其对风险的承受程度，并通过潜在损失表现出来。风险经理的职能就是设计一个报告系统，使得高级管理人员能监控风险状况。

或许，经纪人从LTCM事件中得到的最大收获是市场风险和信用风险之间的关系。G-30报告建议建立市场风险和信用风险的识别程序，但是并没有探讨两者的结合问题。当LTCM濒临破产时，经纪人意识到，潜在风险暴露没有受到保护，而且他们的许多头寸与LTCM的头寸相似。如果LTCM违约（信用事件），经纪人也会因为市场风险损失数十亿美元。

风险经理得到的第二个教训是，需要对大的以及流动性差的头寸进行调整。LTCM还留给我们第三个教训，那就是由于VAR模型基于近期的历史数据，在一个崩溃的市场环境下，就不能预测可能的损失，所以金融机构应该进行系统的压力测试。这一点是显而易见的，因为VAR只能给出正常的市场环境下关于损失规模的一阶度量。

27.2.4 CRMPGⅡ和Ⅲ报告

CRMPG在第二份报告CRMPGⅡ中提供了更新。① CRMPGⅡ指出以前的建议大多已经投入实践。特别地，目前对基于清算的风险暴露价值调整的关注越来越多。然而，该报告指出市场的发展已经带来了新的风险，包括内嵌杠杆的信用产品的风险扩散，这降低了透明度。

为了应对从2007年开始的信用危机，CRMPG在CRMPGⅢ报告中给出了一些新的建议②：

1. 改进的公司管理。通过比较机构在金融危机中的各种忧虑，很明显地发现公司管理的文化越来越重要。在整个公司框架内倚重公平、沟通交流和合作的机构要比其他机构表现得更出色。同时，以短期利润为目标的激励系统是要以公司的金融稳定性作为代价的，好的激励系统需要基于机构的长期发展和风险容忍度。

2. 风险监管。金融机构需要监管资产基于净额和总额的集中性风险，以此来向上级管理层提供一致性的报告。

3. 估计风险态度。金融机构需要建立规范并且广泛的实际系统来估计它们对风险的态度，可以使用压力测试以及结合风险因子定量和定性分析的方法。

4. 重点关注风险传染。金融机构需要规范地评估风险传染的影响，或者通过区域的金融混乱表现出系统特征的联系。

---

① Counterparty Risk Management Policy Group，*Toward Greater Financial Stability：A Private Sector Perspective*（New York：CRMPG，2005）.

② Counterparty Risk Management Policy Group，*Containing Systemic Risk：The Road to Reform*（New York：CRMPG，2008）.

5. 加强监管。大型金融机构主要受到它们的董事会和官方监管机构的监管。由于这些金融机构的体系复杂，CRMPG 建议这两个部门举行年会来分享对机构的观点。

27.2.5 高级监管集团报告

2008 年，**高级监管集团**（Senior Supervisor Group，SSG）发表了一份对主要金融机构在风险管理实务上具有影响力的报告。[①] 一个显著的特征是它提出了风险管理实务质量的评价范围。在金融危机中许多金融机构的表现非常糟糕，而其他一些机构则相对较好。SSG 赢家和输家进行比较，总结在表 27.2 中。

表 27.2　　风险管理实务的不同

实务	赢家	输家
组织结构	● 合作	● 分化
商业模型	● 回避 CDO 和 SIV	● 暴露于 CDO 和 SIV
全面风险分析	● 在公司内共享信息	● 不主动在公司内讨论风险
估值	● 发展内部专业评级	● 依赖于信用评级
流动性管理	● 审查业务的流动性	● 不考虑或有的风险暴露
风险度量	● 定性和定量分析	● 局限的模型应用
	● 多种假设	● 仅仅参照评级为 AAA 的公司
	● 检测相关性	● 没有检测相关性

总体来说，损失最多的机构都具有一个分层的业务结构，高层做出的决定很少有反馈信息。高级管理层的策略是扩张结构化信用产品业务，持有和交易债务抵押债券（CDO），以产生利润。

然而，这些扩张伴随着糟糕的风险管理实务，例如几乎没有行业分析以及缺乏名义金额限制。另外，许多遭受损失的公司没有考虑资产抵押证券（ABS）和贷款头寸流水线的风险。这在银行证券化和出售前的储存或者临时存放都会产生风险。最后，输家具有暴露于产品输送**管道**（conduit）和**结构化投资工具**（structured investment vehicles，SIV）的大量风险，因为它们没有意识到它们制造的或有的流动性风险。[②] 结果，它们没有检查银行资产负债表上不同业务的潜

---

① Senior Supervisor Group，*Observations on Risk Management Practices during the Recent Market Turbulence*（Basel：BIS，2008）.

② SIV 和被称为“管道”的投资工具，在第 26 章有所介绍，有时被称为影子银行系统。和银行一样，它们投资类似贷款和 ABS 的资产并发行债务。因此，它们暴露于相同的流动性错配。然而，它们并不受到监管。在信用危机期间，许多银行不得不投资或担保这些需要支持的结构化投资工具，这进一步稀释了它们的资本。例如，在 2007 年 12 月，花旗银行宣布它将把价值 490 亿美元的 SIV 纳入它的资产负债表。

在损失，这些都鼓励了结构化信用产品的扩张。而组织结构弊端的存在又加剧了损失的严重程度，它阻碍了高层及时确定和加总风险。

在输家中，高级管理层通常对风险经理给出的警告信号置之不理。相反，在避免重大损失的公司，“风险管理具有独立性和权威性并且会经常和高级业务经理进行直接沟通”。它们的经理越来越多地使用量化技术来对风险进行评估。他们及时发现估值的反常并提早发出模型错误定价和市场环境改变的警告信号。

许多这样的机构没有发展它们自己关于这些复杂结构产品的估值模型，而一味地依赖信用评级。另外，它们没有考虑或有的风险暴露并且没有检查银行资产负债表上不同业务的潜在损失。这些机构盲目地应用模型，没有考虑它们的缺陷以及没有进行相关性的压力测试。预测的情景没有被高级管理层慎重考虑，因为它们被断定是不可能发生的。

总体上，SSG确定了赢家和输家之间四个全面风险管理实务的不同。

1. 有效的全面确定和分析风险。

2. 建立风险度量和管理相应的报告。

3. 结合独立和严格的评估实务的应用。

4. 有效地管理融资流动性和资本。

2009年，SSG提供了对第一份报告的更新。[①] 新报告称以前银行没有完全意识到发生的问题。现在部分是由于大量投资和风险管理经验的需求。在迟到的回应中：“很显然所有公司已经加强了风险管理部门的权威性并且增加了用于风险管理的资源。”这对风险管理业是个好消息。

另外，许多公司已经重新审视它们对“收入制造者”（例如交易员和投资银行家）的薪酬机制。当然，主要的目的还是吸引和留住人才。但即使如此，薪酬机制现在也已经和风险、流动性以及资本成本一起进行考虑。许多银行同时已经制定更长时间的延期薪酬计划，这可以帮助避免交易员只集中考虑短期收入而对银行制造长期风险的情况。一个典型的例子是CDO高级层次的保留部分，这相当于虚值期权的空头头寸。这些投资产生了日常收入，类似于出售期权获得的期权费，交易员可以从中拿到薪酬。然而，由此引发的罕见金融危机的成本却要由公司和纳税人来承担。最后，最新的SSG报告同样强调了在2008年发生的流动性风险，这在第26章进行了介绍。

例题 27.7　FRM 试题 2004——第 47 题

巴林银行的倒闭是一个缺乏控制下列哪种风险的典型案例？

(a) 流动性风险。

(b) 信用风险。

(c) 操作风险。

(d) 外汇风险。

---

① SSG，*Risk Management Lessons from the Global Banking Crisis of 2008*（Basel：BIS，2009）.

例题 27.8　FRM 试题 2008——第 4 - 34 题

根据 CRMPG Ⅱ报告和巴塞尔委员会，粗略的压力测试应当成为风险度量和风险管理的重要补充。为了改进压力测试的价值，公司应当考虑以下问题，除了

(a) 让风险经理定义并明确地表述公司的损失容忍水平。

(b) 确定可能产生投资组合损失的情景范围。

(c) 将压力测试情景按照潜在逆向冲击进行排序并评估相关情景发生的概率。

(d) 确保压力测试是可行的并使其与现有的风险模型框架相一致。

27.3　组织结构

为了更有效率，企业的组织结构必须反映有效的整体风险管理策略。图 27.1 显示的是一个典型的旧式商业银行的组织结构。

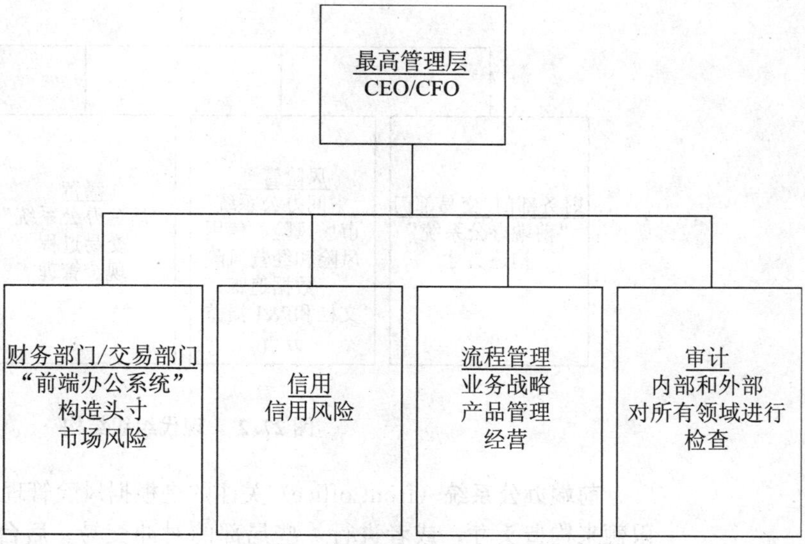

图 27.1　旧式组织结构

在这里，风险主要由业务流程来控制。风险经理批准交易、设定监管风险暴露限额并监控交易对手财务情况。财务部门和交易部门进行合适的交易和对冲。在这个部门中，风险经理负责度量和监管头寸的风险。流程管理主要制定业务和产品战略，同时也对经营进行控制。最后，外部和内部的审计功能对公司的业务进行独立的检查。

这种结构存在诸多弊端。最大的问题就是市场风险管理的结果向交易部门进行报告，违反了"独立风险管理"的原则。此外，独立流程之间风险管理的分散化不能考虑不同类别风险之间的相关性，从而导致协同性的欠缺。例如信用风险经理可能会倾向于使用那些能够把信用风险转化为操作风险的金融工具，因为操作风险是由其他风险经理管理的。信用风险和市场风险相互影响的情况（如

LTCM公司的案例）可能也会被忽略，这样一来，不同业务流程的模型和数据相互矛盾就不可避免了。

为了保持独立性，风险经理不应该向交易部门而应该直接向最高管理层报告。理想的风险管理模式应该具有公司整体的功能，包含市场风险、信用风险和操作风险。这样的结构可以避免风险从一个容易度量的领域向其他领域转换，同时可以全盘考虑不同类别风险之间的相互作用。

机构的组织结构应当体现管理功能的分散化和风险管理的独立性这些管理思想。图 27.2 所描述的流程图就是这样一种结构，其最重要的方面就是风险管理部门独立于交易部门之外。

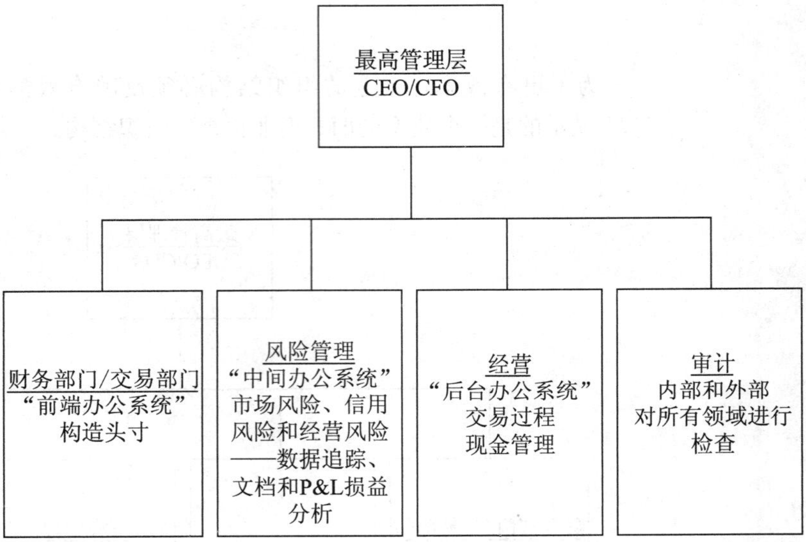

图 27.2　现代组织结构

前端办公系统（front office）关注的是根据风险管理设定的头寸限额和 VAR 限额来构造头寸，或者进行一些局部的对冲交易。**后台办公系统**（back office）关注的是交易过程和现金管理的协调。这里的**中间办公系统**（middle office）具有一些扩展功能，其中包括风险度量和控制。

首席风险官（chief risk officer）的责任是：

1. 建立风险管理策略、方法以及与整体风险管理策略一致的程序。
2. 检查和改善用于定价和度量风险的模型。
3. 从全局的角度度量风险、控制风险暴露和风险因子的变动情况。
4. 加强对交易员风险限额的管理。
5. 与高级管理层沟通风险管理的结果。

总的来说，应该建立首席风险官的集中风险管理机制，需要向管理层报告的事项应该包括市场风险管理，即控制交易账户的风险；信用风险管理，即控制银行和交易账户的风险；操作风险管理，即控制操作风险；以及整个体系的全面风险管理。许多先进的机构现在都采用了这个CRO模型。[1]

例题 27.9　FRM 试题——最佳实务报告

什么时候让交易员直接处理会计账目是谨慎的？

(a) 从来都没有。

(b) 当公司的高级管理层和董事会知道并根据一些例外条例允许这样的行为存在的时候。

(c) 当公司的审计控制程序是按照一个通行的原则进行来确保没有违反监管规定的时候。

(d) 只有当人员周转时需要交易员加入会计部门，直到招收并培训新的人员。

例题 27.10　FRM 试题 2005——第 17 题

下列哪一项不适合作为风险管理的实务并且不适合控制资产超过 1 亿美元的金融机构？

(a) 公司董事会制定实施的公司监管机制是由外部审计机构提供的。

(b) 公司董事会要对批准风险限额以及风险管理政策负责。

(c) 高级管理人员需要对公司的每日活动负责，建立合适的风险管理和控制政策，监管公司的风险暴露。

(d) 高级管理人员需要对建立每个层次控制程序的书面文件负责。

27.4　控制交易员

27.4.1　对交易员的补偿

对交易员的补偿结构也应该仔细设计。通常交易员会得到一个与他们业绩直接挂钩的奖金，例如如果利润为正，奖金为利润的 20%。注意，这个补偿合约的设计像期权一样是非对称的。如果交易员的业绩很好，那么他可能很年轻就成为百万富翁。如果交易员出现亏损，那么他仅仅是被辞退。在很多情况下，由于这时他已经具有丰富的"经验"，他通常能够轻松地找到另外一份工作。

这样一个补偿机制的设计是为了吸引那些最优秀的人从事交易，缺陷在于交易员作为一个期权多头，会倾向于通过提高头寸的风险来增加这个期权的价值。很显然，这种行为对公司并不是最佳的。

这种提高风险的趋势可以通过许多方式得到控制：

1. 通过调整补偿合约的结构使得交易员的利益和公司的利益能够更好地结合在一起（例如以公司的股票支付奖金或者根据更长时间的业绩制定考核标准）。

2. 从交易利润中减去一个基于风险的资本要求金额，如 RAROC 系统。

---

① 最近的报告显示金融机构 90%的调查样本都拥有 CRO。参见 Capital Markets Risk Advisors，*Risk Governance：A Benchmarking Survey* (New York：CMRA，2010)。

3. 任命一个独立的风险经理。

最后，最新的监管变化将对金融机构的补偿进行限制。

为了更有效率，最关键的一点在于对风险经理的补偿结构应该与交易员的业绩无关，但同时也应该确保对风险经理的补偿能够吸引优秀的人才从事这项工作。

27.4.2 交易员限额

在某种程度上，通过改变对交易员的补偿就能够较好地管理风险。另外，设定限额也能够控制风险。限额可以分为事后限额和事前限额两种。前者是指止损限额，后者包括风险暴露或 VAR 限额。

止损限额（stop-loss limit）是指当交易员已经累积了一定的损失之后对他们的头寸设定限额。由于这种设计是事后限额，所以不能阻止损失的发生。这种限额的目的是试图阻止那些出现损失的交易员通过“双倍下注”来弥补损失，即投入更多的资金以希望未来能够得到足够多的收益来弥补之前的一系列损失。当市场出现惯性的时候，如果不调整头寸就会出现更大的损失，此时这些限额同样也能起到减少亏损的作用。

风险暴露限额（exposure limit）系统性地作用于所有交易员，它是一种在损失发生之前就对其进行控制的方式，并以名义金额、久期或其他风险暴露度量来表示。例如，一个日元交易员的最大头寸可能设定为 1 000 万美元。这些限额的设定通常要考虑一个部门能够承担的最大损失，以及风险因子的极端变动情况。

这些限额的问题在于它们没有考虑市场风险的分散化或变动情况。另外，对于某些复杂的金融产品，名义金额不能代表最大的损失程度，这时就会产生头寸限额“套利”，此时交易员只是遵守了限额的表面规定，而没有遵守限额的精神。例如，一个交易员的限额可能是名义金额为 1 000 万美元、到期日不超过 5 年的票据。通常，这样的资产的久期是 4 年。设定这样的限额的目的是为了控制利率风险暴露。但是交易员可以通过投资于久期为 12 年的反向浮动票据来绕开这个限额规定。

VAR 限额（VAR limit）现在正成为传统限额较为常见的补充。它关注的是风险的分散化和时间的变化。同样的风险构造可以用来进行压力测试限额，基于一系列情景。在实践中，VAR 限额同样也会受到套利活动的影响，所以常常与风险暴露限额结合在一起使用。交易员可能会利用风险模型的弱点来进入风险估计值低的相关头寸。

例题 27.11 FRM 试题 2002——第 132 题

下列哪一项不是一个雇员同时在交易部门和后台部门工作的问题？

(a) 该雇员获得更多的报酬，因为他同时干两份工作。

(b) 该雇员在交易过程中可能会掩盖交易失误。

(c) 该雇员可能会掩盖他账户的规模。

(d) 该雇员的公司可能不了解其真正的风险暴露。

例题 27.12　FRM 试题 2000——第 69 题

下列哪些策略可以降低操作风险?

Ⅰ. 负责交易的人应该履行清算和会计的功能。

Ⅱ. 为了评估当前头寸的价值，价格信息应该由外部资源得到。

Ⅲ. 对交易员的补偿机制应该直接与年度收入相联系。

Ⅳ. 交易票据需要由交易对手确认。

(a) Ⅰ和Ⅱ。

(b) Ⅱ和Ⅳ。

(c) Ⅲ和Ⅳ。

(d) Ⅰ、Ⅱ和Ⅲ。

例题 27.13　FRM 试题 2007——第 36 题

为了控制交易员承担的风险，你的银行将对交易员的补偿和他们的交易账户对 VAR 限额的遵守情况联系在一起。为什么你的银行对每个交易员基于 VAR 的补偿机制如此谨慎?

(a) 它鼓励交易员选择风险估计较高的头寸，这会导致 VAR 限额的低估。

(b) 它鼓励交易员选择风险估计较高的头寸，这会导致 VAR 限额的高估。

(c) 它鼓励交易员选择风险估计较低的头寸，这会导致 VAR 限额的低估。

(d) 它鼓励交易员选择风险估计较低的头寸，这会导致 VAR 限额的高估。

27.5　已调整风险业绩和 RAROC

27.5.1　风险资本

风险度量在业绩评估中有很深远的应用。过去，业绩评估有一些标准，例如**资产收益率**（return on assets，ROA)，这一指标为相关的资产账面价值调节利润。或者**股本收益率**（return on equity，ROE)，这一指标为相关的股本账面价值调节利润。尽管这些评估指标很容易计算，但是它们具有缺陷，因为它们忽略了风险因素。因此这些评估指标可能导致危险的行为，例如盲目扩大市场和业务范围，尽管这样的期望收益率很高，但是风险也非常高。

风险经理现在拥有工具来控制这些行为。他们可以用所有风险类别（市场风险、信用风险和操作风险）所需的经济资本来评估总体风险。这一资本也被称为**风险资本**（risk capital)，其基础是高置信水平下的在险值（VAR)。

掌握这一信息之后，机构便可以对业务种类做出更充分可靠的决定。每种行为都应当提供充分的利润以补偿所产生的风险。因此，产品定价不仅应当考虑期望损失，还应该考虑补偿风险资本的报酬。

这就是**资本已调整风险收益率**（risk-adjusted return on capital，RAROC）指标的本质。RAROC 是美国信孚银行在 20 世纪 70 年代末期提出来的。对于处在不同风险情况行为中的交易者如何进行评估，这一问题让银行面临困境。

27.5.2 已调整风险业绩度量

RAROC 属于**已调整风险业绩度量方法**（risk-adjusted performance measures，RAPM）的范畴。例如，假设有两个交易商，一个是外汇交易商，另一个是债券交易商，他们各自在去年获得了 1 000 万美元的利润。问题是，我们如何来比较他们的业绩呢？这对于提供适当的报酬和决定将要扩张的业务种类是很重要的。

假定外汇交易商和债券交易商具有如表 27.3 所示的名义金额和波动率。债券交易商拥有更多的名义金额（2 亿美元），市场波动率较低（每年 4%），而外汇交易商拥有的名义金额为 1 亿美元，市场波动率为 12%。**风险资本**（risk capital，RC）可以按照 VAR 度量方法计算，例如一年 99%的置信水平，就像信孚银行所做的一样。假定在正态分布下，转换成外汇交易商的风险资本为：

$$RC=VAR=\$100\text{万}\times 0.12\times 2.33=\$2\,800\text{万}$$

而债券交易商的风险资本为 1 900 万美元。更准确地，信孚银行基于每周的标准差 σ_ω 来计算风险资本，即：

$$RC=2.33\times\sigma_\omega\times\sqrt{52}\times(1-\text{税率})\times\text{名义价值} \tag{27.1}$$

其中包含一个税率因素，用于决定税后所需的资金。

表 27.3 **计算 RAPM** 单位：万美元

	利润	名义金额	波动率	VAR	RAPM
外汇交易商	1 000	10 000	12%	2 800	36%
债券交易商	1 000	20 000	4%	1 900	54%

已调整风险业绩的计算方法是用美元利润除以风险资本：

$$RAPM=\frac{\text{利润}}{RC} \tag{27.2}$$

显示在最后一列。因此，由于债券交易商的行为要求更少的风险资本，他实际上比外汇交易商的业绩更好。更一般地，风险资本应当补偿信用风险、操作风险和任意风险之间的相互作用。

应当指出的是，本方法从一个独立的角度来考察风险。例如，使用每一个产品的波动率。从理论上来说，为了进行资本分配，应当在银行所有的投资组合环境中考察风险，并按照银行整体风险的边际贡献来度量风险。然而，在实践中，最好能向交易者收取可控风险的费用，这些可控风险指的是投资组合的波动率。

27.5.3 RAROC

RAROC方法是在交易或者业务的水平上实施的。在每种情况下，第一步是计算商业行为所需的**经济资本**（economic capital）。这包括市场风险、信用风险和操作风险。

RAROC如下定义：

$$RAROC=\frac{净利润}{EC}=\frac{期望利润-成本+k(EC)}{EC} \tag{27.3}$$

式中，净利润包括：（1）收入减去期望损失；（2）减去商业行为的所有成本；（3）减去金融成本；（4）加上经济资本的回报。

为了解释RAROC的计算，考虑一个面值为1 000百万美元的贷款组合，每年支付利率9%，即90百万美元。经济资本估计为75百万美元，投资于国债的收益率为6.5%，即4.9百万美元。因此，差额925百万美元由年利率6%的存款获取，导致的成本是55.5百万美元。该银行的操作成本是15百万美元。贷款的期望违约率为1%。RAROC为：

$$RAROC=\frac{90-55.5-15-10+4.9}{75}=19.25\%$$

这个数字可以用年度支撑贷款组合的股本期望收益率的形式来解释。这可以和公司的股本成本相比较。如果高于19%，这个计划给股东增加了价值并应当继续进行。

另一个角度是用CAPM进行比较。定义β_E为公司股本的系统风险，$\bar{R}_M$为市场风险溢价，R_F为无风险利率，经调整的RAROC（ARAROC）为：

$$ARAROC=\frac{RAROC-R_F}{\beta_E}>\bar{R}_M-R_F \tag{27.4}$$

这个计划可以接受。

例题 27.14　FRM试题 2006——第3题

ABC银行的一个风险经理已经拥有如下关于债券交易商和股票交易商的数据。假设收益率服从正态分布，一年内有52个交易周。ABC银行用99%置信水平的VAR计算它的资本（单位为百万美元）。

	税后利润	净账户市场价值	周波动率	税率
债券交易商	8	120	1.10%	40%
股票交易商	18	180	1.94%	40%

计算债券交易商的已调整风险业绩度量（RAPM）。

(a) 25.24%。

(b) 36.08%。

(c) 60.15%。

(d) 84.92%。

例题 27.15　FRM 试题 2006——第 4 题

继续使用和上一题相同的数据，下列关于股票交易商的说法哪些是正确的?

Ⅰ. 股票交易商基于 99%置信水平的年税后 VAR 为 3 320 万美元。

Ⅱ. 用 RAROC 比较这两个交易商，股票交易商的业绩高于债券交易商。

(a) 只有Ⅰ。

(b) 只有Ⅱ。

(c) 全部。

(d) 都不正确。

例题 27.16　FRM 试题 2007——第 124 题

你工作的银行使用 RAROC 模型。该 RAROC 模型用每年期望净收入与每年 VAR 的比率来度量每个特别的商业行为。你要估计 500 百万美元贷款业务的 RAROC。平均利率为 10%。所有贷款具有相同的违约概率 2%和违约损失率 50%。操作成本为 10 百万美元。业务的投资成本为 30 百万美元。RAROC 用贷款业务的信用 VAR 来估计，在这种情况下为名义金额的 7.5%。经济资本的投资收益率为 6%。那么 RAROC 为多少?

(a) 19.33%。

(b) 46.00%。

(c) 32.67%。

(d) 13.33%。

27.6　重要公式

经济资本 (RC)：$RC=VAR$

已调整风险业绩度量 (RAPM)：

$$RAPM=\frac{\text{利润}}{RC}$$

资本已调整风险收益率 (RAROC)：

$$RAROC=\frac{\text{期望利润}-\text{成本}+k(EC)}{EC}$$

27.7　例题解答

例题 27.1　FRM 试题 2008——第 4~24 题

(c) 所有的选项都是正确的，除了选项 c，即经济资本必须总是低于监管资本。

这是太笼统的说法。这两个度量不一定是相关的，即使目标是拥有对风险更为敏感的资本要求。

例题 27.2　FRM 试题 2009——第 7－9 题

(b) 一个投资组合通常在有很多头寸、头寸规模不大并且头寸之间相关性低的时候是非常分散的。因此选项 a、c 和 d 涉及了分散化的驱动因子。相反，风险度量关于投资组合的规模是一致的。将所有头寸规模加倍也就加倍了整个投资组合的风险。

例题 27.3　FRM 试题 2002——第 103 题

(b) VAR 可以用不同类型的风险加总进行计算，但是这会提供保守的资本估计，因为分散化效应被忽略了。因此选项 a 应该使银行拥有过多资本。选项 c 不正确是因为稀有事件可以用操作风险 VAR 进行估计。最有可能的是，该银行对其他风险类型拥有的资本比这三种风险类型的度量低得多。

例题 27.4　FRM 试题 2006——第 109 题

(d) 对于大多数全球银行，风险重要性排序是，第一是信用风险，然后是操作风险，最后是市场风险。

例题 27.5　FRM 试题 2005——第 33 题

(c) 这是一个错误交易的例子，银行在金融工具上的收益会伴随着其交易对手的高违约率。如果 IDR 贬值，交易对手 A 会获得收益，因为它的成本会随着美元升值而降低。对于交易对手 B 就恰好反过来，因为它的美元收入会下降。在选项 c 中，公司支付 USD 并收取 IDR。这个交易会在 IDR 贬值时发生损失。在这种情况下，公司 B 会在出口上发生损失。因此，这是一个错误交易。

例题 27.6　FRM 试题 2008——第 4－29 题

(c) 首先，我们将 95%置信水平的每日 VAR 转换成和其他具有相同参数的水平。在正态分布假设下，$VAR_{MKT}=\$100\times(2.326/1.645)\sqrt{252}=\$2\,245$。我们接着将三个 VAR 通过平方和的开方进行加总，即 $VAR=\sqrt{\$2\,245^2+\$500^2+\$1\,000^2}=\$2\,458$。

例题 27.7　FRM 试题 2004——第 47 题

(c) 巴林银行的倒闭要归因于过程上失败的操作风险。交易员尼克·里森曾经控制了公司的后台部门。

例题 27.8　FRM 试题 2008——第 4－34 题

(a) 业务经理或者董事会成员应当去定义风险容忍水平，而不是风险经理。

例题 27.9　FRM 试题——最佳实务报告

(a) 正如一位风险经理所说的，这就是一个“从来没有”意味着“绝对从来没有”的例子。允许交易员自行对他们的利润和损失制定会计报表绝对会导致灾难。

例题 27.10　FRM 试题 2005——第 17 题

(a) 控制政策也需要内部审计部门来确认。

例题 27.11　FRM 试题 2002——第 132 题

(a) 选项 b、c 和 d 都会导致交易员发生损失并对其进行掩盖的情况。选项 a 不是问题。

例题 27.12　FRM 试题 2000——第 69 题

(b) 说法Ⅰ违背了功能分离的原则。说法Ⅲ可能会造成交易员承担过多风险的问题。说法Ⅱ建议使用外部资源对头寸的价值进行评估，因为交易员可能会影响内部的价格数据。

例题 27.13　FRM 试题 2007——第 36 题

(c) 交易员可能会进行 VAR 套利，试图发掘 VAR 度量的缺陷。在 VAR 限额下，他们可能会寻找 VAR 估计较低的头寸，在这种情况下 VAR 限额的作用将大打折扣。

例题 27.14　FRM 试题 2006——第 3 题

(c) 99%置信水平 VAR 为 $2.33\times1.10\%\times\sqrt{52}\times(1-40\%)\times\$120=\$13.3$ 百万。因此 $RAPM=8/13.3=60.1\%$。

例题 27.15　FRM 试题 2006——第 4 题

(d) 股票交易商的 VAR 为 $2.33\times1.94\%\times\sqrt{52}\times(1-40\%)\times\$180=\$35.2$ 百万，因此说法Ⅰ不正确。其 RAPM 为 18/35.2，即 51.1%，比债券交易商差，因此说法Ⅱ也不正确。

例题 27.16　FRM 试题 2007——第 124 题

(a) 首先，我们计算分子。净收益为减去期望损失的收益，即 $\$500\times[10\%-2\%(1-50\%)]=\$45$。接着，我们计算经济资本，即 $\$500\times7.5\%=\$37.5$。我们还要加上经济资本的回报，即 $\$37.5\times6\%=\$2.25$。然后再从中减去操作和投资成本，即 $\$47.25-10-30=\$7.25$。最后我们除以 \$37.5，得到 19.33%。

第 28 章 《巴塞尔协议》*

1988 年 7 月 15 日**巴塞尔银行监督委员会**（Basel Committee on Banking Supervision，BCBS）签订的**《巴塞尔资本协议》**（Basel Capital Accord，简称《巴塞尔协议》）是国际商业银行监管具有里程碑意义的金融协议。[①] 它第一次确立了国际活跃银行抵御金融风险所必须持有资本的最低水平。

这个协议称为**《巴塞尔协议Ⅰ》**（Basel Ⅰ），基于相关的简单规则建立了抵御信用风险的资本要求。1996 年加入了抵御市场风险的资本要求。

2004 年 6 月，协议经历了一次基本的修订，建立了对风险更为敏感的资本要求并且增加了抵御操作风险的资本要求。操作风险资本要求在第 25 章进行了介绍。这个新资本协议称为**《巴塞尔协议Ⅱ》**（Basel Ⅱ）。

2007 年开始的信用危机揭示了当前监管框架的严重缺陷。这引发了再次修订协议的呼吁，这就是所谓的**《巴塞尔协议Ⅲ》**（Basel Ⅲ）。BCBS 在 2009 年 7 月讨论了主要关于资本要求扩充的决议，并于 2010 年 9 月最终达成一致。

巴塞尔委员会规定了广泛的监管标准但这并不意味着它具有法律效力。尽管如此，《巴塞尔协议》已被超过 100 个国家的银行在不同的时间和应用领域上采

* FRM 考试第二部分的主题。

① 巴塞尔委员会（BCBS）是由 10 国集团的央行行长在 1974 年发起成立的。它现在包括大约 30 个国家成员，一年在瑞士的巴塞尔召开 4 次会议，由国际清算银行（BIS）主办。BCBS 有时也被称为 BIS，但是两者是不同的实体。

纳。例如，美国的金融监管者只将《巴塞尔协议Ⅱ》适用于美国的大银行，而与之相反，欧盟通过**资本充足率条例**（Capital Adequacy Directive）将《巴塞尔协议Ⅱ》纳入欧盟法律，对所有的欧洲银行都适用。

28.1 节概述《巴塞尔资本协议》的主要内容。28.2 节转向讨论资本的定义。28.3 节详细介绍《巴塞尔协议》最初的资本要求，主要介绍信用风险。28.4 节以花旗银行为例，说明资本充足率的具体作用。29.5 节讨论最初制定的《巴塞尔协议》的不足并介绍《巴塞尔协议Ⅱ》和《巴塞尔协议Ⅲ》的主要内容。28.6 节讨论了市场风险资本要求。最后，28.7 节给出了资本监管要求的一个综述。

28.1 《巴塞尔协议》的发展过程

28.1.1 《巴塞尔协议Ⅰ》

1988 年的《巴塞尔协议》在 1992 年开始执行，最初目的是为商业银行设定一个最低的风险资本要求。它的主要目标是提高全球金融系统的安全性和稳定性，也为国际银行提供一个统一标准的公平竞争的环境。这个以风险为基础的资本要求（risk-based capital charges）粗略地对风险较大的资产设立了一个更高的惩罚型资本要求。《巴塞尔协议》应用到国际活跃的商业银行中，这些银行的失败会导致全球的系统风险。由当地监管机构决定是否应用到小型的本国银行中。

最初，1988 年《巴塞尔协议》仅仅考虑了信用风险。《巴塞尔协议Ⅰ》设立了用**风险加权资产**（risk-weighted assets，RWA）的一定比率来表示的最低资本要求，RWA 包括银行的表内和表外业务，使用不同的风险权重来对各种资产的信用风险进行粗略分类。资本包括表内的股权账面价值和其他类似次级债的调整权益价值。设定这个资本的目的是为了抵御那些不可预测的金融损失，较高的资本可以降低破产的概率，以保护存款者和整个金融市场。

28.1.2 1996 年资本协议修正案

1996 年巴塞尔委员会修正了资本协议，增加了市场风险。这样做的原因是许多银行增加了它们的资产交易行为。这个修正案于 1997 年底开始施行，设立了市场风险资本要求。银行既可以使用标准化模型，也可以使用基于银行自身风险管理系统的**内部模型法**（internal models approach，IMA）。

修正案把银行的资产分成两类，即交易账户和银行账户。**交易账户**（trading book）是指那些银行有意短期持有准备再出售的金融工具组合，通常采取盯市结算制度。**银行账户**（banking book）包括其他金融工具，主要是持有到期的贷款，通常采取历史成本结算制度。

1996 年修正案为（1）交易账户的市场风险和（2）银行账户的货币和商品风险设立了资本要求。作为交换，信用风险资本要求去掉了交易账户的债券和股票以及商品头寸的信用风险资本要求。同以前相同，修正案仍然包括所有交易账户和银行账户内的 OTC 衍生工具。

28.1.3 《巴塞尔协议Ⅱ》

自从 1988 年《巴塞尔协议》签订以后资本市场发生了很多变化。最初的信用风险资本要求越来越跟不上市场的发展，更为糟糕的是它促使一些银行采用了不安全的行为。

2004 年 6 月，巴塞尔委员会发表了一份对《巴塞尔协议》的最终修订。从 2007 年开始欧盟将《巴塞尔协议Ⅱ》适用于所有的欧洲银行，并从 2008 年开始使用一些高级的方法和模型。美国的金融监管者只将《巴塞尔协议Ⅱ》适用于一小部分大银行，其他的银行仍采用初始的《巴塞尔协议》，因为初始的《巴塞尔协议》相对较简单。《巴塞尔协议Ⅱ》从 2008 年开始在美国实行，这经历了三年的转型期，美国金融监管者在转型期内逐步修改适用的规则。

新资本协议基于**三大支柱**（three pillars），并相互补充：

● 支柱 1：最低资本要求。这个资本要求覆盖信用风险、市场风险和操作风险。与 1988 年的资本协议相比，银行可以更广泛地选择计算风险资本要求的模型。BCBS 仍然试图保持全球银行系统的资本要求水平稳定，即为风险加权资产的 8%。

● 支柱 2：监管审查程序。相对于以前的框架，监管者承担了更多的责任。监管部门必须保证：

——银行具有适当的程序来确定自身的风险资本要求；

——银行切实地执行了上面规定的最低监管资本比率；

——当问题出现的时候，银行能够尽早地采取应对措施。

● 支柱 3：市场规则。《巴塞尔协议Ⅱ》强调了财务报表中风险披露的重要性。这些风险披露可以使市场参与者能够评价银行的风险状况以及它们资本头寸的充足情况。这个新框架列出了风险披露的要求以及参考标准。如果银行不能满足这些风险披露要求，那么就不具有使用内部模型法的资格。因为使用内部模型法一般能够降低资本要求，这就激励了银行遵守风险披露规定。本质上，那些更依赖内部模型法的银行就必须做到更加透明。

《巴塞尔协议Ⅱ》提出了能够更好度量信用风险的方法，一般来说它能够降低资本要求金额。为了保持银行资本要求的总体水平，新资本协议增加了**操作风险**（operational risk）的资本要求。银行需要持有足够的资本以超过**信用风险资本要求**（credit risk charge，CRC）、**市场风险资本要求**（market risk charge，MRC）和**操作风险市场要求**（operational risk charge，ORC）之和：

$$总资本 > CRC + MRC + ORC \tag{28.1}$$

和以前一样，信用风险资本要求是信用风险加权资产的8%。市场风险资本要求和操作风险资本要求用别的方法计算。

一般对于商业银行，资本充足率可以用下面的式子表示：

$$\frac{\text{总资本}}{\text{信用风险}+\text{市场风险}+\text{操作风险}}=\text{银行资本比率}>8\% \tag{28.2}$$

这里，分母中的后两项用市场风险资本要求（MRC）和操作风险资本要求（ORC）乘以（1/8%）=12.5来度量。例如，如果银行的风险加权资产为875美元，MRC=10美元，ORC=20美元，那么分母就应该等于875+[(10+20)×12.5]=1 250美元。于是该银行就不得不持有至少8%×1 250=100美元的资本来满足最低资本要求。换句话说，总的资本要求必须至少为8%×875+10+20=70+10+20=100美元。

图28.1总结了银行账户和交易账户的信用风险、市场风险和操作风险。银行还必须建立一个计算各个风险资本要求的方法清单，如表28.1所示。

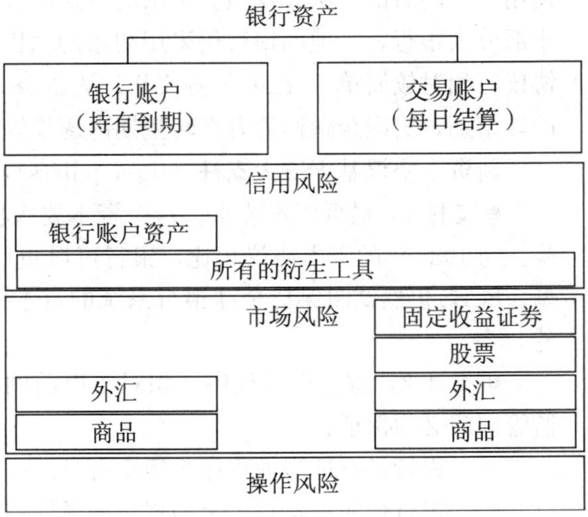

图28.1 《巴塞尔协议Ⅱ》的风险资本要求总结

表28.1 度量风险的方法清单

风险分类	可以采用的方法
信用风险	标准化方法（根据1988年《巴塞尔协议》） 内部评级初级法 内部评级高级法
市场风险	标准化方法 内部模型法
操作风险	基本指标法 标准化方法 高级计量法

我们需要注意支柱 1 省略了一些重要的银行风险。例如，银行账户上的利率风险就没有包括在内。银行要面对重新定价风险，这种风险起源于资产的期限、重新定价和责任之间的不同。例如，一家银行用短期存款进行固定利率的长期贷款，当利率增加时，银行就会遭遇重新定价风险。度量这种风险需要对存款的复杂特征和对贷款的预备支付进行建模。由于这些差异，各家银行度量和管理这种风险的方法也各不相同。因此巴塞尔委员会把这种风险列入支柱 2 中。金融机构需要认识到有必要持有更多的资本来应对许多类似的风险。

最后，新资本协议中也没有规定**流动性风险**（liquidity risk）的资本要求，这是因为这种风险很难被统一地度量。但是，巴塞尔委员会强调："流动性风险对任何银行的持续经营非常关键。"

28.1.4 最近的创新：《巴塞尔协议Ⅲ》

2007 年开始的信用危机揭示了当前监管框架的严重缺陷。一些表面上看起来资本充足的银行经历了重大损失，不得不依靠政府救助。相应地，巴塞尔委员会补充了《巴塞尔协议Ⅱ》框架下的资本要求。这个新协议（也就是《巴塞尔协议Ⅲ》）的目标是通过增加资本的数量、质量以及覆盖面来增强银行系统的稳健性。

2009 年 7 月，BCBS 修订了市场风险框架，增加了交易风险的资本要求，使其对于同样的金融工具在银行账面上的资本要求相一致。① 2010 年 7 月，BCBS 公布了增加的主要修订内容。②

1. 资本定义。可接受资本的组成的定义排除了在信用危机中无法表现出提供保护的一些成分。

2. 杠杆比率。BCBS 引入了对**杠杆比率**（leverage ratio）的限制。这是因为许多在《巴塞尔协议Ⅱ》下拥有充足资本的银行却由于它们的高杠杆而陷入困境。在正常情况下，杠杆比率定义为资产和权益的比率。例如，一家资产为 500 亿美元和权益为 10 亿美元的银行的杠杆比率为 50 比 1，倒过来，即杠杆资本率为 2%。这个度量不是风险敏感型的，因为它忽视了资产的质量和对冲的效用，但是它简单并且粗略。巴塞尔关于杠杆的定义包含了表外资产项目。当前的主要提议是最低杠杆资本率的要求是 3%，包含在 2018 年 1 月的一级资本中。

3. 流动性要求。在金融危机中，许多银行都努力保持足够的流动性。就像我们在第 26 章看到的那样，流动性在北岩银行的失败中起到了非常重要的作用。因此，BCBS 引入了全球最低流动性标准。它包括一个 **30 天流动性覆盖比率**（30-day liquidity coverage ratio，LCR），这将使得银行将资产变现以弥补流动性的环境趋紧。高质量资产 30 天内变现的比率必须高于 100%。另外还增加了一个

---

① BCBS，*Revisions to the Basel II Market Risk Framework*（Basel：BIS，2009）.

② BCBS，*Broad Agreement on Basel Committee Capital and Liquidity Reform Package*（Basel：BIS，2010），as well as BCBS，*Strengthening the Resilience of the Banking Sector*（Basel：BIS，2009）.

净稳定融资比率（net stable funding ratio，NSFR），这提高了资产和负债的匹配。它定义为可用来稳定融资的资产数量除以需要融资的数量，这个比率必须大于100%。北岩银行没有达到这个比率，因为它用不充分稳定的融资（长期债务）去投资长期资产（长期抵押贷款）。在一段观察期后，这个新的规则中的LCR有望在2015年1月实施，NSFR有望在2018年1月实施。

例题 28.1　FRM试题——市场风险的应用

为了计算监管要求的资本要求，哪类市场风险必须在银行的VAR计算中得到体现？

(a) 交易账户中与利率相关的风险，以及股票头寸风险。

(b) 交易账户中与利率相关的风险、股票头寸风险以及银行所有与外汇风险和商品风险相关的风险。

(c) 银行所有与利率风险、股票头寸风险、外汇风险和商品相关的风险。

(d) 只是交易账户中与利率风险、股票头寸风险、外汇风险和商品相关的风险。

28.2 资本的定义

28.2.1 《巴塞尔协议Ⅰ》和《巴塞尔协议Ⅱ》

1988年资本充足规定要求任何国际银行持有的资本都要大于总风险加权资本的8%。它根据合并后的报表应用于所有的商业银行。所以那些持有银行集团的控股公司也必须满足这个资本充足要求。

对资本度量的最初目的是了解银行的金融状态。在《巴塞尔协议》中，"资本"具有比权益资产的账面价值更为广泛的意义。因为它的关键作用是缓释吸收损失，保护债权人和存款人的利益，所以从效率的角度考虑，资本必须是永续的，它不能强制地规定成收益的一个固定比率，必须比存款人和债权人的权利等级更低。

《巴塞尔协议》确定了三种形式的资本。

1. 一级资本，或"核心"资本

一级资本（tier 1 capital）包括股权资本和公开储备，这大部分是税后的留存收益。这样的资本被认为是最好的风险缓释。

● **股权资本**（equity capital）包括公开发行完全支付的普通股以及不可赎回的非累积优先股。

● **公开储备**（disclosed reserves）是指股本溢价、留存收益以及一般储备。

● **商誉**（goodwill）通常是从账面股本中减去的。它是一个记入账面股本的会计指标，代表了购买价值超过账面价值的部分。由于它不代表任何可以缓冲风险的资本，因此它通常被省略。

由于信用危机的经历，对资本的狭义定义得到越来越多的关注。显著地，一

级核心资本（core tier 1 capital）排除了优先股。接着，**有形普通股权**（tangible common equity，TCE）排除了优先股和无形资产。无形资产是无法用金钱衡量的资产，例如专利和商标。

$$TCE = \text{股本} - \text{无形资产} - \text{商誉} - \text{优先股} \tag{28.3}$$

在美国，例如，商业银行同样面临一个最大杠杆要求，定义为减去无形资产和商誉的资产占 TCE 的比率。

2. 二级资本，或"补充"资本

二级资本（tier 2 capital）包括资产负债表中可以提供一定保护性的项目，但是它们最终必须被赎回或者包含未来收入的强制费用。二级资本包括：

- **非公开储备**（undisclosed reserves）或称为隐形储备，按照某些国家的会计制度这是被允许的。它们是指那些没有公开公布但已经反映在银行利润表中的储备。因为缺乏透明度，许多国家并不承认隐形储备的合法性，所以它们不能成为核心资本的一部分。
- **资产重估储备**（asset revaluation reserves），如银行长期持有的股票证券一般是以历史价格计价的，这些资本一旦按照市场价格进行重新计价后可以用来吸收损失。但是考虑到市场波动性以及一旦实现增值收益后可能需要交税，所以一般都要按照一定比率进行折扣。
- **普通准备金/贷款损失准备金**（general provision/loan loss reserves），它们是为了防备未来未确认的损失。它们也是**贷款损失补贴**（loan loss allowances）资金的结果，其是从未来利息收入减去可能发生的信用损失的部分。它们降低了一级资本中的留存收益，但某种程度上由于它们并没有确切降低某项资产的价值（这种情况下它们是"特殊的"），所以可以被认为是二级资本。普通准备金在《巴塞尔协议Ⅱ》中起到了特殊的作用。①
- **混合型债务资本工具**（hybrid debt capital instruments），它们结合了权益资产和债务的某些特征，当它们是无担保的、次级的和完全支付的证券时，可以作为补充资本，其中包括累积优先股。
- **次级定期债务**（subordinated term debt），它们是指最初期限大于 5 年，并在最后 5 年里的折扣率为 20%的债务。在发生清算时，次级债务的等级比其他债务的等级要低。

3. 三级资本，只针对市场风险

三级资本（tier 3 capital）包括到期日大于 2 年的短期次级债务，它们只能抵御市场风险。

不同级别资本的相对数量也有额外的限制。用于覆盖信用风险的 8%的资本要求其中至少有 50%为一级资本。此外，三级资本的金额不能超过用于抵御市场风险的一级资本的 250%（如果需要，二级资本可以替代三级资本）。还有一些其他的限制应用于不同级别资本中的具体项目。

---

① 当信用损失发生时，它们用这个准备金代替利润来抵御，这有助于平缓收入。

重要概念

巴塞尔资本充足率规则要求总资本（一级资本和二级资本）至少为风险加权资产（RWA）的8%。另外，一级资本至少为RWA的4%。当地监管机构可以施加更高的比率和附加的规则。

28.2.2 《巴塞尔协议Ⅲ》

《巴塞尔协议Ⅲ》的修正资本协议的主要目的是增加银行资本的水平和质量。它主要集中于**普通股权资本**（common equity capital），这是一级资本的部分但被视为是吸收损失的最佳资本。

2010年9月，BCBS同意增加普通股权资本要求到4.5%。一级资本从4%增加到6%。这些变化从2013年开始实行并将到2015年1月1日为一个阶段。总资本仍然保持在最低8%。

然而，BCBS同时增加了2.5%的**资本保留缓冲**（capital conservation buffer，CCB）。银行将允许在压力期间引入这个缓冲，但是将面临收入分配上的限制（例如分红和奖金支付）。这个缓冲将在2016年1月开始实行并在2019年1月1日全面生效。如表28.2所示，当全面生效时，将会将核心一级资本、一级资本和总资本的最低比率分别设定为7%、8.5%和10.5%。

在这个基础上增加的**反周期性资本缓冲**（countercyclical buffer）由0%到2.5%的普通股权资本组成，但要基于名义价值。资本缓冲的目的是在信用扩张可能产生风险时增加银行资本的数量。

表28.2 《巴塞尔协议Ⅲ》的年度资本要求（1月1日）包括资本保留缓冲（%）

资本	2010	2013	2014	2015	2016	2017	2018	2019
总共	8	8.0	8.0	8.0	8.625	9.25	9.875	10.50
一级资本	4	4.5	5.5	6.0	6.625	7.25	7.875	8.50
核心一级资本	2	3.5	4.0	4.5	5.125	5.75	6.375	7.00
CCB	0	0.0	0.0	0.0	0.625	1.25	1.875	2.50

《巴塞尔协议Ⅲ》引入了额外的资本限制作为一级资本的一部分。例如，海外子公司代表少数股东利益的股权资本部分不允许作为一级资本。其他不允许作为一级资本的部分还包括递延税务资产和抵押服务权益。最后，《巴塞尔协议Ⅲ》取消了三级资本。

注意到这些改变是被逐步引入的。这反映了这些改变将会导致私人信贷的冲突，这可能会对已经脆弱的经济产生负面影响。如果银行不能募集到足够的资本来满足这些新规则的要求，它们将会强制削减风险暴露，这将会限制信用扩张。

2010 年，许多大型全球银行已经拥有足够的核心一级资本从而可以在不考虑新的资本限制的情况下满足最低 7%的资本要求。它们预计保留收益将满足反周期性资本缓冲的要求。

重要概念

《巴塞尔协议Ⅲ》将核心一级资本的比例由2%增加到4.5%，加上2.5%的资本缓冲，一共7%，在2019 年1 月1 日开始生效。

例题 28.2　FRM 试题 2002——第 71 题

下列哪种说法是一级监管资本的最合适的定义？

(a) 股权资本、留存收益和公开储备。

(b) 次级债务和非公开储备。

(c) 股权资本和期限超过 5 年的次级债务。

(d) 长期债务和资产重估储备。

例题 28.3　FRM 试题 2007——第 53 题

考虑一家银行的资产负债表：(1) 普通股 600 000 000 美元；(2) 未变现的长期股票证券市值收益 5 000 000 美元；(3) 为可能发生的信用损失计提的准备金 5 000 000美元；(4) 商誉 30 000 000 美元。基于以上信息，一级资本和二级资本分别是多少？

(a) 595 000 000 美元，45 000 000 美元。

(b) 570 000 000 美元，10 000 000 美元。

(c) 600 000 000 美元，15 000 000 美元。

(d) 630 000 000 美元，20 000 000 美元。

例题 28.4　FRM 试题 2004——第 29 题

考虑一家银行的金融数据（以百万美元计）：股权资本 627.4，留存收益 65.6，非公开储备 33.5，商誉 21.3，次级债务 180.0，特别准备金 11.7。二级资本占一级资本的比例为：

(a) 30.81%。

(b) 31.78%。

(c) 33.53%。

(d) 34.03%。

28.3　《巴塞尔协议Ⅰ》的信用风险资本要求

我们现在转向《巴塞尔协议Ⅰ》下的信用风险资本要求。

28.3.1 表内项目的风险资本要求

我们首先考察银行资产负债表的表内资产，其中主要包括对大多数信用机构的贷款。理想的情况是，资本要求应该针对不同质量的资产设定不同的标准。

事实上，1988 年《巴塞尔协议》把资产分为 4 大类，分别设定不同的**风险资本权重**（risk capital weight），如表 28.3 所示。每 1 美元的风险加权资本暴露必须对应 8 美分的资本覆盖。

表 28.3　　不同类别资产的风险资本权重

权重	资产类别
0%	现金持有
	OECD 国家中央政府的债权
	以本国货币融资的中央政府的债权
20%	应收现金
	OECD 国家注册的银行以及受监管的证券机构的债权
	非 OECD 国家注册的银行剩余期限低于 1 年的债权
	多边开发银行的债权
	非本国的 OECD 国家公共机构的债权
50%	住宅抵押贷款
100%	私人部门的债权（公司债券，股票……）
	非 OECD 国家注册的银行剩余期限大于 1 年的债权
	不动产
	厂房和设备

这些分类对信用风险提供了一个极为粗略的划分，例如，对经济合作与发展组织（OECD）国家的中央政府的债权，如持有的美国国债，因为这些债权几乎不存在违约风险，所以风险权重设定为零。现金持有的风险权重也为零。在另外一个极端，对公司的债权，包括贷款、债券和股票，无论违约风险和贷款到期风险是多少，都设定 100%的风险权重。这代表了到期贷款的违约风险。

表内项目（BS）的**信用风险资本要求**（credit risk charge，CRC）就定义为：

$$CRC(BS)=8\%\times RWA=8\%\times\left(\sum_i RW_i\times 名义价值\right) \qquad (28.4)$$

式中，RWA 代表风险加权资产，RW_i 代表资产 i 的风险权重。

例题 28.5　FRM 试题——《巴塞尔协议Ⅰ》下的信用风险资本要求

一家《巴塞尔协议》框架下的银行向一家风险权重为 50%的公司提供了 1 亿美元的贷款，那么银行表内资产的基本信用风险资本要求是多少？

(a) 800 万美元。
(b) 400 万美元。
(c) 200 万美元。
(d) 100 万美元。

28.3.2 表外项目的风险资本要求

到 20 世纪 80 年代末，如果仅仅考虑银行的表内项目会忽略银行系统中一项重要的信用风险来源，这就是互换头寸暴露。第一笔互换业务发生在 1981 年。到 1990 年，互换头寸暴露的名义金额已经增长到 3.5 万亿美元，这是一笔非常大的数额，因此必须为互换的信用风险设立准备金。但是与贷款不同，这个名义金额不能反映损失的最大值。

为了计算这些**表外项目**（off-balance-sheet items）的风险资本要求，《巴塞尔协议》通过一个**信用风险换算系数**（credit conversion factors，CCF）计算出表外项目等价于贷款名义金额的"信用风险暴露"。协议将表外风险资产分为五类：

1. 贷款的代替工具（如担保、银行承兑汇票以及贷款和有价证券担保的备用信用凭证）具有 100%的权重（信用风险换算系数）。这样设定的原理就在于这些头寸暴露和贷款的性质一样。以**金融信用凭证**（financial letter of credit）为例，它是银行为某个客户设立的不可撤销的一笔资金。当这个客户遭受信用危机，那么他肯定会提取资金。与贷款相同，所有的名义金额都是有风险的。贷款的替代工具还包括具有追索权的资产出售，此时银行仍然要承担信用风险，以及购买远期资产。

2. 与交易相关的或有项目［如与特定交易相联系的履约保证或**商业信用凭证**（commercial letter of credit）］具有 50%的换算系数。这是因为履约信用凭证往往以一定的现金流收入作为保证，所以它们的风险要低于通常的金融信用凭证。

3. 与交易相关的短期自偿性负债（如以基础货物为担保的跟单信用凭证）具有 20%的换算系数。

4. 成熟期大于 1 年的信用承诺（如信用赊账），以及票据发行便利（NIF），具有 50%的信用换算系数。短期信用承诺或无条件承诺的换算系数为零。注意，这仅适用于未设立准备金的信用承诺，设立了准备金的信用承诺应该看作是一项贷款，计入到资产负债表中。在《巴塞尔协议Ⅱ》下，短期信用承诺的信用换算系数为 20%。

5. 其他衍生产品，如外汇、利率、股票和商品的互换、远期以及期权，因为它们的头寸暴露比较复杂，所以应当进行特殊规定。

对于前 4 类表外资产的资本要求，权重由信用换算系数或者信用风险暴露所替代，即

$$\text{信用风险} = \text{信用换算系数} \times \text{名义金额} \tag{28.5}$$

而对于最后一类衍生产品，信用风险暴露通过加总当前的**净重置价值**（net replacement value，NRV）和一个**附加价值**（add-on）来计算。增加的这个附加价值是因为考虑到衍生产品未来的**潜在风险暴露**（potential exposure）：

$$\begin{aligned}&\text{信用风险暴露}=NRV+\text{附加价值}\\&\text{附加价值}=\text{名义金额}\times\text{附加因子}\times(0.4+0.6\times NGR)\end{aligned}\tag{28.6}$$

这里的附加因子依赖于票期（即成熟期）以及合约的类型，如表 28.4 所示（NGR 将会在后面给出定义）。它粗略地考虑了信用风险暴露的最大值，正如我们在前面看到的，这取决于风险因子的波动率和成熟期。我们知道，商品的波动率最高，其次是股票、外汇和固定收益工具。这就解释了为什么外汇、股票和商品互换的附加因子大于利率工具的附加因子，而且会随着成熟期的增加而增加。

表 28.4　　潜在信用风险暴露的附加因子

剩余期限（票期）	合约				
	利率	汇率/黄金	股票	贵重金属	其他商品
<1 年	0.0	1.0	6.0	7.0	10.0
1～5 年	0.5	5.0	8.0	7.0	12.0
>5 年	1.5	7.5	10.0	8.0	15.0

更为准确地说，这些数据是从经验模拟中得到的（如第 22 章那样），可以度量两个相互匹配的互换在期限内可能发生的最大损失的 80%。两个相互匹配的互换是互换交易商的常用对冲操作，而这也可以有效地把风险暴露分成两部分，因为只有一个互换处于实值状态。例如，一个初始成熟期为 5 年的外汇互换，假设汇率服从正态分布，并且不考虑利率风险，那么它的信用风险暴露的最大值占名义金额的比例为：

$$WCE=\frac{1}{2}\times0.842\times\sigma\sqrt{5}\tag{28.7}$$

式中，$\frac{1}{2}$反映了互换的匹配，0.842 对应的是 80%的单边置信度，假设波动率为每年 10%，那么 $WCE=9.4\%$，这与表 28.4 中的 7.5%相一致。

英格兰银行和纽约联储银行进行的更为深入的模拟表明这些数字也能粗略反映期限为 6 个月的衍生产品 95%的损失水平。例如，一个新发生的 5 年期利率互换在成熟期内最大风险暴露的 80%为 1.49%，而在 6 个月内最大风险暴露的 95%为 1.58%，这与表中所对应的 1.5%相一致。

接下来，我们来讨论公式（28.6）中的 NGR，它表示**净额对总额的比率**（net-to-gross ratio），或者是当前的净市场价值与总市场价值的比率，这个值在 0 和 1 之间。设置这个因子的目的是为了降低那些附加法定净额结算协议的合约的资本要求。如果不进行净额结算，那么 $NGR=1$，同时 $(0.4+0.6\times NGR)=1$，于是附加值没有任何降低。

另一方面，如果一家银行与交易对手之间有两笔互换合约，当前的市场价值分别为+100和−60。总的重置价值等于正头寸之和，即100。净值为40，于是 $NGR=0.4$，同时 $(0.4+0.6\times NGR)=0.64$。

考虑极端的情况，如果合约当前的净额都为0，那么 $NGR=0$，同时 $(0.4+0.6\times NGR)=0$。这个0.4的常数是为了抵御NGR可能发生的潜在变化，即使当前为0，NGR也可能随着时间发生变化。

因此，把交易对手的风险加权因子应用于公式（28.6）中的信用风险暴露，可以得到风险加权资本的大小。因为大多数交易对手具有很好的信用等级，所以表28.4中的风险加权因子通常乘以50%，于是OBS的**信用风险资本要求**（credit risk charge）可以定义为：

$$CRC(OBS)=8\%\times(\sum_i RW_i\times 50\%\times \text{信用风险暴露}_i) \quad (28.8)$$

例　互换的信用风险资本要求

考虑一个与一家本国公司进行的名义金额为1亿美元的利率互换。假设剩余期限为4年，互换的当前市场价值为100万美元，那么信用风险资本要求是多少？

解答：

因为不存在净额结算，因子 $0.4+0.6\times NGR=1$。从表28.4中我们可以找到附加因子为0.5。于是可以计算出信用风险暴露：

$$CE=1\,000\,000+100\,000\,000\times 0.5\%\times 1=1\,500\,000\ \text{美元}$$

这个数值必须乘以特定交易对手风险权重和8%的一半来得到这个互换的最低资本要求60 000美元。■

例题28.6　FRM试题——期权的信用风险暴露

《巴塞尔协议Ⅰ》通过重置成本和一个抵御未来头寸风险暴露的“附加”价值来计算衍生工具的信用风险暴露。如果购买一个名义金额为5 000万美元、期限为7年的OTC股指期权，期权的当前市场价值为1 500万美元，没有净额结算，交易对手权重为100%，那么该期权的信用风险资本要求是多少？

(a) 160万美元。

(b) 120万美元。

(c) 15万美元。

(d) 100万美元。

28.4　实例：花旗银行

为了说明资本要求的应用，我们以曾经是全球最大的商业银行的花旗银行为例，计算资本充足要求。

28.4.1 风险加权资产

表 28.5 总结了花旗银行 2009 年 12 月所有表内项目和表外项目的情况。这家银行的总资产为 11 610 亿美元，包括现金等价物、有价证券、贷款、交易资产和其他资产。每种资产的名义金额都被划分为四个风险权重类别中的一个，范围从 0%到 100%。例如，2 570 亿美元有价证券中的 1 290 亿美元的风险权重为 0，因为它们是 OECD 国家的主权债券。在剩余的有价证券中，640 亿美元的风险权重为 20%，110 亿美元的风险权重为 50%，630 亿美元的风险权重为 100%。绝大部分贷款的风险权重为 100%。交易资产由于只承担市场风险，所以不在信用风险资本要求内计算。

表 28.5　花旗银行的信用风险加权资产

表内资产（十亿美元）

项目	名义金额	未覆盖金额	风险权重分类 0%	20%	50%	100%
现金和应收现金	174.6	0.0	140.6	29.9	0.0	4.1
有价证券	257.0	(10.6)	129.5	64.2	11.0	63.0
贷款和租金	464.7	(23.9)	10.5	77.0	110.1	291.1
交易资产	156.0	156.0	0.0	0.0	0.0	0.0
所有其他资产	109.0	27.9	6.7	14.6	1.0	58.7
表内资产合计	1 161.4	149.4	287.3	185.6	122.1	416.8

表外项目（十亿美元）

项目	名义金额	换算系数	等价信用价值	风险权重分类 0%	20%	50%	100%
金融备用信用凭证	85.2	1.00	85.2	12.8	24.2	2.2	45.9
履约备用信用凭证	13.0	0.50	6.5	0.9	0.8	0.0	4.8
商业信用凭证	7.1	0.20	1.4	0.1	0.4	0.0	0.9
有价证券出借	53.5	1.00	53.5	53.1	0.4	0.0	0.0
其他信用替代物	0.2	—	2.6	0.0	0.0	0.0	2.6
其他表外项目	10.4	1.00	10.4	0.0	0.1	2.9	7.5
一年以上未使用承诺	111.5	0.50	55.7	1.2	13.9	0.8	39.9
一年以下未使用承诺	36.4	0.10	3.6	0.8	1.0	0.6	1.3
衍生合约	35 265.0		198.9	12.8	89.8	96.4	0.0
表外资产合计			417.8	81.7	130.6	102.9	102.9

表的第二部分列出了表外项目的信息。第二列为名义金额，第三列为换算

系数，第四列为等价信用价值，它是由前两列计算出来的。如前面的部分所描述的，金融信用凭证和有价证券出借的换算系数为 1.00，履约信用凭证和一年以上的未使用信用承诺的换算系数为 0.50，商业信用凭证的换算系数为 0.20。①

最后，注意到衍生工具头寸的名义金额非常巨大。352 650 亿美元的头寸要比花旗银行总资产 11 610 亿美元的几倍还多，更不要说 1 170 亿美元的股本权益资产。但是这个名义金额并不能反映风险的大小，而信用风险等价金额，即净重置价值加上附加价值，等于 1 990 亿美元，就小很多了。

28.4.2 资本计算

根据这些信息，我们可以计算出花旗银行总的风险加权资产和资本充足率，如表 28.6 和表 28.7 所示。表 28.6 第一行把每个类别中的表内资产和表外资产进行相加，它们和风险权重的乘积列在第二行。所有信用风险的风险加权资产为 6 960 亿美元，其中表内项目为 5 150 亿美元，表外项目为 1 810 亿美元。在此之外，我们再加上市场风险的风险加权资产 550 亿美元。可见，花旗银行的大部分监管风险资本是用来覆盖信用风险的，市场风险只占总风险的不到 10%。

表 28.6　花旗银行的风险加权资产

项目	风险加权资产（十亿美元）				
	风险权重分类				总计
	0%	20%	50%	100%	
表内项目和表外项目	369.0	316.2	225.1	519.7	
信用风险 RW 资产	0.0	63.2	112.6	519.7	695.5
市场风险 RW 资产					54.8
其他					−14.3
总 RW 资产					736.0

总的风险加权资产达到了 7 360 亿美元。如果应用 8% 的比率，我们得到最

① "信用代替品"这一层代表了残值，例如资产证券化后的股权层，它需要百分之百的资本要求。这意味着信用转换因子为 (1/8%)=12.50。美国监管机构对此强加高资本要求来反映这些残值的较高风险，当标的资产发生损失时它们的价值很轻易就没有了。

低的监管资本要求为590亿美元。事实上，银行可用的风险资本之和为1 110亿美元，对应的资本比率为15%，显著高于监管要求的最低值。**资本完善银行**(well capitalized bank)的这个比率一般为10%。很明显，监管规则并没有起到限制作用。[①]

表28.7 **花旗银行的资本要求**

资本	金额（十亿美元）	比率（%）
股权资本	116.6	
商誉	−11.3	
其他	−8.5	
一级资本	96.8	13.2
次级债	4.0	
准备金	9.4	
其他	0.4	
二级资本	13.8	1.9
合计	110.6	15.0
一级资本杠杆		8.3

只要不受监管资本比率所限制，银行可以在综合考虑提高期望收益率和增加风险之间的利弊之后，建立自身的最优资本比率。换句话说，这需要对**经济资本**(economic capital)进行度量。如果当前的资本比率过高，那么银行就会通过发放股利或者回购股票的方法降低资本总额。与其他大银行一样，花旗银行决定使持有的资本大于监管部门要求的最低充足率8%。反过来，如果银行认为它需要更多的资本，它就会发行新股。

28.4.3 花旗银行的分级资本

表28.8总结了花旗集团从2003年到2009年的金融报告。花旗集团是一家全资拥有花旗银行股权的控股公司。从2003年到2006年，花旗集团极度扩张，如其资产的增长速度所示，但是其资本比率的范围十分狭窄。这部分是通过发放股利和回购股票来进行操作的。

沃尔特·里斯顿，花旗银行1967年到1984年的首席执行官，曾经发表了著名的言论，称银行只需要保证它们运行的少量资本就足够了，收入足以覆盖损失。事实上，花旗银行在20世纪80年代后期曾经由于第三世界贷款的违约和1991年美国的经济衰退而陷入严重的危机。这迫使花旗银行在1991年准备了足

① 另外，一级资本的杠杆为8.3%，这高于联邦储备委员会设定的3%的下限。

够多的资本，这也验证了监管者的观点，银行需要准备足够多的资本来吸收大的意外损失。

然而从2007年开始，花旗集团的处境急剧恶化，主要原因是其具有大量的次级房贷的风险暴露，包括直接暴露于表外**结构化投资工具**（structured investment vehicles，SIV）的风险暴露。2007年第四季度，花旗银行披露损失达98亿美元，这表现为资本比率的急剧下降。2008年1月，标准普尔将花旗集团的信用等级从AA级降为AA－级。

在2008年9月雷曼兄弟破产之后，花旗集团通过美国财政部的**紧急资产援助计划**（Troubled Asset Relief Program，TARP）融资250亿美元。[①] 作为交换，财政部得到了花旗银行的永久优先股，这是花旗银行的一级资产。

表 28.8　　花旗银行的金融报告总结　　单位：十亿美元

	2003	2004	2005	2006	2007	2008	2009
资产	1 264	1 484	1 494	1 884	2 188	1 938	1 856
风险加权资产	750	852	885	1 058	1 253	996	1 089
股权资本	98	109	113	120	114	71	152
有形普通股权					70	31	118
资本比率	12.0	11.9	12.0	11.7	10.7	15.7	15.3
一级资本比率	8.9	8.7	8.8	8.6	7.1	11.9	11.7
净收入	17.8	17.0	24.6	21.5	3.6	−28.0	−1.5
分红	5.8	8.4	9.2	9.8	10.8	6.0	3.4
股票回购	2.4	1.8	12.8	7.0	0.7	0.0	0.0
普通股发行	0.7	0.9	1.4	1.8	1.1	6.9	17.5

然而，这个政府救助并不足够。在2008年12月，政府又增加了200亿美元的优先股投资。这被称为TARP Ⅱ。另外，政府同意担保花旗集团价值3 060亿美元的贷款和证券，以换取另外71亿美元的优先股权。没有这项520亿美元的注资，花旗集团的股票市值将缩水到190亿美元，这意味着该银行完全濒于破产。

2009年7月，花旗集团提供了一项交换协议，投资者可以将他们的优先股转换为价值570亿美元的普通股，政府可以将一级资本中的250亿美元转换为普通股。正如花旗CEO维克拉姆·潘迪特所说：“这项证券交换具有一个目的——增加我们普通股的有形资产，”因为“市场同样将普通股的有形资产视

① 紧急资产援助计划是美国政府在2008年10月3日实施的，它授权美国财政部花费7 000亿美元来稳定美国金融系统。

为一个重要度量”。到2009年12月，花旗集团已经通过发行新股募集到大约200亿美元的资金并已经偿还了价值200亿美元的二级资本。这同样存在一个共同承担损失的协议。

资本比例的显著增加是由风险暴露的减少和募集资金来共同驱动的。这是以稀释老股东权益的代价进行的。花旗的股价，曾经在2007年初达到55美元，目前缩水至4美元左右。大约2 500亿美元的股票市值已经蒸发了。

花旗集团的惨痛经历大部分可归因于糟糕的管理、狭窄的视野以及匮乏的风险控制。① 高级管理层专注于结构化信用产品的扩张以追求更高的利润。的确，查克·普林斯，花旗前CEO，在2007年的“著名”言论反映了该银行的杠杆信贷，“当音乐停止时，事情会因为流动性而变得复杂。但只要音乐仍在进行，你就不得不随之起舞。我们仍然在跳舞。”

28.5 《巴塞尔协议Ⅱ》

《巴塞尔资本协议》在提高银行业资本比率方面受到了广泛好评。这个协议的一个结果是，1 000家最大银行总的一级资本比重由1990年的8 400亿美元提高到1998年的1.5万亿美元。

28.5.1 1998年《巴塞尔协议》出现的问题

但是随着时间的推移，《巴塞尔协议》越来越显示出其滞后的缺点。比如这一体系会导致**监管套利**（regulatory arbitrage），这是指任何银行试图绕开这些监管规则的行为。这会引起贷款方式发生改变，向承担更多信用风险的方向转移，以使经济资本上升到监管资本的水平。

为了说明这一点，我们考虑一家银行准备发放1亿美元的贷款，那么是选择一家信用等级为AAA的投资级别的公司还是一家信用等级为CCC的投机级别的公司？无论信用质量如何，银行必须持有监管部门要求的800万美元的资本，那么它只有9 200万美元可以贷出。假设AAA级贷款扣除费用和期望损失之后的收益率为6%，而借款的成本大约与此相当，为5.7%。于是银行能够分配给股东的金额就等于100 000 000×6%－92 000 000×5.7%＝756 000美元。与800万美元的监管资本相比，其收益率仅为9.5%，这对股东来说是不多的。银行可以用少得多的资本来支持这个贷款。例如，如果监管资本要求只有200万美元，那么银行可以贷款9 800万美元，假设借款的成本相同，那么其收益等于100 000 000×6%－98 000 000×5.7%＝414 000美元。于是股东的收益率为20.7%，这显然受欢迎得多。但是根据

① “Citigroup Saw No Red Flags Even as It Made Bolder Bets,” *New York Times*, November 22, 2008.

强制性的巴塞尔资本要求，银行不能自行降低资本充足率。

现在假设 CCC 级贷款扣除费用之后的收益率为 7%，但是可能会发生信用损失。这时股东得到的美元收益为 175.6 万美元，即收益率为 22.0%。在这种情况下，银行会倾向于提高贷款的风险水平，以便在相同的资本监管要求之下得到更多的经济资本。这个简单的例子说明了监管规则可能会促使银行向评级较低的借款人发放贷款。

除了对信用风险的考虑不周全，1988 年的《巴塞尔协议》没有考虑信用风险的缓释技术，也没有考虑信用风险分散化和证券化的效用。这些缺陷都在《巴塞尔协议Ⅱ》中得到修正。

例题 28.7 FRM 试题——银行股本收益率

一家银行融资的成本为 LIBOR－5 个基点，购买了一个 A＋等级的公司浮动利率贷款，利率为 LIBOR＋15 个基点。基于《巴塞尔协议Ⅰ》的最小化资本要求，那么这笔贷款所要求的监管成本的年收益率是多少？

(a) 2.5%。

(b) 5.5%。

(c) 11%。

(d) 以上均不是。

28.5.2 关于资本的定义

《巴塞尔协议Ⅱ》允许银行在两种标准化方法中进行选择，这两种方法分别是《巴塞尔协议Ⅰ》的简单扩充和更加复杂的内部评级法（IRB）。

前者关于资本的定义仍然与前面所述一致。然而，二级资本中的**普通准备金**（general provisions）或**贷款损失准备金**（loan loss reserves）在风险权重资产中不能超过 1.25%。

相反，对于内部评级法，《巴塞尔协议Ⅱ》区分了期望损失（EL）和非期望损失（UL）。资本被用来吸收非期望损失，这意味着它不能吸收期望损失。通常银行所谓的普通准备金或贷款损失准备金是被用来吸收期望信用损失的。因此，《巴塞尔协议Ⅱ》将普通准备金从二级资本中剔除了。[①]

28.5.3 信用风险资本要求的计算方法

和以前一样，信用风险资本要求用单个信用风险资本要求加总进行计算：

① 然而，如果总期望损失低于法定准备金，差额可以被归为二级资本，最高为风险加权资产的 0.6%。然而，如果总期望损失超过法定准备金，银行必须将差额从资本中减去（50%从一级资本减去和 50%从二级资本减去）。

$$CRC = 8\% \times (\sum_{i} RW_i \times CE_i) \quad (28.9)$$

式中，RW 是风险权重，CE 是信用风险暴露。一般地，资本要求要与一年期置信水平为 99.9% 的资本要求一致。

银行现在可以选择下面三种方法中的一种进行计算。

（1）标准化方法。

这是 1988 年资本协议的扩展，但是它利用**外部信用评级机构**（external credit assessment institutions）提供的外部信用等级对信用风险进行了更好的分类。表 28.9 列出了新的风险权重，把银行和主权债务分成了 5 大类，把企业债务分成了 4 大类。主权债务中的 OECD 国家不再享受优惠权利。对于银行债务有两种选择。第一种选择是在主权债务上加上一个风险权重等级，另一种选择是利用外部信用评级。同时新资本协议也取消了衍生工具 50% 风险权重的上限。

表 28.9　　风险权重：标准化方法（%）

债权	信用评级					
	AAA/AA−	A+/A−	BBB+/BBB−	BB+/B−	低于B−	未评级
主权债权	0	20	50	100	150	100
银行债权——选择 1	20	50	100	100	150	100
银行债权——选择 2	20	50	50	100	150	50
短期债权	20	20	20	50	150	20
债权	AAA/AA−	A+/A−	BBB+/BB−		低于BB−	未评级
公司债权	20	50	100		150	100

注：对于选择 1，银行的评级基于它所注册国家的评级。对于选择 2，银行的评级基于外部的信用评估。短期债权是指最初成熟期小于 3 个月的债权。

（2）内部评级初级法。

基于**内部评级法**（internal ratings-based approach，IRB），银行可以根据监管标准利用内部评级法估计信用风险的价值。内部评级法需要银行估计**违约概率**（probability of default，PD），监管部门提供基于标准法的其他输入变量。表 28.10 说明了不同的资产类别 PD 与风险资本要求之间的关系。例如，一项违约概率为 1.00% 的公司贷款的风险权重为 92.32%，接近于《巴塞尔协议Ⅰ》中 100% 的风险权重。注意到，零售贷款的风险权重比其他种类的低，这反映了它们具有较好的分散性。[①]

表 28.10　IRB 风险权重（%）

违约概率	公司贷款	住房抵押贷款	其他零售贷款
0.03	14.44	4.15	4.45
0.10	29.65	10.69	11.16
0.25	49.47	21.30	21.15
0.50	69.61	35.08	32.36
0.75	82.78	46.46	40.10
1.00	92.32	56.40	45.77
2.00	114.86	87.94	57.99
3.00	128.44	111.99	62.79
4.00	139.58	131.63	65.01
5.00	149.86	148.22	66.42
10.00	193.09	204.41	75.54
20.00	238.23	253.12	100.28
50.00	217.87	226.62	105.94

注：该权重适用于 $LGD=45\%$、成熟期为 2.5 年以及大型公司（公司的重置资产超过 5 000 万欧元）的风险暴露。

(3) 内部评级高级法。

内部评级高级法允许银行提供其他的输入变量，其中包括**违约损失**（loss given default，LGD）和**违约风险暴露**（exposure at default，EAD）。对所有的风险暴露综合 PD 和 LGD 就可以得出监管需要的风险权重。风险资本要求通过 EAD 乘以风险权重再乘以 8%得到。高级内部评级法只能应用于主权、银行和公司债务的风险暴露，而不能用于零售资产组合。

(4) 违约相关性的因子模型。

《巴塞尔协议Ⅱ》同样是用加总单个信用资本要求来计算信用风险资本要求。的确，公式（28.9）是可加的。这种特殊化处理显得简单而粗略。

然而，单个信用资本要求的加总能否对整个投资组合产生一个反映置信水平 99%VAR 度量的信用风险资本要求是不清楚的。因为，单个 VAR 的加总并不一定等于投资组合的 VAR。[②] 相等的情况只发生于当违约相关性由一个单独因子产生时，这种分解的加总是对投资组合风险的一个很好近似。这个资本要求计算方

① 同样，这些权重是覆盖非期望损失的。随着违约概率增加到高水平，权重开始降低，因为大部分损失是期望损失，因此应该由普通准备金覆盖。

② 这个分析类似于第 29 章介绍的成分 VAR 分解。

法被巴塞尔委员会选中来代表一般规模的银行投资组合之间的违约相关性。

更精确地，IRB模型中的风险权重函数是基于一个称为**渐近单风险因子模型**（asymptotic single risk factor，ASRF），它假设（1）一个单因子和（2）特殊风险的完全分散。一个完全分散的投资组合具有大量非集中的头寸，在这种情况下称为高度的或者无限的渐近。ASRF模型生成了不随投资组合变化的单个资本要求，意味着它们不取决于投资组合中其他的头寸。

表28.9中的风险权重函数是特定为PD、LGD和资产期限的形式。它包含了一个相关函数$\rho(PD)$，对于公司和零售信贷都随着PD的增加而降低。对于公司信贷，相关系数从低PD的0.24降低到超过10%的PD的0.12。这反映了这样一个观测事实，低信用主体的违约概率更为特殊，而较好的信用主体则恰恰相反，它们在经济的总体状况不好时才趋于违约。对于零售信贷的违约相关系数更低，范围为0.16到0.03，反映了它们更好的分散情况。

（5）方法的采纳。

拥有简单资产组合的银行可以遵从标准化方法。更加先进的银行可以采用内部评级法。为了具有内部评级法的资格，银行必须向监管者展示它已经满足了最低监管要求。最重要的是，内部评级系统一定要具有一致性和可信性。同时，银行为了使监管资本要求最小而根据评级分配或选择借款者。另外，银行自身建立的评级系统必须得到高层和独立机构的认可。

自从有银行采用了内部评级法，这种方法就被寄希望于最终应用于所有类别的资产和整个银行集团。使用内部评级法的银行被寄希望于继续使用该方法。当然，这要在满足了特殊要求以及得到监管者同意的情况下才能使用。

28.5.4 信用风险缓释

《巴塞尔协议Ⅱ》也考虑了**信用风险缓释**（credit risk mitigation，CRM）技术，例如抵押物、第三方担保、信用衍生品以及净值结算。**抵押信用风险暴露**（collateralized credit exposures）是指那些借款者作为抵押的抵押物。被监管部门承认的抵押物只包括现金、黄金、上市公司股权、BB−级或以上级别的主权债券以及投资于相同资产的共同基金。

在标准化方法下，有两种可行的处理方法。在**简单方法**（simple approach）中，抵押物的风险可以用交易对手的风险代替，资本要求一般在20%的水平。相反，**复杂方法**（comprehensive approach）更为精确，会得到更低的资本要求。

即使抵押物能够精确地匹配风险暴露，但违约时资产价值可能出现的波动也会造成信用风险。在最坏的情况下，风险暴露的价值不断上升而抵押物的价值不断下降。这个波动性风险用**折扣**（haircut）参数（H）来度量，它对于不同资产具有不同值，大约等于10天的99%VAR值。例如对于股票，$H=25\%$，对于现金，$H=0$。

经过风险缓释后的风险暴露价值为：

$$E^{*}=E\times(1+H_e)-C\times(1-H_c-H_{fx}) \tag{28.10}$$

如果是正值，那么式中 E 为未抵押风险暴露的价值，C 为抵押物的当前市场价值，H_e 为风险暴露的折扣，H_c 为抵押物的折扣，H_{fx} 为两者之间货币不匹配的折扣。

只有复杂方法才能使用上述公式。有效违约损失（LGD*）可以从通常违约损失和风险暴露当前价值 E 以及经过风险缓释后的风险暴露价值 E^* 推出：

$$LGD^* = LGD \times (E^* / E) \tag{28.11}$$

其他形式的风险缓释有**担保**（guarantees）和**信用衍生品**（credit derivative），它们是第三方对债务人的违约风险提供保护的一种形式，这里的第三方被称为担保人。但是只有在担保的质量没有任何疑问的条件下，资本宽免才能得到承认。这种保护必须是直接的、明确的、不可撤销的和无条件的。在这种情况下，可以应用**代替**（substitution）原则。换句话说，如果银行 A 购买了由银行 C 提供的对公司 B 违约风险的担保，那么银行 A 可以用银行 C 的信用风险替换公司 B 的风险。当然，银行 A 只有在银行 C 的信用评级比公司 B 高的情况下才会这样做。

然而这会产生概率很低的**双重违约**（double default）。在公司 B 和银行 C 全部违约的情况下，银行 A 才会发生信用损失。双重违约发生的概率一般都比较低。例如，如果违约事件之间相互独立，双重违约的概率是两个单独违约事件概率的乘积。在 2005 年 7 月，BCBS 采用了考虑双重违约的新资本要求：

$$RW_{DD} = RW_0(0.15 + 160 \times PD_g) \tag{28.12}$$

式中，RW_0 是原始资本要求，PD_g 是担保人发生违约的概率，在我们的例子中就是银行 C。例如，假设银行 C 评级为 A，它的违约概率大约为 0.1%，这意味着 $RW_{DD} = RW_0(0.31)$，要低于 RW_0。

28.5.5 证券化

最后，《巴塞尔协议Ⅱ》明确规定了**证券化**（*securitization*），它是指经济意义上或法律意义上把资产转给第三方，通常被称为**特殊目的机构**（special purpose vehicle，SPV）。以贷款池为抵押的资产抵押证券就是证券化的例子。由于将贷款留在资产负债表上会产生较高的监管成本，因此银行现在通常会将贷款转换成可交易证券。证券化的过程在第 18 章有所介绍。

银行只有进行**真实出售**（true sale）之后，即满足**彻底分手**（clean break）标准，才能把这些资产从资产负债表中移走。也就是说要满足以下条件：（1）这些转移的资产必须转移到第三方；（2）出售者不能保留直接或间接控制这些资产的权利[①]；（3）出售者不再承担这些证券附带的义务和责任；（4）SPV 的持有人有权利抵押或交换这些收益。此外，还涉及两个技术条件。

---

① 特别地，交换资产必须从法律关系上与出售者隔离，这样出售者在 SPV 破产时没有附加的责任。同样，出售者不能保留对可交换资产的有效控制，即既不能回购资产获得利润也不能保留交换资产的风险。

如果这些条件都已满足，那么银行就可以将这些资产从资产负债表上移走，并面临分层的证券化资产的新的风险权重。表 28.11 描述了标准化方法下的风险权重。例如，BBB 级层次资产的风险权重为 100%。对于更低的评级层次资产，银行必须持有与资产名义金额相等的资本，这意味着风险权重为 $(\frac{1}{8\%})=1\ 250\%$。

表 28.11　　证券化的风险权重：标准化方法

	AAA/AA−	A+/A−	BBB+/BBB−	BB+/BB−	B+及以下或未评级
资产层次	20%	50%	100%	350%	1 250%（扣除）

例题 28.8　FRM 试题 2004——第 67 题

下列关于《巴塞尔协议Ⅱ》资本要求的说法哪一个是错误的？

(a) 它增加了国际银行最小资本要求的风险敏感性。

(b) 它只注明了信用风险和市场风险。

(c) 美国保险公司不需要遵从《巴塞尔协议Ⅱ》。

(d) 银行不允许使用自己的信用风险内部模型来确定信用风险资本要求。

例题 28.9　FRM 试题 2006——第 108 题

下列关于《巴塞尔协议Ⅱ》中的初级内部评级法和高级内部评级法的说法哪一个是不正确的？

(a) 在高级内部评级法下，银行可以使用自己对 PD、LGD、EAD 以及相关系数的估计，但必须使用监管机构提供的风险加权函数计算风险资本要求。

(b) 在初级内部评级法下，银行提供自己对 PD 的估计并依赖监管机构对其他风险成分的估计。

(c) 使用高级内部评级法的银行被寄希望于继续使用这种方法，当然这要在得到监管者同意的情况下才能使用。

(d) 在初级内部评级法和高级内部评级法下，期望损失都没有包含在信用风险资本要求中。

例题 28.10　FRM 试题 2006——第 90 题

在《巴塞尔协议Ⅱ》初级内部评级法的复杂方法中，下列哪种方法用于有效违约损失 LGD^* 的计算？

(a) $LGD^*=LGD\times(E^*/E)$。

(b) $LGD^*=LGD\times E^*\times E$。

(c) $LGD^*=LGD\times(E^*+E)$。

(d) $LGD^*=LGD\times(E^*-E)$。

例题 28.11　FRM 试题 2008——第 4－18 题

《巴塞尔协议Ⅱ》中内部评级法的风险权重函数是基于渐近单风险因子模型的，

此时影响所有债务人的系统风险都建模成一个系统风险因子。采用这种方法的主要原因是：

(a) 该模型不能依赖于投资组合的特性。

(b) 该模型应该不随投资组合变化，任意给定贷款的资本要求只反映它自身的风险，不依赖于它所在的投资组合。

(c) 该模型应该随投资组合变化，任意给定贷款的资本要求不能依赖于其他贷款的风险。

(d) 该模型和一年期置信水平为99.9%的VAR相关。

例题 28.12　FRM 试题 2008——第 4-3 题

下列说法哪一项不是《巴塞尔协议Ⅱ》中初级内部评级法的缺陷？

(a) PD和LGD假设不相关。

(b) 资产相关性随着PD的增加而降低。

(c) 金融机构的投资组合假设被无限划分。

(d) 该方法使用单风险因子投资组合模型来代替多风险因子模型。

28.5.6　评　估

BCBS对银行系统的新资本要求的效用进行了大范围的分析。表28.12报告了G-10国家228家银行的评估结果。该表说明新资本要求对银行的影响有所不同。具有更多零售业务风险暴露的小银行的资本要求会比以前更低。零售业务风险确实比其他类别的风险更具有分散性。

表 28.12　　资本要求的百分比变化（G-10国家的银行）(%)

	大银行		小银行	
投资组合	标准化方法	内部评级法	标准化方法	内部评级法
公司	0.9	−5.00	−1.0	−4.5
银行	1.5	0.4	0.2	0.1
主权国家	0.2	1.3	−0.1	0.6
中小企业	−0.2	−1.3	−0.1	−2.2
抵押贷款	−6.3	−7.6	−6.2	−12.6
零售	−0.7	−0.9	−2.5	−4.5
其他	0.8	2.6	0.0	1.5
信用风险加总	−3.8	−10.5	−9.7	−21.6
操作风险	5.6	6.1	8.3	7.5
总变化	1.8	−4.4	−1.4	−14.1

资料来源：国际清算银行。

大银行更愿意采用高级内部评级法，因此它将导致比标准化方法低的资本要求。该表列出了标准化方法和内部评级法的评估结果。例如，大银行在标准化方法下会承担稍微多一点资本要求（大约 1.8%），这主要是因为增加操作风险资本要求的原因。然而在高级内部评级法下，信用风险资本要求下降了 10.5%，这导致资本要求出现了负的净增长－4.4%。然而，就像 28.1 节介绍的那样，《巴塞尔协议Ⅲ》将增加对银行资本数量和质量的要求。

28.6 市场风险资本要求

自 1988 年信用风险资本要求制度建立以后，巴塞尔委员会开始注意日益增长的市场风险，因为这与商业银行间的资产交易密切相关。1996 年巴塞尔委员会对资本协议进行了修改，增加了市场风险资本要求部分，于 1998 年 1 月开始执行。[①] 这些可以从 **1996 年修正案**（1996 Amendment）中获知。

这种资本要求可以通过两种方法计算得到。第一种方法是类似信用风险体系下的“标准化”方法，即根据巴塞尔准则增加一个附加项。由于分散化效应没有被完全认可，因此这种方法得到的是一个保守的市场风险资本要求标准。第二种方法称为**内部模型法**（internal models approach，IMA），它是建立在银行自身的风险管理系统基础上的，与标准化方法得到的固定标准相比，内部模型法可以得到一个更精确更合适的资本要求。采用这种方法是金融监管的重大突破。这是监管部门第一次根据银行自身的 VAR 系统来确定资本要求。因为银行本身很容易低估市场风险，所以内部模型法基于事后测试建立了一套严格的检验系统。IMA 的另一个推动是鼓励银行发展自己的风险管理系统。这是因为 IMA 方法产生的资本要求比标准化方法低。

市场风险管理框架在《巴塞尔协议Ⅱ》中得到了更新和补充。然而在最近的信用危机中，很多银行发生了重大损失，这些损失却没有被常用的 VAR 系统识别出来。因此，巴塞尔委员会对市场风险管理框架做进一步的改进，在 2011 年 12 月 31 日开始实施。

28.6.1 标准化方法

模块构筑法（building block approach）是在所有头寸上都增加一个附加项，然后在投资组合内再进行加总。计算银行的市场风险资本要求时，首先按照特定的准则计算资产组合分别暴露于利率风险（IR）、股票风险（EQ）、外汇风险（FX）、商品风险（CO）以及期权风险（OP）下的风险大小。银行的总风险等于

① BCBS，*Amendment to the Basel Capital Accord to Incorporate Market Risk* (Basel；BIS，1996).

这五类风险的加总。因为这种风险的计算过程是一个高度模式化的过程，所以该方法常常被称为**标准化方法**（standardized method）。

银行第 t 天的总风险通过加总各类不同的风险 j 得到：

$$MRC_t^{STD}=\sum_{j=1}^{5}MRC_t^j=MRC_t^{IR}+MRC_t^{EQ}+MRC_t^{FX}+MRC_t^{CO}+MRC_t^{OP} \tag{28.13}$$

利率风险资本要求是一般市场风险资本要求和特殊风险资本要求的总和，一般市场风险资本要求通常会随着金融工具的久期增加而增加，特殊风险资本要求则覆盖了发行人的特殊风险。例如，长期投资级别的信用产品的权重是 1.60％。对于股票风险，一般市场风险资本要求为净头寸价值的 8％，特殊风险资本要求为总头寸的 8％，如果在投资组合流动性很强且充分分散的情况下，权重可以下降为 4％。对于外汇风险，市场风险资本要求是净外汇多头头寸价值和净空头头寸价值较大者的 8％。对于商品风险，有许多方法可以使用。在简单方法中，风险资本要求是每个商品净头寸价值的 15％。最后，对于期权风险，同样有许多方法可以使用。在简单方法中，当银行应对局限范围内可购买期权的风险时，资本要求是标的证券和期权费的市场风险资本要求的较小者。

因此，标准化方法是一个相对容易施行的方法，而且它也保证了模型构造的正确性。但是，模块构筑法在一些方面遭到了批评。首先，风险的分类是随意的。例如，对银行所有的股票头寸和外汇头寸不考虑它们自身的风险特征而要求统一的 8％的资本要求是不合理的，因为不同的货币相对于美元来说其风险特征是不同的，并且会随时间的推移不断发生变化。

其次，这种方法计算得到的资本要求是非常保守的，因为它是通过加总各个风险来源的资本要求得到的，并没有考虑投资组合分散化带来的好处。例如，在计算固定收益资产的资本要求时，首先计算各个货币的风险资本要求，然后进行加总得到。但是，采用这种方法就暗含着这样一个假设，即所有类别的风险在同一时间都会表现出最糟糕的情况。而在实际中，各个市场之间并不是完全相关的，这就说明资产出现的最糟糕程度要比所有市场最糟糕程度之和小。因此，标准化方法并没有考虑资产分散化带来的好处，也使得银行没有分散资产的动力。由于认识到这些问题的重要性，监管者开始采用更为灵活的内部模型法计算市场风险资本要求。

例题 28.13　FRM 试题 2007——第 63 题

你是 alpha 银行的分析师。你来确定在《巴塞尔协议Ⅱ》下该银行能否用简单方法代替内部方法来报告期权的风险暴露。在满足下列哪一条标准后你的银行才能使用简单方法？

(a) 该银行出售期权，但是它的期权交易与它的总体业务活动之间联系不显著。

(b) 该银行购买和出售期权并且有显著的期权交易。

(c) 该银行仅仅购买期权，并且它的期权交易与它的总体业务活动之间联系不显著。

(d) 该银行购买和出售期权，但是期权交易不显著。

28.6.2 内部模型法

与简单的标准化方法不同，**内部模型法**（internal models approach，IMA）基于银行内部建立的风险管理系统计算市场资本要求。但同时，监管部门也不是完全放弃自身的权威地位。银行必须得到监管机构的明确核准才能采用内部模型法。银行首先必须满足一些定性要求，其次模型的结果必须经过严格的事后测试过程。这些在第 16 章有所介绍。

定性要求

不是任何一家银行都可以采用内部模型法。监管者首先必须确认银行的风险管理系统是健全的。因此，银行要首先满足下面这些定性要求：

- **独立的风险控制部门。**银行的风险控制部门必须独立于交易部门，并直接向银行高级管理层汇报。这个结构可以把银行内部利益冲突降到最低。
- **事后测试。**银行必须建立一个定期的事后测试程序，把实际发生的风险损失与内部 VAR 模型计算的结果进行比较，形成反馈信息。
- **管理层介入。**银行的高级管理层和董事会应该积极参与银行的内部风险控制过程，并对风险管理业务投入足够的资源。
- **整合。**银行的内部风险模型必须与日常的风险管理结合在一起。这样就可以避免出现银行计算 VAR 模型只是为了应付监管部门，而在其他时期忽略模型的作用的情形。
- **使用风险限额。**银行应该使用自身的风险测算系统建立内部交易和风险暴露的限额。
- **压力测试。**银行应该定期对模型进行压力测试。压力测试的结果应该送交高级管理层审阅，并要求体现在管理层和董事会制定的交易政策和限额之中。
- **一致性。**银行必须保证模型与明文规定的政策相一致。
- **独立审核。**银行必须定期，至少一年一次，对交易部门和风险控制部门进行独立的审核。审核必须包括事后测试等验证过程。

满足上面的定性要求之后，银行的风险模型还必须包含足够数量的风险因子，而“足够”的标准依赖于银行交易活动的范围和复杂程度。2009 年的修正将需要银行解释为什么任何一个在定价中使用的因子却不出现在 VAR 的计算中。

对于重要的利率风险暴露来说，至少需要根据 6 个风险因子建立收益率曲线，然后再加上其他影响模型风险溢价的独立因子。对于股票风险，模型必须至少含有反映股票价格与股票指数相关程度的贝塔值。对于活跃的商品交易风险，风险模型必须考虑即期利率加上便利收益率的变化情况。银行同时也必须考虑期权头寸价格的非线性特性，包括 vega 风险。此外，各个风险类别之间的相关程度需要明确。在模型是合理的前提下，监管者也承认不同风险类别之间存在着相关关系。

市场风险资本要求

如果这些要求全部满足，那么就可以根据下列这些原则计算市场风险资本要求：

● **定量参数。**银行每天计算 VAR 模型的输入变量必须满足统一的定量要求：

a. 采用 10 天或两个交易周的时期计算 VAR，银行也可以采用一天的 VAR，然后利用时间的平方根法则得到 10 天的 VAR。

b. 采用 99%的置信区间。

c. 历史观测期最短限于 1 年，如果采取的是非等权重的计算方案，那么平均时滞不得少于 6 个月。①

d. 数据集至少每季度更新一次，当发生重大的价格变化时需要立即更新(这样就可以区别出风险的突变)。

● **市场风险资本要求。**大体来说市场风险资本要求应该比较前一天的 VAR 值和过去 60 个交易日的 VAR 平均值乘以一个"乘数"因子 k，取两者的最大值。这个**乘数因子**（multiplicative factor）的确切取值由当地的监管部门规定，但不能小于 3。

加入乘数因子有两个目的。首先如果没有这个因子，那么预期银行在 100 个 10 天周期里就会有一个周期，也就是 4 年里会有一次发生的损失超过风险资本要求，这显然不够稳健。其次这个乘数因子也为出现模型错误提供一个缓冲，例如，模型一般假设分布是正态分布，而实际分布却常常是肥尾的。

● **附加因子。**如果证实 VAR 预测值系统地低估了银行实际承担的风险，那么就要在乘数因子 k 上加上一个惩罚性因子，称为**附加因子**（plus factor）。设定这个附加因子是为了惩罚银行在评估市场风险过程中的过分乐观。

综上所述，任意一天 t 的市场风险资本要求为：

$$MRC_t^{IMA} = \mathrm{Max}(k\frac{1}{60}\sum_{i=1}^{60}VAR_{t-i}, VAR_{t-1}) + SRC_t \tag{28.14}$$

式中，VAR_{t-i}是银行置信水平为 99%、时间范围为 10 天的 VAR 值，式中的 k 反映了乘数因子和附加因子的共同作用。

第一项是前 60 天 VAR 的平均值乘以乘数 k，第二项是前一天的 VAR 值，这是为了应对市场风险出现大幅度上升的情况。实际上，这种情况并不常见。

2009 年的修正案中增加了压力 VAR（SVAR）和**增量风险资本要求**（incremental risk charge，IRC）：

$$MRC_t^{IMA} = \mathrm{Max}(k\frac{1}{60}\sum_{i=1}^{60}VAR_{t-i}, VAR_{t-1})$$

---

① 平均时滞的计算与久期的计算过程类似。例如，最近 250 个交易日采取等权重计算方法，那么平均时滞为 $\sum_{t=1}^{N}t(1/N) = N(N+1)/2(1/N) = (N+1)/2 = 125.5$ 天，即 6 个月。注意到这在如果近期观测值权重过重的情况下消除了类似 GARCH 模型的影响。2009 年修正案允许赋予近期数据更多的权重，只要 VAR 结果比常方法下计算得到的大。

$$+\mathrm{Max}\left(k_S\frac{1}{60}\sum_{i=1}^{60}SVAR_{t-i},SVAR_{t-1}\right)+SRC_t+IRC_t \quad (28.15)$$

式中，SVAR 是当前投资组合对应 10 天范围内 99%置信水平的损失，以连续的 12 个月作为计算周期，例如 2007/2008。乘数 k_S，和 k 类似，最低为 3，再加上取决于 VAR（不是 SVAR）压力测试结果的附加因子。

在公式（28.14）中，最后一项 *SRC* 表示**特殊风险资本要求**（specific risk charge），是为了应对一些特殊因素的发生，例如与单个债券和股票发行者相关的基差风险和事件风险。事件风险包括降级和违约。使用内部模型法的银行如果满足：(1) 达到额外的标准；(2) 证明银行自身可以应对事件风险，那么银行可以直接在 VAR 模型里体现特殊风险。①

考虑福特汽车公司发行公司债券的例子，福特汽车公司是一家信用评级为 CCC 的公司。通常的市场风险资本要求应该识别 CCC 评级的公司债券指数的变动效应。相反，*SRC* 应该识别出福特公司债券和公司债券指数之间的基差风险以及评级下调或违约。

在 2007 年至 2008 年间的金融危机中，许多银行遭受了非常大的损失，而这些风险并没有被通常的 VAR 值识别出来。银行在信用投资工具（例如 ABS 的 CDO 头寸）上发生了大量损失，这些信用投资工具都经历了极端的价格变动。许多这些头寸都被从银行账户转移到交易账户上，因为交易账户需要较低的风险资本要求。结果，巴塞尔委员会计划将特殊风险资本要求扩展到两个部分。

第一个是较为局限的特殊风险资本要求，仍然基于 10 天 99%置信水平的 VAR 乘以一个大于等于 3 的乘数，它覆盖了特殊风险。这反映了证券可能发生比一般市场风险因子更大变动的风险。

第二个是**增量风险资本要求**（incremental risk charge），它覆盖了债务工具的（1）违约和（2）信用转移。违约之间的相关性也应当进行考虑。另外，集中度较高的投资组合应当具有较高的资本要求。对于股权投资工具，这种新的资本要求应当覆盖例如并购和倒闭等事件风险。这种资本要求不应用在取决于汇率、无风险利率和商品价格的头寸上。证券化产品不能包含在 IRC 模型中，即使经过对冲也不可以，因为它们属于银行账户上的资本要求。

IRC 基于**增量风险度量**（incremental risk measure，IRM），它度量的是一年 99.9%置信水平的 VAR，至少一周计算一次。这些参数的选定用来避免银行账户的套利行为。IRC 由过去 12 周 IRM 的平均值和最近 IRM 两者的最大值计算得到：

$$IRC_t=\mathrm{Max}\left(\frac{1}{12}\sum_{i=1}^{12}IRM_{t-i},IRM_{t-1}\right) \quad (28.16)$$

任何流动性期限低于一年的头寸都被假设用具有相同风险的头寸进行代替，或者进行滚动。

这些变化导致了市场风险资本要求的显著改变，这将增加 3 个因子。变化的

① 度量事件和违约风险的困难在于它们无法在历史数据中完全反映。当银行不能满足（2）时，必须严格增加额外的资本要求来度量特殊风险。

一半归因于SVAR的增加，剩下一半来自于新的IRC。另外，这些变化将降低市场风险资本要求的周期性。传统的VAR基于短时期，开始的市场条件导致VAR度量的低估，这将会引发银行增加风险暴露，在市场条件恶化时将很难管理。SVAR消除了这个影响，因为风险因子的变动越来越恒定。

28.6.3 各种方法的综合使用

银行的市场风险资本要求可以通过下面任何一种途径得到：(1) 利用标准化方法计算风险资本要求，即通过把五类风险各自的资本要求算术相加，得到总的风险资本要求；(2) 利用内部模型法得到风险资本要求；以及 (3) 把 (1) 和 (2) 的结果进行算术加权。

例题 28.14 FRM 试题 2007——第 91 题

在《巴塞尔资本协议Ⅱ》下，经过监管机构批准的银行可以使用内部模型法估计它们的市场风险资本要求。下列哪一种是在内部模型法下计算资本要求的方法？

(a) 内部评级模型。

(b) 压力测试和事后测试。

(c) 期望尾部损失，和VAR一样不是一致性的风险度量。

(d) VAR方法。

例题 28.15 FRM 试题 2004——第 70 题

在《巴塞尔协议》1996年的市场风险修正案下，银行可以使用它的内部模型从以下方面去计算其市场风险资本要求，除了：

(a) 10个交易日的期限。

(b) 99%的置信水平。

(c) 一年的历史观测记录，每半年更新一次。

(d) 市场风险资本要求应当设置为前一天的VAR或过去60天的VAR平均值乘以一个乘数因子的较大者。

例题 28.16 FRM 试题——加权计划

1996年的巴塞尔资本修正案要求内部模型：

(a) 使用至少6个月的历史数据。

(b) 使用至少一年等权重历史数据。

(c) 使用足够长的历史数据，以保证数据的加权平均时滞至少为6个月。

(d) 使用两年的历史数据，非等权重加权。

例题 28.17 FRM 试题 2001——第 42 题

下列哪一个描述最符合内部模型法对定量参数的规定？

(a) 期限为10天，置信区间为99%，最短样本期为1年，至少每季度更新一次样本。

(b) 期限为1天，置信区间为95%，最短样本期为5年，每周更新一次样本。

(c) 期限为1天，置信区间为99%，最短样本期为1年，每月更新一次样本。

(d) 期限为10天，置信区间为97.5%，最短样本期为5年，每天更新一次样本。

例题 28.18　FRM 试题 2009——第 7－4 题

作为一个 ABC 银行的风险经理，约翰被指派来计算银行交易投资组合在 1996 年内部模型法下的市场风险资本要求。最后一个交易日的 VAR（95%，一天）为 30 000美元，过去 60 个交易日的平均 VAR（95%，一天）为 20 000 美元。乘数 $k=3$。假设银行投资组合收益率服从正态分布，该交易投资组合的市场风险资本要求是多少？

(a) 84 582 美元。

(b) 189 737 美元。

(c) 268 200 美元。

(d) 134 594 美元。

例题 28.19　FRM 试题 2009——第 7－11 题

在最新交易账户增量风险资本计算的指引下，增量风险资本要求（IRC）在 99%/10 天 VAR 的框架下突显出一些缺陷。下列哪些关于 IRC 的说法是正确的？

Ⅰ. 对于所有 IRC 覆盖的头寸，IRC 模型必须度量在一年内 99%置信水平下由于违约和信用转移所造成的损失。

Ⅱ. 银行可以将交易账户上对冲标的信用工具的任何证券化头寸并入 IRC 模型。

Ⅲ. 银行必须至少一周计算一次 IRC 度量，或者根据监管者的要求更加频繁。

Ⅳ. 增量风险资本要求是以下两者的最大值：(1) 12 周 IRC 度量的平均值，(2) 最近的 IRC 度量。

(a) Ⅰ和Ⅱ。

(b) Ⅲ和Ⅳ。

(c) Ⅰ、Ⅱ和Ⅲ。

(d) Ⅱ、Ⅲ和Ⅳ。

28.7　总　结

《巴塞尔协议Ⅱ》代表了银行风险管理和度量的主要前进方向。它提出了对信用风险更加敏感的资本要求，并且首次考虑度量操作风险。

风险管理系统的赢家包括具有大量零售业务组合的银行和具有高信用评级的银行。的确，它们具有比同业其他银行更低的信用风险。

当然，这个新资本框架显然不是十全十美的。有人认为标准化方法将更大的权力给予了信用评级机构，而内部评级法又被视为给予银行太多的权力。但是，这些特点显然要比原来的《巴塞尔协议》强很多，并且得到了风险敏感资本要求。

和任何正式协议一样，《巴塞尔协议Ⅱ》也存在监管套利的机会，这是一些资产的经济资本和监管资本之间的矛盾所造成的。这种矛盾通常存在于信用风险资本要求。更具有资产分散性的金融机构与以往的银行相比却不能降低资本要求。理论上，这可以通过银行自身建立的**组合信用风险模型**（portfolio credit risk models）来修正。实际上，这些模型不能由于计算信用风险资本要求，因为它们过于复杂。事实上，2007 年信用危机所造成的损失突显了信用风险管理的主要弱点。

更重要的是，这个资本要求的体系没有考虑一个重要的因素，那就是流动性风险。那些需要政府重新注资的银行表明它们不具备足够的资本水平来抵抗金融危机。在《巴塞尔协议Ⅲ》中增加了流动性风险资本要求。

最后，大多数风险敏感资本要求可能会遭遇**顺周期效应**（procyclical effect）。在经济衰退期，违约率上升，这导致信用风险上升并需要更多的资本要求。同时，银行系统遭受的信用风险损失也侵蚀了其自有实际资本。实际资本的下降和监管资本的上升会使得银行降低贷款能力，进而扩大了经济衰退。这个问题已经讨论了很长时间，可以通过设立对风险更为敏感的资本要求来抵御不可避免的风险。这解释了为什么巴塞尔委员会要建立**反周期性资本缓冲**（countercyclical buffer）的原因。实际上，资本要求在经济扩张时期较高但在危机期间将有所降低。总的来说，我们预计在未来几年加强银行业监管的行为将持续下去。

例题 28.20　FRM 试题 2007——第 19 题

你的银行使用高级内部评级法来度量信用风险，使用高级计量法来度量操作风险，使用内部模型法来度量市场风险。首席风险官（CRO）希望将市场风险、信用风险和操作风险的监管资本加总来估计银行的总风险。首席风险官需要你说明使用这个方法来估计银行总风险的问题。下列关于这种方法的说法哪一个是不正确的？

（a）该方法假设市场风险、信用风险和操作风险之间不相关。

（b）该方法度量市场风险的期限为 10 天。

（c）该方法忽略了策略风险。

（d）该方法忽略了银行贷款的利率风险。

28.8　重要公式

《巴塞尔协议》信用风险资本要求：

$$CRC=8\%\times RWA=8\%\times(\sum_i RW_i\times CE_i)$$

《巴塞尔协议》衍生品信用风险暴露：信用风险暴露 $=NRV+$ 附加风险暴露

附加风险暴露＝名义价值×附加因子×$(0.4+0.6\times NGR)$

《巴塞尔协议Ⅱ》总资本要求：$TRC=CRC+MRC+ORC$

《巴塞尔协议Ⅱ》信用风险资本要求：

标准化方法：$RW=f$(信用评级)

内部评级法：$RW=f(PD)$

内部评级高级法：$RW=f(PD,LGD)$

《巴塞尔协议Ⅱ》包含双方违约效应的风险加权资本：$RW_{DD}=RW_0(0.15+$

$160 \times PD_g$）

市场风险资本要求，标准化方法：$MRC_t^{STD} = MRC_t^{IR} + MRC_t^{EQ} + MRC_t^{FX} + MRC_t^{CO} + MRC_t^{OP}$

市场风险资本要求(2006 年)，内部模型法：

$$MRC_t^{IMA} = \mathrm{Max}\left(k \frac{1}{60} \sum_{i=1}^{60} VAR_{t-i}, VAR_{t-1}\right) + SRC_t$$

新市场风险资本要求(2009 年)，内部模型法：

$$MRC_t^{IMA} = \mathrm{Max}\left(k \frac{1}{60} \sum_{i=1}^{60} VAR_{t-i}, VAR_{t-1}\right) + \mathrm{Max}\left(k_S \frac{1}{60} \sum_{i=1}^{60} SVAR_{t-i}, SVAR_{t-1}\right) + SRC_t + IRC_t$$

28.9 例题解答

例题 28.1　FRM 试题——市场风险的应用

(b) 除了交易账户中的所有风险（利率风险、股票头寸风险、外汇风险和商品风险），市场风险资本要求还包括银行账户中的外汇风险和商品风险。

例题 28.2　FRM 试题 2002——第 71 题

(a) 一级资本包括股权资本、公开储备和留存收益。二级资本包括非公开储备、混合债务和次级债务。

例题 28.3　FRM 试题 2007——第 53 题

(b) 一级资本由股权资本减去商誉构成，即 5.7 亿美元。二级资本包括资产重估储备 500 万美元和贷款损失准备金 500 万美元。

例题 28.4　FRM 试题 2004——第 29 题

(b) 一级资本包括股权资本加上留存收益减去商誉，为 671.7。二级资本包括次级债务加上非公开储备，为 213.5。比例为 31.78%。特别准备金不能包含在风险资本内，因为它们可能被质量坏的贷款所吸收。

例题 28.5　FRM 试题——《巴塞尔协议Ⅰ》下的信用风险资本要求

(b) 根据《巴塞尔协议Ⅰ》，资本要求为 100×50%×8%=400 万美元。

例题 28.6　FRM 试题——期权的信用风险暴露

(a) 根据表 28.4 得到附加因子为 10%，那么信用风险暴露为 1 500 万+5 000 万×10%=202 000 万美元，信用风险资本要求为 2 000 万×8%=160 万美元。

例题 28.7　FRM 试题——银行股本收益率

(a) 这应该应用 8%的资本要求。如果购买价值＄100 的这种浮息贷款，以银行的利率融资，所以净收益为＄100[(L+0.15%)－(L－0.05%)]=＄0.20。银行必须保留＄8 的资本，假定不进行投资。那么收益率为＄0.20/＄8=2.5%。

例题 28.8　FRM 试题 2004——第 67 题

(b)《巴塞尔协议Ⅱ》也涵盖了操作风险。银行可以提供输入变量但不能使用自己的信用风险内部模型。

例题 28.9　FRM 试题 2006——第 108 题

(a) 银行不允许使用自己关于相关性的估计。

例题 28.10　FRM 试题 2006——第 90 题

(a) 根据公式 (28.11) 可知选项为 a。

例题 28.11　FRM 试题 2008——第 4-18 题

(b) 因为单个信用主体的资本要求加总一起，它必须不随投资组合剩余部分变化。这个模型也假设了信用主体的无限划分。

例题 28.12　FRM 试题 2008——第 4-3 题

(b) 在实际中，PD 和 LGD 是正相关的，因此选项 a 是个问题。PD 较高的年份同样也具有较高的 LGD。投资组合可能没有高度划分，因此选项 c 是个问题。投资组合可能暴露于多种风险因子，因此选项 d 是个问题。相反，我们在实际中可以观察到低级别的信用主体具有更多的特殊风险，这意味着高违约率具有低相关性。

例题 28.13　FRM 试题 2007——第 63 题

(c) 一家银行只有在购买期权并且期权交易不显著的情况下才能使用简单方法。否则，它需要使用内部方法。另外一种选择答案的方法是发现选项 c 具有最弱的风险情形，最不可能产生大的损失。

例题 28.14　FRM 试题 2007——第 91 题

(d) 内部模型法是基于银行内部 VAR 的方法。

例题 28.15　FRM 试题 2004——第 70 题

(c) 内部模型法要求使用一年的历史数据每季度更新一次，而不是每半年更新一次。

例题 28.16　FRM 试题——加权计划

(c) 如果银行只使用固定权重，选项 b 就是正确的。否则，观测值的平均时滞不能少于 6 个月。

例题 28.17　FRM 试题 2001——第 42 题

(a) 内部模型法基于期限为 10 天，置信区间为 99%，最短样本期为 1 年，至少每季度更新一次样本。

例题 28.18　FRM 试题 2009——第 7-4 题

(c) 平均 VAR 乘以 3 为 60 000 美元。因为这高于昨天的 VAR，因此它是最大值。乘以 $\sqrt{10}\times 2.323/1.645=4.47$ 得到 268 200 美元。

例题 28.19　FRM 试题 2009——第 7-11 题

(b) 说法Ⅰ是不正确的，因为置信水平是 99.9%。说法Ⅱ是不正确的，因为证券化面临银行账户资本要求。其他两个说法是正确的。

例题 28.20　FRM 试题 2007——第 19 题

(a) 度量市场风险资本要求的期限为 10 天，因此选项 b 是正确的。《巴塞尔协议》资本要求确实忽略了银行账户的策略风险和利率风险，因此 c 和 d 是正确的。将各资本要求进行加总是假设其完全相关（至少是高度相关，这意味着会同时发生极端冲击），而不是零风险。

第8部分
投资风险管理

第 29 章　投资组合管理*

我们现在转向投资组合管理过程的内容。投资者假设他们可以为承担风险而获得更高的收益补偿。关键是如何来平衡风险和预期收益。平衡交易就是**投资组合管理**（portfolio management）的主题。但是，这需要正式的风险度量。

近些年来，机构投资者会对控制他们投资组合的风险格外关注。一旦一个巨大的投资组合的资产分类选定后，就反映了该投资组合在风险和收益之间的平衡，总的基金风险将分给不同类型的投资经理，这个过程称为**风险预算**（risk budgeting）。因此，风险预算过程反映了对总体投资组合风险自上而下的观点。

在投资过程的最后，需要评估实现的收益是否与假定的风险相匹配。**业绩贡献**（performance attribution）方法的目的就是将投资业绩分解为不同的部分，考察投资经理是否真正增加了价值。收益中的一部分代表了一般市场因子，也称为"贝塔"，剩余的部分代表了真正的价值增加，或者称为"阿尔法"。

本章的目的是描述投资管理业的风险与业绩度量工具。29.1 节对机构投资者做了简单的介绍。29.2 节讨论了风险与业绩度量技术的发展。最后，29.3 节讨论了风险预算。由于对冲基金的重要性，我们将在下一章对其进行介绍。

* FRM 考试第二部分的主题。

29.1 机构投资者

机构投资者（institutional investors）是具有巨额资金量进行投资的实体。它与个体投资者不同。[①] 正如表 29.1 所示，机构投资者可以分为投资公司、养老金、保险基金和其他类型的机构。后者还包括捐赠基金、银行管理基金和私人会员基金，也就是我们熟知的对冲基金。**对冲基金**（hedge funds）是可以在不同市场上持有多头头寸和空头头寸的私人会员基金，它只对大型投资者开放。

表 29.1　　机构投资者的分类

投资公司	开放式基金；封闭式基金
养老基金	固定收益；固定缴款
保险公司基金	寿险；非寿险
其他	慈善基金；银行管理的非养老基金；私募基金

尽管机构投资者和银行交易部门都暴露于相同的风险因子，但是它们的风格完全不同。银行交易部门是具有高杠杆的激进投资者。它们通常进行短线操作，并活跃于流动性市场。金融机构，例如商业银行、投资银行和经纪交易商，有时被称为**卖方**（sell side），因为它们主要出售金融服务产品。

另一方面，机构投资者被称为**买方**（buy side），因为它们从卖方手里购买金融服务产品，换种说法就是从美国华尔街购买。和卖方不同，机构投资者几乎没有杠杆并且较为保守。它们中的大多数进行长线投资并可以投资于流动性不强的市场。然而许多对冲基金却具有较高的杠杆并且交易活跃。

29.2 业绩评估

业绩评估（performance evaluation）是度量和评估投资管理决定的过程。它可以分成三步。

- **业绩度量**（performance measurement）开始于总收益率的计算，然后以总风险和相对风险的形式和基准收益率进行比较。
- **业绩贡献**（performance attribution）将投资组合的业绩和基准分解为不同

① 美国证券交易委员会（SEC）有正式的定义，例如，合格的机构投资者见条款 144a。

品种的收益率业绩和基准。它通常包括资产分配、货币选择、行业选择和证券选择。风险同时也归因于这些因子。

● **业绩考核**（performance appraisal）是对风险调整业绩和投资技巧的评估。它包括做出超常表现是运气还是投资技巧造成的评判。

业绩度量必须根据所承担的风险进行调整。它可以通过很多度量方法实现，这些度量方法通常基于标准差和回归系数。然而即使是最基本的度量水平，第一个问题是要对投资者或投资经理所面对的风险进行定义。特别地，风险是以**基准**（benchmark）的绝对形式还是相对形式进行度量的？

29.2.1 收益率度量

业绩评估的第一步是恰当地度量期限收益率。这有时并不总是很显而易见的，因为投资组合的价值被现金流的进出所影响，这是超出投资经理的控制范围的。到目前为止，行业标准是**时间加权收益率**（time-weighted rate of return, TWRR）。该方法涉及在现金流发生变化前以一个通常标准对投资组合进行估值。例如，假设 R_t 是每日收益率，那么 T 天的每月收益率为：

$$(1+R)=[(1+R_1)(1+R_2)\cdots(1+R_T)] \tag{29.1}$$

TWRR 方法提供了一个不对现金流的发生时刻或金额敏感的度量。[①]

29.2.2 风险度量

接下来，风险可以用收益率的形式或者头寸的形式进行度量。就像第 1 章所看到的那样，我们可以持有关于风险的两种观点。让我们使用标准差作为风险度量的一个例子。

● **绝对风险**（absolute risk）以与投资初始价值相关的差额形式进行度量。它可以用美元形式描述（或者其他相关基础货币）。我们用标准差作为风险度量并且定义 P 为初始投资组合的价值，R_P 为收益率。绝对风险的美元形式为：

$$\sigma(\Delta P)=\sigma(\Delta P/P)\times P=\sigma(R_P)\times P \tag{29.2}$$

● **相对风险**（relative risk）以与基准指数相关的形式进行度量，它反映了主动投资的风险。定义 B 作为基准收益率，偏差为 $e=R_P-R_B$，也被称为**追踪误差**（tracking error）。用美元形式表示就是 $e\times P$。相对风险为：

① 这种方法和货币加权收益率（MWRR）方法不一样，它是在考虑所有现金流的情况下计算投资组合的内部收益率。这和计算债券的到期收益率类似并且很容易计算。然而，MWRR 方法没有对投资组合重新估值的中间步骤，因此得出的业绩结果取决于现金流的间隔和规模。基于此，它不如 TWRR。

$$\sigma(e)P=[\sigma(R_P-R_B)]\times P=[\sigma(\Delta P/P-\Delta B/B)]\times P$$
$$=\omega\times P \tag{29.3}$$

式中，ω 称为**追踪误差波动率**（tracking error volatility，TEV），有时也称为**主动型风险**（active risk）。定义 σ_P 和 σ_B 为投资组合收益率和基准收益率的波动率，ρ 为它们的相关系数，那么偏差的方差为：

$$\omega^2=\sigma_P^2-2\rho\sigma_P\sigma_B+\sigma_B^2 \tag{29.4}$$

考虑一个基金的例子，其波动率 $\sigma_P=22\%$，与该基金比较的基准波动率 $\sigma_B=20\%$，相关系数 $\rho=0.986\ 4$，那么追踪误差波动率是多少？利用公式（29.4），我们有 $\omega^2=22\%^2-2\times0.986\ 4\times22\%\times20\%+20\%^2=0.001\ 6$，得到 $\omega=4\%$。因此追踪误差远远小于绝对风险。这是因为投资组合与基准组合高度相关的原因。如果相关系数为零，ω 为 30%。

使用相对风险度量的一个好处是对业绩的检验更为有力，因为波动率的度量较低。例如，假设一个投资组合的收益率每年超出基准收益率 4%，超出货币收益率 9%。在 $T=4$ 年之后，我们可以计算假设该主动型基金经理没有额外贡献价值（或者业绩归因于运气）的 t 统计量。统计量为：

$$\frac{(\bar{R}_P-\bar{R}_B)}{(\omega/\sqrt{T})}=\frac{(4\%)}{(4\%/\sqrt{4})}=\frac{4\%}{2\%}=2$$

由于它大于 1.96，我们可以拒绝零假设。但是，使用绝对收益率同样计算得到 $t=0.82$，在这种情况下我们不能拒绝零假设。因此，我们可以得出结论，该基金经理在使用相对收益率度量时具有投资技巧，但是使用绝对收益率度量时就没有投资技巧。

同样需要注意 t 统计量是信息比率的一个简单变换①：

$$t=\frac{(\bar{R}_P-\bar{R}_B)}{(\omega/\sqrt{T})}=\frac{(\bar{R}_P-\bar{R}_B)}{\omega}\sqrt{T}=IR\sqrt{T} \tag{29.5}$$

使用绝对风险还是相对风险度量取决于交易或投资如何进行评判。对于银行交易组合或对冲基金来说，市场风险以绝对风险方式进行度量。它有时称为**总的基金收益**（total return funds）。而另一方面，负有击败基准或同行收益率任务的投资组合经理应该使用相对风险方式进行度量。

例题 29.1　FRM 试题 2008——第 5－9 题

去年 HIR 基金的收益率为 7.8%，而基准标准普尔 500 股票指数的收益率为 7.2%。在这个时期，基金的波动率为 11.3%，而标准普尔 500 股票指数的波动率为 10.7%，基金的 TEV 为 1.25%。假设无风险利率为 3%。HIR 的信息比率为多少？该基金多少年的业绩在 95%置信水平下是显著的？

(a) 0.480，接近 16.7 年。

(b) 0.425，接近 21.3 年。

---

① 这在第 1 章有过定义并且将在下一部分继续讨论。

(c) 3.840，接近 0.2 年。
(d) 1.200，接近 1.9 年。

29.2.3 盈余风险

人们常说："只有旁观者才能看到风险。"对于具有未来固定负债的投资者，风险并不存在于这些负债中。对于具有**固定收益**（defined benefits）的养老金，这些负债由承诺对养老金参加者当前和未来的支付构成，也被称为**固定收益义务**（defined benefit obligations）。在这种情况下，投资风险只存在于承诺支付收益的股票中。相反，具有固定缴费计划的雇员则要面临投资风险。

对于寿险公司，这些负债反映了未来可能的索赔支付。这些负债可以由它们的净现值反映。一般情况下，长期固定支付的现值的特点和一个固定利率债券的空头头寸非常相似。如果支付随通货膨胀变化，那么就近似于一个通胀保护债券。

资产 A 和负债 L 现值的差额称为**盈余**（surplus）S。盈余的变化为 $\Delta S=\Delta A-\Delta L$。除以资产的初始价值，我们有：

$$R_S=\frac{\Delta S}{A}=\frac{\Delta A}{A}-\frac{\Delta L}{L}\frac{L}{A}=R_A-R_L\frac{L}{A} \tag{29.6}$$

负债的久期比较长，一般为 12 年。使用久期近似，负债的收益率可以用收益率 y 的变化来度量，即 $R_L=-D^{*}\Delta y$。市场价值最坏的变动是在收益率下降的年份中，由于股票的下跌导致资产价值的下跌。**免疫**（immunization）是指资产组合或部分组合提供一个对负债变动的保护性对冲。因此，对长期债券的投资可以帮助对冲负债的变动。

在这种情况下，风险可以用盈余在期限内的潜在损失来度量。有时被称为**盈余风险**（surplus at risk）。这种 VAR 形式的度量方法是相对风险度量的一种应用，这里的基准是负债的现值。

例题 29.2　FRM 试题——养老金负债

AT&T 公司养老金计划的收益为 174 亿美元。如果折现率下降了 0.5%，负债就会上升 8 亿美元。基于这些信息，这个负债类似于：

(a) 股票市场的空头头寸。
(b) 现金的空头头寸。
(c) 成熟期为 9 年的债券空头头寸。
(d) 久期为 9 年的债券空头头寸。

例题 29.3　FRM 试题——养老金风险

AT&T 公司养老金报告称其拥有 196 亿美元的资产和 174 亿美元的负债。假设盈余服从正态分布并且年波动率为 10%，那么下一年 95%置信水平下的盈余风险为：

(a) 3.60 亿美元。

(b) 5.13 亿美元。

(c) 28.6 亿美元。

(d) 32.2 亿美元。

例题 29.4　FRM 试题 2006——第 25 题

DataSoft 公司具有一个长期雇员固定负债的养老金计划。基金的资产为 90 亿美元，负债的现值为 88 亿美元。下列说法哪些是不正确的?

Ⅰ. 长期固定支付现值的特点与固定利率债券的多头头寸非常相似。

Ⅱ. 盈余风险是一个相对风险度量。

Ⅲ. DataSoft 公司可以投资 80 亿美元长期固定利率债券来免疫它的负债。

(a) Ⅰ和Ⅱ。

(b) Ⅱ和Ⅲ。

(c) Ⅰ和Ⅲ。

(d) Ⅰ、Ⅱ和Ⅲ。

29.2.4　基于收益率和基于头寸的风险度量

通常风险是通过基于收益率的信息（投资组合收益率 $R_{P,t}$ 的历史时间序列）来度量的。一方面，基于收益率的风险系统简单并且容易补充修改。另一方面，基于收益率的度量存在一些严重的缺陷。它们对新的金融工具、市场和基金经理都无效，因为没有历史数据。它们不能捕捉**风格变化**（style drift），也就是投资组合经理从宣称的投资风格进行的分散转换。它们不能揭露类似期权虚值空头头寸的隐藏的风险，这些头寸获取稳定的期权费用但是无法揭露重大损失的发生。

大部分这些缺陷可以用基于头寸的风险度量来解决。它们可以应用到新的金融工具、市场和基金经理中。它们使用当前头寸的信息，这样可以捕捉风格变化和揭露隐藏的风险。

然而，基于头寸的风险系统同样面临补充修改的挑战，风险经理同样要了解它们的缺陷。首先，一个大银行可能持有几百万头寸，在这种情况下从上至下的加总风险是一个主要的技术挑战。第二，基于头寸的风险度量假设投资组合不随时间变化，因此忽略了任何主动型交易在实际中起到的作用。最后，基于头寸的风险系统可能会对数据和模型的误差和近似非常敏感。它们需要对所有的头寸进行建模，用风险因子的函数对金融工具重新进行定价。有些金融工具的建模可能非常复杂，导致产生模型风险。

即使这样，基于头寸的风险度量还是比基于收益率的风险度量含有更多的信息。这解释了为什么现代风险管理系统是建立在头寸水平信息上的。

29.2.5 风险调整业绩度量

这种一分为二的度量，即绝对收益率和相对收益率的度量，贯穿整个业绩度量，对基金的风险调整业绩进行评估。**夏普比率**（Sharpe ratio，SR）是平均收益率 $\mu(R_P)$ 超过无风险收益率 R_F 的部分与绝对风险的比率：

$$SR = \frac{[\mu(R_P) - R_F]}{\sigma(R_P)} \tag{29.7}$$

夏普比率重点考虑以绝对形式度量的总体风险。由于总体风险包括系统风险和特殊风险，这个度量方法在投资组合不特别分散的情况下使用比较合适，此时投资组合具有较大的特殊风险。

一个相关的度量是**索提诺比率**（Sortino ratio，SOR）。它把分母上的标准差用半标准差 $\sigma_L(R_P)$ 代替，即只考虑代表损失的数据。该比率为：

$$SOR = \frac{[\mu(R_P) - R_F]}{\sigma_L(R_P)} \tag{29.8}$$

式中，$\sigma_L(R_P) = \sqrt{\frac{1}{[N_L]}\sum_{i=1}^{N}[\mathrm{Min}(R_{P,i},0)]^2}$，$N_L$ 是损失观测值的数目。索提诺比率比夏普比率在收益率分布左偏的时候更适用，但是它并不常用。

相反，**信息比率**（information ratio，IR）度量了平均收益率超过基准收益率的部分与 TEV 之间的比率：

$$IR = \frac{[\mu(R_P) - \mu(R_B)]}{\omega} \tag{29.9}$$

但是，使用这些比率十分抽象。以经风险调整的收益率的形式来表示业绩更为直观。假设我们使用相关的基准收益率 R_B 来首先度量它的平均收益率和风险。我们可以调节投资组合 P 的杠杆来使它的波动率与 B 保持一致。风险调整业绩（risk-adjusted performance，RAP）为[①]：

$$RAP_P = R_F + \frac{\sigma_B}{\sigma_P}[\mu(R_P) - R_F] \tag{29.10}$$

这在图 29.1 中进行了说明。投资组合 P 的平均收益率比 B 的大，但是它的波动率也比 B 的大。从 R_F 到 R_P 的直线代表了混合无风险资产和 P 的投资组合的收益率。例如，在每个部分各 50%的投资得到的平均收益率是 R_F 和 $\mu(R_P)$ 的均值，波动率是 P 的一半。该直线的斜率代表了夏普比率，由公式（29.7）给出。

投资组合 P^* 和 B 具有相同的风险水平，它的业绩由公式（29.10）给出。

① 这个业绩度量有时称为 M 方。

我们接着可以直接计算 RAP_P 和 $\mu(R_B)$。在这种情况下，投资组合 P 在风险调整的基础下比 B 业绩要低，但是我们用夏普比率得到的 P 和 B 的业绩是相同的。

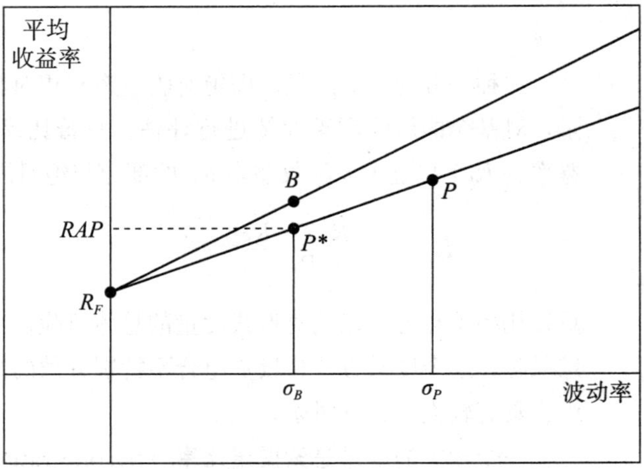

图 29.1　风险调整业绩

例题 29.5　FRM 试题 2009——第 8-2 题

你的公司雇用了维克拉姆·梅拉作为一个养老基金的主动型投资基金经理。他的基准是罗素 2000 成长型股票指数。下列哪些是评估维克拉姆收益和风险最合适的统计量？

(a) VAR 和夏普比率。

(b) 追踪误差和信息比率。

(c) 追踪误差和夏普比率。

(d) VAR 和信息比率。

29.2.6　业绩贡献：基于收益率

到目前为止，我们已经介绍了考虑波动率的风险简单调整度量。但是为了评估投资经理的业绩，关键是要将总收益分解为基于市场风险的部分和基于其他风险因子的部分。暴露于股票市场的收益率被广泛认为是长期风险溢价，称为**股票溢价**（equity premium）。假设这个溢价为每年 $EP=4\%$。这是期望收益率超出无风险利率的部分。为了简化，通常假设借贷的利率相同。

现在以 100 万美元的投资基金为例。借贷 50%的资金投资于 150%的股票多头头寸（金额为 150 万美元），该投资组合的超额收益率应该为 150%的股票头寸的收益率减去 50%的借款成本，再减去无风险收益率，即：

$$[150\% \times (EP+R_F) - 50\% R_F] - R_F = 1.5 \times EP = 6\%$$

这也可以用持有价值 150 万美元的股指期货来实现。因此，一个收益率超出无风险收益率 6%的投资经理并没有给投资组合增加任何附加价值，因为这个超出部分仅暴露于市场风险。因此，解释风险溢价所属的风险因子非常关键。

定义 $R_{M,t}$ 为时期 t 的股票市场收益率，例如美国标准普尔 500 股票收益率，$R_{F,t}$ 为无风险收益率，$R_{P,t}$ 为投资组合的收益率。一般的风险调整收益率由以下回归进行估计：

$$R_{P,t}-R_{F,t}=\alpha_P+\beta_P[R_{M,t}-R_{F,t}]+\varepsilon_{P,t},t=1,\cdots,T \tag{29.11}$$

式中，β_P 是投资组合 P 对市场风险因子的暴露，即**系统风险**（systematic risk），α_P 为考虑市场风险因子的暴露之后的超常业绩。截距项也被称为**詹森阿尔法值**（Jensen's alpha），它由所暴露的风险因子变动产生的附加价值组成。

定义 $\bar{R}=(1/T)\sum_{t=1}^{T}(R_t-R_{F,t})$ 为样本时间范围内的平均收益率，alpha 的估计值为：

$$\hat{\alpha}=\bar{R}-\hat{\beta}\bar{R}_M \tag{29.12}$$

如果没有暴露于市场因子（$\beta=0$），那么公式（29.12）表明阿尔法就是投资工具的样本平均收益率。更一般地，公式（29.12）考虑所暴露的系统风险因子。在我们投资基金的案例中，我们有 $\bar{R}=6\%$，$\beta=1.5$，因此，阿尔法为：

$$\hat{\alpha}=6\%-1.5\times4\%=0$$

这意味着没有附加价值。

重要概念

业绩评估必须考虑由市场风险因子（风险溢价）所贡献的收益率的部分。只有当剩余收益率阿尔法为正值时，投资经理才会对投资组合增加价值。

收益率可能暴露于多种风险因子。假设我们相信超出市场溢价的部分是由公司的价值和规模赚得的。我们需要将这些信息考虑到对基金经理的评估中去，否则他的业绩可能会来自这些风险因子，而这些风险因子却没有记录在业绩贡献系统中。在 K 个风险因子下，公式（29.11）可以扩展为：

$$R_i=\alpha_i+\beta_{i1}y_1+\cdots+\beta_{iK}y_K+\varepsilon_i \tag{29.13}$$

这个分解同时对观察**波段效应**（timing ability）很有帮助，它由通过改变对应风险因子的风险暴露而增加的投资组合价值构成。例如，一个基金经理可以在预期股票市场将上涨的情况下向高贝塔值的股票移动。波段效应可以通过在公式（29.11）中添加一项得到：

$$R_{P,t}-R_{F,t}=\alpha_P+\beta_P[R_{M,t}-R_{F,t}]+\delta_P[R_{M,t}-R_{F,t}]D_t+\varepsilon_{P,t} \tag{29.14}$$

式中，D_t 是一个哑变量，当市场上涨时 $D_t=1$，当市场下跌时 $D_t=0$。一个正的系数 δ_P 意味着该基金经理在市场波段中增加了投资组合的价值，这意味着贝塔值和市场正相关。

另一个流行的工具是**风格分析**（style analysis）。它的目标是用事先定义好的资产类别 F_1，F_2，…，F_K 来解释基金的收益率。例如，这些资产类别可以是：（1）大型美国公司股票；（2）小型美国公司股票；（3）国际跨国公司股票。然后我们建立一个基于这三个因子的回归：

$$R_i=\beta_{i1}F_1+\beta_{i2}F_2+\beta_{i3}F_3+\varepsilon_i \tag{29.15}$$

受限条件是估计的参数 $\beta\geqslant 0$ 并且参数的和等于 1，$\beta_{i1}+\beta_{i2}+\beta_{i3}=1$。这里，风险暴露可以解释为资产类别的权重。这样确定了被动型指数的多头头寸组合，具有和基金真实业绩最接近的复制。例如，假设回归的收益率权重为 25%、25%和 50%，R^2 为 92%。换句话说，三个指数的被动型分配和收益率方差有 92%的相关度，其他部分归因于其他风险因子。这有利于理解投资组合业绩的驱动。另外，这些权重可以用来构造和未来投资组合业绩相比较的基准。

最后，考虑投资组合杠杆的效用。多头杠杆是资产与权益的比率。例如，一个拥有投资者 1 亿美元的基金，借入 1 亿美元，投资于 2 亿美元的股票。空头头寸（贷款）不具有市场风险。在这个例子中，杠杆为 2 比 1。投资组合资产 10%的利润，即 2 000 万美元，现在代表了权益 20%的收益。因此，杠杆乘以资产收益率就是权益收益率。在公式（29.11）中，杠杆乘以 α_P、β_P 和 ε_P。在回归分解中，$V(R_P)=\beta_P^2V(R_M)+V(\varepsilon_P^2)$。因此杠杆增加了总波动率 σ_P 和残差波动率 $\sigma_{\varepsilon,P}$ 的比例。

例题 29.6　FRM 试题 2008——第 5 - 13 题

投资组合 Q 的贝塔为 0.7，期望收益率为 12.8%，股票风险溢价为 5.25%。无风险利率为 4.85%。计算投资组合 Q 的詹森阿尔法值。

(a) 7.67%。

(b) 2.70%。

(c) 5.73%。

(d) 4.27%。

例题 29.7　FRM 试题——业绩评估

假设一个对冲基金具有一个较大的正 α 值。该基金可以使用股票多头和空头头寸的杠杆。市场这段时间上涨。基于这些信息：

(a) 如果该基金具有净正 β 值，所有 α 值都来自于市场风险。

(b) 如果该基金具有净负 β 值，部分 α 值来自于市场风险。

(c) 如果该基金具有净正 β 值，部分 α 值来自于市场风险。

(d) 如果该基金具有净负 β 值，所有 α 值都来自于市场风险。

29.2.7 业绩贡献：基于头寸

到目前为止，分析已经使用了实际的投资组合收益率。然而，业绩评估可以使用头寸信息作更深一步的研究。

例如，假设我们希望知道一个全球股票投资组合的业绩驱动因子。该基金投资于三个资产类别，(1) 大型美国公司股票；(2) 小型美国公司股票；(3) 国际跨国公司股票。在月初，权重 ω_i 分别为 30%、30%和 40%。然后我们将收益率分解为一组被动型因子收益率和一个特殊因子收益率：

$$R_P=\omega_{P1}F_1+\omega_{P2}F_2+\omega_{P3}F_3+\varepsilon_P \tag{29.16}$$

同样的分析可以用主动型收益率的形式来表现，即投资组合收益率减去基准收益率：

$$R_P-R_B=[(\omega_{P1}-\omega_{B1})F_1+(\omega_{P2}-\omega_{B2})F_2+(\omega_{P3}-\omega_{B3})F_3]+\varepsilon_P \tag{29.17}$$

这里，括号里的项代表了由于资产分配决定产生的主动型收益率。例如，尽管发现第一项通常是正的，但是特殊项并不表示基金经理具有资产分配以及基金其他决定的技巧。这种类型的分析可以扩展到评估由国家选择、货币选择和证券选择而增加的价值。

29.2.8 业绩评估和存活水平

另一个评估一组投资经理业绩的关键指标是**存活水平**（survivorship）。这发生在业绩较差的基金从投资领域退出，评估时只考虑存活者的情况。商业数据库往往只提供存活基金的信息，因为客户对“消亡”的基金已经不感兴趣。

这就是基金组合的平均业绩要比检测到的业绩要低的问题，这主要归因于**存活水平偏差**（survivorship bias）。换句话说，现存基金的表面业绩过高，或者说相对于真实水平偏高，这是由于对业绩较差基金的忽略。

这种偏差的程度取决于基金的退出率，并且该偏差可以十分严重。例如，共同基金每年的退出率为3.6%。这代表了年初存在但年末“消亡”的基金部分。在这个样本中，存活水平偏差估计大约为每年0.70%。① 这代表了存活样本业绩和真实水平之间的差异。这个数字非常显著，因为它和每年1%左右的资产管理费数量级一样。较高退出率的样本具有较大的偏差。例如，商品交易咨询基金（Commodity Trading Advisors，CTA）——一种对冲基金，具有每年16%的退出率，导致了每年5.2%的存活水平偏差，这非常高。②

其他导致偏差的来源主要是入选标准和自愿提供的收益率报告。一个业绩出色的基金很有可能被数据库选入。或者，该基金的投资经理会主动提供基金收益率信息给数据库。结果，增加较好收益率的基金进入数据库就会产生偏差。或者，一家基金当其业绩不好时就会决定停止报告收益率。这被称为**选择偏差**（selection bias）。这个偏差和前一个不同是因为它在包括消亡基金的样本中也存在。

最后，还有一个微小的偏差会产生于公司在基金开放之前对不同类型基金的“培育”。假设同一家公司在2年的时间内发展了10个基金。一些基金的业绩很好而另一些不好，部分可能由于时机不好。然后公司将业绩最好的基金向公众开放，它的业绩可以从前两年的数据查到。其他的基金就被忽略或者解散。结果，

---

① Mark Carhart，Jennifer Carpenter，Anthony Lynch，and David Musto，“Mutual Fund Survivorship，” *Review of Financial Studies* 15 (2002)：1355-1381.

② CTA是交易期货和期权的投资经理。在美国，他们被商品期货交易委员会（CFTC）监管。

向公众开放的基金业绩并不能代表整个样本。这被称为**历史偏差**（instant-history bias）。这种偏差与选择偏差的不同在于在报告期基金不向公众开放。

> **重要概念**
>
> 当基金样本受到存活水平偏差、选择偏差或者历史偏差影响时，业绩评估可能过于乐观。存活水平偏差会随着退出率的增加而增加。

例题 29.8　FRM 试题 2005——第 103 题

一个对冲基金收益率数据库按如下方法建立。数据库记录的第一年是 1994 年。所有基金在 1994 年年底都存活并且愿意提供当年的收益率报告。

该数据库通过要求基金报告收益率较 1994 年之前有了很大扩展。结果，基金只要愿意报告收益率就可以被加入数据库。如果一只基金停止报告收益率，它的收益率就被从数据库中剔除，但是数据库中的基金达成一致，它们会在停止向新投资者开放之前持续报告收益率。

考虑以下四种说法：

Ⅰ. 数据库存在回填偏差。

Ⅱ. 数据库存在存活水平偏差。

Ⅲ. 数据库存在变量误差偏差。

Ⅳ. 基金收益率的年度等权重平均值会低估对冲基金的期望业绩。

下列哪一个选项是正确的?

(a) 所有说法均正确。

(b) 说法Ⅰ和Ⅱ正确。

(c) 说法Ⅰ、Ⅱ和Ⅲ正确。

(d) 说法Ⅱ和Ⅳ正确。

29.3　风险预算

风险管理的变革反映了一个共识，风险必须在最高水平下进行度量，也就是公司范围或者投资组合范围。度量总体风险的方法导致了一个从上至下的风险分配，称为**风险预算**（risk budgeting）。风险预算是将基金的总体风险分配到各种资产类别和基金经理中的过程。

这个概念被机构投资者用于它们的**资产分配过程**（asset allocation process）。资产分配过程由寻找主要资产类别的最优分配（提供给投资者最优风险收益配置的分配）构成。这种选择定义了投资组合的总体风险状况。

29.3.1　说　明

考虑一个例子，一个投资者正在决定投资多少资金于美国股票、美国债券和非美国债券。风险用绝对形式度量，假设收益率服从联合正态分布。更一般地，这可以推广到其他分布类型或历史模拟方法。资产分配将取决于每种资产类别的期望收益率和波动率，以及它们之间的相关性。表 29.2 描述了这些数据，它们是基于 1978 年到 2003 年的历史美元收益率。

假设投资者决定投资组合的最优风险收益配置应该是期望收益率为 12.0%，总体风险为 10.3%。表 29.2 显示了一个投资组合的资产分配，资产的 60.0%、7.7%和 32.3%分别投资于美国股票、美国债券和非美国债券。

波动率可以用 95%置信水平下的 VAR 来度量。这定义了总体风险预算 $VAR=\alpha\sigma W=1.645\times10.3\%\times1$ 亿美元＝1 690 万美元。这个 VAR 预算接着可以分配到不同的资产类别和基金经理中。

风险预算是将有效的投资组合分配转化为 VAR 分配的过程。在资产类别的水平上，单个资产 VAR 分别为 1 530 万美元、90 万美元和 590 万美元。例如，对美国股票的 VAR 分配为 60%×(1.645×15.50%×10 000 万美元) ＝1 530 万美元。注意到单个资产 VAR 的总和为 2 210 万美元，高于投资组合 VAR 1 690 万美元，这是由于分散化效应。

这个过程可以在接下来的水平继续重复。该基金分配给美国股票的风险预算为 1 530 万美元，资产分配为 6 000 万美元。这个资产分配可以等额分给两个股票基金经理。假设这两个基金经理同样出色，收益率之间的相关系数为 0.5。那么给每个基金经理的最优风险预算就是 883 万美元。我们可以验证总体风险预算为（单位：万美元）：

$$\sqrt{883^2+883^2+2\times0.5\times883\times883}=\sqrt{2\ 339\ 100}=1\ 530$$

注意到，和前一步一样，风险预算的总和 883 万＋883 万＝1 766 万美元，高于总体风险预算 1 530 万美元。这是因为后一步也考虑了分散化效应。如果这两个基金经理之间完全相关，分配给每个基金经理的风险预算为 1 530 万美元/2=765 万美元。这个高风险预算对于投资者是有益的，因为它产生了从基金经理的正 α 中获益的更多机会。

表 29.2　风险预算

资产		期望收益率 (%)	波动率 (%)	相关性 1	相关性 2	相关性 3	分配的百分比 (%)	VAR (万美元)
美国股票	1	13.80	15.50	1.00			60.0	1 530
美国债券	2	8.40	7.40	0.20	1.00		7.7	90
非美国债券	3	9.60	11.10	0.04	0.40	1.00	32.3	590
投资组合		12.00	10.30				100.0	1 690

这种风险预算强调了基金经理之间相关性的重要性。为了更好地控制基金经理，机构投资者通常选择不同市场领域或交易策略的基金经理。例如，第一个基

金经理投资于小盘成长股，第二个基金经理投资于中盘价值股。或者第一个基金经理遵循机会投资策略，第二个基金经理遵循价值投资策略。第一种类型的基金经理在股价上涨之后会购买更多的股票，第二种类型的基金经理在股价下降之后才会被吸引。不同的类型导致了基金经理之间的低相关性。对于一个给定的总体风险预算，低相关性意味着可以分配给每个基金经理更高的风险预算，这可以使基金增值得更快。

这个低相关性解释了为什么投资者非常关注**风格转移**（style drift），这是一个投资经理改变投资风格的情况。这对于投资者非常重要，因为它可以改变总体投资组合风险。例如，如果所有的基金经理都转向小盘成长股，基金的总体风险就会增加。风格转移由选择不同特征的基准来控制，例如小盘成长股和中盘价值股指数，还可以用每个基金经理的追踪误差波动率来控制。

总之，这种风险预算的方法被迅速广泛地应用到投资管理领域中。这种方法提供了在所有子投资组合之间一致的风险度量。它使得基金经理和投资者正视他们希望假设的风险。它也给了他们在实际情况中管理风险的工具。

29.3.2　边际风险和风险的贡献

一个设计优良的风险系统也需要提供了解如何管理风险的工具。这就需要提供度量**边际风险**（marginal risk）的风险报告。它代表了由于资产分配的小幅增加而带来的风险变化，即

$$MRISK = \frac{\partial \sigma_P}{\partial w_i} = \frac{Cov(R_i, R_P)}{\sigma_P} = \beta_{i,P}\,\sigma_P \tag{29.18}$$

因此，贝塔值代表了对投资组合 P 总体风险的边际贡献。较大的 β 值意味着头寸的小幅增加会产生相对较大的投资组合风险。相反，具有较大贝塔值的头寸需要首先削减，因为这样会导致风险的大幅降低。边际 VAR 是一个相同的度量，除了 MRISK 要乘以表示置信水平的 α。

这可以扩展到投资组合风险贡献的度量上。**风险贡献**（risk contribution），或者称为**风险分配**（risk allocation），可以通过头寸 i 的边际风险乘以它的权重得到：

$$CRISK = w_i\beta_{i,P}\,\sigma_P \tag{29.19}$$

由于投资组合自身的 β 值为 1，因此 $w_i\beta_{i,P}$ 的总和也必定为 1。因此，风险贡献的加总应该恰好等于投资组合的风险 σ_P。当风险以 VAR 的形式表示时，该度量称为**成分 VAR**（component VAR）。

表 29.3 给出了一个例子，将前一个表进行扩展。边际风险一列表明美国股票是具有对投资组合总体风险最高边际贡献的资产类别。例如，股票的资产分配从 60%增加到 61%将使投资组合的总体风险从 10.30%增加到 10.44%。这与边际风险值 0.14 与 1%的资产权重的乘积恰好相等。

表 29.3　　风险分析

资产	波动率（%）	市场分配	边际风险	风险分配（%）
美国股票	15.50	60.0	0.143 8	8.63
美国债券	7.40	7.7	0.027 8	0.21
非美国债券	11.10	32.3	0.045 1	1.46
投资组合	10.30	100.0		10.30

最后一列展示了风险贡献或者风险分配。投资组合总体风险 10.30%中的 8.63%来自美国股票。这个较大的数值反映了该资产类别的高波动率，以及它在投资组合中的高权重和相关性。因此，风险报告系统不仅需要展示传统的资产权重或者市场分配，还应该展示风险分配。

这些分析对投资组合结构提供了有用的理解。在风险预算不足的情况下，高风险分配只能通过与其他资产高度相关的期望收益率来评判。事实上，投资组合具有的准确关系是均值方差有效的，即夏普比率的最大化。如果这是投资组合 P 满足的情况，那么所有资产相对于其边际风险的超额收益率必须相同，它也与特雷诺比率成比例。另一方面，如果投资组合不是有效的，那么我们需要通过向资产倾斜以提供更大的相对于其风险贡献的期望收益率来提高其业绩。因此，这种对于投资组合风险从上至下的分析可以帮助投资者在给定风险度量集合和资产类别预测的情况下提高其投资组合的业绩。

例题 29.9　FRM 试题——风险预算

AT&T 公司养老金将 68%的资产（大约 130 亿美元）投资于股票市场。假设收益率服从正态分布且年波动率为 15%。该基金用一年 95%置信水平下的 VAR 作为绝对风险的度量，为 32 亿美元。该养老金计划希望将风险分配给两个基金经理，两人具有相同的 VAR 预算。假设两个基金经理之间的相关系数为 0.5，那么每个基金经理的 VAR 预算应该为：

(a) 32 亿美元。
(b) 24 亿美元。
(c) 19 亿美元。
(d) 16 亿美元。

例题 29.10　FRM 试题 2005——第 140 题

假设投资组合包含 4 种资产。每种资产的风险贡献如下：英国大型公司股票 3.9%；英国小型公司股票 4.2%；英国债券 0.9%；非英国债券 1.1%。下列哪一项解释不太可能是英国股票具有相对较高的风险贡献价值的解释？

(a) 英国股票的高期望收益率。
(b) 英国股票的高权重。
(c) 英国股票的高波动率。
(d) 英国股票与投资组合中其他资产的高相关性。

例题 29.11　FRM 试题 2009——第 8－9 题

一个风险经理假设收益率的联合分布服从多元正态分布并计算对一个由两个资产构成的投资组合的风险度量。

资产	头寸（美元）	单独 VAR（美元）	边际 VAR	贡献（美元）
1	100	23.3	0.176	17.6
2	100	46.6	0.440	44.0
合计	200	61.6		62.6

如果将资产 2 从投资组合中除去，投资组合 VAR 降低多少？

(a) 15.0 美元。

(b) 38.3 美元。

(c) 44.0 美元。

(d) 46.6 美元。

例题 29.12　FRM 试题 2009——第 8－10 题

继续前一题。令 $\beta_{ip}=\rho_{ip}\sigma_i/\sigma_p$，其中 ρ_{ip} 为资产 i 的收益率与投资组合收益率之间的相关系数，σ_i 为资产 i 的收益率的波动率，σ_p 为投资组合收益率的波动率。β_1 和 β_2 是多少？

(a) $\beta_1=0.571$，$\beta_2=1.429$。

(b) $\beta_1=0.756$，$\beta_2=1.513$。

(c) $\beta_1=0.286$，$\beta_2=0.714$。

(d) 由提供的信息无法计算。

例题 29.13　FRM 试题 2009——第 8－12 题

一个 Big 公司养老金管理分析使用一个两步的过程来管理养老金投资组合的资产和风险。首先，他们使用一个基于 VAR 的风险预算过程来决定四种类别资产的分配。接着，在每一个资产类别中，他们以一个基准指数设定一个最大追踪误差容忍量并且决定了各个投资经理的主动风险预算。假设收益率服从正态分布。由第一步可以得到以下信息。

	期望收益率（%）	波动率（%）	资产分配（%）	单独 VAR（美元）	边际 VAR
小型公司股票	0.20	2.66	35.0	6 491	0.055
大型公司股票	0.15	2.33	40.0	6 497	0.044
商品	0.10	1.91	16.7	2 216	0.020
新兴市场	0.15	2.70	8.3	1 570	0.047
			VAR 合计：13 322		

下列哪些说法是正确的？

Ⅰ. 使用VAR作为风险度量，新兴市场资产类别具有最小的风险预算。

Ⅱ. 如果在投资组合中追加现金，如果投资于小型公司股票，对投资组合VAR的边际冲击将最大。

Ⅲ. 随着最大追踪误差容忍量的降低，单个风险经理具有更多的自由去追求更多的超额收益率。

Ⅳ. 设立规定好的风险限额并且仔细监管风险保证了风险限额不会被超出。

(a) Ⅰ和Ⅱ。

(b) Ⅰ、Ⅱ、Ⅲ和Ⅳ。

(c) Ⅱ和Ⅲ。

(d) 只有Ⅰ。

29.4 重要公式

绝对风险：$\sigma(\Delta P)=\sigma(\Delta P/P)\times P=\sigma(R_P)\times P$

相对风险：$\sigma(e)P=[\sigma(R_P-R_B)]\times P=[\sigma(\Delta P/P-\Delta B/B)]\times P=\omega\times P$

追踪误差波动率（TEV）：$\omega=\sigma(\Delta P/P-\Delta B/B)$

夏普比率（SR）：$SR=\frac{[\mu(R_P)-R_F]}{\sigma(R_P)}$

风险调整业绩（RAP）：$RAP_P=R_F+\frac{\sigma_B}{\sigma_P}[\mu(R_P)-R_F]$

信息比率（IR）：$IR=\frac{[\mu(R_P)-\mu(R_B)]}{\omega}$

α系数：$R_{P,t}-R_{F,t}=\alpha+\beta_P[R_{M,t}-R_{F,t}]+\varepsilon_{P,t}$

特雷诺比率（TR）：$TR=\frac{[\mu(R_P)-R_F]}{\beta_P}$

市场波段效应，正δ：

$$R_{P,t}-R_{F,t}=\alpha_P+\beta_P[R_{M,t}-R_{F,t}]+\delta_P[R_{M,t}-R_{F,t}]^2+\varepsilon_{P,t}$$

边际风险：头寸i的小变动引起的投资组合总体风险的变动：

$$MRISK=\frac{\partial\sigma_P}{\partial\omega_i}=\frac{Cov(R_i,R_P)}{\sigma_P}=\beta_{i,P}\,\sigma_P$$

风险贡献：某个头寸在投资组合总体风险中的成分：

$$CRISK=\omega_i\beta_{i,P}\,\sigma_P$$

29.5 例题解答

例题 29.1　FRM 试题 2008——第 5-9 题

(a) 信息比率为(7.8−7.2)/1.25=0.48。当t统计量高于通常值1.96时就达到统计显著性。由公式（29.5），T 年达到统计显著性的最小数字为 $(IR1.96)^2=16.7$。然而，注意到不需要继续进行第 2 个计算，因为只有一个选项是正确的 IR 答案。

例题 29.2　FRM 试题——养老金负债

(d) 我们可以计算出该债务的修正久期为 $D^*=-(\Delta P/P)/\Delta y=-(0.8/17.4)/0.0005=9.2$ 年。因此，该债务的特点类似于一个久期为 9 年的债券空头头寸。选项 a 和 b 不正确是因为该债务具有固定的未来支付，其现金流模式与股票和现金的不一样。选项 c 不正确是因为期限为 9 年的债券的久期一定小于 9 年。例如，一个息票为面值 6%的 9 年期债券的久期只有大约 7 年。

例题 29.3　FRM 试题——养老金风险

(a) 该基金的盈余为资产超过负债的部分，即＄196 亿－＄174 亿＝＄22 亿。在正态分布假设下，一年 95%置信水平下的盈余风险为 1.645×10%×＄2 200 百万＝＄360 百万。选项 b 是不正确的，因为它使用了 99%的置信水平。选项 c 和 d 是不正确的，因为它们用负债和资产的风险代替了盈余的风险。

例题 29.4　FRM 试题 2006——第 25 题

(c) 选项Ⅰ不正确是因为该负债和债券的空头（不是多头）相类似。选项Ⅱ正确是因为盈余风险是资产减去负债的相对风险度量。选项Ⅲ不正确是因为它需要投资 88 亿美元才能免疫，而不是 80 亿美元。

例题 29.5　FRM 试题 2009——第 8－2 题

(b) 由于主动型基金经理要和基准进行比较，你的公司应当使用相对风险度量（例如追踪误差波动率和信息比率）。

例题 29.6　FRM 试题 2008——第 5－13 题

(d) 阿尔法值为 (12.8%－4.85%)－0.7(5.25%)＝4.27%。

例题 29.7　FRM 试题——业绩评估

(c) 由于市场上涨，具有正贝塔值的投资组合会有部分正收益源于市场效应。具有负贝塔值的投资组合会有部分负收益源于市场效应。选项 a 是不正确的，因为基金经理可能通过明智的股票挑选产生阿尔法值。选项 b 和 d 是不正确的，因为上涨市场行情中负贝塔值会造成阿尔法值的减少，而不是增加。

例题 29.8　FRM 试题 2005——第 103 题

(b) 该数据库包含 1994 年之前的历史，因此会存在回填偏差。接着，停止报告的基金被从数据库中剔除，因此存在存活水平偏差。变量误差偏差在其他情况中产生，例如回归。最后，基金收益率的平均值将偏高（而不是偏低），因为存在这两种偏差。因此，说法Ⅰ和Ⅱ是正确的。

例题 29.9　FRM 试题——风险预算

(c) 设 x 为分配给每个基金经理的风险预算，它必须满足 $x^2+x^2+2\rho xx=\$32^2$。解方程 $x\sqrt{1+1+2\rho}=x\sqrt{3}=\$32$，我们得到 $x=\$18.5$ 亿。选项 a 是不正确的，因为它反映的是总体 VAR。选项 b 是不正确的，因为它假设相关系数为零。选项 d 是不正确的，因为它简单地用＄32 亿 VAR 除以 2，忽略了分散效应。

例题 29.10　FRM 试题 2005——第 140 题

(a) 风险贡献与权重和贝塔值的乘积成比例。后者包含了资产和投资组合之间的相关性以及资产的波动率。高权重、高相关性和高波动率会产生较高的风险贡献。另一方面，高期望收益率可以解释高权重，但不能解释高风险贡献。

例题 29.11　FRM 试题 2009——第 8－9 题

(b) 用 61.6 减去资产 1 的投资组合 VAR，得到 23.3，差值为 38.3。

例题 29.12　FRM 试题 2009——第 8－10 题

(a) 由公式 (29.18)，贝塔是边际风险的比例。另外，VAR 的贡献是贝塔乘以权重乘以投资组合 VAR 的比率。因此，$\beta_1=17.6/(0.5\times61.6)=0.57$ 和 $\beta_2=44.0/(0.5\times61.6)=1.43$。

例题 29.13　FRM 试题 2009——第 8－12 题

(a) 风险预算由单独 VAR 代表，新兴市场的最小，因此说法Ⅰ是正确的。小型公司股票的边际 VAR 最大，因此在它的资产中每增加 1 美元将对投资组合产生最大的冲击。说法Ⅲ是不正确的，因为降低追踪误差波动率将给基金经理更少而不是更多的自由。最后，设定风险限额不能保证它们不会被超出。坏运气和异常事件可能会发生，即使风险模型是正确的。

第 30 章　对冲基金风险管理*

第一家对冲基金是于 1949 年由 A. W. 琼斯成立的。与传统意义的共同基金不同，对冲基金同时持有股票的多头头寸和空头头寸。在接下来的近几十年里，对冲基金经历了指数级突飞猛进的发展。到 2009 年 12 月，对冲基金已经拥有了超过 16 000 亿美元的权益资金，即**资产管理规模**（assets under management，AUM）。

对冲基金（hedge funds）是私人建立的基金，因此它在很多关键的地方和公共基金不一样。对冲基金可以提供更灵活的投资机会并且很少被监管，它在投资策略上也几乎没有什么限制。特别地，它们可以在不同的市场上持有多头和空头头寸并被允许使用杠杆。由于杠杆的缘故，它们可以控制的资产比它们的资产管理规模大很多。对冲基金已经成为金融市场上的主要力量，因为它们在市场上的交易量十分巨大。

不像共同基金可以向任何投资者开放，对冲基金只对获准允许投资的投资者开放。为了控制风险，许多对冲基金采用了以头寸为基础的 VAR 类型的技术。由于对冲基金的一些投资策略和商业银行交易台使用的策略相类似，因此对冲基金也可以使用相似的风险管理工具。

本章的主要目的是对对冲基金的风险管理做一个大致的介绍。30.1 节介绍了对冲基金。30.2 节描述了卖空机制和杠杆的多种度量。30.3 节接着分析了对冲基金的投资策略并介绍了如何确认和度量它们的风险。30.4 节展示了对冲基金

* FRM 考试第二部分的主题。

所特有的风险因子。最后，30.5 节介绍了如何应对处理对冲基金的风险。

30.1 对冲基金

对冲基金行业的增长如图 30.1 所示。到目前为止，差不多有 9 000 个对冲基金经理[①]控制着接近 16 000 亿美元的股权资金，而 1990 年的净资产只有 400 亿美元。这说明对冲基金的资产管理规模以每年 20%的速度增长。与其相比，美国的共同基金目前的管理资金为 111 210 亿美元，在 1990 年时为 10 650 亿美元，它的资产管理规模是以每年 13%的速度增长。因此，对冲基金的增长速度比同时期共同基金的增长速度快很多。

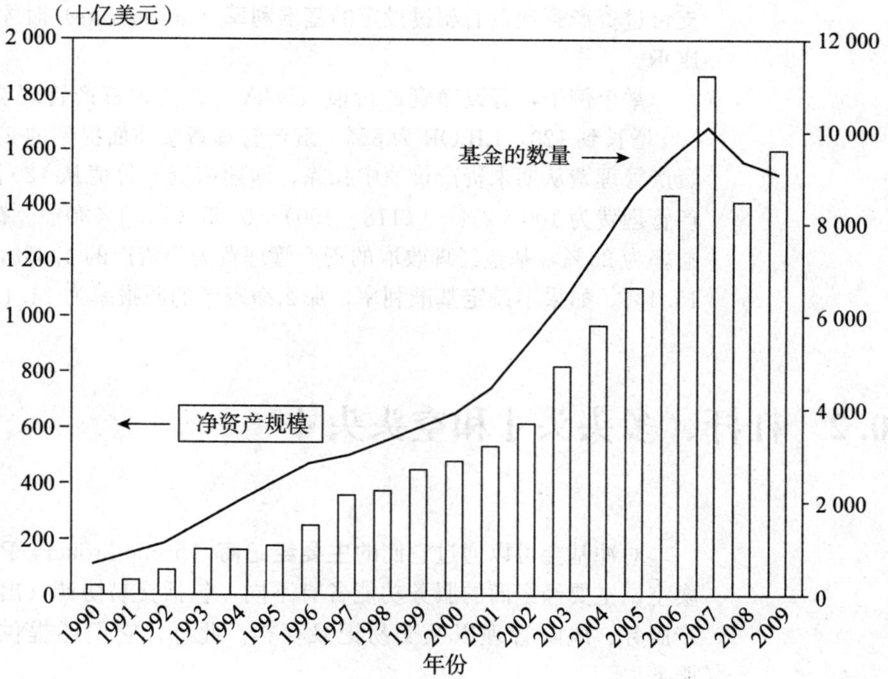

图 30.1 对冲基金行业的增长

对冲基金的增长有很多因素。对于投资者来说，对冲基金的业绩十分吸引人，特别是与 2000—2002 年间股票市场的糟糕表现相比。对冲基金公布的 β 值也很低，表明它们进行了资产多样化投资。

对于基金经理来说，对冲基金提供给他们比传统的投资基金更高的报酬。传统投资基金经理的资产管理费是管理资产规模的 0.5%～2%的固定费用。与之

① 这个数字包括对冲基金的基金，它的数量加起来大约为 2 200。

不同，对冲基金不但有管理资产规模的1%～2%的固定费用，还有所赚取利润的20%作为奖金。

同时，对冲基金的投资策略很少受到限制和监管，这给了投资组合经理更大的自由空间去操作。很多灵活的投资策略包括卖空证券、对投资组合的杠杆操作、投资衍生产品以及投资更广泛的资金池。较轻松的监管环境使得对冲基金能够建立业绩薪酬机制、关闭基金以及其他方式的管理方法。

然而突如其来的2008年金融崩盘给对冲基金带来很大冲击。许多基金业绩下滑并遭到投资者的赎回，这导致很多基金关闭。尽管如此，对冲基金所遭受的损失仅有股票市场的一半。

例 计算资产管理费

对冲基金的资产管理费的结构一般为：(1) 资产管理规模的固定比例，通常为2%；(2) 一年中获得正的利润的20%，作为奖金。有时，奖金费用当业绩在支付过资产管理费后超过设定的**基准利率**（hurdle rate）时才予以支付，例如LIBOR。

举个例子，假设净资产价值（NAV）在支付资产管理费之前，在一年里从100增长到120，LIBOR为5%。资产管理费按前面提到的2%加20%结构计算。资产管理费从期末资产价值中扣除，即期末资产价值从120降低到118。总的资产管理费为$100\times2\%+[(118-100)-0.05\times100]\times20\%$。在本例中，总资产收益率为20%，基金经理收取的资产管理费为净资产的4.6%，净资产的回报率为15.4%。如果不设定基准利率，那么净资产的回报率为14.4%。 ■

30.2 杠杆、多头头寸和空头头寸

对冲基金可以通过它们的**主要经纪商**（prime broker，PB）获得杠杆和实现卖空。主要经纪商的服务功能各有不同，包括交易协调（出清和结算）、保管资产服务、风险管理以及交易记录存档。此外，它们还提供金融杠杆和卖空的服务。

为了理解对冲基金的运作机制，我们需要介绍如何借出股票以及保证金的工作原理。在传统的公司资产负债表分析中，**资产负债表的杠杆比率**（balance sheet leverage）定义为资产超过权益的比率。这个简单的度量假设所有的风险都来自于资产，或者说未来债务的价值已知。这些定义对对冲基金和大多数金融机构显然不够准确，在这些机构中，不论资产还是负债，多头头寸还是空头头寸，都是具有风险的。

接着，我们会说明股票中多头和空头头寸的使用。当然，这些分析可以推广到任何可以卖空并且需要交纳保证金的资产。

30.2.1 多头头寸

让我们从一个简单的例子出发，讨论一个具有风险的多头头寸资产。考虑一个投资者以 100 美元投入一只股票，这样他就可以得到价值为 100 美元的股票。或者该投资者可以借钱，假设经纪商要求投资者交纳 50%的保证金，这是美国 **T 条例**（T Regulation）的最低标准要求，这样该投资者只需投入 50 美元就可以得到价值为 100 美元的股票，剩下的 50 美元贷款由经纪商提供。那么此时该投资者的资产负债表如下所示。定义杠杆 L 为资产占权益的比率，那么这个多头头寸的杠杆为2∶1。

资产	负债
100 美元股票多头	50 美元经纪商的借款
	50 美元权益

风险来自于股票价格的下跌。例如，股票价格下跌 1 美元，即股票价格的 1%，那么投资者的权益就损失 1 美元，这相当于权益的 2%。因此资产价格的变动被杠杆因素 L 所扩大。如果没有杠杆（$L=1$），最大的损失发生在股票价格变为零的时候。

权益的回报率是股票多头头寸回报率 R_S 的 L 倍减去贷款成本率 R_F 的（$L-1$）倍：

$$R_E = LR_S - (L-1)R_F = R_F + L(R_S - R_F) \tag{30.1}$$

因此，权益的波动率是股票头寸的 L 倍。类似地，权益的 β 值也是股票头寸 β 值的 L 倍：

$$\beta_E = L\beta_S \tag{30.2}$$

杠杆放大了收益但也增大了风险。

注意到杠杆也可以通过使用衍生产品得到。这些衍生产品包括股票期货、差价合约或权益互换。如果一个股票期货仅需 10%的保证金，那么等价的债务包括价值 90 美元的贷款和价值 10 美元的权益。总金额并没有发生变化，还是 100 美元，但是杠杆却比以前高多了，为 10∶1。

30.2.2 空头头寸

考虑一个投资者想卖空股票的情况。在可以借贷股票的协议下，股票拥有者借给投资者股票，以换来现金和未来收回股票的权利。同时，投资者需要将股票产生的任何现金流，例如红利，交给原来的股票拥有者。[1] 当归还股票时，股票出借者要归还给投资者现金加上短期利息再减去**股票出借费**（stock loan fee）。股票出借费对大多数股票一般为 20 个基点的费用，但对于非常难借到的股票（称为特殊股票），则可以达到 400 个基点的费用。同时，股票出借者会把现金进行投资，获得 20 个基点的收益。从股票出借者的角度来看，这是一个平稳增长股票回报的简单方法。

股票借入者会出售股票并预期股票价格下跌。出售的过程是通过经纪商进行的，经纪商不会允许股票出售者全部获得出售所得。在美国的 T 条例下，经纪商需要保留 50%的出售所得。这个保证金会在清算时归还给投资者，目的是限制投资者的杠杆。

所以，投资者借到价值 100 美元的股票，卖掉它，在经纪商那里保留 50 美元的保证金。投资者希望股票价格下跌，这样他就可以以更低的价格将股票重新买回。

所有的现金流在同一时刻都已经被安排好。投资者需要给股票出借者 100 美元，其中的一半来自于出售股票的过程，另一半为权益投资，或者说自有资金。空头头寸的资产负债表如下所示。这里，杠杆可以定义为空头头寸价值与权益的比率，即 2∶1。和前面多头头寸的例子类似，我们利用杠杆以 50 美元的权益来操作价值为 100 美元的股票空头头寸。T 条例强加的杠杆比率限制为 2，也就是 50%的卖空所得要由经纪商保管。

资产	负债
100 美元借给股票拥有者的现金	100 美元股票空头
50 美元在经纪商处的保证金	50 美元权益

这里，风险就是股票价格的增加。如果股票价格上升 1 美元，或者 1%，这相当于权益的 2%。这个杠杆的比率为 2。这时权益的 β 值与股票头寸 β 值负相关：

$$\beta_E = -L\beta_S \tag{30.3}$$

然而，空头头寸从本质上来说比多头头寸风险更大。这是因为股票价格的分布是不对称的。股票价格具有下界 0，但具有无限的上界，当然概率也随之降低。对于多头头寸，最大的损失也就是 100 美元。但对于空头头寸，由于股票价格可能从 100 美元上升到 200 美元甚至更高，因此在这种情况下它的损失会超过 100 美元。

① 通常的股票借贷是以每天为基础进行的。借出者可以在任何时刻要求归还股票的收益，每三天交割一次。

30.2.3 多头和空头头寸

现在考虑一个典型的对冲基金，它持有多头和空头头寸。假设初始资本是 100 美元，这也是权益或者**净资产价值**（net asset value，NAV）。该对冲基金可以购买价值 100 美元的股票并且卖空价值 100 美元的股票。股票多头头寸中的一部分可以用来满足经纪商对空头头寸 50 美元的保证金要求。多头和空头头寸的资产负债表如下所示。

资产	负债
100 美元股票多头	100 美元股票空头
100 美元借给股票拥有者的现金	100 美元权益

我们现在转向传统的风险度量。定义 V_L、V_S 和 V_E 分别为股票的多头头寸、空头头寸和权益价值。V_A 为总资产的价值。如果 β_L 和 β_S 为股票多头头寸和空头头寸的 β 值，那么总 β 值为：

$$(\beta_L V_L - \beta_S V_S) = \beta_E V_E \tag{30.4}$$

这就定义了权益的净 β 值 β_E。这个净 β 值是系统风险的度量，它忽略了特殊风险。

传统的**杠杆**(leverage)一般作为一种风险度量：

$$\text{杠杆} = \frac{V_A}{V_E} = \frac{\text{股票多头头寸价值}+\text{现金}}{\text{股本}} \tag{30.5}$$

在我们的例子中，杠杆为(\$100＋\$100)/(\$100)＝2。如果忽略现金，**多头杠杆**(long leverage)就是 1。但是这忽略了股票空头头寸的对冲作用，因此是不完全的。

总杠杆(gross leverage)为：

$$\text{总杠杆} = \frac{V_L + V_S}{V_E} = \frac{\text{股票多头头寸价值}+\text{空头头寸价值}}{\text{股本}} \tag{30.6}$$

在我们的例子中，总杠杆为（\$100＋\$100)/(\$100）＝2。

总杠杆通常作为对冲基金粗略的风险度量，然而这个风险度量没有完全地反映权益头寸的系统风险。如果多头和空头头寸具有相同的价值和市场 β 值，那么净 β 值为零，因此就没有直接的市场风险。在极端的情况下，如果在同一只股票上同时建立多头和空头头寸，那么就没有风险，但是总杠杆很高。

有时我们定义净杠杆（net leverage）为：

$$\text{净杠杆} = \frac{V_L - V_S}{V_E} = \frac{\text{股票多头头寸价值}-\text{空头头寸价值}}{\text{股本}} \tag{30.7}$$

在我们的例子中，净杠杆为（\$100－\$100）/（\$100）=0。

净杠杆也不是一个完全的风险度量。尽管它粗略地考虑了系统风险，但是它没有考虑多头和空头头寸价值的潜在分散化特征。这仅在严格的假设条件下是合适的。例如，如果多头和空头头寸的β值相同，那么权益β值为：

$$\beta_E = \frac{\beta_L(V_L - V_S)}{V_E} = \beta_L \times \text{净杠杆} \tag{30.8}$$

因此，在这种情况下权益β值为净杠杆乘以多头头寸的β值。然而，这完全忽略了特殊风险，这恰恰是对冲基金经理需要关注的风险类型。因此，这些杠杆度量只能被视为粗略的风险指标，尽管它们非常容易计算。

这就是为什么对冲基金需要越来越复杂的基于头寸的风险度量。例如，可以解释头寸规模、波动性以及资产和负债之间相关性的 VAR。这些度量可以较为准确地度量损失的风险。

例题 30.1　FRM 试题 2006——第 41 题

一个对冲基金持有 3.15 亿美元的股票多头头寸和 2.25 亿美元的股票空头头寸。对冲基金的权益为 1.85 亿美元。该基金的总β值为 0.75。计算总杠杆和净杠杆。

(a) 2.92 和 0.49。

(b) 2.18 和 0.36。

(c) 2.92 和 0.36。

(d) 2.18 和 0.49。

例题 30.2　FRM 试题——对冲和收益

继续上一道题，假设股票市场去年上涨 20%。忽略无风险利率和特殊风险，并且假设多头和空头头寸的平均β值均为 1。在同一时期，该对冲基金的收益率是多少？

(a) 20%。

(b) 15%。

(c) 10%。

(d) 5%。

例题 30.3　FRM 试题 2004——第 2 题

一个相对价值套利策略对冲基金的经理持有资产 A 的多头头寸和数量近似相等的资产 B 的空头头寸。资产 A 和资产 B 之间的相关系数为 0.97。风险经理决定在 VAR 模型中将相关系数重新假设为 0.30。这种改变会对 VAR 模型度量的结果产生什么影响？

(a) 增加了 VAR。

(b) 减少了 VAR。

(c) 对 VAR 没有影响，但是改变了策略的损益。

(d) 无法回答。

30.3 对冲基金：市场风险

30.3.1 市场风险的类别

对冲基金的基金经理可以采用许多和其他投资经理不一样的投资策略进行操作。他们多种多样的投资策略可以分成不同的类别。一般来说，这些投资策略可以按照直接风险和间接风险来进行分类。

直接风险（directional risks）包括根据主要金融市场变量变化的风险暴露。这些风险暴露由一阶线性度量来近似：

- **贝塔**（beta），用来度量整体股票市场变动下的风险暴露。
- **久期**（duration），用来度量利率水平变动下的风险暴露。
- **价差久期**（spread duration），用来度量信用价差变动下的风险暴露。
- **德尔塔**（delta），用来度量标的资产价格变动下的期权风险暴露。

间接风险（nondirectional risks）包括除直接风险以外的其他风险，例如非线性风险暴露、对冲头寸的风险暴露和波动率下的风险暴露。这些间接风险用资产价格变动的导数或者二阶平方度量来近似：

- **基差风险**（basis risk），指的是相关资产价格的导数。
- **凸度风险**（convexity risk），指的是利率的二阶平方效应。
- **伽玛风险**（gamma risk），指的是期权的二阶平方效应。
- **波动率风险**（volatility risk），指的是波动率的变动。

直接风险交易为持有主要风险因子的多头或空头头寸，例如股票、外汇、固定收益工具和商品。因此，直接风险头寸比间接风险头寸具有更大的波动性。对于承担直接风险的基金，整体组合风险可以通过风险多样化来进行控制，通过交易策略来限制风险。

许多类型的对冲基金都是对直接风险进行对冲的基金，因此，它们就暴露于间接风险之下。持有多头和空头头寸的策略是它们交易中所必需的，以此来对冲直接风险。在上一节我们介绍的例子就是 100 美元股票多头头寸用另一只 100 美元股票空头头寸来对冲。这种策略在股票市场中使交易几乎没有直接风险，但是当两只股票之间的相关价值发生变动时就要面临风险。然而，限制风险同样也限制了回报，结果，间接风险策略经常被用来扩大杠杆以从间接风险赌注中赚取数倍的利润。

30.3.2 对冲基金类型

对冲基金可以根据它们的交易类型和所属市场分为不同的类型。表 30.1 列出了不同类型的对冲基金。在一定程度上，这种分类有些武断，因为不同的行业对类别有着不同的定义，例如不同所谓对冲基金指数使用不同的分类，尽管对冲基金的标的资产池是相似的。当对冲基金经理改变投资策略时，分类也就失去了意义。

表 30.1　　对冲基金的类型

风格	资产管理规模（十亿美元）	新成立的基金	风险（年%）	描述
直接风险策略				
股票多头/空头	424	975	11	股票多头和空头头寸的组合，一般是净空头
新兴市场	115	205	12	持有新兴市场国家的股票和债券头寸，一般是净空头
全球宏观	122	148	11	持有所有资产类别的多头或者空头头寸
间接风险策略				
相对价值：				
股票市场中性	71	183	6	平衡股票市场多头和空头头寸来保持组合具有零β值
固定收益套利	59	138	6	针对固定收益证券多头和空头头寸进行调整
可转换套利	39	79	5	持有可转债的多头头寸来对冲股票风险和利率风险
事件驱动：	318	289	6	
兼并套利，困境证券，信用对冲				利用公司的特殊事件来进行资本运作，例如兼并、重组和破产过程
基金结构				
管理期货	57	235	17	持有期货和期权合约（包括资产管理）
多种策略	181	262	9	在同一个基金中涵盖多种对冲基金策略
对冲基金的基金		872	6	分散投资于对冲基金的组合

资料来源：TASS 数据库，截止到 2007 年 12 月存活的对冲基金样本，单位为美元。风险是其类型最近四年的波动率的平均值。

表 30.1 同时也展示了各个类型对冲基金的数量，以及它们的风险情况，这里的风险是用各个对冲基金标准差的均值来度量的。① 每个类别按照风险降序排列。

表 30.2 展示了从 1994 年到 2009 年对冲基金指数的业绩。CSFB 为各部分对冲基金指数的加权平均。该表描述了复合增长率、波动率、相对于标准

① 注意到风险度量只针对存活的对冲基金。因此，数据存在存活水平偏差。现存基金的风险低于倒闭基金的风险。

普尔500股票指数的值（β）、现金回报率以及回归值阿尔法（α）。

表 30.2　　对冲基金的业绩：CSFB 指数，1994—2009 年

	增长率	波动率	β	超额收益率	α
总体指数	9.3%	7.8%	0.27	5.2%	4.2%
分类					
股票多头/空头	10.3%	10.0%	0.41	6.2%	4.8%
净空头	−2.5%	16.9%	−0.80	−6.6%	−3.8%
新兴市场	8.0%	15.6%	0.53	3.9%	2.1%
全球宏观	12.4%	10.3%	0.16	8.3%	7.7%
股票市场中性	5.5%	10.8%	0.18	1.3%	0.7%
固定收益套利	4.8%	6.1%	0.14	0.7%	0.2%
可换转套利	7.7%	7.2%	0.16	3.6%	3.0%
兼并套利	11.2%	6.7%	0.26	7.1%	6.2%
困境证券	9.8%	6.4%	0.22	5.7%	4.9%
信用对冲	7.4%	4.2%	0.13	3.2%	2.8%
管理期货	6.3%	11.8%	−0.11	2.2%	2.5%
多种策略	8.4%	5.5%	0.11	4.2%	3.9%
基准					
现金	4.1%	0.0%	0.00	0.0%	0.0%
标准普尔500指数	7.6%	15.5%	1.00	3.5%	0.0%
国债指数	5.9%	4.8%	−0.03	1.8%	
高收益证券指数	7.0%	9.5%	0.37	2.9%	

注：超额收益率是相对于 LIBID 的部分。α 是用基于超额标准普尔 500 指数的市场回归模型度量得到的。

从表30.2可以看出，整个对冲基金指数在这段时间的回报率为9.3%，而标准普尔500指数的回报率仅为7.6%，并且对冲基金指数的波动率也比标准普尔500指数低。对冲基金指数的贝塔值仅为0.27，反映出它的风险溢价相对较低。最后一列显示的对冲基金指数的阿尔法值为4.2%，是非常显著的。

还需要注意的是，表30.2中的波动率不能和表30.1中的波动率直接进行比较，因为这是投资组合的波动率，而不是基金的平均波动率。相反地，投资组合的贝塔值是基金贝塔值的加权平均，因此投资组合的贝塔值是各个基金典型贝塔值的一个很好解释。①

① 另外，两张表里的数量不能直接比较，因为度量的时期不同。

股票多头/空头策略

第一大类主要由直接风险策略的对冲基金组成，如表 30.1 所示，包括**股票多头/空头策略基金**（long/short equity funds）。这类对冲基金不是市场中性的。许多对冲基金是净多头策略的，即 NAV 中的 100%是多头头寸，50%是空头头寸。表 30.2 显示它们的 β 值为 0.41。

与之对应的是**净空头策略基金**（short biased funds）。表 30.2 显示它们具有接近于－1 的 β 值。还有一种类型是**新兴市场对冲基金**（emerging markets），它们只持有新兴市场国家的股票和债券头寸，例如巴西、俄罗斯、印度和中国。

这种对冲基金暴露于一般市场风险因子，以及其类型的特殊风险。由于杠杆的因素，波动率比较高，平均为 11%，排在无杠杆的标准普尔 500 指数之后。

全球宏观策略

接下来是**全球宏观策略基金**（global macro funds），它们承担的主要是直接风险，用杠杆操作对全球资产类别（股票、固定收益工具、外汇和商品）下注。因为它们在许多市场上进行交易，因此彼此之间不具有相同的风险状况。举个例子，索罗斯（Soros）的量子基金在英镑贬值前卖空英镑做多德国马克，赚取了 10 亿美元的利润。这一类别的对冲基金类似于**全球战略资产管理公司**（global tactical asset allocation，GTAA）。GTAA 经理可以在国际股票市场、固定收益市场和外汇市场持有头寸，并且可以使用衍生工具来进行短线操作。

这种对冲基金暴露于许多普通市场风险因子，以及该市场类型的特殊风险。其平均波动率为 11%，比前一种类型低，这是因为这种对冲基金还投资于一些比股票市场波动率低的其他市场。

我们下面转向间接风险因子策略，其中的前三类称为**相对价值套利策略基金**（relative value funds），因为它们在具有相同特征的证券之间进行比较，做多被低估的证券而卖空被高估的证券，并预期它们的价格在未来会收敛。

股票市场中性策略

第一类称为**股票市场中性策略基金**（equity market neutral funds），它们试图通过平衡股票市场的多头头寸和空头头寸来保持组合具有零 β 值。这种对冲基金可能在其他风险因子上不是中性的，比如行业、类型和国家。

因此，这种对冲基金暴露于其他的风险因子（行业、类型和国家），以及其股票特殊风险。杠杆一般为每边头寸的 3 倍，即多头头寸加上空头头寸为权益的 300%。它们的平均波动率为 6%，大大低于股票指数的波动率，这是因为空头头寸的对冲效应。

固定收益套利策略

接下来一类为**固定收益套利策略基金**（fixed-income arbitrage funds）。这是一个针对固定收益证券及其衍生品的策略型基金。基金经理评估不同固定收益工具之间的相对价值。例如，如果一种证券相对于另一种证券价格过高，基金就会做多被低估的证券并且卖空被高估的证券。这种头寸的久期接近于零，但是暴露于两种证券之间的价差风险。在其他例子中还可以持有价差互换的头寸，或者资产抵押证券的头寸（当它们的期权调整价差过高的时候）。这一类别还包括抵押套利。

这种对冲基金避免了暴露于利率变动的直接风险，但是暴露于其他间接风险。由于每笔交易的预期利润较低，固定收益套利策略基金通常具有很高的杠杆，杠杆比率一般为10～25。

这种对冲基金的平均波动率为6%，然而它的收益的分布是非对称的。例如，互换价差不会降到零以下但可以增加到一个非常大的值，价差分布的非对称性可以反映它的风险情况。这种对冲基金一般具有有偏的分布，但它们发生损失时，损失的数量会非常巨大。

例 长期资本管理公司的赌注

长期资本管理公司（LTCM）是一家固定收益套利策略的对冲基金，它持有具有相对价值的头寸，例如久期匹配的互换多头头寸和美国国债的空头头寸。它在1998年的资产规模达到了47亿美元。

在1998年8月21日，10年期美国国债的收益率从5.38%下跌至5.32%，而互换利率却从6.01%上升到6.05%。这个利差反常地高。假设一个名义金额500亿美元、修正久期为8年的头寸，会导致在国债多头方向的价值变动为$-8\times(5.32-5.38)/100\times\$500$亿$=+\$240$百万，而在互换多头方向的价值变动为$-8\times(6.05-6.01)/100\times\$500$亿$=-\$160$百万。由于互换多头与国债空头之间的价差，头寸一共损失4亿美元，接近于资产规模的10%。

LTCM同时还持有期权市场的头寸，它出售被高估的期权，并且进行动态对冲以保持德尔塔值为零。8月21日的隐含波动率突然急剧走高，导致它在期权头寸上的更大损失。在那一天，LTCM所公布的损失高达5.5亿美元。 ■

可转换套利策略

相对价值套利策略基金的最后一类为**可转换套利策略基金**（convertible arbitrage funds）。这种对冲基金的经理主要利用恰当的期权定价模型来评估可转债的相对价值。如果可转债被低估，那么对冲基金就会买入该债券同时对冲其风险。

由于可转债包含一个看涨期权多头头寸，因此它相对标的资产具有正的德尔塔值，因此基金经理应当卖空股票来使得净德尔塔值接近于零。一般地，利率风险用卖空国债来对冲。有时，信用价差风险用购买信用违约互换来对冲。

这种对冲基金避免了暴露于利率变动的直接风险，但是暴露于其他间接风险，例如价差风险。可转债中的看涨期权多头头寸会产生正的gamma值和vaga值（波动率有上升的趋势）。债券的多头头寸又会产生正的凸度，除非债券是可赎回的。这种策略还暴露于公司事件风险，例如违约（如果没有对冲）和倒闭。这种对冲基金的杠杆是中等的。一般来说，可转债的多头头寸不会超过权益的3

倍。其平均波动率为 5%，确实很低，部分原因是可转债的流动性较差。

事件驱动型策略

下一类为**事件驱动型策略基金**（event-driven funds），它们试图利用公司的特殊事件来进行资本运作。该类别的对冲基金包括**兼并套利策略基金**（merger arbitrage funds）和**困境证券策略基金**（distressed securities funds）。

让我们先来讨论兼并套利策略基金，也称为**风险套利策略基金**（risk arbitrage funds）。兼并和收购是指两家公司合并成一家新公司的交易。[①] 交易双方可以分为**并购方**（acquiring firm）（即竞价方，提出收购请求）和**目标方**（target firm）（即被收购方，接受收购请求）。竞价方提出一个收购目标方的**并购溢价**（takeover premium），即目标方股票竞买价格与竞买前价格的价差。一般情况下并购溢价都比较高，平均为初始股价的 50%。

当并购声明发出后，目标公司的股价会强烈反应，例如会增长 40%。但这仍然低于并购价格，因为并购是否会发生具有不确定性。并购成功的概率平均为 83%，因此还是存在并购失败的可能性。当并购失败时，目标公司的股价会大幅下跌。因此，将投资组合分散到多个交易上是非常重要的。

竞价的形式可以是现金或者竞价公司的股票。对于现金交易，风险套利头寸可以简单地购买目标公司的股票，然后希望股价向并购价格移动。对于股票交易，竞价公司以每 Δ 股竞价公司的股票置换每股目标公司的股票，这时风险套利头寸由目标公司股票多头头寸和竞价公司股票 Δ 份空头头寸构成。这些头寸可以产生平均 10%的额外回报。[②]

这种对冲基金的波动率相对较低。因为目标公司股价的随机过程在发布并购声明后会发生变化，因此传统的基于头寸的风险度量不太适合用来度量这类风险。[③]

例　埃克森石油对美孚石油的兼并

1998 年 12 月 1 日，埃克森石油公司确认其将收购美孚石油公司，总交易额为 850 亿美元，是迄今为止最大规模的并购。这次交易形成了世界上最大的石油公司，资本总市值为 2 500 亿美元。根据协议，埃克森公司以 $\Delta=1.320\ 15$ 置换每股美孚公司的股票。

在并购声明宣布前，美孚公司和埃克森公司的初始股价分别为 78.4 美元和 72.7 美元，这意味着并购溢价为（1.320 16×＄72.7）/＄78.4－1＝22%。在宣布并购声明后的三天内，美孚公司的股价上涨至 84.2 美元，上涨了 6.9%，埃克森公司的股价下跌至 71.6 美元，下跌了 1.5%。这是并购声明宣布后并购双方股

---

① 它们有时被称为并购。并购的形式可以是兼并或竞价。兼并是直接与目标经理谈判，获得董事会和股东投票的支持。竞价是直接提供购买目标股份的购买价格。

② 这是一个风险调整超额收益率。然而，这些利润似乎受限于套利，它们对于市值庞大并且具有低特殊风险的公司较低。

③ See P. Jorion, "Risk Management for Event-Driven Funds," *Financial Analysts Journal* 64 (2008): 61 - 73.

价做出的反应。

并购在1999年11月30日经过监管机构和股东大会的批准正式完成。在那一天，美孚公司和埃克森公司的股价分别为104.4美元和79.3美元。后者乘以1.320 15，我们得到104.7美元，与美孚公司的最终股价十分接近。所以，这两只股票的价格最终趋于收敛。风险套利交易的利润为每股（＄104.4－＄84.2）－1.320 16（＄79.3－＄71.6）＝＄10.0。■

事件驱动型策略基金还包括**困境证券策略基金**（distressed securities funds），它们是指持有陷入困境的公司的证券、债务或股票头寸。在这种情况下，对冲基金经理需要评估公司重组的可能性或破产程序中这些证券的市场价值。这需要对公司的财务状况做出评估，以及熟悉所涉及的法律条款。例如，如果破产公司的债务以每1美元面值40美分交易，那么对冲基金可以在公司重组后每1美元面值的总偿还额50美分中获得收益。这些对冲基金还经常积极参与公司的破产过程和重组计划。

这种对冲基金暴露于事件风险，即公司并购或重组的失败。它们也暴露于未对冲的股票市场风险和利率风险。由于困境证券交易很不活跃，因此还存在流动性风险。事件驱动型策略基金的杠杆程度较低或中等，不会超过权益的2倍。

事件驱动型策略基金的平均波动率为6%，确实很低。然而这隐藏了它们的收益分布具有非对称性的事实。一般来说，公司并购或重组失败的情况发生的可能性还是有限的，因此这种基金具有较低的波动率，或者说暴露于稀有事件风险。由于这类事件不太容易发生，因此基于历史回报的风险度量对预测风险就不太准确。

管理期货策略

下一类对冲基金在结构上与其他类型的对冲基金有所不同。**管理期货策略基金**（managed futures funds）由利用商品和金融期货进行交易的基金经理管理。交易策略通常是**技术交易策略**（technical trading），其头寸依赖于历史价格路径。这种交易策略的杠杆很高，导致基金的波动率也很高。

这种基金暴露于各个市场中期货合约的直接风险。它们的风险因子与全球宏观策略基金重叠，例如，GTAA策略通常涉及股票指数和外汇期货。这种基金的平均波动率为17%，非常高。

多种策略型基金

接下来，**多种策略型基金**（multistrategy funds）是涵盖了以上描述的策略的组合的对冲基金。这种对冲基金的优势是它们可以很快地将资金从一个策略转向另一个策略。它们还可以使用不同策略的多样化处理。这种对冲基金的平均波动率为9%。

另一方面，多种策略型基金并不像对冲基金的基金一样提供尽可能多的多样化，它们还是具有集中于一种策略的趋势。例如，Amaranth是一家一开始集中于可转债套利的多种策略型基金，然后又转向风险中性策略，最后关闭了。由于所有的策略都使用同样的资本，因此一个策略造成的大损失可能会影响到其他策略的资本。换句话说，多种策略型基金不像对冲基金的基金那样具有“防火墙”。

对冲基金的基金

最后，**对冲基金的基金**（funds of funds），也称为**多样管理基金**（multi-manager funds），是对冲基金的组合。它们通过仔细选择不同投资类型的基金经理来增加基金的价值。它们有时也对新基金经理的业绩进行评估。对冲基金的基金根据它们的观察，把更多的资金分配到业绩优异的策略中。

对冲基金的基金管理费一般为所属对冲基金资产管理规模的1%。另一方面，由于它们的规模庞大，因此可以忽略对冲基金经理较低的管理费。

相对于多种策略型基金，对冲基金的基金具有较高的资产管理费。然而费用的差异主要是因为对冲基金的基金通常拥有最好的基金经理，他们为了能经营自己的基金，因此都展示出自己最好的业绩。

同时，对冲基金的基金比多种策略型基金具有较低的关闭风险，就如同Amaranth由于全部投资遭受损失而关闭的例子一样。这主要有两个原因。首先，对冲基金的基金的策略多样化程度比多种策略型基金高。其次，对冲基金的基金的基金池之间相互独立，因此一个基金的关闭不会传染组合中的其他部分，这和多种策略型基金正好相反。

对冲基金的基金可以提供持有对冲基金多样化组合的便利。由于对冲基金的投资数量很少，因此对于小型对冲基金来说，多样化投资非常困难。例如一个资产管理规模为1亿美元的对冲基金只能投资于最多10个对冲基金。相反，一个普通的对冲基金的基金可以投资于50个对冲基金。对冲基金的基金可以提供严谨的风险管理过程，给投资者带来经济上的实惠。它们还可以为投资者提供广泛的投资空间和更好的流动性。

表30.1表明对冲基金的基金的平均波动率为6%。这么低的波动率也反映了多样化投资类型产生的效果。

这张表使得对冲基金的分类更加清晰。它们暴露于不同类别的风险因子，遵从不同的交易策略，使用不同程度的杠杆以及承担不同类型的风险。然而，最重要的是我们需要去管理这些风险。

例题30.4　FRM试题2009——第8-7题

一个对冲基金的基金含有一系列策略单元、基金经理和投资风格，因此对冲基金的基金的经理需要了解常见的对冲基金投资策略。下列哪些说法是不正确的?

(a) 股票市场中性策略基金的目标是产生与整个股票市场低相关的收益率并且使它们的投资组合隔离于一般市场风险因子。

(b) 可转换套利策略基金通常购买可转换债券并且同时卖空标的股票。这些基金的收益部分来自于基于股票波动率交易的gamma。

(c) 兼并套利策略基金购买目标收购公司的股票并且同时卖空竞价收购公司的股票。这些基金具有大量暴露于成交风险的风险暴露。

(d) 股票空头策略基金卖空并不属于卖空者的股票，目的是对股票价格将要下跌的方向进行下注。这些基金和传统的多头股票投资组合没有相关性。

例题 30.5　FRM 试题——固定收益套利风险

在一个固定收益套利策略中持有利率互换的多头头寸和国债的空头头寸，那么它的风险是什么？

(a) 该策略可能会在互换—国债价差降低的过程中发生损失。

(b) 该策略可能会在国债利率上升的过程中发生损失，其他条件固定。

(c) 该策略的收益的分布具有负的偏度。

(d) 该策略的收益的分布具有正的偏度。

例题 30.6　FRM 试题——可转换套利的风险

在一个可转换套利策略中持有一个可转债的多头头寸并用国债和标的股票的空头头寸进行对冲，那么它的风险是什么？

(a) 较低的隐含波动率。

(b) 较高的久期。

(c) 较高的股票 delta。

(d) 正的 gamma。

例题 30.7　FRM 试题——兼并套利策略的风险Ⅰ

一个并购声明刚刚宣布，目标公司为公司 B。公司 A 提出的并购换股比率为 2。在并购声明刚宣布后，公司 A 和公司 B 的股价分别为 50 美元和 90 美元。一个对冲基金持有公司 B 股票的多头头寸并用公司 A 的股票进行对冲。随着并购的进行，两家公司的股价变为 60 美元和 120 美元。那么对于公司 B，每股收益为多少？

(a) 30 美元。

(b) 20 美元。

(c) 10 美元。

(d) 0，因为并购还没有完成。

例题 30.8　FRM 试题——兼并套利策略的风险Ⅱ

假设并购最终成功，兼并套利策略可以得到 500 万美元的收益，而并购如果失败，将损失 2 000 万美元。并购成功的概率为 83%。那么兼并套利策略收益的期望值是多少？

(a) 500 万美元。

(b) 75 万美元。

(c) 0，因为市场是有效的。

(d) 呈对称分布。

例题 30.9　FRM 试题 2005——第 47 题

雄鹿对冲基金（Big Bucks Hedge fund）的特点如下所述。它持有股票市场的多头和空头头寸使得其净 β 值接近于零。下列哪些关于该对冲基金的说法是正确的？

Ⅰ. 它使用的是直接风险策略。

Ⅱ. 它是相对价值套利策略基金。

Ⅲ. 该对冲基金暴露于特殊风险。

(a) Ⅰ和Ⅱ。

(b) Ⅱ和Ⅲ。

(c) Ⅰ和Ⅲ。

(d) 只有Ⅰ。

30.4 对冲基金：特殊风险

30.4.1 机构风险

对冲基金经理所扮演的角色如同机构投资者一样，然而这可能会引起投资动机偏差。奖金作为他们利润的一部分，当然前提是奖金必须为正。因此，对冲基金经理就相当于一个期权的多头，由于期权的价值会随着波动率的增加而增加，因此对冲基金经理会表现得非常激进，导致了欺诈风险的增加。

另一个潜在的问题是**风格转变**（style drift），它通常在基金经理改变投资风格或转向新市场时发生。

基金经理的这些问题可以通过许多方法来进行限制。最重要的是，对冲基金经理应当将其个人财富中的大部分也投入他们所管理的对冲基金。这样可以使他们减少过于激进的操作，避免承担过多的风险。

某些风险发生在主要经纪商（PB）那里。尽管 PB 主要关心借给对冲基金资产的损失，但是它的利益点和那些对冲基金的投资者并不一致。例如，出借者会使用追加保证金的方式来迫使对冲基金将资产以不利的价格变现。只要抵押资产充足，出借者就会得到保护，但对冲基金的投资者却为此付出了代价。

过于激进的风险还可以通过**高水准要求**（high water marks）来降低，它也称为推进型奖金。[①]

基金经理只有当目前的净资产价值（NAV）超过以前 NAV 的最高值时才可以获取奖金。例如，假设一家对冲基金的 NAV 在四年中从 100 美元变到 130 美元变到 120 美元变到 140 美元。第一年，奖金可以从 30 美元中获得。第二年，由于对冲基金发生损失，因此没有奖金。第三年，奖金只能从 140 美元超过 130 美元的部分中获得，因为 130 美元是以前 NAV 的最高值。然而对冲基金如果水准设置过高的话，也无法对投资者提供完全保护。在这种情况下，基金经理完全可以关闭基金再重新开一家新的基金（只要可以找到投资者）。

① 有时，一个补偿性条款包括需要基金经理在基金价值下降时退还业绩费用。

30.4.2　流动性和杠杆风险

对冲基金可以通过持有杠杆头寸增加回报，特别是间接风险策略中的固定收益套利策略，其单笔交易的期望回报率很低。

然而，这会产生其他类型的风险，包括**流动性风险**（liquidity risk）。这是长期资本管理公司（LTCM）失败的策略，这是一家高杠杆的对冲基金，目的是避免暴露于直接风险。LTCM 的杠杆比率为 25∶1。它所控制的资产曾一度达到 1 250亿美元，是第二大的对冲基金规模的 4 倍。一旦发生累积的大量损失，它很难削减自己的头寸。LTCM 同时还遭遇到经纪商的追加保证金要求。最终该对冲基金损失了其权益的 92%，约 44 亿美元，随后被迫关闭。

表 30.3 将流动性风险与对冲基金的资产负债表联系起来。流动性风险主要来自于资产的一边，与头寸的规模和资产价格受到的冲击有关。在负债一边，对冲基金的风险主要来自于无法从经纪商那里融得资金，或者由于盯市造成的损失以及削减头寸导致的现金流的净流出。对冲基金主要的风险来自于追加保证金并被强迫进行资产变现。最后，对冲基金的风险还来自于投资者的赎回。

表 30.3　流动性风险的来源

资产	负债
头寸规模	融资
价格冲击	盯市，削减头寸
	权益
	投资者的赎回

资产价格的冲击因金融工具而不同。例如，主要国家外汇、大型公司股票和国债的流动性是很高的，意味着大量的此类资产可以迅速变现而不会遭受大的价格冲击。其他市场的流动性就相对较低。例如，小国家的外汇、小型公司的股票和大部分公司债务的流动性就很低。

LTCM 操作的是极具流动性的金融工具，但是由于它的头寸过大，还是暴露于流动性风险之中。这就是为什么对冲基金经常说它们拥有**最大容量**（maximum capacity）的原因。只要头寸规模超出了最佳规模，交易起来就会由于市场冲击而变得十分困难。

另一个由杠杆加剧的风险是**模型风险**（model risk）。它会在对冲基金的投资策略所依赖的定价或风险模型出现错误的时候发生。由于杠杆的因素，小的模型错误被放大。的确，LTCM 的风险度量系统是失效的，导致了对头寸所需资本的致命低估。

一些类型的对冲基金内部流动性风险是由于其持有的金融工具交易不活跃，导致产生大的价格冲击。这是可转债特别是困境证券经常遇到的情况。由于这些对冲基金投资于交易不活跃的证券，因此即使基金规模很小，流动性风险也会发生。

一般来说，具有高流动性风险的对冲基金通常会有一个较长的**锁定期**（lockup period）和**赎回关注期**（redemption notice period）。前者对应的是投资者资金被基金持有的最短期限。后者对应的是基金通知投资者可以赎回的期限。锁定期平均为3个月，可以扩展到5年。赎回关注期平均为30天。对冲基金同时会经常设置**门槛**（gates），限制对净资产的赎回数量。在极端情况下，对冲基金可以强行暂停投资者赎回。

金融工具的流动性风险是风险度量的大问题。一般来说，对冲基金会在每月月末公布自己的**净资产价值**（net asset value，NAV）。如果交易价格在月末无法观测到，那么就用月中的交易价格来进行估值。该价格称为**陈旧价格**（stale prices），因为它比较"旧"而且不能反映报告日的市场清算交易价格。不幸的是，这种方式会扭曲NAV的报告以及风险度量。

第一个效应为月度报告的价格波动率比真实的波动率低。这是因为价格是基于月中的交易价格，它和平均价格相类似。平均价格的波动率当然比月末价格的波动率低。

第二个效应为月度报告的变化会呈现正相关性。使用月中价格只会部分影响价格变动方向。下一个月，会有同样的部分价格变动方向影响，这就会展现回报。正相关性使得风险随时间增加。例如，考虑一个两个月期的月度波动率。通常的调整因子为 $\sqrt{T}=\sqrt{2}=1.41$。但当出现正相关系数 $\rho=0.5$ 时，调整因子就变为 $\sqrt{(1+1+2\rho)}=\sqrt{2(1+0.5)}=1.73$，因此真实的风险被低估了（1.73－1.41）/1.73＝18%。这种效应会随着时间的推移而增加。因此，表30.1里展现的年度波动率是用月度波动率和时间的平方根计算得到的，这就会低估真实的年度风险。长期的风险度量的相关性会显著提高。

第三个效应是系统风险度量的下行偏差。如果市场价格在月内上涨，其中只有一部分上涨反映在NAV中，导致对冲基金的 β 值过低。对 β 值的修正包括利用同期市场回报度量投资组合的 β 值加上月度滞后回报的 β 值再加上月度预期回报的 β 值。在交易中，这三个 β 值的和要比同期市场回报的 β 值大，也更接近于真实的系统风险。①

杠杆还会产生其他的问题，可以称为**拥挤交易风险**（crowed trade risk）。这会在杠杆投资者都在交易的同一端下注时发生。② 他们的投资组合一旦发生损失，就会被要求追加保证金，为了满足资金要求他们就会同时出售相同的资产，这就会引起市场的崩盘。这也解释了为什么许多均使用股票市场中性策略并依赖于数量模型的**数量对冲基金**（quant funds）在2007年8月遭受了巨大损失。这是由于许多多种策略型基金在信用产品的交易上遭受损失，然后它们就变现自己

① 这个修正称为Dimson beta。参见E. Dimson，"Risk Measurement When Shares Are Subject to Infrequent Trading，" *Journal of Financial Economics* 7 (1979)：197－226。

② 当然，其他投资者必须在交易的另一方。这个分类假设交易的另一方没有杠杆，否则，交易可以在不太影响价格的情况下互相进行。实际上，头寸信息是保密的，并且不可能限制到谁是交易的另一方，除非按照规定披露。

的股票头寸，因为股票的流动性是最强的。这就导致了股票市场中性策略基金在股票的多头和空头头寸上均遭受重大损失，这是非常罕见的。

然而，这不仅仅是杠杆产生的问题。任何蒙受损失后立刻削减头寸的机械式交易法则都会在市场供求不平衡时产生上述效应。例如，这些交易法则包括止损，其相当于一个复制的期权多头头寸。

30.4.3 杠杆和交易对手风险

杠杆还会产生其他类型的风险，称为**交易对手风险**（counterparty risk）。对冲基金通过向主要经纪商进行资产抵押后使用杠杆。**抵押担保凭证**（hypothecation）是作为存放在保证金账户中的贷款抵押证券。经纪商有权利将其向另一方进行**重新抵押**（rehypothecate）。如果经纪商破产，那么重新抵押的资产就变为经纪商的部分清算索赔。

在雷曼兄弟倒闭的案例中，400 亿美元中的 220 亿美元由雷曼兄弟欧洲主要经纪商进行了重新抵押。结果对冲基金就要和其他广大信用债权人一起对这些资产提出清算索赔。

30.4.4 欺诈风险

最后，特别是对于复杂或流动性较差的资产，会产生**资产的错误估值**（improper valuation of assets）。这个问题主要来自于当对冲基金经理计算 NAV 时，资产没有以市场清算价格进行报告。结果，一些别有用心的对冲基金经理利用这些具有误导性的报告来掩盖他们的交易损失。[①] 更有甚者，还会窃取投资者的资产。

的确，一项近期的研究发现错误估值问题与 35%的对冲基金倒闭有关，而 57%的错误估值问题是由欺诈或虚报引起的。[②] 对冲基金业的发展伴随着欺诈事件的不断增长，这就是为什么美国证券交易委员会（SEC）在 2004 年 12 月宣布对冲基金要像其他投资机构一样进行注册并接受监管。[③] SEC 的监管主要是审查对冲基金的欺诈问题，目的是规范秩序并打击欺诈。SEC 还要求对冲基金必须设立首席检察官（chief compliance officer）。2006 年 6 月，关于对冲基金的监管法律得到了美国高等法院的一致通过。然而实际上，许多美国对冲基金并不乐意像投资机构一样注册。监管也是投资者进行放心投资的前提条件。

欺诈发生的可能性可以通过设立独立**管理者**（administrator）来降低。独立

---

① 然而，一份 SEC 在 2003 年的报告指出没有证据表明对冲基金经理涉嫌参与不合法的欺诈行为。

② See C. Kundro and S. Feffer, "Valuation Issues and Operational Risk in Hedge Funds" (Capco white paper, 2003).

③ SEC 在 2004 年 12 月公布了一项新的规则，它需要对冲基金注册投资咨询资格。这个规则应用于美国对冲基金和至少有 14 名美国投资者的非美国对冲基金。资产规模低于 2 500 万美元的基金可以不遵从这项规则。然而，在 2006 年 6 月，这项注册要求被美国高级法院宣布无效。即使如此，SEC 在 2010 年制定了一项新的法案，它要求大部分对冲基金在 SEC 注册。

管理者对基金进行每日管理和运营，特别是对金融和税收报告的审查。他们计算NAV，保管交易账户和记录，为股东提供服务。另外，一个外部的**审计者**（auditor）可以提供更多的信息。审计者公正公平地评价对冲基金的金融状况，特别是对年报的审计。为了防止资产被窃取，投资者还需要使用外部的**托管机构**（custodian），它们是类似银行或信托公司的金融机构，用来保管对冲基金的资产。通常对冲基金的主要经纪商会扮演托管机构的角色。

例　庞氏骗局

庞氏骗局（Ponzi scheme）的始作俑者是查尔斯·庞氏，他在1919年建立了一个金字塔骗局，用新投资者的钱来回报先前的投资者。这项投资是基于一个相关价值的交易，他宣称可以从海外以1美分的价格购买面值6美分的邮票。然而，这种交易除去成本后是根本无法获得利润的。可是，数以千计的人们向他投资，梦想着在90天内能有50%的回报。最终庞氏将投资者的相当于今天的1.4亿美元损失殆尽，他也因欺诈罪锒铛入狱。

最著名的庞氏骗局应该是麦道夫骗局（Bernard Madoff），他因为自己的经纪公司麦道夫证券投资公司（BMIS）欺诈投资者大约500亿美元而于2008年12月被逮捕。BMIS建立于1960年并于2007年年底管理着大约170亿美元的对冲基金投资。初始投资者的回报用新投资者的资金来支付。该骗局在2008年投资者进行大约70亿美元赎回的时候东窗事发。庞氏骗局只有在不断有新钱流入的情况下才能维持。

投资者被麦道夫基金的高回报所吸引，现在发现自己被欺骗了。许多对冲基金都向投资者警告，要求他们远离麦道夫。BMIS作为投资者资产的托管机构，并没有外部管理者，并且由三个人组成的不知名的审计公司进行审计。另外，一些人士分析了麦道夫的投资策略并发现其根本不可行，因为它的隐含交易量远远超过现有交易量。这说明投资者需要对基金的投资过程做仔细全面的分析，这是非常重要的。■

30.4.5 监管风险

最后，对冲基金还会遭遇**监管风险**（regulatory risks）。这种风险是由于监管变化造成的损失。例如，2008年9月，许多国家都推出条令来禁止卖空。

这种禁令给依赖卖空进行对冲的对冲基金造成了很大的麻烦。例如，可转债套利基金在这几个月就发生了极大的损失。在股票市场持有多头和空头头寸的统计套利基金也不得不从许多市场中撤离。

然而，广泛一致的观点认为这些禁令并没有对抑制市场价格下跌产生有效作用，并且它们还离目标结果越行越远。[①] 例如在可转债的情况中，市场挤压限制

① I. Marsh and N. Niemer, “The Impact of Short Sales Restrictions” (working paper, Cass Business School, London, 2008).

了很多机构（包括银行）发行可转债来募集新的资金。另外，这些禁令导致投资者从市场中撤离，抽干了流动性，实际增加了市场的波动率。对卖空的禁令破坏了对冲基金的主要机制和风险管理，这会导致资本的加速撤离，而此时恰恰是市场最需要它们的时候。

例题 30.10　FRM 试题——流动性风险

下列资产哪一个流动性风险最严重？

(a) 1 000 万美元的困境证券头寸。

(b) 1 000 万美元的国债头寸。

(c) 1 亿美元的困境证券头寸。

(d) 1 亿美元的国债头寸。

例题 30.11　FRM 试题 2006——第 112 题

对于一个流动性很差的资产组合，对冲基金经理通常会谨慎考虑该组合在每月月末的价值，并想方设法将资产回报记录得平坦一些，使得它们低于高回报月份的真实数据，高于低回报月份的真实数据。下列说法哪一个不是资产回报变平坦之后随时间推移产生的后果？

(a) 高夏普比率。

(b) 低波动率。

(c) 高序列相关性。

(d) 高市场 β 值。

例题 30.12　FRM 试题 2007——第 62 题

你要评估一个基于标准普尔 500 指数的对冲基金的风险暴露。尽管该对冲基金声称进行每周盯市报告，但是它并没有这样做，而且也没有做月度盯市报告。该对冲基金也没有告诉投资者它持有一个标准普尔 500 指数的交易指数基金（EIF）。你决定通过回归该对冲基金的每周股指回报来评估它的市场风险暴露。下列哪一项是对你的回归估计的正确描述？

(a) 你回归出来的常数项将是正数，表明该对冲基金用最小二乘估计得到一个正的 α 值。

(b) β 值会被错误估计，因为对冲基金的风险暴露是非线性的。

(c) 你回归出的 β 值将是 1，因为该对冲基金持有标准普尔 500 指数。

(d) 你回归出的 β 值将是 0，因为该对冲基金的回报与标准普尔 500 指数无关。

30.5　处理对冲基金风险

由于以上风险，对冲基金需要谨慎地监管。首先从**资质调查**（due diligence）开始，这是在投资前对基金进行系统调查的过程。在操作的层面，这包括对基金文件、关键人物（包括背景检查）、基金服务人员（管理者、主要经纪商、法律咨询人员、会计人员）、监管法规以及运营和评估过程的分析。在投资层面，这包括对投资策略、风险因子以及风险控制系统的分析。一旦一个对冲基金经理被雇用，这些资质调查需要被证实。

然而没有投资头寸的信息，这个调查过程是不完整的。这对于检查投资风险的转移是相当困难的，例如从历史收益率就无法做到。因为收益率一般是每月提供一次，因此结构性的转变要到几年后才能被察觉。

30.5.1 对冲基金的透明性问题

对冲基金一般是不愿意公布它们的头寸信息的，但是这种透明性的缺失对投资者十分不利。

公布信息有利于对冲基金的风险管理，特别是对交易活跃的对冲基金更有帮助。它可以帮助对冲基金避免出现基金经理突然增加杠杆或改变投资风格的情况。对基金更仔细的监管也能降低发生欺诈或资产错误估值的概率。

公布信息对于风险加总也非常重要。投资者需要了解对冲基金如何和投资组合中的其他资产相互作用。对冲基金和投资组合中的其他资产的相关性是正是负影响着总的投资组合风险。

例　为什么风险会聚积

头寸的加总对于认清单个单位或者公司的潜在集中程度非常重要。有一个关于大型养老基金的例子，该养老基金将资产分配给外部的基金经理用于投资公司债券、成长型股票和价值型股票。在2000年，安然公司被评为投资级别，它的股票也被视为成长型股票，这表现在它的高股价90美元上。该养老基金通过成长型基金经理在安然的公司债券和股票上都持有头寸。

随着第二年安然公司的丑闻被不断揭露，其股价也在2001年10月跌至15美元。许多人将这个下跌视为购买安然公司股票的最好时机。该养老基金的价值型基金经理开始买入安然股票。到2001年12月，安然股价已经跌至0.03美元。最终该养老基金因持有安然股票和债券发生了巨大损失，这要归因于它没有认清集中性风险。 ■

更进一步地公布信息经常会遭到反对，反对方认为这可能会出现商业信息的泄露，导致第三方利用这些信息来和对冲基金竞争交易。但是这种威胁往往来自于经纪交易商，而不是投资者。如果这是一个问题，保密协议可以防止机密信息的泄露。对冲基金一般更愿意将这些信息通过直接或者间接的方式透露给没有交易操作的投资者，因为他们不会从这些信息中获利。

还有一个关于投资者缺乏水平的争论。换句话说，公开头寸信息会给予投资者很多信息，但他们却不知道如何利用这些信息。

30.5.2 透明性问题的解决

这些争论可以通过很多方法进行解决。第一种方法由外部风险度量服务机构组成。这些公司在保密协议下进入投资者在对冲基金的个人头寸，提供给投资者汇集的风险度量。它们提供的信息包括总杠杆比率和净杠杆比率，资产、行业和地域分配，以及暴露于各风险因子的风险。这解决了风险积聚的问题。

另外一种方法是通过对冲基金的基金来获得头寸水平的信息。这些对冲基金的基金可以利用这些信息来监管基金经理并为投资者汇集提供统计信息。因此这种方法同时解决了风险监管和风险积聚的问题。

例题 30.13 FRM 试题——透明度

投资者需要坚持了解对冲基金的头寸信息是因为：

(a) 他们希望在对冲基金之前交易。

(b) 他们不了解头寸后的交易策略。

(c) 他们希望将对冲基金和他们投资组合的剩余部分的风险进行加总。

(d) 他们可以通过主要经纪商随时获得这些信息。

例题 30.14 FRM 试题 2009——第 8-8 题

对冲基金风险管理的挑战不仅仅是一般情况下传统投资管理公司所面对的问题。下列关于对冲基金风险管理的说法哪些是正确的？

Ⅰ. 由于对冲基金可以持有多头和空头头寸，并且可以使用衍生品和杠杆，它们对市场风险的暴露可能会很大并且会急速变化，这使得仅仅使用每月收益率来评估它们的风险暴露非常困难。

Ⅱ. 许多对冲基金使用场外衍生品进行交易，这些衍生品用模型或者报价的方式进行估值，这些基金还通常持有流动性较差的资产。因此，这些策略所产生的收益率通常展现出比共同基金更低的序列相关性。

Ⅲ. 对于使用杠杆来扩大收益率和具有当市场不利时迅速出场能力的对冲基金，流动性风险必须进行监督和管理。

Ⅳ. 对冲基金的收益率通常类似于一篮子具有非线性支付的奇异期权的收益率，因此基于过去基金业绩的风险评估可能会产生误导。

(a) Ⅰ、Ⅱ、Ⅲ和Ⅳ。

(b) Ⅰ、Ⅲ和Ⅳ。

(c) Ⅰ和Ⅲ。

(d) Ⅱ和Ⅳ。

30.6 重要公式

净 β 值：$\beta_L V_L - \beta_S V_S = \beta_E V_E$

杠杆：$\frac{V_A}{V_E}=\frac{\text{股票多头头寸价值}+\text{现金}}{\text{股本}}$

总杠杆：

$$\frac{V_L+V_S}{V_E}=\frac{\text{股票多头头寸价值}+\text{空头头寸价值}}{\text{股本}}$$

净杠杆：

$$\frac{V_L-V_S}{V_E}=\frac{\text{股票多头头寸价值}-\text{空头头寸价值}}{\text{股本}}$$

30.7 例题解答

例题 30.1 FRM 试题 2006——第 41 题

(a) 总杠杆为 (315+225)/185=2.9，净杠杆为 (315−225)/185=0.5。注意在计算中不需要用到贝塔值。

例题 30.2 FRM 试题——对冲和收益

(c) 股票投资组合的净收益为 (β_L \$315−β_S \$225)×20%，即\$18 百万。在权益给定为\$185 百万的条件下，收益率为 10%。该收益率比市场收益率低是因为部分风险暴露经过了对冲。

例题 30.3 FRM 试题 2004——第 2 题

(a) 因为头寸既有多头又有空头，高相关性意味着低风险。相反，降低了相关系数就增加了风险。

例题 30.4 FRM 试题 2009——第 8-7 题

(d) 选项 a、b 和 c 是正确的，但是股票空头策略基金具有和多头投资组合负的相关性。它们不是不相关的。

例题 30.5 FRM 试题——固定收益套利风险

(c) 这种策略不会暴露于利率的变动，但暴露于互换国债价差的扩大。例如假设互换和国债的初始利率为 5.5%和 5%。如果利率变为 5.3%和 4.5%，那么互换和国债的价值都会上升。因为国债的利率下降得更多一些，因此头寸中国债的损失会超过互换的收益，导致了头寸的净损失。这种策略会从互换和国债价差的缩小中获利，因此选项 a 是错误的。这种策略会在其他条件相等时，从国债利率的增加中获利，因此选项 b 是错误的。最后，收益的分布取决于互换国债价差的分布。因为这不会降低为零，因此会有一个上行极限。该头寸具有负的偏度，因此选项 c 是正确的。

例题 30.6 FRM 试题——可转换套利的风险

(d) 该头寸用来对冲利率风险，因此选项 b 是错误的。它同时对冲股票价格的变动，因此选项 c 是错误的。这个头寸相当于一个期权多头（这个期权是将债券转换成股票的权利），因此相当于隐含波动率的多头，因此选项 a 是错误的。期权的多头头寸具有正的 gamma 值。

例题 30.7　FRM 试题——兼并套利策略的风险Ⅰ

(c) 每股公司 B 的股票多头头寸被每两股公司 A 的股票空头头寸所抵消。收益为 ($120－$90)－2($60－$50)＝$30－$20＝$10。

例题 30.8　FRM 试题——兼并套利策略的风险Ⅱ

(b) 期望收益等于每种情况发生的概率乘以其收益，即 83%×$5＋17%×(－$20)＝$4.15－$3.40＝$0.75。注意到分布是高度非对称的，因为发生损失的概率很低。

例题 30.9　FRM 试题 2005——第 47 题

(b) 该对冲基金具有零贝塔值，因此是相对价值套利策略基金，但是它暴露于股票的特殊风险。

例题 30.10　FRM 试题——流动性风险

(c) 资产流动性风险是头寸规模和金融工具内在流动性的函数。困境证券比国债更难交易，因此具有更大的流动性风险。在同一个金融工具中，1 亿美元的头寸规模比 1 000 万美元的头寸规模的流动性更差。

例题 30.11　FRM 试题 2006——第 112 题

(d) 流动性差的资产会产生总风险度量不真实记录。结果，夏普比率会被人为地过高记录。流动性差的资产会使得每月的回报具有较高的序列相关性。然而流动性差的资产会降低市场的贝塔值。

例题 30.12　FRM 试题 2007——第 62 题

(d) 对冲基金的每周收益率与标准普尔 500 指数无关，因此，每周数据估计出来的 β 值将偏低。

例题 30.13　FRM 试题——透明度

(c) 风险加总是一个投资者需要了解他们在对冲基金中的投资头寸信息的重要原因。选项 a 是不正确的，因为提前交易是对冲基金不公布头寸信息的原因。选项 b 是不正确的，因为不了解投资策略是不需要公布头寸信息的原因。选项 d 是不正确的，因为投资者不会从主要经纪商那里获得头寸信息。

例题 30.14　FRM 试题 2009——第 8－8 题

(b) 说法Ⅰ、Ⅲ和Ⅳ是正确的。说法Ⅱ是错误的，因为较差的流动性资产会产生较高的序列相关性。

图书在版编目(CIP)数据

金融风险管理师考试手册:第6版/乔瑞(Jorion,P.)著;王博,刘伟琳,赵文荣译.—北京:中国人民大学出版社,2012.2

(经济科学译库)

ISBN 978-7-300-14837-3

Ⅰ.①金… Ⅱ.①乔…②王…③刘…④赵… Ⅲ.①金融风险防范-手册 Ⅳ.①F830.2-62

中国版本图书馆CIP数据核字(2011)第248974号

经济科学译库

金融风险管理师考试手册(第六版)

菲利普·乔瑞 著

王 博 刘伟琳 赵文荣 译

王 博 李朝气 校

Jinrong Fengxian Guanlishi Kaoshi Shouce

出版发行	中国人民大学出版社		
社 址	北京中关村大街31号	**邮政编码**	100080
电 话	010-62511242(总编室)		010-62511770(质管部)
	010-82501766(邮购部)		010-62514148(门市部)
	010-62515195(发行公司)		010-62515275(盗版举报)
网 址	http://www.crup.com.cn		
	http://www.ttrnet.com(人大教研网)		
经 销	新华书店		
印 刷	涿州市星河印刷有限公司		
规 格	185 mm×260 mm 16开本	**版 次**	2012年2月第1版
印 张	44.25 插页1	**印 次**	2019年4月第7次印刷
字 数	930 000	**定 价**	168.00元

教学支持说明

中国人民大学出版社经济分社与人大经济论坛（www. pinggu. org）于 2007 年结成战略合作伙伴后，一直以来都以种种方式服务、回馈广大读者。

为了更好地服务于教学一线的任课教师与广大学子，现中国人民大学出版社经济分社与人大经济论坛做出决定，凡使用中国人民大学出版社经济分社教材的读者，填写以下信息调查表后，发送电子邮件、邮寄或者传真给我们，经过认证后，我们将会向教师读者赠送人大经济论坛论坛币 200 个，向学生读者赠送人大经济论坛论坛币 50 个。

教师信息表	学生信息表
姓名：	姓名：
大学：	所读大学：
院系：	所读院系：
教授课程：	所读专业：
联系电话：	入学年：
E-mail：	QQ 等联系方式：
论坛 id：	E-mail：
使用教材：	论坛 id：
论坛识别码（请抄下面的识别码）：	使用教材：
	论坛识别码（请抄下面的识别码）：

我们的联系方式：

E-mail：gaoxiaofei11111@sina. com

邮寄地址：北京市中关村大街甲 59 号文化大厦 1506 室经济分社，100872

传真号：010－62514775

附：人大经济论坛（www. pinggu. org）简介

人大经济论坛依托中国人民大学经济学院，于 2003 年成立，致力于推动经济学科的进步，传播优秀教育资源。目前已经发展成为国内最大的经济、管理、金融、统计类在线教育和咨询网站，也是国内最活跃和最具影响力的经济类网站：

· 拥有国内经济类教育网站最多的关注人数，注册用户以百万计，日均数十万经济相关人士访问本站。

· 是国内最丰富的经管类教育资源共享数据库和发布平台。

· 提供学术交流与讨论的平台、经管类在线辞典、数据定制和数据处理分析服务、免费的经济金融数据库、完善的经管统计类培训和教学相关软件。

论坛识别码：pinggu _ com _ 1545967 _ 4210768